中国哲学论要

陈荣捷◎著
朱荣贵◎编

学术文库

华东师范大学出版社
上海

图书在版编目（CIP）数据

中国哲学论要/陈荣捷著；朱荣贵编. —上海：华东师范大学出版社，2021
（学术文库）
ISBN 978-7-5760-1379-5

Ⅰ.①中… Ⅱ.①陈… ②朱… Ⅲ.①哲学—研究—中国 Ⅳ.①B2

中国版本图书馆CIP数据核字(2021)第031637号

（学术文库）
中国哲学论要

著　　者　陈荣捷
编　　者　朱荣贵
责任编辑　时润民
特约审读　张钰翰
特约编辑　李　明　安圆圆
责任校对　陈梦雅　时东明
特约校对　陈　才
装帧设计　卢晓红

出版发行　华东师范大学出版社
社　　址　上海市中山北路3663号　邮编 200062
网　　址　www.ecnupress.com.cn
电　　话　021-60821666　行政传真 021-62572105
客服电话　021-62865537　门市(邮购)电话 021-62869887
地　　址　上海市中山北路3663号华东师范大学校内先锋路口
网　　店　http://hdsdcbs.tmall.com/

印 刷 者　上海盛隆印务有限公司
开　　本　787×1092　16开
印　　张　28
插　　页　2
字　　数　501千字
版　　次　2021年6月第1版
印　　次　2021年6月第1次
书　　号　ISBN 978-7-5760-1379-5
定　　价　120.00元

出 版 人　王　焰

陈荣捷先生于华盛顿美国亚洲学会上，1992 年

陈荣捷

（1901 年 8 月 18 日—1994 年 8 月 12 日）

纪念一位 20 世纪儒者之典范

陈荣捷先生于书房，1994 年

这是陈先生生前最后一张照片，放置在陈先生腿上的书是他自己的著作

目　录

上编　中国哲学论集

下编　新儒学论集

上　编

中国哲学论集

本集收录陈荣捷先生论中国哲学的文章十篇。其中有一半是他的英文文章的中文翻译,有一半是他以中文撰写的。以文章的内容来看,其中有以问题或概念为主的泛论性的文章,将中国哲学的特色深入浅出地介绍给西方学者;也有专论性、考证性的文章,从思想史的角度来讨论中国哲学。这本集子对研究中国哲学的学者来说,无论在方法论上或是在观点上,相信会有很大的启发。

本集的编辑首先由朱荣贵先生负责,然后由陈荣捷先生修改定稿。陈先生的论著有很多分散在不同的学刊杂志里。本集是他的第一部论文集。

中国哲学史话

黎登鑫 译
万先法 校订

中国哲学乃三大运动所汇合而成之知性交响曲。头一运动从公元前第6世纪到2世纪，主要是儒、道、墨三大显学与名家、新墨家、法家与阴阳家四次要学派之发展时期。它们彼此对立或相和谐，再加其他诸子"百家"。第二运动之特色为各种不同动力交互掺杂而融解成中古中国哲学之主弦，而同时佛教之音从印度传入中国，而与中国哲学具有对位之效。从第11世纪直到今日为时最漫长之第三运动里，中国哲学各项具有特性之曲调业已综合而将儒家单一之主调转变为新儒家悠扬而独特之乐音。

此一类比立即提示，中国各大思想体系当中有同有异。此乃吾人须多注意之重要事实，而尤以上古各学派为然。乍看之下，人本主义之儒家与自然主义之道家，其对立几乎无可和解。但任何完整之区别无可避免地会扭曲画面。早期之道家比一般所了解的要更接近儒家，尤其是在人生哲学方面。与一般认为老子教导吾人摒弃人生与社会之看法相异，其伦理学说更接近世事练达之孔子而较不接近印度教或佛教。此一意见既不新奇，亦不纯系个人之见，而是本土专治中国哲学史之历史家一般之看法。胡适博士在《先秦名学史》(注1)与冯友兰教授在《中国哲学史》(注2)里，其解释老子与西方所习惯者，迥然不同。道家与儒家主要关怀者为人生，其主要差别为：道家之保存生命在于遵循自然，而儒家之实现生命则在于人之充分发展。

早期之儒家：孔子、孟子、荀子与《中庸》

人本主义运动始于孔子(公元前551—前479)，盛行于孟子(公元前327—前289?)、荀子(公元前312—前238?)，最后至新儒家而达于高潮。

其故事长达两千年以上,斯乃中国生活与思想之故事。从孔子至今日,中国人民主要之精神与道德鼓舞一向为孔子之言:“人能弘道,非道弘人。”(注3)

吾人说孔子为人本主义者,并非否定孔圣人对宗教并不表现相当之关怀。一方面,孔子乃是一位改革者,自行束脩者(注4),有教无类(注5)。此一普及教育之倡导者,周游列国达十四年,借机寻找服务国君而使道(注6)弘行于天下之人物。而另一方面,他乃是一位遵循者,一位“信而好古”(注7)之人物,一位欲维系以敬天敬祖为骨干之周朝文化(注8)之人物。他因而说道:“君子……畏天命。”(注9)他相信:“道之将行也与,命也。”(注10)他自己祭祀祖先而觉得“祭如在,祭神如神在”。又说:“吾不与祭,如不祭。”(注11)然而,他率然将人之福祉置于宗教之前。他之不愿论天,使得其弟子说他天道之观点“不可得而闻”(注12)。他从“不语怪、力、乱、神”(注13)。一位门徒问事鬼神与死之事时,他答道:“未能事人,焉能事鬼?……未知生,焉知死。”(注14)

从以上所述,显见孔子即使在宗教事物上也是一位人本主义者。他不是教士,更非是承袭其名之宗教之创始者。人,也只有人才是他首要关怀者。此可从下列引文见出:

> 古之欲明明德于天下者,先治其国;欲治其国者,先齐其家;欲齐其家者,先修其身;欲修其身者,先正其心;欲正其心者,先诚其意;欲诚其意者,先致其知。致知在格物。物格而后知至;知至而后意诚;意诚而后心正;心正而后身修;身修而后家齐;家齐而后国治;国治而后天下平。(注15)

此为一周全而精详之计划,但可以以一语,即“仁”字概括之。此是儒家体系之中心观念,整个儒家运动即环绕此一中心观点而发展。孔子既未界定,亦未分析仁。《论语》里头甚至记载其“罕”言仁(注16)。即使《论语》四百九十八章中有五十五章论及仁,可是孔夫子对仁一本正经,倒使吾人觉得他罕论仁。

最接近仁之定义之言说为“克己复礼”(注17)。此一言说实际上涉及儒家整个哲学,因为仁如此界定之后,乃涉及自我之实现与社会秩序之创造。而特别具体者,“仁”在于“居处恭,执事敬,与人忠”(注18)。“刚、毅、木、讷”之人“近”仁。(注19)又曰:“能行五者于天下为仁矣。请问之,曰:恭、宽、信、敏、惠。”(注20)“仁者”,孔子说道:“己欲立而立人,己欲达而达人。”（注21）一言以蔽之，仁者在于“爱人”（注22）。

此一仁者乃是孔子所称之“君子”。他乃是“仁者不忧、知者不惑、勇者不惧”（注23）三者之结合。他“义以为质，礼以行之，孙以出之，信以成之”（注24）。他“少之时，血气未定，戒之在色。及其壮也，血气方刚，戒之在斗。及其老也，血气既衰，戒之在得”（注25）。他有九思：“视思明，听思聪，色思温，貌思恭，言思忠，事思敬，疑思问，忿思难，见得思义。”（注26）他“非礼勿视、非礼勿听、非礼勿言、非礼勿动”（注27），讷于言而敏于行（注28），喻于义而不喻于利（注29）。他“乐节礼乐，乐道人之善，乐多贤友”（注30）。他基于道德，宁可放弃富贵而居处贫贱（注31）。他“己所不欲，勿施于人”（注32）。他“以直报怨，以德报德”（注33）。他孝顺父母，无违于礼。“生，事之以礼；死，葬之以礼，祭之以礼。”（注34）他尊亲敬长（注35）。总之，他是个完人。

孔子之强调人本主义，崇高至极，而为一切政治、教育、美学，甚至逻辑学说之基础。人民乃由国君之楷模所统治，由美德所引导，由礼则所规范（注36），而政府之目的则在于为民带来财富、教育，并为国家带来安全（注37）。知识在于“知人”（注38）。而君子则“学以致其道”（注39）。诗“可以兴、观、群、怨。迩之事父，远之事君，多识鸟兽草木之名”（注40）。甚至“正名”，孔子最接近逻辑之途径，也是本于人本主义实现出来。例如，乐并非仅指钟鼓而言（注41），因为名正而后，具有实际之气息。因此，一国之正名其意为“君君、臣臣、父父、子子”（注42）。

此一人本主义完整无缺。然其逻辑基础为何？孔子说：“吾道一以贯之。”（注43）而此一贯之道则为“忠恕而已矣”（注44）。若此一阐释正确，则吾人不得不结论说，儒家体系之基础乃在于道德领域，亦即在于人生经验本身。此一贯之道通常亦指儒家中庸之道。此一学说在中国哲学里的确重要至极。它不单是古今儒家，同时亦为整体中国哲学之骨干。孔子说：“中庸之为德也，其至矣乎。”（注45）此似乎揭示孔子乃以心理或形上之物为其伦理之基础。但此一哲理要等到两世纪以后才得发展。就孔子而言，中庸乃确指中道，如“犹不及”一言所提示者（注46）。其心理基础乃由孟子、荀子所提供，而形上基础则由《中庸》所提供。

孔子主要关怀人世，因而教导吾人如何为善而未触及吾人为何应该为善之问题。但对孟子而言，吾人为善，不单因为应该如此，而且因为必须如此。因为“人性之善也，犹水之就下也”（注47）。“若夫为不善，非其才之罪也。”（注48）凡人原先皆有恻隐之心、羞恶之心、辞让之心、是非之心，而此乃吾人所称之仁、义、礼、智“四端”（注49）。此一道德意识乃植根于人人内心之中(注 50),此可由孩童之无不知爱其亲(注 51),与吾人之乍见孺子将入于井,不期然而生怵惕恻隐之心可以证明(注 52)。

此一天生之善感乃吾人不待学而拥有之"良能",不待思虑而拥有之"良知"(注 53)。因此,"万物皆备于我。反身而诚,乐莫大焉"(注 54)。因为"诚者,天之道也,思诚者,人之道也"(注 55)。人类行为之指导原则因而是"尽其心"。"尽其心者,知其性也。知其性则知天矣。存其心、养其性,所以事天也。殀寿不贰,修身以俟之,所以立命也。"(注 56)因此,和谐之道德秩序之先决条件皆全备于吾人之内。吾人不用看向天以认知自己,吾人只要内顾即可知天。吾人甚至也不用看向圣人,因为吾人与圣人同类(注 57)。宇宙与吾人中道和谐之线索因而不难寻获,它就在吾人本性之内。尽吾本性即在体现内在于本性之诸德,孟子先予简约为"四端",再予简约为"仁",即"人心也",与"义",即"人路也"(注 58)。前者为社会之伦理基础,而后者则为政治之基础。"仁"一词须以真实之仁道更基本之意义加以了解,因为"仁也者,人也。合而言之,道也"(注 59)。仁者无一行为不本于仁(注 60)。事实上,他爱众人(注 61)。仁最自然之表现乃在事亲,而事亲依据孟子则是最大之美德(注 62)。"孝子之至,莫大乎尊亲。"(注 63)孝顺因而是五伦之基础。"父子有亲,君臣有义,夫妇有别,长幼有序,朋友有信。"(注 64)吾人在实现这些德目之后,方能获致此一和谐之社会秩序。

为人本主义提供心理基础之尝试,乃是儒家之一大进展。此不单因为此一尝试标示一大进展,并且因为它对新儒家整个学派大有影响,尤其是从 14 世纪到现在。

然而,荀子之心理发展,却大异其趣。并非是其人本精神显得稍弱。相反地,其人本精神更为强烈得多。"道者,非天之道,非地之道,人之所以道也,君子之所道也。"(注 65)而更具体者,道者"君道也",换言之,"善班治人者也"(注 66)。职是之故,他极力主张控制自然。

> 大天而思之,孰与物畜而制之?从天而颂之,孰与制天命而用之?望时而待之,孰与应时而使之?因物而多之,孰与骋能而化之?思物而物之,孰与理物而勿失之也?愿于物之所以生,孰与有物之所以成?故错人而思天,则失万物之情。(注 67)

荀子认为主宰自然为必要,乃因他发觉人性与孟子所描述者强烈相反。荀子认为"人之性恶,其善者伪也"(注 68)。其动机显然在于强调教育。此一强调使得他成为古中国突出之教育哲学家。由于人之天性本恶,故须"待师法然后正”(注 69)。因此,德行并非天生,而是“积”以成之(注 70),犹如“积土而为山”(注 71)。个人积聚之指导原则为礼(注 72),社会之指导原则为“法后王”(注 73)。德行“积”至足够程度时,人便可与天地“参”矣(注 74)。

到公元前 4 世纪末,儒家更向前迈进一步。吾人可从《中庸》当中看出儒者欲为人本主义提供一形上基础(注 75)。依据《中庸》一书,中(平常也,道德存在也)为“天下之大本”,而庸(和谐也,道德秩序也)则为“天下之达道”。“致中和,天地位焉,万物育焉。”(注 76)因此,“君子中庸”(注 77)。

《中庸》一书更进而指陈“诚”乃“天之道”,而“诚之”者则为“人之道”(注 78)。“至诚无息。不息则久,久则征,征则悠远,悠远则博厚,博厚则高明。”(注 79)诚涵盖并抚抱一切存在,体现并充实一切存在。“如此者不见而章,不动而变,无为而成。”(注 80)“唯天下至诚,为能尽其性。能尽其性,则能尽人之性。能尽人之性,则能尽物之性。能尽物之性,则可以赞天地之化育。可以赞天地之化育,则可以与天地参矣。”(注 81)此一形上倾向在孔子心中具有多少原创力,吾人未能确知。但其却成为后来儒家,尤其是 11 世纪与 15 世纪宋明理学一极重要之因素。

早期之道家:杨朱与老子

儒家人本主义运动一面进展,自然主义之道家也平行发展。其方式虽然不同,但均具有相似之人生目的。儒家之目标乃是充分发展之人生,而道家之目标则为淳朴而和谐之人生。“道家”一词虽然直到公元前 1 世纪才由司马迁(公元前 145—前 86?)在《史记》一书里加以使用,但道家运动必已持续达数世纪之久。杨朱或老子是否为此一运动之首倡者,则为有待争论之问题(注 82)。就杨朱(约在公元前 440—前 366)而论,其精神的确为淳朴与和谐之精神。他并非如公元第 3 世纪伪书《列子》所指陈者,鼓励人人“放逸”,与满足于“丰屋、美服、厚味、姣色”之享乐主义者(注 83)。亦非如孟子有意使其显现“拔一毛以利天下而不为”此一自私主义者(注 84)。他毋宁是一位自然之追随者。他主要关怀者为“全性保真,不以物累形”(注 85)。一位不入危城,不处军旅,甚至不为天下大利而拔其一毛之士(注 86)。即使在《列子·杨朱篇》里,其主要强调者乃是“放逸”(注 87),不单忽视名与利,抑且忽视生与死。使他成为当时道家之代表者,即是此一自然主义之强调。

就老子而论,其《道德经》之主调乃是"淳朴",亦即其他显然新奇之观念必须据以了解之中心观念。"淳朴"之生活乃是平易之生活。老子要吾人弃利、绝巧、少私、寡欲(注 88)。那是"大成若缺""大盈若冲""大直若屈""大巧若拙""大辩若讷"之生活。那是"生而不有、为而不恃、长而不宰"之生活(注 89)。也是"方而不割、廉而不害、直而不肆、光而不曜"之生活(注 90)。

道家其他怪诞之思想业已发展而趋没落,但此正是使道家甚至成为今日中国伦理当中强韧成分之活生生因素。道家即在此点与中国最强大之知识体系即儒家体系和谐一致。

老子极端批评现存之秩序,甚至高喊:"大道废,有仁义。智慧出,有大伪。"(注 91)此点的确真实。他指斥文明,其精神与他攻击战争、赋税与惩罚之精神相同(注 92)。主要是因为此等事情之过度与破坏性。老子绝非是遁世者。依据真实之历史记载,他是政府之一名小吏。胡适以为他与孔子均为手擎文明火炬之儒。老子为正儒,抱持以不抵抗、满足等为特色,代表殷遗民文化之"弱儒"。而孔子虽系殷之后代,却主张以统治者周朝人民日渐兴盛之文化取代日渐堕落之殷民文化,代表新类型之"强儒"(注 93)。吾人须视老子为淳朴生活之导师而非为遁世者。

老子宣扬无为之学说,亦属真实。无为通常解释为"无所作为"。但若将无为认为是完全无所作为、摒弃或是无意识之崇拜,则属错误。无为不如说是吾人行为之特异方式,或更确切说是自然方式。"圣人处无为之事,行不言之教。"(注 94)自然之道在于"辅万物之自然",因而让其"自化"(注 95)。依此方式,则"道常无为而无不为"(注 96),"我无为而民自化"(注 97)。吾人从此可以明显看出,无为之道乃自然之道,以与强作之道、聪明与肤浅道德之道相对比。使老子力攻,并使其尊崇无之有、无用之用与弱者之力者,正是此一造作之生活(注 98)。

此代表无心以无代有,以弱代强,而是强调两者之重要。"无"与"有"相"同"而"异名"(注 99)。真实之弱者与真实之强者化而为一。如老子所说者,"大成若缺……大盈若冲"(注 100)。老子在这些话上甚至更接近中庸之道。他表面上似乎守雌以为人生根本之道,返婴以为有之常德(注 101)。他似乎也主张虚与静(注 102)。但究其根底,老子之伦理立场更接近中道而非极端。因为"多言数穷,不如守中"(注 103)。

老子与孔子主要之分野在于孔子以人而老子以自然为万事万物之准绳。淳朴、无为与其他伦理观念均为取自自然之道德教训,而自然则为天地与人之标准(注 104)。此即道与存在之普遍原则。此为"天地之始",与"万物之母"(注 105)。此乃永恒、一、周而绝对(注 106)。而尤其重要者,此乃自然(注 107)。

由于有乃自然,人生亦必须如此。自然乃生活若水,“上善若水”,“故几于道”(注 108)。水“处众人之所恶”,“善利万物而不争”(注 109)。“天下柔弱莫过于水,而攻坚强者莫之能胜。”(注 110)婴儿之理想化只是自然状态无为之理想化,而不是无知与无能之状态。此毋宁是宁静、和谐与洞识之状态。而首要者,此即人生之状态。

“道生一,一生二,二生三。三生万物。万物负阴(消极或守雌原则)而抱阳(积极或抱阳原则),冲气以为和。”(注 111)“知和曰常”,“知常曰明”(注 112)。老子说:

> 致虚极,守静笃。万物并作,吾以观其复。夫物芸芸,各复归其根。归根曰静,是谓复命。复命曰常,知常曰明。不知常,妄作凶。知常容,容乃公,公乃王,王乃天,天乃道,道乃久,没身不殆。(注 113)

此一引文也许是《道德经》一书最周全之一段。吾人须注意,此一整个过程之高潮在于“没身不殆”。此具有自然主义当中之人本主义气息。人生并非要加以舍弃而是要使之安全而有价值。道之伟大主要在于其“以其终不自为大”(注 114)。“知足不辱,知止不殆,可以长久。”(注 115)“夫唯无以生为者,是贤于贵生。”(注 116)简言之,老子之哲学可以以其“长生久视之道”一语赅括之。

吾人了解道家之强调淳朴而和谐之生活而后,吾人便可明白此一自然主义与无神论之哲学为何会成为炼丹术与神仙之说盛极一时之中古中国当时迷信宗教之基础。其简单之理由为:堕落之道教,其主要动机乃在于寻求长生不老。此一运动之结果为吾人愈来愈偏向一种消极哲学,丧失对自己以及对进步之社会秩序之信心。此一态度不单与儒家,同时也与墨家之态度大相径庭。

墨家、名家与新墨家

墨家主要关怀者与儒家所关怀者同样为人。然而墨子(公元前 468—前 376?)却主张人之福利而非是笼统而模糊之“仁道”。“兴利除害”(注 117)成为墨家整个运动之箴言(注 118)。墨子大为反对孔子之空谈“礼乐”,因而完全予以排斥。转而主张依据人口与财富之“众利”。他说:“古者王公大人，为政国家者，皆欲国家之富，人民之众。”（注 119）因此，他坚持“丈夫年二十，女子年十五”结婚（注 120）。他为了人口而反对战争。他说战争破坏家庭生活，从而导致人口减少（注 121）。根据同一理由，他强烈宣扬节用（注 122）。他攻击厚葬与音乐，不是本于孔子之道德或礼，而是完全本于实用。“今唯以厚葬久丧者为政，国家必贫，人民必寡，刑政必乱。”（注 123）基于同一理由，王公乐乐，必会导致重税，使乐师不务本行而干扰耕稼及其他生产事业，同时浪费官吏时间（注 124）。

此一实际哲学家完成其功利人本主义，不仅是对孔子形式主义倾向之反动，并且也是由于他科学方法之结果。他说凡言“必立仪……故言必有三表……有本之者，有原之者，有用之者。于何本之？上本之于古者圣王之事。于何原之？下原察百姓耳目之实。于何用之？发以为刑政，观其中国家百姓人民之利”（注 125）。

此位功利哲学家不以孔子之“中庸”或老子之“道”为中心原则以指导并规范经验，反而以对实际经验之通盘审验以企及普遍原则。例如天命之有无乃取决于人民耳目之实际经验。“我所以知命之有与亡者，以众人耳目之情，知有与亡。有闻之，有见之，谓之有。莫之闻，莫之见，谓之亡。”（注 126）此一实证主义虽然简陋，但墨子哲学之实际与客观性，却毫无疑问。

此一实际性带有一种实证气息，盖因实用与选择乃被认为是价值与行为，甚至是真理之指导原则。“是故子墨子之所以非乐者，非以大钟鸣鼓琴瑟竽笙之声以为不乐也。……以求兴天下之利，除天下之害而无补也。”（注 127）基于同一理由，“若事上利天，中利鬼，下利人……是谓天德。……若事上不利天，中不利鬼，下不利人……是谓之贼”（注 128）。凡善者皆必有用（注 129）。若忠与孝诸德之价值乃是诸德对人民之“大利”（注 130）。

因此，墨家之价值乃限于“众利”。而每一价值之评估则依据其“兴利除害”之能力。善良之生活与井然有序之社会主要即视适当选择此等价值而定。“瞽不知白黑者，非以其名也，以其取也。”同理，“天下之君子不知仁者，非以其名也，亦以其取也”（注 131）。

欲考验某一价值之实用，必须予以应用，以见其是否真能“兴利除害”。此一应用之基本原则则为墨家有名之兼爱学说，其目的在于透过人民之“兼相爱，交相利”（注 132），以达到最大多数人之最大幸福。“此圣王之法，天下之治道也。”（注 133）反是则为社会混乱之原因（注 134）。因此，“视人之国，若视其国；视人之家，若视其家；视人之身，若视其身”（注 135）。有趣者是，即使此一原则也不免于沾染实用气息，因为此一恩惠之说，其理由至少有一项乃是基于实用之观点，而此即是“爱人者，人必从而爱之”（注 136）。

吾人可以显然看出，此一实用哲学之基础，不能求之于任何内在之诫律，而只能求之于"昔之圣王"之经验。此一尊古绝不削弱墨家哲学之实用精神。相反地，只有促进之。因依据墨子，"昔三代圣王……其事，上尊天，中事鬼神，下爱人"（注 137）。

另一带有宗教意味之学说，也带有实际利益之余音。"今若使天下之人偕若信鬼神之能赏贤而罚暴也，则夫天下岂乱哉？"（注 138）此一信仰，施之国家万民，"实利万民之道也"（注 139）。墨子即因宗教之此一实际功用而超过孔子成为古中国宗教之主要护卫者。吾人可能不接受墨子奠立宗教及其门徒组织某种教团之理论，但吾人不能否认墨子比孔子更进一步试图保存宗教体制。老子确定偏左，孔子在信仰超自然一事上择其"中庸"，而墨子则无疑偏右。然而，吾人可以安然说，墨家宗教信仰之准绳仍以人事为本。因为墨子说道："我为天之所欲，天亦为我所欲。"（注 140）

墨子之后墨家到底如何演变，迄今仍是争论所在。吾人有些证据证明墨家演变为一宗教集团。但令吾人更感兴趣者则为其另一面之发展，即吾人所熟知之新墨家此一逻辑趋势。盛行于公元前 4 至前 3 世纪之新墨家，试图将其实际哲学建立于一套逻辑基础上。他们于此发觉必须驳斥惠施（公元前 380—前 305?）、公孙龙（生于公元前 380 年?）与其他名家之诡说。前者在诸如底下之吊诡中表达其观念："至大无外，谓之大一。至小无内，谓之小一。""日方中方睨，物方生方死。""今日适越而昔来。"（注 141）惠施及其同伙甚至更为诡异。渠等声称："卵有毛。""鸡三足。""轮不辗地。""飞鸟之景，未尝动也。""镞矢之疾，而有不行不止之时。""黄马骊牛三。""一尺之捶，日取其半，万世不绝。"（注 142）公孙龙更进而宣称"白马为非马"。因为"言白所以名色，言马所以名形也"。"马者，无去取于色，故黄黑皆所以应。白马者，有去取于色。"（注 143）他提出"物莫非指"之理论（注 144），以及坚白独立于石之说（注 145）。名家主要关怀者在于诸如时与空、可能与实际、动与静、普遍与特殊、实与质等观念。简言之，名家之整个运动代表吾人对知识本身之兴趣。此一兴趣与道家、儒家与墨家对于人生之敏锐关怀，大异其趣。名家成为儒、道、墨诸家众矢之的，自不足为奇（注 146）。

新墨家在名家知识主义之前为欲维系其实际兴趣，必须坚强建立其逻辑体系以防卫其实用哲学。他们因而在现在融入《墨子》一书中之定义、命题、注解与证明诸形式写下新墨家之教规（注 147）。他们发展出七种论辩法："或"，"假"，"效"，"辟"，"侔"，"援"，"推"（注 148）。他们将名分为三类："达、类与私。"（注 149）他们发现"相同之法"，包括"同、体、合与类"，以及"相异之法"，包括"二、二体、不合、不类"与"同异交得"（注 150）。"同，二名一实。……体，同也，俱处于室。合，同也。……类，同也。……二必异，二也，不连属也，不体也，不同所，不合也，不有同。"（注 151）他们将范型定义为"法同则观其同……法异则观其宜……从也"（注 152）。同时解释说"意、规、员，三也，俱可以为法"（注 153）。他们指斥名家视坚、白、石为三之理论。反之，他们认为坚与白乃在石中（注 154），而坚与白二特性并不彼此抵触（注 155）。

重要者是新墨家毋能容忍诸如质与实之差异，而另一要点则为知识即力量。依据新墨家之看法，知即"接"也（注 156），而不论其是"知"（注 157）、是"平"或是"求"（注 158），其目的则是"行为"（注 159）。知识之目的即在于引导吾人在行为中，尤其是在苦与乐中作一明智之选择。"欲养其指，智不知其害，是智之罪也。若智之慎文也，无遗于其害也，而犹欲养之，则离之。"（注 160）但"断指以存腕，利之中取大"（注 161）。墨家之"兴天下之利，除天下之害"，可借此明智之选择予以实现。

此一逻辑运动几乎在婴儿期便告夭折，使得中国缺乏形上学与本体论可能赖以建立之一套不偏不倚、深具分析性与科学性之逻辑体系，殊值遗憾。然而，对于人事之大大关怀并非是阻碍知性生长之唯一因素。公元前 4 世纪尚有一大"反知"运动，而以庄子为最佳代表。

庄子与阴阳家

在儒家之道德人本主义里与墨家之实用人本主义里，吾人之智力均享有一合法地位。老子确曾斩钉截铁地谴责知识，但《道德经》里之"智"乃与聪明和狡诈相对。及至庄子（生于公元前 369 年?）则演变为几乎完全之不知不识。根据庄子自己之语言，真知乃是"大知"，而大知"闲闲"（注 162）。其意为达者"知通为一，为是不用而寓诸庸"（注 163）。

此一道通为一学说之根本原则为道刻雕众形（注 164），覆载万物（注 165），而又无所不在，道甚至在蝼蚁、在稊稗、在瓦甓、在屎溺等下贱之物（注 166）。从道之观点，万物因而"与我为一"。《庄子》第二篇《齐物论》整篇均在发挥此一主题。"故为是举廷与楹，厉与西施，恢诡谲怪，道通为一。其分也成也，其成也毁也。"（注 167）一般言之，"是亦彼也，彼亦是也"（注 168）。从"互生"之观点，"彼出于是，是亦因彼"（注 169）。其意即是"方生方死，方死方生，方可方不可，方不可方可。因是因非，因非因是"（注 170）。依道之标准，"天下莫大于秋毫之末而太山为小"（注 171）。

此一“齐物”论，可谓无以复加。其推崇一致、同一与综合，乃其得处。但其谴责特殊、具体与分殊则为失处。倘若绝对不分，则不单逻辑，并连道德均不可能。庄子眼中，文明确非祝福，而是一项诅咒。“故圣人有所游而知为孽。……恶用知？恶用德？……天鬻也。天鬻也者，天食也。既受食于天，又恶用人？”(注 172)一切仁义礼乐，均须遗忘(注 173)。

此是彻头彻尾之原始主义。中国哲学上再也寻不出如此极端之原始主义。庄子此一人生自然主义之哲学对 4 至 5 世纪那些宿命论放荡之士大有影响，而其自然主义之形上学说则成为道教、佛教之接触点。其强调不停与自发之变化与“齐物”几乎影响了一千五百年以来每一位中国哲学家。身为自然之推崇者，一千五百年以来他仍是中国艺术家，而特别是山水画家灵感与想象之主要源泉。

庄子之伟大与重要主要在于他对自然之推崇。人本主义对他已丧失一切意义，因为世间人只不过是“毫末之于马体”(注 174)。职是之故，彼“内直者”欲“与天为徒”(注 175)，欲“侔于天”(注 176)。他们不欲“以人助天”(注 177)。其意为，只要“牛马四足”，便不“落马首，穿牛鼻”(注 178)。不以人助天乃庄子无为之翻版。只有在无为中吾人方能寻获快乐。“至乐活身，唯无为几存。”(注 179)“无为名尸，无为谋府，无为事任，无为知主。体尽无穷，而游无朕。尽其所受乎天，而无见得，亦虚而已。”(注 180)

吾人若达此境，吾人即成为“真人”，而真人“不知说生，不知恶死。其出不䜣，其入不距。翛然而往，翛然而来而已矣。不忘其所始，不求其所终。受而喜之，忘而复之。是之谓不以心捐道，不以人助天。……若然者其心志，其容寂。……与物有宜而莫知其极”(注 181)。

欲达此一目的，吾人必须“无己”“无功”“无名”(注 182)。吾人必须“心止于符……虚而待物。……一宅而寓于不得已”。“形莫若就，心莫若和。”(注 183)简言之，吾人在此具有至为简易之原始主义、神秘主义、静谧主义、宿命主义与悲观主义。

实体与人生之变动不居，使得宿命主义与悲观主义之色彩益形浓厚。“物之生也，若骤若驰，无动而不变，无时而不移。何为乎？何不为乎？夫固将自化。”(注 184)存在短暂，而人生也如万物倏忽易逝。“物有死生，不恃其成。一虚一满，不位乎其形。年不可举，时不可止。消息盈虚，终则有始。”(注 185)在此一瞬息万变之宇宙里，吾人亦得安和之唯一途径乃在于让自然自然运行。吾人不该问：“意者，其有机缄不得已邪？意者，其运转而不能自止也？”(注 186)也许“若有真宰，而特不得其朕”(注 187)。吾人所得把握之唯一事情乃是“万物皆出于机，皆入于机”。“万物皆出于机。……得水则为继……则为鼃滨之衣……则为陵。……程生马，马生人，人又反入于机。”（注 188）吾人读此等段落，禁不住为庄子诗意之想象与演进之思想所吸引。吾人同时亦震慑于无可避免之“自化”与短暂之存在。在这些无可减却之事实之前，真人乃“和之以天倪，因之以曼衍，所以穷年也。……忘年忘义，振于无竟，故寓诸无竟”（注 189）。

当然，吾人不该忘记，尽管庄子有逃避之观念，但其主要关怀者仍为“保身”。他花一整篇于《养生主》之说上（注 190）。他于此加入公元前 4 至前 3 世纪中国之“百家”齐鸣。他们各自具有自己独特之学说，而均为优异生活之追求者。中国历史及任何国家之历史上，其思想之自由与学术之丰富发展从未有超过此一时期者。

一股强烈之学术潮流一直贯穿此一多重发展，其起源可以追溯到占卜为唯一学术活动之上古时代，而此即为阴阳学说。阴与阳分别为宇宙之被动或雌性与主动或雄性力量。依据《道德经》，阴与阳造成世界之和谐。在儒家之经典《易经》里有如下之记载：“易有太极，是生两仪。两仪生四象，四象生八卦。八卦定吉凶，吉凶生大业。”（注 191）《易经》之时代仍为不定之气氛所环绕，但宇宙乃一从简单到复杂不停变易之动力体系，而两仪则为变易之原动力，此等观念比《易经》之编纂一定早数世纪之久。

任何治中国史之学者均不该低估此一阴阳之观念，不单因为此一观念主要制约了中国人民对于实体之看法，且亦因为其提供共同园地给不同学派彼此搀和。此一运动如此强大，到公元前 4 世纪为止，已俨然成为一独立学派。最后在公元前 2 世纪，阴阳家与以黄帝为名之普遍而强大之运动以及当时流行之老子哲学认同而袭以黄老之名。同时，《易经》之阴阳观念则成为儒家最重要之层面。阴阳之基调的确成为中国学术交响曲第二运动，亦即中古中国哲学之主调。

早期之中古哲学

早期之中古中国哲学乃环绕阴阳之说而朝各个方向发展。道家之《淮南子》与儒家之董仲舒均导向大宇宙与小宇宙之哲学，而王充则导向与相应理论直接对反之自然主义。《淮南子》试图发展出比前人更合理性之宇宙论。其提示说，“有始者”，“有未始有有始者”，以及“有未始有夫未始有有始者”（注 192）。又说：“道始于虚霩，生宇宙，宇宙生气……为阴阳……为万物。”（注 193）但这些只是道之开展（注 194）。其次，尽管昆虫、鱼、鸟与动物“所为各异”，然皆“同出于一”，“真人者未始分于太一者也”（注 195）。到此为止，《淮南子》并未离开古代中国哲学。但其阴阳观念却给道家加上一种新调。“天有四时五行九解……人亦有四肢五脏九窍。……”（注 196）因为这些只是阴阳同一原则之不同显现而已。

此一相对应之精神在董仲舒（公元前 176？—前 104）更形重要。董氏使儒教成为国教。依他之见，“物莫无合，而合各有阴阳。……君臣、父子、夫妇之义，皆取诸阴阳之道，君为阳，臣为阴。父为阳，子为阴。夫为阳，妻为阴”（注 197）。简言之，凡可想象之物，皆可压缩为阴阳两普遍原则。而阴阳则透过五行表现，天下万物皆与五行相对应。五行则与五音、五味、五色、方向、季节与德性相对应（注 198）。

此一相对应架构对中古中国人民一定具有吸引力，因为它主宰中国思想绝不少于五世纪之久。道家与儒家觉得此一观念颇为投合，因为它有系统地表达了投合他们心意的和谐观念。但和谐之真精神，不论是儒家之中和，道家之内在和谐，抑或两家所教导之人与自然之和谐，却已丧失。此一对应之说变为一种智力游戏，一种迷惑游戏，最后则变为一种迷信。一卷卷之“纬书”均写来注解《易经》。此类文籍浩繁而深具影响，国家之许多重要决策均取于此等充满迷信书籍之奇异认可。中国哲学因而进入黑暗时代。儒家在此时代发展为一国教而非一理性哲学，而道家则堕落而认同于最低形式之宗教崇拜。对此一事态会引起强烈之反动，毋乃自然。批判之精神逐渐兴起，从 2 世纪到 5 世纪而达于高峰。强烈之训诂运动与政治自由思想运动于焉兴起。

其中可以王充（公元 27—约 100）为此一批判精神之杰出代表。其他中国哲学家在理性思维与批判精神上也许无与伦比。他攻击各种错误之信仰，攻击鬼的信仰（注 199），以雷为上天之怒吼（注 200），以灾异为上天之示警（注 201），以为古时优于现代（注 202），以及其他许多谬误之信仰。他论道：“天地（阴与阳）合气，万物自生。”（注 203）此等自发之创造并非为人而设，因为“天生五谷以食人”之说，不啻是“天为人作农夫”（注 204）。此外，“如天故生万物，当令其相亲爱，不当令其相贼害也”（注 205）。吾人在此拥有中国哲学上最为彻底之自然主义。

后期之中古哲学

王充诉诸理性与经验，亟于恢复合理之自然主义。设若中国哲学循此发展,则其故事必将改观。但纯哲学之道家却不幸难得发展,只《列子》(约于公元300年)一书,其中道之观念,达到命定机械论(注206)。复兴道家之真精神者只有哲学家葛洪(抱朴子,284? —363)一人。他恢复并阐扬道家自然主义与自化说尊严的地位。

儒家唯一著名之发展在于韩愈(768—824),其人性三品论及其护儒之成功,与其说得力于论理,不如说得力于其优美之文体。此一时期中国哲学之真正建设端在佛教之引进与发展。

佛教

佛教一切教派均传入中国,从而保存发展,但只有与中国基调调合者,方得持续不坠。上座部之有宗、主张"一切存在"之实在论俱舍宗(约公元600—800)以及上座部之空宗、坚持"我法皆空"之否定论成实宗(公元412—约700)在中国皆无漫长之历史。大乘之有宗、主张万法唯识之唯心论之法相宗(约公元600—1100)、大乘之空宗以及认实地为空之否定论或毋宁说绝对论之三论宗(约公元500—1100)在中国亦兴盛不久。此等宗派之依附于有或依附于无,主要是以印度之体系传扬于中国而未融入中国思想之中。但结合有与无倾向之佛教各教派,却仍继续流传至今。

结合不同,甚至相反之因素成为一综合之整体,乃是中国思想之特色。吾人犹记,道在老子乃兼"有"与"无",庄子进据而发挥而成为有名之齐物论。吾人亦犹记得,孔子视中庸为最高之理想,他排斥任何一边与极端之物。在新墨家,本体与属性、普遍与特殊等区分,则受到严厉之批评。阴阳之传统则始终为一正反之综合传统。中古中国哲学之整个运动,不单是强调古代各学派综合之延续,其本身亦为儒、道相对立哲学之综合。此一几乎影响所有本国哲学之综合倾向,也连带影响中国境内之佛教。

粗略言之,正如同俱舍宗、成实宗、唯识宗与三论宗之几乎为中国境内之印度佛教,今日中国境内,不论就影响与时间之长度上最显赫之五种佛教教派,则为典型之中国佛教。此不单因为它们至今仍旧存在于中国,且系因为它们综合之特性。此五大教派均抛弃其原始有与无之极端立场而采取"中道"之综合立场。华严宗(约公元600)以唯识缘起开始,从而阐扬"法界之普遍缘起",终则企及高楠顺次郎教授所称之"总体论"。此宗创立"十玄门",其作用为万法均皆真实而完美,诸法彼此反映,诸法同时是单纯与复杂,是一与多,是公开与神秘,是纯与异杂,等等,宇宙因而是"圆融无碍"。由此可见此一宗派虽起自印度,但主要在中国发展,是可代表佛教兼容精神之极致。

从有之立场转变到兼有与空之立场之另一教派为密宗(真言宗,约公元300),是一神秘宗教而非哲学体系。但即使在此,其思想之综合模式仍很明显。密宗乃是受到中国伦理理想所洗礼与转变之印度宗教。此一教派视宇宙为精神界、法界或佛界,此界显现为“金刚界”,亦即静界,与“胎藏界”,亦即动界。然而,此两界只是同一佛之不同显现:“是二而不二。”

中国境内其他三派从一种极端立场同样转变到中道,甚至更为明显,因而成为典型之中国佛教。华严宗与密宗皆从有之立场起始,而天台宗(约公元580)则从无之立场起始。从否定论之空论起始,最后达到空(物无实相)、假(但有短暂之存在)与中(同时为真谛)之“圆融三谛”。此三谛是三而一,而如如或真如则兼融现象与本体。此宗因而自称为“圆教”。此一综合精神必定强烈投合中国人民之想象,因为天台宗迄今仍是今日中国盛行之佛教教派。

至于禅宗(约公元450)与净土宗(约公元300),其起源虽可追溯到印度,但主要乃是中国之创造。净土宗乃一信条,是吾人所提到之各宗当中最少哲学意味者。但其基本信仰诸如众生之拯救与凭信仰之拯救,均奠基于“一即一切,一切即一”之观念。此宗接受涅槃既无时、空,亦无生、死之观念。但其将此解释为无量光与无量寿之佛国,亦即净土是也。

就中国思想而论,佛教各宗当中最重要者乃是禅宗。禅基本上为一方法,不是此宗所拒斥之言语、文字之方法,而是“直指本心、见性成佛”之方法。但此一方法一方面是基于生与灭、毁与常、一与异、来与去此一八层否定之假设上,而另一方面则基于众生皆具佛性此一实体之肯定上。禅宗“直觉”之法,连同其“顿悟”,使得中国心灵具有好整以暇而完全解脱之道。禅即因而特别迷人。而最重要者,禅宗之独赖沉思赋予中国心灵一种严格之心理与精神纪律,而加速唐代(618—907)光辉灿烂之诗。山水画唤醒了中国人之想象,禅宗赋予其活力。

但此一寂静主义与重实际而以人为依归之中国人,基本上并不和谐。禅由鼎盛而开始中衰,中国中古哲学亦随而告终。中国智力交响曲之第二乐章乃以无言之曲结束。此中有和谐,但乃是寂静中之和谐。

新儒家

自从佛教传入中国之后,中国哲学家便一直严予批评。致命之攻击,乃由新儒家所发动。他们觉得佛教不“实”,而佛教徒之畏惧生死乃起于自私自利(注 207)。他们认为佛教之舍弃理论难以维系,因为他们坚持,即使吾人可能舍弃家庭,但只要吾人踏入尘世,便绝不可能逃避社会(注 208)。他们相信万物常在变化,因此,佛徒成住坏空之说,并不健全(注 209)。他们批评佛徒将具体之实体误认为空虚,因为佛徒认为包括衣食在内之一切皆空,而彼等却日日赖以维生(注 210)。他们觉得佛徒之空乃真正由于彼等未能了解物理(注 211)。他们指出,佛徒甚至也无能逃避人伦关系,因为即使彼等切断与父母之关系,但彼等之间仍有师徒之关系存在(注 212)。他们谴责佛教徒,因为彼等只为自己之利益而不能负起社会责任(注 213)。

吾人可从此等批评见出新儒家之精神。新儒家之历史实际乃是现代中国哲学之历史。它不只主宰了晚近八百年之中国思想,同时也主宰了日本思想达数世纪之久。在中国,新儒家分三层发展,即宋朝(960—1279)之理学、明朝(1368—1644)之心学与清朝(1644—1911)之实学。在日本,则分别由朱熹学派与王阳明学派代表(注 214)。

理学:程氏兄弟与朱熹

此一运动之中心观念集中在太极上,“太极动而生阳,动极而静。静而生阴,静极复动。一动一静,互为其根。分阴分阳,两极立焉。阳变阴合而生水火木金土。五气顺布,四时行焉”(注 215)。“二气五行,化生万物。五殊二实,二本则一。是万为一,一实万分。万一各正,小大有定。”(注 216)一在万中与万在一中之关系,可举月亮为一鲜明例证。“本只是一太极,而万物各有禀受,又自各全具一太极尔。如月在天,只一而已。及散在江湖,则随处而见,不可谓月已分也。”(注 217)

因此,实体乃不断进展而深相调合之体系。但此并非是唯一调和之秩序。物物各为一统一体系,各具一太极。“本只是一太极,而万物各有禀受,又自各全具一太极。”(注 218)例如,“天地统是一个大阴阳,一年又一时皆然”(注 219)。

此万在一中与一在万中之哲学,乃是儒家变易哲学之直接产物。但其发展受到佛家统体哲学之鼓舞,则极可能。设若如此,儒佛两家在此有一基本区分。佛家哲学乃基于否定分殊之空上,而新儒家哲学则基于肯定分殊之理上。理乃新儒家体系之关键。兹引程氏兄弟(程颐,1033—1107;程颢,1032—1085):“所以谓万物一体者,皆有此理。”(注 220)万物皆有理,因为

"物皆有理"(注221)。由于理乃是宇宙之法则,因此"一物之理,即万物之理"(注222)。

此理须透过某物操持运转而予以具体化。它因而必须由一充实而特殊之原则加以补充,而此即为气。气透过自己之道路五行,而以阴阳之形态区分一为万殊,而万殊则各有"定分"。"阴阳半而形质具焉,阴阳偕而性情分焉。"(注223)因为"若气不结聚时,理亦无所附着"(注224),而堕入佛家之空中。依新儒家之见,佛家之空,若欲健全,必实之以气。"太虚无形,气之本体,其聚其散,变化之客形尔。……知虚空即气。"(注225)

理与气,作用虽不同,但新儒家之本意则绝不在予以强烈对比。基本上,其间并无区分,因为"天下未有无理之气,亦未有无气之理"(注226)。"太极,理也。动静,气也。气行则理亦行。二者尝相依而未尝相离也。太极犹人,动静犹马。马所以载人,人所以乘马。马之一出一入,人亦与之一出一入。"(注227)理与气主要之区别在于理为"形而上者。从其无形迹之观点而言,吾人因而可说理在气先"(注228)。然而,此一区别只是就"某一观点"而言。理与气实乃一物之两面,彼此相辅相成。

使宇宙成一太极并为"中和"之充分展现者,即为理与气之交互作用。"阴阳五行错综不失条绪"(注229),此一秩序表现在万物之化生与共存上。"生有先后,所以为天序。小大高下,相并而相形焉,是为天秩。天之生物也有序,物之既形也有秩。"(注230)因此,兼容万物之宇宙,乃一和谐体系。"中者,天下之正道,庸者,天下之定理。"(注231)宇宙因而是一道德秩序。而此即是最伟大之理学家朱熹为何说"太极只是个极好至善底道理"(注232)之主要理由。

道德秩序乃一社会秩序。正如人为一社会动物,物亦为一社会实体。理学家强调无一物能孤立于他物而独立。"物无孤立之理。非同异屈伸终始以发明之,则虽物非物也。"(注233)而此亦即:除非有群体,否则无个体。

理学家即据此而有趣地强调凡物必有对。"天地万物之理,无独必有对。"(注234)"有象如有对。"(注235)此为真实,因为凡物根本上之理毋能自形独立。"孤阳则不长,必与阴会;孤阴则不生,必与阳合。"(注236)因此,"无一物相肖者"(注237)。

依此,庄子之齐物论与佛家之否定生死,必须完全予以否定。"夫物之不齐,物之情也。"(注238)理学家重复道:"阴阳于天地间虽无截然为阴为阳之理,须去参差。然一个升降生杀之分,不可无也。"(注239)"天地阴阳之运,升降盈虚,未尝暂息。……阳常盈,阴常亏,一盈一亏,参差不齐,而万

变生焉。故曰：物之不齐，物之情也。”（注 240）

盛衰之相续可能提示“阴阳两端，循环不已”（注 241）。然此一循环并非佛家之循环。万物并不如佛、道两家所宣称者返归其源。因为“凡物之散，其气遂尽，无复归本原之理。天地间如洪炉，虽生物销铄亦尽。况既散之气，岂有复在？天地造化，又焉用此既散之气？其造化者，自是生气”（注 242）。每一创造因而均为一新创造，而宇宙乃永远生生不已。

宇宙这些特性只是宇宙之理。人之责任即在了解此理以充分体认其存在之意义。吾人必须“格物穷理”。如程氏兄弟所言者，“物，即事也。凡事上穷极其理，则无不通”（注 243）。然此“非道义尽穷了天下万物之物，又不道穷得一理便到，只是要积累之后然见”（注 244）。吾人甚至不用走远以穷理，因为理即在吾人眼前（注 245）。不论是穷究水火之性、父子之关系，或是读书明理讲学讨论，不论是以适当之方式接物或待人，都无差别（注 246）。只要竭尽其力，自会了解。如此便是尽性至命，因为“穷理尽性以至于命，三事一时并了”（注 247）。

此为不可避免，因为倘若吾人格物穷理，吾人会发现“民吾同胞，物吾与也”（注 248）。是因人人内心皆具同理。职是之故，吾人不该有物我之分（注 249）。吾人必须博爱。只有全尽他人与万物之性后，自我之性才得全尽（注 250）。此为理学伦理，亦即仁之伦理。因此，伦理学有一形上学之坚实基础，因为仁乃“万理之源”与“万事之本”（注 251）。宇宙生生之事实乃仁之具体显现（注 252）。

欲达到充分明理与仁道此一目的，吾心必须经历严格纪律之洗练。吾心必须诚敬。如朱熹所定义者：“敬是竦然如有所畏之意，诚是真实无妄之名。”（注 253）诚乃“天之道”与敬乃“人事之本”（注 254）。特别言之，诚乃“思无邪”，而敬则是主于一而“齐庄整敕”（注 255）。

程氏兄弟与朱熹之主敬，不久即几袭上宗教意义。有些门徒乃坦然以佛家之沉思予以解释。事实上，理学家之二元式，亦即致知与居敬，与禅宗之静虑与禅味可能有些对应（注 256）。理学运动变为一种向内之运动，心渐居重要地位。随同心此一角色之提升，新儒家乃从第一阶层过渡到第二阶层，亦即从理学过渡到心学。

心学：陆象山与王阳明

心学在陆象山（陆九渊，1139—1193）业已定形。他说：“宇宙便是吾心,吾心即是宇宙。”(注 257)此是因为吾心与宇宙同是道之显现。“道外无事,事外无道。”(注 258)“宇宙内事是己分内事,己分内事是宇宙内事。”(注 259)此诸语句并非提示唯我论,因为“某之心,吾友之心,上而千百载圣贤之心,下而千百载复有一圣贤,其心亦只如此”(注 260)。

此一理想主义之倾向至王阳明(王守仁,1472—1529)而达高潮。依阳明之见,心理乃同一物。“心即理也,天下又有心外之事,心外之理乎?”(注 261)他问道,以孝道为例,孝之理不在于父母,而在于吾内心之中。“求孝之理于其亲,则孝之理,其果在于吾之心也邪?抑果在于亲之身邪?假而果在于亲之身,则亲没之后,吾心遂无孝之理欤?……以是例之,万事万物之理,莫不皆然。”(注 262)“身之主宰便是心,心之所发便是意,意之本体便是知,意之所在便是物。如意在于事亲,事亲便是一物……所以某说:‘无心外之理,无心外之物。’”(注 263)设若吾人说天地万物存在,乃是由于吾心之意识。“天地鬼神万物,离却我的灵明,便没有天地鬼神万物了。我的灵明,离却天地鬼神万物,亦没有我的灵明。”(注 264)至于心与外物之关系,王阳明辩称,此等物并未真正外于吾心。吾人见花开而落于高山上,似乎与吾心无涉。但如吾人之哲学家所观察者,“你未看此花时,此花与汝心同归于寂。你来看此花时,则此花颜色一时明白起来。便知此花不在你的心外”(注 265)。

因为心乃理之本体。如此,吾人若欲真正明理,便须从自己内心加以发现。吾人必须“穷极吾心”。“至善者,心之本体;本体上才过当些子,便是恶了。”(注 266)恶之显现因而被解释为原本至善之心之遭受干扰。“心犹镜也,圣人之心如明镜,常人心如昏镜……磨上用功,明了后,亦未尝废照。”(注 267)简言之,恶乃由于心之“本体”之丧失。(注 268)

欲恢复心之本性,吾人必须避免任何干扰。吾人之心必须留在“定静”状态,只有如此才能达到至善。(注 269)心由于定静而清明如镜,便自然知是知善。换言之,知善之心乃内在而非外在。“心自然会知;见父自然知孝……见孺子入井自然知恻隐;此便是良知,不假外求。”(注 270)

不单良知是天生,良行亦是内在,因为知与行合一。知行合一之说,理学家虽曾提示,但却为王阳明所首倡。吾人若不能事亲敬长,那是因为“此已被私欲隔断,不是知行的本体了。未有知而不行者。……见好色属知,好好色属行。只见那好色时,已自好了”(注 271)。

由于吾人天生具有良知良能,吾人之主要责任便在于“明明德”。“明明德在于亲民。……天命之性,粹然至善,其灵昭不昧者。此其至善之发现,是乃明德之本体,而即所谓良知者也。至善之发现,是而是焉,非而非

焉。”（注 272）

明明德在于仁，因为人心与万物之心同体（注 273），亦即“天地也与我同体”（注 274）。因此，“其视天下犹一家，中国犹一人焉”（注 275）。其仁其爱甚至伸及动植物，因为当他听到待宰之动物或鸟之哀鸣与惊惧之状时，不容于自己而心生怜悯。

心在此一形上与伦理体系里，其重要可谓至高无上。王阳明知行合一之说虽本于《大学》之“正心”与孟子“养心”之说，但吾人却可轻易察出禅之影响。其强调定静可确证此一影响。无论如何，不论是中古或现代，没有一位儒家人物如此走至极端，因而脱离了孔子中庸之道。

经验派：戴震

即使在新儒家阵营本身里，对此一极端理想主义之反动，亦不可避免。第三阶段之新儒家，亦即清朝（1644—1911）之儒家，可以说是此一反动。然而，此最后阶段之新儒家在排斥心性而崇尚经验哲学上，却超出仅是反动之上。它代表一种努力，为欲保存古代、中古与现代儒家凡属好之一面，同时返回孔、孟中庸之道。

因此，若说此一经验派之新儒家，实际上只是宋明理学心学之余绪，实乃大错。此一时期既没有像宋、明时代之大学者，亦没有如此多新颖之理论，诚属不错。但倘若戴震（1723—1777）此一经验派最伟大之哲学家可以作为代表，则其诚欲在更平衡之基础上重建儒家。理学家将理与气对比，认为理为形上，纯净、精炼而又遍在，而气则为形下，混杂、粗糙而特殊。戴震严厉批评此一实体之二分法。依他之见，“气化之于品物，则形而上下之分也。形谓已成形质，形而上犹曰形以前。形乃品物，非气化”（注 276）。气，连同其五行与阴阳二气，并不在理下。依朱子及其门徒之见，理为道，而道则在气上。反之，依戴震之见，道只是气之运行。一方面，理与道不分，而另一方面，理与气亦不分。理与气均为道。

> 道言乎化之不已也；……理言乎其详致也。……是故生生者化之原，生生而条理者化之流。……生则有息，息则有生。天地所以成化也。生生者仁乎？生生而条理者礼与义乎？（注 277）

如此，道乃表现在恒常而有秩序之变化中，而理则为变化之实现。此名可应用于与宇宙诸特性相谐合之万事万物上。“言乎自然之谓顺，言乎必然之谓常。”（注 278）如此，只有“明乎天地之顺者，可与语道”（注 279）。

以和谐为关键，此一经验派哲学家乃宣扬人性之和谐。彼辈踵武先儒，均认为人性本善。从 11 世纪到 16 世纪对于理之讨论中，一般均认为善意起自理，而恶行则起自欲，因此理与欲遂形成尖锐之对比。依晚期之新儒家如戴震之见，则认为错误。因为“人与物同有欲。欲也者，性之事也。人与物同有觉。觉也者，性之能也”（注 280）。由于欲乃天生，故不可犯（注 281）。因此，问题不在于如何压抑欲与情，而在如何以理导情，以理导欲。设若情欲之用“无失”，便自然与天地相协（注 282）。其间之通式似乎是“欲不可无也，寡之而已”（注 283）。

现代新儒家之护卫情欲，不单因为情欲乃天生，同时因为欲与理乃不可分。“欲其物，理其则也。”（注 284）“物者，事也。语其事，不出乎日用饮食而已矣。舍是而言理，非古圣贤所谓理也。”（注 285）此外，引起欲望之情，并不悖理。反之，“未有情不得而理得者也”，“无过情无不及情之谓理”。（注 286）

吾人若将情欲与理谐合起来，吾人便与宇宙相合谐。人人、万物与宇宙合谐之后，便是道之实现。

晚近三百年之新儒家于强调理与“日用事物”之和谐时，一直要求吾人从玄思返回到经验，从普遍返回到特殊，从朱熹与王阳明抽象之形上学返回到孔、孟对于社会政治之关怀上。简言之，彼等强调“实用”。此一强调至康有为（1858—1927）与谭嗣同（1865—1898）而达顶峰。康、谭二氏以仁为其“实用”之学与政治改革之基础。但就社会与政治改革之指引而言，现代中国发觉其传统哲学有所不足，乃看向西方以求问题之解决。西方哲学，受到胡适（1891—1962）所领导之五四运动之刺激，而成为 20 世纪中国之显学。西方之实用主义、唯物主义、新实在主义、生机主义，以及新唯心主义，在在给予本国哲学致命之打击。然而，中国哲学仍然继续长存，因为其理想至今仍为中国之理想（注 287）。

此等理想历受中国历史之考验而价值长存。凡希冀在中国境内享有永恒地位之哲学体系，无一能对此等理想予以排斥。吾人在此特别提到中和的理想，抑或人与自然之亲切关系，兼容态度，中庸之道，人道主义，养生与尽性精神宁静，不断之变化与自发之创造，宇宙阴阳之交感，一与多之和谐以及人性本善等理想。中国哲学，由于受到西方哲学之激荡，其音调显已改变（注 288）。其将受西方科学、逻辑与认识论之洗礼，殆无疑问。因此，下一运动之中国哲学交响曲，必将结合中国传统哲学，而谱出和谐之新乐章。

注释

注 1：Hu Shih, *The Development of the Logical Method in Ancient China* (Shanghai: The Oriental Book Co., 1928)。

注 2：上海，商务印书馆，1934。

注 3：孔子，《论语》，《卫灵公》，第二十八章。

注 4：《论语》，《述而》，第七章。

注 5：同上，《卫灵公》，第三十八章。

注 6：字面义为“道路”。儒家与道家均使用同一字，但意义迥然不同。

注 7：《论语》，《述而》，第一章。

注 8：同上，《八佾》，第十四章；《阳货》，第五章；《述而》，第五章。

注 9：同上，《季氏》，第八章。

注 10：同上，《宪问》，第三十八章。

注 11：同上，《八佾》，第十二章。

注 12：同上，《公冶长》，第十二章。

注 13：同上，《述而》，第二十章。

注 14：同上，《先进》，第十一章。

注 15：《大学》。

注 16：《论语》，《子罕》，第一章。

注 17：同上，《颜渊》，第一章。

注 18：同上，《子路》，第十九章。

注 19：同上，第二十七章。

注 20：同上，《阳货》，第六章。

注 21：同上，《雍也》，第二十八章。

注 22：同上，《颜渊》，第二十二章。

注 23：同上，《宪问》，第三十章。

注 24：同上，《卫灵公》，第十七章。

注 25：同上，《季氏》，第六章。

注 26：同上，第十章。

注 27：同上，《颜渊》，第一章。

注 28：同上，《里仁》，第二十四章。

注 29：同上，第十六章。

注 30：同上，《季氏》，第五章。

注 31：同上，《里仁》，第五章。

注 32：同上，《卫灵公》，第二十三章。

注 33：同上，《宪问》，第三十六章。

注 34：同上，《为政》，第五章。

注35：同上，《学而》，第二章。

注36：同上，《学而》，第一章、第三章；《先进》，第二十五章；《颜渊》，第十七章、第十九章；《子路》，第四章。

注37：同上，《子路》，第九章；《季氏》，第一章。

注38：同上，《颜渊》，第二十二章。

注39：同上，《子路》，第七章。

注40：同上，《阳货》，第九章。

注41：同上，第十一章。

注42：同上，《颜渊》，第十一章。

注43：同上，《里仁》，第十五章。

注44：同上。

注45：同上，《雍也》，第二十七章。

注46：同上，第十五章。

注47：《孟子》，《告子篇》上，第二章。

注48：同上，第六章。

注49：同上，《公孙丑篇》上，第六章。

注50：同上，《尽心篇》上，第二十一章；《尽心篇》下，第二十四章。

注51：同上，《尽心篇》上，第十五章。

注52：同上，《尽心篇》上，第十五章。

注53：同上。

注54：同上，第四章。

注55：同上，《离娄篇》上，第十二章。

注56：同上，《尽心篇》上，第一章。

注57：同上，《告子篇》上，第七章。

注58：同上，第十一章。

注59：同上，《尽心篇》下，第十六章。

注60：同上，《离娄篇》下，第二十八章；《告子篇》上，第十章。

注61：同上，《离娄篇》下，第二十八章。

注62：同上，《离娄篇》上，第二十七章。

注63：同上，《万章篇》上，第四章。

注64：同上，《滕文公篇》上，第四章。

注65：《荀子》，卷四，《儒效篇》第八，页5上。

注66：同上，卷八，《君道篇》第十二，页6下。

注67：同上，卷十一，《天论篇》第十七，页23上下。

注68：同上，卷十七，《性恶篇》第二十三，页1上。

注69：同上，页2上。

注70：同上，卷十六，《正名篇》第二十二。

注 71：同上，卷四，《儒效篇》第八，页 20 上。

注 72：同上，卷十三，《礼论篇》第十九。

注 73：同上，卷四，《儒效篇》第八，页 16 下。

注 74：同上，卷十一，《天论篇》第十七，页 16 下。

注 75：传统上认为是子思（公元前 492—前 431），孔子之孙所作，为《礼记》之一章。

注 76：同上，第一章。

注 77：同上，第二章。

注 78：同上，第二十章。

注 79：同上，第二十四章。

注 80：同上。

注 81：同上，第二十二章。

注 82：老子据传统所载，约在公元前 570 年左右。最近 20 年里，汪中（1745—1794）所持老子与《道德经》乃属于公元前第四世纪之理论，已经复被重视而为许多中、西学者所接受。

注 83：《列子》，《杨朱篇》，卷七，页 7 上。

注 84：《孟子》，《尽心篇》上，第十章。

注 85：《淮南子》，《氾论训》，卷十三，页 7 下。

注 86：《韩非子》，《显学》，卷五十，页 8 下。

注 87：《列子》，《杨朱篇》，卷七，页 2 下。

注 88：《道德经》，第十九章、第十二章。

注 89：同上，第四十五章、第十章、第五十一章、第十二章、第二十四章。

注 90：同上，第五十八章。

注 91：同上，第十八章、第二章、第十二章、第十九章、第三十八章。

注 92：同上，第二十、三十一、五十三、七十五等章。

注 93：胡适，《说儒》，1934，现收于《胡适论学近著》一书里，第一章（上海，商务印书馆，1935），页 3—8。

注 94：《道德经》，第二章。

注 95：同上，第六十四章、第三十七章。

注 96：同上，第三十七章。

注 97：同上，第三章、第五十七章。

注 98：同上，第四十、十一、七十八、四十三、七十六等章。

注 99：同上，第一章。

注 100：同上，第四十五章。

注 101：同上，第六、二十、二十八、六十一、十、六十九、五十五等章。

注 102：同上，第四十五章。

注 103：同上，第五章。

注 104：同上，第二十五章。

注 105：同上，第一、四、二十五等章。

注 106：同上，第一、十四、四十二、二十五、三十四、二十一等章。

注 107：同上，第二十五章。

注 108：同上，第八章。

注 109：同上。

注 110：同上，第七十八章。

注 111：同上，第四十二章。

注 112：同上，第五十五章。

注 113：同上，第十六章。

注 114：同上，第三十四章。

注 115：同上，第四十四章。

注 116：同上，第七十五章。

注 117：《墨子》，《兼爱中、下》，卷四，第十五、十六。

注 118：同上。

注 119：同上，《非命上》第三十五，卷九，页 1 上。

注 120：同上，《节用上》第二十，卷六，页 2 上。

注 121：同上，页 3 上。

注 122：同上。

注 123：同上，《节葬下》第二十五，卷六，页 10 上。

注 124：同上，《非乐中》第三十二，卷八，页 14 下—17 下。

注 125：同上，《非命上》第三十五，卷九，页 2 上。

注 126：同上，《非命中》第三十六，卷九，页 7 上。

注 127：同上，《非乐上》第三十二，卷八，页 14 上—15 下。

注 128：同上，《天志下》第二十八，卷七。

注 129：同上，《兼爱下》第十六，卷四。

注 130：同上，《兼爱下》第十六，卷四，页 17 下—18 上。

注 131：同上，《贵义》第四十七，卷十二，页 3 下—4 上。

注 132：同上，《兼爱中》第十五，卷四，页 4。

注 133：同上，页 8 上。

注 134：同上，《兼爱上》第十四，页 1 上。

注 135：同上，《兼爱中》第十五，页 4 下。

注 136：同上，页 5 上。

注 137：同上，《天志上》第二十六，卷七，页 3 下—4。

注 138：同上，《明鬼下》第三十一，卷八，页 1 下。

注 139：同上，页 10 上。

注 140：同上，《天志上》第二十六，卷七，页 2 上。

注 141：《庄子》，《天下》第三十三，卷十，页 38 下—39 上。

注 142：同上，页 42 上。
注 143：《公孙龙子》，《白马论》第二，页 3 下—5 上。
注 144：同上，《指物论》第三，页 5 下。
注 145：同上，《坚白论》第五。
注 146：《庄子》，《天下》第三十三，卷十，页 27 下—28 下。《荀子》，《解蔽》第二十一，卷十五，页 5 上。
注 147：《墨子》，第四十至第四十五。
注 148：同上，《小取》第四十五，卷十一，页 8 上。
注 149：同上，《经上》第四十，卷十，页 2 上。
注 150：同上，页 2 下。
注 151：同上，《经说上》第四十二，页 10 下。
注 152：同上，《经上》第四十，页 2 下—3 上。
注 153：同上，《经说上》第四十二，页 9 上。
注 154：同上，《经说下》第四十三，页 16 上。
注 155：同上，《经上》第四十，页 1 下；《经说上》第四十二，页 9 上
注 156：同上，《经上》第四十，页 1 上。
注 157：同上，页 1 上。
注 158：同上。
注 159：同上。
注 160：同上，《经说上》第四十二，页 9 上下。
注 161：同上，《大取》第四十四，卷十一，页 1 下。
注 162：《庄子》，《齐物论》第二，卷一，页 20 下。
注 163：同上，页 30 上。
注 164：同上，《大宗师》第六，卷三，页 26 上。
注 165：同上，页 27 下。
注 166：同上，《知北游》第二十二，页 49 上下。
注 167：同上，《齐物论》第二，卷一，页 29 下—30 上。
注 168：同上，页 28 上。
注 169：同上，页 27 上。
注 170：同上，页 27 下。
注 171：同上，页 34 上。
注 172：同上，《德充符》第五，卷二，页 42 上下。
注 173：同上，《大宗师》第六，卷三，页 26 上下。
注 174：同上，《秋水》第七，卷六，页 12 下。
注 175：同上，《人间世》第四，卷二，页 11 下。
注 176：同上，《大宗师》第六，卷三，页 22 上。
注 177：同上，页 4 上。

注 178:同上,《秋水》第十七,卷六,页 21 下。
注 179:同上,《至乐》第十八,页 31 上。
注 180:同上,《应帝王》第七,卷三,页 35 下。
注 181:同上,《大宗师》第六,页 3 下—4 下。
注 182:同上,《逍遥游》第一,卷一,页 9 下。
注 183:同上,《人间世》第四,卷二,页 13 上下;页 20 下。
注 184:同上,《秋水》第十七,页 20 上。
注 185:同上。
注 186:同上,《天运》第四,页 35 下。
注 187:同上,《齐物论》第五,页 23 上。
注 188:同上,《至乐》第十八,卷六,页 36 上、下。
注 189:同上,《齐物论》第二,卷一,页 45 下—46 上。
注 190:同上,《养生主》第三。
注 191:《易经》,《上传》,第九章。
注 192:《淮南子》,《俶真训》,卷二,页 1 上。
注 193:同上,《天文训》,卷三,页 1 上。
注 194:同上,《精神训》,卷七,页 1 下。
注 195:同上,《诠言训》,卷十四,页 1 上。
注 196:同上,《精神训》,卷七,页 2 上。
注 197:《春秋繁露》,《基义》第五十三,页 7 上、下。
注 198:同上,《五行对》第三十八,《五行之义》第四十二。
注 199:《论衡》,《福虚篇》第二十,卷六。
注 200:同上,《命义篇》第六,卷二,页 6 上。
注 201:同上,《谴告篇》第四十,卷十四,页 7 下。
注 202:同上,《齐世篇》第五十六,卷十八,页 13 下。
注 203:同上,《自然篇》第五十四,卷十八,页 1 上。
注 204:同上。
注 205:同上,《物势篇》第十四,卷三,页 16 下。
注 206:《列子》。
注 207:《遗书》,卷十三,页 1 下;卷十五,页 5 下。
注 208:同上,卷十八,页 10 下。
注 209:同上。
注 210:《朱子语类》,卷一百二十六,第十一条,页 3012。
注 211:同上,第三十七条,页 3016。
注 212:同上,第二十五条,页 3014。
注 213:《遗书》,卷十三,页 1 下;《传习录》上,第一百零一条,页 48 上;下,第二百七十条,页 18 下。

注 214:"新儒家"一词用于西方,指宋、元、明、清(1644—1911)之儒家哲学。方便起见,姑以此意用之。然而,此一名词并非是任何中文名词之直译。中文通称为理学、性理学或道学,因为理、性与道为当时之基本观念。有时候,宋朝(960—1279)之儒学称为理学,而明朝(1368—1644)之儒学则称为心学,因为当时理性主义虽仍继续存在,但理念主义乃最突出。清朝之哲学并无通称,因为包含有理性主义与理念主义等许多哲学潮流。然而,经验论却成为当时之主流,而成为理性主义与理念主义之反动。吾人称此一经验体系为朴学与汉学(因以汉朝对古籍之批评为基础)。作者使用"经验派"代表此一体系,因较中文之朴学、汉学更具有描写作用之故。

注 215:《太极图说》(《周子全书》,卷一,页 60)。

注 216:《通书》,《理性命》第二十二。

注 217:《朱子语类》,卷九十四,第二百零三条,页 2409。

注 218:同上。

注 219:同上,卷一,第四十六条,页 9。

注 220:《遗书》,卷二上,页 15 下。

注 221:同上,卷十九,页 1 上。

注 222:同上,卷二,页 1 上。

注 223:《皇极经世书》,卷七上,页 27 上。

注 224:《朱子语类》,卷一,第十二条,页 3。

注 225:《正蒙》,《太和篇》第一(《张子全书》,卷二)。

注 226:《朱子语类》,卷一,第六条,页 20。

注 227:同上,卷九十四,第五十条,页 2376。

注 228:同上,卷一,第十条,页 3。

注 229:同上,第十二条,页 3。

注 230:《正蒙》,《动物篇》第五(张子全书,卷二,页 4)。

注 231:《遗书》,卷七,页 3 下。

注 232:《朱子语类》,卷九十四,第二十一条,页 2371。

注 233:《正蒙》,《动物篇》第五(《张子全书》,卷二,页 40)。

注 234:《遗书》,卷十一,页 20。

注 235:《正蒙》,《太和篇》第一(《张子全书》,卷二,页 20)。

注 236:《皇极经世书》,卷七上,17 上。

注 237:《正蒙》,《太和篇》第一(《张子全书》,卷二十)。

注 238:《孟子》,《滕文公篇》上,第四章。

注 239:《遗书》,卷二上,19 下—20 上。

注 240:《粹言》,卷二,页 2 下。

注 241:《正蒙》,《太和篇》第一(《张子全书》,卷二,页 25)。

注 242:《遗书》,卷十五,页 15 下。

注 243：同上，页 1 上。

注 244：同上，卷二上，页 22 下。

注 245：《朱子语类》，卷九，第五十二条，页 155。

注 246：《遗书》，卷十八，页 5 下；卷十九，页 1 上。

注 247：同上，卷二上，页 2 下。

注 248：《西铭》(《张子全书》，卷一，页 3)。

注 249：《遗书》，卷十八，页 8 下。

注 250：《正蒙》，《诚明篇》第六(《张子全书》，卷二，页 42)。

注 251：《朱子语类》，卷六，第八十五条，页 24。

注 252：《遗书》，卷十八，页 2 上。

注 253：《朱子文集》，卷五十三，答胡季随第十三书，页 20。

注 254：《遗书》，卷十一，页 7 下。

注 255：《遗书》，卷九，页 1 下；《粹言》，卷一，页 3 下。

注 256：胡适，Sophia Zen, ed. *Symposium on Chinese Culture*, China Institute of Pacific Relations, Shanghai, 1931, p.57。

注 257：《象山全集》，卷二十二，页 5 上。

注 258：同上，卷三十四，页 1 上。

注 259：同上，卷二十二，页 5 上。

注 260：同上，卷三十五，页 10 上。

注 261：《传习录》上，第三条(《王文成公全书》，卷一，页 3 上)。

注 262：同上，中，第一百三十五条(《全书》，卷二，页 9 上)。

注 263：同上，上，第六条(《全书》，卷一，页 9 下—10 上)。

注 264：同上，下，第三百三十六条(《全书》，卷三，页 58 上)。

注 265：同上，第二百七十五条(《全书》，卷三，页 30 上)。

注 266：同上，第二百二十八条(《全书》，卷三，页 12 下)。

注 267：同上，上，第六十二条(《全书》，卷一，页 33 上)。

注 268：同上，第三十四条(《全书》，卷一，页 25 上)。

注 269：《大学问》(《全书》，卷二十六，页 5 下)。

注 270：《传习录上》，第八条(《全书》，卷一，页 10 上)。

注 271：同上，第五条(《全书》，卷一，页 5 下—6 上)。

注 272：《大学问》(《全书》，卷二十六，页 3 上—4 下)。

注 273：《传习录》下，第三百三十六条(《全书》，卷三，页 57 下)。

注 274：同上。

注 275：《大学问》(《全书》，卷二十六，页 2 上)。

注 276：《孟子字义疏证》中，第十七节(《戴震集》，页 287—288)。

注 277：《原善》上(《戴震集》，页 330—331)。

注 278：《读易系辞论性》(《戴震集》，页 162)。

注 279：同上，页 163。

注 280：同上，页 162。

注 281：参看《孟子字义疏证》第四十三节，《后序》。

注 282：《读易系辞论性》（《戴震集》，页 162）。

注 283：《孟子字义疏证》第十节（《戴震集》，页 273）。

注 284：同上。

注 285：同上，第三节（《戴震集》，页 267）。

注 286：同上，第二、三节（《戴震集》，页 265、266）。

注 287：当代中国哲学综论，见拙著"Trends in Contemporary Philosophy," in H. F. MacNair, ed., *China* (Berkeley, CA., University of California Press, 1946), pp.312 - 330.

注 288：冯友兰之《新理学》为受到西方客观主义修正之二程与朱熹之理性主义。见 MacNair, *China*, pp.561 - 567.

原文载 Charles A. Moore, ed., *Philosophy East and West* (Princeton, N. J.: Princeton University Press, 1944), pp. 24 - 68. 转载 Moore, ed., *The Chinese Mind* (Honolulu: The University of Hawaii Press, 1967), pp.31 - 76. 译文载《中国文化月刊》，第三十二、三十三期（1982 年 6、7 月）页 39—62，40—56。采入《中国心灵》（台北，联经出版公司，1984，页 21—66）。

孔子人文主义导言

钱耕森 译
汪子嵩、余敦康 校订

陈荣捷教授原籍中国，曾在广东岭南大学任教，后久居美国，任美国匹兹堡查塔姆学院哲学教授，达特茅斯学院中国文化和哲学的名誉教授。他是多次中国哲学史国际讨论会的发起人。1982 年夏，他发起了有中国学者参加的美国夏威夷国际朱子学讨论会。1981 年 10 月，陈荣捷教授曾回国到杭州参加了全国宋明理学讨论会。他写了许多中国哲学史著作。本文译自他编译的《中国哲学史文献选编》第二章，美国普林斯顿大学出版部 1973 年第四版，上册，页 14—18。该书是西方学习中国哲学史的必读参考书。

——译者

孔子（公元前 551—前 479）确实可以说从总的方面铸造了中国文化。也许这种说法显得过分，但是，如果说他在特殊方面铸造了中国哲学，即他为后来中国哲学的发展规定了方向和建立了模式，这种论断比通常的了解具有更多的真理。

在近八百年里发展起来的新儒学是中国思想的精华。它所讨论的主要论题，特别在宋、明时期，是人和物的本性和原理（理）（因此它被称为性理学）。作为这些主要论题的补充，有物质的力量（气）的问题，阴和阳（被动的和主动的宇宙力量或元素）、太极（伟大的终极原理）、有和无、体和用、天人合一的问题。孔子并没有注意这些问题，没有讨论到它们。事实上，理、阴阳、太极这些词在《论语》一书里是找不到的。气这个词出现了好几次，但不是当作物质力量的意义来用的（注 1）。孔子的弟子说过："夫子之言性与天道，不可得而闻也。"（注 2）孔子没有谈论人性，只有一次说过"性相近也，习相远也"（注 3）。但是这种理论和后来儒家性本善论的正统学说完全不同。

我们现在依据《论语》来讨论。一般认为《论语》是孔子学说的最可靠的史料。“格物”的问题起源于《大学》,其余的多数问题在《易经》里谈到了。但是这两部经典,一般都不认为是孔子本人的著作。再说,即令它们是孔子的著作,这些问题也仅只简单地提及,而未详加论述。因而说新儒家从它们得到启发或利用它们来支持自己的观点,那是正确的。但是如果认为它们为以后的中国哲学提供了一个纲要或框架,那就未免太过头了。

虽然如此,我们仅只依据《论语》来判断,仍然发现孔子对中国哲学的发展施加了巨大的影响。首先是他规定了中国哲学的显著特征,那就是人文主义。

我曾指出,人文主义的倾向早在孔子以前就已显露出来。但是只有孔子才把它转变成为中国哲学中的最强大的动力。他不大关心谈论鬼神的存在或死后生存的问题。相反,由于相信“人能弘道,非道弘人”(注 4)。他集中注意人的问题。他最关心的是一个以良好的政府与和谐的人伦关系为基础的良好的社会。为了这个目的,他主张一个良好的政府应该用德行和道德榜样来治理,而不是用刑罚或暴力。他关于善的标准是义而不是利。在家庭关系上,他特别强调子女的孝道,对于一般的社会关系,则强调合乎规矩的行为或礼(礼仪、礼节、典礼、习俗、惯礼)。

特别是,孔子相信所有的人都可臻完善。在这一点上,他根本修改了君子或在上位的人的传统观念。在字面上,“君子——统治者的儿子”,就可获得“在上位的人”的意思。按照这个理论,高贵是由地位决定的品质,特别是由世袭地位来决定的。“君子”这个术语在《论语》中出现了 107 次。在某些情况下,君子指的就是统治者。但在大多数的场合下,孔子用“君子”这个词去指导品德高尚的人。换句话说,在他看来,高贵不再是血统的问题,而是品德的问题。这就是一个社会革命的概念。或者,更加正确地说,这是一个进化的概念,但确实是孔子坚定地建立起这个新概念的。他反复把圣君尧、舜、周公作为典范,似乎是暗示他要复旧。但其实,他所期望的是理想的人,而不是神。

孔子不仅赋予中国哲学以人文主义的基础,而且制定了中国哲学的几个基本概念。这里要简要地论述到的有五个:“正名”“中庸”“道”“天”“仁”。在坚持正名的主张中,孔子不仅鼓吹要建立一种社会秩序,在其中,名分和等级已经适当地调整了,而且是要言行一致的。或者从哲学方面说,是要求名和实(践)的一致。这是儒家学派,几乎也是其他所有学派同样长期讨论的问题。“中庸”,在孔子头脑里,不仅仅是指适度,而且是中间道路和平衡。这在中国思想里也是一个基本的观念。实际上,后来新儒学关于阴和阳、体和用的协调的思想,并没有超出这个概念。在孔子对"天"的解释中,他甚至更从根本上背离了传统信念。直到孔子之时,至上的权力被称为"帝"或者"上帝",并且被理解为一种人格神。孔子从来没有谈到"帝"。相反地,他常常谈到"天"。诚然,他的"天"是有目的的,是万物的主宰。他反复地谈到"天命",即天的命令、意志或者委任。但是,对他来说,"天"已不再是以个人方式进行统治的最伟大的精神的东西,而只是由它自己运用道德律来进行统治的最高的存在了。文化的发展,人的行为都是应该按照"道"进行的。这就是"天道",后来被称为"天"或"自然"的"原则"("天理")。

最重要的是,孔子发展了"仁"的新概念,使它成为中国哲学的一个中心问题。所有后来关于原则和物质力量的讨论,都可以说是服从这个目的,即帮助人们去实现仁。"仁"这个字在甲骨文里是找不到的。它只能偶然地在孔子以前的著作中发现。在那些地方,它都表示一种特殊的和爱的美德,特别是表示统治者对他的臣民的和爱。但是,在孔子那里,所有这一切都被大大地改变了。首先,孔子把仁作为他谈话的主题。在《论语》的四百九十九章中有五十八章专门用于讨论仁,"仁"这个名词一共出现了105次。任何其他问题,甚至于连孝的问题,也没有得到孔子及其门徒这样多的重视。而且,孔子不是像古代那样将仁视为一种特殊的美德,而是将它改造成为普遍的美德。的确,在很少的场合下,孔子的"仁"人就是完善的人,是一个真"君子",是一个无上的金科玉律的人,因为他就是"己欲立而立人,己欲达而达人"(注5)的人。在协调个人和社会的关系方面,仁是用忠和恕,或诚实和利他主义这两个词来表现的,这是贯穿整个孔子学说的一贯之道。实际上,最好的中庸,也就是最好的标准,正是仁这个观念的延伸。它成为新儒学的天人合一或人和自然统一的学说。也正是因为人有仁的特性,后来的儒家坚持人本善的学说。

因此,很明显的,孔子是一位创造者,也是一位传述者。孔子不是一个专门意义的哲学家。但是如果没有他,那么中国哲学将会完全不同了。他于公元前551年出生于鲁国(即今山东省)。他姓孔,名丘。他被传统尊称为伟大的孔夫子,拉丁语称为Confucius。孔子出身于一个贵族、但是贫穷的家庭。孔子大约三岁的时候,父亲就死了。显然,孔子是一个自学成才的人。他是在没有特定教师情况下进行学习的,而成为他那个时代最有学问的人。

孔子在二十岁或三十岁的时候,开始了他的事业。他几乎是中国历史上第一个把毕生的精力奉献于教育的人。孔子开创了私学,对所有的人敞开了教育的大门,又提出了教育是培训品格以代替职业训练的主张,而且在他周围团结了一批富有教养的学者(从此,开始建立了文人学士在中国历史和社会上的优势的惯例)。

孔子年轻的时候,在鲁国几次担任过很低的职务。他五十一岁时当了地方的小吏。同年,他升为司寇。在这两种工作中,他或者也曾做过小司空。他五十六岁时,发现他的上级(指鲁定公——译者注)对他的政策不感兴趣,于是他开始去周游列国(几乎长达十四年之久),渴望寻求能实行政治和社会的改革。他带了一些学生同行。最后失望了,在他六十八岁时,回到了他自己的国家,从事教学,可能写了和编纂了经典著作。根据《史记》记载,他有三千弟子,七十二个精通六艺的贤人。他在七十三岁去世。

特别是最近几十年来,许多中国学者一直在讨论这样一些问题:在孔子四十岁的时候,是否真的作过一次旅行去见老子,讯问过古代的仪礼;孔子是否写了《春秋》;删订一些经典著作;写了《易经》其中的《十翼》? 对这些主张一度予以否定以后,现在倾向于相信它们。但争论并没有结束。同时,《论语》作为孔子学说的最可靠的资料这个事实,实际上已被所有学者接受了。由于这个原因,以下资料都选自于《论语》。

【礼和乐】1:12;2:5;3:3—4,17,19;6:25;8:8

【孔子】2:4;5:25;6:26;7:1,2,7,8,16,18—20,37;9:1,4;10:9,14;14:30,37,41;18:6;19:24

【教育和学习】1:1,6,8,14;2:11,15;6:25;7:7,2,24;15:38;16:9;17:8;19:6

【子女的孝道】1:2,6,11;2:5,7;4:18,19,21

【政府】8:9,14;12:7,11,17,19;13:3,6,16,29,30;14:45;15:4;16:1

【天,鬼神,命运】2:4;3:12,13;5:12;6:20,26;7:20,20,34;9:1,5,6;11:8,11;12:5;14:37;16:8;17:19

【人道主义】6:20;10:72;11:11;12:22;15:28;18:6

【爱和金科玉律】4:2,15;5:11;6:28;12:2,5;14:36,45;17:4

【本性,人性】5:12;6:17,19;16:9;17:2,3

【正名】12:11,17,13:3,6

【(正)义】2:24;4:16;13:3,6;15:17

【君子】1:2,8,14;2:11,13;4:5,24;6:16;9:13;13:3;14:30;15:17,20,31;16:8,10

【与小人对比之君子】2:14;4:11,16;8:6;12:16;13:23,26;14:24;

15：20；17：23

【仁】1：2，3，6；3：3；4：2—6；6：20，21，28；7：6，29；8：7；12：1，2，22；13：19，27；14：30；15：8，32，35；17：6，8；19：6

【知和智】2：17，18；4：2；6：18，20，21；7：27；12：22；14：30；15：32；16：9

【文学和艺术】1：15；6：25；7：6；8：8；9：5；15：40；17：9

【德】1：4，6，8；4：12；7：6；8：5，7，13；9：4；13：18，19；14：33；15：8，17；16：4，10；17：6，8

【道】4：5，8；7：6；15：28，31；17：4

【言和行】2：13，18；4：24；13：3；14：29

注释

注 1：《论语》，《泰伯》，第四章；《乡党篇》，第四及第八章；《季氏篇》，第七章。

注 2：同上，《公冶长》，第十二章。

注 3：同上，《阳货》，第二章。

注 4：同上，《卫灵公》，第二十八章。

注 5：同上，《雍也》，第二十八章。

Wing-tsit Chan, *A Source Book in Chinese Philosophy* (Princeton, N.J.: Princeton University Press, 1973), pp.14 – 18.

译文载《中国哲学史研究》1983 年第四期，页 23—25。

初 期 儒 家

初期的儒家，是指春秋末期的儒家，即是孔子的第二、三、四代，刚在孟子之前，大概从公元前500年到前350年之间。关于这条题目，材料不多，答案更少。我们先看孔子弟子的姓名、人数、年岁、国籍、社会背景活动和思想。

一、孔子的弟子——第二代

1. 弟子人名表 关于孔门弟子的记载，最重要的是太史公司马迁（公元前145—前86）的《史记》卷六十七《仲尼弟子列传》和《孔子家语》。现在依《史记》的次序排列如下。（一）是指裴骃（壮年450）《史记集解》引古本《孔子家语》。（二）《集解》引孔安国（壮年公元前130）。（三）《集解》引马融（79—166）。（四）《集解》引郑玄（127—200）。（五）根据《集解》。（六）司马贞（壮年727）《史记索隐》卷十八引古本《孔子家语》。（七）《索隐》引孔安国。（八）《索隐》引马融。（九）《索隐》引郑玄。（十）根据《索隐》。（十一）张守节（壮年737）《史记正义》引古本《孔子家语》。（十二）根据《正义》。（十三）根据今本《孔子家语》。（十四）《论语》邢昺（932—1016）《疏》引《史记》。（十五）《史记仲尼弟子列传考证》。

	姓	名	字	国籍	比孔子少几岁	
1	颜	回	子渊	鲁	30	钱穆据毛奇龄（1623—1716）说是比孔子少40岁（注1）。许同莱以为是少38岁（注2）。
2	闵	损	子骞	鲁（四、六）	15	根据《圣门志》和《阙里广志》少孔子7岁。

续 表

	姓	名	字	国籍	比孔子少几岁	
3	冉(冄)	耕	伯牛	鲁(四、六)	7	根据《圣门志》和《阙里广志》少孔子7岁。《祀名贤传》说他做中都宰,后来设教于洛,未必可靠。
4	冉(冄)	雍	仲弓	鲁(四)	29 (四)	《论语·子路篇》第二章载他为季氏宰,即是季康子的家臣。皇侃(448—545)疏说他是费邑的长官。
5	冉(冄)	求	子有 有子	鲁(四)	29	做过季氏宰20年以上。《左传》哀公十一年说:"冉求帅左师。"
6	仲	由	子路 季路(六) 季子	鲁卞邑 弁邑(十三)	9	孔子赞他和冉求"可谓具臣"(《论语·先进篇》第二十三章)。孔子为鲁国司寇时,做季康子的宰。定公十二年(公元前498)帮助孔子"堕三都",折毁季孙氏的费邑、叔孙氏的郈邑和仲孙氏(即孟孙)的成邑三个都城。孔子周游列国以后,又在卫大夫孔悝之下做蒲邑宰三年。
7	宰 宰	予 我	子我	鲁(四、六)		《史记·列传》说:"为临菑(齐国的都城)大夫,与田常作乱,以夷其族。孔子耻之。"照《史记索隐》:"左氏(《左传》)无宰我与田常作乱之文,然有阚止,字子我,而田阚争宠,子我为陈恒所杀。恐字与宰予相涉,因误云然。"崔述(1740—1816)不主他们是同一人(注3)。钱穆则以为是一人(注4。)
8	端木	赐	子贡 子赣 卫赐	卫	31	《列传》说:"好废举(停贮),与时(随时)转资。常相鲁卫,家累千金。"又说:"存鲁,乱齐,破吴,强晋,而霸越。"钱穆以为这"盖战国策士之托词,不足信据"(注5)。孔子死,他庐墓6年。
9	言	偃	子游	吴 鲁(四、十三)	45	论语《雍也篇》第十二章记他做鲁国武城宰。崔述不信,因为吴国离鲁太远,而且传记没有提到他来学于鲁的事(注6)。崔述过疑了。后来不是陈良北学于中国吗(《孟子·滕文公》上第四章)?

续 表

	姓	名	字	国籍	比孔子少几岁	
10	卜	商	子夏	卫(一、十三)	44	《索隐》引郑玄云温国人。温国今河内温县,原属卫。《论语·子路篇》第十七章说他做莒父宰。《列传》说:"孔子既殁,子夏居西河教授,为魏文侯师。"西河据《史记索隐》近龙门(现在山西河津县),据《史记正义》是汾州(山西汾阳县)。钱穆则以为是"东方相州之安阳(现在河南安阳县),即是河南长垣县以北,山东观城县以南,山东曹州(现在菏泽县)以西一带的河滨"(注7)。钱穆又指明魏文侯二十二年(公元前425)称侯,那年子夏84岁,可是他未称侯以前已经尊贤了(注8)。
11	颛孙	师	子张	陈国阳城九实是鲁人	48	《吕氏春秋》说:"子张,鲁之鄙家也。"(注9)他的先世从陈奔鲁(注10)。汉儒如赵岐(108—201)注《孟子·尽心》下第三十七章说他就是张琴,是不对的。
12	曾	参	子舆	鲁国 南武城	46	武城今山东费县东南,分南北。崔述说他是孔门中最年幼(注11)。根据今本《家语》,颜商(40)和叔仲会(71)都少孔子50岁(注12)。《索隐》引古本《家语》也说叔仲会少50岁。那就比曾参更年幼了。《韩诗外传》说他做过鲁国莒邑的官,"亲没之后,齐迎以相,楚迎以令尹,晋迎以上卿"(注13)。恐怕只是尊敬的话。孟子说他有弟子七十人(注14)。《礼记》等书和诸注家说他有子思等学生多人(注15)。他和有若(27)很被同学推尊,所以《论语》称他做"子"。
13	澹台	灭明	子羽	鲁国武城	39 49 (十三)	《弟子列传》说:"南游至江,从弟子三百人。"

续 表

	姓	名	字	国籍	比孔子少几岁	
14	宓	不齐	子贱	鲁(二、十三)	49 30 (六)	做过宋国单父(亶县)的宰。崔述强辩如果子贱真是少49岁,那么孔子死的时候,他只是25岁,孔子不能够叫他做君子。这话太没有理由(注16)。
15	原 原	宪 思	子思	鲁(四、九) 宋(十三)	36	《论语》说:“原思为之宰。”(注17)包咸(公元前6—公元65)说孔子做鲁司寇时叫他做“家邑宰”。钱穆以为那时他不过15岁,太小。或者少36应改为少26(注18)。据《索隐》,孔子死后,他隐居卫国。
16	公冶 公冶	长 苌(六)	子长 子芝(十)	齐 鲁(六、十三)		崔述以他是鲁人,不是齐人(注19)。孔子选之为婿(注20)。
17	南宫 南宫 南宫 (南容)	括 韬(十三) 适(《论语》)	子容	鲁(十三、二)		《论语》说:“孔子以其兄之子妻之。”(注21)《汉书·古今人表》颜师古(581—645)注把南容和南宫绍当做一人,又把南宫敬叔(111)和南宫适当做一人(注22)。崔述以南容和南宫适是一人,和南宫敬叔是两人(注23)。
18	公皙 公析 公哲	哀 哀(十三) 尅(六)	季次 季沉(十三)	齐(一、十三)		没有做官。
19	曾 曾	蒧 点(十三)	哲 子哲(十三)	鲁国武城		曾参之父。阎若璩(1636—1704)因为《论语》载他坐在子路之后(注24),按定他至少比孔子少9岁(注25)。
20	颜 颜	无繇 由(十三)	路 季路(十三)	鲁	6	颜回(1)之父。“孔子始教于阙里而受学焉”(注26)。父子是孔子不同时的学生。
21	商	瞿	子木	鲁	29	《弟子列传》说:“孔子传《易》于瞿。”(注27)不可信。详下面第一节第六目传经问题。
22	高	柴	子高	卫(四、九) 齐(六、十一、十三)	30 40 (十三)	子路派他做费邑宰(注28)。历来注家以他为齐人,又有说他是卫人,后来住在鲁国(注29)。

续　表

	姓	名	字	国籍	比孔子少几岁	
23	漆雕 漆雕	开 启	子开 子若（十一、十三）	鲁（四、六） 蔡（十一、十三）	11 （六、十一）	据阎若璩，汉人避景帝讳改“启”做“开”（注 30）。《正义》说他“习《尚书》，不乐仕”。钱穆疑他少孔子 41 岁（注 31），似乎证据不足。
24	公伯 公伯 公伯 公伯	缭 僚 寮 辽	子周	鲁（三、八）		谯周（201—270）因为他毁谤子路而孔子不责备他（注 32），所以便说“非弟子之流”（注 33），太过武断。《家语》没有这个人而有申绩、子周。参看下 57。
25	司马 向 司马 司马	耕 耕 黎耕 牛	子牛	宋（二、六、七）		姓向名耕，或名犂。他的祖先历代做宋国的司马。他本人当过齐国陈成子的次卿。
26	樊	须	子迟 樊迟	齐（四、九） 鲁（六、十一）	36 46 （十三）	《左传》襄公十一年记载齐国伐鲁，季孙氏抗战，叫“冉求帅左师……樊迟为右”。那时樊迟才 22 岁。
27	有	若	子有	鲁（四、六、十一、十三）	13 33（六、十一） 43 （十四）	崔述怀疑少 13 岁之说，以为他的政治活动是少壮时的事（注 34）。钱穆觉得少 33 岁是对的（注 35）。《史记》说：“有若状似孔子。弟子相与共立为师，师之如夫子时也。”（注 36）孟子说：“子夏、子张、子游以有若似圣人，欲以所事孔子事之。强曾子。曾子曰：不可。”（注 37）这里只说要做，未曾真做。《史记》以为事实而且加“状似”，附会的痕迹，一目了然。《论语》称他做“子”，则他受同门的尊敬，倒是真的。
28	公西 公西	赤 华	子华	鲁（四）	42	出使齐国。金鹗（1770—1819）说他使齐是在孔子做司寇的时候。那时他只是 12、13 岁。大概 42 是 32 之误。而且《论语》载弟子侍坐言志，应该以年纪为次序。公西华在冉有之后。冉有少孔子 29 岁，那么公西华少 32 岁才合（注 38）。钱穆从其说（注 39）。

续 表

	姓	名	字	国籍	比孔子少几岁	
29	巫马 巫马	施 期	子旗 子期(十三)	鲁(四、九) 陈(十三)	30	
30	梁 梁	鳣 鲤(五)	叔鱼	齐(一、六)	29 39 (十三)	
31	颜 颜	幸 辛(十三)	子柳	鲁(四)	46 36 (十一)	据梁玉绳(1745—1819)《史记志疑》或作颜韦(注40)。
32	冉(冄) 冉	孺 儒(十三)	子鲁 子鱼(十三) 子曾(九)	鲁(一、六、十三)	50	
33	曹	卹	子循		50	《史记志疑》说:"朱氏《弟子考》《阙里文献考》,据宋封上蔡侯为蔡人,未知是否。"
34	伯虔 伯处(六)	子析 子折(十) 楷(十三) 子哲(十一) 子皙(六)			50	
35	公孙 公孙 公孙	龙子 宠(六、十三) 砻(六)	子石	楚(四) 卫(十一、十三)	53	《史记正义》:"孟子云赵人。"查《孟子·滕文公》上第三章和《告子》上第七章两引龙子,没有这说。赵岐的注只是"古之贤人也"。

以上三十五人,《史记》说:"颇有年名及受业闻见于书传,其四十有二人无年及不见书传者纪于左。"(注41)实在下面颜高(40)、公良孺(46)、秦商(56)和叔仲会(71)都有事迹记载。

	姓	名	字	国籍	比孔子少几岁	
36	冉(冄)	季	子产	鲁(四)		
37	公祖 公祖	句兹 兹(十三)	子之			"句"音"钩"。
38	秦	祖	子南	秦(四)		

续 表

	姓	名	字	国籍	比孔子少几岁	
39	漆雕 漆雕	哆 侈(十四)	子敛	鲁(四) 鲁(四)		
40	颜高 颜产(六) 颜刻 (十三)		子骄		50	《左传》定公八年说:“颜高之弓六钧。”《家语》说:“孔子适卫,子骄为仆。”(注 42)《世家》也说“颜刻为仆”(注 43),崔述硬说“然观其事,殊不类孔子弟子”(注 44)。
41	漆雕 漆雕	徒父 从(十三)	子文(十三) 固(六)			《史记志疑》疑是鲁人。
42	壤驷 穰驷	赤 赤(十三)	子徒 子从(十三)	秦(四)		
43	商	泽	子季(一) 季(六) 子秀(十三)			
44	石 石	作蜀 子蜀(十三)	子明			《史记志疑》说宋高宗赞作为秦人。
45	任	不齐	选 子选(六、十三)	楚(四)		
46	公良 公良 公襄 良	孺 儒(十三) 儒(十) 儒(六)	子正	陈(四、六、十三)		《家语》载他“孔子周行,常以家车五乘从”(注 45)。《世家》也说孔子在蒲,“有公良孺者,以私车五乘从孔子”(注 46)。《史记志疑》疑是鲁人。
47	后 石	处 处(十三)	子里 里之(十三)	齐(四)		
48	秦	冉(冄)	开			《家语》没有这个人。《史记志疑》说宋高宗赞作为蔡人。
49	公夏 公夏	首 守(十三)	乘 子乘(十三)	鲁(四)		

续 表

	姓	名	字	国籍	比孔子少几岁	
50	奚 奚	容蒧(箴) 蒧(十三)	子晳 子偕(十三)	卫(十三)		《史记志疑》据阙里考以为鲁人。
51	公坚 公肩	定 定(十三)	子中 子仲(十三)	鲁(四) 晋(五)		《史记集释》说有人说他是晋国人。
52	颜 颜	祖 相(十三)	襄 子襄(十三)	鲁(十二)		
53	鄡	单	子家			《世家》没有他。《史记集释》引徐广(352—425)说:"一云邬单。"参看下面悬亶(80)。
54	句(鉤)(十二)	井疆	子疆(十三)	卫(四)		"句"和"鉤"古今通用。
55	罕父 宰父	黑 黑(十三)	子索 子黑(十三) 索(一)			《史记志疑》说明瞿九思《孔庙礼乐考》以宰父出鲁郡,为复姓。
56	秦	商	子丕 不慈(十三) 丕慈(六、十一)	楚(四) 鲁(六、十三)	4(十三)	《左传》襄公10年和《家语》(注47)都提及他。
57	申 申 申 申 申	党 枨 棠 堂(十) 绩(十三)	周 子周	鲁(十二)		《论语》作申枨(注48)。《史记索隐》说:"文翁《礼殿图》所记又有……申枨、申堂,俱是后人以所见增益。"(注49)今所传的文翁图只有申党,没有申枨。刘宝楠(1792—1855)注申枨,讲申棠、申党、申傥,申枨、申续、申缭、申绩很详尽,可参考。
58	颜	之仆	叔 子叔(十三)	鲁(四)		
59	荣 荣	祈 祈(十三)	子祺 子颜(六、十五)			《史记》的考证用"荥",大概形误。《史记志疑》据朱氏《弟子考》为鲁人。

续 表

	姓	名	字	国籍	比孔子少几岁	
60	县 悬	成 成(十三)	子祺 子横(十三) 子谋(六)	鲁(四)		
61	左 左	人郢 郢(十三)	行 子行(十三)	鲁(四)		
62	燕 燕	伋 级(十三)	思 子思(十三)			《史记志疑》说《阙里考》以为鲁人,宋高宗赞以为秦人。
63	郑 薛	国 邦(十三)	子徒 子从(十三)	鲁(十二)		“国”是避汉高祖刘邦的讳。
64	秦	非	子之	鲁(四)		
65	施	之常	子恒 子常(十三)			《史记志疑》说朱氏《弟子考》以为鲁人。
66	颜	哙	子常(十三)			
67	步 少叔	叔乘 乘(十五)	子车	齐(四)		《史记考证》说少叔是复姓。
68	原 原 原	亢籍 亢(一、六) (冗)(十二) 桃(十三)	籍(一、六) 子籍(十三)			和下面陈亢(79)不同。《史记志疑》说:“原子必原思(15)之误,当是鲁人。”
69	乐 乐	欬 欣(十三)	子声	鲁(十二)		
70	廉 廉	絜 洁(十三)	庸 子曹(十三)	卫(四)		据张文虎(1808—1885)《史记札记》,宋《索隐》本作子庸(注50)。
71	叔仲	会	子期	鲁(六) 晋(四、九)	54(六) 50(十三)	今本《家语》说他和孔璇两个小童常常站在孔子左右,未必可信(注51)。

续 表

	姓	名	字	国籍	比孔子少几岁	
72	颜	何	冉(冄) 称(六)	鲁(四)		《家语》无此人。
73	狄	黑	晳 晳之(十三)			《史记志疑》说:"案《家语》字晳之,卫人。"
74	邦 邦 邽	巽 选(六) 选	子敛 子饮(十三)	鲁(四)		文翁《礼殿图避》高祖刘邦的讳用国选。
75	孔 孔	忠 弗(十三)	子蔑(六、十三)	鲁(一、六)		孔子兄的儿子。
76	公西 公西	舆如 与(十三)	子上			《史记志疑》说:"朱氏《弟子考》以为鲁人,《阙里考》以为鲁人,以公西华证之,则齐人是。"
77	公西 公西 公西	葴 箴(十) 减(十三)	子上 子尚(六、十三)	鲁(四)		

以下《史记》没有,今本《世家》却有下列三人。

	姓	名	字	国籍	比孔子少几岁	
78	琴 琴	牢 张	子张(十三) 子开(十三)	卫(十三)		《论语》有"牢"(注 52),《史记集解》引郑玄说他是孔子弟子(注 53)。王念孙(1744—1832)以琴牢本是琴张。《左传》《孟子》和《庄子》都用琴张,不用琴牢。他们是两个人。琴牢始见于今本《家语》,是王肃(195—256)所伪造的。至于《汉书·古今人表》的琴牢(注 54),则是后人根据王肃而改的(注 55)。
79	陈	亢	子亢 子禽(十三)	陈(十三)	40 (十三)	他是《史记·弟子列传》所不载而见诸《论语》(注 56)唯一的人,和原亢(68)不同。《汉书》人名表分陈亢、陈子亢和陈子禽为三人(注 57)。

续 表

	姓	名	字	国籍	比孔子少几岁	
80	悬 县	亶 亶	子象（十三）			蔡仁厚以为“鄡”就是“鄵”，“县”是“鄡”的简写，“县”误写为“县”。“亶”“单”音近，所以互用。所以鄵单（53）和悬亶同是一人（注 58）。这论据似太曲折。不过鄵单之字子家和这里字子象形近，大为可疑。

上面《家语》所载名字，错误甚多。照马绣（1620—1673）说：“诸姓名之相乱者，如‘壤’之为‘穰’，‘后’之为‘石’，‘坚’之为‘肩’，‘罕’之为‘宰’，‘祖’之为‘相’，‘旂’之为‘祈’，‘首’之为‘守’，‘伋’之为‘级’，‘欬’之为‘欣’，‘巽’之为‘選’，或以形误，或以音外。”（注 59）古本《家语》已佚，今本《家语》学者以为是王肃伪造，不大可靠。

在《史记》七十七子以外，朱彝尊（1629—1709）和梁玉绳增加三十二人。朱氏说：“古《家语》七十六人。又与叔孙会合传有孔璇，又别见者惠叔兰七十八人。《史记 · 弟子传》七十七人，别见《孔子世家》颜涿聚七十八人。苏轼（1036—1101）撰《古史》著录七十九人。《家语》有《史记》无者琴牢、薛邦、申绩、陈亢、县亶也。《史记》有而《家语》无者公伯寮、郑国、申棠、鄵单、秦冉，颜何也（荣捷按：郑国即《家语》之薛邦，申棠即申绩，实得四人）。益以文翁《礼殿图》之廉瑀、林放，（汉）鲁峻石壁像之子服何，《礼（记）杂记》之孺悲，《射义》之公罔之裘、序点，《春秋左氏传》之仲孙何忌、仲孙阅，《晏子》之鞠语，《墨子》之欙牡皮，《庄子》之常季，通共九十八人。”（注 60）梁玉绳有所增益，说：“若以陈亢……荀子三十二人，增入七十七弟子，通计一〇九人。”（注 61）32 人的姓名如下：

79. 陈亢　80. 琴牢　81. 牡皮　82. 林放　83. 仲孙何忌
84. 仲孙说　85. 孟武伯彘　86. 子服何　87. 孺悲　88. 左丘明
89. 公罔之裘　90. 序点　91. 宾牟贾　92. 颜浊邹　93. 颜涿聚
94. 盆成适　95. 鞠语　96. 季襄　97. 惠叔兰　98. 季常
99. 孔璇　100—101. 阙党互乡　二童　102. 廉瑀　103. 左子虑　104. 襄子孺
105. 襄子鱼　106. 公子虚　107. 驷子言　108. 颜子思　109. 巫子
110. 荀子

这 32 人中有《家语》的陈亢和琴牢，而没《家语》的悬亶（80），结果是 109 人。不知梁玉绳是否以他和鄵单（53）同是一人。又没有申党（57）。或者是以他和申枨（57）同是一人。其中关于林放、孟武伯、颜浊邹和颜涿聚，应有所说明如下。

第(82)林放,鲁人。《论语》载他问礼之本(注62)。郑玄这里的注只说他是鲁人,不说他是弟子。《史记索隐》以文翁《礼殿图》他的名字是后人所增益(注63)。朱彝尊和梁玉绳都以他为弟子,大概因曾问礼。

第(85)孟武伯即是仲孙彘,鲁人。孟懿子之子。曾问孝于孔子(注64)。

第(92)颜浊邹,《史记世家》说:“如颜浊邹之徒,颇受业者。”(注65)焦循(1763—1820)以他是《孟子》书中的颜仇由(注66)。

第(93)颜涿聚,《史记世家》颜浊邹下《正义》说“邹音聚”。浊音近,所以浊邹和涿聚同是一人。但焦循根据《吕氏春秋》和《庄子》说他是梁父大盗而卒受业于孔子,而颜浊邹是另一个人。朱、梁两氏也把颜浊邹和颜涿聚当做两个人。不过朱氏加上一句:“颜浊聚或作浊邹。”还存着怀疑。

此外还有二人,在广义上可算是弟子的:

第(111)孟懿子,即是仲孙无忌,鲁大夫。据《论语》他问孝于孔子(注67)。孔子答他不用他的名字,似非弟子。然梁玉绳以孟武伯(85)问孝是弟子,那么孟懿子问孝,当然也是弟子。

第(112)南宫敬叔,鲁人。《左传》昭公七年,孟僖子将死,叫他的两个儿子学礼于孔子,“故孟懿子与南宫敬叔师事仲尼”。《史记世家》说这是孔子年17岁的事(注68)。《史记索隐》指出孟僖子死在昭公二十四年,孔子35岁,《史记》误了。关于南宫敬叔,崔述考证更详(注69)。毛奇龄以为他们即曾问礼,也并不在弟子之门(注70)。不过如果问孝可以做弟子,问礼也当然可以做弟子。

上面《列传》77人,《家语》76人。其中《列传》4人(公伯寮24、秦冉48、鄡单53、颜何72)是《家语》所无。《家语》也有3人(琴牢78、陈亢79、悬亶80)为《列传》所无。《史记索隐》说《家语》删去3人,增入3人,以补其数(注71)。崔述从其说(注72)。其实上面已经说过删去不止3人而是4人。《索隐》又说《家语》4个人(颜高即颜刻40,公良儒46,秦商56,叔仲会71)的事迹为《史记》所无,这是对的。《列传》“闻见于书传”的35人之中,有8人(公皙哀18,商瞿21,梁鳣30,颜幸31,冉孺32,曹邮33,伯虔34,公孙龙子35)不见于《论语》,而下面不见于书传的42人之中,却有申枨(57)见于《论语》。就是说,《列传》弟子见于《论语》的总共28人。《列传》所无而《论语》所有的2人(琴牢78,陈亢79)见于《论语》。《论语》所记也有4人(琴牢78,林放82,孺悲87,孟懿子111)不见于《弟子列传》,3人(林放,孺悲,孟懿子)不见于《孔子家语》。

2. 弟子的人数 所谓弟子没有定义,有常常追从的,也有随时请问的,所以两千年来有圣人七十,弟子三千的说法。最初的记载是《孟子》"如七十子之服事孔子也"(注 73)。几十年后,韩非子便说:"仲尼天下圣人也,而为服役者七十人。"(注 74)由孟子的"中心悦而诚服"变为"服役"。同时《吕氏春秋》又说:"委质为弟子者三千人,达徒七十人。"(注 75)所谓达徒,是"万乘之主得一人可为师",由"诚服"和"服役"又进而为"可为师"。《淮南子》虽然也说"孔子弟子七十,养徒三千"(注 76)和"孔子……以教七十子"(注 77),但又说:"慕义从风而为之服役者不过数十人。"(注 78)一方面把诚服和服役并合,一方面又只说人数数十,似乎比较七十少些。但《大戴礼记》说:"受教者七十有余人。"(注 79)则又似乎多些。《孔子家语》不止受教育而且"入室升堂七十余人"(注 80)。《史记》说"七十子之徒",总共三次(注 81),《汉书》也屡次用七十的数目,说"七十子之徒"(注 82),"七十子丧而大义乖"(注 83),"夫子没而微言绝,七十子终而大义乖"(注 84),"七十子弟子"(注 85)。颜师古注"七十子丧"说"七十子谓弟子达者七十二人。举其成数,故言七十"。此说颇有道理。孟子的"汤以七十里,文王以百里"(注 86),是成数的好例子。假如七十子都达者而服役,则此外不是达者或未曾服役的必然很多。

颜师古所谓七十是七十二的成数,是有根据的,《史记世家》:"孔子以《诗》《书》《礼》《乐》教弟子,盖三千焉。身通六艺者七十有二人。"(注 87)这里《吕氏春秋》的"达徒"演进而为"身通六艺",迹近夸张。汉景帝时(公元前 156—前 141),蜀郡太守文翁在成都市内学宫绘七十二弟子的壁像。这个文翁《礼殿图》便成为以后孔子弟子人数的典型。后来灵帝光和元年(公元 178)"置鸿都门学,画孔子及七十二弟子像"(注 88),和以后《水经注》(注 89)、汉鲁峻冢壁像(只余残碑)、《魏书・李平传》(注 90),和历代太学孔子和弟子像,都是七十二人。《颜氏家训》也用七十二人(注 91)。弟子七十二人之说是先秦所无的。数是六和十二之和,恐是巧合。刘师培(1884—1919)的言论最好。他说:"古人于浩繁之数有不能确指其目者,则所举之数或曰三十六,或曰七十二,如三十六天、三十六宫是也。……《史记・封禅书》管子对齐桓公语,谓古之封禅者七十二家(注 92)。……七十二家之数,亦系以虚拟之词,表其众多。《庄子》载孔子谓以六艺干七十二君(注 93)。夫孔子所经之国不过十余,则七十二君亦系虚拟词。"(注 94)

比较着实的数目是七十七,这是从《列传》"受业身通者七十七人"(注 95)而来。这和《世家》的"身通六艺者七十有二人"不符。但是《列传》确有弟子七十七人,所以《汉书》跟着说:"弟子受业而通者七十有七人。"(注 96)《家语》的题目虽然是《七十二弟子解》,但实数是七十六。或者要从《史记》之数而忽略了。七十二之数也许是七十七之略,以求六和十二之和。

以上是讲狭义的、贤达的弟子。广义的、普通的弟子,传说以为是三千。三千之说,起于《史记》所载“弟子盖三千焉”,除身通六艺者七十二人外,“如颜浊邹之徒颇受业者甚众”(注 97)。在《淮南子》里不只是三千而是“养徒三千”(注 98)。正如钱穆所问,孔子何能有如此食客之多(注 99)?《家语》不但说“夫子之门人盖有三千”,而且说:“自周返鲁,道弥尊矣。远方弟子之进,盖三千焉。”(注 100)这便又引起崔述的疑问:“是时孔子年仅三十有五,弟子安得遽至三千乎?”(注 101)

三千之数,当然可疑。不过孔子生前,弟子澹台灭明已有弟子三百(注 102)。老师的弟子多点,也是事理之常。况且太史公之七十七人,照他自己说“悉取《论语》”(注 103)。其中有不少是《论语》所未载的,可见一书决不能全载学生姓名。《世家》说“孔子自周反鲁,弟子益进”。又说:“弟子弥众,至自远方,莫不受业焉。”(注 104)后来“干七十余君”(注 105)。据《吕氏春秋》:“孔子周流海内,再干世主。如齐至卫,所见八十余君。”(注 106)那么学生之多,比澹台灭明的生徒多十倍八倍,未尝不可能。墨氏之言盈天下,号称显学。《吕氏春秋》举孔子弟子及弟子之弟子六人,墨子及其弟子之弟子三人。孔子比墨子两倍(注 107)。《韩非子》记载儒为八,墨为三。儒比墨几至三倍(注 108)。《墨子·公输篇》说“弟子三百人”(注 109),《淮南子》说“墨子服役者百八十人”(注 110),而知名者不过二十四(注 111)。孔子知名的弟子总共一百一十多人,则又差不多等于墨徒之五倍。这样计算,以五乘墨子之一百八十,也有八九百了。又拿稷下来讲。《史记》说有“数百千人”(注 112),《盐铁论》也说“稷下先生千余人”,但是知名的只有十七(注 113),则孔子知名的弟子过百,六倍于十七,即是可有六千多了!《后汉书·儒林传》记载经师的学生由三千人到著录的一万六千人(注 114)。后来我国历史上法师讲经和理学家讲学,也常常有几百人几千人去听。日本朱子学派巨儒山崎暗斋(1618—1682)有门徒六千人,当然是从广义的学生而言。我们不敢说六千或三千一定可信。但我们最少可以说,孔子的门徒特别多,又比当时,或且是以后几百年,比任何一人为多。这是不可磨灭的事实。刘师培说:“古籍以三字为形容众多之词。其数最繁者,则拟之以三百之数,以见其多。其数之尤繁者则拟以三千之数,以见其尤多。……《史记》言孔子弟子三千,古诗三千(注 115),孟尝(注 116)、平原(注 117)、春申(注 118)之客三千,东方朔用三千奏牍(注 119),亦系形容众多之词。非必限于三千之数,亦非必足三千之数也。”(注 120)

3. 弟子的年岁和国籍 从表面上看,学生年龄最大的是秦商(56),他比孔子少四岁。最幼的是叔仲会(71),他比孔子少五十四岁。但是秦商的年岁是依据今本《孔子家语》,未必可靠。颜无繇(20)少孔子六岁是依据《史记索隐》,也有问题。伯牛(3)少孔子七岁,是根据《圣门志》和《阙里广志》,材料更迟。子路(6)的事迹比较多。崔述以为他是"及门中年最长"(注 121),大概可信。钱穆也主这说(注 122)。叔仲会少孔子五十四岁,以下公孙龙子(35)少孔子五十三岁,冉孺(32)、曹邮(33)、伯虔(34)、颜高(40)都少孔子五十岁。澹台灭明(13)和子贱(14)少四十九,子张(11)少四十八,曾子(12)和颜幸(31)少 46,子游(9)少四十五,子夏(10)少四十四。然而有事迹可凭的只是澹台灭明以下几个人,都比孔子少四五十岁。崔述说得对。他说:"《史记》弟子之年,不过得其仿佛而已,不可尽指为实。"(注 123)不过他不信子贱比孔子少四十九岁,因为如果这是事实,那么孔子死的时候,他才二十五岁,不能被孔子称做君子。他又说,子路(6)少孔子九岁,冉有(5)少孔子二十九岁,《论语》常常两人并称,年岁不应相隔这么远(注 124)。这似乎怀疑过甚。无论如何,孔子的弟子,老的比孔子年低十岁左右,幼的五十岁左右。如果要计阙党、互乡二童,恐怕更幼。佛教的历史中,有将近百岁的老禅师,门下有童年的学徒。但在佛教隆盛以前,绝对未有人打破孔子这个纪录。

至于弟子的国籍,自然是鲁国为最多,崔述说《列传》著有弟子国籍的共七人,即是颜子(1)鲁人,子贡(8)卫人,子游(9)吴人,子张(11)陈人,公冶长(16)齐人,曾子(12)武城(鲁)人,和子路(6)卞(卫)人。这里崔述有误,因为太史公明说商瞿(21)是鲁人和澹台灭明(13)是武城人。此外又有事迹显然,不言而喻的,即是曾子的父亲曾蒧(19)和颜子的父亲颜无繇(20)。所以从《列传》记载,统计鲁国七人,卫、吴、陈、齐各一人,共十一人。加上《集释》《索隐》《正义》和《孔子家语》的材料,则鲁国增多三十七人(注 125),共四十四人。其中九人有说是别国的。所以鲁国的学生是有三十至四十四人。卫国加多六人(注 126),总共七人,其中高柴(22)、公孙龙子(35)二人的国籍重复,所以是由五人至七人。陈国加多二人(巫马期 29、公良孺 46),总共三人,其中一人国籍重复,所以由二人至四人。齐国增加六人(注 127),总共七人,其中三人国籍重复,所以是由四人至七人。此外楚国有一至三人(公孙龙子 35、任不齐 45、秦商 56),秦国二人(秦祖 38、壤驷赤 42),吴国一人(子游 9),但可能是鲁人。宋国可能是二人(原宪 15、司马牛 25),晋国可能二人(公坚定 51、叔仲会 71),蔡国可能一人(漆雕开 23)。总计七十七子国籍可考的六十一人,上面所举的材料没有记载的十六人。统计《史记》注释和《家语》所举的弟子国籍是这样的。

鲁 35~44　卫 5~7　齐 4~7　陈 2~3　秦 2　楚 1~3
宋 1~2　吴 0~1　晋 0~2　蔡 0~1

如果单单依照今本《孔子家语》,统计是这样的:连没有指明国籍如曾子之父曾蒇、颜回之父颜无繇和孔子之兄的儿子孔忠,鲁国有二十二人(注 128),卫国四人(注 129),陈国四人(注 130),齐国三人(公皙哀 18、高柴 22、梁鳣 30),宋国二人(原宪 15、司马牛 25),蔡国一人(漆雕开 23),总共三十六人,国籍不明的四十人。从上面的国籍来看,实际上学生是十国的人,当然以鲁国和邻国为最多。所以崔述说:"孔子弟子鲁人为多,其次则卫、齐、宋,皆邻国也。"(注 131)但是陈、蔡颇远,秦、晋、吴、楚更远,也有远道来学,崔述不能无疑,说:"吴之去鲁远矣。若〔吴人子游〕涉数千里而北学于中国,此不可多得之事。传记所记子游言行多矣,何以皆无一言及之?……子游非吴人明矣。"(注 132)然而孔子本人曾说"自远方来"(注 133),又教学生父母在不远游(注 134)。《中庸》也说"南方之强"(注 135)。孟子的时候,陈良北学于中国(注 136)。春秋战国周游的风气很盛,学者远游,何足为怪?虽然孔子未尝到过秦、晋、吴、楚,但不能因此便对这四国籍的七个学生发生怀疑。孔子先曾适周,后又到蔡。陈国的学生也没有问题。那么陈、蔡再远的吴、楚和与周相隔的晋,未尝不可能有学生远途来学。可怪的是邻近的滕、曹和再隔不远的郑国,却没有学生。国籍多靠汉儒之说,尤其是郑玄。年代相隔已远,难免传闻之误。然而大体可信。倘若单以《论语》所载弟子为限,孔子初期学生多是鲁人,中期加上卫、宋、齐国的人。周游后又加上来自远方的人。

4. 弟子的社会背景和活动　孔子门下非常复杂。有老有幼,有君子也有小人。《论语》称:"德行颜渊、闵子骞、冉伯牛、仲弓。"(注 137)孔子赞颜子,"贤哉回也"(注 138),"有颜回者好学,不迁怒,不贰过"(注 139),"其心三月不违仁"(注 140)。颜渊死,孔子说:"天丧予。"(注 141)孔子又说:"孝哉闵子骞。"(注 142)"子贡器(瑚琏)也。"(注 143)子贱和南宫适都"君子哉若人"(注 144)。"起予者商也。"(注 145)"公冶长可妻也。"(注 146)"吾与点也。"(注 147)仲弓"騂且角(祭器)"(注 148),又"可使南面"(注 149)。伯牛有疾,孔子叹说:"斯人也而有斯疾也。"(注 150)孟子也说:"子夏、子游、子张皆有圣人之一体,冉牛、闵子、颜渊则具体而微。"(注 151)这都是君子之流。小人方面,虽然孔子批评宰予昼寝,说他"朽木不可雕也"(注 152),要"鸣鼓而攻"冉求(注 153),又说"野哉由也"(注 154),"回也非助我者也"(注 155),"师也过,商也不及"(注 156)。然此不过是白璧之瑕。

但是据说颜涿聚是梁父(泰山下小山)大盗(注 157),那真是小人了。

孔子门下有贵有贱。贵者少,贱者多。七十七子之中,唯一的贵族是司马牛。此外只有孟武伯、南宫敬叔和孟懿子。其他都是平民,而且很多是贫贱的。所以钱穆说:"孔子弟子,多起微贱。颜子居陋巷,死有棺无椁。曾子耘瓜,其母亲织。闵子骞着芦衣,为父推车。仲弓父贱人。子贡货殖。子路食藜藿,负米,冠雄鸡,佩猳豚。有子为卒。原思(原宪)居穷阎,敝衣冠。樊迟请学稼圃。公冶长在缧绁。子张鲁之鄙家。虽不尽信,要之可见。"(注 158)《论语》载"子路衣敝缊袍,与衣狐貉者立而不耻"(注 159)。《史记》载原宪"不厌糟糠,匿于穷巷","终身空室蓬户"(注 160)。以上是一幅很明显的孔门社会背景的写真。"东郭子惠问于子贡曰:'夫子之门,何其杂也?'子贡曰:'夫隐括之旁多枉木,良医之门多疾人,砥砺之旁多顽钝。夫子修道以俟,天下来者不止,是以杂也。'"(注 161)

他们多出化,成就也大。虽然有少数隐逸,原宪之外,又有闵损"不仕大夫,不食儒者之禄,如有后我者,必在汶上矣"(注 162)。但绝大多数是从事于社会工作。照钱穆说:"其见于《列传》者,冉求为季氏宰。仲由(子路)为季氏宰,又为蒲大夫,为孔悝之邑宰。宰我为临淄大夫。端木赐(子贡)常相鲁卫。子游为武城宰。子贱为单父宰。高柴为费郈宰。其见于《论语》者,原思为孔氏宰。子夏为莒父宰。可以见孔门之多为家臣。"(注 163)其他还有司马牛为次卿。又有说曾子为莒父宰、齐相、楚尹和晋上卿,和冉伯牛为中都宰,不知是真是假。但孔门弟子的显赫,是不可抹杀的事实。传说子路"亲没以后,南游于楚,从车百乘,积粟万钟,累茵而坐,列鼎而食"(注 164)。崔述以为"无是事也"。说他"仕于卫而死于难,何尝有游楚之时"(注 165)? 又传说曾子亲没后"南游于楚,得尊官焉。高堂九仞,榱题三围,转毂百车"(注 166)。这两传说太过相似,形迹可疑。不过孔门中确有很高的地位和威势,尤以孔子死后为然。

关于他们散布的情形,《史记·儒林传》说:"自孔子卒后,七十子之徒,散游诸侯。大者为师、傅、卿、相,小者友教士大夫。或隐而不见。故子路居卫(《集解》已经指出子路死于孔子之前),子张居陈,澹台子羽居楚,子夏居西河,子贡终于齐。"(注 167)《索隐》注说:"子夏为魏文侯师,子贡为齐、鲁聘吴、越,盖亦师也。而宰予亦仕齐为卿。余则未闻。"《史记·儒林传》的话,《汉书·儒林传》全部重述(注 168)。

子贡在政治活动以外,商业的成就更大。他"鬻财于曹、鲁之间。七十子之徒,赐最为饶益"(注 169)。又"常相鲁、卫,家累千金"(注 170)。就算说他"存鲁、乱齐、破吴、强晋而霸越"的话(注 171),无非夸张,但他的势力,必很雄厚。最有意义的是他们的舞场不只是齐、鲁、曹、卫,而且扩阔到吴、楚、越,即是中国全境。于是孔子之名,闻于天下。《史记》说:"夫使孔子名布扬于天下者,子贡先后之也。"(注172)

《儒林传》的记载,侧重教傅诸侯大夫。至于他们教授学徒,则更加出色。《列传》说,澹台灭明"既已受业而退。……南游至江,从弟子三百人。……名施乎诸侯"(注173)。据说他是武城人。钱穆以为"武城近吴。吴灭,与越邻。越以新兴,礼贤下士。……子羽南游至江,容有其事"(注174)。如上面所述,《儒林传》也说他于孔子死后居楚,把孔子的教旨传播到南方。学生有几百之多(注175)。《祀名贤传》又载冉耕设教于洛,这未必可信。但后来荀子说有子张、子夏、子游、子弓等等之儒(注176)。韩非子又说有漆雕开等等之儒(注177)。可知弟子去教学的必定很多。其中影响最大的是子夏和曾子。朱彝尊说:"曾子、子夏门人极盛。"(注178)

子夏在未赴西河以前,已有弟子。《论语》说及"子夏门人小子"(注179)。《史记》说他于孔子死后居西河,即现在山西、河南的河滨,做教授,"为魏文侯师",文侯受子夏经艺(注180)。《礼记》载他问乐于子夏(注181)。《汉书》有子夏的学徒李克为魏文侯相(注182)。《吕氏春秋》有他的学徒段干木,不仕(注183)。《史记·儒林传》云:"田子方、段干木、吴起、禽滑厘之属,皆受业于子夏之伦,为王者师。"(注184)崔述以为"此云受业于子夏之伦,则诸子非皆子夏之门人也"(注185)。然子夏学徒之众,声势之显,则无可疑。

曾子弟子据《孟子》有子思。孟子说:"曾子、子思同道。曾子,师也。"(注186)又有沈犹行(注187)。《大戴礼记》有公明仪(注188)、乐正子(注189)和单居离(注190)。《礼记》有曾申(注191),《说苑》有明公宣(注192)。《吕氏春秋》有吴起(注193)。朱彝尊以他是曾申而不是曾参的弟子(注194)。注家又有阳肤(注195)、子襄(注196)、公明仪(注197)、公明高(注198)和曾西(注199)。沈犹行说:"从先生者七十人。"(注200)这可能是采用孔子门人七十之数,然曾子学生之多,大概可信。

5. 弟子的思想 孔门弟子的思想,从来没有整个的研究。因为材料缺乏,有的也未必可靠。我们试从《论语》《孟子》《孔子家语》《礼记》几本书里考察他们的思想是怎么样。我们只研究弟子的思想。他们的品格和事功不在讨论范围之内。

甲、《论语》里的弟子思想 我们单从《论语》里弟子的问话和言论来讲,参加的只有十七个人(注201)。问答最多的是子贡、子路和子张。自己发表意见的有曾子、子夏、子贡、子张和子游。所讨论的题目最重要的是

（一）仁，（二）君子，（三）为政三项。其中以仁为最多，共十七次。弟子问仁是什么的七人，共九次（注 202）。孔子的训话不在其内。从孔子的答案和他们的言论看，仁是“克己复礼”（12/1）。曾子说“以友辅仁”（12/24）。有子说“孝弟，仁之本”（1/2）。子夏说“博学而笃志，切问而近思，仁在其中矣”（19/6）。子贡问博施济众是否可以谓之仁，孔子答说“夫仁者，己欲立而立人，己欲达而达人。能近取譬，可谓仁之方也已”（6/28）。又答仲弓问仁，说“己所不欲，勿施于人”（12/2）。答樊迟的问说“仁者先难而后获”（6/20）。答司马牛的问说“仁者其言也讱”（12/3）。孔子告诉子张能行“恭、宽、信、敏、惠”五者于天下的可算做仁（17/6），又教弟子“友其士之仁者”（15/9）。子游形容子张，“难也，然而未仁”（19/15）。子路又问管仲是否一个仁者（14/18）。仁的问答比关于别的观念问答为多，连问孝问礼都比不上。仁在孔子以前，只是百善之一，孔子把它改为百善之总名，为全德，在中国思想史上建立一个新观念。当时弟子屡次诘问和发表意见，是势所必然。他们对仁已有成熟思想，如曾子的以友辅仁，有子的孝弟为仁之本，子夏的博、笃、切、近，子贡的博施济众，都成为以后孔门仁的思想之根本理论。在哲学上我们又可以说是师生讨论的最大成果。

其次讨论最多的是君子、士、善人和成人，总共十七次。大部分是关于君子的性格的。子贡问君子，孔子说“先行其言，然后从之”（2/13）。又说“恶称人之恶者，恶居下流而好讪上者，恶勇而无礼者，恶果敢而窒者”（17/24）。问士，孔子说“行己有耻”（13/20）。答子路问君子说“修己安人”（14/45），又说“义以为上”（17/23）。答子路问士说“切切偲偲，怡怡如也”（13/28）。答他问成人又说“见得思义，见危受命”（14/13）。司马牛问君子，答说“内省不疚”，因而“不忧不惧”（12/4）。子张问善人，孔子说“不践迹”（11/19）。问士，答说“质直而好义，察言而观色”（12/20）。曾子以为君子应该“思不出其位”（14/28），“临大节而不夺”（8/6）。子夏之意，君子有三变，“望之俨然，即之也温，听其言也厉”（19/9）。他又说“君子之道，孰先传焉？孰后倦焉？譬诸草木，区以别矣”（19/12）。子贡也说“君子恶居下流”（19/19）。“过也如日月之食焉”（19/21）。子张说“士见危受命，见德思义。祭思敬，丧思哀”（19/1）。

以上问什么是君子五次，问士两次，问成人一次，共八次。孔子以前的君子是指贵族和君主而言。而孔子把他道德化、平等化。君子是全德的人，人人可以为君子。这个思想在弟子心目中没有什么问题。所以询问的和谈论的是君子的品格和作风。比较屡次问什么是仁，大有不同。可知仁的观念还没成熟，要弄个清楚。也许仁的观念是较为基本的、广泛的，所以要再三请教。

再其次的话题是政治，尤其是怎样为政。他们问很多次。孔子的教训是："行夏之时，乘殷之辂，服周之冕，乐则韶舞。"（15/10）"无欲速，无见小利。"（13/17）"既庶矣……富之……教之。"13/9）"居之无倦，行之以忠。"（12/14）"尊五美，屏四恶。"（20/2）"举贤才。"（13/2）"先之劳之。"（13/1）"必也正名乎。"（13/13）这教训弟子全部接纳，自不待言。他们自己发表的意见比较少。但曾子也曾说"上失其道，民散久矣。如得其情，则哀矜而勿喜"（19/19）。有子也说："百姓足，君孰与不足？百姓不足，君孰与足？"（12/9）子路主张"加之以师旅，因之以饥馑。……可使有勇"（11/25）。冉求则相信"方六七十，可使民足"（11/25）。子路又说："长幼之节，不可废也。君臣之义，如之何其废诸？"（18/7）

除此三题以外，尚有问及和讨论礼、孝等。关于礼的不过八次。但弟子的主张，都从根本上着眼。同时又有独立和怀疑的精神。林放问礼之本（3/4）。这和君子务本、孝弟为仁之本是同样的基本精神。有子说"礼之用，和为贵。先王之道，斯为美"（1/2），为后来中和思想立下根基。子夏问《诗》"巧笑倩兮，美目盼兮"是什么意思？孔子答说"绘事后素"。子夏便问："礼后乎？"（3/8）这里所提出的是文质问题，因此孔子赞他"可以言《诗》"，因为礼是文，在质之后。孔子告诉子贡"富而好礼"，子贡便明白《诗经》"如切如磋"的意思（1/5），可以说显出《诗》和礼的关系。但子贡又要"去告朔之饩羊"，被孔子责他，"尔爱其羊，我爱其礼"（3/17）。这里可以见得弟子们对于烦琐的礼节有点怀疑。宰我简直不主张三年之丧，感觉"期已久矣。……期可已矣"（17/21）。孔子不免生气说："予（宰我）之不仁也。子生三年，然后免于父母之怀。夫三年之丧，天下之通丧也。予也，有三年之爱于其父母乎？"实在他们符合孔子"礼，与其奢也宁俭"（3/4）的精神。根本上重礼，尤其是丧祭之礼。曾子说"慎终追远，民德归厚矣"（1/9），不特成为曾子孝的偶像传统所自出，而亦是后来儒家特重丧礼的来源。他们都像公西华，"宗庙之事……愿为小相焉"（11/25）。后来礼越来越杂。三年之丧，当时并非通丧，后来竟成为一个大传统。不过弟子的对话，大部和礼的根本问题有关。以后关于礼的多种文献，都从这里发挥。

同样地，弟子讨论孝的并不多。但子游和子夏都问什么是孝（2/7，8）。有子说"孝弟也者，其为仁之本欤"（1/2）。子夏以"事父母能竭其力……吾必谓之学矣"（1/7），清楚地说出学和行的关系。最奇怪的，曾子为中国孝的典型。但在《论语》里除"慎终追远"和复述孔子"人未有自致者也，必也亲丧乎"的话（10/17）以外，只载他述孔子品评孟庄子之孝，以为"他不改父之臣与父之政,是难能也”(19/18)。于孝的思想没有什么发明。大概他是实行家。如关于礼,他有疾也要“启予足,启予手”(8/4)。后来关于他的孝的传说,都是实行方面。

其他还有可记的是弟子问鬼神一次(11/11),说命一次(12/5),论学三次(11/24,19/5、7),次数并不多。不是他们不着重这些,而是他们从大范围着眼罢了。

乙、《孟子》里的弟子思想　《孟子》里提到孔门弟子最多的是子路和曾子(注 203)。其次宰我、子贡、冉牛、闵子、颜子、子夏、子游、子张、有若、曾皙、牡皮和琴张(注 204)。所讲的是他们的性情,而叙述他们的思想的只有两次,就是曾子“彼以其富,我以吾仁。彼以其爵,我以吾义”(2 下/2)和子贡“学不厌,智也。教不倦,仁也”(2 上/2)的话。后一句是赞美孔子仁而且智,可以为圣的,并非说仁智的意义。当然孟子直承孔子,不必求诸弟子之次。而且他思想上的争论是针对同时的人。不过曾子是仁义并提,可能是孟子仁义连词的张本。因为孔子从来未尝仁义并提,而孟子则仁义双举。这里曾子可能是个关键。仁智为儒家成德的两翼。在《论语》见过好几次(注 205)。孟子不特常说仁义,而且演进为仁、义、礼、智的四德。子贡的仁智并重,也可以说是一个关键。

丙、《家语》里的弟子思想　这书未必可靠,主要是记事和品评的材料。不过假如《家语》是代表孔门发展的思想,则从它所载弟子问话和言论,也可以看出第二代儒家思想从何方面开发。最多的是曾子。他问道德、孝教、亲贤、礼乐、择友(注 206)。颜渊问修身、成人、君子、朋友(注 207)。子路问君子和孝(注 208)。子贡问仁(注 209)。子路、子贡、闵子和冉有问政(注 210)。子张问入官(注 211)。冉有、仲弓问刑罚(注 212)。子游、子贡、子路、子罕、公西华、子夏问礼(注 213)。此外子夏问《诗》(注 214)。子贡问死者有知无知(注 215)。宰我问什么是鬼神(注 216)。子路问可否舍古之道(注 217)和“学岂益哉”(注 218)?弟子发表意见很少,只有四次。(一)曾子注重忠信和泽施百姓(注 219)。(二)子路说“知者使人知己,仁者使人爱己”。子贡说“知者知人,仁者爱人”,颜子则说:“智者自知,仁者自爱。”(注 220)(三)闵子说:“先王制礼,弗敢过也。”(注 221)(四)子路说:“吾闻诸夫子,为善者天报之以福,为不善者天报之以祸。”(注 222)从表面上看,似乎不出《论语》的范围,因为修身治国,仍为主题。然而详细考察,便见到孔门有很有意义的进展。所问的关于礼特别多,问的人数也特别多。《曲礼·子夏问》和《曲礼·公西华问》(注 223)几乎全部说丧礼。尤有意味的是子夏问三年之丧(注 224)。这比《论语》之问,何止三四倍?显然孔子死后，礼，尤其是丧礼，成为孔门讨论的中心问题，替代了仁而为讨论的基本问题。《家语》问仁，只有一次（注 225）。而所问的不是像《论语》关于仁的本质的，而是比干是否一个仁者。大概仁的根本概念已经竖立，无需再讨论了。讨论仁智并加以分析，这一方面比《论语》大进一步。报福报祸为《论语》所无，命的问题到第二代具体化了。子贡问死者有知无知，显然不以孔子"焉知死"（注 226）为满意。宰我问神鬼也和孔子"子不语……神"（注 227）相背而驰。至于子路"舍古之道"和"学岂益哉"，已经表示一种对于尊古和重学的怀疑态度。

丁、《礼记》里的弟子思想　关于弟子言论的材料，无疑的以《大戴礼记》和《小戴记》（《礼记》）为主。《大戴礼记》的《曾子立事篇》载曾子论学行、言思和仁智等道德。《曾子本孝》《曾子立孝》《曾子大孝》《曾子事父母》四篇则完全说孝道，说："忠者孝之本。……不敢忘其亲。……三年不敢改父之道。……以正致谏……以德从命。"（注 228）"君子立孝，其忠之用，礼之贵。"（注 229）"君子一孝一弟。"（注 230）"孝有三，大孝尊亲，其次不辱，其下能养。……故居处不庄……事君不忠……莅官不敬……朋友不信……战阵无勇非孝也。……夫孝者，天下之大经也。夫孝置之而塞于天地，衡之而衡于四海，施诸后世而无朝夕。……父母全而生之，子全而归之，可谓孝矣。"（注 231）又说："孝子无私。父母所爱爱之，父母所乐乐之。"（注 232）

这言语要和《孝经》比较。因为《孝经》里头有曾子问话，所以有人以为是他所传授。《四库全书总目提要》以为"要为七十学徒之遗书。……则亦《礼记》之一篇"（注 233），恐未必然。无论如何，《孝经》的"身体发肤……不敢毁伤"（注 234），"以孝事君则忠"（注 235），"孝者，天之经也"（注 236），"孝弟之道，光于神明，通于四海"（注 237）等基本思想，和上面曾子所说并无二致。

诸书有许多曾子孝行的传说。首先《孟子》记他不特养亲之口，且能养亲之志（注 238）。以后又有其妻蒸梨不熟，不善事后母，因而驱逐她（注 239）。他的母亲有病，他便有病，因为他的孝道和他的母亲同气同体（注 240）。他斩错瓜根，被父亲用杖击打。他不特不怨恨，反而问他父亲："得无疾乎？"（注 241）他每晚起床五次，看他的父亲被衣之厚薄（注 242）等故事。于是曾子成为儒家孝的偶像。

《大戴礼记》所载曾子讲各种道德如敬孝、慈惠、仁义、智忠，而主要是仁义，更特别重仁（注 243），这是《论语》的本色。但《大圆篇》说到天圆地方，更说幽明、阴阳、神明、龙凤龟火，说："灵神者，品物之本，而礼乐仁义之祖。"

(注 244)“圣人为天地主,为山川主,为鬼神主,为宗庙主。”(注 245)“圣人立五礼……和五声……正五色。……此之谓品物之本,礼乐之祖,善否治乱之所由兴作也。”(注 246)和第二代儒家其他的言论绝不相同,恐是后起时材料。

《礼记》关于弟子的记载,集中于《檀弓》,包括子路、曾子、有子、子张、子夏、颜子、公西华、子游、子贡,尤其是曾子。《曾子问》《杂记下》和《祭义》便以曾子为主。从此可知他们是孔子的出色的门徒。他们,尤其是曾子,所问和所讲的几乎完全关于丧礼(注 247),尤其是三年之丧(注 248)。都是关于礼节条目而不讲理论。《曾子问》对于丧礼、婚礼、祭礼,比较侧重原理,然亦只是关于制度,而不是基本原则。《祭义》里则论调完全不同。这里言孝,反以理论为主,说尊亲弗辱能养,事君不忠非孝,孝置于天地,横于四海,全受全归(注 249),和《大戴礼记》完全相同,可知是抄袭《大戴礼记》的。在《仲尼燕居》里,孔子和子张、子贡、子游、子夏谈礼。特别的是《孔子闲居》里子夏问《诗》和问乐(注 250),得到孔子“无声之乐,无体之礼,无服之丧”(注 251),以至“风、雨、霜、露无非教也”(注 252)的奇妙教旨。《礼记》所载,或者是后来的敷张,但源头也上溯于子夏“可与言《诗》”(注 253)。更可注意的是礼的重要,尤其是丧礼的重要。不但这是曾子本人重视礼节,如“启予足,启予手”(注 254)和病重还要易箦(注 255)的反映,而亦是《论语》弟子重视礼的必然开展。

戊、其他材料里的弟子思想　从上面材料来看,只有曾子的言论稍有贯串,但也不能成一系统。此外有《漆雕子》和《宓子》的辑本,从《说苑》《孔子家语》《吕氏春秋》《韩非子》及王充(27—100)《论衡》等书,搜集漆雕开和子贱的事迹和意见(注 256)。意见方面,重要的是性有善恶的主张,但是完全没有言论。据王充说,主张性有善恶的是“宓子贱、漆雕开、公孙尼子之徒”,可知不是他们本人,而是他们的弟子。因此等到第三代再谈。《韩非子》引子路说:“仁义者与天下共其所有而同其利者也。”(注 257)墨家气味太浓。子路决不会这样以利为义的。

6. 传经问题　传经之说,在汉代突然发生。《史记》说:“弟子受《春秋》。”(注 258)又说孔子以曾子“能通孝道……故受之业作《孝经》”(注 259)。更说孔子“传《易》于(商)瞿”,再传《易》六世至齐人田何(注 260)。《索隐》变本加厉,说子夏“序《诗》、传《易》。又孔子以《春秋》属商”(注 261)。《正义》也引古本《家语》说漆雕开“习《尚书》,不乐仕”(注 262)。各经都有专家传授。子夏不特传《诗》,又传《公羊传》。一人至少传了三经。曾子且能作经。越出越妙。关于传经,钱穆考据最详。照他说,汉前并无传经之说，即《史记》亦仅言传《易》。大概因汉博士专经授受而推以言先秦而已（注263）。就以商瞿而论，“其人尚在若有若无之间，遑论传《易》之事哉？”（注264）到后来陶潜（372—427）居然说：“颜氏传《诗》，为讽谏之儒。孟氏传《书》，为疏通致远之儒。漆雕开传《礼》，为恭德庄敬之儒。仲良氏传《乐》，为移风易俗之儒。乐正氏传《春秋》，为属辞比事之儒。公孙氏传《易》，为洁静精微之儒。”（注265）陶潜和儒家第二代相隔七八百年，无中生有，说来有声有色。

经学家又有子夏传经、曾子传道之说。以子夏至荀子为传经系统，汉、唐、清儒属之。曾子经子思至孟子为传道系统，宋、元、明儒属之。虽然所谓传经，并非不同时传道。所谓传道，并非不同时传经。他们之分别在精神旨趣，而非思想之不同。可是完全没有历史根据，而且加强儒家门户之见。其中子游传大同之说，最容易显出其造说的没有事实基础。《礼记·礼运篇》关于大同的一段，就算是孔子的话，也和子游没甚关系。在孔子讲大同之前，他只站在孔子旁边。孔子讲完以后，他只问礼。对于大同思想没有兴趣。在我们上面讨论弟子的思想，也只是见得他问孝问礼，见不得有什么和大同有关的思想。

7. 四科和分派　传经之说，没有历史根据。孔门分派也是如此。《论语》说：“德行，颜渊、闵子骞、冉伯牛、仲弓。言语，宰我、子贡。政事，冉有、季路。文学，子游、子夏。”（注266）孟子只举说辞、德行两项，但德行少了仲弓。接着说“子夏、子游、子张，皆有圣人之一体。冉牛、闵子、颜渊，则具体而微”（注267），又少冉有。所谓言语，是指利口辨词，尤其是外交辞令应对。文学后人引申为博学《诗》《书》《礼》《乐》，或且是传道之文章（注268）。《后汉书》叫这四种做“四科”，“安得孔仲尼为世陈四科？”（注269）以后四科之名成为通用。关于四科的次序，《史记·仲尼弟子列传》政事二人在前，言语二人在后。《索隐》说：“其记有异也。”（注270）《盐铁论》也把政事放在言语之前（注271）。《后汉书》把言语放在文学之下（注272）。范仲淹（989—1052）又把政事放在言语之前（注273）。诸家次序不同，没有特殊意义。韩愈（768—824）解《论语》这句又进一步。他把四科划分等级，说：“仲尼立此四品。……德行科最高。……言语科次之。……政事科次之。……文学科最下。”（注274）钱穆承继此意，说“遂特尊之曰德行。自德行言之，余三科皆其分支”，又把三科归入德行之内（注275）。李翱（壮年798）加上分级的用意，指定“仲尼设四品以明学者不同科，使自下升高”（注276）。论者越来越神化。实在孔子未尝分科。这里用字不用名，显然不是孔子的话而是门人复述他的意见。也只是各举其长。皇侃《疏》引王弼

(226—249)说"此四科者,各举其才长也"(注 277)。王樵(壮年 1001)之意也是如此。"四科者,弟子所目。夫子未尝以是设科也。圣人教人,各用其材。"(注 278)朱熹(1130—1200)也说:"弟子因孔子之言,记此十人,而目其所长,分为四科。孔子教人各因其材,于此可见。"(注 279)王弼又说:"弟子才不徒十。盖举其美者,以表业分名。"(注 280)很像这十个弟子是选出来的。果然唐开元七年(719)立他们做"十哲",画他们的像(注 281)。然而曾子有模范的孝行,何以不列入德行呢?徐幹(171—218)竟然说是"以其才不如也"(注 282),无非臆说。无怪刘宝楠评他"故为苛论,不免以辞害义矣"(注 283)。开元时又立曾子为四配之一,陪孔子坐。似乎以此可能避免不入德行之困难。又因《论语》本章上文说"从我于陈、蔡者",有人以为这十个人是跟孔子在陈、蔡两国。曾子不在场,当然不能加入了。依程颢(明道,1032—1085)的看法,"四科乃从夫子于陈、蔡者耳,门人之圣者固不止此,曾子传道而不与焉,故知十哲俗论也"(注 284)。孔子厄于陈、蔡的历史问题很多,这里不谈。程子接受十人从于陈、蔡之说,是传统的看法,但他以十哲为俗论,却是大胆。然《弟子列传》从陈、蔡者还有子张,此处不列。唐以前从来没有人以十人为从陈、蔡的(注 285),实在四科和孔子受厄无关,所说不必在陈、蔡的时候,所以尤侗(1618—1704)引陈善(壮年 1169)的话:"陈、蔡从者岂只十人?患难之时,何必分列四科乎?"(注 286)我们以为《先进篇》除了第十和第二十一两章以外,都是讲弟子的短长,并不讲他们的思想,和科目更没关系。就令四科等于"文、行、忠、信"(注 287)的四教,"诗、书、执礼"(注 288)或是据德、依仁、游艺(注 289),然而四科之内没有思和学,难道孔子不教这两科,而弟子于此均无所长吗?大概事实是孔子在某一时期或某一地点说及他们,举其所长。不是一定一时之说,更非有意分做科目的。

历来对于孔门弟子分途,都从四科讲。近年则分他们做学派。中、日学者最欢喜分他们为两宗。从年纪去分的为前期后期。依照钱穆,"子路、冉有、宰我、子贡、颜渊、闵子骞、冉伯牛、仲弓、原宪、子羔、公西华,则孔门之前辈也。游、夏、子张、曾子、有若、樊迟、漆雕开、澹台灭明,则孔门之后辈也。……大抵先进浑厚,后进则有棱角。先进朴实,后进则务声华。先进极之为具体而微,后进则别立宗派。先进之淡于仕进者蕴而为德行。后进之不博文学者矫而为玮奇"(注 290)。于此孔门第二代的风气,可见一斑。劳思光说子夏、子游等是早期弟子,皆从孔子学礼乐,未及亲闻孔子成熟期之理论,故与晚期弟子如曾子、子张等思想不同(注 291)。说也有理。如刘汝霖分前期弟子为属于政治经济,后期弟子为宗教人物(注 292),则有问题,因为前后期弟子都讨论行政,讲礼也无先后之分。

更有学者主张分内、外两派,即务外、主内,或主观、客观。两派之说,上溯于传经、传道之说。陆象山(九渊,1139—1193)说:“孔门唯颜、曾传道,他未有闻。盖颜、曾从里面出来,他人外面入去。今所传者,乃子夏、子张之徒外入之学。”(注293)即是说传经由外入,传道由内出。蔡元培以为有曾子、子夏两派。曾子尊德性,其后有子思及孟子。子夏治文学,其后有荀子(注294)。郭绍虞跟着他说:“曾子主忠信,重本,全是主内之学。子夏学以致道,全是务外。”又引康有为的话:“子游受微言以传诸孟子,子夏受大义以传诸荀子。微言为太平世大同教,大义为升平世小康教。”(注295)然则子夏博学而笃思,又何尝不主内呢?照顾颉刚驳郭绍虞说:“子游、子夏同列文学,何以孔子的微言竟全不传于德行政事诸科呢?”邓公玄分一派重外在的典章文物,以子夏、子游可能为其代表人物。一派重内省的身心修养,以曾参、子思、孟子为其代表人物(注296)。这等于说子夏、子游不重修养身心,有何可通?刘百闵说子夏博学于文,兼通六艺。后来有荀子。曾子约之以礼,独传一贯。到后来有子思、孟子。孔子以《春秋》属子夏,以《孝》经属曾子(注297)。刘氏深信传经,则子夏传《诗》,也必有约之以礼的特能。可是曾子固孝,子夏亦孝。六艺则通者七十二人,不限于子夏。

日本学者的分派更极端。武内义雄因为曾子反对子夏、子张、子游想象服事孔子一样去服事有若,便说子游、子夏为一派,和曾子一派相对峙而异其所见闻。所以他讨论孔子弟子分“曾子学派”和“子游学派”两节。结论曾子派由主观和礼的精神入手,子游派从客观和礼的形式入手(注298)。但《礼记》所载曾子和子游同重礼的形式,也由此而同重礼的精神。《曲礼》和《玉藻》等编并未提及子游之名,而武内硬断定是子游学派的学者所缀集,以完其说(注299),可谓臆造之至。平原北堂分主观派为子夏、子思、孟子和客观派为子夏以至荀子(注300)。其论据只是因为子夏有文学天才,其学自然有向外面矜名节的倾向(注301)。我们要问:何以长于文学便有向外慕名的倾向?何以这倾向便产生了荀子?同样的吉田贤抗以曾子由主观而体得仁道忠恕,子游、子夏由客观而发展礼的思想(注302)。然《论语》所载子夏说礼也说仁。试问他是主观还是客观?森光雄由四科来分派别。以德行为主,由曾子而至子思、孟子。以文章为主,有冉雍(仲弓)。然而仲弓明明属于德行,此处则属文章,真是莫明其妙。狩野直喜则从传经着眼,以曾子学派为孔门正统,功在传道。子夏学派功在传经(注303)。如果传经可信,孔子不曾以孝经属曾子吗?

此外更有学派对攻之说。侯外庐不特分弟子为前辈后辈。前辈问学于孔子去鲁之先,计有子路、宰我、子贡、颜渊、闵子骞、冉伯牛、仲弓、原宪、子羔、公西华等人。后辈从游于孔子返鲁之后,计有子游、子夏、子张、曾子、有若、樊迟、漆雕开、澹台灭明等人,韩子、荀子所述皆是后辈。侯氏更说子张别立宗派。有若、子游亦似各有立宗派的趋势。他所举的"例证"只是弟子意见分歧,或彼此之间有所评议(注 304)。这样极端而言,则弟子可人人自为一派了。刘汝霖以为韩非子所述八派之中没有子游、子夏和曾子,是因为他们三个人都是孔门的正传,言必称师,所以不必别立宗派。但刘氏又说四派互相攻击,即是曾子攻子张,曾子攻子夏,子张也攻子夏(注 305)。由同门有所品评而断为攻击,由攻击而断为学派对垒,可谓想象灵敏之至。

至于梁启超(1873—1929)之分孔门五派,是不限于第二代,但是从孔门弟子出发,所以现在顺便讨论。他的五派是:(1)内业派。以《庄子》之孟子反和琴张"相与于无相与,相为于无相为",似皆与孔门有渊源。孟子言"琴张、曾皙、牡皮,孔子之谓狂",颇与颜回同一气象。《管子》的《内业篇》讲儒家存养之学,和道家大同小异。《大学》言知止、定、静,《中庸》言至诚、尽性,即属这派。至孟、荀两家论性观心之说,而此派大成。(2)武侠派。子路问强,漆雕氏"不肤挠,不目逃",皆属这派。其末流和墨家结合。(3)经世派。子夏弟子李克为经济专家。这派至孟、荀而分途发展。(4)文献派。重历史观念。其中甲派比较研究古代典章制度,如大小戴《礼记》就是。乙派专从事于政治,如左丘之作《国语》就是。(5)传注派。这派溯源于子夏。后来商瞿之于《易》,公明高之于《春秋》都是(注 306)。梁氏东凑西合,一目了然。子张问十世(注 307),宰我答哀公问社,说:"夏后氏以松,殷人以柏,周人以栗。"(注 308)子思也说文献,何以不属文献派呢?曾子任重而道远(注 309),何以不入武侠派呢?经世又何止子夏弟子?凡从政的都是经世。总之,孔子之道,一以贯之。同时孔子弟子"各言尔志"(注 310)。说弟子志趣不同则可,说他们建立派别则不可。这样宋、明门户之见,大有背于孔子和孔门的精神。

二、《大学》

我们屡次提出孔门弟子的思想虽有进展,但没什么统系。为什么又产生思想井然、次序齐整的《大学》?这问题不容易解决。文体的发达是很玄妙的。《论语》没有秩序,而《春秋》倒是格局严整。孟子和荀子同时,而《孟子》为对语体,《荀子》为论文体。《大学》之出于弟子,并非绝不可能。

《大学》是儒家的重要典籍。韩愈的《原道》(注311)和李翱的《复性书》(注312)都特别引它做儒家的基础。程颐(伊川,1037—1107)看它做"入德之门"(注313)。朱子以它是"修身治人的规模"(注314)和"定世立教之大典"(注315)。由于《大学》,"圣经贤传之指,粲然复明于世"(注316)。因此他十分重视《大学》。先著《大学章句》,随后又著《大学或问》去阐明他注《大学》的哲学理由。他死之前三日还修改注《大学》的《诚意章》。他于绍熙元年(1190),把《大学》和《论语》《孟子》《中庸》刊为四子书,成为以后中国教育之基本教材。王阳明(守仁,1472—1529)著的《大学问》(注317),无疑地是他的哲学中心。他的弟子钱德洪(1496—1574)说:"《大学问》者,师门之教典也。"(注318)

《大学》是《礼记》(即《小戴记》)四十九篇中的第四十二篇。郑玄作《注》,孔颖达(574—648)作《疏》。据刘向(公元前77—前6)的《别录》,"《大学》属通论"(注319)。北宋仁宗(1010—1063)天圣八年(1030)赐进士王拱宸(1012—1085)《大学》轴(注320),想是《大学》首一次的单行本。不久就有司马光(1019—1086)的《大学广义》一卷、司马光等六家的《大学解义》一卷、喻樗(1129卒)的《大学解》一卷(注321)。以后专注《大学》的更多。程颢、程颐两兄弟各自改正《大学》本文(注322),显然要把它从《礼记》中分离出来而独立。

1. 著者问题 关于《大学》的著者为谁,宋以前没人说过,郑玄虽然说《礼记》是"七十二子之徒"所共撰(注323),但不明言《大学》的著者是谁,程颢说"《大学》乃孔氏遗书"(注324),这是指孔门,也不能确定著者是谁。指定作者以朱子为第一人。他先前曾说孔子"笔之于书。……其门人弟子又相与传述而推明之"(注325)。二十年后(1189)才断定"经一章,盖孔子之言而曾子述之。其传十章,则曾子之意而门人记之也"(注326)。门徒问他怎样知道,他答说:"正经词约而理备,言近而指远,非圣人不能及也。然以其无他左验,且竟或出于古昔先民之言也,故疑之而不敢质。至于传文或引曾子之言,而又多与《中庸》《孟子》者合。则知其成于曾氏门人之手,而子思以授孟子无疑矣。"(注327)这里"则知""无疑",实在也"无左验"。朱子也说"盖",表示怀疑。虽然《大学》第七章引曾子之言,那不一定是弟子所述。不过后来朱子的话,便成定论。第十章"上老老而民兴孝,上长长而民兴弟",和《大戴礼记》"上敬老则下益孝,上顺齿则民益悌"(注328)相似。这是孔子告曾子的话,不能拿来做曾子作大学的证据。张华(232—300)引曾子"好我者知吾美矣,恶我者知吾恶矣"(注329)的话,和《大学》第八章"故好而知其恶,恶而知其美者,天下鲜矣"词句相同,翟灏(1788卒)

似以此可证为曾子所作（注 330）。因为朱子说曾子门人记之，于是宋人王柏（1197—1274）断定这门人是子思。理由是曾子门人之中“孰有出于子思之右？”（注 331）明人丰坊（1528 进士）伪造石经《大学》刊行。郑晓（1499—1566）为他宣传，说魏政和中虞松等考正“五经”，钟会（225—264）等刻之于石。虞松的进表引贾逵（177—228）的话，说子思穷居宋，作《大学》（注 332）。也曾和郑晓同事的陈耀文（壮年 1550）已经指出魏没有政和年号（注 333），虞松也没有考证“五经”的可能。实际上《魏书》没有这个人。后来毛奇龄、朱彝尊等也发露丰坊的虚构（注 334）。胡渭（1633—1714）跟着王柏也说《大学》成于子思之手。理由是：“《中庸》《大学》为出类拔萃之作。《中庸》出于子思，更谁能与子思匹而能作《大学》乎？”（注 335）崔述则以为“《大学》之文繁而尽，又多排语，计其时当在战国，非孔子、曾子之言也。然其传必出于曾子”（注 336）。近人唐君毅则把《大学》放在荀子之后（注 337）。钱穆相信是秦、汉之际无主名之作品（注 338）。近人考定的时间比前人越来越后了。

2. 经传和改本　孔颖达在《大学疏》指出某某章“此经大学之道。……此一节复明前经治国齐家之事。……复明上文平天下在治其国之事”（注 339）。但朱子比较分明，他注《大学》第十章说：“前四章统论纲领指趣，后六章细论条目工夫。”朱鹤龄（1606—1683）说“伊川始分经传”（注 340），是揣度之词，并非事实。朱子分经传，后儒有所批评。陈澧（1810—1882）为他辩护，说《诗经·豳风·七月》首章郑（玄）笺云“此章陈人以衣食为急，余章广而成之”，先有成例（注 341）。陈檠更举《管子·心术》上篇刘绩（壮年 1500）注说：“按此以上皆经，下释其义。”（注 342）多添一例。徐复观因为康有为不满意朱子“误分经传”说：“一篇中岂能自分经传乎？”（注 343）认为康氏固陋。因为战国末期著书的通例，有经有说。如《韩非子》的《内储》《外储》诸篇，自分“经”“说”。《管子》《吕氏春秋》两书中也有这种情形（注 344）。

朱子不特分经传，而始又补第五章的传，共 134 字。说“闲尝窃取程子之意以补之”。所谓窃取其意，只是窃取程颐格物之意，不是取程子补传之意。补传究竟是朱子自己的大胆作为，不问有无前例（注 345）。这里的格物思想，后来王阳明极力反对。同样地，王氏又反对程、朱之改本。首先更改本文的程氏兄弟，他们认为古本有错简，于是以自己的意思移易章句。程颐改“亲民”为“新民”，又加“此谓知本”，说是衍文（注 346）。朱子采用程颐的改本，但移易本文，别为次序（注 347）。程、朱之后移动本文的有几十家，由王柏、黄震（1213—1284）、董槐（壮年 1254）、叶梦鼎（1273 以后）、宋濂（1310—1381）、方孝孺（1357—1402）、蔡清（1453—1505）、程敏政（壮年

1466—1499)、崔铣(1478—1541)、顾宪成(1550—1612)、高攀龙(1562—1626)、刘宗周(1578—1646)、张履祥(1611—1674)、胡渭(1633—1714)、张伯行(1651—1725)等,以至近人唐君毅,皆有改本(注348)。王阳明反对程、朱改本而要"去分章而复旧本"(注349)。这旧本并非上面所举虞松的石经《大学》而是《小戴礼记》的《大学》。假造的石经《大学》中间窜入"颜渊问仁"至"非礼勿动"等事,不是本来面目(注350)。旧本是郑注孔疏《十三经》本。王阳明要"以旧本为正",又要"去朱子之分章而削其补之传"(注351)。特别反对二程子和朱子改开章首句"作亲民"为"作新民"(注352)。我们以为移易章句、改写补传之类,作为注疏以为研究则可,作为恢复原文则不可。我们不知道著者究竟是谁,又怎能知道他的原文是怎么样?

3.《大学》的思想 朱子说:"大学者,大人之学也。"(注353)又说:"《大学》之书,古之大学所以教人之法也。"(注354)大人是成年的人,大学是大人的学校。表面上和郑玄的"大学者,以其记博学,可以为政也"(注355)似乎不同,其实三说相通。照古时儒家的想法,凡年十五,应该入高等学校,学做"学成之事,能治其国"(注356)的人。《大学》开章明义便说:"大学之道,在明明德,在亲民,在止于至善。"这是宋儒所谓"三纲"。下面又说:"古之欲明明德于天下者,先治其国。欲治其国者,先齐其家。欲齐其家者,先修其身。欲修其身者,先正其心。欲正其心者,先诚其意。欲诚其意者,先致其知。致知在格物。物格而后知至,知至而后意诚,意诚而后心正,心正而后身修,身修而后家齐,家齐而后国治,国治而后天下平。"这是宋儒所谓"八条目"。普通讨论《大学》的都集中于纲和目。但中间又说:"知止而后有定,定而后能静,静而后能安,安而后能虑,虑而后能得。物有本末,事有终始。知所先后,则近道矣。"这里定、静、安、虑、得五个步骤,表达心性的步步进程,是儒家从来未有的新思想,而所谓本末、始终、先后和经文最后一句所说的厚薄,也是一个新颖的比较有价值的看法,远出乎《论语》之上。因此朱子屡次说《大学》是个大规模(注357),"如行程相似"(注358),是"为学纲目"(注359)。胡适(1891—1962)以为《大学》《中庸》两部书最重要的在于方法一方面。本末、始终、先后,便是方法问题(注360)。朱子要人"先读《大学》以立其规模,次读《论语》以立其根本,次读《孟子》以观其发越,次读《中庸》以求古人之微妙处"(注361)。

朱子和王阳明相反之处很多,成为儒家理学和心学两大对垒。但他们对明德的观念却无二致。朱子解"明德"为"人之所得乎天,而虚灵不昧,以具众理而应万事者也"(注362)。明德是指"仁、义、礼、智之性","全体之妙"(注363)阳明也说:"乃根于天命之性而自然灵昭不昧者也,是谓之明德。”(注 364)明德的观念,并非突出。《尚书·尧典》有“克明俊德”,《大学》第五章所引《论语》的大德(注 365),是对小德而言。但“至德”(注 366)显然是全德,亦即是《论语》“中庸之为德,其至矣乎”(注 367)之德,即是《论语》之仁,亦即是《大学》本文下面的“至善”。新的元素是在于第一个“明”字。这里“明明德”和《左传》襄公十九年的“昭明德”微有不同。《左传》昭显先祖的明德,这里昭显自己的明德。自己的明德有《论语》性善的含义。至于怎样去明,在朱子要“且就切近易见处理会,也且慢慢地自见得”(注 368),“当于其所发之端而接续光明之”(注 369)。本性既明,我们便能见这性了。朱子和阳明的分别是朱子着重理会,阳明则着重“光其欲之蔽以自明其明德”(注 370)。他们出发点和方法不同,目标则一。

《大学》之第二步是亲民,等于《论语》为仁之方,已达达人,已立立人(注 371)。先把自己的本性实现,随而推及他人。在为政方面,当然是亲民,下面引《诗经》“乐只君子,民之父母”(注 372),和说“保我子孙黎民”(10),就是此意,亦即是《论语》的老安少怀(注 373)。阳明说《尧典》“以亲九族”至“平章”“协和”和《论语》“修己以安百姓”(注 374),便是亲民(注 375),是很对的。程子改“亲”为“新”(注 376),朱子从之,解说“故学者当因其所发而遂明,以复其初也。新者革其旧之谓也”(注 377),“使之去旧污”(注 378)。阳明以人性为物欲所蔽,对于革旧之说,自然赞同,但改“亲”为“新”则十分反对。他要回复古本的“亲”字,因为下文“君子贤其贤而亲其亲,小人乐其乐而利其利”(3),“如保赤子”(9),“民之所好好之,民之所恶恶之,此之谓民之父母”(10)之类,皆“亲”字之意(注 379)。朱子则以为“汤之盘铭曰:苟日新,日日新,又日新。《康诰》曰:作新民(注 380)。《诗》曰:周虽旧邦,其命维新”(注 381)(2),是释“新民”的。“克明俊德”(1),朱子之说,是释“明明德”。“惟民所止”(注 382)(3)等是释“止于至善”,也是顺理成章。“亲”是从心性方面而言,“新”是从效果而言。两说可以并行不悖。

至善的概念本来很简单,不外朱子所谓“极好处”(注 383),如《韶》乐之尽善尽美,“事事皆有之善处”(注 384),即是“事理当然之极”(注 385)。阳明则不特是说“明德亲民之极明”(注 386),而更说“只是此心纯乎天理之极”(注 387),是“心之本体”(注 388)。他引朱子注:“尽夫天理之极而无一毫人欲之私。”(注 389)所谓止,是朱子所谓“必至于是而不迁”(注 390),就是《大学》的“为人君,止于仁。为人臣,止于敬。为人子,止于孝。为人父,止于慈。与国人交,止于信”(5)。这里朱、王两家并没什么冲突。

从明明德到止于至善的路线是格物、致知、诚意、正心、修身、齐家、治国、平天下八条目。从内至外,从小至大,有条不乱。这是《论语》找不到的。修身、治国、平天下当然是孔子所常谈。但由个人而国而天下,比较己立立人、己达达人较有层次。《论语》“君子敬而无失,与人恭而有礼,四海之内,皆兄弟也”(注 391),“修己以敬……以安人……以安百姓”(注 392),似乎也是由个人而逐渐扩大到全社会,但总比不上《大学》的整齐清楚。至于格、致、正、诚,便完全是前所未有。

格物致知的“格”,引起宋、明、清几百年的争辩。郑注根据《尚书》“格于文祖”(注 393)和“有苗格”(注 394),训“格”为“来”,说“其知于美深,则来美物。其知于恶深,则来恶物。缘人所好来也”。朱子说:“格,至也。物犹事也。穷至事物之理,欲其极处无所不到也。”(注 395)把“至”不解作“来到”而作穷极的“至”。他是根据程颐的话“极,至也。穷理而至于物则物理尽”(注 396),“格,至也。言穷至物理也”(注 397),和解《大学》格物句说:“格,犹穷也。物,犹理也。犹穷其理而已也。”(注 398)阳明反对这说,坚持“格者正也,正其不正以归于正也”(注 399)。他是根据《孟子》“惟大人惟能格君心之非”(注 400)。解“格”为“正”,实远溯于《尚书》的“格其非心”(注 401)。《论语》的“有耻且格”(注 402),可以解“来”,也可以解“正”。这是宋、明理学格物分途之远因。

朱子主张穷理,于是大胆补上第五章的传,并且编定章句。把格致章(5)放在诚意章(6)之前。阳明反对朱子的编章,要从旧本,即诚意在格致之前。他以“明明德只是个诚意。诚意的工夫,只是格物致知。若以诚意为主,去用格物致知的工夫,即工夫始有下落。即为善去恶,无非是诚意的事。如新本先去穷格事物之理,即茫茫荡荡,都无着落处”(注 403)。那是他们哲学出发点的不同处。我们所要注意的,是诚的观念的发源,就是《大学》。因为《论语》里面两个“诚”字,都指“当真的”(注 404)。勉强可以说《论语》“修己以敬”(注 405)的“敬”和“诚”相类。因此之故,后来理学家常常诚敬并提。不过毕竟敬是严肃,诚是真实。所以陈淳(1153—1271)说:“诚与敬字不相关。”(注 406)《大学》的诚是新出的。这是必然的发展,因为从上头的格物到下头的正心,假如没有真实的意,是做不到的。没有真诚,物不能格,心也不能正。这思想到《中庸》更发挥光大。这心理的需求,也许是《论语》只言正身(注 407),而《大学》则言正心的原故。

这心理方面的发展,便引到定、静、安、虑、得的五层次。从细目上可以说都有《论语》的根据。普通的有“思无邪”(注 408)、“内省不疚”(注 409)、“三省吾身”(注 410)。个别的有“血气未定”(注 411)、“仁者静”(注 412)、“仁者安仁”(注 413)、“恭而安”(注 414)、“人无远虑”(注 415)、“求仁而得仁”(注 416)。不过此等最多只是提示,没有像《大学》次第地逐步进展。《大学》特重心理,所以慎独和自慊(6),对《中庸》《孟子》以及明儒发生重大的影响。这个发展,无疑地是因为《大学》的心理思想比《论语》大进步。胡适早已说过:“最早的儒家只注重实际的伦理和政治,只注重礼、乐、仪节,而不讲究心理的内观。……到了《大学》,便不同了。《大学》的重要心理学说,是在于分别心与意。”(注 417)这是很适当的言论。胡适又表出《大学》的方法。说:“本末、始终、先后便是方法问题。”(注 418)我们敢进一步说,这不只是方法,而且是程序和规模。因此《大学》说:“知所先后,则近道矣。其本乱而末治者否矣。其所厚者薄而其所薄者厚,未之有也。”(经文)由《论语》的“抑末也,本之则无,如之何?……孰先传焉?孰后传焉?”(注 419)而归结于《大学》的“知本”(2-5)。《论语》有“君子务本,本立而道生”(注 420),“礼之本”(注 421),“仁之本”(注 422)。所不同的,在《大学》有规模,而知本是规模的轴心。所以毛奇龄著《大学知本图》,第一个标题是“《大学》有本”(注 423),还在明明德、亲民、止于至善之前。

什么是本?《大学》说“皆以修身为本”(经文)。王阳明以诚意为本,是修身内的事,实没有抵触。由个人出发而一面格、致、诚、正,一面修、齐、治、平。胡适说是特重个人(注 424),是有见地。不过修身和事亲并非如胡适所谓相反(注 425)。儒家哲学,没论原始或蜕分,早期或后期,都是个人和社会并重,就是己立立人之旨。在《论语》这是“能近取譬,可谓仁之方也已”(注 426)。在《大学》这是“絜矩之道”(10)。朱子解说:“盖絜,度也。矩,所以为方也。以己之心,度人之心。平均如一,截然方正,而无有余不足之处,正所谓絜矩者也。”(注 427)即是《大学》说:“所恶于上,毋以使下。所恶于下,毋以事上。……所恶于左,毋以交于右。”(10)凡《大学》“有诸己而后求诸人,无诸己而后非诸人”(9),“民之所好好之,民之所恶恶之”(10),等等,皆从絜矩而出。所可注意的,《中庸》的“施诸己而不愿,亦勿施于人”(注 428),不外直述《论语》(注 429)。《大学》却有个絜矩方式。从内容而论,究竟不外是以忠恕为一贯的仁。所以《大学》是儒家的正统,其所发展皆以孔子的仁为枢纽。虽然《论语》常常讲及的孝、礼、君子,在《大学》少见,表面上有点差异。实际上他们皆在八个条目之内,并非《大学》有所忽略。这正统通过《中庸》而到孟子,形迹显然。关于《大学》和《中庸》的关系,在下节《中庸的思想》再说。现在先说孟子。

孟子的“天下之本在国,国之本在家,家之本在身”(注 430),简直是从《大学》而来。“老吾老,以及人之老。幼吾幼,以及人之幼”(注 431),和《大学》的“上老老……上长长……上恤孤”(10)差不多是一样。“亲亲而仁民,仁民而爱物”(注 432),也是如此。其目的相当于《大学》的平治天下。孟子的“于其所厚者薄,无所不薄”(注 433),朱子说是本于《大学》(注 434)。《孟子》又有“始条理”和“终条理”(注 435)。孟子特别注重“一本”(注 436),又严分义(注 437)、利(注 438),都和《大学》相同。《孟子》的诚(注 439),虽是从《中庸》而来,但“反身而诚”(注 440),究竟和诚意无大分别。其“不动心”(注 441)可以说是《大学》的定、静、安。“行有不慊于心则馁矣”(注 442),亦等于《大学》的自慊。“格君心之非”(注 443)是阳明解《大学》格物所本,更无待言。朱子说:“孟子之所谓知性者,物格也。尽心者,知至也。存心养性修身者,诚意正心修身也。其他如慎独之云,不慊之说,义利之分,恒言之序,并无不吻。”(注 444)《大学》和《孟子》可能同出一源,或竟是《大学》采用《孟子》。然儒家不一定是直线发展。诚如朱子所云(注 445),《大学》的定、静、安、虑、得,上不及孔子的由志于学而从心所欲(注 446),下不及《孟子》之善、信、美、大,以至于圣而神(注 447)。但从全部比较来看,《大学》除诚意外,皆是依《论语》而来。大概要再待百余年到孟子才发展。

不少学者又说《大学》采用《荀子》,是在《荀子》之后。如冯友兰之主张《大学》须从《荀子》之观点解释之(注 448)。举出《荀子》“止诸至足”(注 449)来比并《大学》的“止于至善”,《荀子》的“虚壹而静”(注 450)来比《大学》的“心有所忿懥,则不得其正”(7)。我们又可以指出《荀子》的“此其诚心莫不求正”(注 451),实在和《大学》更近。徐复观于冯氏所举之例之外,增入明德一项,及指出《荀子》“今人主有能明其德,则天下归之”(注 452),“静”(注 453)“如保赤子”(注 454)和“如养赤子”(注 455)各点,断定《大学》之作者必受《荀子》的影响。唐君毅也说《大学》言“止”,文句有类《荀子》,故《大学》当在《荀子》后(注 456)。从这几点,我们只可以说《荀子》和《大学》相同,并不能因此便断定其因果关系。然而相同亦不过区区如此而已。他们相异,又何止数倍?就如唐君毅所说,荀子没有内在之明明德观念。

三、弟子的弟子——第三代

七十子之弟子可考的除上面曾子和子夏的弟子以外(注 457),有子贡的学生田子方(注 458)、子贱的“似是学生”的景子(注 459)和闵子的学生孟尝君(注 460)。《汉书·艺文志》又有“七十子之弟子”的世硕、公孙尼子(注 461)、芊子和“漆雕开后”的漆雕子(注 462)。但《隋书·经籍志》说:

"尼似孔子弟子。"(注 463)据朱彝尊考据,弟子的弟子共 31 人,即成回、矸臂子弓、桥庇子庸、魏文侯都、段干木、田无择子方、高行子、曾申子西、公羊高、穀梁赤、子思、乐正子春、檀弓、沈犹行、阳肤、公明高、公明宣、单居离、公明仪、子襄、公孙尼子、世硕、景子、王史氏、李克、芊婴、公孙段、悬亶父、公休哀、公祈哀、盆成掠。朱氏似乎以矸臂及由魏文侯至穀梁赤为子夏弟子,子思至子襄为曾子弟子。公明仪又有人以为是子张的弟子(注 464)。可惜关于他们的材料不多,我们只能从有限的材料去探索他们的思想。先从曾子的弟子说起。公明仪以文王为师(注 465),又问孝于曾子(注 466)。乐正子不仅问孝而且复述曾子全受全归之言,可以说是他自己的意见(注 467)。曾子告子襄以大勇之道(注 468)。公明高论孝子之心(注 469)。阳肤问政于曾子(注 470)。曾申问哭泣(注 471)和述曾子哭泣之哀(注 472)。他们不外述曾子之意,没新见解。其他如沈犹行和公明宣等均没有学说。倘若我们相信《大戴礼记》的《曾子·天圆篇》是可靠的,则单居离问天圆地方(注 473),真是别开生面,是儒家所罕见。至于他问事父母之道(注 474),则当然是曾子的传统教训了。

子夏的弟子李克、田子方、段干木、吴起、禽滑厘之属,都没有学说留下来。《史记》称魏文侯受子夏经艺(注 475)。据马国翰(1794—1857)所辑材料(注 476),知道他问古乐(注 477),说治从身始(注 478),势不若德尊,财不若义高(注 479),仁者国之宝,智者国之器(注 480)。马氏称他"湛深儒术,而容直纳谏之高风,尊贤下士之盛德,尤足垂范后世焉"(注 481)。但在思想上不见得对于子夏的思想有什么发明。他谈《诗》(注 482),"令人孝慈之心油然而起"(注 483)。这样不特和子夏一样,"可与言《诗》",而且出乎子夏绘先礼后(注 484)思想之上。

李克为魏文侯相(注 485),教人"卑不谋尊,内不谋外,疏不谋戚"(注 486)。"贵而下贱……富而分贫……知而教愚。"(注 487)公孙尼子(注 488)主张"心者,众智之要。物皆求之于心"(注 489),修身要知命,行善必有报(注 490),有似孟子。"人有三百六十节,当天之数"(注 491),近于《淮南子》(注 492)。"圣人役物而忘情"(注 493),且近西晋玄学。又有养气之说和性有善有恶之说(注 494)。恐是后人综杂之话。世子即是世硕(注 495)。除说"莫美于恕"(注 496)外,据王充说:"世硕以为人性有善有恶。举人之善性,养而成之,则善长。性恶养而致之,则恶长。如此则性各有阴阳善恶,在所养焉。故世子作《养书》一篇。"(注 497)漆雕子(注 498)也说性有善恶(注 499)。

综合上面之弟子即第三代进一步者(一) 性有善恶、(二) 孝、(三) 礼、(四) 天地与人的关系和阴阳、(五) 诗、(六) 心和养气。其中关于性、天人关系和养气,是比较第二代的弟子思想前进一大步。孔子的弟子跟着孔子,对于人性只有涵义,并无直说。现在则说出有善有恶。或者是从孔子性相近(注500)出发。第二代的思想全是关于仁、君子、伦理、政治、礼教的问题。第三代则出乎人间范围以外而扩大到天地的范围。《大学》的心理思想也进而为养气、忘情。都是做孟子以后儒家思想的伏线。虽然文献太少,我们不能附会,但单从讨论题目,已经见得早期儒家层层之进展。他们几个重要思想,都成为《中庸》的主题,而《中庸》亦成为第三代最完整的发展。

四、《中庸》

《中庸》和《大学》一样重要,所以宋仁宗也赠进士王拱宸《中庸》一轴,张载(1020—1077)见范仲淹,范氏知其器远,劝他读《中庸》(注501)。程颐称"《中庸》乃孔门传授心法"(注502)。《中庸》是《礼记》第三十一篇,老早就引人注意。宋戴颙(378—441)著《礼记中庸传》二卷,梁武帝(502—549)著《中庸讲疏》一卷,又张绾、朱昇和贺琛体圣旨作《私记制旨中庸义》五卷。到唐李翱著《中庸说》一卷(注503)。以后宋、明的注很多,其中最重要而又是最通行的是朱子年六十(1189)所序的《中庸章句》。他没有更改原著的次序,但分做三十三章。绍熙元年(1190)他把《大学》《论语》《孟子》和《中庸》刊作《四子书》,稍晚又著《中庸或问》。

1.《中庸》和《子思子》与《中庸说》 这篇《中庸》和《子思子》与《中庸说》是否同一,还是未决的问题。《汉书·艺文志》有《子思》二十三篇(注504)。沈约(441—513)说"《中庸》《表记》《坊记》《缁衣》皆取《子思子》"(注505),似乎《中庸》来自《子思子》。《史记·公孙弘传》说:"臣闻天下之达道五,所以行之者三。"(注506)《索隐》说"此语出《子思子》,今见《礼记·中庸篇》",可作一证。《旧唐书·经籍志》还有《子思子》八卷(注507)。但《子思子》至宋朝只余一卷(注508)。王应麟(1223—1296)《汉书艺文志考证》在上面所引沈约的话之下注说:"今有一卷,乃取诸《孔丛子》,非本书也。"(注509)明《世善堂藏书目录》记《子思子》七卷,不知是否隋、唐之旧(注510)。后来真的伪的都佚失了(注511)。

《汉书·艺文志》又有《中庸说》二篇,颜师古注说:"今《礼记》有《中庸》一篇,亦非本《礼记》,盖此之流。"(注512)显然以为和《子思子》是两本书。王柏据此以为两书到小戴氏的手里乱了。他说:"《中庸》者,子思子所著之书。《汉书·艺文志》有《中庸说》二篇,颜师古注曰'今《礼记》有《中庸》一篇',而不言其亡其一也。惕然有感,然后知班固时尚见其为二也。合而乱之,其出于小戴之手乎？”(注 513)他的意见以为《中庸说》是《中庸》的注。现在《中庸说》已经不传。徐复观以为《孔子世家》的《中庸》及《汉书·艺文志》的《中庸说》，与《白虎通》所举的《礼中庸记》(注 514)，可以看作一书(注 515)。

2.《中庸》的作者和章节 《中庸》向来以为是子思所作。据《孔丛子》：“子思年十六适宋。……吾困于宋。可无作乎？于是撰《中庸》之书四十九篇。”(注 516)《史记·孔子世家》则以“子思年六十二。尝困于宋。子思作《中庸》”(注 517)。《礼记·中庸篇》孔颖达的《正义》引郑玄说“子思伋作之，以昭明圣祖之德。此于〔刘向的〕《别录》属通论”。以后沈约、陆德明(556—627)(注 518)和朱子都相信子思作《中庸》的传说。朱子的话是“子思恐其〔传授心法〕久而差也，故笔之于书”(注 519)。但是欧阳修(1007—1072)老早便怀疑子思作《中庸》。他以为子思圣人之后也。“其所传宜传其真，而其说有异。”(注 520)所以关于这传说发生很多问题，有关于年龄的，有关于《中庸》词句的，有关于《中庸》思想和体裁的。关于年龄的，显然年十六和六十二相冲突。《世家》所载的年六十二，学者以为是作《中庸》之年。但《世家》上文“伯鱼年五十”和下文“子思生白，字子上，年四十七”，都指一生之年。而且“尝”字也指一生中之一事而不是六十二岁那年的事。可知子思不是六十二岁作《中庸》的(注 521)。但十六仕卫，仍觉得太早，是以毛奇龄以为六十二是八十二之误(注 522)。这也是猜度之词。

关于词句，第三十二章“仲尼祖述尧、舜”之语，一定不是孙儿的话(注 523)。三十章“有宋讳”(注 524)。但此说太过牵强。最大的问题是“车同轨，书同文”(30)的话和“华岳”(26)一词。华岳离宋太远。同轨同文，不像秦始皇统一天下以前的话。于是叶酉(1799 进士)断定说“华岳”的必定是长安之人，故《中庸》是汉人所作(注 525)。但洪迈(1123—1202)列出列国诗歌，证明古代诗同文，又举左氏所传相同名字，以证三代书同文(注 526)。陈槃也指出《左传》隐公元年“同轨毕至”。始皇琅琊台刻石说“普天之下，同书同文”。又“华岳”释文说，“本亦作‘山岳’”(注 527)。徐复观更查出齐境原来有华山和岳山(注 528)。可知同轨同文和华岳的问题，并非不能解决。不论事实如何，我们总觉得单从一两词句来确定《中庸》的时代是靠不住的。

关于思想和体裁的，陈善的《扪虱新话》说“春秋修其祖庙，陈其宗器”(19)以下一段，乃汉儒读《论语》或问禘之说(注 529)，因为本章上文有“武王、周公其达孝矣乎”，因而立说，说出下面“郊社之乱，禘尝之义”，于是断定是汉儒之杂说(注 530)。崔述言之更详。他说：“孔子、孟子之言皆平实切于日用。……《中庸》独探赜索隐。《论语》之文简而明。……有子、曾子门人所记，正与子思同时。何以《中庸》之文独繁而晦？……‘在下位……’

(20)以下十六句,见于《孟子》。……《孟子》何以独述此语? ……由是言之,《中庸》必非子思所作,盖子思以后宗子思者之所为书。……《中庸》之文采之《孟子》。"(注531)俞正燮(1775—1840)则信子思实著《中庸》,汉儒有所更改(注532)。俞樾(1821—1906)以篇中"子曰"为汉儒所附加(注533)。胡适从思想立场以《大学》《中庸》为公元前4至前3世纪初期儒家,由《中庸》的伦常发展到《孟子》个人主义,由君权到民主,由实际人生哲学到孟、荀心理哲学,都有线索可寻。所以《中庸》必是孟、荀以前的书(注534)。冯友兰从文体立场,以为首段和末段大概是论著体裁,中段大概是记言体裁,因而推测中段为子思所作,首末两段为后人所增加。其论命、性、诚、明诸点,较《孟子》为详,是秦、汉时孟子派所作(注535)。徐复观举出五个理由,说明《中庸》在孟子之前。理由是:(一)孟子五伦以父子为首,比《中庸》以君为首进步。(二)《中庸》知、仁、勇至孟子为四端。(三)仁重自觉,近《论语》,孟子则以爱言仁。(四)未明言性善,孟子则明言。(五)《中庸》言慎独,孟子则言求放心、存心、养性、养气。后来加以补充修正,也以为是子思之作。但第二十章前半段以前有若干章和第二十章后半段以后全文都是礼家所插入的(注536)。诸说纷纭,莫衷一是。我们以为从思想的大体而言,《中庸》为子思或子思系的人所作,不是绝对不可能的。劳思光又说《中庸》有"生乎今之世,反古之道"的话,不是早期儒家所说,因为早期儒家是尚古的(注537)。但是《中庸》的全部仍是尚古,赞美仲尼祖述尧、舜,宪章文、武(30)。尚古之中,未尝不可有一点反古精神。上面提出子路问可否舍古之道(注538),可见一斑。总之,《中庸》编集的问题,多未解决。朱子答《中庸》编集得如何,说:"便是难说。前辈诸公说得多了,其间尽有差舛处。又不欲尽驳难他,所以难下手。不比《大学》都未曾有人说。"(注539)

关于《中庸》的章节,也是各异其说。孔颖达分古本《中庸》做三十三章,但毫无头绪。第八、九章关系很少,但孔氏合并为一章。第二十八、二十九章以"故"字起有乖文法。他又把第十四章的"射有似乎君子……反求诸其身"以下和讲父、母、妻、子的第十五章合为一章,显然不类。朱子不更改章数和次序,只根据内容而分节。节之长短不同。有几章加上简单的说明,结果层次分明(注540)。王柏说:"《中庸》古有二篇,诚明可为纲,不可为目,定中庸诚明各十章。"他依朱子的《中庸》章句分三十三章,以第一至第二十章为上篇,释中庸;第二十一至第三十三章为下篇,释诚明(注541)。诸家分节很多,由晁补之的八十二节最繁到景星五节最简(注542)。最近徐复观划分详细,以第一章至第二十章为上篇,余为下篇。但第二十章应依据《礼记正义》,以前 559 字为一章,后 206 字又为一章。上篇主要是解决孔子的实践性的伦常之教和性与天道的关系,主要是引孔子的话以为其骨干。下篇是以诚的观念为中心而开展的,完全是作者话(注 543)。徐氏观察可谓精明。但我们敢说学者把《中庸》看作一篇像八股的整齐的文章是错误的。他不是一时之作,也许不是一人之作。古书大体如此。错误难免,夹杂的材料也难免。我们只可从他的思想大纲去寻找思想的变迁罢了。

3.《中庸》的思想　《中庸》书名,依据郑玄的解释,"名《中庸》者以其中和之为用也"(注 544)。中和概念来自《中庸》本文,"喜、怒、哀、乐之未发,谓之中,发而皆中节,谓之和"(1),由中的概念而延伸到和的概念。《论语》用"中庸"的只有一次,就是"中庸之为德也,其至矣乎"(注 545)。这个"中"是上溯于《尚书 · 大禹谟》的"允执厥中",即是《论语 · 尧曰篇》所引的"允执其中"(注 546)。无论《尧曰篇》是真是伪和《大禹谟》是迟是早,"中"字的意义是很明显的。《论语》的"中行……狂者进取,狷者有所不为"(注 547),"过犹不及"(注 548),"求也退,故进之,由也兼人,故退之"(注 549),等等,无非中的意思。即是后来程子所说"不偏之谓中"(注 550)。朱子跟着也说"中者不偏不倚,无过不及之名"(注 551),是"恰好处"(注 552)。又在质的量的无过不及之上,添加随时而中的意思,说:"大旨在时中上。"(注 553)接着又说:"他所以名篇者,本是取时中之中,然所以能时中者,盖有那未发之中在。"(注 554)未发之中是体,发而时中之中是用,中"自兼体用言之"(注 555)。

"庸",郑氏解作"用",和古经相符。但他又解"庸,常也。用中为常道也"(注 556)。所谓常,看他释"庸德之行,庸言之谨"(14),说"德常行也,言常谨也",分明是"常常"的意思,似乎和"用"的意思不同。程颐说"不易之谓庸"(注 557),"庸者,是定理也。定理者,是天下不易之理也"(注 558)。那么"常"又是"常久"的意义。朱子以"常"为"平常"(注 559),为"日用常行者"(注 560),和程子固然不同,和郑玄的"用",和"常常"也相差。所以他的门徒怀疑问他。他回答说,"惟其常也,所以不易"(注 561),"惟其平常,故不可易"(注 562),"中而后能常。……常而后能中"(注 563)。于是"用""平常""常常""常久不易"成为一而四,四而一。

《中庸》说中庸实在是含有这各方面的。"择乎中庸"(7、8)、"依乎中庸"(11)、"中庸不可能也"(9)、"中立而不倚"(10)、"知者过之,愚者不及也"(4)和"用其中于民"(6),都是《论语》的"无过不及"之意。无怪直引《论语》"中庸其至矣乎,民鲜能久矣"(3)。"庸德之行,庸言之谨。……言顾行,行顾言"(14),兼有平常和不偏两义。"喜、怒、哀、乐之未发,谓之中。

发而皆中节，谓之和。中也者，天下之大本也。和也者，天下之达道也。致中和，天地位焉，万物育焉”（1），则又兼不偏和长久之意。“君子而时中”（2），即朱子所谓“随时以处中”（注 564），又加上时间性。到“不勉而中。……从容中道”（20）和“极高明而道中庸”（27），可以说是总其成。

从中庸的两面看，中是体，庸是用，其关键是在中和的观念。朱子说“中字兼中和言之”（注 565），即是兼体用而言。所以中和庸是不分的。后来中和问题成为理学一个热烈讨论的主题。伊川和苏季明（壮年 1093）的讨论（注 566）朱子和湖南诸公辩论，热烈不过。镕本体、伦理、心理于一炉，不特在学术史上为一盛事，而亦于思想进程为一大跃进（注 567）。

中和问题，即是未发已发问题，亦即是性情和性命问题。《中庸》把天命和性联系起来，说“天命之谓性”（1），是前所未有。《诗经》“天生烝民，有物有则。民之秉彝，好是懿德”（注 568），隐示性善，而这里直说率循本性就是道，当然性非本善不可。显然超出《论语》“性与天道不可得而闻”和“性相近”（注 569）之外，又和《大学》言心不言性不同。《中庸》又说出性和教的关系。《大学》言教，已从心理和知识出发，比《论语》进步。《中庸》从人性出发，更高一层。

所谓天命，客观上就是天道。《论语》虽说君子要畏天命（注 570），但又说天道不可得而闻。《中庸》不特说天道可以闻，而且和人道合说。这道是“君子之道，造端乎夫妇。及其至也，察乎天地”（12）。即是说，天道人道贯串为一，这贯串在乎中和。“中也者，天下之大本也。和也者，天下之达道也。致中和，天地位焉，万物育焉”（1）。

在人方面，“道不远人”（3），“忠恕违道不远”（13），忠恕就是中庸。《论语》说孔子之道“一以贯之”，亦即“忠恕而已矣”（注 571）。换言之，“己所不欲，勿施于人”（注 572）。《中庸》引之而说“施诸己而不愿，亦勿施于人。……所求乎子以事父……”（13）。等于《大学》絜矩之道和《论语》为仁之方。忠恕是为仁之两方面。所以《中庸》说“修身以道，修道以仁”（20）。

由仁道而天道，其关键在诚。“诚者，天之道也，诚之者，人之道也”（20）。这里“诚”字的意义是真实，是实有。这是新出的，为《论语》所无。在天方面，“诚者，自成也”（25）。朱子解说：“如这个草树所以有许多根株枝叶条干者，是它实有。”（注 573）《中庸》说：“诚者物之始终。不诚无物。”（25）又说：“故至诚无息。……博厚，所以载物也。高明，所以覆物也。悠久，所以成物也。”（26）在人方面，诚是修身立道的准则。要反身而诚才能“顺乎亲”，“信乎朋友”（20）。诚的方法，首先是明乎善。“诚身有道。不明乎善，不诚身矣。”（20）这是过于《大学》的诚意而相当于《大学》的明明德。

明善的步骤为“博学之，审问之，慎思之，明辨之，笃行之”(20)，和《大学》的格、致、诚、正、修、齐、治、平根本相同。诚于是可以率性，率性于是可以修道。“自诚明，谓之性。自明诚，谓之教。诚则明矣，明则诚矣。”(21)人能达到这个地步，就可以“择善而固执之”(20)，“不勉而中，不思而得，从容中道”(20)，完全实现人性的本质。所以说“唯天下之至诚惟能尽其性”(22)。

诚不特成己，也是成物。“诚者，非自成己而已也，所以成物也。成己，仁也。成物，知也。性之德也，合内外之道也。”(25)“能尽其性，则能尽人之性。能尽人之性，则能尽物之性。”(23)诚之所以贯彻人、物，正是如此。统而言之，诚、明、善皆是性的各方面。由尽其性到尽物之性，是“曲能有诚。诚则形，形则著，著则明，明则动，动则变，变则化。唯天下至诚为能化”(23)。因诚而化，是因果关系。从这关系言，“至诚之道，可以前知。……至诚如神”(24)。说来很像神怪，但因果必然。朱子说：“诚之至极而无一毫私伪留于心目之间者，乃能有以察其幾焉。”(注574)这是“可以考诸三王而不缪”的(29)。因为诚是一切的德性，也是一切的活动原则。从此准则，人们不特可以“经纶天下之大经，立天下之大本，知天下之化育……可以与天地参矣”(22)。结果是天人合一。

明白这诚明的道理，我们不难了解生知、学知、困知和勉行、利行、安行的分别(20)。生知、安行并没有什么神秘，而不外是人性的纯正，不外是至诚，尽性。也不难解释《中庸》所讲的鬼神。“鬼神之为德，其盛矣乎。视之而弗见，听之而不闻，体物而不可遗。……夫微之显，诚之不可掩，如此夫。”(16)因为人物一体，原则相同，人物可以相通。

“夫微之显”又显出《中庸》的另一特性，即是相对或反对的融合。“莫现乎隐，莫显乎微。”(1)《中庸》举出许多相对或反对的观念，如尊德性和道问学(27)、仁义(20)、语大语小(12)，和上面的仁知、内外、忠恕、诚明、己物、天人，都看作“道并行而不悖”(30)，养成儒家整个历史上的异途同归的中庸之道。

至于《中庸》和《大学》比较，学者常说《大学》言心不言性，《中庸》言性不言心。又说《大学》专重人道，《中庸》则兼言天道。《大学》是教育，《中庸》近宗教。如此之类，大概而言，未尝不可。然《中庸》的戒慎、恐惧和慎独，与《大学》的定、静、止、自慊相似。《中庸》的体物不遗可以和《大学》的格物相通。上面已经指出，《大学》明明德根本上是《中庸》的明善，《中庸》的学、问、思、辨、行，有类《大学》的格、致、诚、正、修、齐、治、平。朱子说：“盖《中庸》之所谓明善，即格物致知之功。其曰诚身，即诚意立心修身之效也。”(注575)总之，己立立人，同是《大学》《中庸》的共同目的。

《孟子》和《中庸》的相同点,则比《大学》为多。《孟子》的“居下位而不获于上,民不可得而治也。获于上有道。不信于友,弗获于上矣。信于友有道。事亲弗悦,弗信于友矣。悦亲有道。反身不诚,不悦于亲矣。诚身有道。不明乎善,不诚其身矣。是故诚者,天下之道也。思诚者,人之道也。至诚而不动者,未之有也”(注 576)和《中庸》“在下位不获乎上,民不可得而治矣。获乎上有道。不信乎朋友,不获乎上矣。诚身有道。不朋乎善,不诚乎身矣。诚者,天之道也。诚之者,人之道也”(20)和“唯天下至诚唯能化”(23),几乎完全相同。《孟子》的“反身而诚,乐莫大焉”(注 577),等于《中庸》的自诚。孟子说:“可欲之谓善,有诸已之谓信,充实之谓美,充实而有光辉之谓大,大而化之谓之圣,圣而不可知之之谓神。”(注 578)亦即《中庸》的明善、自诚、能化、而神。《孟子》有如《中庸》,也说性命(注 579)。当然《孟子》的尽心、知性、存心、养性、修身、立命(注 580),比《中庸》较为详明。《中庸》(14)和《孟子》都主张“俟命”。孟子说“修身以俟之,所以立命也”(注 581),又说“顺受其正”(注 582)。《孟子》之“所过者化,所存者神,上下与天地同流”(注 583),不外是《中庸》的至诚能化,与天地参。很多学者因为《中庸》的诚,较《孟子》详细,于是说《中庸》必是《孟子》的发挥,后于《孟子》。可是《孟子》论性显然比《中庸》较为详明。《中庸》只说知天(20),《孟子》则进而说事天(注 584)。《中庸》只说知、仁、勇(20),《孟子》则进而说仁、义、礼、智(注 585)。这些方面,则《孟子》又较《中庸》为进步。又有许多学者说《中庸》属于孟子一派,《大学》则属于荀子一派。从大处言未尝无理。至于说《大学》近道家,《中庸》近佛家,则不免胡说。《孟子》和《荀子》均言性,这是《中庸》。孟子和荀子均言修、齐、治、平,这是《大学》。

五、五行问题

和《中庸》有间接关系的是阴阳五行的问题。《荀子·非十二子》说“案往旧造说,谓之五行。……子思倡之,孟轲和之”(注 586),引起后来许多争辩。《中庸》和《孟子》都没有“五行”名词。于是杨倞(壮年 818)的《荀子注》把“五常”解作“五行五常,仁、义、礼、智、信是也”。章太炎(1869—1936)驳他,以为五行应从金木水火土旧义。他指出郑玄注《中庸》“天命之谓性”说:“木神则仁,金神则义,火神则礼,水神则信,土神则知。”又指出《礼记》以水、火、土比父、母和子(注 587)。他于是总结说五行旧义是子思的遗说(注 588)。谭介甫不肯接受章氏之说,因为“有子思、孟轲的五行,又有驺衍的五行,又有汉儒的五行”。思、孟的五行,即是后世的五伦(注589)。他举出《中庸》“天下之达道五”的五伦,指是五行。又引《吕氏春秋》曾子所说的敬、孝、忠、笃、勇的“五行”(注 590)做旁证。然而谭氏强说达道五是五行,其武断并不减于杨倞。由“五行”的名词和观念而言,《诗经》《易经》和《春秋》都没有。但是《尚书·洪范篇》则说:“五行,一曰水,二曰火,三曰木,四曰金,五曰土。”(注 591)虽然《洪范》成书的时代大有问题,不少学者以为是战国之作。然而《左传》讲“五行……五味……五色”,说是“民之行也”(注 592)。可知五行是五种行动。《国语》的《鲁语》“地之五行”,《注》说金、木、水、火、土(注 593)和《郑语》“先王以土与金、木、水、火,杂以成物”(注 594)相照。从此可知五行有两义,一是五德,一是五物。在春秋时期已是如此。两者相配,虽然是后来的事,但《论语》已经有些痕迹,如“仁者乐山,知者乐水”(注 595)便是。所谓五行,不一定是邹衍的怪诞和五行相胜相克等说。马融注《论语》“钻燧改火”(注 596),说一年改取五种火。皇侃的疏变本加厉,以为“改火之木,随五行之色而变也”,表示《论语》已有五行相克之说。这种附会是求之过甚的(注 597)。

阴阳之说,虽然《论语》《中庸》《孟子》没有,但两德相辅,可以作阴阳看,如《论语》的仁智、仁义,《中庸》的中和、己物、尊德性、道问学、内外、南方之强和北方之强,《大学》的明德亲民均是。这没有什么神秘的。假如从这个角度来看阴阳五行,则《史记》把邹衍放在《孟子荀卿列传》里,并不为奇,何况太史公指出邹衍“其归必止乎仁义、节俭、君臣、上下、六亲之施”呢(注 598)?《盐铁论》说“邹子以儒术干世主”(注 599),不是假话。况且《史记》有孔子说阴阳的话(注 600),《汉书·艺文志》又说:“儒家者流,盖出于司徒之官,助人君,顺阴阳,明教化者也。”(注 601)可知阴阳是儒家传统成分之一。

然则何以荀子又评子思、孟子呢?荀子评孟子性善之说,人所共知。《非十二子》表面上似乎专攻子思、孟子的五行。王应麟看到《韩诗外传》所引荀子评诸子中只有十子,而没有子思、孟子(注 602),便说:“荀子非子思、孟子,盖其门人如韩非、李斯之流,托其师说,以毁圣贤。”(注 603)就是说,荀子本来没有攻击子思。卢文弨(1717—1795)重述王应麟之说,附注于《非十二子》题目之下说:“《韩诗外传》止十子,无子思、孟子。此乃并非之,疑出韩非、李斯所附益。”(注 604)王氏、卢氏都没证据。大概《韩诗外传》删略荀子之文,也许和王、卢一样,不肯承认荀子批评子思、孟子罢了。同样的顾颉刚以为荀子不是评子思、孟子而是评邹衍的。因为孟子是邹人,邹衍又说仁义,给人传讹,以他的五行为孟子的五行。又以孟子受业于子思之门人,故又以为是子思的五行。实际上是邹衍的(注605)。顾氏的曲折造作,加倍于王应麟,用心太苦了。徐复观则以邹衍说仁义,借子思、孟子以自重。《荀子》听信流言,以为邹衍的五行是子思、孟子所说,是以评之(注606)。这样假设太多,结论也不外是一个假设而已。我以为荀子的批评是无疑的,但所评不是五行本身,而是"略法先王而不知其统。……案往旧造说,谓之五行。……饰案其辞而祇敬之,曰此真先君子之言也。子思唱之,孟轲和之。世俗……遂受而传之,以为仲尼、子游为兹厚于后世"。所以《韩诗外传》评"此十子者皆……不法先王,往旧造说。"(注607)荀子除此处用"五行"以外,还有一次,即"此五行者,足以正身安国矣"(注608)。这里的五行是"贵贱明,隆杀辨,和乐而不流,弟长而无遗,安燕而不乱"。荀子并不批评五行而反赞美,可知荀子并不攻击五行。他说阴阳好几次,如"相阴阳"(注609)、"阴阳大化"(注610),等等。他并没有攻击阴阳。他攻孟子集中于《性恶篇》,以"古者圣王以人之性恶"而孟子道性善(注611)。当然和其他诸子一样,都是"造说"。

阴阳五行是早期儒家传统之一部。到邹衍时,虽大变化,然在《荀子》书中仍保留不少。《礼记》强调五行,说"故人者,天地之心也,五行之端也"(注612)。又引《荀子》五行足以正身安国的话(注613)。无疑地阴阳五行是早期儒家学说之一种。吾人不能因为邹衍等怪诞,便害怕了,要说五行不属儒家,子思、孟子没有五行,荀子没有批评子思、孟子,因而埋没早期儒家阴阳五行的成分。

六、弟子再传弟子——第四代

相传子思的弟子,据《汉书》有鲁缪公(注614),据《孔丛子》有子上、悬子、孟子车、申详、羊客、曾申和卫公子交(注615)。他们只是问过子思,本人并无学说可言。且《孔丛子》是伪书。不论《汉书》和《孔丛子》的记名可信不可信,他们已经到了孟子的年代,不是初期儒家了。

七、儒、墨的关系

谈初期儒家不能不谈初期墨家,因为儒、墨两家的关系,素来是很密的。

《墨子》本书便说墨子"称于孔子"(注616)。《淮南子》更说:"墨子学儒者之业,受孔子之术。"(注617)这或者是推测之词,然儒、墨相同之处,确实不少。所以《吕氏春秋》说:"孔、墨之弟子徒属,充满天下,皆以仁义之术教导于天下。"(注618)韩非子也说:"孔子、墨子俱道尧、舜。"(注619)又说:"儒、墨皆称先王,兼爱天下,则视民如父母。"(注620)《淮南子》又说:"孔丘、墨翟修先王之术,通六艺之论。口道其言,身行其志。"(注621)又说:"孔丘、墨翟之弟子皆以仁义之术教导于世。"(注622)这几本书所描写的多是战国末年的情形,但也反映早期儒家的境况。墨子之学于儒者是无可疑,所以据太史公说:"墨者亦尚尧、舜道。"(注623)儒、墨相同,除尧、舜仁义六艺之外,《大戴礼记》载有兼爱之说(注624)。陈澧以为是墨氏之说所窜入,所以《孔子三朝记》和《小戴礼记》都不收取(注625)。但攻击道、佛而卫道的韩愈却说:"孔子……不上同哉?……不兼爱哉?……不上贤哉?……不明鬼哉?……儒、墨同是尧、舜,同非桀、纣,同修身正心以治天下国家。……孔子必用墨子,墨子必用孔子。"(注626)当然韩愈过言,所以王安石(1021—1086)讥他:"孔、墨必相同,自古宁有此?"(注627)程颐也说:"甚不可也。"(注628)理学家不承认儒、墨有相同处,自然是受孟子距杨、墨的影响。但实际上儒、墨确有不能相容之处。《吕氏春秋》指明"孔子贵仁,墨子贵兼"(注629)。《尸子》也指出"墨子贵兼,孔子贵公"(注630)。根据《韩非子》,儒、墨"俱道尧、舜而取拾不同。……墨者……服丧三月。……儒者服丧三年"(注631)。因此虽然"受孔子之术"(注632),老早便反对儒家,说:"儒之道足以丧天下者四政焉。儒以天为不明,以鬼为不神。……又厚丧久葬。……又弦歌鼓舞,习为声乐。……又以命为有。"(注633)他反对儒者"繁饰礼乐以淫人,久丧伪哀以谩亲,立命缓贫而高浩居,伤本弃事而安怠傲。贪于饮食,惰于作务。……必服古言。……循而不作"(注634)。反对儒者"好乐……立命……宗丧……机服。……孔某盛容修饰以蛊世,弦歌鼓舞以聚徒。……累寿不能尽其学,当年不能行其礼。……其道不可以期世,其学不可以导众"(注635)。又反对三年之丧。"鲁孔子之徒也,其母死,服丧三年……深害生事。"(注636)

以上墨子所攻击的自然是初期儒家。他在孔子之后,所以不是攻击孔子而攻击孔子的后继。他的势力,是与儒家争衡。《吕氏春秋》说"孔、墨布衣之士也。万乘之主,千乘之君,不能与之争士也"(注637),又说"孔丘、墨翟无地为君,无官为长。天下丈夫女子,莫不延颈举踵而愿安利之"(注638)。他们的弟子更显贵而竞争更利害。《吕氏春秋》说"孔、墨之后学显荣于天下者众矣,不可胜数"(注639)。又说:"孔、墨之弟子徒属,充满天下。”（注640）又说：“从属弥众，弟子弥丰，充满天下。王公大人从而显之。有爱子弟者，随而学焉，无时乏绝。”（注641）庄子也说“儒、墨皆起”（注642）。到了韩子时候成为“世之显学”（注643）。他们互相对峙，照庄子说“儒、墨毕起，于是乎喜怒相疑，愚知相欺，善否相非，诞信相讥”（注644）。于是“有儒、墨之是非，是其所非而非其所是”（注645）。《淮南子》也说：“周室衰而王道废。儒、墨乃始列道而议，分徒而讼。”（注646）又说：“夫弦歌鼓舞以为乐，盘施揖让以修礼，厚葬久丧以送死，孔子之所立也，而墨子非之。”（注647）所谓孔子、墨子，是追忆之词，而所形容的是儒家第二、三、四代的状况。据《淮南子》的记载，墨徒所反对的“以为其礼烦扰而不说（易），厚葬靡财而贫民，久服伤生而害事。故背周道而用夏政”（注648）。第三、四代儒家这方面的发展，醉心外观，遭墨家的热烈攻击。恐怕孔子如果复生，也许以杖叩其胫。

八、荀、韩的批评

儒家第三、四代的情况，又可于荀子和韩非的评论见之。荀子批评“六说……十二子”（注649），是它嚣和魏牟，陈仲和史鳍，墨翟和宋钘，慎到和田骈，惠施和邓析，与子思和孟轲。其中只子思和孟子是儒家。目的是抨击“假今之世”（注650）的墨家和法家。他要推重儒家，非批评子思、孟子不可，因为照前所述，子思、孟子法先王而不知其统，案往旧造说，以为是真先君子之言。换言之，子思、孟子并非孔子之真传。同时又有“弟佗（颓唐）其冠，神禫（冲淡）其辞，禹行而舜趋，是子张氏之贱儒也。正其衣冠，齐其颜色，嗛然而终日不言，是子夏氏之贱儒也。渝儒惮事，无廉耻而耆饮食，必曰君子固不用力，是子游氏之贱儒也”（注651）。他所鼓吹的是“大儒”，即是能“善调一天下”（注652）的人，“其言有类，其行有礼。……千举万变，其道一也”（注653）。这大儒的典型是仲尼、子弓（注654），亦即是“总方略，齐言行，壹统类而群天下之英杰，而告之以大古，教之以至顺。……成名况乎诸侯，莫不愿以为臣，是圣人之不得势”（注655）的仲尼、子弓。他要仁人“上则法舜、禹之制，下则法仲尼、子弓之义，以务息十二子之说。如是则天下之害除，仁人之事业毕，圣王之迹著矣”（注656）。他攻击子思、孟子并非攻击儒家，反而要回复儒家本义。

至于为什么要专意提出仲尼、子弓呢？上面讨论四科指出孟子除了仲弓，而荀子则特别加入，真是奇怪。子弓就是冉雍，字仲弓。用“子弓”而不用“仲弓”,大概是要避免重复“仲”字。但孔门之中冉雍并非出色。若说传授,不提曾子、子夏而提仲弓,真不可解。仲弓没有显赫的事功,也没有特殊的言论。勉强可以说他问仁于孔子,孔子答他“己所不欲,勿施于人”(注657),这是忠恕,亦即一贯之道。那么可以说和曾子一样,得到孔子的中心思想。这种解释,不免近于揣度。我想荀子把孔子和子弓并提,是因为他们是“圣人之不得势”。既然仲弓可使南面(注658),如果得势,便能行其道了。但荀子说世俗错误,以为子思、孟子所传授的是仲尼、子游的教训。子游和子夏同列文学之科,他做过武城宰,以礼乐教人。《礼记·檀弓》上下不少他讲礼的记载(注659)。我们不必相信《礼记·礼运篇》“大同”一段是原于子游,但子游是早期儒家礼的传统的一个大台柱,并不是不可能。郝懿行(1757—1825)因为《荀子》下文说“子游氏之贱儒”,以为这“子游”必是“子弓”之误。并且荀子所谓子张、子夏、子游之贱儒,不是指三位弟子而是指弟子的后辈。所以他说:“言在三子之门为可贱,非贱三子也。”(注660)这一点实显而易见,因为子张之贱儒“但宗圣人之威仪而已”(注661)和子张问仁、问士、问善人、问政的严重不同。子夏之贱儒静默自得和子夏为莒父宰为魏文侯师也不类。子游之贱儒无耻贪食则和子游慎礼相差更远。荀子批评贱儒,并未说及他们的学说,反而完全批评他们的作风。他看到当时儒家的行谊低落,大有违反孔门弟子的精神。随便举三个著名的弟子,总而言之,统而言之,以批评三种作风。并非静默的出自子夏,形式的出自子张,无耻的出自子游的。这是行文之便,我们不应太过固执。同样,我们也不必问为什么荀子不提曾子了。我以为《非十二子》的重要点是:(一)儒家早有传授,“世俗……受而传之”。(二)这传授集中于子思、孟子。(三)这传统是“法先王”,“见闻博杂”,“案往旧造说”。既是守旧,但又包括五行。(四)儒者必是很多。(五)除子思、孟子学说以外,儒家的表现在于行谊,而行谊是可鄙的,都是俗行。这是荀子所见战国时期儒家的情形。然其来有渐,初期儒家的情形,必有这种趋向。荀子未必是完全客观,但也持之有故,言之成理。

比较荀子的批评,韩非的记录所给我们消息更少。他分儒为八派,说:“自孔子之死也,有子张之儒,有子思之儒,有颜氏之儒,有孟氏之儒,有漆雕氏之儒,有仲良氏之儒,有孙氏之儒,有乐正氏之儒。”(注662)由子张第二代说至孟子第四代,历时二百年。下面只漆雕氏有点形容,说他“不色挠,不目逃,行曲则违于臧获,行直则怒乎诸侯。世主以为廉而礼之”(注663)。其余只是泛言儒者。因此八派的言论和历史上的活动,我们无从捉摸。著名的弟子曾子、子夏、子游、仲弓、有若等言论和事功完全不提。郭沫若以为

“韩非承认法家出于子夏，也就是自己的宗师，故把他从儒家中剔除了”（注664）。这是胡说。《论语》中子夏说孝、说礼、说有命在天，后来传经，当然和法家风马牛不相及。法家怎能出于子夏呢？胡适说：“最可怪的是曾子……别成学派。”（注665）我们相信孔子死后，弟子分道扬镳则有之，设立学派则未必然。而且在此八派之中，孔子的直传弟子，即是第二代，占少数。子张必然指孔子弟子颛孙师，子思指孔子的孙儿而不是也字子思的原宪，孟子指孟轲，均无可疑。但颜氏是否颜回，便发生大问题。皮锡瑞（1854—1901）指出：“孔门弟子颜氏有八，未必即是子渊。”（注666）孔子弟子之中有三个漆雕氏（注667），只漆雕开有点事迹，我们可以假设就是他。但是《论语》载孔子要他出仕，他说没有自信（注668），和韩非形容他勇敢不同。《墨子·非儒篇》更说“漆雕形残”（注669），以表示其异常大勇。因为孟子以“不肤挠，不目逃”描写北宫黝之勇（注670），学者便以为他是漆雕氏之儒（注671）。这只是疑似，毫无实证。况且孟子说北宫黝似子夏，没说他似漆雕子（注672）。我们最多可能说不敢自信的漆雕开竟然一两代后生出好勇的儒。然而这不过是一个臆说。王先谦说上面的“漆雕开之儒”和好勇的漆雕氏是两个人（注673），也是臆说。仲良又作仲梁。《汉书·古今人表》有仲梁，与齐襄王（公元前283—前264）同时（注674）。《礼记》载他和曾子论葬礼（注675）。《诗经》“作于楚宫”，毛《传》引仲梁子说：“初立楚宫也。”（注676）假使仲良真是仲梁，消息也不外如此。梁启超疑他是《孟子》所记北学于中国的陈良（注677），则完全虚测（注678）。如果他真是陈良，则他生在襄王时，孟子已死，他们怎能相见呢？孙氏有人以为是公孙尼子，又有人以为是荀子，都是猜度的话，毫无根据。《汉书·古今人表》有乐正子春（注679），传说是曾子弟子。孟子弟子乐正子（注680），梁启超“疑即传曾子学者”（注681），也是空话。总之，“儒分为八”的话，我们只可说儒家门徒众多，分途并进，传统不一，绝不像宋儒所说由孔子直传子思、孟子。可惜《墨子》《荀子》《韩非子》供给材料太少。韩非并未分别叙述门弟子的思想或描写他们的个别作风，只是笼统地说他们“藏书策，习谈论，聚徒役，服文学而议说。世主必从而礼之，曰：敬贤士，先王之道也。……今世儒者之说人主，不善今之所以为治，而语已治之功。不审官法之事，不察奸邪之情，而皆上古之传誉，先王之成功”（注682）。似乎上半是描写儒家素来的性格和相当成就，下半写当时的作风。《荀子》《韩非子》合观，可以互相发明。荀子重性格，韩子重事业。然而两面都尚古，重文敬礼，聚徒设教，游说诸侯，说先王之道。可见第三、四代，仍然不变第一代的风格。

九、结论

在儒家第二、三、四代150年当中,孔门非常活跃,成就也高。人数比任何学派为多,分布范围也比他们为大,几乎分布全国。他们分两途并进,一是从政,一是教学。这是依据孔子的模范,竖立儒家政学两途的传统。直到20世纪也是如此。

关于从政方面,经典所载他们的政绩和行动,总是注重德化,目的在修身治国,修己安人。战争的记录很少,即功利主义的作风也不多见。这也是从孔子政治理想而开发,直接传授到孟子以至完成儒家人文的、德治的政治主义。实际的政治措施,最注重的是礼节。这在社会组织中是很自然的。但这和汉代的制礼不同。汉朝的目的大都是尊重君权,统制社会。初期儒家的重礼,尤其是丧礼,则纯然从孝的道德方面出发。自天子以至于庶人,其揆一也。可惜他们成功太快而且太大,不免沦落为职业化、官僚化,趋向小节和向外,以至成为俗儒、贱儒。我们敢说,儒家的优良政治传统,是成立于这个时期,而腐化的成分,也先有成例。

比较更为辉煌的是他们教学的成就。他们分途并进,并没有一线的传授。传经固无其事,分做四科也无痕迹。消极方面,初期儒家没有一个能和墨子、杨朱比并的思想家,也没有像《墨子》书那样连篇的典籍。如果我们不承认《大学》《中庸》是这时期的作品,这时期很像是一个哲学的黑暗时代。可是就算是从《大学》《中庸》以外来看他们的思想,也可以找出非常重大的意义。因为他们的政治思想,总是择善、重德、亲民。伦理方面,总是集中于仁的观念,由这里发出做君子、教孝、教礼等儒家基本教条。这也是遵守孔子的教训。于是儒家思想一往前进。虽然后来《荀子》含有道家和法家的趋向,结果仍是孟子的儒道成了真传。如果初期儒家变了性格,后来儒家的历史必然两样。

初期儒家也略谈诗、鬼神、生死、阴阳、报应、天圆、大勇和性之善恶。但他们对商业、科学、形上学、知识论总乏兴趣。没有把孔子多识于鸟兽草木之名和尊重农圃(注683)发展做科学,连《大学》的格物不久便成了孟子的格心。正名思想也不成为知识论。他们最着意的是孝道和葬礼,尤其是三年之丧。在这个社会组织制作礼仪的进程中,初期儒家可能从法制方面着手,把儒家变成法家。也可能从神权方面发展,把儒家变成宗教。但他们谨守孔子的教训,不肯走出人文主义、道德主义的路线。中国文化的优点和弱点，早在这个时期已经形成了。

因为初期儒家要走道德人文的路线，他们固然不谈兵，连正名也不谈，让兵家、名家占了上席。但不论《大学》《中庸》是否这时期的作品，他们的主要思想是这时期的。这思想是这时期儒家的结晶。《大学》的三纲八目，成为以后儒学的思想蓝本，固不待言。《中庸》的言性、道和天命，出于孔子罕言命和性与天道不得而闻之外，加上中和思想，以至天人合一。从整个初期儒家而言，墨家同是显学，实际上是一个反动，而汉、唐、宋、明儒学之远流，也是源泉有自的。

注释

注 1：钱穆，《先秦诸子系年》，《考辨》第二十六，《孔鲤颜回卒年考》，页 49。

注 2：许同莱，《孔子年谱》，页 480。

注 3：崔述，《洙泗考信余录》，卷二，"宰我"条，页 15 下。

注 4：钱穆，《先秦诸子系年》，《宰我死齐考》，页 50—53。

注 5：钱穆，《论语要略》，《考辨》第二十七，页 150。

注 6：崔述，《洙泗考信余录》，卷三，《孔门弟子通考》，页 19 下。

注 7：钱穆，《先秦诸子系年》，《考辨》第三十九，《子夏居西河在东方河济之间不在西土龙门汾州辨》，页 117—118。

注 8：钱穆，同上，页 114—116。

注 9：《吕氏春秋》，卷四，《尊师》，页 5 下。

注 10：据崔述，《洙泗考信余录》，卷三，《孔门弟子通考》，页 19 上。

注 11：同上。

注 12：《孔子家语》，卷九，《七十二弟子解》第三十八，页 5 上、7 上。

注 13：《韩诗外传》，卷一，页 1 上。

注 14：《孟子》，《离娄篇》下，第三十一章。

注 15：参看下第三节，弟子的弟子。

注 16：《论语》，《公冶长》，第二十章；崔述，《洙泗考信余录》，卷三，《孔门弟子通考》，页 20 上。

注 17：《论语》，《雍也》，第三章。

注 18：钱穆，《先秦诸子系年》，《考辨》第二十九，《孔子弟子通考》，页 74。

注 19：崔述，《洙泗考信余录》，卷三，《孔门弟子通考》，页 19 下。

注 20：《论语》，《公冶长》，第一章。

注 21：同上，《先进》，第五章。

注 22：《汉书》，卷二十，《古今人表》，页 28 下。

注 23：崔述，《洙泗考信余录》，卷二，“南容”条，页 23 下。

注 24：《论语》，《先进》，第二十五章。

注 25：阎若璩，《四书释地又续》，《皇清经解》，卷二十二，“曾皙倚门而歌”条，页 34 上下。

注 26：《史记》，卷六十七，《仲尼弟子列传》，《索隐》引古本《家语》。

注 27：同上，页 17 下。

注 28：《论语》，《先进》，第二十四章。

注 29：参看钱穆，《先秦诸子系年》，《考辨》第二十九，《孔子弟子通考》，页 61。

注 30：阎若璩，《四书释地三续》（《皇清经解》，卷二十三），“漆雕开”条，页 36 下。

注 31：钱穆，《先秦诸子系年》，《考辨》第二十九，《孔子弟子通考》，页 72。

注 32：《论语》，《宪问》，第三十八章。

注 33：《史记》，卷六十七，《仲尼弟子列传》，页 18 下。《史记正义》引谯周的《古史考》。

注 34：崔述，《洙泗考信余录》，卷三，《孔门弟子通考》，页 20 上。

注 35：钱穆，《先秦诸子系年》，《考辨》第二十九，《孔子弟子通考》，页 72。

注 36：《史记》，卷六十七，《仲尼弟子列传》，页 19 下。

注 37：《孟子》，《滕文公篇》上，第四章。

注 38：金鹗，《求古录》，卷九，《礼说》，《孔子弟子考》，页 8 上、下。指《论语》，《公冶长篇》，第二十五章。

注 39：钱穆，《先秦诸子系年》，《考辨》第二十九，《孔子弟子通考》，页 74。

注 40：梁玉绳，《史记志疑》，卷二十八。梁氏的材料经陈槃先生指示，特此致谢。

注 41：《史记》，卷六十七，《仲尼弟子列传》，页 21 下。

注 42：《孔子家语》，卷九，《七十二弟子解》第三十八，页 5 上、下。

注 43：《史记》，卷四十七，《孔子世家》，页 11 上。

注 44：崔述，《洙泗考信余录》，卷三，《孔门弟子通考》，页 17 下。

注 45：《孔子家语》，卷九，《七十二弟子解》第三十八，页 5 上。

注 46：《史记》，卷四十七，《孔子世家》，页 14 上。

注 47：《孔子家语》，卷九，《七十二弟子解》第三十八，页 5 上。

注 48：《论语》，《公冶长》，第十章。

注 49：《史记》，卷六十七，《仲尼弟子列传》，页 21 下。关于《文翁图》可参看本节第二目弟子的人数内七十二子的讨论。

注 50：张文虎，《史记札记》，卷五，页 7 上。本条材料由陈槃先生指示，又谢。

注 51：《孔子家语》，卷九，《七十二弟子解》第三十八，页 7 上。

注 52：《论语》，《子罕》，第七章。

注 53：《史记》，卷四十七，《子子世家》，页 26 下。

注 54：《汉书》，卷二十，《古今人表》，页 29 上。

注 55：王念孙，《读书杂志》，卷四，《汉书》，“琴牢”条。

注 56：《论语》，《季氏》，第十三章。

注 57:《汉书》,卷二十,《古今人表》,页 32 下、33 下。

注 58:蔡仁厚,《孔门弟子志行考述》,页 189。

注 59:马骕,《绎史》,卷九十五,页 24 上。

注 60:朱彝尊,《曝书亭全集》,卷五,《孔子弟子考》,页 1 上—16 下。

注 61:梁玉绳,《史记志疑》,卷二十八,《仲尼弟子列传》,页 113 上

注 62:《论语》,《八佾》,第四章。

注 63:《史记》,卷六十七,《仲尼弟子列传》,页 21 下。

注 64:《论语》,《为政》,第六章。

注 65:《史记》,卷四十七,《孔子世家》,页 25 上。

注 66:焦循,《孟子正义》,《万章篇》上,第八章。

注 67:《论语》,《为政》,第五章。

注 68:《史记》,卷四十七,《孔子世家》,页 2 上—3 上。

注 69:崔述,《洙泗考信录》,卷一,“初仕”条,页 12 上。

注 70:毛奇龄,《四书剩言补》,卷一,页 17 上。

注 71:《史记》,卷六十七,《仲尼弟子列传》,页 21 下。

注 72:崔述,《洙泗考信余录》,卷三,《孔门弟子通考》,页 17 下。

注 73:《孟子》,《公孙丑篇》上,第二章。

注 74:《韩非子》,卷十九,《五蠹》第四十九,页 3 上。

注 75:《吕氏春秋》,卷十四,《遇合》,页 16 下。

注 76:《淮南子》,卷二十,《泰族训》,页 10 下。

注 77:同上,卷二十一,《要略》,页 6 下。

注 78:同上,卷九,《主术训》,页 17 上。

注 79:《大戴礼记》,卷六,《卫将军文子》,页 3 上。

注 80:《孔子家语》,卷三,《弟子行》第十二,页 5 上。

注 81:《史记》,卷六十七,《仲尼弟子列传赞》;卷一百二十一,《儒林列传》,页 1 下;卷一百二十七,《货殖列传》,页 2 上。

注 82:《汉书》,卷八十六,《儒林列传》序语,页 2 上。

注 83:同上,卷三十,《艺文志》序。

注 84:同上,卷三十六,《楚元王传》,页 10 上。

注 85:同上,卷三十,《艺文志》公孙尼子注,页 13 下。

注 86:《孟子》,《滕文公》上,第三章。

注 87:《史记》,卷四十七,《孔子世家》,页 25 上。

注 88:《后汉书》,卷九十下,《蔡邕传》,页 4 上。

注 89:《水经注》,卷八,页 21 下。

注 90:《魏书》,卷六十八,《李平传》,页 9 下。

注 91:《颜氏家训》,卷五,《诫兵篇》,页 7 上。

注 92:《史记》,卷二十八,《封禅书》,页 5 上。

注 93:《庄子》,卷五,《天运》第十四,页 49 下。
注 94: 刘师培,《古书疑义举例补》,页 1 下。
注 95:《史记》,卷六十七,《仲尼弟子列传》,页 1 上。
注 96:《汉书》,卷十八下,《地理志》,页 31 下。
注 97:《史记》,卷四十七,《孔子世家》,页 25 上。
注 98:《淮南子》,卷二十,《泰族训》,页 10 下。
注 99: 钱穆,《先秦诸子系年》,《考辨》第十九,《孔子弟子通考》,页 56。
注 100:《孔子家语》,卷三,《弟子行》第十二,页 5 上。
注 101: 崔述,《洙泗考信录》,卷一,"初仕"条,页 15 下。
注 102:《史记》,卷六十七,《仲尼弟子列传》,页 4 下。
注 103: 同上,页 24 上。
注 104:《史记》,卷四十七,《孔子世家》,页 4 上,7 上。
注 105:《史记》,卷一百二十一,《儒林列传》,页 1 上。
注 106:《吕氏春秋》,卷十四,《遇合》,页 16 上。
注 107: 同上,卷二,《当染》,页 10 上。
注 108:《韩非子》,卷十九,《显学》第五十,页 7 下。
注 109:《墨子》,卷十三,《公输》第五十,页 14 上。
注 110:《淮南子》,卷二十一,《要略》,页 10 下。
注 111:《墨子》本书有禽滑厘、高石子、高河、县子顿、公尚过、耕柱子、魏越、隋巢子、管黔敖、高孙子、治徒娱、跌鼻、曹公子、胜倬、彭轻、孟山、弦唐子、胡非子。《韩非子·显学》有相里氏、相夫氏、邓陵氏。《吕氏春秋》有孟胜、田襄子、腹䵍。据谢湘,《墨子学说研究》,页 121—122。可参考康有为,《孔子改制考》,页 115—125。
注 112:《史记》,卷四十六,《田叔仲完世家》,页 13 下—14 上。
注 113:《盐铁论》,卷十一,页 12。人数据钱穆,《先秦诸子系年》,《考辨》第七十五,《稷下通考》。
注 114: 参看《后汉书》,卷一百零九上,《儒林传》,《曹曾传》(《欧阳歙传》内)、《牟长传》和《宋登传》,及卷一百零九下,《魏应传》《楼望传》《蔡玄传》。
注 115:《史记》,卷四十七,《孔子世家》,页 24 上。
注 116: 同上,卷七十五,《孟尝君列传》,页 8 上。
注 117: 同上,卷七十六,《平原君虞卿列传》,页 5 上。
注 118: 同上,卷七十八,《春申君列传》,页 7 上。
注 119: 同上,卷一百二十六,《滑稽列传》,页 8 上。
注 120: 刘师培,《古书疑义举例补》,页 10 下—11 上。
注 121: 崔述,《洙泗考信余录》,卷二,"子路"条,页 5 下。
注 122: 钱穆,《论语要略》,页 144。
注 123: 崔述,《洙泗考信余录》,卷二,"子路"条,页 5 下。

注 124：同上，页 19 下。

注 125：闵损(2)，伯牛(3)，仲弓(4)，冉有(5)，宰我(7)，子游(9)，子贱(14)，(原宪)(15)，(公冶长)(16)，南宫括(17)，(漆雕开)(23)，公伯寮(24)，(樊迟)(26)，有若(27)，公西华(28)，(巫马期)(29)，颜幸(31)，冉孺(32)，冉季(36)，漆雕哆(39)，公夏首(49)，(公坚定)(51)，颜祖(52)，(秦商)(56)，申党(57)，颜之仆(58)，县成(60)，左人郢(61)，秦非(64)，郑国(63)，颜哙(66)，乐欬(69)，叔仲会(71)，颜何(72)，邦巽(74)，孔忠(75)，公西葴(77)，有括弧的八人可能是别国的。

注 126：子夏(10)，(高柴)(22)，(公孙龙子)(35)，奚容葴(50)，句井彊(54)，廉洁(70)。

注 127：公晳哀(18)，(高柴)(22)，(樊迟)(26)，梁鳣(30)，后处(47)，叔乘(67)。

注 128：颜回(1)，闵子(2)，伯牛(3)，宰我(7)，子游(9)，曾子(12)，澹台灭明(13)，子贱(14)，公冶长(16)，南宫括(17)，曾葴(19)，颜无繇(20)，高瞿(21)，樊迟(26)，有若(27)，公西华(28)，颜幸(31)，冉孺(32)，颜高(40)，秦商(56)，叔仲会(71)，孔忠(75)。

注 129：子贡(8)，子夏(10)，公孙龙(35)，琴牢(78)。

注 130：子张(11)，巫马施(29)，公良孺(46)，陈亢(79)。

注 131：崔述，《洙泗考信余录》，卷三，《孔子弟子通考》，页 19 上。

注 132：同上。

注 133：《论语》，《学而》，第一章。

注 134：同上，《里仁》，第十九章。

注 135：《中庸》，第六章。

注 136：《孟子》，《滕文公》上，第四章。

注 137：《论语》，《先进》，第二章。

注 138：同上，《雍也》，第九章。

注 139：同上，第二章。

注 140：同上，第五章。

注 141：同上，《先进》，第八章。

注 142：同上，第四章。

注 143：同上，《公冶长》，第三章。

注 144：同上，《公冶长》，第二章；《宪问》，第六章。

注 145：同上，《八佾》，第八章。

注 146：同上，《公冶长》，第一章。

注 147：同上，《先进》，第二十五章。

注 148：同上，《雍也》，第四章。

注 149：同上，第一章。

注 150：同上，第八章。

注 151:《孟子》,《滕文公》上,第二章。

注 152:《论语》,《公冶长》,第九章。

注 153: 同上,《先进》,第十六章。

注 154: 同上,《八佾》,第二章。

注 155: 同上,《先进》,第三章。

注 156: 同上,第十五章。

注 157:《吕氏春秋》,卷四,《尊师》,页 5 下。

注 158: 钱穆,《先秦诸子系年》,《考辨》第二十九,《孔子弟子通考》,页 77。

注 159:《论语》,《子罕》,第二十七章。

注 160:《史记》,卷一百二十四,《游侠列传》,页 1 上: 卷一百二十九,《货殖列传》,页 5 上。

注 161:《说苑》,卷十七,《杂言》,页 15 上。

注 162:《史记》,卷六十七,《仲尼弟子列传》,页 5 上。

注 163: 钱穆,《先秦诸子系年》,《考辨》第二十九,《孔子弟子通考》,页 76—77。

注 164:《孔子家语》,卷二,《致思》第八,页 8 上;又见《说苑》,卷三,《建本》,页 3 下。

注 165: 崔述,《洙泗考信余录》,卷二,"子路"条,页 5 上。

注 166:《韩诗外传》,卷七,页 6 上。

注 167:《史记》,卷一百二十一,《儒林列传》,页 1 上。

注 168:《汉书》,卷八十八,《儒林列传》,页 1 上。

注 169:《史记》,卷一百二十九,《货殖列传》,页 5 上。

注 170: 同上,卷六十七,《仲尼弟子列传》,页 12 上。

注 171: 同上。

注 172: 同上,卷一百二十九,《货殖列传》,页 5 上。

注 173: 同上,卷六十七,《仲尼弟子列传》,15 上。

注 174: 钱穆,《先秦诸子系年》,《考辨》第二十九,《孔子弟子通考》,页 70。

注 175: 同注 167。

注 176:《荀子》,卷三,《非十二子》第六,页 15 下—21 下。

注 177:《韩非子》,卷十九,《显学》第五十,页 7 下。

注 178: 朱彝尊,《经义考》,卷二百八十二,"承师"条,页 3 上下。

注 179:《论语》,《子张》,第十二章。

注 180:《史记》,卷四十四,《魏世家》,页 3 下。

注 181:《礼记》,《乐记》,第二十五节。

注 182:《汉书》,卷三十,《艺文志》,页 13 下。

注 183:《吕氏春秋》,卷二,《当染》,页 10 上;卷四,《尊师》,页 5 下。

注 184:《史记》,卷一百二十一,《儒林列传》,页 1 上。

注 185: 崔述,《洙泗考信余录》,卷三,《附录十有二人》,页 10 下。

注 186:《孟子》,《离娄》下,第三十一章。

注 187：同上。

注 188：《大戴礼记》，卷四，《曾子大孝》第五十二，页 9 下。

注 189：同上，页 11 上。

注 190：同上，卷四，《曾子事父母》第五十三，页 12 上；卷五，《曾子天圆》第五十八，页 7 上。

注 191：《礼记》，《杂记》下，第二十九节；《檀弓》上，第十四节郑注。

注 192：《说苑》，卷二十，《反质》，页 17 下。

注 193：《吕氏春秋》，卷二，《当染》，页 10 上。

注 194：朱彝尊，《曝书亭全集》，卷五十七，《孔子门人考》，页 3 上。

注 195：《论语》，《子张》，第十九章，包咸注。

注 196：《孟子》，《公孙丑》上，第二章。赵岐注。

注 197：同上，《滕文公》上，第一章，赵岐注。

注 198：同上，《万章》上，第一章，赵岐注。

注 199：同上，《公孙丑》上，第一章，赵岐注。

注 200：同注 186。参考下面第三节《弟子的弟子——第三代》。

注 201：颜子，曾点，曾子，有子，子夏，子路，子贡，子游，子张，宰我，仲弓，樊迟，司马牛，冉求，公西华，林放和南宫适。

注 202：颜子（《颜》1），子贡（《雍》28，《卫》9），子张（《阳》6），宰我（《雍》24），仲弓（《颜》2），樊迟（《雍》20，《颜》22），司马牛（《颜》3）。

注 203：孟子，子路一《公》1，8，《滕》下 7，《万》上 8。曾子一《公》上 2，下 2，《滕》上 4，下 7，《离》上 19，下 31，《尽》下 36。

注 204：宰我，《公》上 2。子贡，《公》上 2，《滕》8 上 4。冉牛，《公》上 2。闵子《公》上 8。颜子，《公》上 2，《离》下 29。子夏，《公》上 2，《滕》上 4。子，《游公》上 2，子张，《公》上 2，《滕》上 4。有若，《公》上 2，《滕》上 4。曾哲，《离》上 19，《尽》下 36，37。牡皮，《尽》下 37。琴张，《尽》下，37。

注 205：《论语》，《里》2，《雍》21，《罕》28，《宪》30，《卫》32，《阳》8。

注 206：《孔子家语》，卷一，《王言解》第三，页 7 下—8 下，10 下。

注 207：同上，卷三，《贤君》，页 14 上；《颜回》第十八，页 2 上，4 下，5 上。

注 208：同上，第十三，卷五，《入宿》第二十一，页 13 上；《困誓》第二十二，页 21 上。

注 209：同上，《子路初见》第十九，页 9 上。

注 210：同上，卷三，《贤加》第十三，页 14 上；《辩政》第十四，页 17 下；卷六，《执辔》第二十五，页 4 上；卷十，《曲礼子夏问》第四十三，页 10 下。

注 211：同上，卷五，《入官》第二十一，页 14 上。

注 212：同上，卷七，《五刑解》第三十，页 6 下、8 下；《刑政》第三十一，页 10 上。

注 213：同上，卷一，《问礼》第六，页 20 下；卷六，《论礼》第二十七，页 14 下，16 下；卷七，《礼运》第三十二，页 13 下；卷十，《曲礼子贡问》第四十二，页 5 下、6 下、8 上、9 上；《曲礼子夏问》第四十三，页 11 上、12 上；《曲礼公西赤问》第四十四，页

24 上。

注 214：同上，卷六，《论礼》第二十七，页 17 下。

注 215：同上，卷二，《致思》第八，页 10 下。

注 216：同上，卷四，《六本》第十五，页 20 上。

注 217：同上，页 5 上。

注 218：同上，卷五，《子路初见》第十九，页 5 下。

注 219：同上，卷二，《致思》第八，页 4 下。

注 220：同上，《子生》第十，页 15 上。

注 221：同上，卷四，《六本》第十五，页 3 上。

注 222：同上，卷五，《在厄》第二十，页 5 下。

注 223：同上，卷十，《曲礼子夏问》第四十三，《曲礼公西赤问》第四十四，页 11 上—24 上。

注 224：同上，《曲礼子夏问》第四十三，页 11 下、13 上。

注 225：同上，卷五，《子路初见》第十九，页 9 上。

注 226：《论语》，《先进》，第十一章。

注 227：同上，《述而》，第二十章。

注 228：《大戴礼记》，卷四，《曾子本孝》第五十，页 7 下—8 上。

注 229：同上，《曾子立孝》第五十一，页 8 下。

注 230：同上，页 9 下。

注 231：同上，《曾子大孝》第五十二，页 9 下—11 上。

注 232：同上，《曾子事父母》第五十三，页 12 上。《汉书》，卷三十，《艺文志》，页 13 上，有《曾子》18 篇，今存 10 篇，都收入《大戴礼记》。除已经举出 5 篇外，又有《大戴礼记》，《曾子制言》第五十四至五十六上中下、《曾子疾病》第五十七和《曾子天圆》第五十八。《丛书集成》有《曾子》10 篇，即是这 10 篇。

注 233：《四库全书总目提要》，页 646。

注 234：《孝经》，第一章。

注 235：同上，第五章。

注 236：同上，第七章。

注 237：同上，第十六章。

注 238：《孟子》，《离娄篇》上，第十九章。

注 239：《孔子家语》，卷三十八，《七十二弟子解》，页 2 下。

注 240：王充，《论衡》，卷十九，《感虚》，页 15 下。

注 241：《孔子家语》，卷四，《六本》第十五，页 5 下。又《说苑》，卷三，《建本》，页 5 上。

注 242：《尸子》，卷下，页 8 下。

注 243：《大戴礼记》，卷五，《曾子制言》第五十四至五十六，上、中、下。

注 244：同上，《曾子天圆》第五十八，页 8 上。

注 245：同上，页 8 下。

注 246：同上，页 9 上下。

注 247：《礼记》，《檀弓》上、下。

注 248：同上，《杂记》下。

注 249：同上，《杂记》下。

注 250：同上，《孔子闲居》，第一至第四节。

注 251：同上，第二节。

注 252：同上，第五节。

注 253：《论语》，《学而》，第十五章。

注 254：同上，《泰伯》，第三章。

注 255：《礼记》，《檀弓》上，第十八节。

注 256：马国翰辑，《儒家佚书辑 55 种》，《漆雕子》一卷，《宓子》一卷。

注 257：《韩非子》，卷十三，《外储说》上第三十四，页 3 上。

注 258：《史记》，卷四十七，《孔子世家》，页 28 上。

注 259：同上，页 14 下。

注 260：同上，卷六十七，《仲尼弟子列传》，页 17 下。

注 261：同上，页 13 下。

注 262：同上，页 18 上。

注 263：钱穆，《先秦诸子系年》，《考辨》第五十，《孔门传经辨》，页 77—81。

注 264：同上，页 71。

注 265：陶潜，《群辅录》，页 25 下，"八儒"条。陶潜的话是附会《韩非子》，卷十九，《显学》第五十，页 7 下，儒分为颜氏、孟氏等八家，和《礼记经释》，第一节，"温柔敦厚，《诗》教也。疏通知远，《书》教也。"所以《四库全书总目提要》（页 2827）说是"晚出伪书"。

注 266：《论语》，《先进》，第二章。

注 267：《孟子》，《公孙丑》上，第二章。

注 268：邢昺的《疏》和刘宝楠，《论语正义》。

注 269：《后汉书》，卷一百一十下，《文苑传》内《郦炎传》注，页 12 下。

注 270：《史记》，卷六十七，《仲尼弟子列传》，页 1 上。

注 271：《盐铁论》，卷二十一，《殊路》，页 24—25。

注 272：同上注 269。

注 273：范仲淹，《范文正公文集》，卷五，《推委臣下论》，页 13 上。

注 274：韩愈，《论语笔解》。

注 275：钱穆，《论语新解》。

注 276：李翱，《论语笔解》。

注 277：王弼，《论语释疑》。

注 278：王樵，《四书绍闻编》。程树德，《论语集释》，页 645 引。

注 279：朱熹，《论语集注》。

注 280：同注 277。

注 281：《新唐书》，卷十五，《礼乐志》第五，页 6 上。

注 282：徐幹，《中论》，卷九，《智行》上，页 22 上。

注 283：刘宝楠，《论语正义》。

注 284：程颢和程颐，《外书》，卷六，页 6 上。

注 285：根据程树德，《论语集释》，页 645。

注 286：尤侗，《艮斋杂说》，卷七，页 19 上。陈善的《扪虱新话》，上集，卷二，页 3 下，《辨论语分章句》条却说"孔门中当时有此科目"。

注 287：《论语》，《述而》，第二十四章。

注 288：同上，第十七章。

注 289：同上，第六章。

注 290：钱穆，《先秦诸子系年》，《考辨》第二十九，《孔子弟子通考》，页 75—76。

注 291：劳思光，《中国哲学史》，第一卷，页 88。

注 292：刘汝霖，《周秦诸子考》，页 143。

注 293：陆象山，《象山全集》，卷三十五，页 9 下。

注 294：蔡元培，《中国伦理学史》，页 22。

注 295：郭绍虞，《论孔门学风只有务外主内两派书》，列入顾颉刚编，《古史辨》，第二册，页 253—254。顾颉刚，《答书》，页 255—257。

注 296：邓公玄，《孔子以后儒家哲学蜕变之因果》，列入黄建中编，《中国哲学史论集》，第一册，页 64。

注 297：刘百闵，《孔门五论》，页 13。

注 298：武内义雄，《中国哲学思想史》，页 26—35。

注 299：同上，页 32。

注 300：平原北堂，《支那思想史》，页 300。

注 301：同上，页 172。

注 302：吉田贤抗，《中国思想史》，页 51—52。

注 303：狩野直喜，《中国哲学史》，页 128。

注 304：侯外庐，《中国思想通史》，第一卷，页 360—362。

注 305：刘汝霖，《周秦诸子考》，页 150—154。

注 306：梁启超，《老孔墨以后学派概观》，页 27—28，所引《庄子》是卷三，《大宗师》第六，页 18 下；《孟子》是《尽心篇》下，第三十七章。

注 307：《论语》，《为政》，第二十三章。

注 308：同上，《八佾》，第二十六章。

注 309：同上，《泰伯》，第七章。

注 310：同上，《公冶长》，第十五章；《先进》，第二十五章。

注 311：韩愈，《韩昌黎全集》，卷十一，页 3 下。

注 312：李翱，《李文公集》，卷二，页 9 上、下。

注 313:《遗书》,卷二十二上,页 1 上。

注 314:朱熹,《朱子语类》,卷十四,第十条,页 250。

注 315:朱熹,《大学或问》,页 28 上。

注 316:朱熹,《大学章句》,序。

注 317:王守仁(阳明),《王文成公全书》,卷二十六,页 1 下—5 上。

注 318:钱德洪跋,《王文成公全书续编》,卷一,页 10 下。

注 319:《全汉文》,卷三十八,页 26。

注 320:《玉海》,卷三十四,页 3 下。

注 321:《宋史》,卷二百零二,《艺文志》,《礼类》。三书都佚了。

注 322:程颢和程颐,卷五,页 1 上—6 下。

注 323:孔颖达,《礼记正义》,《序》引。

注 324:《遗书》,卷二上,页 4 上。关于说《大学》是孔子作的,如许谦(1199—1266)等,参看高明,《礼学新探》,页 102。

注 325:朱熹,朱子文集,卷十三,《癸未垂拱奏札》一,页 1 下。

注 326:朱熹,《大学章句》经文注。

注 327:朱熹,《大学或问》,页 27 下。

注 328:《大戴礼记》,卷一,《主言》,页 2 下。

注 329:张华,《博物志》,卷九,页 2 上。

注 330:翟灏,《四书考异》,《皇清经解》,卷四百四十九,页 11 下。

注 331:王柏,《鲁斋王文宪公文集》,卷十,《大学沿革论》,页 11 上。

注 332:郑晓,《大学源流》。下注 333 陈耀文和注 337 陈槃引。

注 333:陈耀文,《经典稽疑》,“大学”条,页 45 下、47 上下。

注 334:毛奇龄,《大学证文》,卷一,页 6 下;朱彝尊,《经义考》,卷一百六十,页 1 上。

注 335:胡渭,《大学翼真》,卷三,页 3 下。

注 336:崔述,《洙泗考信余录》,卷一,“曾子”条,页 16 上。

注 337:唐君毅,《中国哲学原论》,《原道篇》,卷二,页 607。关于《大学》著者问题,参考陈槃,《大学中庸今释》,页 4—7,高明,《礼学新探》,页 100—107,都很详尽。

注 338:钱穆,《中国思想史》,页 78。

注 339:孔颖达,《礼记正义》。方东树在他的《汉学商兑》(卷中之上,页 8 下—9 上)指出这点。但他据孔疏说错是郑玄的注。

注 340:朱鹤龄,《愚庵小集》,卷十,《与杨令若论大学补传书》,页 2 上。

注 341:陈澧,《东塾读书记》,卷九,《礼记》,页 13。

注 342:陈槃,《大学中庸今释》,页 4。

注 343:康有为,《康南海文集》,卷五,《大学章句序》,页 19 上。

注 344:徐复观,《中国人性论史》,《先秦篇》,页 295。

注 345:关于补传一点,参看戴君仁,《梅园论学集》和唐君毅,《中国哲学原论》,上册,页 284—291,页 168—170。

注 346:《经说》,卷五,《明道先生改正大学》,页 1 上—3 上,《伊川先生改正大学》,页 3 上—5 下。

注 347:这就是他的《大学章句》。

注 348:详见程元敏,《大学改本详述》,《孔孟学报》,23 期(1972 年 4 月),页 135—168;高明,《礼学新探》,页 108—120;唐君毅,《大学章句辨证及格物致知思想之发展》,清华学报,第四卷,第二期(1964 年 2 月),页 1—49;林政华,《大学中庸之作者与章次考辨》,《东方杂志》,第九卷,第四期(1975 年 10 月),页 41—48。

注 349:王守仁,《王文成公全书》,卷七,《大学古本序》,页 26 上。

注 350:翟灏,《四书考异》,《皇清经解》,卷四百四十九,页 10 下。

注 351:王守仁,《传习录》,上,卷一,页 1 上;中,《致罗整庵少宰书》,页 59 上。

注 352:《经说》,卷五,页 3 上;《朱子语类》,卷十四,第九十三至五条,页 267;《大学或问》,页 10 上、下;《传习录》,上,卷一,页 3 上。

注 353:朱熹,《大学章句》,经文注。

注 354:同上,《序》。

注 355:《礼记正义》引。

注 356:《礼记正义》的话。

注 357:《朱子语类》,卷十四,第三条,页 249;第六条,页 250;第六十、六十一条,页 264。

注 358:同上,第十二条,页 250。

注 359:同上,第二十二条,页 252。

注 360:胡适,《中国哲学史大纲》,上卷,页 281。

注 361:《朱子语类》,卷十四,第三条,页 249。

注 362:《大学章句》。本节所指《大学》章数,都是用朱子的《大学》章句。

注 363:《朱子语类》,卷十四,第六十七条,页 261。

注 364:《大学问》,《王文成公全书》,卷二十六,页 3 上。

注 365:《论语》,《子张》,第十一章。

注 366:同上,《泰伯》,第一、第二十章。

注 367:同上,《雍也》,第二十七章。

注 368:《朱子语类》,卷十四,第八十一条,页 262。

注 369:同上,第七十四条,页 261。

注 370:《大学问》,《王文成公全书》,卷二十六,页 3 下。

注 371:《论语》,《雍也》,第二十八章。

注 372:《诗经》,《小雅》,《南有嘉鱼之什》,《南山有台》。

注 373:《论语》,《雍也》,第二十五章。

注 374:同上,《宪问》,第四十五章。

注 375:《传习录》,上,第一条。

注 376:《经说》,卷五,页 3 上。

注 377:《大学章句》。

注 378:《朱子语类》,卷十四,第九十五条,页 267。
注 379:《传习录》,上,第一条。
注 380:《书经》,《周书》,《康诰》、第六节。
注 381:《诗经》,《大雅》,《文王之什》,《文王》。
注 382:同上,《商颂》,《玄鸟》。
注 383:《朱子语类》,卷十四,第八十九条,页 267。
注 384:同上,第一百一十条,页 270。
注 385:《大学章句》。
注 386:《大学问》,《王文成公全书》,卷二十六,页 4 上。
注 387:《传习录》,上,第四条。
注 388:同上,第二条。
注 389:同上。
注 390:《大学章句》。
注 391:《论语》,《阳货》,第五章。
注 392:同上。《宪问》,第四十五章。
注 393:《书经》,《舜典》,第十四节。
注 394:同上,《大禹谟》,第二十一节。
注 395:《大学章句》。
注 396:《遗书》,卷二上,页 6 下。
注 397:同上,卷二十二上,页 1 上。
注 398:同上,卷二十五,页 1 上。
注 399:《传习录》,上,第八十五条。
注 400:《孟子》,《离娄》上,第二十章。
注 401:《书经》,《冏命》,第三节。
注 402:《论语》,《为政》,第三章。
注 403:《传习录》,上,第一百二十九节。
注 404:《论语》,《颜渊》,第十章;《子路》,第十一章。
注 405:同上,《宪问》,第四十五章。
注 406:陈淳,《北溪字义》,“敬”字门,“论诚敬之异”条。
注 407:《论语》,《子路》,第六章。
注 408:同上,《为政》,第二章。
注 409:同上,《颜渊》,第四章。
注 410:同上,《学而》,第四章。
注 411:同上,《季氏》,第七章。
注 412:同上,《雍也》,第二十三章。
注 413:同上,《里仁》,第二章。
注 414:同上,《述而》,第三十七章。

注 415：同上，《卫灵公》，第十二章。

注 416：同上，《述而》，第十五章。

注 417：胡适，《中国哲学史大纲》，卷上，页 285—286。

注 418：同上，页 281。

注 419：《论语》，《子张》，第十二章。

注 420：同上，《学而》，第二章。

注 421：同上，《八佾》，第四章。

注 422：同上，《学而》，第二章。

注 423：毛奇龄，《大学知本图说》（《西河合集》本），页 6 下。

注 424：胡适，《中国哲学史大纲》，卷上，页 283。

注 425：同上，页 284。

注 426：《论语》，《雍也》，第二十八章。

注 427：朱熹，《大学或问》，页 31 下，总页 62。

注 428：《中庸》，第十三章。

注 429：《论语》，《颜渊》2，第二章。

注 430：孟子，《离娄》上，第五章。

注 431：同上，《梁惠王》上，第七章。

注 432：同上，《尽心》上，第四十五章。

注 433：同上，第四十四章。

注 434：朱熹，《大学或问》，页 8 下，总页 16。

注 435：孟子，《万章》下，第一章。

注 436：同上，《滕文公》上，第五章。

注 437：同上，《告子》上，第四章。

注 438：同上，《滕文公》下，第一章。

注 439：同上，《离娄》上，第十三章。

注 440：同上，《尽心》上，第四章。

注 441：同上，《公孙丑》上，第二章。

注 442：同上。

注 443：同上，《离娄》上，第二十章。

注 444：《大学或问》，页 9 下，总页 18。恒言指《孟子》，《离娄》上，第五章，"人有恒言，皆曰天下国家。天下之本在国，国之本在家，家之本在身"。

注 445：同上，页 6 上，总页 11。

注 446：《论语》，《学而》，第四章。

注 447：《孟子》，《尽心》上，第二十五章。

注 448：冯友兰，《中国哲学史》，页 439—444。

注 449：《荀子》，卷十五，《解蔽》第二十一，页 16 下。

注 450：同上，页 8 上。

注451：同上，页1下。
注452：同上，卷九，《致士》第十四，页12下。
注453：同上，卷三，《非十二子》第六，页18下；卷十五，《解蔽》第二十一，页7下。
注454：同上，卷七，《王霸》第十一，页17上、下，22上。
注455：同上，卷九，《臣道》第十三，页6下。
注456：唐君毅，《中国哲学原论》，《原道篇》，第二册，页607。
注457：参看上面第一节第四目，《弟子的社会背景和活动》最后一段。
注458：《吕氏春秋》，卷二，《当染》，页10上。
注459：《汉书》，卷三十，《艺文志》，页13上。
注460：《韩诗外传》，卷三，页8下。
注461：参看注463。
注462：同注459。
注463：《隋书》，卷三十四，《经籍志》，《儒家》三。
注464：朱彝尊，《曝书亭全集》，卷五十七，《孔子门人考》，页1上—7下。
注465：《孟子》，《滕文公》第三上，第一章。
注466：《大戴礼记》，卷四，《曾子大考》第五十二，页9下。
注467：同上，页11上。
注468：《孟子》，《公孙丑》上，第二章。
注469：同上，《万章》上，第一章。
注470：《论语》，《尧曰》，第十九章。
注471：《礼记》，《杂记》下，第二十九节。
注472：同上，《檀弓》下，第十四节。
注473：《大戴礼记》，卷五，《曾子天圆》第五十八，页7上。
注474：同上，卷四，《曾子事父母》第五十三，页12上。
注475：《史记》，卷四十四，《魏世家》，页3下。
注476：《汉书》，卷三十，《艺文志》，页3下，有《魏文侯》六篇。《隋书·经籍志》没有。马辑《魏文侯书》一卷，24节。采自《战国策》《吕氏春秋》《韩诗外传》《淮南子》《新序》《说苑》《通典》。列入马辑《儒家佚书辑本五十五种》。
注477：《魏文侯书》，页1上。
注478：同上，页5上。
注479：同上，页6上。
注480：同上，页8下。
注481：同上，《序》。
注482：《说苑》，卷十二，《奉使》，页5上、7下。
注483：马骕的话。《绎史》，卷一百零一，页5下。
注484：《论语》，《八佾》，第八章。
注485：有书七篇，已佚。马国翰辑，《李克书》一卷，7节，采自《吕氏春秋》《韩诗外传》

《说苑》等书,列入《儒家佚书辑本五十五种》。

注 486:《李克书》,页 1 上。也没有卓见。

注 487:同上,页 41 上。

注 488:《汉书》,卷三十,《艺文志》,页 13 下,《公孙尼子》28 篇,《隋书·经籍志》载一卷,已佚。马国翰辑,《公孙尼子》一卷,13 节,列入《儒家佚书辑本五十五种》。

注 489:《公孙尼子》,页 1 下。

注 490:同上。

注 491:同上,页 2 上。

注 492:《淮南子》,卷七,《精神训》,页 2 上。

注 493:《公孙尼子》,页 2 下。

注 494:同上,页 47 上。

注 495:《汉书》卷三十,《艺文志》,页 13 下,记《世子》21 篇,内《养生》1 篇,皆亡。马国翰辑,《世子》一卷,2 条,列入《儒家佚书辑本五十五章》。

注 496:《史记》,卷四十四,《魏世家》,页 2 下。

注 497:王充,《论衡》,卷三,《本性》第十三,页 12 上。

注 498:《汉书》,卷三十,《艺文志》,页 13 上。记《漆雕子》13 篇。《隋书》不载。马辑一卷,4 条,附录 7 条。

注 499:马国翰辑,《漆雕子》一卷,页 1 下—2 上。列入《儒家佚书辑本五十五种》。

注 500:《论语》,《阳货》,第二章。

注 501:张载,《张子全书》,卷十五,《吕大临行状》,页 312。

注 502:《外书》,卷十一,页 1 下。

注 503:前三书均据《隋书》,卷三十二,《经籍志》,一,《礼部》。三书已佚。李书恐也亡了。

注 504:《汉书》,卷三十,《艺文志》,页 13 上。

注 505:《隋书》,卷十三,《音乐志》上,天监元年。

注 506:《史记》,卷一百一十二,《公孙弘传》,页 3 下。

注 507:《旧唐书》,卷三十七,《经籍志》下,页 1 上。

注 508:晁公武,《郡斋读书志》,卷十,页 3 上。

注 509:《二十五史补编》,第一册,《汉书艺文志考证》,卷二十一。

注 510:陈第,《世善堂藏书目录》,卷上,页 11。

注 511:清儒辑《子思子》的数家。黄以周的《内篇》九卷、《外篇》一卷、《附录》一卷最好。

注 512:《汉书》,卷三十,《艺文志》,页 5 上。

注 513:王柏,《鲁斋王文宪公文集》,卷十三,《古中庸跋》,页 1 上。

注 514:班固,《白虎道德论》卷一,页 5 下,6 上;卷十,页 4 上。

注 515:徐复观,《中国人性论史》,《先秦篇》,页 104—105。

注 516:《孔丛子》(《四部丛刊》本,1929)卷七,《居卫》上,页 45 下。

注 517:《史记》,卷四十七,《孔子世家》,页 29 下。

注 518：陆德明，《经典释文》，卷十四，页 1 上，说“子思作《中庸》”。

注 519：朱熹，《中庸章句》序。

注 520：欧阳修，《欧阳文公集》，卷四十八，《问进士策》第三首，页 3 下—4 上。

注 521：参看高明，《礼学新探》，页 144，引翟灏，《四书考异》，《六十二指一生之年之说》。

注 522：毛奇龄，《四书剩言》，页 6 上下。

注 523：《论语》，《八佾》，第九章。

注 524：阎若璩，《四书释地又续》，《皇清经解》，卷二十二，“有宋存”条，页 5 下。

注 525：叶酉，《再与袁随园书》，钱基博，《四书解题及其读法》，页 52 引。

注 526：洪迈，《容斋随笔》，卷十四，“杨之水”条；卷五，“三代书同文”条，页 5 下。

注 527：陈槃，《大学中庸今释》，中，页 5；陆德明，《经典释文》，卷十四，页 3 下。

注 528：徐复观，《中国人性论史》，《先秦篇》，页 144。

注 529：《论语》，《八佾》，第十一章。

注 530：陈善，《扪虱新话》，下集，“读论语”条，页 234。

注 531：崔述，《洙泗考信录》，卷三，《子思》，页 6 下—7 下。

注 532：俞正燮，《癸巳存稿》二，《皇清经解续编》，卷八百四十一，“中庸大学”条，页 24 上、下。

注 533：俞樾，《达斋丛说》，《皇清经解续编》，卷一千三百五十，“中庸说”条，页 6 上。

注 534：胡适，《中国哲学史大纲》，上卷，页 280—281。

注 535：冯友兰，《中国哲学史》，页 446—448。

注 536：徐复观，《学术与政治之间》，乙集，《中庸的地位问题》，页 122—124；《中国人性论史》，《先秦篇》，页 106。

注 537：劳思光，《中国哲学史》，第二卷，页 50。

注 538：参看注 217。

注 539：《朱子语类》，卷六十二，第三十三条，页 1485。

注 540：徐复观评朱子第二十章合孔氏两章为一章，《中国人性论史》，《先秦篇》，页 107、109。

注 541：《宋史》，卷四百三十八，《王柏传》，页 8 上，和根据王柏的《研幾图》（《金华丛书》本，页 7 下—8 上），和《鲁斋王文宪公文集》，卷十，页 4 下—10 上的《中庸论》和《诚明论》。

注 542：参看高明，《礼学新探》，页 151；蔡爱仁，《中庸研究》，页 4—6；吴怡，《中庸诚字的研究》，页 38。

注 543：徐复观，《中国人性论史》，《先秦篇》，页 107、110、145。

注 544：《礼记正义》引。

注 545：《论语》，《雍也》，第二十七章。

注 546：同上，《尧曰》，第一章。

注 547：同上，《子路》，第二十一章。

注 548：同上，《先进》，第十六章。

注 549：同上，第二十章。

注 550：《遗书》，卷七，页 3 下；卷十五，页 13 下。

注 551：朱熹，《朱子语类》，卷六十二，第七条，页 1480。

注 552：同上，卷六十三，第三条，页 1521。

注 553：同上，卷六十二，第九条，页 1480。

注 554：同上，第七条，页 1480。

注 555：同上，第九条，页 1480。

注 556：注第二章。

注 557：《遗书》，卷七，页 3 下。《朱子语类》，卷六十二，第十二条，页 1481，以为明道语。

注 558：《遗书》，卷十五，页 13 下。

注 559：朱熹，《中庸章句》，第二章。

注 560：《朱子语类》，卷六十二，第十二条，页 1481。

注 561：同上。

注 562：同上，第十四条，页 1481。

注 563：同上，第十八条，页 1483。

注 564：《中庸章句》，2。

注 565：《朱子语类》，卷六十二，第九条，页 1480。

注 566：《遗书》，卷十八，页 14 下—16 上。

注 567：参看钱穆，《朱子新学案》（台北，三民书局，1971）第二册，页 123—147；牟宗三，《心体与性体》（台北，正中书局，1969），第三册，页 71—228。

注 568：《诗经》，《小雅》，《荡之什》，《烝民》。

注 569：《论语》，《公冶长》，第十二章；《阳货》，第二章。

注 570：同上，《季氏》6，第八章。

注 571：同上，《里仁》，第十三章。

注 572：同上，《卫灵公》，第二十三章。

注 573：《朱子语类》，卷六十四，第八十条，页 1576。

注 574：《中庸章句》，第二十三章。

注 575：《大学或问》，页 28 上。

注 576：《孟子》，《离娄》上，第十二章。

注 577：同上，《尽心》上，第四章。

注 578：同上，《尽心》下，第二十五章。

注 579：同上，第二十四章。

注 580：同上，《尽心》上，第一章。

注 581：同上。

注 582：同上，第二章。

注 583：同上，第十四章。

注 584：同上，第一章。

注 585：同上，《公孙丑》上，第六章。

注 586：《荀子》，卷三，《非十二子》第六，页 14 下。

注 587：《礼记》，《表记》，第十一节。

注 588：章炳麟，《太炎文录初编》，卷一，《子思孟轲五行说》，页 8 上。

注 589：谭戒甫，《思孟五行考》，列入《古史辨》，第五册，页 709—710。

注 590：《吕氏春秋》，卷十四，《孝行》，页 1 下—2 上。

注 591：《书经》，《洪范》，第三节。

注 592：《左传》，昭公 25 年。

注 593：《国语》，卷四，《鲁语》上，页 7 下。

注 594：同上，卷十六，《郑语》，页 4 上。

注 595：《论语》，《雍也》，第二十一章。

注 596：同上，《阳货》，第二十一章。

注 597：关于阴阳五行，可参看《古史辨》，第五册，梁启超、顾颉刚、钱穆、徐文珊、谭戒甫等人文章；李汉三，《先秦两汉之阴阳五行学说》；孙广文，《先秦两汉阴阳五行说的政治思想》；小林信明，《中国古代阴阳五行思想的研究》。

注 598：《史记》，卷七十四，《孟子荀卿列传》，页 2 下。

注 599：《盐铁论》，卷十一，《论儒》，页 13。

注 600：《史记》，卷四十七，《孔子世家》，页 16 上。

注 601：《汉书》，卷三十，《艺文志》，页 14 下。

注 602：《韩诗外传》，卷四，页 11 下。

注 603：王应麟，《困学纪闻》，页 846—847。

注 604：卢文弨，《荀子集解》，卷六，《非十二子》。

注 605：顾颉刚，《五德始终说下的政治和历史》，列入《古史辨》，第五册，页 409—410。

注 606：徐复观，《中国人性论史》，《先秦篇》，页 55。

注 607：同注 602。

注 608：《荀子》，卷十四，《乐论》，第十，页 7 上。

注 609：同上，卷九，《王制》第九，页 16 下。

注 610：同上，卷十七，《天论》第十七，页 17 上。

注 611：同上，卷十七，《性恶》第二十三，页 2 上。

注 612：《礼记》，《礼运》，第二十四至第二十六节。

注 613：同上，《乡饮酒义》，第十二节。

注 614：《汉书》，卷三十，《艺文志》，页 13 上。

注 615：《孔丛子》，卷六，《杂训》，上册，页 34 上；同上，34 下；同上，35 上；卷七，《居卫》，页 43 上；同上，页 44 上；卷十，《抗志》，页 53 上；同上，页 60 上。

注 616：《墨子》，卷十二，《公孟》第四十八，页 14 上。

注 617：《淮南子》，卷二十一，《要略》，页 6 下。

注 618：《吕氏春秋》，卷二十五，《有度》，页 4 下。

注 619：《韩非子》，卷十九，《显学》第五十，页 7 下。

注 620：同上，《五蠹》第四十九，页 2 下。

注 621：《淮南子》，卷九，《主术训》，页 17 上。

注 622：同上，卷二，《俶真训》，页 11 下—12 上。

注 623：《史记》，卷一百三十，《自序》，页 4 下。

注 624：《大戴礼记》，卷九，《千乘》第六十八，页 2 上。

注 625：陈澧，《东塾读书记》，卷九，《礼记》，页 2—3。

注 626：韩愈，《韩昌黎全集》，卷十一，页 16 下。

注 627：王安石，《临川集》，卷四，页 6 上。

注 628：《遗书》，卷十八，页 37 上。

注 629：《吕氏春秋》，卷十七，《不二》，页 15 下。

注 630：《尸子》，卷下，页 9 上。

注 631：《韩非子》，卷十九，《显学》第五十，页 7 下—8 上。

注 632：同注 617。

注 633：《墨子》，卷十二，《公孟》第四十八，页 13 上。

注 634：同上，卷九，《非儒》第三十九，页 17 上下。

注 635：同上，页 21 上下。

注 636：同上，《墨子佚文》，卷十五，页 1 上、下。

注 637：《吕氏春秋》，卷十二，《不侵》，页 7 下。

注 638：同上，卷十五，《顺说》，页 12 下。重见《淮南子》，卷十二，《道应训》，页 4 下；《列子》，《黄帝》，页 4 下。

注 639：《吕氏春秋》，卷二，《当染》，页 10 上。

注 640：同上，卷二十五，《有度》，页 4 下。

注 641：同上，卷十二，《当染》，页 10 上。

注 642：《庄子》，卷五，《在宥》第十一，页 49 上。

注 643：《韩非子》，卷十九，《显学》第五十，页 7 下。

注 644：《庄子》，卷四，《在宥》第十一，页 32 上。

注 645：同上，卷一，《齐物》第二，页 27 上。

注 646：《淮南子》，卷二，《俶真训》，页 10 上。

注 647：同上，卷十三，《氾论训》，页 7 下。

注 648：《淮南子》，卷二十一，《要略》，页 6 下。关于儒、墨并盛和儒、墨交攻，参考康有为，《孔子改制考》，页 371—388，412—421。

注 649：《荀子》，卷三，《非十二子》第六，页 16 上。

注 650：同上，页 12 上。

注 651：同上，页 21 上、下。

注 652：同上，卷四，《儒效》第八，页 14 下。

注 653：同上，页 15 下。

注 654：同上，页 16 上。

注 655：同上，卷三，《非十二子》第六，页 15 上、下。

注 656：同上，页 16 上。

注 657：《论语》，《颜渊》，第二章。

注 658：同上，《雍也》，第一章。

注 659：《礼记》，《檀弓》上，第五十二至五十四、六十八、七十一、七十六、八十一、八十七节；4，《檀弓》下，第二十二、二十七节。

注 660：郝懿行，《荀子补注》，上，卷六，《非十二子》，页 16 下。王先谦，《荀子集解》，卷三，《非十二子》第六，页 16 上—7 上，22 下，同意郝氏，并且引他。

注 661：《荀子》，卷三，《非十二子》第六，页 21 上。

注 662：《韩非子》，卷十九，《显学》第五十，页 7 下。

注 663：同上，页 8 上。

注 664：郭沫若，《十批判书》，页 130。

注 665：胡适，《中国哲学史大纲》，上卷，页 124。

注 666：皮锡瑞，《经学历史》，页 8 下，八位姓颜的弟子是：颜回（1）、颜无繇（20）、颜幸（31）、颜高（40）、颜祖（52）、颜之仆（58）、颜哙（66）和颜何（72）。

注 667：漆雕开（23），漆雕哆（29），漆雕徒父（41）。

注 668：《论语》，《公冶长》，第五章。

注 669：《墨子》，卷九，《非儒》下第三十八，页 22 下。

注 670：《孟子》，《公孙丑》上，第二章。

注 671：如洪亮吉、梁启超等。参看蔡仁厚，《孔门弟子志行考述》，页 157。

注 672：同上注 670。

注 673：王先谦，《韩非子集解》，卷十九，《显学》第五十，页 13 上。

注 674：《汉书》，卷二十，《古今人表》，页 38 下。

注 675：《礼记》，《檀弓》上，第七十五节。

注 676：《诗经》，《国风》，《鄘风》，《定之方中》。

注 677：《孟子》，《滕文公》上，第四章。

注 678：梁启超，《诸子考释》，页 39。

注 679：《汉书》，卷二十，《古今人表》，页 33 下。

注 680：《孟子》，《公孙丑》上，第十六章。

注 681：同注 678。

注 682：《韩非子》，卷十九，《显学》第五十，页 8 下—10 下。

注 683：《论语》，《阳货》，第九章；《子路》，第四章。

原载台湾“中研院”《历史语言研究所集刊》，第四十七本，第四分册（1976 年 12 月），页 707—782。

战 国 道 家

一、道家之起源

道家这个名词，是前2世纪陈平（公元前173年卒）头一次用的（注1），秦朝以前没有。道是学者所共言，各人有各人之道，没有人独占的。《庄子·天下篇》评论诸家，都说："闻古之道术……而悦之。"（注2）荀子评论诸子，也从个人而讲而不讲学派（注3）。当时诸子争鸣，各树其说。以学派著名的，只有儒、墨两派。就是韩非子所说"世之显学，儒、墨也"（注4）。庄子常常说"儒、墨"（注5），可以做一个佐证。他又说"儒、墨、杨、秉"（注6），秉是公孙龙的字，这里不叫做"名"家，杨也不是一家，结果只有儒、墨两派。儒、墨之所以成派，就是因为孔子和墨子都是文化传统中心的鲁国人。他们的学派里有师承，有组合，有典籍，有具体方案。《淮南子》说："孔丘、墨翟修先王之术，道六艺之论。口道其言，身出其表。"（注7）所以他们有系统，有传说。至于战国的道家就没有结合，也没有领袖。他们的思想纵横发展，没有一定的传授。在《天下篇》里，老子和庄子分开两组，就是一个证据。不过这并不是说战国时代没有后世所谓"道家"的人物和学说。相反地，战国诸子引述老子的很多，远在杨、墨之上（注8）。第二，战国思想家之集中，以稷下为最盛，人数过千，历时六七十年。其知名的以道家或有道家主要成分的为最多，儒、墨都远不可及（注9）。第三，庄子和惠子辩论许多次，除了辩者以外，无出其右（注10）。更重要的，就是道家的道，具有特殊性质，意义高深，远出乎其他诸子的道之上。照司马谈（公元前110年卒）的话："道家使人精神专一，动合无形，赡足万物。其为术也，因阴阳之大顺，采儒、墨之善，名、法之要。与时迁移，应物变化，立俗施事，无所不宜。指约而易操，事少而功多。"（注11）所以没有一个学派能避免它的熏染。它的影响之大，使得学者说某家的确是从道家生出来的。这一点在下面再详细讨论（注12）。

道家的兴起，并不是突然的。其来源有自，学者已经详细说过。有王官、隐士、阴阳、儒、墨、黄帝、杨朱、老子八种学说。现在简略地讨论一下。

1. 道家出于王官。这一说近人讨论得相当热烈。《汉书·艺文志》根据刘歆(公元前约50? —公元23)《七略》说“道家者流,盖出于史官,历记成败存亡祸福古今之道”(注13)。至于为什么出于史官,就没有说明。有人说古时政教合一,所以思想由上而下。布政施令之由上而下,自不待言,然而思想的发生,为什么一定由上而下呢? 况且《老子》书极力攻击政府是很猛烈的。有人说古时的资料如历法、祀典之类由王官管理,然而道家的思想里绝少有这种资料的痕迹。大概相传老子做过柱下史,管理周室文献,可以说是史官。周朝的时候,政府都有史官,掌理官书。所以老子的书,一定是拿周室的文献做根据,而他的思想成熟,也一定在他做史官的时候。不过根据传说老子退隐之后才著书。即使说他去职之后才思想成熟,那么他的抨击政府,与其说是出于史官,不如说是和史官反对罢。庄子评诸子,荀子“非十二子”,司马谈论“六家要指”,《淮南子·要略》(注14),都没有出自王官的说法。《汉书·艺文志》著录了道家总共三十七家,伊尹、太公最先。班固(32—92)自己注伊尹说“汤相”,注太公说“吕望,为周师尚父(崇尚之老者)”,其他都和政府没有关系。做相做师,并不是史官,大抵所谓“出”的不是指思想的源泉,而是说贵族时代的学术,原来是在王官里,到后来知识分子流落到普通社会去,所以说做“出”罢。成帝的时候(公元前32—前7在位)书籍遗失很多,所以广求遗书于天下,归诸政府。因此刘向(公元前77—前6)和他的儿子歆上溯思想的来源,以为历史上有文献可寻的,非王官莫属,于是看学术和官职是一样。而且汉朝的政治组织逐渐强大起来,刘歆就以为文化的组织必定立基在政治机构上。可是即使这样广义解释诸子出于王官之说,最多也只可以说墨子信鬼,所以“墨家者流盖出于清庙之守”。但是说道家出于史官,无论广义或狭义,都是莫明其妙的。实际上刘歆不过说“盖出”于史官罢了,他仍然用疑似的词,还未敢断定的(注15)。

2. 道家是隐者所形成的。学者持这说的,为数不少。在某种意义上面,说隐士是道家的先河,未尝不可。隐士避世离俗,自洁全生,或且游于方外,独与天地往来,自古以来都有。孔子所碰到的楚狂、接舆、长沮、桀溺、荷篠丈人、晨门、荷蒉(注16),是其中著名的。庄子因为隐者许由、务光辞天下而不受,把它们当作理想人物(注17)。根据《史记》,老子本人也是“隐君子”,他的学术是“自隐无为为务”(注18)。而隐者的思想行为,都和道家的思想行为的一部相适合。不过这样只能够说他们具有道家型的思想,而不能说他们是道家历史上或思想上的渊源。因为隐者未曾聚过生徒,也未曾立过学说。老子教人,功成身退,只说“小国寡民”,不说避世。救人治国,和光同尘(注19),这不是楚狂等人所崇尚的。庄子也曾做过小官。稷下的道家都有政治之图。所以隐士的好洁好静,明哲保身,最多不过反映道家思想的一个角度,而这个角度又不是最重要的(注20)。

3. 道家出于阴阳。章学诚(1738—1801)和章太炎(1869—1936)说道家出于阴阳。学诚说:“老子说本阴阳,庄子寓言假象,易教也。”(注21)太炎说:“若以道家之出于阴阳者,实有数端可验。一以《列子·天瑞》验之,二以《列子·力命》验之,三以《列子·汤问》验之。”又说:“所谓道家者,实阴阳之变形也。”(注22)老子、庄子和其他的道家都讲阴阳,那么道家和阴阳的关系密切,是很明了的。不过为什么道家必定出于阴阳,两位章氏都没解释。阴阳是春秋、战国诸子百家所共言的,至汉朝陈平才称他做一家。《天瑞》篇只说“圣人因阴阳以统天地”,“道终乎?本乎始”。《力命》篇讲死生,《汤问》篇讲物之始终,只可以说是和《易经》的阴阳生死,始终相近。但是这不能说是道家出于阴阳的效验的。

4. 道家出于儒家。这一说是专指庄子的。韩愈(768—824)说“盖子夏之学,其后有田子方,田子方之学流而为庄周。故周之书喜称子方之为人”(注23),庄子以为田子方“缘顺而葆贞,清而容物”(注24),是合理的。《庄子》里面称其为人的,是田子方称赞东郭子顺之为人,不能因此便说他的“学流而为庄周”的。根据《吕氏春秋》,“田子方学于子贡,段干木学于子夏”(注25)。韩文公混乱了。无论如何,文公的目的是在赞美孟子而排贬庄子。拿来讲历史的事实是不可靠的。

5. 道家出于墨家。这是钱穆的主张。他说“先秦学术……皆从儒、墨生。要而言之,法原于儒,而道启于墨”(注26)。这里他不同意若干学者法家出于道家的主张。他以为《老子》书是在《庄子》之后的。初时只有儒、墨两派,所以说诸派都出自他们。至于为什么法出于儒,道出于墨,钱氏没有解说。

6. 道家出于黄帝。刚才说的三说,支持的很少,比较颇为通行的,就是道家出于黄帝之说。这里的原因,可能是世间传说黄帝登仙升天,以浮游于世外,做成老子退居和隐士避世的典型。或也可能是有人说黄帝起始设立史官。不过这些都属神话,出乎学术史范围以外。《汉书·艺文志》载道家有黄帝书四种。其中有《黄帝君臣》十篇,班固自己注说“起六国时,与老子相似也”。既然说是起于六国的时候,又只说和老子相似,可知老子并非发原于黄帝了。《艺文志》开始是伊尹,而且黄帝又在《老子经传》四种之后。《艺文志》里的阴阳、天文、历谱、五行、杂占、医经、经方、房中、神仙等家,很多假托黄帝的名,不单是道家和黄帝有关系。所以从《艺文志》来说,完全没有道家出于黄帝的根据。太史公司马迁（公元前 145—前 86）说“百家言黄帝，其文不雅驯，荐伸先生难言之”（注 27），可知黄帝是百家所共言，并不限于道家的。

这一说的起源，一方面是因为《庄子》讲黄帝的很多，另一方面是因为《史记》常常把黄、老相提并论。黄帝的名，在《庄子》里提了三十次（注 28）。诸子讲黄帝的很多，他们都是托古。《淮南子》说：“故为道者必托之于神农、黄帝而后能入。”（注 29）比方庄子把老子的甘食、美服、乐俗、安居、邻里不相往来的教训（注 30），上溯到黄帝、伏羲和神农便是一例（注 31）。值得注意的，是庄子把黄帝和尧、舜一块讲（注 32）。可是托古圣人，越多越妙。《史记》屡次讲诸子本于黄、老，说申子“学本于黄、老”（注 33），韩子“其归本于黄、老”（注 34），慎到、田骈、接子、环渊“皆学黄、老道德之术”（注 35）。此外还有“善修黄帝、老子之言”（注 36），“学黄、老术”（注 37），“通……黄帝、老子”（注 38）的，这是太史公的说话。汉景帝的时候（公元前 156—前 141 在位）黄、老盛行，史公特别注重他们。班固说他“论大道则先黄、老而后‘六经’”（注 39）。这不是随便讲的。不过史公讲庄子，说“其要本归于老子之言”（注 40），单举老子而不提及黄帝，也许史公没有意思把庄子的归于老子和其他诸子的归于黄帝分做两件事，不过班固的话意味很长，是我们不容忽略的。倘若我们说《庄子·天下篇》评论学派，都说“古之道术有在于是”，于是老聃、庄周等“闻其风而悦之”，因此把《史记》黄帝的“顺以天地之纪，幽明之占、死生之说，存亡之难”算做道，把黄帝的“习用干戈”、“修德振兵，治五气”及“禽杀蚩尤”算做术（注 41），那就附会太过了。

7. 杨朱是道家的前驱。又有人把杨朱视作道家的滥觞（注 42）。他们的前提是杨朱生在老子之前。我们否认这说，详第三节，认为这说不能成立。

8. 老子是道家之祖。司马谈《要指》叙述道家，只说他采阴阳、儒、墨、名、法的精华，而不说他有什么承受。《史记》的《老子传》有老子教孔子的事而没有任何一人教老子的（注 43）。这两种记载都似乎暗示老子是自得的。但是我们所谓始祖，并非说无中生有，像破天荒一样。我们以为学说的兴起，都是时势的反动。春秋时代封建制度崩溃，贵族制度摇动。富有的人流入民间。商业发达，铁器逐渐通用。教育发展，平民抬头。诸子于是跟着兴起来。当时政治腐败，道德沦丧，诸子都想设法拯救。有知其不可而为的孔子，有摩顶放踵以利天下的墨子，有避世而全生保真的杨朱等隐士。《淮南子》论儒者、墨者、管子、晏子、形名、商鞅之兴起，都是以改革社会为职志（注 44），这可谓观察精确了。历史上某一种形态、某一种学说，不可以说是从一个人突然而起。然而这形态在当初发现的时候,常常因为某一个人而得到完成,这学说在刚兴起的时候,常常因为某一个人而可以建立。老子之成立道家,就是如此。《老子》书里有"古之所谓""建言(立言)有之"(注45)"圣人有云""用兵有言"(注46),显然有所源自。但是大体来讲,说道家成于老子,并不是错的。我们从下面详细讨论老子的思想,可以见到这一说是不谬的。

二、老子

1. 老子其人　老子的思想几乎完全在《老子》书里面可以见到。这本书的时代是什么?著者是谁?老子有没有这个人?生在春秋还是战国?这些问题近五十年来,纷讼不已。有关的著作,大概有五十万字。学者缄默的很少,他们的争论到现在还未停止。他们的问题和答案,关于道家思想的意义和它的演进,重大得很。假如说老子在前,庄子在后,那么必定是先有反正的观念才有齐物的学说。如果说《老子》书在庄子之后,那么有生于无的观念,必定是完成于战国的末期。所以我们在讨论老、庄思想之前,不能不将老子问题作一个总结。现在首先讨论老子其人,跟着讨论《老子》书,然后讲到他的哲学。

《史记·老庄申韩列传》说:

> 老子者,楚苦县厉乡曲仁里人也。姓李氏,名耳,字[伯阳,谥曰]聃。周守藏室之史也。孔子适周,将问礼于老子。老子曰:"子所言者,其人与骨皆已朽矣,独其言在耳。且君子得其时则驾,不得其时则蓬累(头戴东西用两手扶着)而行。吾闻之,良贾深藏若虚。君子盛德,容貌若愚。去子之骄气与多欲、态色与淫志。是皆无益于子之身。吾所以告子,若是而已。"孔子去,谓弟子曰:"鸟吾知其能飞,鱼吾知其能游,兽吾知其能走。走者可以为罔,游者可以为纶,飞者可以为矰(把绳系着矢来射)。至于龙,吾不能知其乘风云而上天。吾今日见老子,其犹龙耶!"老子修道德,其学以自隐无名为务。居周久之,见周之衰,乃遂去。至关,关令君喜曰:"子将隐矣,强为我著书。"于是老子乃著上下篇,言道德之意五千言而去。莫知其所终。
>
> 或曰:老莱子亦楚人也。著书十五篇,言道家之用,与孔子同时云。盖老子百有六十余岁,或言二百余岁,以其修道而养寿也。

自孔子死之后百二十九年，而史记周太史儋见秦献公（公元前384—前362在位）曰："始秦与周合，合五百岁而离，离七十岁而霸王者出焉。"或曰儋即老子，或曰非也，世莫知其然否。老子，隐君子也。老子之子名宗。宗为魏将，封于段干。宗子注，注子宫，宫玄孙假。假仕于汉孝文帝（公元前197—前158在位），而假之子解，为胶西王卬太傅，因家于齐焉。

世之学老子者则绌儒学，儒学亦绌老子。"道不同，不相为谋"（注47），岂谓是耶？（注48）

太史公的消息来源不一，材料冲突，他自己已经不能无疑，所以说"或曰""云""盖""或言""世莫知其然否"。宋儒叶适（1150—1223）已经怀疑这传说是不可靠的。到了清朝疑问更多。汪中（1744—1794）和崔述（1740—1816）都不信《史记》的传。民国十一年梁启超（1873—1929）批评胡适（1891—1962）《中国哲学史大纲》，提出六个疑问：（一）老子八代孙和孔子十三代孙不能同时；（二）孔子、墨子、孟子都不提老子；（三）问礼的老子和著书的老子的思想相反；（四）《史记》的传是出于寓言的《庄子》的；（五）老子的思想太过激烈，不属春秋时代；（六）"仁义"等词是春秋时人所有的（注49）。因此梁氏否认《史》传而以为《老子》是战国末期的作品，从此我国学术史上的一场大官司就开始了。

本传同时叙述老聃、老莱子、太史儋三个人，不免混乱。他说老子二百余岁，大概是想解除三者的矛盾，也未可定。现在分老子的生地姓名、职业、问礼、老莱子、太史儋五项来讨论。

甲、生地姓名 苦县（注50），本来属于陈。西元前535年陈被楚国所灭了。本传和《太史公自序》里都叫李耳。前4世纪以前没有李姓。战国时候没有人叫老子做李某的。所以他的姓大生问题。姚鼐（1731—1815）怀疑他本来姓子，因为"子""李"同音，所以世人叫他做李（注51）。马叙伦以为这是对的（注52）。不过这一说没有证据。马说"李"本来是"里"。《左传》有里克这个人（注53），后来《吕氏春秋》注叫李克（注54）。高亨以为这是后人所改的（注55）。他说"老"实在是姓，因为"老""李"同音，所以改做"李"。高亨不准别人改"里"做"李"，而准自己改"老"做"李"，这不是自相矛盾吗？实在老子姓李，并没有绝对的不可能。从来只叫他的名或尊号，到后来史家才注意他的姓和里，这样有何不可？《史记》所载，在以前典籍里看不到的不计其数，倘若都算作虚造，那么可信的史料还有多少呢？

"老子"和"老聃"这个名字，见于《庄子》很多次（注56），其中三次讲孔子见老聃(注 57),一次记孔子和老聃谈话(注 58),四次当老子和老聃是一个人(注 59),《韩非子》两次引老子当作老聃的话(注 60)。《淮南子》也如此(注 61)。《吕氏春秋》用“聃”(垂耳),也用“耽”(耳大垂)(注 62)。毕沅(1730—1797)说,这两个字同音互通。所以耳这个名没有问题(注 63)。司马贞(壮年 729)《史记索隐》本来作“名耳,字聃,姓李氏”。他的注说:“今作‘字伯阳’,非正也。”(注 64)王念孙(1744—1832)根据这儿来断定今本的文字是后人所窜改的(注 65)。“伯阳”的号,其实来自《神仙传》(注 66)。聃的字也没有问题,但是“谥”字是后来增加的。姚鼐说老子不是贵族,没有受谥的道理。就算要谥,也应该表示他的美德。为什么特别指出他的耳长呢(注 67)?这是很对的。

“老”这个字,郑玄(127—200)解做“古寿考者之号”,是最通行(注 68)。葛玄(壮年 210)说老子“生即皓然”,这显然是怪话。又有人释“老”做“考”,说老子“考教众理”(注 69),这真是思想过敏了。至于年老的人很多,为什么单独李聃叫作“老子”?这就不容易解释。姚鼐说“老”是宋国的姓(注 70)。胡适以为老可能是姓,李是氏,而老又可能是字(注 71)。陈柱则以为“李”“老”是双声,所以叫作“老子”(注 72)。高亨也一样说法,而且举出四个证据来说明(注 73)。这种种解说不同,我们不知道谁是对的。既然没有圆满的答案,那就不如以郑玄解释似乎比较近情。史公屡次讲“黄、老”。倘若“老”是姓,则黄帝也应用姓,“黄、老”应当改做“公孙、老”了。史公用“老”做形容词,和他以为先秦的人都用“老”做形容词,这是可无疑义的。

乙、职业 《史记索隐》以为守藏室史是“周藏书室之史”(注 74)。汪中则说老子不能做周吏,因为除了晋悼一人以外,列国之产,不仕于周(注 75)。可是既然有例外,那么为什么老子也不可以做例外呢?“关令尹喜”,《吕氏春秋注》(注 76)、刘向《别录》和《汉书·艺文志》道家《周尹子》注,都说他“名喜”。也有作喜悦解的。“关令尹”普通解为“守关良善之官”,简称“关尹”,如《庄子》和《吕氏春秋》(注 77)。“尹”又可作姓(注 78)。关或说散关(注 79),或说函谷关(注 80)。这些枝节,和老子的存在与否及他的时代无关,现在可以不讲。

丙、孔子问礼 关于问礼之说,《史记·孔子世家》说“鲁南宫敬叔言于鲁君。鲁君与之一乘车两马,一竖子俱,适周问礼”。《礼记》又记孔子从老聃助葬,碰到日食。老聃说“止柩就道右,止哭以听变。既明反而后行,礼也”。又说老子称引周公(注 81)。朱子(1130—1200)说:“孔子问老聃之礼,而老聃所言礼殊无谓,恐老聃与老子非一人,但不可考耳。”(注 82)汪中以为《史记》和《礼记》里的记载,老子严谨礼法,称赞周公,都和《老子》乖违太甚,所以不信问礼(注83)。崔述也以为老子责孔子骄而多欲和孔子称美老聃都是妄的(注84)。鲁君赠车之事,史公放在孔子十七岁至三十岁之间。司马贞说孔子十七岁不能问礼,因为孔子问礼之时说:"甚矣,道之于今难行也。"(注85)这一定是在后的话(注86)。不过这句话是出于《孔子家语》,这本书未必可靠。梁玉绳(1745—1819)之说较为合理。他说孔子二十二岁的时候,敬叔才生。假如说孔子三十岁适周,那时敬叔不过九岁,怎能从游呢(注87)?根据阎若璩(1636—1704)的考据,孔子三十岁的时候(鲁昭公二十九年,公元前522)没有日食,四年之后才有。所以断定孔子三十四岁适周(注88)。崔述以为这年敬叔仅十三岁,而且在哀绖之中,不能随行(注89)。然而十三岁从游,也未尝不可。游完之后赶回守丧,也属可能。《庄子》说孔子行年五十有一,往见老聃(注90),学者以为如此便可以解决十七岁和三十岁的种种困难,可惜根据阎氏的考证,那年(鲁定公九年,公元前501)没有日食。胡适相信孔子之游是在三十四岁(公元前518)或四十一岁(公元前511),因为这两年都有日食(注91)。《庄子·天道篇》说"孔子西藏书于周室……往见老聃"。姚鼐很早就以为这是秦火而后所增加的(注92)。王先谦(1842—1917)勉强辩护,说"圣人知有秦火而预藏之"(注93),令人很难相信。梁启超则走于其他极端,以为《史》传取材于《庄子》,完全不可相信(注94)。无论如何,《史》传和《庄子》是两不相符的。《庄子》说孔子到南边的沛(注95),本传则说到周。本传以问礼为本,《庄》记则不然。可是孔老相会和孔子学于老子的传说,除《礼记曾子问》四次、《庄子》五次以外(注96),还有《吕氏春秋》(注97),可见盛行。所以问礼之事,学者多数接受。

丁、老莱子 史公的《仲尼弟子列传》(注98)分老子和老莱子做两个人,在本传里也说老子著上下篇,老莱子著十五篇。又说老莱子"亦楚人"。可见以为他们是两个人。然而既是两人,为什么把老莱子加入老子传里呢?这很难明白。或者当时有人以为他们是一个人的,所以载之以存疑。钱穆根据《庄子》载老莱子教孔子"去汝躬矜,与汝容知"(智慧之容)的话(注99)和本传老子教孔子"去子之骄气多欲、态色与淫志"相合,便以为老莱子即是孔子问礼的老子(注100)。然而证据恐怕不够。《庄子》十分之九是寓言的,未可尽信。

戊、太史儋 史公只是说老子的儿子名宗,而不说这位老子是老聃还是太史儋。"聃""儋"两个字同音同义,可以互通。梁启超以为老子的八世孙假在汉文帝时候做官,那时孔安国(壮年公元前130)已经是孔子的十三代孙，所以孔、老不能同时（注 101），但是胡适则说其本人少时和同族相隔六代的同时（注 102）。有些学者跟随汪中，说宗是太史儋的儿子（注 103）。根据《战国策》（注 104）和《史记》（注 105），公元前 273 年秦破魏，魏将段干子即段干崇，请割地求和。姚范（1701—1778）（注 106）和汪中都说他就是段干宗，因为“崇”“宗”相通。但是钱穆说这样从太史儋见秦献公之年（献公十二年），即公元前 374 年，到段干子请和之年相隔 101 年，为期太远（注 107）。然而依据高亨的解释，假定儋三十岁见秦献公，六十岁时宗才出世，那么宗请和的时候七十一岁，未尝不可（注 108）。又有人解“玄孙”为“远孙”，希望这样解决年代的困难。

由于困难没有法子完全解决，现在完全接受《史》传的，可以说竟无一人。同时以为老子绝无其人的也很少。最早以为老子是虚构的，似乎是日本人伊藤兰嵎（1693—1778）。他说孔、孟都不提老子，而荀子所提的老子是另外一个人（注 109）。倘若依靠这个论据，那么孟子不提庄子，于是庄子和其他诸子，都可以说是虚构了。

2.《老子》其书 《老子》又叫作《道德经》。普通说是“五千”字，但是各种版本最少 5227 字，最多 5722 字。《汉书》说河间献王（公元前 131 卒）所得的书有古文《老子》（注 110），刘向《七略》也有《老子》，已经丧失了。现在留存最古的是河北易县龙兴观 708 年石刻本。现在流行本分上下篇，上篇三十七章，下篇四十四章，总共八十一章。王弼（226—249）所注的有数本，5610 或 5683 字。篇章都没有题目。河上公（壮年约公元前 179—前 159）所注的也有几本，5355 字或 5590 字。叫上经做《道经》，下篇做《德经》，每一章都有题目。这本书本来叫作《老子》，到汉景帝的时候才叫作经（注 111）。《汉书 · 艺文志》道家类有《老子经传》三种，但是没有《老子》，扬雄（公元前 53—公元 18）曾说老子著《道经》（注 112）。马叙伦说《道德经》这个名称在前汉诸书里可以见到的（注 113）。

这本书之分上下两篇，是《史记》本传里所说的。有人说王弼的《注》本来不分篇，但是他的注明明有“下篇”的字（注 114）。也许到宋朝时，他的《注》有分编，有不分编的。至于分章，学者以为是在隋、唐以后，因为《汉书 · 艺文志》录河上公《注》不指出章数，陆德明（556—627）《老子音义》也不分章。有人说河上公分上篇为三十七章以符天的奇数，分下篇为四十四章以符地的偶数。严遵（公元前 86—公元 10）分上篇为四十章，下篇三十二章，共七十二章，以抵阴八阳九之和。葛洪（253—333）以天有四时，地有五行，于是把三十六章（天四与九之和）做上篇，四十五章（地五与九之和）做下篇，总共八十一章。唐明皇（712—756 在位）的注以九章为一组，上篇四组共三十六章配四时,下篇五组共四十五章纪五行。吴澄(1249—1333)的注合两三章为一章,共六十八章。每章专言一题。明太祖(1368—1398在位)《道德真经注》分六十七章。姚鼐《老子章义》仍然是八十一章,不过上篇有三十一,下篇有五十章。现代的马叙伦、严灵峰等人都自编新的章句(注115),学者很多移易句语,增减文字,恐怕如果老子复生,就无所措手足。

《老子》注释以韩非《解老》《喻老》为最古(注116)。《艺文志》所载的三经已不存了。现存最古的注大概是《想尔注》。该注1900年从敦煌出土。《想尔注》不全,时代著者都无可考,饶宗颐以为是出于张鲁(壮年188—220)之手(注117)。古注仍然存在而无缺的,就是王弼和河上公两《注》。王《注》重哲学,河上《注》重宗教,开以后《老子》注疏两大潮流。此后我国《老子》注疏,据严灵峰的调查大约有七百种,其中仍然存在的大约一半,日本方面大约有二百五十种(注118)。外文译本以玄奘(596—664)译梵文本为最早。一千年以后(1788)才有拉丁文译本。后来俄文译本(1828)、法文译本(1831)、英文译本(1868)次第出现。英文译本已经超过四十种,几乎每隔一年有一种新译本。

至于书的本身,各章长短不一,语句几乎完全押韵。全书没有一次对话,不用人名。没有日期,也没有历史的事迹。多用“我”而不用“你”。重复矛盾,不一而足。显非一人一时之作。于是议论纷纷,至今不绝。崔浩(450卒)老早就怀疑不是老子的著作。宋儒叶适说:“教孔子者必非著书之老子,而为此书者必非礼家所谓老聃。”(注119)以后汪中(注120)、崔述(注121)都否认这书是老子所作的。日人斋藤拙堂(1787—1865)以此书用“仁义”一词,而且反对战争苛政,决不是战国以前的书(注122)。然而热烈争执,则从1922年梁启超提出六点疑问以后,才和老子人的问题联系在一起。参加论战的人,各守阵垒,不肯相让。他们争论之点,有关引述、文体、名词、思想和个人著述五点。

甲、引述 《庄子》引《老子》二十二次(注123)。《荀子》不引而评老子为“有见于诎,无见于信”(注124),可知他一定知道老子的思想如何。《韩非子》除了《解老》《喻老》以外,另引老子五次(注125)。《吕氏春秋》(注126)和《战国策》(注127)都引《老子》。这些都是战国的作品。所以崔述断定《老子》不是春秋时代的书。梁氏则问何以《论语》《孟子》《墨子》都不提老子?然而问何以《论语》不提老子,则我们也可以问何以《老子》不提《论语》?而且古书丧失很多。比方《墨子》本来是七十一篇(注128),现在只有五十三篇。而《太平御览》所载的墨子《逸语》,则引《老子》(注129)。孟子所引孔子的话,也有不见诸《论语》的(注130)。孟子不提荀卿,而荀子则屡次批评孟子(注 131)。孟、庄同时而彼此一言不及。《韩非子》和《战国策》都没有孟子、庄子的话。可知提与不提,不能证实某书是否已经存在。钱穆以《庄子》内篇所引《老子》(注 132)都不在现在的《老子》,只有外篇、杂篇所引才见于现在的《老子》,所以《老子》书为后期的书(注 133)。钱氏的大前提是外篇、杂篇是晚出的。这个前提还没有证实。顾颉刚以《吕氏春秋》所引,几乎占《老子》三分之二,但始终不曾明言其为取材于《老子》,所以说《老子》不可靠(注 134)。但是胡适已经指明,顾氏所举五十三句,只有三句是来自《老子》的(注 135)。

乙、文体　顾氏以《老子》为赋体,用韵,又用“兮”“乎”两字,这是战国文体(注 136)。冯友兰以《老子》不是问答体而是简明的经体(注 137)。所以顾、冯二氏都以《老子》一定是战国的产物。冯氏之说,胡适辨驳最切。依照胡氏所说,姑勿论所谓简明经体是怎样,《老子》第一章“道可道,非常道。名可名,非常名”,和《论语·为政篇》第三章“道之以政,齐之以刑。……道之以德,齐之以礼”,就是同样的体裁。《论语》大部分也非问答。至于所谓韵文一定是战国的文体,完全是武断的说法。《诗经》和《书经》,用韵不是很多吗?所以胡适说:“我们不容易确定某种文体或术语起于何时。一种文体往往经过很长期的历史。”(注 138)

丙、名词　梁氏说《老子》中“侯王”“王公”“万乘之主”“取天下”这几个名词(注 139)是描写战国的情形,这能够证明这本书是战国的作品(注 140)。可是,“有天下”,“匡天下”,“以天下让”,“千乘之国”,《论语》都有(注 141)。《易经·蛊卦》象辞有“王侯”,《坎卦》《离卦》象辞有“王公”。至于说“三公”这个名词(注 142),战国以前未有,那就不对,因为《墨子》里是有的(注 143)。春秋时代没有《老子》第三十一章所说“偏将军”“上将军”的官,这是对的。但这可能是后人所加,或本来是注。这一点已经有人指出。

瑞典汉学家高本汉(Bernhard Karlgren)以研究《左传》著称,他的结论是,战国的书,用“若”字和“如”字作“同也”解,不用“斯”字作“此”或“即”解,用“乎”字为介词,用“欤”“耶”为语尾辞,但没有作为“与”字解的“及”字,而且“於”“于”两字不分(注 144)。英国人魏礼(Arthur Waley,1889—1960)翻译《老子》,依据高氏之说,以为除《老子》第二章之“斯”字之外,完全和高氏所说相符,于是断定《老子》是前 3 世纪的产物(注 145)。魏礼忽略了《老子》里并没有用“乎”字作介词。《庄子》只用“邪”字两次(注 146),这不能够做战国文法的证据。而且高氏本人也承认《墨子》比《庄子》等书早百年以上,可是文体大体相同。因为要弥缝补漏,于是他说《墨子》可能曾经后人修改。然则《庄子》“邪”字太少,也是后人所删吗?张寿林统计由春秋以至战国，用从来以为感叹词之“於”字为介词的日多，而用素来以为介词之“于”字日少。《老子》用“於”字凡五十二次而没有一次用“于”字，于是断定他是晚出（注 147）。然则《论语》以“于”为介词比较少，必定是在《孟子》之后吗？而且《淮南子》以“于”为介词，那么《老子》必定在它之后了！

丁、思想 梁氏以《老子》攻击法令孝慈（注 148），太过激烈，不属春秋。“仁义”一词（注 149）是孟子所创的，所以《老子》在后（注 150）。冯友兰以老子讲“无名”必在惠施、公孙龙讲名之后（注 151）。钱穆选出《老子》道、天、一、名、常等三十三个概念，认为都是经过庄子，到了老子才能完成（注 152）。三位都是从思想立场，判定《老子》是战国的作品。相反地，徐复观也从思想立场来断定《老子》资料的年代，以《老子》“善为士者不武”为反映春秋士、武连在一起，并且战国中期以后没有不以阴阳来解释宇宙的，而《老子》则以无、有、道、德来解释（注 153）。我们以为思想实在不能限于某一个时期。孔子老早已经讲名，何必等待惠施呢？庄子讲理、性、太一、至人很多，而老子不讲，哪里有经庄子到了老子才能完成的道理？《左传》已并言仁义（注 154）。《老子》说一生二，万物负阴抱阳（注 155），是以阴阳解释宇宙了。《庄子》的有始有未始（注 156），也从有无来说，而不是以阴阳来说的。至于为什么反对法令孝慈一定不是春秋的事，我们不可理解。

戊、个人著述 孔子以前无私人著作，这是冯友兰的话，孔子以前的个人著述，他看作伪品（注 157）。罗根泽增加了几个理由，然而不出孔子以前个人著书皆伪的理论（注 158）。这样我们可以说任何一个时代以前没有私人著作，他以前的私人著作都是伪品了。

《老子》书中用“吾”和“我”三十五次，都是自称之词。而且用韵等文体颇为一致。许多学者于是以这书为出于一人之手。至于此人是谁，则言人人殊，有老聃、太史儋、杨朱之徒、詹何、环渊、关令尹喜几种说法。

从上面看来，关于老子的人和《老子》的书，意见纷歧，达于极点。现在制一个表在下面，来表示诸家结论之不同。以年代为次序，可以看见学者们的趋向。所列的限于对于相关问题有讨论的或对于老子有专著的。当然遗漏在所不免。

诸家考定老子及《老子》年代表

		春　秋	战　国
	朱　子	疑老聃和老子非一人（注 159）。	
	伊藤兰嵎	老子无其人（注 160）。	

续 表

		春 秋	战 国
	毕 沅	老子即孔子问礼之老聃。著《老子》。	又即太史儋(注 161)。
	崔 述	老聃不知有无。无问礼事。此书"不知何人所作,要必杨朱之徒之所伪托"(注 162)。	
	汪 中	老子即孔子问礼之老聃。	"言道德之意五千余言者,儋也。"(注 163)
1919	胡 适	老子即孔子问礼之老聃。著《老子》(注 164)。	
1922	梁启超	就令有其人,孔子问礼亦可疑。	书成于战国之末,"庄周前或在其后"(注 165)。
1924	马叙伦	老子即孔子问礼之老聃。著《老子》(注 166)。	
1927	张寿林	"孔子不及见老子",无问礼之事。	书作于"孟子之前后"(注 167)。
1927	武内义雄	老子即墨子时之老聃,问礼事虚构。	书为战国末秦初法家系统学者所编纂(注 168)。
1928	陈 柱	老子即孔子问礼之老聃。著《老子》(注 169)。	
1929	刘汝霖	老子即孔子问礼之老聃。	书"和孟子年代相差不远"。又"是《解老》《喻老》以后辑成"。"或就是李耳所作。"(注 170)
1930	冯友兰	问礼之老聃不知有无,然可能。	李耳为战国道家领袖。书成于孟子后,后又改公孙龙后,非一人著(注 171)。
1930	黄方刚	老子即孔子问礼之老聃。著《老子》(注 172)。	
1931	顾颉刚		老聃在战国中叶。书成于《吕氏春秋》与《淮南子》之间(注 173)。
1934	唐 兰	老子即孔子问礼之老聃。书为其语录。	成于战国早期,《墨子》成书时(注 174)。
1934	英人魏礼	老子无其人。	书成于前 3 世纪(注 175)。

续 表

		春 秋	战 国
1935	钱 穆	孔子所见老子即老莱子,即荷篠丈人。	书成于公孙龙、宋钘时或稍后。作者大概为詹何(注176)。
1935	胡哲敷	老子即孔子问礼之老聃。著《老子》(注177)。	
1937	蒋锡昌	老子即孔子问礼之老聃。著《老子》(注178)。	
1937	津田左右吉	老子无其人。	书成于孟子后(注179)。
1941	美人德效骞(Homer Dubs 1892—1969)		老子即太史儋,老子著者(注180)。
1945	郭沫若	老子即孔子问礼之老聃。书为其语录。	集成者为楚人环渊,即关尹,大率与孟子同时(注181)。
1948	蒋伯潜	问礼之老聃非道家老聃。书为其语录。	书成于战国(注182)。
1949	吕振羽	老子即孔子问礼之老聃。著《老子》。(注183)	
1950	侯外庐	老子思想后于孔、墨。	书在孔、墨显学之后,庄子之前(注184)。
1954	杨荣国	老子生卒年代不详。	书"成于战国时代的庄子之学大兴之后"(注185)。
1955	吴 康	老子即孔子问礼之老聃。著《老子》(注186)。	
1956	高 亨	老子即孔子问礼之老聃。著《老子》(注187)。	
1958	罗根泽		老聃即太史儋,老子书即太史儋所著(注188)。
1958	张起钧	老子"是一假托"。	"孔子以后,庄子以前成书"(注189)。
1959	严灵峰	老子即孔子问礼之老聃。著《老子》(注190)。	
1959	任继愈	老子固有思想,后其书经过一定时间才成为定本(注191)。	

续 表

		春　秋	战　国
1959	木村英一	老子无其人。	书为古名言集，成于《史记》《淮南子》时（注 192）。
1961	王昌祉	老子即孔子问礼之老聃。可能著《老子》。	书完成于《庄子》内篇后，可能为太史儋编成（注 193）。
1962	关锋、林聿时	老子即孔子问礼之老聃。著《老子》（注 194）。	
1963	徐复观	老子即孔子问礼之老聃。	书成“必在庄子前”。著者可能是关令尹喜（注 195）。
1965	劳思光	“道家之老聃约在孔子之后庄子之前”。与《礼记》“习礼”之老聃不同。问礼事不可靠。	书原料来自道家老聃。一部分材料先于庄子。至韩非子时今本已大致形成（注 196）。

我们的意见是：《史记 · 老子列传》老聃的部分除了过关之事以外，大体无误。孔子问礼的传说，春秋以及战国，必定是很流行，所以儒家都不能因为他抑低孔子而埋没他。《老子》的书不是出于一时一人之手。老子的要旨名言，经过门弟子各人自己传诵记录，后来逐渐集辑成篇，各本不一样，或者同时，或者先后，或者录言，或者记意。其中错误、窜改、增减，以及混入他人的话，采用录者当时的文体，都是不能避免的。即如《老子》第三十一章“夫佳（注 197）兵不祥之器”，经注相混，已成定论。王弼单独对这一章没有注。王弼原本的注说这一章不是老子的话（注 198）。“偏将军”等字，也是后来增加的材料。不过全书的思想统系，他的完整处并不下于别的经典。大抵至战国之初已经约略成形，在韩非以前已经大定。此后还有变更，可是无关宏旨。

3. 老子的哲学　《老子》的书以“道德”为名，盖道德总括老子的思想统系，所以现在从道德两个观念讨论他的思想。

甲、道　《说文》说：“，所行道也。从‘辵’、从‘首’。一达谓之道。”段玉裁（1735—1815）的《注》说：“道者人所行，首者行所达也。徒皓切。”古文写作 ，，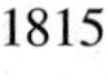。现存最古的是台北故宫博物院所藏前 14 世纪殷代的貉子卣上所刻的金文 。“”象路之形，“”即是人头，人行之路一直达到，不是交叉四出，也没有旁支。这是本义。进而指怎样养生，怎样是治国之法，再伸而为理则，最后则为本体。先秦百家都讲道，但是各家所讲道

的意义,各有不同。孔子的道是文、武先王之道,三代之道,人所能弘之道(注199)。“天命之谓性,率性之谓道”,“道不远人”(注200)。老子的道,恰和他绝对相反。“大道泛兮,其可左右,万物恃之而生”(《老子》三十四),“道者万物之奥(藏)”(六十二)。“道之为物,惟恍惟惚(不可言状)”(二十一)。“视之不见名曰夷,听之不闻名曰希,搏之不得名曰微。此三者不可致诘,故混而为一。其上不皦(白),其下不昧,绳绳(芸芸)不可名,后归于无物,是谓无状之状。无物之象,是谓惚恍”(十四)。“吾不知其名,字之曰道,强为之名曰大”(二十五)。然而“忽兮恍兮,其中有象。恍兮忽兮,其中有物。窈兮冥兮,其中有精。其精甚真,其中有信”(二十一)。那么道之虚无,并非空幻。司马谈《要指》说老子之术“以虚无为本,以因应为用”。不过道不是如物之可以形容,所以说是无名。

(1)无名 老子说“道常无名”(三十二),道是“无名之朴”(三十七)。“无名”这个名词是老子首创的。诸家争论正名和名实,为春秋、战国学术界辩论焦点之一。诸家都主有名而老子独主无名。这不只破除名分,开庄子齐物之先,而且抛弃言说,为庄子泯言说之预备。《老子》开章就说“道可道,非常道。名可名,非常名”(一)。王弼的《注》说“可名之名,指事造形,非其常也”。《韩非子·解老》说:“道者万物之所然也,万理之所稽(合)也。理者成物之文也。道者万物之所以成也,故曰道,理之者也。物有理不可以相薄(侵)。……故定理有存亡,有生死,有盛衰。……谓常者而常,无攸易,无定理。无定理非在于常。所是以不道也。……故曰‘道可道,非常道’也。”(注201)韩非又说理有方圆短长,微粗坚脆。可见无名的观念并非消极。相反地,“无名天地之始,有名万物之母”(一)。惟其无名,所以无限,所以泉源不绝,万物滋生。

(2)无 《老子》说“天地万物生于有,有生于无”(四十)。又说:“故常无(注202),欲以观其妙。常有,欲以观其徼(归结)。(注203)此两者同出而异名。同谓之玄。玄之又玄,众妙之门”(一)。《史记·老子列传》说“老子所贵道,虚无因应,变此于无穷”。

“无”这一个字,比较“无名”更是激烈。诸家用“无”字都作对待之“无”,即是解作“没有”,而老子之无则是绝对之“无”,即是“无极”(二十八)。王《注》说“不可穷也”。《庄子·天下篇》说老聃“建之以常无有”。“无”在“有”之先。有即有限,无则无穷。这积极无限之无,不特在我国思想史上为突出的新观念,以后王弼等玄学家则进一步光大之。美国哲学家德效骞认为这个观念在世界上也是创见。因为古时希腊哲学家之无,不过指有之不存在罢了(注204)。“无”能够因应,所以它的功用无穷。“埏埴

(搏土)以为器,当其无,有器之用”(十一)。必要在器的无的地方,才能得器的用,也才能得器的所以为有。

《天下篇》说:

> 以本为精,以物为粗,以有积为不足。澹然独与神明居。古之道术有在于是者,关尹、老聃闻其风而悦之。建之以常无有,主之以太一。以濡弱谦下为表,以空虚不毁万物为实。……老聃曰:知其雄,守其雌,为天下谿。知其白,守其辱,为天下谷(注 205)。人皆取先,己独取后。曰:受天下之垢。人皆取实,己独取虚。无藏也,故有余。岿然(独立)而有余。其行身也,徐而不费(拂)。无为也而笑巧。人皆求福,己独曲全。曰:苟免于咎。以深为根,以约为纪。曰:坚则毁矣,锐则挫矣。常宽容于物,不削于人,可谓至极。关尹、老聃乎,古之博大真人哉。

这一节引文以“常无有”“太一”“谦下”“空虚”来形容老子的道德,可以说是最确最妙。前两个词说道之体,后两个词说道之用,就是德。道体的主要属性,就是常,就是一。

(3)常和复 “有物混成,先天地生。寂兮寥兮,独立不改,周行而不殆”(二十五)。“自古及今,其名不去,以阅众甫(物之始)”(二十一)。道是无始无终,永久常存的。不过这并不是一成不变,梗死的东西。因为这个常是复反的常。老子勉强叫道做“大”。“大曰逝,逝曰远,远曰反”(二十五)。又说“反者道之动”(四十)。“万物并作,吾以观复。夫物芸芸,各复归其根。归根曰静,是谓复命,复命曰常。”(十六)这不只是普通循环思想,而是归根。反本归根,是循环的中心点。

(4)一和朴 道的根本,在其为一。道的夷、希、微混而为一,就是庄子所说“主之以太一”。这道的根本也就是天地人物的主体,所以“天得一以清,地得一以宁,神得一以灵,谷得一以盈,万物得一以生,侯王得一以为天下贞(正)”(三十九)。这个单纯的一,又叫做“朴”,即是“无名之朴”(三十七),为原始状态,纯一完整。万物常德满足,便“复归于朴”(二十八)。“朴散则为器。圣人用之,则为官长。故大制不割”(二十八)。王弼的《注》说:“真散则百行出,殊类生,若器也。圣人因其分散……复使归一也。”老子说:“朴虽小,天下莫能臣也。……始制有名。名亦既有,夫亦将知止。知止可以不殆。”(三十三)似乎人类的教化制度,都是道的沦丧。“失道而后德,失德而后仁,失仁而后义,失义而后礼。”(三十八)因此有人以为道家思想是退化的，悲观的。其实老子的侧重在乎一，在乎本，在乎根。散而为器，本身不是害，散而不能归一，才是大害呢。这一点可从老子的对立思想见到。

（5）对立 老子的一，并不是没有内容的。书里的有无、同异（一）、善恶、难易、长短、前后（二）、宠辱（十三）、白黑（二十八）、直屈、巧拙、辩讷、躁静、寒热（四十五）、母子、塞开（五十二）、大小、多少、怨德（六十三）等对立，不只几十种。对立不单是并存，而且是互相涵摄的。“有无相生，难易相成”（二）。“重为轻根，静为躁君”（二十六）。“祸兮福之所倚，福兮祸之所伏”（五十八）。这是宇宙一个自然的状态。在这个紧张之中，道似乎是静而实际是动。然而这不妨碍道之所以为一，因为由天之道，万物都归于平和。“天之道，其犹张弓乎。高者抑之，下者举之。有余者损之，不足者与之”（七十七）。“长短相较，高下相倾，音声相和，前后相随”（二）。所以存在是有其固有的平衡的。而且相生相成，“万物负阴而抱阳，冲气以为和”（四十二）。而和又是道的特征。

（6）生化 上面反复、循环、对立、相成、融和，都可以说是宇宙运行的规律。比较更重要的，是道之能生能化。老子以母比喻道，说它“可以为天下母”（二十五）。道而有名，就是“万物之母”（一）。“天下有始，以为天下母”（五十二）。又说“元牝之门，是谓天地根”（六）。道有动有用，所以万物借之以生（四十）。“大道氾兮，其可左右，万物恃之而生。”（二十四）生有层次，“道生之，德畜之，物形之，势成之”（五十一）。王弼的《注》说：“凡物之所以生，功之所以成，皆有所由。有所由焉，则莫不由乎道也。”那么这四个层次，也不外是道本身的层次罢了。其更有意义的，是“道生一，一生二，二生三，三生万物”（二）。“一”字不论解做元气、理、太极、太一或混沌，总是指道的本身完整。“二”字解做阴阳或天地，并无冲突。“三”字或作阴阳和气，或作“一”“二”两字错写做一个字，或作形质之始，也有人把一二三等于天地人。这都无关紧要。最重要的是以数目字来解天地的进程，有些像古时希腊毕达哥拉斯（Pythagoras，约公元前 479 年卒）的数论哲学。由单数而多数，又像进化论。我们不敢把老子的思想太过哲学化，更不敢太过西洋化。然而老子的宇宙观是合理的，是有机体的，是有常规的自然秩序的，任谁也不能否认。这宇宙观立定周敦颐（1017—1073）的《太极图说》的基础（注 206），也即是理学宇宙论的基础。儒家的宇宙观实在不出乎老子的基本典型。

（7）无为自然 老子说“人法地，地法天，天法道，道法自然”（二十五）。这并不是说道的上面另有一件东西叫作自然。王弼说“自然者，在方而法方，在圆而法圆”，所以道、德、物、势的生、畜、形、成，“皆莫之命而常自然”（五十一），就是各自为之。圣人“辅万物之自然而不敢为”（六十四）。同时“道常无为而无不为。……万物将自化”（三十七）。圣人说“我无为而民自化”（五十七），这就是遵循道的常轨，老子所谓“天地不仁，以万物为刍狗”（五），不外像苏辙（1039—1112）所说“天地无私，而听万物之自然”（注207）罢了。

万物既是自然而生，所以老子没有创世主宰的观念。老子说：“道冲而用之或不盈，渊兮似万物之宗。……吾不知谁之子，象帝之先。”（四）河上公的《注》说“道在天帝之前”。这就是庄子所谓“自本自根，未有天地，自古固存。神鬼神帝，先天地生”（注208）。这自然论不特和西洋上帝创造论不同，就是和儒家的“天生烝民”（注209）的思想也不一样。

以上是从道和天地万物来讲，并不是想把老子哲学现代化，而是在标出老子是我国哲学史上以道从宇宙而言的第一个人。然而有人把唯心唯物等西洋的范畴来比论老子。固勿论根据“道之为物”一句，便以道之思想是唯物，太不合理，根本上唯心唯物等问题，绝不是老子的问题。又有人把道比并印度的梵天。梵天是超越，不动不生，不容对立。相反地，道是内在，与物不离，是自然而非超自然。所谓“玄之又玄，众妙之门”者（一），不外恍惚之意，完全没有神秘意味。西方学者有把“夷”“希”“微”（十四）等于犹太教和耶教的耶和华和婆罗门教的大自在（Ishvara），那就附会不堪了。

乙、德　老子讲道体，并非空谈，他的目的是在用。《老子》书十分之九讨论道之施应，即是持身治国，与儒家无异。道和德不相离。德就是得，万物所得于道的是德。换言之，德即是道之具体化，个别化。所以人物社会之性质不离乎道之性质。有生化，有对立，有反本。其得到德之精的就能知常得一，无为而自然。老子说：“复命曰常，知常曰明。不知常，妄作凶。知常容，容乃公，公乃王（注210），王乃天（注211），天乃道，道乃久，终身不殆。”（十六）“知和曰常，知常曰明。”（五十五）又说：“见小曰明，守柔曰强。用其光，复归其明，无遗身殃。是谓习（实行）（注212）常。”因为遵循常道，所以无所不包，复归光明。

（1）抱一　无所不包容，即是为一。不得一则天地不能清宁，万物不能生，侯王不能正（三十九）。在事物之相反相成的过程之中，“曲则全，枉则直，洼（凹）则盈，弊则新，少则得，多则惑。是以圣人抱（守）一为天下式（法）”（二十二）。抱一不容对立，于物不贰。在精神修养方面，“载（注213）（处，抱）营（魂）魄抱一，能无离乎”（十）？魂魄合一，就当于道。这点打开以后道教内丹修养以至太乙之教，其影响不小。《老子》书没有“性”字，但是颇讲气。说“益（强增）生曰祥（妖），心使（任）气曰强（过分）。物壮则老”(五十五)。抱一无离之下,就说:“专(专一无间断)(注 214)气致柔,能婴儿乎? 涤除玄览(鉴)(妄见),能无疵乎? 爱民治国,能无知乎?(注 215)天门(注 216)开阖,能为(守)雌乎? 明白四达,能无知(私智)乎?”(十)于是致柔、无为、婴儿、雌等德之重要成分,一同指出。

(2) 致柔 致柔是老子的特殊观念。其他诸家都尚刚。儒家主张中庸而刚毅近仁(注 217)。老子则叫人守柔。他本人“清虚以自守,卑弱以自持”(注 218)。他的教训是“见素抱朴,少私寡欲”(十九);“致虚极,守静笃”(十六);“去甚,去奢,去泰”(十九);“不敢为天下先”(六十七);“不争”(注 219);知足,知止(注 220);“不自见……不自贵”(七十二);无知无欲(三)。一言以蔽之,是柔的人生哲学。论者或以为这是消极,是奴隶道德,然而老子这教训实在是有其积极理由的。第一,“高下相倾,前后相随”(二)是宇宙的常轨。刚柔并需,所以柔不可缺。必须两备,乃能健全。老子说“知其雄,守其雌,为天下谿(水之所归)”(二十八)。第二,“大成若缺,其用不弊。大盈若冲,其用不穷,大直若屈,大巧若拙,大辩若讷”(四十五)。可见宛似消极之柔,实际上是非常积极的。第三,“知足不辱,知止不殆”(四十四)。圣人“外其身而身存”(七)。“夫唯不争,故能无尤。”(八)“知止可以不殆”(三十二);“知足之足常足”(四十六)。换言之,柔是自保自存的良方。第四,柔可以胜刚。“牝常以静胜牡,以静为下。故大国以下小国,则取小国,小国以下大国,则取大国。”(六十一)“不自见故明,不自是故彰,不自伐故有功,不自矜故长。夫唯不争,故天下莫能与之争。”(二十二)“江海所以能为百谷王者,以其善下之。”(六十六)所以“天下之至柔,驰骋天下之至坚”(四十三)。可惜的是“弱之胜强,柔之胜刚,天下莫不知,莫能行”(七十八)。第五,柔是生的原理。“万物将自化,化而欲作……不欲以静,天下将自定。”(三十七)“万物草木之生也柔脆”(七十六)。“弱者道之用”(四十)。这样柔是生存的本则,并非像朱子所谓“拣便宜”的(注 221)。

(3) 权术 这里所谓以柔制胜,很像是权术。老子更说“将欲歙之,必固张之。将欲弱之,必固强之。将欲废之,必固兴之。将欲夺之,必固与之”(三十六)。说“欲”说“固”,似乎是安排。程颐(1033—1107)于是说老子以此“却入做权诈者上去”(注 222)。朱子并且以他为“只是占便宜,不肯自犯手做”(注 223)。程、朱的批评真是严酷了。吴澄最正确,最平允。他说:“老子言‘反者道之动’(四十),又谓‘玄德深矣,远矣,与物反矣’(六十五)。其道大抵与世俗之见相反,故借此数者相反之事为譬,而归于柔胜刚,弱胜强之旨。孙、吴、申、韩之徒,用其权术陷人于死而不知,论者皆以为原于老氏之意,遂谓天下谁敢受老氏之学者哉? 是亦立言之弊。故‘邦之利器,不可以示人’(二十六),老子已自言之矣。”(注224)又有人说“非以明民,将以愚之”(六十五)是愚民政策。殊不知下文即说“以智治国国之贼”。圣人本人之心“我愚人之心也哉”(二十)。所谓愚,不外不用智术权诈,“使乎智者不敢为”(三)罢了。况且“圣人无常心(成见),以百姓之心为心”(四十九)呢。

(4) 水、雌、婴儿 老子好以水、雌、婴儿(二十、二十八)为譬喻。三者都是柔之象征。他用空虚的谷(六)和单纯的朴(注225),用意也是一样。诸家绝少以这些做象征的。然而言柔弱,乃是上德的表示。“常德不离,复归于婴儿。”(二十八)“含德之厚,比于赤子。”(五十五)“百姓皆注其耳目(用智),圣人皆孩子。”(复其赤子之心)(五十)“玄牡之门,是谓天地根。”(六)天门开阖必为雌(十)。知雄守雌,可为天下谿(二十八)。牡以静胜(六十一)。母为有名万物之所出(注226)。“天下莫柔于水,而攻坚强者莫之能胜,其无以易之。”(七十八)“上善若水,水善万物而不争。据众人所恶。故几(近)于道。”(八)希腊古哲学家讨论水是本体抑是现象,为西方形上学的基础。印度《奥义书》说水是百河之归汇,即是小我之浑于大我,纯是宗教观念。老子则以水比善。孔子“逝者如斯”(注227)和孟子之“水无有不下”(注228),都是对人而言。于此可以看见西洋、印度和我国文化中心之不同。我们不必强解柔的观念是母系社会,低下阶级,或是被压群众之产物。也不必硬说老子的思想是反映他来自楚国南方的重柔文化。因为思想是不可以地理拘限的。心之发展,任何社会,都有可能。

(5) 圣人与无为而治 以上所言,似乎只是从自我着想。然而老子之道,“圣人常善救人,故无弃人。常善救物,故无弃物”(二十七)。既不善也不弃(六十二)。圣人“生之畜之,生而不有,为而不恃,长而不宰”(十)。又说“万物作焉而不辞。生而不有,为而不恃,功成而弗居”(二)。这是圣人之无为。“圣人处无为之事”(二),“无为而无不为”(四十八)。所以“我无为而民自化”(五十七),“无为则无不治”(三),“无为之益,天下希及之”(四十三)。

因为老子主张无为,所以实际上可以说是主张无政府主义。“太上下(注229)知有之,其次亲之,其次畏之,其次侮之”(十七)。老子又对统治者之造作操纵,大加攻击。“民之饥以其上食税之多。”(七十五)“法令滋彰,盗贼多有。”(五十七)“民不畏死,奈何以死惧之?”(七十四)攻击最力的,就是战争。“兵者不祥之器。”(三十一)“天下无道,戎马生于郊。”(四十六)“师之所处,荆棘生焉。大军之后,必有凶年。”(三十)至于奢华伪善,通通为老子所痛恨。“服文彩,带利剑,厌(饱)饮食,财货有余,是谓盗夸(魁)。”

（五十三）“金玉满堂，莫之能守，富贵而骄，自遗其咎。”（九）所以一定要“去甚、去奢、去泰”（二十九）。当时真正之道德沦丧，所以老子大声疾呼说“礼者忠信之薄，而乱之首”（三十八）。“大道废，有仁义。智慧出，有大伪。六亲不和有孝慈，国家昏乱有忠臣。”（十八）必要“绝圣弃智，民利百倍。绝仁弃义，民复孝慈。绝巧弃利，盗贼无有”（十九）。他思想之激烈，批评之严厉，是我国思想上所未有的。他说“战胜以丧礼处之”（三十一），实际上比孟子说“善战者服上刑”（注230）更是悲痛。然而老子固不是破坏者。他所攻击的是假仁假义。他所以“不尚贤”（三），乃是因为他们不能无为而治。老子自己有他的“上德”（三十八），“积德”（五十），侧重慈爱（六十七），“善者吾善之，不善者吾亦善之”（四十九）。主张“报怨以德”（六十三），达到我国伦理思想的高峰。

圣人的无为，绝不是遁世，以拱默山林。（注231）他必要等待成功然后退隐。他的目的在乎“成其大”（三十四）。“圣人之治，虚其心，实其腹，弱其志，强其骨。常使民无知无欲……无为则无不治。”（三）

（6）贵生 老子之道，在“贤于贵生”（七十五）。在个人方面，目的在乎“长久”（四十四），“长生久视（久立）”（五十九），“不殆”（十六），“死而不亡”（注232）（三十三）。其好生并不亚于任何学派。这和以后道教之以种种方术或迷信而求长生不死是不同的。老子不讲神仙，倘若以“谷神不死”（六）为仙，以“兕无所投其角，虎无所措其爪”（五十）为神，那就太过不懂老子的谷神是空虚莫测，猛兽无害是“生生之厚”（五十）了。河上公的《注》把老子宗教化、神幻化，是假口于老子，不是讲老子的本意。

在社会方面，老子的理想国是“小国寡民，使有什伯之器而不用……民至老死不相往来”（八十）。倘若以为这是退化，是出世，则可谓不善读《老子》了。老子对于社会，“和其光，同其尘”（五十六），而且进而“居善地，心善渊，与善仁，言善信，正善治，事善能，动善时”（八）。使人人都能“甘其食，美其服，安其居，乐其俗”（八十）。这样人人“自化”，“自正”，“自富”，“自朴”（五十七），“百姓皆谓我自然”（十七）。

三、关尹和杨朱

世传关尹、杨朱和环渊是老子弟子，无据。环渊在下面第五节才说。杨朱是战国初的人，有人以为他是道家前驱。关尹生于春秋，然庄子把他和老聃一块讨论。他们的思想行于战国。现在讨论一下：

1. 关尹 《汉书 · 艺文志》载道家《关尹子》九篇。班固自己《注》说“名喜，为关吏。老子过关，喜去吏而从之”。《隋书》和《唐书》的《经籍志》都不录。这书已经丧失很久了。现存的《关尹子》九篇，篇名叫做《一宇》《二柱》《三极》《四符》《五鉴》《六匕》《七釜》《八筹》《九药》。书里很多跟释氏和神仙方技等家的说法，所用的语词，并不是先秦道家所用的。显然是后世假托之作。

《庄子 · 天下篇》把关尹、老聃相提并论。其中“以本为精”，“与神明居”，常无有，主太一，谦下空虚，是他们两个人的共同性格。其单讲关尹的部分则说：“关尹曰：‘在己无居，形物自著。其动若水，其静若镜，其应若向。芴乎若亡，寂乎若清。同焉者和，得焉者失。未尝先人，而常随人。’”其重点在虚己接物，独立清静。《庄子 · 达生篇》又引关尹说：“纯气之守……游乎万物之所终始。壹其性，养其气，合其德，以通于物之所造。夫若是者，其天守全，其神无却，物将奚入焉？”（注 233）《吕氏春秋》又载列子问尹子射中之道。关尹答说：“守而勿失。非独射也。国之存也，国之亡也，身之贤也，身之不肖也，亦皆有以。”（注 234）高诱（壮年公元 205）《注》说“守求诸己，不求诸人”。这也是独主清净之意。《列子》载关尹说：“言美则向美，言恶则向恶。……是故圣人见出以知入，观往以知来”（注 235），有些像《老子》“不出户，知天下”（注 236）。然而下文“人爱我，我必爱之。人恶我，我必恶之”，显然和《老子》“报怨以德”（注 237）相背而驰，绝非道家的口气。以上所引，于《天下篇》一无所加。《天下篇》关于关尹的意旨，除了镜一个象征以外，没有不在《老子》书里可以看见的。其专讲关尹的部分和其他的书所引，不过仅及老子思想的一部分，而哲学意味较深的常、无、主一，则声音寂然。我们敢说关尹对于道家的哲学完全无补。近人以为关尹即是环渊（注 238），以《老子》是他所集的语录或是发明老子的意旨而作（注 239）。又有人推测他是老聃的直传弟子，疏释老聃的思想，而著成现行的《老子》书（注 240）。这两说对不对我们不敢决定，但说他是单独成派（注 241），就恐怕言过其实了。

2. 杨朱 杨朱的生平和学说可考的很少。《庄子》说：“阳子居南之沛。……遇老子。老子中道仰天而叹曰：‘始以汝为可教，今不可也。……大白若辱，盛德若不足。’阳子居蹴然变容曰：‘敬闻命矣。’”（注 242）《庄子》书十分之九是寓言，未可为凭。《说苑》载杨朱见梁王，说治天下如运诸掌上。梁王讥他有一妻一妾，尚且不能管治（注 243）。梁王元年是公元前 370 年，孔子死了已经一百零八年，离开老子更远。假定老子比孔子大十岁，而杨朱二十岁方做老子的弟子，那么他最少活了一百四十岁才能够在春秋做老子的弟子而又在战国见梁王。所以这两样事情,必有一误。《庄子·寓言篇》陆德明的《释文》说“阳子居姓阳,名朱,字子居”,或者是推测之词。古时“阳”“杨”互通,“居”“朱”相转,居不一定是字的。《庄子》之《骈拇》《胠箧》《天地》《徐无鬼》都用“杨”。《山木》用“阳”,《释文》说“司马云‘阳朱也’”。《韩非子·说林》上和《八说》都用“杨”。韩非子并且评论他“干(预)世乱而卒不决。虽察而不可以为官职之令”(注244)。此外没有事迹可考。《史记》没有他的传。《汉书·艺文志》没有他的书,《人表》也没有他的名。《列子·杨朱篇》是魏、晋伪作,这是学者所公认的。我们只可以说杨朱是战国初时的人,在墨子之后,庄子之前。

我们既然认《杨朱篇》是伪的,那么他的学说,只可以向先秦典籍和《淮南子》里找寻,找到下面几条:

> 杨子取为我。拔一毛而利天下,不为也。(《孟子·尽心》上,第二十六章)
>
> 杨朱、墨翟之言盈天下。天下之言不归杨则归墨。杨氏为我,是无君也。墨氏兼爱,是无父也。无父无君,是禽兽也。……杨、墨之道不息,孔子之道不著,是邪说诬民,充塞仁义也。仁义充塞,则率兽食人,人将相食。(《孟子·滕文公》下,第九章)
>
> 阳生贵己。(《吕氏春秋》卷十七《不二》)
>
> 兼爱、尚贤、右鬼、非命,墨子之所立也,而杨子非之。全性保真,不以物累形,杨子之所立也,而孟子非之。(《淮南子》卷十三《泛论训》)
>
> 杨朱哭衢凃(歧途)曰:“此夫过举,跬步而觉,跌千里者,夫哀哭之。”此亦荣辱安危存亡之衢已。(《荀子·王霸》第十一)
>
> 杨子曰:“事之可以之贫,可以之富者,有伤行者也。事之可以之生,可以之死者,其伤勇者也。”仆子(注245)曰:“杨子智而不知命,故其知多疑。”(《说苑·权谋》第十三)
>
> 行贤而去自贤之心,焉往而不美?(《韩非子·说林》上第二十二)
>
> 骈(过甚)于辩者,累无用之言,非乎?而杨、墨是已。……其于伤性以身为殉,一也。(《庄子·骈拇》第八)
>
> 惠子曰:“今夫儒、墨、杨、秉(注246),且方与我以辩。”(《庄子·徐无鬼》第二十四)

从上面的资料里,我们可以看见杨朱的中心思想是保身。所以一定要全性保真，不为物累。至于极点，就不肯以一毛而利天下。韩非子说："今有人于此，义不入危城，不处军旅，不以天下大利，易其胫一毛。世主必从而礼之，贵其智而高其行，以为轻物重生之士也"（注 247），必定是指杨子等人而说的。荀子所引，即是差以毫厘，谬以千里之意，也可以勉强解为慎于荣辱安危以保身的。《说苑》的主要宗旨以不伤行、不伤勇为智慧。不过《庄子》之《骈拇》和《徐无鬼》把杨朱做辩者，其结果为伤性害身，则又和贵生的本旨相反。我们为材料所限，只可能说杨朱的学说是贵生。此外就不敢遽定了。《庄子・胠箧篇》评论他"外立其德"，即是自炫所得。《天地篇》又评论他"乃始离跂（攘臂）自以为得，非吾所谓得也"。且以杨、墨所言为"皆生之害"。正面攻击他重生适足以害生，也可见他的主旨是重生。《列子・杨朱篇》一名《达生》，似乎是根据贵生的宗旨。由为我而重生，而申衍到无名无实，齐贵贱，达生死，不为寿，不为名，不为位，不为货，以此为顺民。然而又百年犹厌其多，何必久生？"且趣当生，奚遑死后？"同时恣欲以养生，忧苦则犯性，逸乐则顺性。合达观、厌世、乐世为一大杂会，和杨朱纯粹全性保真的重生，绝然不同。

杨朱没有学徒，没有著作，没有思想系统，不成一家。《庄子・天下篇》不批评他，《荀子》之《解蔽》和《非十二子》都不提他。韩非子以儒、墨为显学（注 248），庄子也称儒、墨（注 249）。司马谈的六家里没有杨家。所以以学派来讲，是和杨子无关的。然而庄子每说杨、墨（注 250），孟子说杨、墨之言满天下。《孟子》《荀子》《吕氏春秋》《韩非子》都述评杨子，则杨子必然是很知名的。这是不是因为他寿命特别长和游历很广呢？然而贵生思想，在天下大乱的战国时代，必大流行。以前的列子，以后的魏牟、彭蒙、陈仲、史鳝等，都主张本身自然，以求一身之安。同时牺牲为公，兼爱交利的学说也一定很盛行。所以孟子说天下不归于杨则归于墨。然而所谓盈天下的，不是杨朱学派或是他的门徒盈天下。因为杨子所代表的并不是像儒、墨、名、法等大系统，而只是贵生一点罢了。孟子之所以攻击他，看他是等于禽兽的，是因为以墨子的兼爱、杨子的为我，和孔子的根本道德绝对不能相容。孔子的全德是仁。仁的意义是己立立人，己达达人（注 251），即是人我兼顾。墨子偏于人，杨子则偏于我。所以和儒家两不相立。孟子驳斥他们，不一定是直斥杨、墨本人，而是攻击他们所代表的两偏不全的思想。就是孟子所谓他们"充塞仁义"。

杨子是贵生说的代表，似无问题，然而不能因此便说他是道家之一派，或是道家之前驱。甚且又说老子分而掩之，随后又为庄子所掩。又有人说《吕氏春秋》是他的思想之发展。这些都是臆度之辞，没有实据的。贵生是诸家所同重的。儒家主张明哲保身,并非道家所能独占。而且道家贵生未必贵身。老子说“吾所以有大患者,为吾有身”。同时爱人救人,“既以与人,己愈多”(注252),和杨子不利天下不可同日而语,朱子说:“人说孟子只辟杨、墨,不辟老氏,却不知道家修养之说,只是自己独自一身便了,更不管别人,便是杨氏为我之学。”(注253)朱子解释孟子不辟老子的理由是对的,可是说老子不管别人,是太过了。倘若从杨朱和道家的关系来说,与其说他是前驱或后继,不如说他是道家的叛徒。实则老子和杨朱并没有历史的渊源,也没有思想的联系。《列子·杨朱篇》加入齐物等思想,或者是想把他和道家和谐罢了。

四、庄子

庄子是道家的大成,是战国道家的主流,又是战国和老子以后最重要最伟大的道者,这是毫无疑义的。现在先论他的人和书,然后分析他的哲学。

1. 庄子为人 根据《史记·庄子列传》(注254),庄子名周,蒙(注255)人。也曾做过蒙漆园(注256)的官。和梁惠王(公元前369—前319在位)、齐宣王(公元前319—前301在位)同时。“著书十万余言”,“剽剥儒、墨”。“其言洸洋自恣以适己。故自王公大人不能器之”。楚威王(公元前339—前329在位)听说他是个贤人,聘他为相。庄子辞,说宁可做个孤豚,不肯做郊祭之牺牛(注257)。《韩非子》记楚威王想攻打越国,庄子谏他(注258)。如果此说可信,则庄子也曾到过楚国。陆德明《庄子释文》说“庄子与齐湣王(公元前300—前284在位)同时”。《庄子》也记庄子送葬,“过惠子之墓”(《徐无鬼》)。惠子卒于魏襄王九年(公元前310)。又载庄周拿剑去见赵文王(公元前298—前266在位)的事情(《说剑》)。虽然《庄子》记事未可尽信,然综合诸王的年代,则庄子不能早过梁惠王元年(公元前369),迟过赵惠文王末年(公元前266)。所以马夷初作《庄子年表》从周烈王七年(公元前369,即梁惠王元年)起,到周赧王二十九年(公元前286,即赵惠文王十三年)止。胡适以为庄子死于前275年左右(注259),这大概是对的。《庄子》屡次说庄子和惠子来往(《逍遥游》《徐无鬼》《外物》《寓言》),同游于濠梁(注260)(《秋水》),后来曾经过他的坟墓,这些应该都是事实。又说他大布而补之,正緳(带)系履(履穿故系)而过魏王(《山木》);家贫,贷粟于监河侯(《外物》),钓于濮水(注261)(《秋水》),这些都大有可能。至于说他和东郭子(《天知》),商(宋)太宰荡(《天运》),和曹商(烈)对话,又和孔子末年的鲁哀公会谈,游于雕陵(注 262)之樊(藩)而看见一个异鹊(《山木》),善剑(《说剑》),梦虮(《齐物论》),妻死鼓盘而歌(《至乐》),则我们都看作寓言便是。至于他到楚国见髑髅(白骨)而问之(《至乐》),那就更无论了。

2.《庄子》之书　《庄子》三十三篇,题《南华真经》(注 263),内篇七、外篇十五、杂篇十一,六万二千余言,比较《史记》传里所说的十余万言,仅得一半(注 264)。注以郭象(312 卒)的《注》为标准(注 265)。《世说新语》说:"向秀(壮年 250)于旧《注》外为解义,妙析奇致,大畅玄风。惟《秋水》《至乐》二篇未竟而秀卒。……郭象……窃以为己注。乃自注《秋水》《至乐》二篇。又易《马蹄》一篇。其余众篇,或定点文句而已。……故今有向、郭二注。"(注 266)向秀依据崔撰的《注》作新注。这新《注》到宋代已经失了。《经典释文》(注 267)和东晋张湛(壮年 310)《列子注》所引的向、郭两注大同小异,可见郭象如果不是完全抄袭向秀,也大半根据他。然而向秀的《注》有二十六篇、二十七篇、二十八篇三种说法。即使我们把他最多的二十八篇,郭象加了两篇,也不过三十篇。怎能有现在的三十三篇呢?《世说新语》引《文士传》说"郭象记志老、庄,时人咸以为王弼之亚",又说"象作《庄子注》,最有清辞遒旨"。那么郭象似不是抄袭之流。历代注解《庄子》之作,合存佚计之总共大约七百种,论说大约三百种,真是盛况了(注 268)。

至于书的分篇和篇的次第,始于何时,现在已不可考。外篇、杂篇之分,以什么做标准,也不容易解,可是和内篇比较,就大不相同。内篇的篇名揭示本篇的主旨,相反地,外篇、杂篇除了《让王》《说剑》《盗跖》《渔父》四篇以外,都是把开始的两三个字做题目。内篇不引《老子》,外、杂篇多引《老子》。内篇没有"性"字,外、杂篇很多讲性。内篇不提《书》《诗》《礼》《乐》,外、杂篇则提及(《徐无鬼》《天下》),而且用"六经"的名词(《天运》)。内篇意思一贯,语深而约,外、杂篇的意思不相连属,意白言浅。内篇思想可和老子别作一派,外、杂篇不外注释老子罢了。内篇訾议孔子,词句还很蕴藉,外、杂篇就不同。内篇尧、舜的性格也和外、杂篇不一样。内篇志趣逍遥,外、杂篇有悲观的色彩。外、杂篇文笔、神态、思想都和内篇不类。所以学者大多以内篇是庄子自己所著,外、杂篇是门人的记录或是后人所增加的。只有《天下》篇的文笔思想都近内篇。学者大多以为是庄子的自序。以上的结论大概而说,未尝无理。不过有求之过刻的。说内篇某节结构不同,就断定为伪作,又有人以思想和体裁,例如是否条记体或是首尾成篇,把三十三篇分作若干组或若干时期(注 269),那就强求过甚了。苏轼以庄子实在尊崇孔子,而《盗跖》《渔父》则似乎真诋孔子。《让王》《说剑》,“浅陋不入于道”。所以都当作伪造(注 270)。这四篇宋濂(1310—1381)、王夫之(1619—1692)、姚际恒(1647 生)都怀疑(注 271)。然而《盗跖》《渔父》《胠箧》的篇名见于《史记》本传。这是后人把传的文字改变了吗?《庄子》和任何古书一样,错误赝伪,移动增减,是在所不免的。庄子的话,有不在现在《庄子》书里的。篇里节的次序有所不同的。《列御寇》篇记庄子将死,显然是后来加入的。我们要找完全原璧,是不可能的。然而从大体来看,则庄子的精神,昭然若睹。

3. 庄子思想　《庄子》开章便说“北冥(北海)有鱼,其名为鲲,鲲之大,不知其几千里也。化而为鸟,其名曰鹏(注 272)。鹏之背,不知其几千里也。怒而飞,其翼若垂天之云。……水击三千里,抟(圜飞而上)扶摇(上行风)而上者九万里”(《逍遥游》)。这些想象的文章,开了我国文学艺术一新页。这戏剧以大自然做舞台,以造物做角色,有声有色。他的意境之高,视线之远,是先秦诸子所皆不可及的。倘若没有庄子这形态,则一定没有以后魏晋的玄学和清谈,以及唐宋以降的诗和禅。

庄子的思想,固然是在《庄子》书里,而最精确而简的,是《天下》篇之述评。这篇说:

> 芴漠无形,变化无常。死与生与?天地并与?芒乎何之?忽乎何适?万物毕罗,莫足以归。古之道术有在于是者,庄周闻其风而悦之。以谬悠(迂远)之说,荒唐(空大)之言,无端崖之辞,时恣(纵放任)而不傥(偏),不以觭(一端)见之也。以天下为沉浊,不可与庄(正)语。以卮(支离)言为曼衍(推论),以重(要)言为真,以寓言为广。独与天地精神往来,而不傲倪(轻视)于万物。不谴(责)是非,以与世俗处。其书虽瑰玮(奇特),连犿(与物相从)无伤也。其辞虽参差,而諔诡(卓异滑稽)可观。彼其充实,不可以已。上与造物者游,而下与外死生、无终始者为友。其于本也,宏大而辟,深闳(宽)而肆(放)。纵其于宗也,可谓稠(调)适而上遂(达)矣。虽然,其应于化而解于物也,其理不竭,其来不蜕(遗)。芒乎昧乎,未之尽者。

上面最重要的,是“上与造物者游,而下与外死生、无终始者为友”这一句。这是庄子思想的总括,也是他的人生目的。因为和造物者游,所以要“独与天地精神往来”。因为和外死生无终始的人做朋友,所以要“与天为徒”(《人间世》《大宗师》)。“天地与我并生,万物与我为一”(《齐物论》)。《庄子》书头两篇是《逍遥游》和《齐物论》。逍遥游即是与造物者游,齐物即是无死生,无终始,而与物为一。所以在下面我们以“逍遥游”和“齐物”来谈庄子的思想。

甲、逍遥游 上面讲老子的宇宙为机体,重在秩序。庄子的宇宙则像天籁,“大块噫气”(《齐物论》)。老子从空间讲,庄子则从时间讲。

(1) 变化 庄子起首即感觉变化无常。第一问题就是:“芒乎何之?忽乎何适?”人生“一受其形,不亡以待尽。与物相刃相靡(摩),其行尽如驰,而莫之能止”(《齐物论》)。东西都是“一虚一满,不位乎其形。年不可举(挽),时不可止。……物之生也,若骤若驰。无动而不变,无时而不移”(《秋水》)。“日夜相代争前”(《齐物论》《德充符》),逝者如斯。“人生天地之间,若白驹之过郤(隙)而已”(《知北游》)。

(2) 道 这普通的变化,是道的情信。庄子说“夫道有情有信,无为无形。可传而不可受,可得而不可见。自本自根,自古以固存。神鬼神帝,生天生地”(《大宗师》)。宣颖(壮年 172)注“有情”说“静之动也”,注“有信”说“动之符也”(注 273)。把下文“神鬼神帝,生天生地”来征验,则的确比老子道之精信(注 274)更为活动。庄子的道,从宇宙论的观点来看,似乎于老子无所发挥。然而老子的道是静的,庄子的道是动的,这是显然的。“有始也者,有未始有始也者。有未始夫未始有始也者。有有也者,有无也者,有未始有无也者,有未始夫未始有无也者”(《齐物论》)。这是从时间上并且从演进之程序上讲,不但是老子之有生于无,仅从概念上讲的。从空间讲,道无不在。道在蝼蚁,在稊稗,在瓦甓,以至于在屎溺里,无逃于物(《知北游》)。禅门把佛做“干屎橛(净木)”(注 275),就根据这儿。从时间讲,道贯通生物进化程序之全体。“种有几”(注 276),次第生而为虫,为蝶,为鸟,为马。马生人。“人又反入于机。万物皆出于机,皆入于机”(《至乐》)。这过程虽然不是像生物学之进化,而他的变化演进之意义,是很明显的。郭象注说“此言一气而万形,有变化而无生死也”。

(3) 死生 在这种情形之下,万物“方生方死,方死方生”(《齐物论》)。郭象所谓“无生死”,是从归局而言。倘若从个人而言,则“大块(地)载我以形,劳我以生,佚(逸)我以老,息我以死”(《大宗师》)。人情都好生恶死。然而“死生命也。其有夜旦之常,天也”(《大宗师》)。所以死生像昼夜一样,是演变中不能避免的事情。所以“古之真人,不知悦生,不知恶死”(《大宗师》),“只知生死存亡之一体”(《大宗师》),即是说“以死生为一条”(《德充符》)。死不必哀,因为生之来,是时的。死之去,是顺的。“安时而处顺,哀乐不能入也”(《养生主》)。从修养方面而言,“行事之情而忘其身,何暇至于悦生而恶死”(《人间世》)?而“善吾生者,乃所以善吾死”(《大宗师》)。这样,庄子之死生观虽然似乎有他的定命和悲观的成分,而实际上和儒家的死生有命,立德不朽,并非不同。

(4)养生与性理 《养生主》篇有解牛的譬喻。须要看牛的全体,不用眼看而以神遇,以无厚(之刃)入于有间(间节)。庄子说是“依乎天理”。“理”字在《老子》书未曾提及,而在《庄子》则出现三十八次。“理”“道”连缀为“道理”(《秋水》《则阳》《盗跖》《天下》),在中国思想史上这是头一次“理”和“道”平列。“天理”这名词,在书中至为重要(《养生主》《天运》《刻意》《渔父》)。又把天理和人欲相对(《天运》),成为佛学中事理观的伏线。依据庄子的看法,万物各有其理(《秋水》《知北游》)。更重要的,“万物殊理”(《则阳》)。这一点郭象发挥透彻。郭象注重个性,恰和王弼注《易经》之专重同一原则相反。

正是因为物有殊理,所以物有殊性。所以“骐、骥、骅、骝(皆骏马),一日而驰千里,捕鼠不如狸狌。……鸱鸺(猫头鹰)夜撮蚤(跳虫),昼出瞋(张)目,而不见丘山”(《秋水》)。所以人们必须顺性,不能因为凫胫太短而接长,鹤胫太长而截断(《骈拇》)。顺性之目的是在“可以保身,可以全生,可以养亲(注 277),可以全年”(《养生主》)。

(5)因任无为 我们的生存,总要“其心闲而无事”(《大宗师》)。即使支离其形(《人间世》),肩高于顶(《大宗师》),也应该以达观处之。“浸(渐)假(使)而化予之左臂以为鸡(卵)(注 278)。予因以求时夜(鸡)。侵假而化予之右臂以为弹,予因以求鸮炙(小鸠)”(《大宗师》)。郭象《注》说“无往不因,无因不可”,这样安时处顺,“安其性命之情”(《在宥》),即是因任自然。“常因自然而不益(强增)生也”(《德充符》)。这是“和之以天倪(自然之分),因之以曼衍,所以穷年也”(《齐物论》《寓言》)。解牛的秘诀,在其能“因其固然”(《养生主》),即是老子无为而成的意思。庄子说“天道运而无所积,故万物成。……夫虚静恬淡,寂漠无为者,天地之平,而道德之至。……无为也则任事者责矣”(《天道》)。这样,因任和放任不同。因任是有目的的,最后的目的是“古之所谓县(缚)解”(《大宗师》),也是“帝之县解”(《养生主》)。

(6)与造物者游 “帝”字诸家解释作是天而不是上帝,这是根据道家自然之旨。《齐物论》论物之发生,问是否有真为主宰的。其答案是“必有真宰,而特不得其朕”。郭注说“万物万情,趣舍不同,有若主宰使之然也。

然索真宰之朕迹而亦终不得。以明物皆自然,无使物然也”。庄子又屡讲“造物者”(《大宗师》《应帝王》《列御寇》《天下》),说腰曲背露,乃是造物者之所为。又说造物者可以把人做鼠肝,做虫臂,微蔑至贱(《大宗师》)。这样很像是指有主宰的天帝。然而造物者即是造化者(《大宗师》),也是天罢。郭象说:“请问夫造物者有邪?无邪?无也,则胡能造物哉?有也,则不足以物众形。此明众形之自物,而后始可与言造物耳。……故造物者无主,而物各自造。”(注 279)这点可从“与造物者游”看到。

《郭象注》“夫造物者又将以予为此拘拘(体弯曲)也”(《大宗师》)说“夫任自然之变”。造物者即是自然。这里意味最深的,庄子不说与造物游而说与造物者游,理由是不分作主客。游是主动的,不是被动的。并不是有个造物者准许他去游,而是他自己和造物者游。“且与造物者为人”(偶)就是(《大宗师》《应帝王》)(注 280)。即是“与天为徒”(《齐物论》)的意思。所谓游者,游于形骸以外(《德充符》),“游乎尘垢之外”(《齐物论》),“游乎四海之外”(《逍遥游》《齐物论》),“游于方外”(《大宗师》),“游于无人之野”(《山木》)。论者以庄子为出世,不明白庄子的意思是不为方内人间所限,而“游于天地”(《徐无鬼》),“游于天地之一气”(《大宗师》),“游于物之始终”(《达生》)。换言之,即“游于无穷”(《逍遥游》),“无有”(《应帝王》),“太虚”(《知北游》),“逍遥之虚”(《天运》)。从精神讲,就是“游于形骸以外”(《德充符》)而以心游。心情放纵,精神自由,就可以说是游。而且必要“心游于万物之初”(《田子方》),心游于无穷(《则阳》),“心游于漠”(《养生主》)。游心以乘物,“乘物以游心”(《人间世》),与物为一。这是人生之归宿。因为游,所以动。因为以其心游,所以生;因为物物,所以现成。绝对不像佛家的涅槃净灭。

乙、齐物 与物为一,是齐物的最高境界。章太炎说:“齐物者,一往平等之谈。详其实义,非独等视有情,无所优劣。盖离言说相,离名字相,离心缘相,毕竟平等。”(注 281)换言之,庄子齐物的对象是言知、质量,和像是非、有无、生死、彼我、物我等一切对立。物之不齐的解释有主观、相对、“方生”、无穷四说。齐物的典型是道枢、天钧、天倪。其解决是因、明、忘、化。

(1) 因、明、天钧、两行 儒、墨各是其是,各非其非,都是主观,“随其成心”(注 282),而且彼此、死生、可和不可,都为对立。有此而后有彼,彼此相因,就是“方生”。然而死生无穷,各执是非也是无穷。圣人不由此途,而“照之以天”,即是以本然之明照之。可与不可,然与不然,都是随人而有。“物固有所然,物固有所可。无物不然,无物不可。故为是举莛(小柱)与楹

(大柱),厉(癞)与西施(美女),恢(大)恑(戾)憰(乘)怪(妖),道通为一。"若论相对,则"天下莫大于秋毫之末,而太山(泰山)为小;莫寿于殇子(襁褓而亡),而彭祖(年八百)为夭"。郭象说"苟各是其性,则秋毫不独小其小,而太山不独大其大矣"。而且"民食刍(野蔬)豢(家畜),麋鹿食荐(草美),蝍且(蜈公)甘带(蛇),鸱鸦耆(嗜)鼠,四者孰知正味"?世间一般质量标准,哪个是正的呢?任谁决定呢?倘若彼此相辩,"若胜我,我不胜若。若果是也,我果非也邪?……其或是也,其或非也耶?其俱是也,其俱非也耶?我与若不能相知也"。倘若要和我相同的或相异的来辩正,则他既然和我相同或相异,又怎能辩正呢?与其依靠他人来决定,不如"和之以天倪"。这是说"因是",任其自然。这有些像龙树(约100—200)教理中的对偏中,尽偏中,绝待中,本身也是偏中。必要达到不生不灭,不断不常,不一不异,不去不来,才是中道。而且"彼生于是,是亦因彼",有反必有正,没有反则正就根本上不能成立。这方生之说约略像黑格尔(Hegel,1770—1831)的辩证法,正反相对,必要综合,然而综合也是一个正,所以正反无穷,至最后才被大绝对完全包容,这就是"道通为一"。庄子说"圣人和之以是非,而体乎天钧,是之谓两行"。成玄英(壮年647—663)说,天钧者"自然平均之理"。王先谦说:"圣人知道是非,共休息于自然均平之地。物与我各得其所,是两行也。"

(2)坐忘、心斋、物化 生死是非,道既然都通而为一,所以我们应该一律忘掉,"忘年忘义"(《齐物论》)。成玄英说"年者生之所禀。既同于生死,所以忘年。义者裁于是非。既一于是非,所以忘义"。另一方面,得鱼则忘荃(鱼笱),得兔则忘蹄,得意则忘言(《外物》)。庄子有坐忘之说。忘掉人为的仁义礼乐还不够,必要至于坐忘,坐而自忘其身,"堕肢体,黜聪明,离形去知,同于大通"(《大宗师》)。这样大通无碍。心似镜头,无去就,无将迎,"惟道集虚"(《人间世》),这也是"心斋"(《人间世》)。到此情境,便是自化,也即是与物俱化,庄子梦蝶,一息间觉了,"不知周之梦为胡蝶与?胡蝶之梦为周与"(《齐物论》)?这是证实齐物的极境,与天为徒,物我不分,天人合一,成为真人。

(3)真人 庄子于"圣人""神人""至人""天人""真人"这几个名词,随意使用,我们不必勉强分做层次。《天下》篇分开天人、至人、圣人,是每一个侧重一方面而言的,其实他们都是最高生存境界的意义。"至人无己,神人无功,圣人无名"(《逍遥游》),说是他们都是无己、无功、无名的。真人一定不是像日后道教所信的仙人。"真"不外是精诚罢了(注283)。"古之真人,不知悦生,不知恶死。其出不䜣(欣),其入不距(拒)。翛(无系)然而往，翛然而来而已矣。不忘其所始，不求其所终。受而喜之，忘而复之。是之谓不以心捐（损）道，不以人助天，是之谓真人"（《大宗师》）。又说："至人神矣。大泽焚而不能热，河汉沍（冻）而不能寒。疾雷破山，风振海，而不能惊。若然者，乘云气，骑日月，而游乎四海之外。死生无变于己，而况利害之端乎？"（《齐物论》）不会读《庄子》的人，恐怕必定以为这是仙人。庄子固然也曾讲藐（远）姑射山（注 284）的神人（《逍遥游》），又讲升仙（《天地》）。然而神怪和庄子的自然主义不能相容，我们当作寓言来看好了。庄子且不重长生，何由重仙？

庄子的目的是真人，专重内圣。"内圣外王"这名词是庄子所创的。他以为诸子都是一曲之士，所以"内圣外王之道，暗而不明"（《天下》）。实际上庄子不免忽略了外圣。就是《应帝王》篇也完全侧重游心游物罢了。荀子批评他是"蔽于天而不知人"（注 285），是未尝无故的。司马迁说他是"自恣以适己"（注 286），也不是太过。至于朱子说："老子犹做事在。庄子却不要做了，又说道他会做，只是不肯做。"（注 287）宋濂讥其"所见过高，虽圣帝经天纬地之大业，曾不满其一哂"（注 288），恐怕都忽视了庄子哲学之真意味。成玄英说"夫《庄子》者，所以申道德之深根，述重玄之妙旨，畅无为之恬淡，明独化之窅膜（深远）"（注 289），这是最对的话。

丙、老庄比较 上面所论庄子，虽属简单，然而即此可以看见他并不是老子的注释便了。我们常说"老、庄"，很像是老、庄如一。老子和庄子并提，开始于《汉书》（注 290）。"老、庄"合称，开始于《淮南子》（注 291）。史公好讲黄、老。到魏、晋时代，"老、庄"的名词才通行。《天下》篇叙述诸子，把关尹和老聃同做一组，而庄子则另外一组放在后面，似乎表示庄子驾乎其他诸子之上，并且不明言承受老子。惠施、公孙龙在诸子之后，他们以坚白鸣，还未听闻道术呢。然而《庄子》除了引《老子》二十二次以外（注 292），直接解释《老子》的也不少（注 293）。可是无可否认的，庄子有他自己的思想路线。和老子有同也有异。同的人所共知，异的还有指明之必要。现在表列在下面：

老　子	庄　子
道扩至天地，然而重点还在人间	道的重点在天
重常，反复是常，常是静的	也重常，骤化是常，其常是动的
重一，一基于同	也重一，齐万物两行以为一
重对立，如荣辱等	道通为一

续 表

老　子	庄　子
物之个性晦	物有殊理
辅万物之自然	因任自然
退以处物	与物俱化
在物之外,以客观处天地	入物之内,以主观玄同天地
不讲性	多讲性
主守	主忘
言辩有善有不善	言辩是非,都是从妄情而来
致柔	以神遇,像解牛
做婴儿	做初生之犊
求长生而不讲仙	少讲长生,但是在在超越
同尘	与造物者游
入世	虽非出世,但是在在超越
外王	内圣
圣人有所去取	圣人淡漠
圣人无为而治	圣人游于方外
目的是做救世的圣人	目的是与天为徒的真人
实际,似文	想象,似诗

五、稷下诸子

《史记》记载“宣王(公元前319—前301在位)……喜文学游说之士。自驺衍、淳于髡、田骈、接子、环渊之徒七十六人,皆赐列第,为上大夫,不治而议论。是以齐稷下(注294)学士复盛,且数百千人”。又说:“各著书,言治乱之事,以干世主。”(注295)《盐铁论》说:“盖稷下先生,千有余人。……及湣王(公元前300—前284在位)……矜功不休,百姓不堪。诸儒谏不从,各分散。慎到、接子亡去,田骈如薛,而孙卿适楚。”(注296)从齐桓公午(公元前374—前357在位)立学宫在齐国都城西门稷下的外面(注297),到湣王死的时候,约共六七十年。这个学术中心可谓空前之盛。不过我们知道他们的姓名的只有十七名(注 298)。其中和道家有关系者是宋钘、尹文、彭蒙、田骈、慎到、环渊和接子。现在次第讨论他们:

1. 宋钘 宋钘即是宋荣子、宋轻子(注 299)。孟子称他做先生,自己叫轲。这或者是敬辞,或者是因为宋子年长。秦、楚快要打仗。宋子要去说秦王、楚王罢兵,和孟子相遇于石邱(注 300)。秦、楚战于公元前 312 年,荀子和宋子同游稷下,他的书屡屡称他。那么荀子在湣王的时候离开齐国,那时宋子还在。《荀子·非十二子》杨倞(壮年 818)的注说:"宋钘,宋人,与孟子、尹文子、彭蒙、慎到同时。孟子作宋牼。'牼'与'钘'同音。"(注 301)钱穆推定他的年代大概由公元前 360 到前 290 是很对的(注 302)。

《汉书·艺文志》有《宋子》十八篇。班固自己注说"孙卿道宋子,其言黄、老意"。这书采入小说家,或者因为它有点像街谈巷语。这书老早已经亡失了(注 303)。

《庄子·天下》说:"不累于俗,不饰于物,不苟(且)于人,不忮(逆)于众。愿天下之安宁,以活民命。人我之养,毕足而止,以此白心。古之道术有在于是者,宋钘、尹文闻其风而悦之。作为华山之冠(上下均平)以自表,接万物以别宥(去蔽)为始。语心之容(我心如此),命之曰(推)心之行,以聏合驩(欢),以调海内,请欲置之以为主。见侮不辱,救民之斗。禁攻寝兵,救世之战。以此周行天下,上说下教。虽天下不取,强聒(耳)而不舍者也。故曰上下见厌而强者也。虽然,其为人太多,其自为太少,曰,请欲固置五升之饭足矣。先生恐不得饱,弟子虽饥,不忘天下,日夜不休。曰,(岂徒为)我必得活哉?图(倨)傲乎?救世之士哉!曰,君子不为苛察,不以身假物(靠人)。以为无益于天下者,明之不如已也。以禁攻寝兵为外,以情欲寡浅为内。其大小精粗,其行适至是而止。"《荀子·非十二子》说:"不知壹天下建国家之权称(轻重)。上功用,大俭约,而僈差等。曾不足以容辨异(分别),县(隔)君臣。然而其持之有故,其言之成理,足以欺惑愚众,是墨翟、宋钘也。"《荀子·正论》说:"子宋子曰:'明见侮之不辱,使人不斗。人皆以见侮为辱,故斗也。知见侮之为不辱,则不斗矣。……人之情欲寡,而皆以己之情欲为多,是过也。'故率其群徒,辨其谈说,明其譬称,将使人知情欲之寡也。……聚人徒,立师学,成文曲。"《庄子·逍遥游》说:"故夫知效一官,行比(庇)一乡,德合一君,而征(信)一国者,其自视也,亦若此矣。而宋荣子犹然笑之。且举世而誉之而不加劝,举世非之而不加沮(败),定乎内外之分,辩乎荣辱之竟,斯已矣。彼其于世,未数数(汲汲)然也。虽然,犹有未树也。"《韩非子·显学》说:"宋荣子之议,设不斗争,取不随仇。不羞囹圄,见侮不辱。世主以为宽而礼之。"

以上庄子、荀子和韩子叙述和批评他。荀子说他聚徒设学，且成文曲，率徒辩论。孟子叫他做先生。他实在是稷下学者之中声望最高，势力最大，而影响最广的。庄子把他和尹文并举，而荀子则把他和墨子并论，而他们评论之点，相同的只有荀子说他“大俭约”和庄子说他“自为太少”。大概荀子从政治立场，所以侧重建国君臣诸端，而庄子从道家的观点，所以开始说不累俗，不饰物，其次说及容物、忍辱、禁政、寡欲。从这两个评论来看，可见宋子并不属于任何派别，而自树一帜。从庄子、荀子和韩子的叙述来看，则见侮不辱和禁攻寝兵是最显著的主张，其次是寡欲、俭约和辨别。因为他要去蔽而辨荣辱内外，可以算他是名家。他禁攻、守俭和重功用，也可以算他是墨家。荀子把他和墨翟放在一起，和后人算他做墨家之徒，都是这个缘故(注 304)。不过《艺文志》只说“其言黄、老意”，那么他的主旨，应当是属道家之言。《天下》篇开始就说“不累于俗，不饰于物”，这就是道家的本色。他的心容万物，见侮不辱，诽誉不计，寡情浅欲，都是道家的色彩。所以倘若必要讲派别的话，则宋子非道家不可。

《史记》说道家采儒、墨之善(注 305)，可是宋子完全没有儒家的重要思想。根据孟子，宋子要以利害说服秦王和楚王。孟子责备他，说他应该讲仁义。可见他没有儒家仁义的基本立场。《荀子·天论》批评他“有见于少，无见于多”，《解蔽》篇又说他“蔽于欲而不知得”。《正论》篇评论他的人情欲寡之说，说“人之情为欲多而不欲寡”，而宋子不知道，此所以蒙蔽。宋子见侮不辱，目的在于不斗，以功利为准。这和道家的报怨以德的道德动机不同。他忍辱是可嘉的，然而仍然辨别荣辱，未能忘怀。他所谓语心之容，也远不及庄子的不将不迎，因时顺势，而与万物为一。庄子说他“未有树也”，即是指他于道还未有所建立。由此观之，宋子仍然是名墨之流。实在他自成一派。重要之点，是由稷下的卓尔学者的宋钘，可以见到道家和其他学派大为凑合，而其中儒家的分量是最少的。

2. 尹文 《汉书·艺文志》有《尹文子》一篇。班固自己注说“说宣王。先公孙龙”。颜师古(581—645)的注引刘向《别录》说“与宋钘同时，俱游稷下”。他也曾和齐宣王论君道和论贤(注 306)，又和齐湣王论士(注 307)。钱穆说他的年世是大约由公元前 350 到前 285 年(注 308)。仲长统(179—219)的《尹文子》序说他学于公孙龙。这错点大概是因为误解《吕氏春秋·正名》高诱的《注》“尹文，齐人，作名书一篇。在公孙龙前。公孙龙称之”的话。《孔丛子·居卫》有尹文子，因为其妻生子不类而要赶她走，给子思劝止的故事。这本书是伪的，是不足信的。

《尹文子》在《艺文志》入于名家，《隋书·经藉志》作为两卷。现行本

《尹文子》分上下篇,《四库全书总目提要》列入杂家,不说他是假的,只是当他本来是名家之流。近人则大多以为是假的(注 309)。

《庄子·天下》以为宋钘和尹文的思想没有分别。不过从其他的资料来看,则尹子的思想更为混杂。《说苑》记载他和齐宣王讨论君道说:"大道容众,大德容下。圣人寡为,而天下可理矣。"《吕氏春秋》记载湣王问他,有人事亲孝,事君忠,交友信,居乡悌,这样可否叫作士?又问他,见侮不斗则为辱,如何?尹子说:"虽有侮而不斗,未失其四行也。不失其四行者,是未失其所以为士一矣。"大道大德和圣人无为,当然是老子的教训,而孝悌忠信,则是孔子之道。尹子兼而有之。《尹文子·大道上》说:"大道不称,众必有名。……凡道治者,谓之善人。借名法儒墨者,谓之不善人。……道不足以治则用法,法不足以治则用术,术不足以治则用权,权不足以治则用势。"《大道下》篇说:"仁义礼乐,名法刑赏,凡此八者,五帝三王治世之术也。"可见他是集儒、道、名、法于一炉的。依《天下》篇则尹文虽然属浅漏的道家但是仍然以道为主。倘若依据其他的资料,则尹文是以道家而流入法术权势之法家的。

3. 彭蒙　《天下》篇说:"公而不当(党),易(平)而无私,决然无主,趣物而不两。不顾于虑,不谋于知。于物无择,与之俱往。古之道术有在于是者,彭蒙、田骈、慎到闻其风而悦之。齐万物以为首。曰:天能覆之,而不能载之,地能载之,而不能覆之。大道能包之,而不能辩之。万物皆有所可,有所不可。故曰:选则不遍,教则不至。道者无遗者矣。是故慎到弃知去已,而缘不得已,(乃)泠汰(听放)于物,以为道理。曰:知不知。将薄(有所)知,而后(复)邻(毁)伤之者也。謑髁(不定)无任(不肯当任),而笑天下之尚贤也。纵(恣)脱(略)无行,而非天下之大圣。椎拍(强合)輐断(截断而甚圆),与物宛转。舍是与非,苟可以免(无累)。不师所虑,不知前后,魏然(不动)而已矣。推而后行,曳而后往。若飘之还(回),若羽之旋(转),若磨石之隧(回转),全而无非。动静无过,未尝有罪。是何故?夫无知之物,无建已(为标准)之患,无用知之累。动静不离于理。是以终身无(毁)誉。故曰:至于若无知之物而已。无用圣贤,夫(土)块(而)不失道。豪杰相与笑之曰:慎到之道,非生人之行,而至死人之理,适得(世人之)怪(诧)焉。田骈亦然。学于彭蒙,得不(言之)教焉。彭蒙之师曰:古之道人,至于莫之是莫之非而已矣。其风窢(疾)然,恶可而(以)言?常反(拂)人(意),不见(被)观(瞻仰),而不免于魭(輐)断。其所道,非道,而所言之韪(是),不免于非。彭蒙、田骈、慎到不知道。虽然,概乎皆尝有闻者也。"

这段评论以慎到做中心,而说田骈也是一样,又说田骈学于彭蒙。现在首先讨论彭蒙,其次田骈,然后到慎到,看他们的道家性质是怎样。

成玄英注《天下》篇说:"彭蒙、田骈、慎到,并齐之隐士,俱游稷下,各著书数篇。"慎到是赵人,这里说是齐人,是错误的。稷下诸士都有政治野心,并非隐士。然而其他并无异说,可以当作历史的事实。田骈在湣王的时候到薛国。彭蒙是他的老师,应当比较他年长,那么彭蒙应该是生在齐威王(公元前356—前320在位)和宣王的时候,大约在公元前360到前300的年代。《汉书·艺文志》没有《彭蒙子》,这书老早失了。《天下》篇说他的教是"不教"。"不教"有几种说法。郭象以为是"得自任之道"。宣颖解做"不言之教"。王先谦说是"不教之教,观其所行,学焉而心自得"。老子"行不言之教"(注310),可是"不教"未必指此而言。至于成玄英说"田骈、慎到,禀业彭蒙,纵任放诞,无所教也",这是先有成心的话。他以为慎到也以彭蒙为师,也是没有根据的。又有人说"不教"是指排弃知识。从庄子的评论来看,这未必是"不教"的原意。但是彭蒙的老师说"莫之是,莫之非"。郭注说"所谓齐万物以为首",这是很对的。《天下》篇述评慎到思想之后,只说"田骈亦然",而不说"彭蒙、田骈亦然"。所以我们于彭蒙的学说,只能说是齐物罢了。倘若这话是对的,则三人之中彭蒙最纯于道。《荀子·非十二子》同时评论慎到、田骈而不讲及彭蒙,是不是因为慎、田都侧重法而彭蒙则不如此呢?

《尹文子·大道上》引彭蒙说:"物奢则仁义相屈,分定则贪鄙不争。"又曰:"道行于世,则贫贱者不怨。……法行于世,则贫贱者不敢怨。……此法之不及道也。"根据这里,道之所以比较法好,是因为他能定分。这和齐物的教旨,大相冲突。《大道下》篇记载宋子问圣人和圣法怎样不同?彭蒙说:"子之乱名甚矣。圣人者,自己出也。圣法者,自理出也。理出于己,己非理也。己能出理,理非己也。故圣人之治,独治者也。圣法之治,则无不治矣。"这里虽然还有弃去自己的意思,然而把法来替代能够体道的圣人,便离道更远了。这里的动机是不是调和法、道呢?《尹子文》这里说乱名,颇有《荀子·正名》的痕迹。《大道上》篇说"累于俗,饬于物者,不可与为治矣",就分明是引《天下》篇批评宋钘和尹文的话了。近人以为《尹文子》是假书,更有证据了。大抵《尹文子》的著者以慎子和田骈为名法,而《天下》篇三人并论,于是非把尹文也弄成名法不可。成玄英注说,"性与法合,故闻而悦爱之也"。则把纯粹道教的彭蒙,变成纯粹法家的彭蒙了。

4. 田骈 《史记》说:"田骈、接子,齐人。……皆学黄、老道德之术。因发明序其指意。……而田骈、接子,皆有所论焉。"(注311)《汉书·艺文志》有《田子》二十五篇,已经佚失了(注312)。班固自己注说"名骈,齐人,游稷下,号天口骈”,是说他好谈论,不穷其口的意思。《庄子 · 天下》陆德明《释文》引《慎子》说“名广”。唐君毅以为即是田子方,因为子方的名是无择,和田骈无择的学说相同(注 313)。“陈”“田”同音,田骈又即是陈骈。《战国策》记他不做官而訾养千余,聚徒百人。齐人讥讽他不嫁而有子七人(注 314),根据《淮南子》:“唐子短陈骈子于齐威王。王欲杀之。陈骈子与其属出亡奔薛。孟尝君闻之,使人以车迎之。至而养以刍拳黍梁五味之膳。日三至。冬日被裘罽,夏日服絺纻。出则乘牢车,驾良马。”(注 315)《盐铁论》记载湣王的时候,稷下诸士分散,田子到薛国去。这次去薛国或者和上次的奔走不同。大概田骈是彭蒙的后辈,生在湣王末年,即是公元前 290 至前 284 年左右。钱穆拟定他的年代为公元前 350 至前 275 年(注 316),相去不远了。

《吕氏春秋》说:“田骈贵齐。”(注 317)高诱注说:“贵齐死生,等古今也。”《尸子》说:“田氏贵均。”(注 318)《吕氏春秋》又说:“田骈以道术说齐王。……曰:臣之言无政而可以得政。……变化应求,而皆有章。因性任物,而无不当。”(注 319)又引田骈告诉齐王说:“楚、魏之王,辞言不说,而境内已修备矣,兵士已修用矣。得之众也。”(注 320)又载:“客有见田骈者,被服中法,进退中度。趋翔闲雅,辞令逊敏。……田骈曰:‘殆乎! 非士也。今者客所弇敛,士所术施也。士所弇敛,客所术施也。’”(注 321)

田子之为道家,可以他的基本思想即齐物思想为主。这不但齐是非,去言辩,而且齐死生和古今,而他谈政治也根据老子的虚无之旨。因性任物,也是道家的正道。不过他做议大夫,养禄万钟,出亡的时候豪华享受,主张修政用兵,以得众为本,这明明是法术家的事情。而且他要弇敛术施,互相颠倒,这都不是修道者之所为,更不是得道者之所事。和《天下》篇所说道家于物无择,与之俱往,弃知去己,大背而驰。荀子说他尚法而无法,无所归宿,这实不是苛刻的话。大概田骈的基本思想还是道家,像《天下》篇说,他的主旨贵乎齐物。可是他参加政论,又比较稷下诸士多讲话,自必要兼入法术了。《庄子 · 天下》和《荀子 · 非十二子》都把慎到和田骈相提并论,然而评论田子则绝对不同。庄子偏说他的道,荀子偏说他的法。这是不是各人讲一方面呢? 还是他们评述时期先后有所不同呢?

5. 慎到　战国时代有三个慎子,一个是《战国策》里的慎子(注 322),一个是《孟子》里的慎子(注 323),一个是我们现在所讨论的慎子。《史记》说:“慎到,赵人。……皆学黄、老道德之术,因发明序其指意,故慎到著十二论。”(注 324)慎到游于稷下(注 325),到齐湣王的时候稷下分散,慎子和其他的人走了(注 326)。班固说慎子“名到,先申、韩。申、韩称之”(注 327)。

《史记正义》《荀子注》《通志》都说慎子是战国的处士(注328)。《太平寰宇记》说慎子的坟墓是在山东济阴县的。可知慎子离开稷下以后,仍然隐居齐国,死在这边。大约和孟子同时而稍迟一点。故钱穆拟定他的年是大约公元前350至前276。高诱误以为他是齐人(注329),因为慎子也曾住在齐国稷下。有人说慎到是浏阳人,然而浏阳是在现在的湖南,和赵国南北了不相涉。陆德明《庄子释文》田骈之下的注说慎子名广,和田骈名广混淆了。

《汉书·艺文志》有法家《慎子》十二篇,到宋代已经丧失大半。明人辑集残本为《慎子》,即是清代钱熙祚(1844卒)校的七篇,附《慎子》逸文(注330)。至于明人慎懋赏所校的《慎子》内外篇,纯是伪造,不值得注意(注331)。

慎到之为法家,人所公认。《艺文志》把他的书列入法家。荀子评慎子说:"尚法而无法,下修而好作。上则取听于上,下则从众于俗。终日言成文典,及纠察之,则偶然无所归宿,不可以经国定万。"又说:"慎子蔽于法而不知贤。"(注332)又说他"有见于后,无见于先"(注333)。杨倞的注说"明不尚贤不使能之道"。可是《荀子》下文"有后而无先,则群众无门"的话,杨氏注说"夫群众在上之开导,皆处后而不处先,群众无门也"。他的对象都是法。《慎子》七篇,全是法家之言。其中只有一小节稍有道家意味。"鸟飞于空,鱼游于渊,非术也。故为鸟为鱼者,亦不自知其能飞能游。苟知之,立心以为之,则必堕必溺。……是以任自然者久,得其常者济。"(注334)这里任自然接近庄子,得常接近老子。至于"天道因则大,化则细。因也者,因人之情也。人莫不自为也。化而使之为我,则莫可得两用矣"(注335),是以用人为我为目的,其因化是法术,而不是循道之因化的。韩非子引慎子说:"吾以此知势位之足恃,而贤智之不足慕也。"(注336)则慎子之为法家是很清楚的。

慎子的法家言论,这里不必多引。然其"势位足以屈贤","法虽不善,犹愈于无法","法制礼籍,所以立公义也"(注337),"法之所加,各以其分"(注338),"法者,所以齐天下之动,至公大定之制也"(注339)等话,在在和《天下》篇所说相反。他说"辟户牖必取己明焉"(注340),不特和老子"不出户,知天下,不窥牖,见天道"(注341)相背,而且和无知无择相反,也和《天下》篇所说不符。《四库全书总目提要》的观察很对,说:"今考其书,大旨欲因物理之当然,各定法一守之。不求于法之外,亦不宽于法之中。则上下相安,可以清净而治。然法所不行,势必刑以齐之。道德之为刑名,以此转关。所以申、韩多称之也。"(注342)

6. 环渊 《史记》说:"接子、齐人,环渊、楚人,皆学黄、老道德之术,因发明其指意。……环渊著上下篇，而田骈、接子皆有所论焉。"（注 343）《汉书·艺文志》道家有《蜎子》十三篇，班固自注说"名渊，楚人，老子弟子"。古时"蜎""环"同音。这书不存，残文也缺。《慎子》内外篇载环渊问水旱饥荒，问士为什么有穷有达，又问养性（注 344）。这书是伪造，上面已经讲过了。近人以环渊为关尹，以十三篇为《道德经》（注 345），或者以环渊即是范环（注 346）和范蜎（注 347），"蜎""环"两个字写错了（注 348）。钱穆拟定他的年代为大约公元前 360 至前 280 年（注 349）。

7. 接子 《史记》记载接子游稷下，《正义》说他是齐人（注 350）。《盐铁论》记载稷下分散时"捷子亡去"（注 351）。接子、捷子，同是一人。《汉书·艺文志》道家有《捷子》二篇，《注》说齐人。书已亡了。此外不详。钱穆以为他的年代大约是公元前 350 至前 275 年（注 352）。

六、贵生之流

1. 子华子 《吕氏春秋注》两次说："子华子，体道人也。"（注 353）此外我们不知道他的生平如何。钱穆说他的年代大约是由公元前 380—前 320 年（注 354）。《汉书·艺文志》没有他的著录。现存的《子华子》是假的（注 355）。《吕氏春秋》引子华子说："全生为上，亏生次之，死次之，迫生为下。"（注 356）下文解释说："所谓全生者，六欲皆得其宜也。所谓亏生者，六欲分（半）得其宜也。所谓迫生者，六欲莫得其宜也。"又载韩、魏争侵土地，子华子去见韩昭釐侯（公元前 358—前 333 在位），"左手攫之则右手废，右手攫之则左手废。然而攫之必有天下。……两臂重于天下也，身又重于两臂。韩之轻于天下远（多），今之所争者，其轻于韩又远。君固愁身伤生以忧之，戚不得也"（注 357）。他的全生思想，和杨朱相同。不以一毛而易天下，而六欲皆得其宜，则比杨朱更甚了。然而《吕氏春秋》又载他的话说"厚而不博，敬守一事。正性是喜，群众不周，而务成一能"（注 358），《注》说"一能，专一之能"，则子华子也是崇尚守一，不过这个一不是道体之一的。

2. 詹何 詹何即是瞻子，也即是詹子（注 359）。《吕氏春秋》高诱的注说："詹何，隐者"。又注说"詹子，古得道者也。"（注 360）他的生平我们不知道。钱穆拟定他的生卒年是大约由公元前 350 至前 270 年（注 361）。《庄子》载中山公子牟告诉瞻子说："身在江海之上，心居乎魏阙之下，奈何？"瞻子说："重生。重生则利轻。"中山公子牟说："虽知之，未能胜也。"瞻子说："不能自胜则从。神无恶乎？不能自胜而强不从者，此之谓重伤之人,无寿类矣。”(注362)《吕氏春秋》载楚王问詹子怎样治国,詹子答说:“何闻为身,不闻为国。”下文解释说:“詹子岂以国可无为哉?以为为国之本,在于为身。身为而家为,家为而国为,国为而天下为。”(注363)吕氏强解詹子的话,以畅达治家治国的道理。其实詹何只知治身,不求治国。也正是和杨朱不以一毛而易天下之意思相同。至于他怎样得道,则我们不能了解。他的书已佚失了,我们不知道他对于杨朱或者老子的学说有没有发挥。

3. 魏牟、它嚣 《荀子·非十二子》说:“纵性情,安恣睢。禽兽之行,不足以合文适治。……是它嚣、魏牟也。”它嚣的生平我们不知道。《汉书·艺文志》有《公子牟》四篇(注364),班固自注说:“先庄子。庄子称之。”《吕氏春秋注》说:“子牟,魏公子也。作书四篇。魏伐得中山。公以邑子牟,因曰中山公子牟也。”(注365)《汉书·古今人表》把他列在惠施、公孙龙之后(注366)。钱穆以为他的生卒年世是大约由公元前320至前245年。庄子记载他,说:“魏牟,万乘之公子也。其隐岩穴也,难为于布衣之士。虽未至乎道,可谓有意矣。”(注367)又载公孙龙问魏牟,以自己是最通达的,但是觉得庄子的话很奇怪。子牟答他说,庄子“始于玄冥,反于大通。子乃规规然而求之以察,索之以辩,是直用管窥天,用锥指地也”。于是公孙龙“口呿而合,舌举而不下,乃逸而走”(注368)。这是庄子弟子所记的,未必是历史的事实。《列子·仲尼》称赞牟子解答公孙龙的话,说是其语颇精。他和瞻子的问答,已经在上节述过。荀子说他纵性情,大概是指瞻子所谓“不能则从”的。孙诒让(1848—1903)说子牟即是《孟子·尽心上》的子莫。“子莫执中”,即是对于杨氏为我和墨氏兼爱都不赞成,而持模棱两可的意思。这说无据。罗根泽以为即是颛孙子莫(注369),也还要考查清楚。中立态度和《庄子》所形容不符,他隐于岩穴,又和纵欲者的行为不相像。大概他的宗旨在乎贵生,近于杨朱。从这立场,来打破公孙龙之异同言辩而归于庄子之玄冥大通。荀子说他纵情,似乎太过。但是他太过贵生,所以庄子说他还未造就到道,不过可以说他是有意于道了。

七、洁身隐士

1. 黔娄子 《汉书·艺文志》道家《黔娄子》四篇。班固自注说:“齐隐士,守道不诎。威王下之。”皇甫谧(215—282)的《高士传》说:“黔娄先生,齐人也。修身法节,不求诸侯。著书四篇,言道家之用。号黔娄子。”四篇

《隋书·经籍志》和《唐书·经籍志》都已不录,老早佚失了(注370)。黔娄是复姓,不知道名叫什么。相传他很贫穷,死的时候衣衾盖不住他的尸骸。所以后人叫他做贫士。陶潜(365—427)《五柳先生传》说"黔娄有言,不戚戚于贫贱,不汲汲于富贵"(注371),大概是根据《高士传》而说的。我们也可以想见黔娄子之所谓道家之用,用在守道自洁,不与世浮沉罢。

2. 陈仲 《荀子·非十二子》说:"忍性情,綦(极行)谿(邪径)利跂(歧途)。苟以分异人为高,不足以合大众,明大分。……是陈仲史鳅也。"《不苟》篇又说:"盗名不如盗货。田仲、史鳅,不如盗也。"史是春秋的人,现在不讲他。"田""陈"相通,所以田仲即是陈仲。孟子说:"仲子,齐之世家也。……以兄之禄为不义之禄,而不食也。以兄之室为不义之室,而不居也。辟兄离母,处于於陵。"(注372)又说:"彼身织屦,妻辟纑,以易之(食)也。"(注373)《荀子注》说:"辞富贵,为人灌园,号曰於陵仲子。"(注374)《韩非子》说:"今田仲不仰人而食,亦无益人之国,亦坚瓠之类也。"(注375)孟子以他为齐国士林中的巨擘(注376)。他也是隐士,自洁自高,人所敬仰。《淮南子》说他"不入污君之朝,不食乱世之食,遂饿而死"(注377),恐怕想把他和伯夷、叔齐比美罢了。《战国策》记赵威后问齐国的使者说:"於陵子仲尚存乎?是其为人也,上不臣于王,下不治其家,中不索交诸侯。此率民出于无用者,何乎至今不杀乎?"(注378)言下有鄙视他的意思。孟子讥笑他不食母之食而食妻之食,不居兄室而居於陵,以为这是不能充其类,则必如土蚓而后可。荀子激烈地批评他,也是因为他辟兄离母。他虽然未必像荀子所谓盗名,然而自洁之外,未见他有什么品格高超的地方。他的年代身世都不清楚。钱穆假定他大约是由公元前350至前260年(注379)。现在的《於陵子》,一定是假的(注380)。

3. 鹖冠子 《汉书·艺文志》道家有《鹖冠子》一篇。班固自注说:"楚人。居深山,以鹖(毛)为冠。"现在的《鹖冠子》三卷十九篇,有赵武灵王(公元前325—前298在位)问庞焕,和庞焕与鹖冠子问答的事(注381),那么他当然是生在武灵王时候。《提要》以这书"或后人有所附益,则未可知耳。其说虽杂刑名,而大旨本原于道德"(注382)。这话是对的。《鹖冠子·著希》说:"道有稽,注有据。"《夜行》篇说:"成功遂事,莫知其状。图弗能载,名弗能举。强为之说曰,苟乎芒乎,中有象乎。芒乎芴乎,中有物乎。窅乎冥乎,中有精乎。致信究情,复反无貌。"《天则》篇说:"天之不违,以不离一。"《环流》篇说:"远而反,故谓之明。"这是完全引述《老子》的。《天则》篇说:"捐物任势者,天也。捐物任势,故莫能宰而不天。"《环流》篇说:"五色不同采,然其为好,齐也。"这又接近庄子。然《学问》篇以从道德、阴阳、法令、天官、神征、伎艺、人性、机器、处兵为九道。又说"礼乐仁义忠信……圣人以上六者卦(卜)世得失顺逆",则杂儒、道、黄、老、刑名。全书都是如此。所以陆佃(1042—1095)序他的书说"其道踳驳"。《天则》篇说:"故法者曲制,官备主用也。……决此,法之所贵也。"《环流》篇说:"从此化彼者,法也。生法者,我也。……生成在已,谓之圣人。"道家的圣人,何尝是如此呢?而且《近佚》篇说"圣人之道何先?曰先人。人道何先?曰先兵",则离开道家更远了。

4. 郑长者 班固注《艺文志》道家部《郑长者》一篇说:"六国时(公元前255—前222)人(注383),先韩子。韩子称之。"颜师古引刘向《别录》说:"郑人,不知姓名。"他的书老早亡了,《隋书·经籍志》已经不录。《韩非子》记载郑长者的话说:"夫虚无无见者,廪(周密)也。"又说:"夫虚静无为而无见也,其可以此为廪乎!"(注384)他的宗旨在乎虚静无为,以此专一,不失老子之意。年长而人们不知他的姓名,或者他也是不汲富贵、安贫自守的隐士罢。他生于六国,而不像其他道家之沾染名、法,可以说是守道之坚的。

八、结论

以上分老子、关尹和杨朱、庄子、稷下诸子、贵生之流、洁身隐士六项来讨论道家以及和他们有关的人,并非说战国的道家有这六派。思想潮流不是像一条直线可以沿着,也不是像一件东西可以分开。大道氾兮,惟恍惟惚。思想潮流也是如此。如果说尹文子"自道以至名,自名以至法"(注385),或者以稷下的黄、老思想是由"宋钘、尹文一派演化而为名家……慎到、田骈派演化而为法家,关尹一派演化而为术家"(注386),那就是看潮流做一件东西,剖开三部分。然而像《提要》说:"百氏争鸣,九流并列,各尊所闻,各行所知。自老、庄以下,均自为一家之言。读其文者,取其博辩闳肆足矣,安能限以一格哉?"(注387)这话我们应当奉做格言。唐君毅论道家的形态有三型。一是慎到、田骈顺应当然物势,一是老子观此物势更法天法道,一是庄子超进一步,游于天地万物之中(注388)。唐氏说这三型思想,"固可互相刺激影响而生,然孰先孰后……则皆有其可能,未易遽定"(这话不特可以拿来讲慎、田、老、庄,也可以拿来形容战国道家的全部)。(注389)

道家的思想以战国时期为最盛。这时老子思想流行。关于老子的传说很多,他的话诸家很多援引,而解释其书之最精的,不是道家者流,而是法家之韩非。从这里可以看见道家思想的传布和反应是很广，所以不限于一格，不局于一派，以至于连“道家”之名也没有，很像道的“名可名，非常名”。

以思想进化如一条直线的人，一定以道家源于隐士。如果这是真的，那么战国的道家可以说是衰落。战国的隐士并非卓越之士。黔娄子安贫自洁，倘若这样便算“道之用”，则道用之小，很可悲叹了！陈仲自洁，也不是品格之纯。所以孟子、赵后和荀子都评讥他。鹖冠子是讲道的，但又以兵为先。他们固然不能比美夷、齐，也远不及孔子时期的隐者之能够对于孔子有所质问和批评。大概隐士无所依托，所以依归于道。在春秋的时候还可做正面的批评家，而在战国则诸家批评已经热烈，无待乎隐士之必要。所以隐士只可以洁身，而他们的行为思想，对于道家都没有贡献。贵生者流也是如此。杨朱贵生，还可以代表和墨子相对的新路线。到了子华子和詹何，则仅可守成罢了。说他们是“体道”和“得道”，不如借庄子的话，说他们是“未至道”罢。隐士和贵生之徒，不一定和道家有母子的关系。然而他们自洁自全，也是道家之所贵。叫他们做皮毛道家也可，做部分道家也可。

战国的道家以稷下为最盛。其所知名的十七人中，彭蒙、慎到、接子、田骈、环渊、宋钘、尹文七人有道家之学，比较儒家只有孟子、荀子两人，阴阳家只有驺衍、邹奭两人，不止三倍。有人说宋钘和尹文是墨家，慎子、田骈和尹文都是名、法，则道家对于名、墨、刑、法的影响可知了。究竟慎到等人是由道而流入名、法，抑或是原名、法而采用道家的思想，很难确定。《史记》说韩子“惨礉少恩者皆原于道德之意”（注 390），这并不是说他的少恩思想来自老子，而是说他利用老子的思想来解释他的少恩罢。《汉志》和《史记》都没有道家分化为某派之说。相反地，司马谈说：“道家采儒、墨之善，撮名、法之要。”（注 391）这虽然是针对秦、汉之际的道家而言，然而名法之不出于道家是很清楚的。战国时势，正是争利取功最烈时期。学者们议政，都想有所作为，替为攻者有所效力。稷下虽然可以横议如天口，然而田骈被人谗谤，便要亡命，可见稷下也不是绝对言论自由的。论者必要有利于治才可。所以道家的纯粹思想，在稷下无从发展，而老子反正的意思，于是解释做权术了。这是名、法采用、利用、滥用道家的思想，而不是道家本身的演变。

继承而开展道家纯粹思想的，则是庄子。道家的思想到了庄子才达到高峰。他的根本虽然在乎老子，然而他的远大比老子而过之。庄子之所以能够纯而远大，固然因为他天才之高，而也是因为一方面不肯以自全自洁为自足，一方面不肯以论政任官为快志。无去就，无将迎。对于隐士，贵生之徒和名、法各派，均有其积极之贡献。因为隐士和贵生之徒能够以道做立脚地而继续他们的传统。法家得道家的无为而治和齐物两大思想，以为政府最终的目的和社会的理想状态，于是刻酷的法家有所和缓和限制，这也是化之一端的。

道家除了本身发展和影响隐士、贵生、名、法等潮流以外，还有一重要之演进，这就是和方士联合造成黄、老和以后之道教。战国社会末期为法家所独占，上层社会既然被名、法操纵，不得不向下层社会去和方士神仙等宗教潮流联合。照胡适之的说法，秦兴以后，冷淡的学者和亡国的遗民，不讲神仙而讲述黄帝、老子（注 392），庄子没有后继，所以道家本身的发展，须等到魏、晋王弼、郭象们才能发展做玄学，以后熏染禅宗，又经过周子的《太极图说》、邵雍（1011—1077）的数理自然宇宙论（注 393）和程颢（1032—1085）的《定性书》（注 394）而成为理学的重要成分。在宗教方面，老子长生和庄子神仙的次要思想固然流为普通社会的主要目标，而道家的冲虚、清静、玄妙、精气等因素，实在做了道教的哲学基础。所以从各方面合起来看，战国时期实在是道家发展、转变和分化的黄金时代。

附识：（1）本文为《中国上古史稿》第五本第十一章，审阅人为陈槃、屈万里二先生。

（2）本文版权属中国上古史编辑委员会所有。

注释

注 1：《史记》，卷五十六，《陈丞相世家》，页 11 下。又卷二十三，《礼书》，页 3 上；卷六十三，《老庄申韩列传》，页 3 上；卷一百三十，《太史公自序》，页 4 上。

注 2：《庄子》，卷十，第三十三，《天下》，页 26 上—27 上。

注 3：《荀子》，卷三，六，《非十二子》（3/12b 至 15b）；17，《天论》（11/24b 至 25b）；21，《解蔽》（15/5a 至 b）。

注 4：《韩非子》，卷十九，《显学》第五十，页 7 上。

注 5：《庄子》，卷一，《齐物论》第二，页 26 下；卷四，《在宥》第十一，页 1 下—32 下；卷七，《知北游》第二，页 56 上；卷八，《徐无鬼》第二十四，页 34 上；卷十二，《列御寇》第三十二，页 14 下。

注 6：同上，卷八，《徐无鬼》，第二十四，页 28 上、29 上。

注 7：《淮南子》，卷九，《主术训》，页 17 上。

注 8：参看下面第二节，老子，2，《老子》其书，甲，引述。

注 9：参看下面第八节，结论。

注 10：参看下面第四节，庄子。

注 11:《史记》,卷一百三十,《太史公自序》,页 4 上。

注 12: 参看下面第八节,结论。

注 13:《汉书》,卷三十,《艺文志》,页 16 上。

注 14:《淮南子》,卷二十一。

注 15: 胡适,《中国哲学史大纲》,上卷,附录《诸子不出于王官论》。

注 16:《论语》,《宪问》第十四,第四十一、四十二章;《微子》第十八,第五、六、七章。

注 17:《庄子》,卷一,《逍遥游》第一,页 9 下;卷九,《外物》第二十六,页 10 下;《让王》第二十八,页 18 上。

注 18:《史记》,卷六十三,《老庄申韩列传》。

注 19:《老子》,第四、九、八、十等章。

注 20: 参看冯友兰,《中国哲学史》,页 171—172;唐君毅,《论道家思想之起源与其原始诸型态》。《中国学人》,第二期,1970,页 2。

注 21:《文史通义》,内篇一,《诗教》上。

注 22:《诸子系统说》。参看《检论》,卷三,页 5 上—19 上。

注 23:《韩昌黎全集》,卷二十,《送王秀才序》,页 9 上。

注 24:《庄子》,卷七,《田子方》第二十一,页 29 上。

注 25:《吕氏春秋》,卷二,《当染》,页 10 上。

注 26:《先秦诸子系年》,《序》,页 23。

注 27:《史记》,卷一,《五帝本纪》太史公赞,页 30 上。

注 28:《庄子》,《大宗师》,页 11 上、24 下。《在宥》,页 30 下、33 下、34 上(两次)、35 下。《天地》,页 4 下、5 上。《天道》,页 29 下。《天运》,页 47 下。《缮性》,页 7 上。《至乐》,页 32 下、34 下。《知北游》,页 41 下(三次)、43 下(三次)。《徐无鬼》,页 25 上、下(二次),《盗跖》,页 37 上。《天下》,页 27 下。

注 29:《淮南子》,卷十九,《修务训》,页 13 下。

注 30:《老子》,第八十章。

注 31:《庄子》,卷四,《胠箧》第十,页 23 下。

注 32: 同上,卷五,《天道》第十三,页 29 下;卷六,《至乐》第十八,页 34 下。

注 33:《史记》,卷六十三,《老庄申韩列传》,页 1 上。

注 34: 同上,页 1 下。

注 35: 同上,卷七十四,《孟子荀卿列传》,页 4 下。

注 36: 同上,卷八十,《乐毅列传》,页 8 下。

注 37: 同上,卷一百零四,《田叔列传》,页 1 上。

注 38: 同上,卷一百二十七,《日者列传》,页 6 下。

注 39:《汉书》,卷六十二,《司马迁传》,页 22 下。

注 40:《史记》,卷六十三,《老庄申韩列传》,页 4 下。

注 41: 同上,卷一,《五帝本纪》,页 2 下、3 上。

注 42: 冯友兰,《中国哲学史》,页 168—170。

注 43:《史记》,卷六十三,《老庄申韩列传》,页 1 上—4 上。

注 44:《淮南子》,卷二十一,《要略》,页 6 上—7 下。

注 45:一说建言是书名。

注 46:《老子》,第二十二、四十一、五十七、六十九、七十八章。

注 47:《论语》,《卫灵公》,第三十九章。

注 48:《史记》,卷六十三,《老庄申韩列传》,页 1 上—4 上。

注 49:《论老子书作于战国之末》,列入顾颉刚编,《古史辨》第四册,页 305—307。

注 50:现在河南鹿邑县。

注 51:《老子章义》,卷三,页 3 上。

注 52:《老子校诂》,页 21。

注 53:《左传》,闵公二年。

注 54:《吕氏春秋》,卷三,《先己》注,页 6 上。

注 55:《重订老子正诂》,页 157。

注 56:《庄子》,《养生》,页 5 下。《德充符》,页 36 下—37 上。《应帝王》,页 30 下—31 下。《在宥》,页 29 下。《天地》,页 9 下。《天道》,页 29 下—32 上。《天运》,页 43 下—44 上,45 下,47 上、下,49 下。《田子方》,页 33 上、34 上、35 上。《知北游》,页 46 上。《庚桑楚》,页 1 上、2 下、6 上、8 上。《则阳》,页 52 下。《寓言》,页 17 上。《天下》,页 34 下、35 下、36 下。

注 57:同上,《天道》,页 29 下。《天运》,页 43 下。《田子方》,页 33 上。

注 58:同上,页 46 上。

注 59:同上,《天运》,页 43 上、49 下。

注 60:《韩非子》,《内储说》下第三十一,页 1 下;卷十八,《六反》第四十六,页 4 上。

注 61:《淮南子》,卷一,《原道训》,页 10 下。

注 62:"聃":《吕氏春秋》,卷一,《贵公》,页 9 上;卷二,《当染》,页 9 下;卷十三,《去尤》,页 6 下。"耽":卷十七,《不二》,页 15 下;卷十八,《重言》,页 5 上。

注 63:《老子道德经考异序》,页 1 上。

注 64:《史记》,卷六十三,《老庄申韩列传》,页 1 下。

注 65:《读书杂志》,第二册,《史记》第四,《老子韩非列传》条,页 78。

注 66:关于这点,可参考马叙伦,《老子校诂》,页 1—3,高亨,《重订老子校诂》,页 150—160。

注 67:《老子章义序》,卷三,页 2 下—3 上。

注 68:《礼记正义》,卷十八,《曾子问》注,总页 1393。

注 69:张守节(壮年 1730),《史记正义》,《列传》,页 1 下,总页 752,引张君相,张君相不知是谁。

注 70:《老子章义序》,卷三,页 3 上。

注 71:胡适,《中国哲学史大纲》,上卷,页 48—49。

注 72:《老学八篇》,页 12。

注 73:《重订老子校诂》,页 157。

注 74:《史记》,卷六十三,《老庄申韩列传》,页 2 上。

注 75:《述学》,补遗《孝子考异》,页 27 下。

注 76:《吕氏春秋》,卷九,《审己》,页 7 下。

注 77:《庄子》,卷七,《达生》第十九,页 2 上;卷十,《天下》第三十三,页 34 下—36 下;《吕氏春秋》,卷十七,《不二》,页 15 下。

注 78:《庄子》,《天下》篇第三十三。《释文》说"尹喜,字公度"(卷十,页 35 上)。

注 79:现在陕西宝鸡。

注 80:现在河南灵宝。

注 81:《史记》,卷四十七,《孔子世家》,页 3 下—4 上。《礼记》,《曾子问》。第三十二节。《礼记正义》,卷十九,总页 1401。

注 82:《朱子语类》,卷一百二十六,第四条,页 3009。

注 83:《述学》,卷四,《老子考异》。

注 84:《洙泗考信录》,页 1,页 20。

注 85:根据《孔子家语》,卷三,页 4 下。

注 86:《史记》,卷四十七,《孔子世家》,《索隐》,页 3 下。

注 87:《史记志疑》,卷二十五,总页 1046。

注 88:《四书释地续》,"适周"条,页 56—57。

注 89:《洙泗考信录》,卷一,页 21。

注 90:《庄子》,卷五,《天运》第十四,页 13 下。

注 91:《中国哲学史大纲》,上卷,页 47—48。

注 92:《庄子章义》,卷二,页 25 下。

注 93:《庄子集解》,页 77,《天道》注。

注 94:同注 49。

注 95:现在安徽宿县西北。

注 96:《庄子》,《天地》,页 9 下;《天道》,页 30 上;《天运》,页 43 下;《田子方》,页 33 上;《知北游》,页 46 上。

注 97:《吕氏春秋》,卷二,《当染》,页 9 下。

注 98:《史记》,卷六十七。

注 99:《庄子》,卷九,《外物》第二十六,页 5 上。

注 100:《先秦诸子系年》,《考辨》第七十二,《老子杂辨》,第八节,《孔子所见老子即老莱子》。

注 101:同注 49。

注 102:《胡适论学近著》,页 132。

注 103:汪中,《述学》,《补遗》,《老子考异》,页 28 下;罗根泽,《诸子考索》,页 225;高亨,《重订老子校诂》,页 186—187。

注 104:《战国策》,卷二十四,《魏策》三,页 4 下。

注 105:《史记》,卷四十四,《魏世家》,页 14 上。

注 106:《援鹑堂笔记》,卷十六,页 7。

注 107:《先秦诸子系年》,《考辨》第七十二,《老子杂辨》,第十七节,《老子之子孙》。

注 108:《重订老子校诂》,页 187。

注 109:武内义雄,《老子の研究》,上,页 150—151,引兰嵎遗稿,《绍衣稿》的《题老子卷首》。

注 110:《史记》,卷五十三,《景十三王传》,页 1 下。

注 111:根据焦竑,《老子翼》(续《道藏》,第一百二十八函,毂上),卷五,页 11 下。

注 112:《太平御览》,卷一百九十一,页 7 下引。

注 113:《老子校诂》,页 7。

注 114:注第二十章。

注 115:马叙伦,《老子校诂》,页 203—213。

注 116:《韩非子》,《解老》第二十;《喻老》第二十一。

注 117:饶宗颐,《老子想尔注校笺》,页 4。

注 118:《中外老子著述目录》。

注 119:《习学记言》(《宋元学案》,卷五十四,《水心学案》上),页 33。

注 120:《述学》,《补遗》,《老子考异》,页 28 下。

注 121:《洙泗考信录》,卷一,页 21。

注 122:《老子辨》(《拙堂文集》,1863),第五节。

注 123:见《庄子》,《胠箧》,页 21 上引《老子》26,页 21 下引 45,页 23 上引 80;《在宥》,页 29 上引 73,页 33 下引 19,页 38 下引 16;《天地》,页 9 下引 65,页 17 下引 3;《天道》,页 34 下引 56;《缮性》,页 7 上引 51;《达生》,页 14 下引 51;《山木》,页 21 下引 24;《田子方》,页 40 下引 56;《知北游》,页 42 上引 43 和 56,页 42 下引 38,页 53 下引 14;《庚桑楚》,页 8 下引 55;《寓言》,页 11 下引 41;《天下》,页 35 下引 28 和 78。严灵峰,《老庄研究》,页 209—212,举 29 条,其中七条不过言意罢了。

注 124:《荀子》,卷十一,《天论》第十七,页 25 上。

注 125:《韩非子》,31,《内储说》下,页 2 下引《老子》36,《难三》,页 3 上引《老子》17 和 63,页 4 下引 65,《六反》,页 4 下引 44。

注 126:《吕氏春秋》,《制乐》,页 7 上引《老子》58,《乐成》,页 10 上引 41;《君守》,页 4 上引 47。

注 127:《战国策》,《齐策》四,页 5 上引《老子》39,《魏策》一,页 3 上引 81。

注 128:根据《汉书》,卷三十,《艺文志》,《墨家类》。

注 129:《太平御览》,卷三百二十二,页 5 下,墨子引《老子》第四章。

注 130:《孟子》,《公孙丑》上,第四章;《离娄》上,第七、八章;《离娄》下,第二十一章;《万章》上,第六章。

注 131:《荀子》,卷十七,《性恶》第二十三,页 2 下—3 下,6 下—8 上。

注 132:《庄子》,卷二,《德充符》第五,页 37 上;卷三,《应帝王》第七,页 31 上。

注 133:《先秦诸子系年》,《考辨》第七十二,第十八节,《老子书之年代》。

注 134:《从吕氏春秋推测老子之成书年代》,列入《古史辨》,第四册,页 47。

注 135:《评论近人考据老子年代的方法》(《胡适论学近著》),页 119—121。

注 136:《古史辨》,第四册,页 48。

注 137:《中国哲学史》,页 210。

注 138:《胡适论学近著》,页 105—109。

注 139:"侯王"见《老子》,32、37、39,"王公"见 42,"万乘之王"见 26,"取天下"见 29、48、57。

注 140:参看上注 49。

注 141:"有天下":《论语》,《宪问》,第六章;"匡天下":《宪问》,第十八章;"以天下让":《泰伯》,第一章;"千乘之国":《学而》,第五章。

注 142:"三公"见《老子》,第六十二章。

注 143:见《墨子》十七次。参看哈佛燕京社《墨子引得》。

注 144:B. Karlgren, "On the Authenticity and Nature of the Tso chuan," *Goteborgs Hogskolas Arsskrirt*, XXXII(1926), P.63.

注 145:Arthur Waley, *The Way and Its Power, A Study of the Tao Te Ching*, London: Allen and Unwin, 1935, pp.127 - 129.

注 146:《庄子》,卷七,《田子方》第二十一,页 29 上。

注 147:《老子道德经出于儒后考》,列入《古史辨》,第四册,页 318—332。

注 148:《老子》,第十八章。

注 149:"仁义"见《老子》,第十八章。"仁与义"见《老子》,第十九章。

注 150:同注 49。

注 151:Fung Yu-lan, *A Short History of Chinese Philosophy*, New York: Macmillan, 1948, p.94.

注 152:《庄子通辨》,页 21—102,287—314。

注 153:《中国人性论史》,《先秦篇》,页 493,引《老子》,第六十八章。

注 154:庄公二十二年,僖公十四年。陈槃先生的审查报告,有所指示。他说:案战国、秦、汉间人著书引述孔子之言,亦多言"仁义"也。例如《公孙龙子·迹府》"仲尼曰:楚王仁义而未遂也";《荀子·哀公》,孔子对哀公曰"仁义在身而色不伐";《吕氏春秋·慎人》,孔子谓子贡"物仁义之道,以遭乱世之患";《韩诗外传》三,孔子谓康子"今其仁义之凌迟久矣"(《说苑·政理》同);又六,孔子谓子路"由、何仁义之寡裕也"?《大戴记·哀公问》,孔子对哀公曰"仁义在己,而不害不志";《说苑·辨物》,仲尼谓颜渊"行躬以仁义"。子路之言亦然,《韩非子·外储说右》上"子路怫然怒,攘肱而入,请曰'夫子疾由之为仁义乎?所学于夫子者,仁义也'"。此诸书所引,盖亦大抵可信……由此而论,"仁义"并提,已早在春秋初世,是则孔子教学之不离仁义,不为异也。下逮战国,孟子私淑孔子,其昌言仁义,不为无本,亦可知矣。捷按:《左传》“仁”“义”不连词,孔子则连词,是则孔子为“仁义”一词之始也。

注 155:《老子》,第四十二章。

注 156:《庄子》,卷一,《齐物论》第二,页 33 下。

注 157:《中国哲学史》,页 28,210。

注 158:《诸子考索》,页 13—61。

注 159:《朱子语类》,卷一百二十六,第四条,页 3009。

注 160:同注 109。

注 161:《老子道德经考异序》,页 1 上。

注 162:《洙泗考信录》,卷一,页 21。

注 163:《述学》,《补遗》,《老子考异》,页 28 下。

注 164:《说儒》(《胡适论学近著》),页 60—73。

注 165:《论老子书成于战国之末》,列入《古史辨》,第四册,页 305—307。

注 166:《老子校诂》,页 18;《辩老子非战国后期之作品》,列入罗根泽编,《古史辨》,第六册,页 526—533。

注 167:同上注 147。

注 168:《老子の研究》,上,页 19、59—60。

注 169:《老学八篇》,页 8。

注 170:《周秦诸子考》,页 36、51、62—63。

注 171:《中国哲学史》,页 210—213。

注 172:《老子年代之考证》,列入《古史辨》,第四册,页 369、377—378。

注 173:《从吕氏春秋推测老子成书年代》,列入《古史辨》,第四册,页 501、517。

注 174:《老子时代新考》,列入《古史辨》,第六册,页 597、631。

注 175:注 145 引书,页 106、127。

注 176:《先秦诸子系年》,《考辨》第七十二,《老子杂辨》,第八、九、十八节;《再论老子成书年代》,列入《古史辨》,第六册,页 533—538。

注 177:《老庄哲学》,页 10—19。

注 178:《老子校诂》,页 9,477。

注 179:《道家の思想と其の开展》,页 5、27。

注 180:Homer H. Dubs, “The Date and Circumstances of the Philosopher Lao-dz,” *Journal of the American Oriental Society*. LXI(1941), pp.217 - 219。

注 181:《青铜时代》,页 245—246;《十批判书》(上海,群益出版社,1950),页 185。

注 182:《诸子通考》,页 174。

注 183:《中国政治思想史》,上,页 52—53。

注 184:《中国古代思想学史》,页 9—15、159;《中国思想通史》,第一册,页 259。

注 185:《中国古代思想史》,页 245;《简明中国思想史》,页 23。

注 186:《老庄哲学》,页 4。

注 187:《重订老子校诂》,页 171。

注 188:《诸子考索》,页 279。

注 189:《老子》,页 30。

注 190:《老庄研究》,页 269、285、309、333。

注 191:《老子的研究》,列入《老子哲学讨论集》,页 5—6。

注 192:《老子の新研究》,页 35、164。

注 193:《诸子的我见》,页 1、204、206、209、213。

注 194:《春秋哲学史论集》,页 426。

注 195:《中国人性论史》,《先秦篇》,页 475、480、502。

注 196:《中国哲学史》,第一卷,页 133、146、149、155。

注 197:王念孙,《读书杂志》,卷十六,《余编》上,《老子》,"夫佳兵者不祥之器"条,页 12—13,说"'佳'当作'隹',文之误也。'隹'古'唯'字"。元大德三年(1299)陕西宝鸡县磻溪宫《道德经》幢"佳"字作"隹"。但是卢文弨,《抱经堂文集》,卷二十二,《佳兵者不祥解》,页 16 下,说不应该通篇只有这个"佳"字用古文的"隹"。

注 198:王应麟,《困学纪闻》,页 10,说:"晁景迂云'王弼注《老子》,知"佳兵不祥之器"至于"战胜以丧礼处之",非老子之言'"。这是晁说之跋王弼《老子注》的话。张太守(壮年 1098)《道德真经集注》直接引王弼的话说"疑此非老子之作也"。

注 199:《论语》,《学而》,第十二章;《子张》,第二十二章;《卫灵公》,第二十五、二十九章。

注 200:《中庸》,第一、十三章。

注 201:《韩非子》,卷六,《解老》第二十,页 7 上—8 上。

注 202:通常读"常无欲""常有欲"。王安石(1021—1086)开始读"常有""常无"(《老子注》)。苏轼(1036—1101)(《老子解》)和司马光(1019—1086)(《道德经述要》)也是一样。

注 203:敦煌本作"曒"(白),王茂材(壮年 1874)《老子解》作"窍"(穴),李约(652—683)《道德经新注》作"侥"(幸),王弼《注》解"徼"做"归终",河上公《注》解做"归"。陆德明(《老子音义》)解做"边"(边际)。

注 204:Homer H. Dubs, "Taoism," in Harley Farnsworth MacNair, ed., *China*, Berkeley: University of California Press, 1946, p.272.

注 205:这和《老子》第二十八章原文有点省略。以下是采用《老子》第六十七、七十八、十五、二十二、五十九、五十六等章的意思。

注 206:《周子全书》,卷一。

注 207:刍狗,是结草做狗,祭礼用完后就不要,苏辙的话在他的《老子解》。

注 208:《庄子》,卷三,《大宗师》第六,页 10 下。

注 209:《诗经》,《大雅》,《荡》,《烝民》。

注 210:景龙,《道德经》碑和敦煌本都作"生"。王弼注说"无所不周普"。

注 211：马叙伦(《老子校诂》)疑“天”是“大”的错字。王注继续说“则乃至于同乎天地”。

注 212：根据张锡昌,《老子校诂》,四十二章作“袭”。马叙伦说“袭”“习”古时通用。

注 213：唐明皇《道德经注》以为“载”“哉”两字互通,应该在前章最后,若干注家跟从他。以为全章都是四字一句而单独这章有五个字,所以应该减少一个字。然而王《注》、河上公《注》和其他的注很多把“载”字放在这章之首。《淮南子》,《道应训》第十二,页 14 上,引《老子》说“载营魄抱一”。

注 214：《朱子语类》,卷一百二十五,第三十五条,页 2995。

注 215：俞樾,《诸子平议》,卷八,页 145,和刘师培(1884—1919),《老子斠补》(《刘申叔遗书》,第二十六,页 5 上)等以这“知”字和下面的“为”字应该调换,因为治国属于为,四达属于知。又查《淮南子》,卷十二,《道应训》,页 3 下,也引“明白四达,能无以知乎”?

注 216：各人解释不同。王注说“天下之所由从也”。河上公《注》说“北极紫微宫……治身天门谓鼻孔”。成玄英《老子注》“天门者,心也”。范应元(1240—1269)《老子道德经古本集注》,吾“之心神出入”。《想尔注》解做“因女阴阳孔”。《庄子》,卷六,《桑庚楚》第二十三说:“天门者,无有也。”

注 217：《论语》,《子路》,第二十七章。

注 218：《汉书》,卷三十,《艺文志》,总论道家,页 16 上。

注 219：第八、二十二、六十六、七十三、八十一等章。

注 220：第三十二、四十四、四十六等章。

注 221：《朱子语类》,卷一百二十五,第三十八条,页 2997。论《老子》,第三十六章。

注 222：《遗书》,卷十八,页 39 下。

注 223：《朱子语类》,卷一百二十五,第五条,页 2987。

注 224：《道德经注》。

注 225：《老子》,第十五、十九、二十八、三十二、三十七、五十七等章。

注 226：同上,第一、二十、二十五、五十二、五十九等章。

注 227：《论语》,《宪问》第十四,第三十六章。

注 228：《论语》,《告子》,第二章。

注 229：很多版本作“不”。

注 230：《孟子》,《离娄》上,第十四章。

注 231：《论语》,《宪问》,第十四、三十六章。

注 232：王弼注说“虽死而以为生之道不亡”,吴澄解做人心,注家多以为德之不朽。

注 233：这和《列子》,《黄帝》第二,页 3 上,大略相同。

注 234：《吕氏春秋》,卷九,《审己》,页 7 下,文字和《列子》,《说符》第八,页 1 下,大略相同。

注 235：《列子》,《说符》第八,页 1 上。

注 236：《老子》,第四十七章。

注 237：同上，第六十三章。

注 238：郭沫若，《十批判书》，页 179；钱穆，《先秦诸子系年》，《考辨》第七十二，第五节。

注 239：郭沫若，《青铜时代》，页 245—246；《十批判书》，页 185。

注 240：徐复观，《中国人性论史》，《先秦篇》，页 502。

注 241：《十批判书》，页 179。

注 242：《庄子》，卷九，《寓言》第二十七，页 17 上下。

注 243：《说苑》，卷七，《政理》，页 17 下。

注 244：《韩非子》，卷十八，《八说》第四十七，页 5 下。

注 245：不清楚。

注 246：不清楚。有人说是公孙龙的字。

注 247：《韩非子》，卷十九，《显学》第五十，页 8 下。

注 248：同上，页 7 下。

注 249：《庄子》，卷一，《齐物论》第二，页 26 上；卷八，《徐无鬼》第二十四，页 28 上、29 上、34 上。

注 250：同上，《骈拇》，页 3 下；《胠箧》，页 23 上；《天地》，页 21 上；《徐无鬼》说"儒、墨、杨、秉"，页 28 上。

注 251：《论语》，《雍也》，第二十八章。

注 252：《老子》，第十三、八十一章。

注 253：《朱子语类》，卷一百二十六，第四条，页 3009。

注 254：《史记》，卷六十三，《老庄申韩列传》，页 4 下。

注 255：战国时代的宋地，后来并于楚，汉时隶属于梁。

注 256：现在的河南高邱县，即是归德城，一说是山东菏泽县。

注 257：这事也见《庄子》，卷十，《列御寇》第三十二，页 22 下。

注 258：《韩非子》，卷七，《喻老》第二十一，页 4 下。

注 259：《中国哲学史大纲》，上卷，页 254。

注 260：现在的安徽凤阳县。

注 261：现在的山东菏泽县地。

注 262：现在的河南扶沟县。

注 263：传说庄子也曾居隐在山东曹县南华山的山顶。天宝元年（742），《庄子》题名《南华真经》。

注 264：根据《汉书》，卷三十，《艺文志》，页 15 下，《庄子》共有 52 篇。已经丧失而篇名还存在的有陆德明《释文》里引郭象说的"《阏奕》《意修之旨》《危言》《游凫》《子胥》之篇"。《庄子传》的《索隐》说"《畏累虚》，篇名也"。《北齐书》（《百衲本》，1967），卷二十四，《杜弼传》（页 17 下，总页 10530）说"又注《庄子·惠施篇》"。《南史》（《百衲本》，1967），卷七十二，《文学传》（页 19 下，总页 12768）记载何思澄（479—532）仿拟庄周《马捶》。至于本传里的《亢桑子》就是现在的《庚桑楚》。马叙伦辑了佚文一百二十几条，在他的《庄子义证》附录二，这是最齐备的。

注 265：旧注有晋司马彪（306 卒）《注》（二十一卷，五十二篇；内篇七，外篇二十八，杂篇十四，解说三）；孟氏《注》；崔谍《注》（十卷，二十七篇；内篇七，外篇二十，没有杂篇）；李颐《集解》（三十卷，三十篇，一作三十五篇）。这些注都失了。

注 266：《世说新语》，上卷，《文学》第四，卷上之下，页 13 下—14 上。

注 267：《晋书》，卷五十，《郭象传》，页 5 上，文句相同。陆德明，《经典释文》说"向注无杂篇"。

注 268：根据严灵峰，《列子庄子知见书目》。

注 269：比如许地山（1892—1941），《道教史》上，分做五期；郎擎霄，《庄子学案》，页 24、27，分做三组。

注 270：《苏东坡全集》，卷三十二，《庄子祠堂记》，页 6 下—7 上。

注 271：宋濂，《诸子辨》，页 21，"庄子"条；王夫之，《庄子解》序，又 27 篇首；姚际恒，《古今伪书考》，页 25—26，"庄子"条。

注 272：郭象注说"鹏鲲之实，吾所未详"。以后鲲为大小鱼，小鱼，鱼卵，以鹏为凤，都是强为之说。

注 273：《南华经解》，卷六，页 8 上。

注 274：《老子》，21。

注 275：《云门文偃》（949 卒）的话，载在慧开（1183—1260）的无门关，第二十一则。

注 276：郭象、陆德明都解做几何。严复（1853—1921）（《庄子点评》）说"几"当作"机"，胡适，《中国哲学史大纲》，上卷，页 260—261，引《易经》，《系辞》上传第五章"几者动之微"，解做几微和原子。

注 277：王先谦，《庄子集解》，卷一，页 18。说"以受于亲者归之于亲，养之至也"。

注 278：同上，页 41，说，疑是"卵"字之误，《齐物论》说"见卵而求时夜"。

注 279：注《齐物论》，"罔两"段（卷一，页 47 上）。

注 280：王念孙，《读书杂志》，卷十六，《余编》上，《庄子》，"与造物者为人"条，页 16，说"'人'者，偶也，为人，犹为偶也。《中庸》'仁者，人也'（第二十章）；郑（玄）注曰'人也，读如相人偶之人'"。

注 281：《齐物论释》，解题。

注 282：本段所引都是《齐物论》。

注 283：《庄子》，卷九，《渔父》第三十一，页 9 下，说"真者，精诚之至也"。《刻意》第十五讲真人，不了解圣人逍遥游和齐物的境界。

注 284：传说在北海。说他即是现在山西临汾县的姑射山，是没有根据的。

注 285：《荀子》，卷十五，《解蔽》第二十一，页 5 下。

注 286：《史记》，卷六十三，《老庄申韩列传》，页 5 上，"空语无事实"的话（同页），是指《畏累虚》《亢桑子》等篇而言的。

注 287：《朱子语类》，卷一百二十五，第十八条，页 2989。

注 288：《诸子辨》，"庄子"条，页 21。

注 289：《庄子疏序》。

注 290：《汉书》，卷七十二，《王贡两龚鲍传》，页 2 上，"依老子、严周之指"，颜师古注说"严周即庄周"。汉明帝（58—75 在位）名庄，所以避讳改严。

注 291：《淮南子》，卷二十一，《要略》，页 3 上，"道应者，考验于老、庄之术"。这比较早过《汉书》，卷一百，《叙传》，页 6 上，"贵老、严之术"，和《后汉书》，卷六十，《马融传》，页 1 上的"老、庄"了。

注 292：同注 123。

注 293：如《庄子》，卷五，《天运》第十四，页 41 上下，解"刍狗"（《老子》，第五章）；卷十，《知北游》第二十二，页 53 上，解"道可道"（《老子》，第一章）等。

注 294：山东临淄县。

注 295：《史记》，卷四十六，《田叔仲完世家》，页 13 下—14 上；卷七十四，《孟子荀卿列传》，页 3 下—4 上。

注 296：《盐铁论》，卷十一，《论儒》，页 13。

注 297：桓公设立学宫之说，根据徐干（171—218），《中论》（四部丛刊本，1929），页 18，《亡国》卷下，页 27 下。

注 298：见钱穆，《先秦诸子系年》，《考辨》第七十五，《稷下通考》。

注 299："宋钘"见《庄子》，《天下》，页 30 下；"宋荣子"见《庄子》，《逍遥游》，页 7 下；"宋子"见《荀子》，《天论》，页 25 上；《正论》，页 18 下；《解蔽》，页 5 上；"宋荣"见《韩非子》，《显学》，页 8 上；"宋牼子"见《孟子》，《告子》下，第四章。

注 300：孙奭，《孟子正义》（《孟子疏》）说"宋国地也"。《一统志》以为是河南旧卫辉府，即是现在的汲县，这是不足信的。

注 301：《荀子》，卷三，《非相》第五，页 13 下。

注 302：《先秦诸子系年》，《附诸子生卒年世约数》。

注 303：马国翰有《宋子辑逸》一卷，郭沫若，《宋钘尹文遗著考》（《青铜时代》），以为《管子》中《心术》上下和《内业》是宋钘所著的。

注 304：陶潜，《靖节先生集》（《四部备要》本，1966），卷十，《圣贤群辅录》，附《三墨》；俞正燮，《癸巳类稿》，卷十四，《墨学论》；胡适，《中国哲学史大纲》，上卷，页 349；梁启超，《诸子考释》，页 9；钱穆，《先秦诸子系年》，《考辨》第一百二十三；但是孙诒让《墨子闲诂 · 后语 · 墨子传授考》则否认之。

注 305：《史记》，卷一百三十，《太史公自序》，页 4 上。

注 306：《说苑》，卷一，《君道》，页 1 上；《艺文类聚》，卷二十，页 4 上、下。

注 307：《吕氏春秋》，卷十六，《正名》，页 17 下—18 上。

注 308：同上注 302。

注 309：《四库全书总明提要》，子部，杂家，页 2454。罗根泽，《诸子考索》，页 398—409，拿三个证据来证明这是假的，参看唐钺《尹文和尹文子》，列入《古史辨》，第六册，页 234—241；罗根泽，《尹文子探源》，列入《古史辨》，第六册，页 244—257。

注 310：《老子》，第二、四十三章。

注 311:《史记》,卷七十四,《孟子荀卿列传》,页 4 下—5 上。

注 312:马国翰有辑《田子》一卷,在《道家佚书辑本十七种》里。

注 313:唐氏引韩愈"田子方之后而为庄周"的话做支持,参看注 20。

注 314:《战国策》,卷十一,《齐策》四,页 7 上。

注 315:《淮南子》,卷十八,《人间训》,页 12 上。威王是宣王或是湣王之误,孟尝君受封,最早在宣王的时候。

注 316:同注 302。

注 317:《吕氏春秋》,卷十七,《不三》,页 15 下。

注 318:《尸子》,《广泽》上,页 9 上、14 下。这本书不可靠的,这里的贵均,是指治法。

注 319:《吕氏春秋》,《执一》,页 17 上;《淮南子》,卷十二,《道应训》,页 12 上下,所载略同,而于论政的地方加了《老子》,第十四章,"无状之状,无物之象"。

注 320:《吕氏春秋》,卷四,《用众》,页 9 下—10 上。

注 321:同上,卷二十六,《士容》,页 1 下—2 上。

注 322:《战国策》,卷十五,《楚策》三,页 3 上下。

注 323:《孟子》,《告子》第六下,第八章。

注 324:《史记》,卷七十四,《孟子荀卿列传》,页 4 下—5 上。

注 325:同上,卷四十六,《田敬仲完世家》,页 13 下—14 上。

注 326:《盐铁论》,卷十一,《论儒》,页 13。

注 327:《汉书》,卷三十,《艺文志》,页 17 上,法家,《慎子》注。

注 328:《史记》,卷七十四,《孟子荀卿列传》,页 4 上;张守节,《正义》;《荀子》,卷一,《修身》第二,页 20 上,杨倞注;《郑樵》,《通志》,卷六十八,《艺文志》,"法家",页 1 上。

注 329:《淮南子》,《道应训》第十二,页 18 上。

注 330:参看《四库全书总目提要》,子部,杂家类,《慎子》,页 2454—2455。

注 331:参看罗根泽,《诸子考索》,页 522—529;方国瑜,《慎懋赏本慎子疏证自序》,列入《古史辨》,第六册,页 313—321。

注 332:《荀子》,卷三,《非十二子》第六,页 13 下—14 上,卷十五,《解蔽》第二十一,页5 上。

注 333:同上,卷十一,《天论》第十七,页 24 下。

注 334:《慎子》,《逸文》,页 14。

注 335:同上,《因循》,页 3。

注 336:《韩非子》,卷十七,《难势》第四十,页 1 上。

注 337:都是《慎子》,《威德》,页 1—2。

注 338:同上,《君人》,页 6。

注 339:同上,《逸文》,页 13。

注 340:同上,《威德》,页 1。

注 341:《老子》,第四十七章。

注 342：同上注 330。

注 343：《史记》，卷七十四，《孟子荀卿列传》，页 4 下—5 上。

注 344：《慎子》，《内篇》，页 9 下；《外篇》，页 20 下，27 上、下。

注 345：郭沫若，《十批判书》，页 179；钱穆，《先秦诸子系年》，《考辨》第七十二，第五节。

注 346：见《战国策》，卷十四，《楚策》一，页 5 上。

注 347：见《史记》，卷七十一，《甘茂传》，页 9 上。

注 348：钱穆，《先秦诸子系年》，《考辨》第一百四十六。

注 349：同上注 302。

注 350：《史记》，卷四十六，《田敬仲完世家》，页 13 下；卷七十四，《孟子荀卿列传》，页 3 下—4 上。

注 351：《盐铁论》，卷十一，《论儒》，页 12。

注 352：同上注 302。

注 353：《吕氏春秋》，卷十七，《知度》，页 11 上；卷二十一，《审为》，页 6 上。

注 354：同注 302。

注 355：参看《四库全书总目提要》，子部，杂家类，页 2453—2454。

注 356：《吕氏春秋》，卷二，《贵生》，页 4 下。

注 357：同上，卷二十一，《审为》，页 6 上、下。《庄子》，卷九，《让王》第二十八，页 21 上、下，也载这问答。

注 358：《吕氏春秋》，卷十七，《知度》，页 11 上、下。

注 359："詹何"见同上，《重言》，页 5 上；"瞻子"见《庄子》，《让王》，页 26 下—27 上；"詹子"见《吕氏春秋》，《执一》，页 16 下，和《淮南子》，《道应训》，页 6 下。

注 360：《吕氏春秋》，卷十七，《执一》注，卷二十一，《审为》注，页 6 下。

注 361：同注 302。

注 362：《庄子》，《让王》，页 26 下—27 上，与《吕氏春秋》，《审为》，页 6 下—7 上，所记略同。

注 363：《吕氏春秋》，卷十七，《执一》，页 16 下。

注 364：马国翰有辑《公子牟子》一卷，在《道家佚书辑本十七种》里面。

注 365：《吕氏春秋》，卷二十一，《审为》，页 6 下，高诱注。

注 366：《汉书》，卷二十，《古今人表》，页 38 下。

注 367：《庄子》，卷九，《让王》第二十八，页 27 上。

注 368：同上，卷六，《秋水》第十七，页 26 下—27 上。

注 369：孙诒让，《籀庼述林》，《述》一，《子莫学说考》，页 33 上—34 下；罗根泽《子莫考》，列入《古史辨》，第六册，页 365—366。

注 370：马国翰辑他几句做《黔娄子》一卷，在《道家佚书辑本十七种》里。

注 371：《靖节先生集》，卷六，页 7 下—8 上。

注 372：即是旧长山，在山东山长县南边。

注 373：《孟子》，《滕文公》第三下，第十章。

注 374:《荀子》,卷三,《不苟》第三,杨倞注,卷三十二,页 10 上。灌园的事根据《史记》,卷八十三,《邹阳传》,页 14 上,“於陵子仲辞三公,为人灌园”。

注 375:《韩非子》,卷三十二,《外诸说左》上,页 5 上。

注 376:同注 373。

注 377:《淮南子》,《汜论训》第十三,页 15 下。

注 378:《战国策》,卷十一,《齐策》四,页 6 下—7 上。

注 379:同注 302。

注 380:参看《四库全书总目提要》,子部,杂家类,页 2591。

注 381:《鹖冠子》,《近迭》第七全篇;《度万》第八全篇;《王铁》第九全篇;《兵政》第十四全篇;《学问》第十五全篇;《武灵王》第十九下,页 18 上—20 上。

注 382:《四库全书总目提要》,子部,杂家类,页 2455—2456。

注 383:马国翰辑前头的话做《郑长者书》一卷,在《道家佚书辑本十七种》里。

注 384:《韩非子》,卷十三,《外储说右》第三十四上,页 5 上、下。

注 385:马端临,《文献通考》,卷二百一十二,《经籍考》,子类,《尹文子》下引《周氏涉笔》(原引刘向)。

注 386:郭沫若,《十批判书》,页 201。

注 387:《四库全书总目提要》,子部,杂家,《尹文子》,页 2454。

注 388:同注 20,唐著,页 16、17。

注 389:同上,页 17。

注 390:《史记》,卷六十三,《老庄申韩列传》,页 8 上。

注 391:同上,卷一百三十,《太史公自序》,页 4 上。

注 392:胡适,《中国中古思想史长编》,页 267。

注 393:邵雍,《皇极经世书》,卷五,页 1 上,7 上;卷六,页 8 下;卷七上,页 1 上—27 下;卷七下,页 2 下,19 下—23 下;卷十上,页 9 下—17 下。

注 394:程颢,《明道文集》,卷三,页 1 上下。

原载台湾“中研院”《历史语言研究所集刊》,第四十四本,第三分册(一九七二,十月),页 435—498。

中国哲学之理论与实际

——特论人本主义

黎登鑫 译
万先法 校订

为欲了解中国哲学理论与实际事物之关系,吾人首先必须了解中国人对该一关系做何看法,继而了解理论如何关系联到实际上去。本论文因而分成两部分:(1) 中国之真理观念;(2) 实际之人本主义,即被视为最具力量之人本主义。

吾人常说,中国哲学理论与实际之关系,较诸其他国家,更为密切。不论真实与否,其关系之非常密切,确为事实。其缘何致此,吾人常说,中国大部分历史上主宰中国人思想之体制即儒家体制,乃是控制中国教育、社会与政府长达两千年左右之一体制,因此,理论与实际之间,一向均具有异常之亲缘性。吾人亦尝说,中国哲学家对于抽象理论不感兴趣,而把思维主要指向实际之问题。另有理论说,中国哲学主要为实证的,缺少绝对而乏弹性之理论,因而更易应用于人间事务。

凡此主张,多少有些真实,但事事却要较之深厚得多。为欲充分解释中国哲学之实际特性,吾人必须了解中国人之真理观念。首先,真理并不被了解为由上帝所启示,抑或被了解为一抽象原则,不论其多合逻辑。相反地,真理只是人间事物上一项可发现与可指示之原则。换言之,真理之真正考验乃在人间历史上。因此,孔子(公元前 551—前 479)之经常提起传说中之圣王尧、舜与一再瞻顾过去,乃在找寻真理之历史证据。设若此为保守主义,则不过对此一追寻之一巧合而已。儒家思想在漫长而源源不绝之中国历史上,一直具有漫长而源源不绝之主宰力量,此一事实更使吾人确信理论与实际两者之密切关系。中国哲学史上,吾人一向不断争论理是否超越或内在于事务本身之一问题。粗略言之,代表新儒家理性主义一派之朱熹(1130—1200)学派,坚持理乃内在于事事物物当中,而代表新儒家理想主义一派之王阳明(王守仁 1472—1529)学派,则坚持理内在于心。然而,他们两者都同意,理之有效与否,只有在实事实物当中验证出来。事实上,中国哲学家往往不分实在性(reality)与实现性(actuality)。从专门哲学之观点而言,中国此一立场不够洗练,但中国精神之强调理论与实际事物之亲缘性却很清晰。

由于真理只能在事件——主要为人事——中加以发现与验证,其必然之结果,厥为一真理之记载,乃见于历史文献当中。孔子即一再回顾此类记载,而不论其写下与否。此类记载最后成为中国之经典,最著者为“四书”与“五经”(注1)。吾人通常了解此类经典乃儒家教化之基石。然而,一般并不了解大部分儒家人物亦均视之为史。该等记载不单是变动之人事历史,并且是揭示与职掌永恒原则此诸事物之历史。中国表示古典之“经”字,意即恒常,表示不变不易之意。像胡适允当之言,中国古典在中国乃充当为自然法,因为它们高高凌驾在政府、社会、宗教与其他各方面之中国文化上(注2)。就历史而言,此等经典早在公元前2世纪便已由儒家学者树立为权威,目的在于节制皇帝之权力。该等经典被视为最高权威,甚至凌驾在被认为具有绝对权力之君主之上。公元前124年,设有一所国立大学,分为五院以与“五经”相应,每院则附有五十位全国名儒。从14世纪初开始,儒家经典成为文官科举考试之标准教本。1905年以前,此等经典一直被视为人生各层面之常规。如此,它们为中国提供一套标准,随时可供讨论与察验。儒家经典长久维系了中国文化与生活之统一与和谐。而最重要者,此等经典一直是真理之有效性主要见于历史此一信念之活证。而此正如一位儒门人物所说“百世以俟圣人而不惑”(注3)。同时,此等经典势力益见庞大,进而主宰中国思想,钳制了具有创造性之哲学思维,并挫折了学术之多样性。有时,此等经典之研究甚至堕落为纯粹之经院烦琐哲学。吾人之信仰此等经典之无上权威,无疑地拖延了中国学术复兴与自然科学之进展。

儒家经典之被接受为人间活动之最高准则,此一事实之隐含之意为此等经典所包含之永恒真理主要为道德真理。此为中国之真理观念之另一重要方面。自然法涵盖万事万物。因此,万事万物,不论其为人事或自然,均具有一道德特性。当公元前2世纪之儒家倡导政事与星象相对应之哲学时,他们并非相信占星学。他们主要是受到政治推动,有意利用某些客观法律与事务以控制皇帝。然而,在此一政治活动背后,吾人恒具有主要为道德真理之基本信念。意即一切真理,不论其显现在自然或在人间历史上,其目的均在陶冶道德。中国人民对于自然事务与人事并无绝对区分,两者均以“事”字代表(只有怀特海之“事件”“event”一词,庶几近之)。两者均遵守同一套法律,其中尤以道德法为其终极。结果,自古讨论真伪问题者少之又少,而讨论善恶问题者特多。事实上,不论是儒、道、佛三家,善恶问题,一直是中国整个历史上最重要之哲学问题。就其超越层面而言,佛家否认善恶之区分,道家到某一幅度,亦复如是。而受到佛、道影响之新儒家,亦有类似之说法。但中国哲学家一向会很快补充说,在超越层面上无善恶之分,其本身乃是善的。如程颢(程明道,1032—1085)之名言:"天下善恶皆天理。谓之恶者非本恶。"(注 4)而朱熹更补充道:"当然之理无有不善者。"(注 5)"是非"一词之几乎不可或易地具有道德含义,殊值吾人注意。

然而,仅读古籍,进而为了解其中所包含之道德真理,还有所不足。只有个人在人事当中实际磨炼而真正体认真理时,此一真理才富有生命。此为"体认",亦即为个人体现与亲证之观念,而简单之翻译,对此一观念实无能为力。此观念涉及吾人对于事物批判性与理性之了解,个人对于此等事物之意义与重要性之信念,以及最后对于其终极实体之直觉。此种体认,只有在饱经人事经验后才可获致。而此一体认最强烈之宣扬者为理想主义之新儒家王阳明。他绝非是一向被责为假着儒服之佛门之禅,因为他一直坚持:体认之前,"必有事焉"(注 6)。依阳明之说,终极真理只有在人事当中加以了解、体认与实现。当然,王、程与朱都谈论道德真理。对大部分中国哲学家而言,无一真理超出道德之外。

真理与经验此一密切之关系,可在另一观念,亦即言行之密切关系里表达出来。孔子乃是最头一位同样重视两者之中国思想家。他总坚持言行一致。他说:"吾听其言而观其行。"(注 7)他又说:"君子言之必可行也。"(注 8)《中庸》说:"言顾行,行顾言。"(注 9)古代中国哲学正名之整个学说,以及古中国名实(注 10)一致之广泛讨论,其意涵在伦理而不在认识论或形上学。整个新儒家运动,同样忠实维系此一言行之并重。依据程颐(程伊川,1033—1107)及其兄明道之见,延伸知识(其中言说只是表达而已)与具体表现之努力,须同时并行(注 11)。朱熹说:"知行常相须。如目无足不行,足无目不见。论先后,知为先。论轻重,行为重。"(注 12)他又说:"知与行工夫须著并到。知之愈明则行之愈笃,行之愈笃则知之愈明。"(注 13)最后之结果为王阳明有名之知行合一学说。他说:"知是行的主意,行是知的工夫。知是行之始,行是知之成。"(注 14)阳明通常被认为是此一学说之倡导者,他虽是头一位认同知与行之人物,然对两者之并重及其所隐含之相互含摄,则古已有之。事实上,强调知行之平等与同一,其重点却总在行上。此一传统可上溯到《书经》,《书经》说:"知之匪艰,行之惟艰。"(注 15)孔子踵武前贤,他教导说:"君子先行其言,而后从之。"(注 16)吾人业已指出,朱子视行重于言。孙中山将古代之学说转为"知难行易",他乃真正维系了吾人重行之悠久传统。由上所说,吾人显然可见,中国传统里,理论与实际一向被视为相辅相成,彼此依赖,两者交融,甚至同一。随同此一信念,或许由于此一信念,中国思想史上发生了几大进展。其一是传统之中国里,哲学从未独立成学。其独立成学只是受到西方影响之结果。吾人并非一向缺乏形上学。新道家哲学与许多佛家哲学均具有高度之形上色彩,但却在中国思想主流之外。在中国之主要传统里,哲学并不独立成学,而被认为是对于人事种种关系与复杂之研究。"哲"字与希腊之"sophia"意思相同。字源上从"口"从"手"(或斧)构成为一整体,因而揭示吾人之言与行。但吾人对此一字源殊难确定。无论如何,哲学基本上恒被了解为智慧。儒家经典中,与哲学相当者为原先用做占卜之《易经》。若将中国哲学解释为源出古之卜筮,则失之远矣。中国哲学与占卜之关系,与超自然或启示毫无关系。吾人毋宁说,占卜在古中国社会中具有哲学功用,因为占卜乃在寻找行动之决策,而后者正是中国人民所了解者之为中国哲学之目的本身。简言之,哲学乃致力于日常生活与平常行动。因此,中国人并未发展出与日常语言不同或超出匹夫匹妇了解之外之特别哲学名词。如《中庸》所说,君子之道,"夫妇之愚,可以与知焉"(注 17)。主要名词如"理""气""阴""阳"与"仁"等,乃至艺术、政府、医药,甚至烹饪等字眼都关联着日常生活的各层面。新道家与佛家确曾使用非常专门之哲学名词,而有些名词如"气",变得非常专门,但它只是例外,而非常规。

与理论与实际之密切关系相平行或与此渊源有自之另一有趣发展即是:除了少数哲学家——其中之著名者为庄子(约公元前 369 年生)、道家郭象(312 卒)与新道家与佛家——以外,全都是热衷于社会与政治之人物。孔子当然是树立此一典型之人物。《孟子》书上提到孔子说:"孔子三月无君,则皇皇如也。"(注 18)孔子之栖栖惶惶于入世,若是其甚。从董仲舒(约公元前 176—前 104)中经朱熹以迄康有为(1857—1927),除少数例外,凡属名儒,几乎都是积极入世之从政人物。王阳明为一典型例子。阳明自二十八岁任官起,除了七八年以外,均献身政事——当过知县、巡抚抑或平定数场叛乱之提督等职。今日,中国哲学家也都亲身卷入社会与政治运动之中。

由于中国哲学家一向重行胜于重言,由于他们本身致力于社会与政治行动,因此他们很少自闭于象牙塔里撰写长篇之哲学论文或任何理论题目。此即可解释在浩瀚之中国典籍中,为何缺乏此类材料。彼等常以对话、书札与官方文件阐扬其学说。职是之故,孔子、老子及其他人物之教义,均见于对话。像《庄子》一书似乎包含系统化之论述。但其实乃是一系列之对话。程颢两篇最重要之著作,一为《定性书》,而一为《识仁篇》(注 19)。前者乃信札之一部分,而后者则为一篇对话。同样地,王阳明最重要之著作乃其《传习录》。该书为记录之对话,特别是《拔本塞源论》,乃《传习录》中一封信之一部分(注20)。朱熹之哲学泉源为其所录下并出版而共分一百四十卷之对话。

中国哲学,其实质表现于中国人民之日常生活与日常言语当中,而大部分哲学家均为积极人物,且其哲学著作主要均为与实际人生有关之著作。凡此事实该可使吾人相信,理论与实际之密切关系在中国不单是一信念,且系一明确之事实。然而,吾人至少仍需审验一基本学说,以视其如何应用于实际事务当中。若欲如此,吾人必须找寻一长久流行而为儒家、道家与佛家所共具、最足代表三家之学说。此一学说所幸并不难找。大部分探究中国思想之学者会立刻提到人本主义为三大传统思想体系之特色。因为人本主义很明显地表现在中国人生各层面,且在中国流行达数世纪之久。

人之显现至尊至重,早在中国古时,也许孔子之前,便已发生。商朝时代(公元前1751—前1112)神鬼直接凌驾在人与人事之上。到周朝(公元前1111—前249)影响力逐渐衰退。统治者凭以取得统治权力之天命,由过去之绝对而于今则以疑惧视之。“天命靡常”,早期之周朝诗人宣称(注21)。他复道:“无念尔祖,聿修厥德。”(注22)吾人于今转而强调人及其德性。此一强调人德以取代昔之强调鬼神之力或上帝之力,乃代表商朝之急遽过渡到周朝。商朝之征服一定需要大智大能,凡有思想者不会无视人之重要。新行业与新城市之建造,需要各种新才干。人之角色因而日益重要。公元前645年,宰相子产宣称:“天道远,人道迩。”(注23)及至公元前547年,终于发出下列名言而确定表达出中国传统不朽之观念:“太上有立德,其次有立功,其次有立言。虽久不废,此之谓不朽。”(注24)

将中国之人本主义带到最高之境地者,当然首推孔子。弟子问知,孔子答以知人(注25)。弟子问事鬼神,他答道:“未能事人,焉能事鬼?”(注26)弟子问知,他答称:“务民之义。”(注27)孔子关怀人,若是其甚,因此有次马厩焚毁之后,他仅问有否伤人,而不问马(注28)。在政府一事上,他把中心从君主转移到人民。敦促养民、教民为政府之首要功能(注29)。君子传统之观念,意指血统高贵者,因为“君子”一词,其字面乃指君王之子。孔子改之为人格高贵者。此一观念之急遽改变,实际达到一场社会革命。其对封建之日益式微,确有贡献(封建制最后于公元前3世纪崩溃)。人本主义之高峰,可以孔子下列名言概括:“人能弘道,非道弘人。”(注30)孔子之人本主义,可谓完美无缺。

吾人在此须立即补充者为,孔子之人本主义并不暗示,上帝不存在或不重要。孔子说"敬鬼神而远之"(注31),他只是要人民解决自己之问题并指导自己之命运而别依赖鬼神或祖先。孔子清楚说过,君子畏天命(注32)。他说他五十而知天命(注33)。儒家虽然真实相信上帝,但明确教导吾人,人乃万事万物之中心。

或许有人反对说,儒家之为人本主义,固无谬误。但道家却为自然主义,佛家则为出世主义。无人能否认道家之具有自然主义与佛家之具有出世主义。但吾人一般均未认清道家与佛家同时亦属人本主义。此诚令人惊奇,但却真实不妄。

表面上《老子》一书(《道德经》)似乎在教导吾人从人世退隐。但该书实际上至少有三分之一乃涉及管理统治之术。另有数章还论及军事行动(注34)。庄子的确说过:"号物之数谓之万,人处一焉。……此其比万物也,不似豪末之在于马体乎?"(注35)他也劝人"不以心捐道,不以人助天"(注36)。但被认为是《庄子》之内篇,七篇为真,而其中有三篇乃言及理想之导师与理想之君主。依庄、老之见,理想之人物为圣人,而非从人世退隐之人物。圣人无为,但据郭象之注解为"无为者,非拱默之谓也"(注37)。他还说道:"圣人虽在庙堂之上,然其心无异于山林之中……虽寄坐万物之上,而未始不逍遥也。"(注38)其理想乃道家人物所称之"内圣外王"(注39),此一理想后亦为儒家所接受。道家之依循自然,其意只是放任,而非与人毫不相涉。就哲学与宗教言之,道家之长期发展,其主题要不外延年益寿,或若有可能,在求长生不老。此一主题在老子与庄子均甚显著,在道教甚至转为行动。道教几世纪来一直在尝试包括运动、饮食、医药与炼丹在内之各种方法,以图延年益寿。

至于佛教大部分人均同意其具有出世层面。但吾人得指出其进入中国,从而繁荣滋长,乃在一种浓厚之人本主义气氛下而造成者。因此,吾人一开始即以人性来了解佛。牟子(2世纪?)之《理惑论》,也许是中国首篇论佛之文章,一再强调佛为德行之士,声称他"积累道德","意存道德","道德之元祖",等等(注40)。释迦牟尼佛之中译为"能仁",字义为"行善之能力"。佛寺称做"仁祠",意即"善寺"。

佛在中国的确一直被奉为神祇崇拜。事实上,中国人民崇拜三种佛,或毋宁说崇拜佛之三身或三面。但中国境内最普遍之佛祇乃是观音,而观音则几乎已人性化。印度境内,从3世纪到12世纪,与今日之日本,观音仍保持其超越与天国之特色,但在中国,则已脱除此等特色而成为人身。同时自唐代(618—907)起,则变为女身,或慈悲之女神,亿万信徒之"圣唐母"。在图画造形上,印度之念珠檀虽仍存在,但通常却改由中国象征长寿之白鹤予以承载。观音手持花瓶,向众生倾注万般祝福。而此等祝福并非超越凡界之涅槃,而是诸如健康、财富、长寿,而最重要者,子女等人间祝福。观音并不高坐天堂,悲悯俯视众生,而是坐在竹篁边,手抱婴儿或手提鱼篮。11世纪甚至还传说她本为一女儿身,由于孝行而得道成神。观音乃如此接近人类,因而几已人性化。

中国佛教之历史,过于复杂,在此不能详说。但吾人常说,净土宗与禅宗却提供中国佛教一种广泛之践履方式。重要者是在此两派中之佛教,均已人性化。

吾人说净土宗具有人本色彩,未免奇怪。因为祈祷在天堂重生,意即脱离人间。然而,人在此一运动中乃居中心地位。就专门教派而言,此一教派并非源自中国,因其教义乃在印度传授,而基本典籍,亦属印度。但其精神与特性,却真属中国。同时,此一教派现只存在于中国与日本,而为最普遍之佛教教派。在印度,净土内之重生意即完全脱离被视为苦难之尘世,但在中国之净土宗,则为尘世之延伸,其间并未低贬凡世,人伦仍在净土绵延不尽。而此即是吾人为何要将自己之功劳推给自己祖先之原因所在,佛家视此一举为一大善行。吾人在此不禁听到儒家之余音。

禅宗最重要之教义,乃信仰佛性内在于吾人内心。而拯救最好之道,则在端视内心,以见佛性。此即后来佛家所谓"直指人心,见性成佛"。其结果为自我拯救之教义。更有趣者为拯救乃在当下达成,"即身成佛"。吾人不禁忆起儒家一直视身体为受自父母之物,因而视为一种神圣之付托,必须善予照顾。吾人同时亦忆起,道家数世纪来,如吾人业已指出者,尝多方试图使吾人身体能适合尘世上之永生(注41)。

吾人从上可清楚看出,中国境内,不单儒家,同时道家、佛家均具有浓厚之人本主义色彩。吾人无需再辩人本主义乃中国思想之主调。此一主调震颤着整个中国历史。吾人现在所需做者,乃在看看此一十足之人本主义如何影响中国人之行为与机构。为此目的吾人拟集中在两大问题上:(1)人在中国机构内事实上是否居于中心地位?(2)人事实上是否被认为重要?

关于人在中国生活上之中心地位,值得注意者是:中国政治生活之主宰因素,一直是人,而非法律。早如孔子,人即被认为是政府最重要之因素。"为政在人",孔圣人宣称:"其人存,则其政举,其人亡,则其政息。"(注42)直到今日,中国历史上之政府,均建基于人,而非建基于法律或制度之上。并非没有法律或制度,而是人被认为是决定性之因素。因此,政府官吏乃选自公开而彼此竞争之科举考试,其结果为政府机构乃由学者士绅,亦即由社会精英所管理。一般而言,他们之政绩,大体斐然可观。18世纪之欧洲还予以称赞,并加以模仿。然而,这却大大妨碍中国从人治之政府过渡到法治之政府,而中国政府之个人考虑,则往往成为诅咒之对象。

中国境内,人不单为政府之中心,且亦为艺术之中心。中国诗歌从最早之日起,即关怀人之命运与不幸,悲欢与亲朋。诗人亟于表达者乃人之各种情愫。此一观念不止一次具载于古籍中。《书经》上说:“诗言志。”(注 43)此一言说复见于《左传》(注 44)。《礼记》亦道:“诗言志。”(注 45)孔子说“《诗》可以兴、可以观、可以群、可以怨,迩之事父,远之事君,多识鸟兽草木之名”(注 46),他乃在描述从他那时代起中国历史上一直为吾人接受之中国诗歌之功用。中国有自然诗与宗教诗,诚属不虚,但乃例外而非常规。中国诗人传统上将一首诗之前半段用于描写自然景物,其目的主要在于创造一种气氛,以便在后半段表达吾人之各种情愫。

中国戏剧像许多国家之戏剧一样具有宗教来源。因此早期出现超自然之角色与超自然之主题。但后经发展,迅即转为描绘历史事件、社会生活与表达人间情感。中国音乐亦同于中国诗歌与戏剧,因为音乐一向是诗艺与剧艺之一部分。

或许有人争辩道,人在中国绘画里却占一渺小之地位。中国传统之绘画类别里,山水与花鸟前于人物。山水乃中国之冠冕艺术,其中抚抱着艺术之基本原则,而最伟大之艺术才能,也赖以不朽。山水的确是中国之代表艺术。人在这里似乎附属于自然,因为其中之人物通常极其渺小,有时偶而点缀,有时甚至完全阙如。此一事实,致使一些西方作者下一结论,认为人在中国并不重要。

然而,吾人欲了解中国山水画之真实意义,首需了解其与诗之关系。修习中国艺术之学生,均熟知中土画中有诗,而诗中有画。或如郭熙(约1085)之言,诗乃无形之画,而画为有形之诗。简言之,就两者之终极功用而论,此两种艺术,不但相关,并且合一。其功用为何?要不外表达哀乐、喜怒诸情怀以及宁静、高尚、孤独等情感。中国画家之描绘山水,一如中国诗人在诗中之描写景物。其目的乃在于提炼情感,激发心志,并创造一种气氛,庶使读者或观者从此气氛显身出来而成为更高贵之灵魂、更崇高之精神、更友善之邻居、更孝顺之人子。简言之,更美好之人物。中国山水画里人并不附属于自然,亦无逃避人间之事。

人之居于中心地位,不单在政府与艺术里如此,甚至在被认为属于来世与超越之宗教里亦然。吾人不容否认大部分中国佛教徒一心向往天堂“净土”。但重要者是:中国佛教最重要之一项转变乃是如吾人业已指出者,从死后入涅槃之拯救学说转变为此身此世之拯救学说。道教尽管接受佛教天堂与地狱之观念,但却一直抱持尘世长生不老之目标。神仙据说居息于高山之间。他们可能上登天界,但却常常漫游人间,引导并扶助世人。宗教之中心乃人间世界,即使人自己之躯壳也显得重要。

此等观察虽十分笼统,但却基于此等广泛之事实。吾人不得不相信人在各种不同层面之中国文化里,事实上乃居于一中心地位。

人之重要如此,有人因而常问,设若人如此重要,个人之观念为何没有在中国思想里发展起来?欲回答此一问题,吾人必须强调,西方之认为个人在传统中国社会里地位之削弱,部分是由于他们对于中国社会与政治生活之局限观察,而部分则是由于他们对于中国思想之缺少了解所致。由于婚姻传统上由父母安排,财产以家庭之名义持有,在中国历史上,长久以来被视为一单位的是家庭,而非个人。一般人便认为中国似乎并不敬重个人。其次,由于道家与佛家都否认自我,而儒家亦教导顺从,彼辈遂认为中国思想似乎并不重视个人。

此等观察实属肤浅。传统上中国人虽无个人选择婚姻之权,但却享有选择宗教之绝对自由。在宗教及其他生活层面上,一般均尊重个人之隐私。财产虽属共有,但每一儿子均有不容剥夺之继承权利。虽无宪法保障个人之投票权利,但村庄之集会上每一成年男子却有一票之自然权利。在长达十三个世纪之科举传统里,政府官吏选用之基础,乃在于个人之优异表现而不在于种族、信仰、经济地位、性别与年龄。

佛教是否否认个人乃一悬而未决之点。但在大乘佛教涅槃观念里,个人乃依据永常、欢乐、自我与纯净而加以描述。自我并未被真正否定。大部分中国佛徒的确都在祈求个人在天堂获得永生。道家宣扬"无我",教导吾人若欲寻找生命,必须失去生命。但道家在中国乃是最突兀之个人主义者。他越无政府越好。他不会畏惧别人意见而左右摇摆。他沉思自然而不为自然所胜,而只是乐在其中。在道家之影响下,自然似乎主宰了中国之山水画,其中之人物在巍巍之山水阴影下变得若般渺小。但若说中国之山水画里人乃附属于自然,则为错误。其透视本意不在使人湮没不彰,而在使其情感净化、和谐,因而更臻完美。乃若儒家,引用孔子、孟子之言便已足够。孔子道:"三军可夺帅也,匹夫不可夺志也。"(注 47)孟子宣称:"万物皆备于我。"(注 48)几年前有一群牛津学者,因困于一般流行但却错误之看法,认为西方尊重个人,而东方则压抑个人,乃在所有文化中,审验此一观念。而此即是本书编辑所必须言者:"有人说基督教发现个人。基督教对个人所贡献者——的确大有贡献——为何,此一问题今置而不谈,此一说法,睽诸史实,无疑地并不真实。产生佛教之印度更别提,大部分《薄迦梵经》,对于个人及其灵魂,早在耶稣公元前数世纪便已幡然觉醒。中国从公元前5世纪以来,各类思想家对于人格之性质与其对社会之价值,早有重要之发现。”(注49)

实际上,中国最近数十年来主要困扰之一乃是过度之个人主义。人人均有自己之意见,有过多之个人主义者自居于社会之上,团体与合作企业遂一向显著欠缺。

然而,个人虽然完全被认为重要,但其重要却不得掩盖社会之重要。两者之平衡必须加以维持。事实上,道德纪律之目标正可充当此一平衡。最高之伦理目标为仁,有如孔子所教导者:“仁者,己欲立而立人,己欲达而达人。”(注50)此乃一极其重要之言说,而为任何儒生所熟悉者。其所以重要,不单因为它正面表达了金科玉律,并且也表达了中国之中心思想,认为好人必须也是社会上之一位优秀分子。有意义者是,中国仁字有两部分构造。其一为人本身,另一则二人相偶,表示众多而为社会之意。数世纪来,有一基本组织,亦即家庭,便一直为个人与社会之利益而存在。家庭最重要之一项功用乃是它居于个人与大社会之中间位置。个人在这里接受训练,以便一生适应自己与他人之间之生活。而此乃是家庭为何以和为贵之理由。中国人民如何成功地维系着个人与社会之间之平衡,以及在现代民主社会当中,家庭是否该继续成为培养此一适应之训练场所,凡此均为吾人讨论之重要而有趣之问题。

就吾人当下之问题而论,上述之观察不能不导致如下之结论:中国哲学与实际事务不论在理论与实际上一直都很密切。

综合言之,依据中国之观念,认为真理只能在事件当中加以发现与考验,认为永恒之真理主要乃是道德的,认为言与行实际为一,同时依据此等观念结果造成人本主义而为中国思想之主宰体系。吾人不得不下结论说,中国哲学与实际事务在理论与实际上一直都很密切。

问: 您论文中曾稍事论及佛教与道家,同时认定它们在中国人生活与思想中之地位。然而吾人很难避免此一感觉,而您将儒家认成为中国历史上之主宰体系,此点是否可与通常认为儒、道、佛三家体系在大部分之中国历史上平行之说法,相为一致?

答: 吾人很难衡量哲学体系之影响。道家对中国之艺术、宗教、政府与人生哲学之影响,的确至深且巨。而佛家对中国宗教、哲学、艺术,尤其是雕刻,也贡献良多。但儒家,或毋宁说新儒家在最近八百年里,无疑是中国境内之主宰体系。其为政府、教育、文学、社会、伦理与非组织化宗教之主宰体系,自不待言。儒家经历许多发展并且有不同面貌,但其基本教义数世纪来却一直不变。佛家与道家在此等方面,均居于次要角色。此外,中古佛教与道家之形上学、认识论与心理学在 11 至 12 世纪便已融入儒家而形成新儒家。最后,最近八百年里,不论在组织或在思想上,佛家与道家均无重要之发展。

问: 您强调孔子理论与实际一致之教导,但孔子之教导似乎偶尔也脱离理论。例如《论语 · 微子》第十八章,孔子教导吾人,举出父亲偷羊,其子作证之不当与为父隐匿之正当。您对此作何解释?

答: 此一教导与其他教导使吾人觉得,孔子之伦理乃是相对,同时决定于环境,特别是亲族。事实并不如此。实际上,儒家与新儒家一向强调永恒之道德原则。同时,他们遇到特别情况,则又颇为实际。他们有经与权之两层学说。永恒之原则为经,而特别情况则需权宜措施。正直诚实为经,但在此情况下为父掩过则为权宜之计。其理由并非为行孝或顺从父意而牺牲道德原则。吾人毋宁说是为维系更大价值之家庭和谐而牺牲诚实。涉及小事时,只要整体之人们价值得以维系,此乃可以允许之权宜措施。然而,若涉及基本问题,则至家族关系也得牺牲。此可从孔子所崇拜之英雄周公(公元前 1094 年卒)此一古典例子获得阐明。周公将阴谋推翻周室之兄弟诛灭。“大义灭亲”此一原则,一直是儒家之基本原则。

注释

注 1:“四书”为《论语》《大学》《中庸》与《孟子》;而“五经”为《书经》《诗经》《易经》《礼记》与《春秋》。

注 2:Hu Shih, “The Natural Law in the Chinese Tradition,” *Natural Law Institute Proceedings*, V(1933), pp.133 – 141.

注 3:《中庸》,第二十九章。

注 4:《遗书》,卷二上,页 1 下;《粹言》,卷一,页 9 下;卷二,页 13。

注 5:《朱子语类》,卷四,第四十九条,页 67。

注 6:《传习录》,见第八十七、一百四十五、一百四十七、一百六十三、一百七十、一百八十六、一百八十八各条。有关体认,见第三十一、六十六、七十六等条。参看拙著,《王阳明传习录详注集评》(台北,学生书局 1988 再版)。

注 7:《论语》,《公冶长》,第九章。

注 8:同上《子路》,第三章。同样强调言行之处,见同上《宪问》,第四章;《卫灵公》,第五章;《微子》,第八章。

注 9:《中庸》,第十三章。

注 10:见冯友兰,*History of Chinese Philosophy*, trans. by Derk Bodde (Princeton, N. J., Princeton University Press, 1952),《中国哲学史》,第一册(英译本),页 54、59—63,173,204—206,253—255,302—311,323—325,332—335。

注 11:《粹言》,卷一,页 16。

注 12:《朱子语类》,卷九,第一条,页 148。

注 13:同上,卷十四,第一百六十八条,页 281。

注 14:《传习录》,第五条,《王文成公全书》,卷一,页 7 上。

注 15:《书经》,《说命》中,第十三节。

注 16:《论语》,《为政》,第十三章。另见《里仁》,第二十二、二十四章;《宪问》,第二十九章。

注 17:《中庸》第十二章。

注 18:《孟子》,《滕文公》下,第三章。

注 19:《遗书》,卷二上,页 3 上、下,与《明道文集》,卷三,页 1 上、下。

注 20:《传习录》中,第一百四十二至一百四十三条(《王文成公全书》,卷二,页 24 上—29 下)。

注 21:《诗经》,《大雅》,《文王之什》,《文王》。

注 22:同上。

注 23:《左传》,昭公十八年。

注 24:同上,襄公二十四年。

注 25:《论语》,《颜渊》,第二十二章。

注 26:同上,《先进》,第十一章。

注 27:同上,《雍也》,第二十章。

注 28:同上,《乡党》,第十二章。

注 29:同上,《子路》,第九章。

注 30:同上,《卫灵公》,第二十八章。

注 31:同上,《雍也》,第二十章。

注 32:同上,《季氏》,第八章。另见《雍也》,第二十六章;《子罕》,第十一章;《宪问》,第三十七章。

注 33:同上,《为政》,第四章。

注 34:《老子》,第三十六、五十七、六十八、六十九、七十六各章。

注 35:《庄子》,卷六,《秋水》第十七,页 12 下。

注 36:《庄子》,卷三,《大宗师》第六,页 3 下。

注 37:同上,卷四,《在宥》第十一,页 29 上。

注 38:同上,卷一,《逍遥游》第一,页 11 下、14 下。

注 39:同上,卷十,《天下》第三十三,页 26 上。

注 40：《弘明集》，卷一，《理惑论》，页 1 下，2 上、下。

注 41：关于佛教之中国人本化更广泛之讨论，见拙文 Wingtsit Chan, "Trahsformation of Buddhism in China," *Philosophy East and West*, VII, Nos. 3 & 4 (October, 1957—January, 1958), 107—116。

注 42：《中庸》，第二十章。

注 43：《舜典》，第二十四节。

注 44：襄公二十七年。

注 45：《礼记》，《乐记》，第十五节。

注 46：《论语》，《阳货》，第九章。

注 47：同上，《子罕》，第二十五章。

注 48：《孟子》，《尽心》上，第四章。

注 49：E. R. Hughes, *The Individual in East and West* (London: Oxford University Press, 1937). pp.3 - 4。

注 50：《论语》，《雍也》，第二十八章。

原文载 Charles A. Moore, ed., *Philosophy and Culture East and West* (Honolulu: University of Hawaii Press, 1962), pp. 81 - 96. 转载 Charles A. Moore, ed., *The Chinese Mind* (Honolulu: University of Hawaii Press, 1967), pp.11 ~ 30. 译文载《中国文化月刊》，第三十期（1982，4 月），页 12—29。采入《中国人的心灵》（台北，联经出版公司，1984），页 1—20。

中国宗教中之个人

黎登鑫 译

万先法 校订

中国宗教中，特别就个人而论，有些冲突之现象。一方面，个人之生命，在通俗宗教里受到祖先与其他神祇强烈之影响——若非受其控制的话。在祖先崇拜中，其责任在奉祀死者，而自身隐没于列祖列宗之祭仪中。祖先之灵位，恒为一家之中心。他相信非自己所能控制之命运。政府过去常规制庙宇之数目，任免僧侣，甚至陟降他所崇拜之神祇。就哲学层次而言，儒家企求与天合一，道家志在与自然合一而无别，佛家则希冀进入一切个性与差异均皆消失之涅槃境界。

另一方面，除了祭祖而外，团体崇拜从未在中国形成制度。崇拜大体是个人之事。甚至在宗教节日里，崇拜仍是个人行为。中国从未有一中央宗教权威在指使良心，规制信仰，抑或控制个人之命运。直到 1929 年方有全国之宗教组织，中国佛教学会即于是年成立。然而，该学会之目的完全是为保护寺庙财产与改革社会、改进知识，而与个人之信仰云为毫无关系，其本意不在成立全国教会。所谓天师，一般认为是道教首领，只不过与当地道士有所接触，而鲜少影响一般道教信徒。其头衔本身之含意乃指他为宗教知识之监护者，而非道德之仲裁者抑或权威之精神领袖。最后一位天师只在江西之龙虎山这一道教圣地主持一所学校，充当星象家，被一些信徒认为是能"呼风唤雨"而显示奇迹之人。道士与和尚主要为一技师与顾问，其责任在于供信徒讨教与奉行仪式，并时常获得酬报。他们绝非是神前信徒之代理者或神与信徒沟通之桥梁。信徒之接近神乃是自己之事——直接、个别而属一己之事。

此等事实清楚显示，中国宗教这幅画面，特别是在个人方面，有其冲突所在。但这些冲突，实则表面多于实质。当吾人一旦了解中国宗教生活与思想之基本层面之后，此等冲突便可解决。

了解中国宗教中个人地位之最佳途径，首先在于审视中国宗教之目的为何。其次在于审视企及此一目的之途径。第三则在于审视个人与究极实体——在儒为天，在道为道，在佛为涅槃或真如——之关系位置。

自我体现之目标

像其他任何民族一般，中国人在其宗教信仰与行动当中，亦志在多端。但其终极目标，只是个人之延续与其本性之体现。就历史而言，先是生命延续之问题——吾人稍后将予讨论。

从中国最早之历史起，中国人民便相信个人之延续。于商朝（公元前1751—前1112）卜筮之骨片上所发现之纪录，包含有祭祀祖先之许多记载。祭品包括食物、炊具其他日用品与奢侈品等。另在极端例子里，死者之侍卫甚或女妾也一起殉葬，以资供奉。此等祭祀，不论多野蛮，但却明显揭示彼等坚信死后个人之延续。"帝"此一最高之神之观念，由是而逐渐发展。有趣者是显赫之祖先被认为与天上之帝共同存在。如《诗经》提到周朝（公元前1111—前256）之奠基者，"文王陟降，在帝左右"（注1）。

周朝时，流行另一风俗，即唤回个人之灵魂。某人死后，其家人立即爬上屋顶，挥动死者之衣物，喊说"某某某，请回呀"。然后下来，进入屋中，供奉食物（注2）。此一假设是该死者之灵魂已升天，而能返归受祀。中国古籍，尤其是公元前5至前4世纪之古籍，颇多此等召唤灵魂之文章与诗。此一灵魂称作"魂魄"。依据古时信仰，人死时，有道白光（魄）离开人体而投入月光当中。后来再加上魂之观念。魂之字源，包括比光更为活泼之云。如此，依据传统理论，魂乃是吾人生命活力之灵魂，此表现于吾人之智力与呼吸上。而魄则为吾人体能之精神，此则表现于吾人之身体与运动上。吾人死时，魂魄仍然延续。

死后个人延续此一强烈信仰，的确肯定死后个人之重要。但同时也削弱其死前之重要。商朝时代，凡一切重要活动均须先取得神鬼之赞同。卜筮之骨片往往钻至一半，然后投入火中，巫师便从其裂隙诠解神旨。

此一风俗继续传入取代商朝之周朝，但有一重大改变。此一新王朝需要人才以建立一新国家。当灌溉比祈雨带来更多之水时，人便自然凌驾神祇而跃居重要地位。人愈益向前而神则愈益疏远。如《礼记》所载者："殷人尊神，率民以事神，先鬼而后体……周人尊礼尚施，事鬼敬神而远之。"（注3）此一趋势更为孔子（公元前551—前479）所强调。他不讨论鬼神（注4）。他告诉一位门弟子说："敬鬼神而远之，可谓知矣。"（注5）门弟子问以事鬼一事,他回答说"未能事人,焉能事鬼",以及"未知生,焉知死"(注6)。实际上,孔子既未否定鬼神之存在,亦未忽视祖先。他声称:"鬼神之为德,其盛矣乎!洋洋乎如在其上,如在左右。"(注7)他教导人民"事死如事生,事亡如事存",然后补充说:"孝之至也。"(注8)但他的祭祀方式与传统迥异。即使在孔子之时,也有两个生葬的例子(注9)。他痛诋此一不人道之习俗,甚至指斥俑之陪葬(注10)。孔子所想要者,乃是以道德原则与社会礼仪取代此类野蛮习俗。他敦促门弟子在父母生时,事之以礼,死时,葬之以礼,死后,祭之以礼(注11)。因其所强调者乃在礼仪上,鬼神便屈居其下。如此,不论孔子有意或无意,他即使不摧毁,但也削弱了死后个人延续的信仰。

但古代儒家劲敌,其显著者为公元前5至前4世纪的墨家,却强烈攻击儒家而维系鬼神的信仰。墨子(公元前468—前376)维护此一信仰的理由,为人们实际听过鬼神之声音,而鬼神之存在也曾有过记载。同时,信仰鬼神有助于个人行为与国家和平(注12)。在其兴利除害之基本学说里,墨子一直坚称,凡有利于天、鬼与人者,均为好事(注13)。他虽从未证明鬼神之存在,但古中国并未有其他人比他更相信个人之不朽。

最后,此一信仰,朝着两个不同方向发展,亦即朝道教与佛教之方向发展。道教徒欲求尘世不朽,而佛教徒则冀望天堂之不朽。

道教徒之寻求尘世之不朽要回溯到古代。庄子(公元前369—前286)提及神仙(注14)。从1至6世纪,道士倾力以求。彼等假借炼丹、运动、琼浆玉液,进而吐纳、全神贯注与采阴补阳之道,所有诸法无非欲求尘世之不朽。直到最近,欲成不朽,仍是许多道教信徒热望之所在。

佛教大约在同一时期兴盛于中国境内。其大大吸引中国人者在于其天堂永生之承诺,中国一向并无此一观念。天堂之信仰于4世纪在中国奠立之净土宗尤其强烈,此宗为晚近八百年中国境内最流行之教派,是可证明亿万中国人对于在西方净土再生之强烈信仰与真诚希望。就芸芸众生而论,个人死后继续生存,自无疑问。

然而知识分子却完全不同。彼等除少数分子如墨家外,大都指斥个人死后之延续。

公元1世纪中国历史上最理性与最具批评精神,也最有影响之一位哲学家王充(公元27—约100),曾写了一篇文章驳斥鬼神之存在。他论道:"死人不为鬼,无知,不能害人。"(注15)"人死血脉竭,竭而精气灭,灭而形体朽,朽而成灰土,何用为鬼?"(注16)不仅此也,"如审鬼者死人之精神,则人见之,宜徒见裸袒之形。……何则?衣服无精神"(注17)。他提出其他理由以反对鬼神之存在。此等理由虽极天真,但中国历史几乎两千年来无人曾成功地予以反驳。

正如王充批评鬼神之传统信仰一般，范缜（450 生）则攻击佛教信仰。他辩称人体与精神合一。人体消失，精神也随之消失，犹如刀之锋利，随刀消失一般（注 18）。后来，从 12 世纪以降之新儒家，均一致攻击道教与佛教永生之说。例如王阳明（1472—1529）说道："但仙家说虚，从养生上来；佛氏说无，从出离生死苦海上来。"（注 19）依他及其他新儒家之看法，此一动机乃自私而不道德。对他们而言，犹如对公元前 6 世纪以降之中国知识分子而言，不朽乃在于社会之不朽或影响力之不朽。公元前 546 年当问及古言"死而不朽"之意义时，其答案为"太上有立德，其次有立功，其次有立言。虽久不废，此之谓不朽"（注 20）。孔子的确有功于此一情感之建立，而中国知识分子之情感从是而后，俱属如此。

此是否说知识分子排斥个人？一点也不。像一般大众一样，他们也坚信个人之重要。但另一方面，则坚信个人本性之充分体现，以取代尘世之永生或天堂之永生。

儒家在古代中国首先倡导体现人性。孟子（公元前 371—前 298）说："尽其心者，知其性也。知其性，则知天矣。存其心，养其性，所以事天也。夭寿不贰，修身以俟之，所以立命也。"（注 21）此一学说至程氏兄弟与朱熹（1130—1200）而达顶峰。迄今仍是儒家传统之中心。程颐（1033—1107）说："穷理、尽性、至命，只是一事。才穷理，便尽性，才尽性，便至命。"（注 22）其兄程颢则说道："穷理尽性以至于命，三事一时并了，元无次序。不可将穷理作知之事。若实穷得理，即性命亦可了。"（注 23）朱熹视存心养性为"根本工夫"，须是存养得熟（注 24）。

此一思想潮流亦见于当代之新儒家如冯友兰（1895—1990）与熊十力（1883—1968）教授。冯氏道："在道德境界中底人，尽伦尽职。是所以言人之理，尽人之性。在天地境界中底人，事天赞化。则是所以穷世界之理，尽世界之性。……故穷神知化，为能继宇宙未竟之功。……如是都成为事天底事。"（注 25）熊十力也简炼地表达此一相同观念，"自性真实，无须向外觅天帝也。自性自尽，无可悬想趣涅槃也"（注 26）。

"性"字之意为人与物之本性。《老子》一书虽未提及，但却遍在《庄子》一书（注 27）。《老》《庄》二书之终极目标乃在保存人之本质与活力。因此，道教之目的，便在于体现精、气与神此三原理。从 3 到 7 世纪，此等观念之发展与炼丹术之施行，均指向此一目标。南派之道教，重在本性之陶冶，而北派之道教，则重在吾人气力之培养与发展（注 28）。而此即是道教为何特重身体之理由。道教有工夫术、精调术与精医术，目的全在体现人性。

佛教中人性体现之观念，并不凸显。信徒寻求天堂中之再生，其主要方法为重念佛名，并借祭祀与诵经等以表达信仰。佛徒说"皈依佛"。其天堂重生之终极目的虽以个人为中心，但其方法则委实不然。7世纪时引起一场反动而要求转到自力，而此即是吾人自性之体现。

此一运动乃由一般认为是南派禅宗之创立者慧能(638—713)所领导或推动。他在有名之《坛经》里，力促其门徒庇护于自家之本性，而非庇护于外在之诸佛中，因为吾人所谓借以达到净土之大智慧，只是此一自性。而诸佛、诸法与众经，皆遍在于此自性之内。诵经、建寺、做功德、祭祀、念诵佛名、祈求在净土复生，全属枉然。净土只是本心。设若吾人悟见自性，他说，便能成佛(注29)。

自我体现之道

吾人前已论及中国宗教中自我体现之目标，亦稍谈到企及该目标之途径。但尚待言者犹多。此三大宗教各有自己之途径，但一言以蔽之，道家为虚，佛教为定，而儒家则为诚。

"虚"一词不能就字面意义解释为空虚(emptiness)。其意乃指绝对之平静、心灵纯洁、毫无私欲、不受进入之印象所干扰，也不让已在心中之物干扰进入心中之物。作为实体之一特色，其意为一种深沉无阻之持续。老子教导吾人"虚其心""致虚极"与"守静笃"，以烛照万物而与道相契合(注30)。

庄子据以发挥而言道，"无为名尸，无为为谋府，无为事任，无为知主。体尽无穷而游无朕，尽其所受乎天而无见得，亦虚而已"(注31)。他称呼此一虚境为"心斋"(注32)。后来，道教中之静坐即为此一"心斋"。佛家之沉思与之汇聚而演变成一制度。此即道家保存本性陶养精神之主要途径。

基于同一理由，佛家也倡导定静。慧能在《坛经》里反复主张吾人之自性，原本纯净。吾人若能定静，便可见出此一纯净之本性而达到佛境。吾人若无思虑，摆脱法相而无所住执，便可企及定静。但此并非是毫无思考或与法相了不相涉。其意毋宁是指吾人思虑时，毋为所动，处于法相当中而又逍遥其外(注33)。如此，为消除思虑而静坐沉思这一传统方法并不好。吾人不该枯坐而试欲见出自己之本心或自身之纯净(注34)。定静并非身体不动而是没有邪思之附着(注35)。没有邪思升起，即是定静。吾人之本性定静，此即真正之沉思(注36)。倘若吾人见出自己之本性，吾人便得开悟而顿时企及佛境。

此即禅宗新颖而又急遽之顿悟说。吾人可以容易察觉此说中道家所包含之自然与个人色彩,而禅宗将个人因素更向前推进许多。禅宗名言之一即为“人人自有,个个圆成”(注 37)。

禅宗此一名言该使吾人忆起孟子之名言“万物皆备于我”与“人皆可以为尧、舜”(注 38)。此一自我体现之学说,在儒家同样强烈而阐扬得更早。儒家之方法既非虚,亦非定,而是诚。其论题至为简易。吾人意诚而后便能心正,则德性生活,便臻完美。如据传为孔子之弟子曾子(公元前 505—约前 436)所作之《大学》所载者:“意诚而后心正,心正而后身修,身修而后家齐,家齐而后国治,国治而后天下平。”(注 39)

据传为孔子之孙子子思(公元前 492—前 431)所作之《中庸》,更进一层说:“唯天下至诚,为能尽其性。能尽其性,则能尽人之性。能尽人之性,则能尽物之性。能尽物之性,则可以赞天地之化育。可以赞天地之化育,则可以与天地参与。”(注 40)

诚至为重要之理由乃是诚使万物真实无妄。重要者是“诚”字兼有诚与实两义。其基本成分“成”独立成字,表示“完成”之意。据《中庸》之言:“诚者自成也。而道者自道也。诚者物之终始。不诚无物。”(注 41)如朱熹所解释者:“如事亲以孝,须是实有这孝之心。”(注 42)“若句句说实,皆自心中流出,这便有物。若是脱空诳诞,不说实话,虽有两人相对说话,如无物也。”(注 43)王阳明亦言道,倘若吾人诚心孝顺父母,则孝顺便自然而生。《传习录》中有最重要之一段说:“是个诚于孝亲的心,冬时自然思量父母的寒,便自要去求个温的道理。夏时自然思量父母的热,便自要去求个清的道理。这都是那诚孝的心发出来的条件。”(注 44)

诚不单是体现自家德性之道,亦为体现物性之道。《中庸》说:“诚者非自成己而已也,所以成物也。”(注 45)诚因而具有形上意义。就此处而论,最佳之例证莫为宗教之祭祀。

孔子在《论语》罕言诚,颇为奇怪。诚字几乎未尝见于《论语》。但却隐含其中。如当孔子祭祀祖先时,他感觉祖先之神灵似乎实际呈现。当他祭祀其他鬼神时,他亦感觉他们实际呈现。他说“吾不与祭,如不祭”(注 46)。注家皆同意,孔子所要者端在于诚。如朱子所注者:“言己当祭之时,或有故不得与,而使他人摄之,则不得致其如在之诚。”(注 47)就孔子而论,其观念为,他若是诚敬,故向鬼神致祭时,那便有鬼神的真正存在感。

诚不单使与祭者感觉鬼神之真实,同时也使得鬼神本身真实。欲解释此点,吾人必得解释鬼神为何物。

中文"鬼神"二字,就字源而论,"鬼"是"返归"之意,而"神"则为"伸展"之意。但在古代,甚至就今日之芸芸大众而言,"鬼神"仅指鬼神。吾人已明了鬼神在商朝如何重要,孔子如何避而不谈,而中国之知识分子在晚近两千年里如何一直否定其存在。依他们之见,鬼神乃是宇宙元气,特别是阴阳二气。如新儒家张载之言"鬼神者,二气之良能也"(注 48)。那即是阴与阳。依据新儒家之观点,物物皆为此阴阳二气交感之产物。例如就人而论,此阴阳二气之无穷因素结合,终而造成父母,由是而人生焉。如此诸因素散失,吾人即死,而此气则返回原来所从出之地抑或延伸出去。他不再存在为人,亦不为鬼而继续存在。只是其气仍继续施展。此即是诚可使宗教祭祀之物真实此一理论之哲学基础。

《中庸》引孔子说:"鬼神之为德,其盛矣乎!视之而弗见,听之而弗闻,体物而不可遗。使天下之人,齐明盛服,以承祭祀。洋洋乎如在其上,如在其左右。《诗》曰:'神之格思,不可度思,矧可射思。'(注 49)诚之不可掩如此夫。"(注 50)依新儒家看法,此非谓有鬼神周游缠物。其意毋宁为形成祖先之气,弥漫一切。诚能使其气交感而结合,甚至结合到有若真人。

有人问朱子用丝绸、酒、肉祭祀天地山川时,是否只表达吾人之诚,抑或是否某气真正前来受食?他回答道:"若道无物来享时,自家祭甚底?肃然在上,令人奉承敬畏是甚物?若道真有云车拥从而来,又妄诞。"(注 51)朱子之意为,虽无似鬼之气降临,但某些气会受到吾人之诚所影响。因此,他们之反应乃像有鬼神前来享食一般。换言之,祖先之气虽然已散,但吾人可透过吾人之诚意,而使其气凝聚前来。

此可能之理由乃是,某物之气基本上与他物之气相同。阴阳二气以无穷方式交感,结而又散,因此产生无穷之物。然此万物之气,本质上却相同。如此,祭祀者与所祭祀者之间便相运不断。如朱熹之言,祖宗与子孙具有同一之气(注 52)。此不只是共同之血统,并且有结合祖宗与子孙之气所产生之族承(注 53)。朱子将家族之延续喻作海洋。每一代犹如一股波浪,前波后波虽然不同,但贯透两者之海水则一(注 54)。正如后波影响前波,因此向祖宗祭祀者,也会影响祖宗。

祭祀时,若推诚至极,则祖先之神灵可以结聚起来。其意即祖先之神灵状况乃系于吾人之诚。朱熹说"人心聚处,便有神"(注 55)。如另一新儒家所言"有其诚,便有其神。无其诚,便无其神"(注 56)。第三位新儒家甚至说"若要有时,便有;若要无时,便无"(注 57)。

个人与究极实体之关系

从上所述，吾人可以明显看出，中国宗教乃基于诚意，亦即个人自己心意之诚。就此义而言，个人在中国宗教中至为重要。然而，此会引起一无可避免之问题，即自我体现之目标与虚、定和诚之方法。即若只是达到儒家事天、道家与自然或道合一、佛家成佛之终极目的，则是否说，在终极之境界里，不论是天、道或涅槃，个人最后终究被消解或被吸收。因为在该一境界里，一切特性无差别，因而一切个性，均消失不见？此问题乃关于所谓浑沦绝无殊别之延续，与特殊之个性两者之关系。换言之，此为一与多之关系问题，乃中国哲学上之一基本问题，而宗教在中国哲学中只是一部分而已。此不在本文讨论之列。吾人可以说，在儒家、道家与佛家三大体系里，一与多之间此一表面冲突之解决，主要相同，亦即彼此相涉。三家中无一家认为一吸收多而消除多。反之亦然。三家共同之信念，是一与多彼此相辅相依。

在道家中，此一问题跟随新道家而产生，其中佼佼者如王弼（226—249）与郭象（312 卒）。依王弼之见，究极实体本无。他在《老子注》里，认为本无超越一切差别而不可言状。本无乃一，纯净而简单，为万物之根而又结合万物。而对郭象言之，究极实体乃是自然。他认为万物依理而存在、化生，同时物物各具一理。此一学说，在其《庄子注》里充分阐扬。其强调者为多而非一。他与王弼似乎各处两极而无能调解。但郭象之多全依理而行，而王弼之体与用，亦即一与多，则化而为一。一与多，毕竟彼此不相排斥（注 58）。

依佛家言，此一观点较为清晰。一与多，显然互相涵摄交透。法藏（643—712）在有名之《金狮子章》里言道“金与狮子，相容成立，一多无碍，于中理事，各各不同，或一或多，各住自位，名一多相容不同门。”（注 59）此即是，就金狮之例而言，狮与狮之每一部分均涵有金，而金同时亦涵有狮，金与狮彼此不能相外。法藏引用此一粗简之类比以解释一与多，抑或个人与佛性。当禅宗述说众生皆具佛性，又说佛与凡人无异时，他们所表达者乃是此同一观点。

佛家对于新儒家，影响深远。新儒家解决一与多表面之冲突亦依照同一样式。新儒家之创立者周敦颐（1017—1073）说：“是万为一，一实万分。万一各正，小大有定。”（注 60）理一分殊，此即新儒家有名之学说。如程颐之言：“天下只是一个理。‘天下同归而殊途，一致而百虑’（注 61）。物事万殊,然皆不害为一。”(注62)朱熹则道:“本只是一太极,而万物各有禀受,又自各全具一太极尔。如月在天,只一而已。及散在江湖,随处而见,不可谓月已分也。”(注63)朱熹似乎辩护理之为一,但吾人须切记物物各具一太极。此令吾人忆起莱布尼兹之单子论。朱熹以月亮作类比,或许是间接而又特别借自佛家海水之有名比喻。佛家,尤其是华严宗,总喜欢说海水组成众沤,而众沤则形成海水。彼此相涵,此一之充分体现,必赖彼一之充分体现。

此一形上之理,确为祖先族祭之根。此等仪式包括某位祖先之全体男性子孙,各依辈份年龄,而由一位习于礼仪之司仪,通常是族中之一位有学问的人所主持。主祭者传统上为该族之长,但他既非权威,也非代理,而只是该族团结之象征。吾人或许论道,祖先分散之气既需全族整体之诚,以使其凝聚,故就必要性而言,此一子孙之族长,乃是权威。他之必要,自毋待言。但此一必要,乃是基于社会而非基于宗教。族长之系统,可回溯到周朝,但到11世纪,已不再有作用。新儒家像程颐,力促其复活。他说:“欲正人心、厚风俗,使民不忘本,必明族谱、组宗族、立嫡长。”(注64)。他之关怀,主要是社会的。在此等仪式里,宗族充当为一团体,而个人则有其独特之地位与功用。他对祖先之诚意,乃是个人而又直接的。

政府之管理与控制寺庙、僧道,甚至神明,并不常有。且其与个人之宗教信仰与行为,亦无直接关系。其措施大部分是经济性与政治性。将寺庙、僧道,甚至神,看做民事处理。过去无疑会有滥权与腐败。但就哲学而言,即使在这些事情当中,亦有极为有趣者存在。例如,只有居高位者方能升降低位之神。其假设是,正如众沤能影响海水,人类亦能影响精神世界。而在此一案例里,人之力量凑巧大于精神之力量。从上古起,惯例是天子祭祀上天,诸侯祭祀山川之神,大夫祭祀五祀,而百姓则祭祀祖先。学者对于五祀之意见不一。直到清朝(1644—1912)末年,只有皇帝才能祭天。民国时袁世凯(1856—1916)当总统时也一度试过。有人说此一体系,显示中国人只是相信神明也完全像人一般过活。尘世需要官阶,神明当中也需官阶。情形很可能如此。但其哲学含义是,天需要全国诚意之行动,皇帝乃为其象征。换言之,在宗教崇拜里,崇拜者与被崇拜者之间,甚至有阶级上之对应。易言之,双方都同等重要。

吾人对于命运之信仰又作何话说?这里,其影响似乎只来自一方。这是确实的,许多无知者相信自己之生命受到非他们所理解与驾驭之神所指挥。彼等在无知与不当之中,未能认清一与多之相互影响。但知识分子则了解。“命”并非指受到神所神秘控制之命运,而是指天命,亦即上天所赋予之物，此即《中庸》所载“天命之谓性”（注 65）之意义。此是有待显现之本性，而实现之道，有如前述，乃经由吾人德性之培养，例如诚意。此并非谓个人为宇宙之主宰，因为有许多事情，诸如生、死与寿、夭，乃非吾人所能控制。但如孟子所教导吾人者，儒家之教训一向在于吾人之培养道德生活、阐扬本性，任天行道。个人虽不能完全驾驭自己之命运，但在这并非完全波平浪静之海上，却是自己船只之主人。

问： 气是否为一种形质？

答： 不是。把“气”译为质力，是不幸的。“气”字所含者不是物质，而是某一力量。若与身体有关时，可译为“气息”或“活力”。但若谈到宇宙之气，则不可如是称呼。气在宇宙为由物质元素所制约之阴阳二气。

问： 您说“佛家希冀进入一切个性与差异均皆消失之涅槃境界”。但随后又说“三家中无一家认为一吸收多而消除多”。这里或许没有冲突，但有些人可能会认为，佛家在中国境内，有所变易。您之本意是否如此？

答： 是有变易。涅槃稍早之意，为一种超越一切之境界。但在以《华严经》为基础之华严宗里，转而具有中国之特色。此宗阐扬一与多之相关性，彼此相容相入。

问： 您有时使用“运”（fate），而有时使用“命”（destiny）。英文上，“运”字通常隐含说，人生多是盲目的。但一般而言，无人提到“命”为盲目。您喜欢哪个字，抑或您兼含二字？

答： 中文之“命”字，不但兼含二义，同时也有命令、给予、赠予之意。对无知者而言，不稳定导致迷信。此时中文之“命”字该译为 fate 字。但对知识分子而言，“命”字之具有“运”字义，仅在指生死寿夭时才用。“命”字也指成败，但不就吾人无能为力之成败而言，而是就终极之成败而言。“命”字之通义为，设若您知晓您本性并鞠躬尽瘁，您便可体现您之本性。其观念是凡有为者皆可成圣贤。就此义讲，“命”字该译为 destiny。

问： 妇女在中国宗教思想中之地位为何？

答： 就拯救而论，妇女与男人绝对平等。过去从未有妇女不能成仙或不能进入天堂之观念。

问： 个人在中国宗教中之地位到底为何？您曾谈到个人完善抑或尽人之性。除了个人完善而外，中国宗教中可有任何之个人不朽？其意即是：设若我为圣贤而具有完美之本性，则我死时，会否完全消失？我只对社会立功，会否不朽？因此，就宗教而言，中国思想中有否至圣之个人不朽这一回事?

答:就下层社会而言,他们相信个人之不朽。但在智识阶级,不朽并不是生活在天堂之鬼魂,而是社会之不朽或影响力之不朽。

问:世界各大宗教诸如印度教、伊斯兰教与基督教,其不朽之观点均视个人为永恒,中国之情形如何?

答:绝对而言,个人既非永恒,亦非非永恒。个人结合许多因素。其结合随时改变,其中尤以生死之遽变为最。但即使死时,某些事情诸如影响、工作与子孙仍旧持续。圣人能将自身各因素结合起来而使自己形成一完美之和谐,可以延续好久的时间,但这不是就肉体意义言,而是就个人影响力的意义言。

问:个人至如何程度?

答:例如孔子至今仍然活着。这并非是说肉体的个人,而是就其活的影响而言。您晓得,中国思想家对于生命之观念,并不仅是肉体。吾人不单以自己个人之身份存在,同时也以父之于子与子之于父此等身份存在。吾人身为社会之一份子,生活在与别人交换观念之中。吾人之身体,在死时会毁灭,但吾人生命之其他许多部分,诸如吾人孩子之血肉,吾人之兴趣,言语与对社会之贡献,则继续存在。吾人可否说,吾人死时便一无所有抑或仍在那儿?因此,你们民族所使用之"不朽"一字,并不适用于中国。

注释

注1:《诗经》,《大雅》,《文王之什》,《文王》。

注2:《仪礼》,《士丧礼》;与《礼记》,《礼运》,第四节。

注3:《礼记》,《表记》,第十三节。

注4:《论语》,《述而》,第二十章。

注5:同上,《雍也》,第二十章。

注6:同上,《先进》,第十一章。

注7:《中庸》,第十六章。

注8:同上,第十九章。

注9:《左传》,昭公十三年与定公二年。

注10:《孟子》,《梁惠王》上,第四章

注11:《论语》,《为政》,第五章。

注12:《墨子》,卷八,《明鬼》下第三十一,页2下—3下。

注 13：同上，卷十二，《贵义》第四十七，页 2 下。

注 14：《庄子》，卷一，《逍遥游》第一，页 11 上。

注 15：《论衡》，卷二十，《论死》第六十二，页 9 上。

注 16：同上，页 7 下。

注 17：同上，页 11 上。

注 18：范缜，《无神论》，见《梁书》，卷四十八。参看《弘明集》，卷九，页 3 上。

注 19：《传习录》下，第二百六十九条（《王文成公全书》，卷三，页 10）。

注 20：《左传》，襄公二十四年。

注 21：《孟子》，《尽心》上，第一章。

注 22：《遗书》，卷十八，页 9 上。

注 23：同上，卷二上，页 2 下。

注 24：《朱子语类》，卷十二，第四十三、四十四条，页 204。

注 25：《新原人》，页 94。

注 26：《读经示要》，卷二，页 10 下。

注 27：《庄子》，第八至十七篇，十九至二十篇，二十三至二十五篇，二十九篇，三十一至三十二篇。此字提及多次。

注 28：见 Wing-tsit Chan, *Religious Trends in Modern China* (New York: Columbia University Press, 1953), pp.149~151。

注 29：《坛经》，第十九、二十、二十七、三十四、三十五等节。

注 30：《老子》，第三，第十六章。

注 31：《庄子》，卷三，《应帝王》第七，页 35 下。

注 32：同上，卷二，《人间世》第四，页 13 上。

注 33：《坛经》，第十七节。

注 34：同上，第十八节。

注 35：同上，第十七节。

注 36：同上，第十九节。

注 37：禅宗之常语，据为中国禅宗第一祖师达摩所言，但源流难考。见拙著《王阳明传习录详注集评》，第一百零七条，注 5。

注 38：《孟子》，《尽心》上，第四章，《告子》下，第一章。

注 39：《大学》，经文。

注 40：《中庸》，第二十二章。

注 41：同上，第二十五章。

注 42：《朱子语类》，卷六十四，第二十五条，页 1563。

注 43：同上，第九十条，页 1578。

注 44：《传习录》上，第三条，《王文成公全书》，卷一，页 4 上、下。

注 45：《中庸》，第二十五章。

注 46：《论语》，《八佾》，第十二章。

注 47:《论语集注》,注同上章。

注 48:《正蒙》,《太和》第一,《张子全书》,卷二,页 24。

注 49:《诗经》,《大雅》,《荡之什》,《抑》。

注 50:《中庸》,第十六章。

注 51:《朱子语类》,卷三,第六十九条,页 51。

注 52:同上,第五十三条,页 46。

注 53:同上。

注 54:同上,第五十七条,页 47。

注 55:《朱子全书》,卷五十一,页 52 下。《朱子语类》遍寻不获。

注 56:《朱子语类》,卷二十五,第七十五条,页 620。此新儒家指范祖禹(1041 至 1098)。

注 57:同上,卷三,第五十六条,页 47。指谢良佐(1050 至约 1120)。

注 58:参看拙著,《中国哲学文献选编》(台北,巨流出版社,1992),第十九章,《新道家》。

注 59:《金狮子章》,《勒十玄》第七之三。

注 60:《通书》,第二十二章。

注 61:《易经》,《系辞》上传,第五章。

注 62:《遗书》,卷三,页 3 下。

注 63:《朱子语类》,卷九十四,第二百零三条,页 2409。

注 64:《遗书》,卷四,页 6 上。

注 65:《中庸》,第一章。

原载 Charles A. Moore, ed., *The Status of the Individual in East and West* (Honolulu: University of Hawaii Press, 1968), pp.181~198.转载 Charles A. Moore, ed., *The Chinese Mind* (Honolulu: University of Hawaii Press, 1967), pp.286~306.译文载《中国文化月刊》,第三十四期(1982,8 月)页 5—22。

中国形上学之综合

黎登鑫 译
万先法 校订

古代与现代之中国哲学，其主要关怀者一向是伦理、社会与政治诸问题。形上学只有在从印度东传之佛教对儒家构成强大之挑战而后方才发展起来。即使那时，诸如上帝、普遍性、时空、物质与精神等基本形上问题，除了佛教以外，不是不加讨论，就是偶尔基于伦理学而加以讨论。其讨论一向漫无体系，罕曾基于假设与逻辑分析，因为中国哲学家一向避开抽象与概括。其所关怀者恒为美好之人生与社会，而非是有组织之知识。倘若吾人主要仰仗理论基础与细密之逻辑以透视世界哲学，则中国哲学所提供者，委实有限。

但倘若吾人志在哲学之综合，则值得吾人审视中国哲学所发生者，是因中国哲学史上一项特出之事实乃其综合之倾向与能力。中国哲学史通常分为四期，而每一期均终于某种之综合。

汉朝(公元前206—公元220)时代，即使在儒家成为国教而变为至高无上之前，道家、阴阳家与《中庸》之形上学说，已在合并之中。其结果为受到儒家、道家及其他各家所接受之变化哲学。道家太一之理想、宇宙阴阳交感之理论以及《中庸》诚之儒家哲学，均综合成一哲学，主宰中国思想达数世纪之久，且亦构成宋、明理学之坚实基础。

第二阶段之综合，发生于佛教范围之内。佛教本身之研究，不在本文范围之内。吾人所应注意者是：形上学内，虚无主义、实在主义、理想主义与否定主义诸佛教教派，均综合成为确切具有中国精神之华严宗此一整体主义。在此一哲学里，“理界”与“法界”如此圆融无碍。因此，理论与实际、一与多、本体与现象，均相互交织，万物也因而“并起”、共存、相互补足，交相穿透，彼此认同，互相含摄与反映。

第三阶段之综合发生于新儒家之内。此时，佛家与道家已同化为吾人随后即将讨论之传统儒家。

第四阶段之综合正在今日进行。现代之中国哲学仍在襁褓时期。少数建立自家体系之哲学家,均试图将西方哲学与中国思想结合起来。

作者在此四阶段之综合里,不拟探讨各种不同之历史因素。吾人较感兴趣者,毋宁是各种观念之综合。作者且按代表中国形上学最重要问题之六项论题,予以简略讨论。

有与无

首先是儒、道、佛三家大相径庭之有与无之问题。佛家同时否定有与无,道家则减约为无,而新儒家则予以综合。

依据佛家,存有乃不可能。因为若欲存有,物必先有生育。为欲生育,该物不是必须来自自身,便须来自他物。而此二者均为荒谬。此外,存有意即具有自性。但一物只是一同缘集合体,因而没有自性。职是之故,有乃幻觉。同理,无亦一幻觉。两者也许可名之为"假谛"与"俗谛",而空则超越有无之上。佛教哲学家若僧肇(384—414)将空解作"不真空",诚属不错。因为物物皆包含整个宇宙。在头一千年之中期,江北之佛教,像华严宗显示过实体论之倾向,同时称作"有宗"。但江南之教派,尤其是禅宗,则名之为"空宗"。其所以如此称呼,乃是因为彼等坚持"至真",认为"色即是空,空即是色"(注1)。最后,有与无均否定于空中。

道家不同时否定有与无,而将一切灭约为无。"天地万物生于有",《道德经》说,而"有生于无"(注2)。早期之道家了解无为"无名",意即道不可形状。后来之道家郭象(312年卒)更进一步而将无确切认同为空。彼等辩称,道无方所而如如不动。若说一物来自道,其意只是说它来自乌何有之乡或来自本无。事实上,它来自本身。

吾人该注意者是,道家并非倡导虚无主义。他们毋宁在倡导"自化"之说。意即物来自本身,而此即是道。然而,其否定论之特性仍属无误。其强调者毕竟是无,而道家,不论在伦理或政府上,一向是否定精神之斗士。

新儒家并不否定有与无。反之,同予肯定。依他们之见,物性或人性乃在于化育。有趣者是表示物性或人性之"性",乃以表示出生、生命或生育之"生"字为其主要部分。而化育乃是变易之本质本身。

吾人一向指出,易之哲学奠下新儒学之基础。简言之,其形上学即陈述在此等言说里:

> 易有太极，是生两仪，两仪生四象，四象生八卦，八卦定吉凶，吉凶生大业。（注 3）

如此，实体乃是生与生生持续不断之过程。其为可能只是阴阳之交感。这里，阴为不动、减损等，而阳则为活动、增益等。阳为有而阴为无。实体之因而可能只是有与无之交感。换言之，有与无在变易之中获得综合。

此一综合，导致几项结果。首先，儒、道、佛三家当中，只有儒家不单接受变易为自然，同时视为可欲。佛家、道家并非无视此一事实。佛家视宇宙为"波海"，道家视为"大化"，儒家则视为"流行"。三家皆同意变易之事实。但三家对变易之宇宙，其态度乃截然不同。佛家殚精竭虑，欲横渡生死海，以达永恒不易之"彼岸"。道家则将宇宙比拟为"若骤若驰"之奔马，经常以幽默感，并总以漠然之精神，无可挽回地观看人生这出戏。反之，儒家则意欲参与其中为剧中之主角而乐此不疲。此即为新儒家予常引用之底下此一小轶事之意义所在——当孔子门弟子曾点言志，说到他欲与一群成人与童子"浴乎沂，风乎舞雩，咏而归"时，孔子即喟然叹曰"吾与点也"（注 4）。依儒家观之，变易乃是好事。有意义者是：儒家一切实体之名词，均兼具有过程与好之意。《中庸》之实体为诚。诚一则为真实无妄，而一则表示"物之始终"，从而导致"动…变…化"（注 5）。在太极之哲学里，"一阴一阳之谓道，继之者善也"（注 6）。依新儒家之观点，太极即理，而理则兼有理与宜之意义。

新儒家综合有与无之另一结果为：只有儒家视时间为向前迈进。中国哲学几乎未曾触及绝对之时间，中国哲学家总将时间与事件相连一起。就佛家而言，既然事件乃虚幻，时间亦为虚幻。如此，时间会前进而止于涅槃。道家观之，时间乃环绕而行，因为物乃来自无而复返于无。然而在儒家生生不已之过程中，时间绝不终止或重复自己。每一化生均有一新颖之因素，因其需要阴阳之新关系。孔子催促吾人"日日新"（注 7）时，其意即为日日发展吾人之人格。但新儒家却赋予物物皆新此一形上之气息。

另一后果颇为严重。即有与无之综合，一则使得变化可能，而一则使其自然。太极、诚、易与理并非由之而起。道家在此完全同意，因为视为自化之道此一道之观念本身，先于任何可能之造物主或超自然之主宰。诚然，老子言及帝，而庄子亦提及造物主，但设若有任何上帝之观念，此一观念亦必完全笼罩在道家"自化"之主要学说里。古代儒家之天，的确具有人之特性，但荀子（公元前 313—前 238?）显然将之视同为自然，而新儒家则视同为理。新儒家之鬼神，不再是干预人事此一通俗宗教中之鬼神，而是"鬼神造化之迹”，而上帝亦非是布鲁斯(J. P. Bruce)所认为之具有人格之上帝(注8)，而只是“生生不已中至为神秘之物”。

儒、道两家大异之处，在道家认为除非是道之完全体现，否则道家不容有目的论存在。道家虽非是机械论者，但吾人很难将道家之宇宙想象为一道德之宇宙。《道德经》宣称“天地不仁”(注9)。

依据儒家，凡一切化生皆善。整个儒家传统皆抱持此一信念。新儒家在更理智之心灵架构里，认为宇宙是善。因其生生不已，而生生不已则为爱之最伟大之举动。此外，由于阴阳之交感而产生和谐，和谐为善。第三，宇宙抚抱万物。试问哪一道德行为比与万物合而为一更为伟大？第四，在万物生生不已当中，自然之母对万物均不偏私。

理与气

吾人现在轮到第二个论题，即理与气之问题。早期之新儒家于综合有与无时，产生出他们自己之二分法，亦即理与气之二分法。理之观念乃借自佛家之华严宗。新儒家于转借理时，同时也转借华严宗理界与法界之二分法。

简要言之，理乃是潜在万物之普遍原则，统摄万物之普遍法则，亦即万物背后之理性。理是存有之因，形、质与充分之理由，万物至高之标准，亦即太极。理处处显现。理完全含摄于心中。反之，气则为物质，为特殊原则，为理之具体化，表现与运作。气为万物之生化、演进与毁灭提供条件。气赋予万物实质与个性。气区分万物。

气之特性如此，故若将之译为物质，显然不足。气之观念要回溯到上古，几乎各家均共同具有此一观念，只是在此一方面激发新儒家之道家，予以推崇提升。“气”之一词每有气魄、气力、气息、气势等义。朱熹(1130—1200)认气为物质，予以描写为形体时，确非正统之看法。

新儒家解释理与气，甚为分歧。例如程氏兄弟(程颢，1032—1085；程颐，1033—1107)对于理之解释便相背驰。前者视理只是万物之自然倾向，而后者则认为是超越。为方便起见，吾人且以命题摘述新儒家三大运动。哲学家程颐与朱熹身为宋朝(960—1279)哲学之代表，他们主张：

(1) 万物皆有理。

(2) 理与气相对,乃先验、形上而超越。
(3) 存在对理非为必需,但对气则为必需。
(4) 实际上,凡理必有气,“若气不结聚时,理亦无所附着”。
(5) 心具众理。
(6) 理可以,但不一定要会得。
(7) 知在于“致”心于万事万物上。因此万物必须“格”。(程、朱于此立异。前者强调穷究一物,后者则主穷究万物。)

程朱哲学即使在宋朝本身也引起反对,特别是陆象山(1139—1193)之反对。此一反对至明朝(1368—1644)之王阳明(1472—1529)而造其极。陆王哲学在命题上可综述如下:

(1) 心即理。
(2) 宇宙即吾心,吾心即宇宙。
(3) 人人皆具此心,而心心皆具此理。
(4) 了解心即了解理。

此派主要之努力在于将理与心合一而消解程朱哲学中理与气之二分法。但如此一来,明朝之哲学家却走到唯心主义之极端。清朝(1644—1912)之哲学家大为反对。粗略言之,清代特出之哲学家如颜元(1635—1704)与戴震(1723—1777),他们形上学之观点为:

(1) 理乃一物之原则,而气则为其实质。
(2) 有理必有气,无气亦无理。
(3) 理内在于万物。
(4) 欲穷理,必须观察与分析万物。

必须特予注意者是:三派对理与气之观点虽然不同,但无一派认为只有理或只有气乃是真实者。明儒罕言气,但明儒视气为理之运作或功能,因而完全真实。朱熹虽然声称理先于气并独立于气,但他迅即补充说,事实上,无离开气而存在之理。清儒否定理为先验或超越,但清儒并未倡言理只是抽象之物。吾人可以说,中国一般之立场是:理与气相互存在。中国形上学综合之倾向,再度确立。

一与多

理与气此一相互之关系,排除了一与多之对比。就历史而言,佛教首先并最透彻地讨论一与多之问题。讨论此一问题最有名之篇章乃是法藏(643—712)所撰之《金狮子章》。依法藏之说,在该头金狮中金与狮互不可分。金刺透狮子之每一部分,而狮子亦刺透金之每一部分。不仅此也,由于狮子之每一部分刺透金,而金则刺透整头狮子,因此,狮子之每一部分亦必刺透整头狮子。简言之,一即多,而多即一。

表面上一与多业已综合。但佛家仍坚持说,一乃真如或真心。设若一切为整个宇宙之显现,则重要者乃是整全。道家也一向强调太一。此等强调形成佛家之无平等论与道家之齐物论。此等说法在伦理上促进了宽容、爱与无私等美德。但在形上学上却引起了一物是否有任何特别性格、任何确定之本性、任何独立性与个性此一严重问题。

新儒家在实体为一之观点上,并不与佛道两家立异。有趣者是没有一位中国哲学家排斥一而赞同多。多元主义在中国之形上学里显然欠缺,即使是二元论也极微弱。朱熹之二元论并不完整,因其太极包含理与气。

但此并非谓中国之形上学倾向一元论。新儒家在此之综合是:一与多同为真实。宋儒周敦颐(1017—1073)说“万一各正。小大有定”(注 10)。如张载(1021—1077)所言者,气之弥漫,使得宇宙为一无尽之和谐。同时,由于气对每物之作用各异,故无一物相肖者(注 11)。事实上,由于气透过合、离、增、损而运转,由于一物之增亦即一物之损。因此,凡物必有对。但此并非谓物能孤立,因为万物在无尽之和谐中,均结合为一。或如其他新儒家所言者,万物皆由理结合为一。如此,一与多并存。如吾人所提示者。此一观念乃借自华严宗。其重要之不同之点,即佛家之和谐经由了别或甚至否定一与多而达成,而新儒家则经由肯定一与多而达。此外,佛家之和谐在超越界里达成,而新儒家则在当下达成。

人与天

依上所述,个人与宇宙之关系位置,至为明显。个人一方面自有其位置,同时也可与宇宙合而为一。天人合一之观念,实际上贯穿整个中国哲学史。就道家而言,与自然之合一恒被视为理想。汉代(公元前 202—公元

220)之道家与儒家,认为人与宇宙乃处于小宇宙与大宇宙,亦即天人之关系当中。《孟子》与《中庸》里,认为人性与宇宙之性既然相同,故能尽己之性,亦能尽人之性。能尽人之性,亦能尽物之性。能尽物之性,亦能尽全宇宙之性(注 12)。此是新儒家理论之基础。新儒家在人与宇宙之通性此一中心点上补充道,由于心满含理,而全尽之心亦会涵摄众理,亦即等于涵摄整个宇宙。同时,仁者"与天地为一体"。

善与恶

由于人与宇宙合一,而宇宙为善,则其自然之结果,人性必善。此自孟子而后一直是中国人坚定不移之信念。但对此问题之意见,一向并不一致。汉代以前,其说有五:

(1) 人性本善
(2) 人性本恶
(3) 人性亦善亦恶
(4) 人性无善无恶
(5) 有性善,有性恶

此为中国形上学上最重要之问题。此一形上问题,辩论最早,且亦最为广泛。每位有名之中国哲学家,几无不注意及之。道家加以讨论,良以道家深欲滋润、保存并恢复人之本性。儒家加以讨论,良以此一问题构成整个社会与伦理哲学之逻辑基础。此在佛教,甚至产生一种危机。终而导致佛教之从小乘急遽转变到大乘。

在首部之《大乘涅槃经》里,认为有一群称做"一阐提"之人,放荡邪僻得没有拯救之望。道生和尚(434 卒)大为反对此一观念。道生显然受到人性本善此一传统理论之影响,进而争论道,由于佛性遍在,即使最邪僻者亦具佛性,因而可以获救。他先遭到佛门保守分子之除名,但当肯定了他的理论之整部《大乘涅槃经》自印度引进了之后,又重新恢复其教籍。其结果为普遍拯救之理论,而将佛教转为众生得救之大乘宗教。

如已揭示者,人性本善之主要论辩是,人为道德上至善之宇宙之一部分。设若如此,恶,至少道德上之恶又如何解释?对于恶之产生,众说纷纭。佛家认为是无明。道家归因于欲望。新儒家如朱熹,则有私欲须负责任之强烈倾向。他虽绝不以为气天生本恶，但却将理认为是善源，而气为恶源，予以对照。天理与人欲之对比，此一争论至朱熹而达高潮。此一问题，辩论达数世纪之久。且自朱熹而后，亦继续一漫长时间。随着时间之前进，越来越多之新儒家认为欲望为善，只是因为其乃人性之一部分。终极而言，不论恶源之理论为何，恶意即岔出中庸之外。此并非只是折衷或妥协。其意乃是理与气之和谐，或是理与欲之和谐。人之堕落乃由于私欲，外在影响，缺乏教育，缺少自制，失于发扬德量与误断，等等。因此，恶乃非自然，意外与暂时，主要由于个人本身之缺陷。拯救显然在于全尽吾人天生之善性。如此，吾人便能"尽命"与"立命"。职是之故，吾人必须寻出自己拯救之道。由于吾人天性本善，此不只可能，而且亟需。此外，由于人人共具宇宙之善性，因此，人人皆能成圣成贤。

知与行

发扬吾人天性，需要教育，而教育则涉及知识与行为。此等论题不在本文讨论之列。然而，吾人切不可忽视大部分中国哲学家视知与行为一之重要事实，此一方面实际上有一连串之综合。

首先，有知者与所知者之合一。新儒家受到佛家"真谛"与"俗谛"之分，受到道家"大知"与"小知"之分之影响，亦将知分成"闻见之知"与"德性之知"。一方面是佛家与道家，"俗谛"与"小知"被认为不足信赖。但在新儒家里，"闻见之知"则可接受。但引导吾人真实了解理以及尽人之性，则是"德性之知"。晚近八百年所强调者，直是此类德性之知。儒门人物不愿像佛家与道家将其知性之努力指向一超越之绝对或指向消解于空无当中之一自我。知性之可贵乃是天理之知。一物之理亦即宇宙之理。因此，欲知一物，吾心首先必须为其真实之自我，亦即吾心必须体现自身之理，进而推致万物之理。此一"推致"之可能，因为理一而已。由于知者与所知者此一共性，两者乃能和解。换言之，欲真知一物，吾人必须以"同情之智慧"与一体之感亲之近之。欲使此成为可能，吾心不只须是清明、沉静、集中而不偏不私。吾整个个人在道德上也须是至善至美。

同理，如"格致"一词所揭示者，知兼需吾人知性之活动与实际之实践。"格致"一词确实难以定义。有位作者列出六十二种不同之解释，从"推吾心于万物"，经"穷物至极""穷究物形"等，到"研究历史治乱之因"与"处理人事"。陆、王派主张显示吾人本心之善性而"致良知"。颜元及其他清儒反对此一学说,主张躬行实践,并宣称:弹奏乐器之唯一途径乃在弹奏,而不只在读乐谱。然而,程、朱派之格致之说,却是最受接受之解释。此说结合直觉、理性与经验之方法。朱熹言道:

> 所谓致知在格物者,言欲致吾之知,在即物而穷其理也。盖人心之灵,莫不有知,而天下之物,莫不有理。惟于理有未穷,故其知有不尽也。是以大学始教,必使学者即凡天下之物,莫不因其已知之理而益穷之,以求至乎其极。至于用力之久,而一旦豁然贯通焉,则众物之表里精粗无不到,而吾心之全体大用无不明矣。此谓物格,此谓知之至也。(注 13)

"贯通"通常解作直觉。设若如此,则与佛家之顿悟有异。因为此之直觉乃透过理性而企及,其间并无躐等,亦无需沉思。事实上,朱熹指斥沉思,认为只有在思想隔断时实体方才显现,乃是谬误之假设。朱熹甚至指斥内省。因为如此,则是将心分裂为二。其一为观察者,而另一为所观察者。陆、王派之"致良知",亦非是自省或沉思,而是延伸吾心以拥抱全宇宙。此是陆象山"宇宙便是吾心,吾心即是宇宙"(注 14)此一名言之真实意义。宋、明时代委实有许多理学家施行静坐,但其采用沉思,只是作为心理卫生之助,而非作为知识之方式。

在发现理之此一方法中,吾人得强调两点重要者。第一点,归纳与演绎两法皆予应用。吾人可以精研一物或泛究众物,件件穷究,日日穷究,或兼及两者。其结果将会相同。此并非提示说新儒家懂得科学方法。大部分新儒家虽精通天文、音韵与金石学等,但却从未梦想到实验之精神或技术。然而,吾人必须记住,理之性质为理性,吾人并无理由说科学方法为何不能充分应用到理上去。

吾人强调之第二点,是知识必须靠自己取得。吾心之致知无法透过第三者而达成。很不期然而然地,吾人并未发现任何一位哲人主张说,览读古籍,乃是获取知识之唯一或主要方法;抑或主张说,某物真实,只因古籍记载如此。知识恒是吾人自己之试探。吾人在此不在否认中国传统权威主义之重负。只是权威施展于其他地方,而不在知识。颜元说,知识在于实践,其实践之意为六艺,亦即政府、社交诸艺等,如古经所立下者。颜元仍坚持说,吾人必须自己去发现真理。此即是启示思想在中国哲学,包括佛家与道家,为何没有地位之理由。此亦即是为何佛家视梦为幻象,儒家则视为清晰思维之障碍。不过道家在梦中见出许多道理。

依上所述，吾人可以领会知识与行为之关系。知与行之关系问题，仅次于人性之问题。在中国哲学里一向最受争论。哲学家对于知与行孰先孰后，与孰较困难，颇多出入。但大部分均同意，本质上，知与行合而为一。有些儒者如王阳明，将其讨论限于某些类型之知，例如口味、色觉与孝道之奉行等。其他儒者则包括所有类型之知识在内。一般之议论为：除非与行相伴，否则知之全幅价值无法体现，同时，除非与真知相伴，否则任何行为均非真正聪明而正确。

对于理之全面了解，可由中文“体验”——大意为个人本身试验或体认，个人本身之认知——一词加以概括。“体”字亦指躯体，因而强调积极之个人经验。此一经验首先涉及吾人与所知之物之认同，其次涉及道德准则与社会行为，再次涉及合理与直觉之方法。总言之，此一经验结合形上学、认识论与伦理学而为一大和谐。许多当代中国哲学家认为，此一体验或体认，乃是中国对世界所作之重要贡献。即使此一说法夸大，但吾人可以无疑指出中国人强调之所在。

作者业已强调中国哲学综合之倾向。并非所有之综合均告成功。例如大小宇宙之关系并无科学证据之支持。知行合一之观念，亦需接受更具批评性之分析。然而，吾人必须记取之教训是，显然相反之观念，可能并非不能相容。当然，善恶不能妥协。确定何者为善与何者为恶，固是历代以来中国哲学家最为关心者。但颇有意义者，乃在中国形上学里，即善恶之关系，也并非处于不可调停之位置。因而不是需要否定恶，就是需要上帝之恩宠以除恶。

综论

作者在此略予综论，以为本论文之注解。

1. 中国形上学乃简单、漫无体系，且在某些例子里肤浅。中儒在语录、书札、经解上辩论形上问题。其辩论主要是作为伦理学之理论基础。

2. 西方哲学从形上学发展到社会与道德哲学，而中国哲学则反是。

3. 由于中国哲学一向专注于德性之生活，因而所讨论之形上问题，均与道德生活最为密切。结果使得中国形上学极其实际而恒属于尘世。

4. 范畴之任何归纳，一向欠缺，殊值惊异。

5. 中国一向亦显然欠缺唯物主义。将荀子指为唯物主义者，确系错误。荀子所为者只是以自然主义之词句描述天，他从未将心减约为物质或物量。即使为西方人称作唯物主义者之王充（27—约 100），也未走到若是之远。

他只是发扬道家万物皆“自化”之学说，并否定鬼神之存在。此提示吾人于应用西方名词到中国哲学时，需倍加审慎。例如朱熹一向被称为理性主义者与经验主义者。谓之为经验主义者，因其坚持理知需先有道德准备，并与知之对象融洽。同时因为他不单要求理知有显然之前题，并且要求对于统行于现实世界中之实体，更有深微之容纳。谓之为理性主义者，因其坚持观察必须伴以思维。同时，由于理之本性为合理，因此认知理之唯一正确方法乃是此一理性方法。若是，朱熹究竟是理性主义者，抑或是经验主义者？吾人之答案乃是一典型之中国答案：他两者都是。

6. “神秘主义”一词本文未曾提及。吾人可以察知孟子、朱熹与王阳明所具有之神秘因素。但自佛家、道家于 11 世纪没落而后，神秘主义在中国哲学里便无足轻重。本文比较少谈道家与佛家，而较多论新儒家，部分系因为道、佛两家已融入新儒家，部分则因为新儒家一直是晚近八百年之中国哲学。

7. 设若中国哲学史证明任何东西，则其显示：唯物主义与极端之神秘主义或任何极端哲学在中国不会找到沃土。最近二十年里，佛教之理想主义与神秘主义虽告复活，但显然地旋即由盛而衰。此点殊有意义。无人能武断说，佛家与道家在以后八百年里会像以往八世纪里一样蛰伏不彰。此外，佛家具有莫大之可能性。摆在眼前之事实是：今日最有影响力之哲学家，乃是试欲依照西方哲学建造新儒家，或欲将之与西方之客观主义相结合之哲学家。

8. 任何未来之中国形上学，势需由科学与逻辑予以巩固。幸运得很，中国形上学之性质，对引进两者并无任何之阻碍。

9. 今日正在进行，同时可能持续几年之综合，会比早期新儒家之任务容易。因为 11 世纪最后终于综合之三大体系，有其不相容之特色。而今日所遭遇之潮流，则需互为声援。

10. 最后，作者与之交谈之大部分当代中国哲学家，都觉得，中国哲学在伦理学上对世界大概有所贡献，但在形上学上却在接受之一方。作者个人认为，百溪汇流时，不论溪流大小，都会影响大河。观念行不由径。设若佛教影响叔本华（Schopenhauer）（确曾如此），而朱熹映照莱布尼兹（Leibniz）（也的确如此）（注 15），则谁又能断言说，孟子或戴震不会影响也许吾人当中一位未来之斯宾诺莎（Spinoza）。

注释

注 1：《般若波罗蜜多心经》。

注 2:《道德经》,第四十章。

注 3:《易经》,《系辞》,第十一章。

注 4:《论语》,《先进》,第二十五章。

注 5:《中庸》,第二十三、二十五章。

注 6:《易经》,《系辞》,第四章。

注 7:《大学》,第二章。

注 8: J. P. Bruce, *Chu Hsi and His Masters* (London: Probsthain & Co., 1928), ch.12.

注 9:《道德经》,第五章。

注 10:《通书》,第二十二章。

注 11:《正蒙》,《太和》第一,(《张子全书》,卷二,页 26)。

注 12:《中庸》,22;《孟子》,《尽心》上,第一章。

注 13:《大学》,第五章补传。

注 14:《象山全集》,卷二十二,页 5 上。

注 15: Henri Bernard, "Chu Hsi and Leibniz," *T'ien Hsia Monthly*, V (August, 1937), p. 9~18。

原文载 Charles A. Moore, ed., *Essays in East-West Philosophy* (Honolulu: University of Hawaii Press, 1951), pp.163~177. 转载 Charles A. Moore, ed., *The Chinese Mind* (Honolulu: University of Hawaii Press, 1967), pp.132~148.

译文载《中国文化月刊》,第三十一期(1982 年 5 月),页 39—53。

儒家“中”的概念之检讨

绍熙五年(1194),朱熹(1130—1200)罢免待制侍讲后十一月,归途至江西玉山县,邑宰请至县庠讲学。因学者所讲问而发明要道。程珙(注1)起而问曰:“三代以前,只是说‘中’说‘极’,至孔门答问,说着便是‘仁’,何也?”朱子答曰:“说‘中’说‘极’,今人多错会了他文义,今亦未暇一一详说。”以下从“仁”字发挥(注2)。可惜朱子未详言“中”与“极”,然依程珙之问,可知三代以前“中”字为思想热烈讨论之点。

《中说序》曰:“‘中’之为义,在《易》为二五,在《春秋》为权衡,在《书》为皇极,在《礼》为中庸。谓乎无形,非中也。谓乎有象,非中也。上不荡于虚无,下不局于器用。惟变所适,惟义所在,此‘中’之大略也。”“中”之思想贯乎经籍之中,可谓盛矣。经籍之名句而为学者所乐道者有三。一为《书经·大禹谟》舜以命禹之十六字诀。其言曰“人心惟危,道心惟微。惟精惟一,允执厥中”(注3)。《论语》尧以命舜,则只曰“允执其中”(注4)。一为《左传》刘子之“民受天地之中以生”(注5)。刘子即刘康公(壮年公元前590),春秋时人。一为《中庸》首章之“喜怒哀乐之未发,谓之中,发而皆中节,谓之和。中也者,天下之大本也。和也者,天下之达道也”。《中庸》释“中”为性之未发及为天下之大本。《书经》《左传》则并不说明“中”是何意义。《大禹谟》孔安国(壮年公元前130)《注》只云“故戒以精一,信执其中”。孔颖达(574—648)《疏》只云“又当信执其中,然后可得明道以安民耳”。《论语》何晏(190—249)《集解》亦只云“为政者信执其中”。邢昺(932—1010)《疏》只云“为政者信执其中”。均于“中”字,未加阐明。

细察三则名句与《中说序》之意,“中”字可有两种意义。一者关于存在,为形上,为体,为名词。《中庸》之“未发”与“大本”,《中说序》与《书》之“皇极”与《礼记》之“中”,“不荡虚无,不局器用”,均属此类。儒家称之为“在中”。一者关于行为与价值,为形下,为用,为形容词。刘子之“中”与《易》之二五、《春秋》之权衡,“惟变所适,惟义所在”,均属此类。儒家称之为“时中”。“允执厥中”则兼而有之,因此“中”字实兼体用,可作名词,亦可作形容词也，由此两种意义，遂生出以下“中”字六说。

（一）“中”为中央。即中心点。“中央政府”之中央为国都所在，非地理之中央。地理之中点，则无一定之位置。程子云“地形有高下，无适而不中，故其中不可定下”（注 6）。程颐则较为清楚，谓“一厅则中央为中，一家则厅中非中而堂为中，言一国则堂非中而国之中为中。推此类可见矣”（注 7）。朱子沿之，曰“中无定体，随时而在”（注 8）。然以儒家观点，此地理之“中”，实是第二义。第一义则为道德上无过不及之“中”。故程子即继续言曰：“譬如杨氏为我，墨氏兼爱。子莫于此二者以执其中（注 9），则中者适未足为中也。”又曰：“且如初寒时则薄裘为中。如在盛寒而用初寒之裘，则非中也。”于是侧重中之用。无过不及，遂成为儒家之传统。

（二）“中”为无过不及。《论语》“中庸之为德，其至矣乎。民鲜能久矣”，“过犹不及”，“必得中行而与之，必也狂狷乎”，皆是此意（注 10）。其他博约、文质、进退等，无非适中之义。《中庸》言此更多。影响所及，“允执其中”，“生天地之中”，皆作无过不及解。徐干（171—218）《中论》云：“苟得其中，则我心悦焉。”（注 11）王通（584—617）《中说》曰：“惟精惟一，允执厥中，其道之谓乎！”（注 12）皆是此传统之表现。至宋儒则继承此传统益强。二程云“不偏之谓中”（注 13）。大程子程颢明道云“中则不偏”（注 14）。又云“允执其中，所以行之”（注 15）。二程子程颐伊川亦曰“圣人与理为一，无过不及，中而已矣”（注 16）。如是程氏之说，遂成定论。朱子因之，注《中庸》“未发谓之中”曰“无所偏倚，故谓之中”（注 17）。注《论语》“允执其中”曰“中者无过不及之名”（注 18）。注《孟子》“中也养不中”亦曰“无过不及之谓中”（注 19）。《朱子文集》与《湖南诸公论中和书》曰：“以其无过不及，不偏不倚，故谓之中。”（注 20）答蔡季通（蔡元定，1125—1198）书注云“允执厥中，则无过不及，而自得中矣”（注 21）。《答林择之（林用中）书》亦曰“喜怒哀乐，浑然在中。未感于物，未有倚着一偏之意，亦未有过不及之患，故特以中名之”（注 22）。《朱子语类》云“中是个恰好底道理”（注 23）。又曰“时中只是说做得个恰好底事”（注 24）。门人问不倚之谓中，朱子答曰“有物方倚得。未有物如何倚？……不如不偏好”（注 25）。如此之类，比比皆是。及至王阳明（1472—1529）竟以未发之中为良知（注 26），谓“知得过不及处就是良知”（注 27）。如是众口一词，为儒家不易之论。

（三）“中”为中正之道。由无过不及之“中”，进而为中正之“中”，至为自然。《易经》言中正者甚多。《中说》序所谓“二五”，即指二爻在下卦三爻之中间，五爻在上卦三爻之中间，若阳爻居阳位，阴爻居阴位，则为中正。周子（周敦颐，1017—1073）《太极图说》曰“圣人定之以中正仁义”。《通书》亦曰“圣人之道,仁义中正而已”(注 28)。程子云“中者天下之正道”(注 29),亦是中正之意。朱子则分析中正,谓“正者且是分别个善恶,中则是恰好处”(注 30)。

以上之“中”为形容词,盖所以形容位置或道,重在用。以下之“中”,则为名词,盖指存在而言,重在体,亦有三说。

(四)“中”为心。解“中”为心,并非无据。《史记 · 乐书》“情动于中”下注云“中,犹心也”。“四畅交于中”下注云“中,心也”。《淮南子 · 原道训》“以中制外”注云“中,心也”。《说山训》“中,不私也”,注亦云“中,心也”(注 31)。扬雄(公元前 3—18)《法言 · 修身》“其为中也弘深”注云“中者,心志也”(注 32)。愚尝疑《大禹谟》“允执厥中”之“中”字应作“心”字解,因上文谓“人心惟危,道心惟微”,则“厥”字应指人心道心,即朱子《中庸章句》序所谓“必使道心常为一身之主,而人心每听命焉”。通常解此“中”字为无过不及,未尝不可。惟《大禹谟》整编无中庸之意。上文“民协于中”亦解“中”为心比解“中”为中庸较为顺利。下文“满招损,谦受益”,更非中庸之道矣。若以执心为难,则执者守也,坚守此心,有何不可?朱子注此十六字诀云“心者人之知觉,主于身而应事物者也”(注 33)。蔡沈(1167—1230)《书集传》改为“心者,人之知觉主于中而应于外者也”。钱穆谓蔡氏于朱子辨人心道心之精义不深晓,轻以己意擅易朱子原文(注 34)。愚则谓蔡氏改“身”为“中”,未尝无理。因“中”乃应“允执厥中”之“中”。以中应外,亦顺理成章。然解道心为无过不及,亦略一说。

(五)“中”为太极。此说可谓始自董仲舒(公元前约 176—前 104)。董子《春秋繁露》循天之道云“阳之行始于北方之中而止于南方之中,阴之行始于南方之中而止于北方之中。阴阳之道不同,至于盛而皆止于中。其所始起,皆必于中。中者,天地之大极也”(注 35)。此处之“极”,即再无去处。是即太极也。邵雍(1011—1077)云“天地之象,其起于中乎。是以乾坤屡变,而不离乎中。人居天地之中,心居人之中。日中则盛,月中则盈。故君子贵中也”(注 36)。又曰“心为太极”(注 37)。邵子虽未尝明言中为太极,然中与心之关系,在其思想系统中,可谓至为密切。其论先天之学云“先天之学,心法也。故图皆自中起。万化万事,生乎心也”(注 38)。其意实指中为太极。故注家黄粤洲(壮年 1476)注此节云“人受天地之中以生,中位太极。……象数森齐,统乎一中。中为太极,为人心,图法即心法”(注 39)。程子不言太极,只谓中为极至,“中是极至处”(注 40)。又云“中者,极至之谓也”(注 41)。陆象山(1139—1193)与朱子辩论《太极图说》,引周子《通书 · 理性命》章“中焉止矣。……二本则一”之言,谓“曰‘一’曰‘中’,即太极也”(注 42)。朱子极辨其非,下面再详。朱子虽斥象山以“中”为太极之非,然其本人亦谓“中”与太极同是一般。门人问刘子所谓天地之中即周子所谓太极否?朱子答曰“只一般,但名不同”。然继续即云“极不是中。极之为物,只是在中”(注 43)。则到底不认“中”为太极矣。

(六)“中”为“空”。可以《老子》第五章“不如守中”为代表。河上公(壮年公元前 179—前 159)注云“不如守德于中,育养精神”,未解“中”字。惟注第四章“道冲而用之”则曰“冲,中也”。道冲即道空虚之意。王弼(226—249)注“不如守中”云“橐籥而守数中,则无穷尽”。承上文“天地之间,其犹橐籥乎!虚而不屈,动而愈出”。“数”字显是衍文。“守中”亦如河上公“守德乎中”,皆含中虚清净无为之义。至《想尔注》(2 世纪)解作“守中和之道”,虽应第四十三章“冲气以为和”,然显示已受《中庸》之影响。近人章太炎(章炳麟,1869—1936)解“中”谓本图册之类,“守中”为“握图籍”(注 44),则太附会矣。

庄子屡言“环中”。郭象(312 卒)注《齐物论》“枢始得其环中”云“环,中空矣”(注 45)。又注《则阳》篇“得其环中以随成”云“居空以随物”(注 46)。道家解“中”为“空”,可谓一致。注家或以“守中”为中正之道或中庸之道,则以儒释道,非道家之本旨也。儒家无以“空”解“中”者。儒家常言实,最怕“空”字,每以“虚”字易之。“空”“虚”皆是状词而非实体。道家则以空虚为本体,颇近佛氏。故儒家、释、道并排。

以上六说,互为体,实可相通。由中央而引申为心,是意中事。心广大包容,故谓空虚。中既是中央,故不东不西,无所偏倚,此是中正之道,亦即无过不及。由东边或西边而至中央,即至尽处,故云极。究竟中是体抑是用,成为儒家争论之焦点。中国哲学史上有三次讨论,均涉及此问题。第一二次为师生问答。意见不同,但卒归一致,第三次为朱、陆太极之辩,历史上留有伤痕。

师生问答是指程颐与门人苏季明(苏昞,生卒年不详)与吕大临(1046—1092)之问答。季明之问,主要是喜怒哀乐未发已发之心理状态,然亦涉及“中”之讨论。季明问“中之道”(注 47)与“喜怒哀乐未发,谓之中”(注 48)同否?程子答曰:“非也。喜怒哀乐未发是言在中之义。只一个‘中’字,但用不同。”季明不明在中为何,问曰:“中莫无形体,只是个言道之题目否?”程子答曰:“非也。中有甚形体?然既谓之中,也须有个形象。”(注 49)所谓形象,即是不偏不倚。在中指性在中点,不偏不倚。此为未发,为形上,亦是大本,为名词。中之道则为已发,为形下,为时中,亦是达道,为形容词。两处“中”字用法盖不同也。季明倾向于以中为体,程子则倾向于以中为用,季明卒接受其师之说。

程子与门人吕大临论中,则议论未归一致。问答详《伊川文集》卷五与《吕大临论中书》(注50)。《宋元学案》题为"未发问答",省去若干字,然大旨无异也(注51)。《二程粹言》述其大意,比较简白(注52)。《朱子语类》卷九十七朱子与门人讨论此书甚详(注53)。内载朱子评此书,谓其中一段"此语不可晓。当时问时辞意亦自窘束"。又云"此书答辞亦有反为所窘处"。《宋元学案》几乎全录此书,故不免窘束之病。惟《粹言》所录则简单化,是故清楚可读。书中最有名之句语,乃"心一也,有指体而言者(原注"寂然不动是也")。有指用而言者(原注"感而遂通天下之故是也")"(注54)。此是论心,不是论中。《宋元学案》之题,乃侧重在《中庸》首章"喜怒哀乐之未发,谓之中"。此是大临问题所由来,关于论中之要点,则有三端如下。

大临之第一问题为中与道之关系。大临云:"中者,道之所由出。"程子答之曰:"此语有病。盖中即道也。若谓道出于中,则道在中外,别为一物矣。"大临引《中庸》首章"天命之谓性,率性之谓道。……中者,天下之大本,和者,天下之达道",而谓性与道,大本与达道,不可分而为二。程子答曰:"在天曰命,在人曰性,循性曰道。性也,命也,道也,各有所当。大本言其体,达道言其用。体用自殊,安得不为二乎?"然程子尝谓"体用一源"(注55)。故大临所云,未可为非。不过程子恐其徒偏于一边,昧于一而二,二而一之旨,故所答如是耳。

大临之第二问题为中与性之关系。大临云:"中即性也。在天为命,在人为性,由中而出者莫非道。所以言道之由出也。与'率性之谓道'之义同,非道中别有中也。"程子曰:"'中即性也',此语未安。中者,所以状性之体段,如称天圆地方,遂谓方圆为天地可乎? ……盖中之为义,自过不及而立名。若只以中为性,则中与性不合。……不偏之谓中。道无不中,故以中形道。若谓道出于中,则天圆地方,谓方圆者天地所自出可乎?"此处如何中与性不合,程子并未说明。此或是朱子所云窘束处。惟大临以中为体,程子则以中为用。师生意见之不同,盖在于此。

朱子与门人讨论此节甚详。门人问曰:"'中之为义,自过不及而立名',此段说中与平日异。只为吕氏形容中太过,故就其既发告之?"朱子曰:"然。"(注56)程子平日解"中"为"不偏之谓中"(注57)。不偏状性。性乃未发,乃大本,乃名词。无过不及形容既发,乃达道,乃形容词。实在两者相通,根本上非矛盾也。

大临之第三问题为中与心之关系。大临云:"喜怒哀乐之未发,则赤子之心,当其未发,此心至虑,无所偏倚,故谓之中。以此心应万物之变,无往而非中矣。……故大人不失其赤子之心,乃所谓'允执其中'也。……中者,无过不及之谓也。向所准则而知过不及乎?求之此心而已。此心之动,出入无时,何从而守之乎?求之于喜怒哀乐未发之际而已。当是时也,此心即赤子之心。……乃论其未发之际,纯一无伪,无所偏倚,可以言中。若谓已发,恐不可言心。"总之,大临以赤子之心为未发,程子以赤子之心为已发。然程子亦曰:"凡言心者,指已发而言,此固未当。故曰:心,一也。有指体而言者,有指用而言者。惟观其所见如何耳。"此即张载(1020—1077)"心统性情"之说(注58)。朱子发挥此点甚大。朱子评之曰"与叔(大临)之失,却是认赤子之已发者皆为未发"(注59)。其门人总论此书,谓"前项只是名义失。最失处在赤子之心"。朱子曰"然"(注60)。即谓大临误认赤子之已发为未发也。此处最可注意者为心有体用。然而中亦有体用。此亦足以见"中"之义不可以一言解之也。

朱子总评与《吕大临论中书》曰"吕博士论此,大概得之。特以中即是性,赤子之心即是未发,则大失之"(注61)。大临论心,乃是次要问题。其中心思想,则大临以"中"为形上,为名词,为道体,为道之源泉。程子则虽承认有道体,然中是其形状,故中是不偏不倚,形容道之在中。是以师生之不同,即是"中"作为体与用,为名词与形容词,为形上与形下之异。朱子继承程子之说,好用"不偏不倚"以形容喜怒哀乐未发在中之大本,用"无过不及"以形容喜怒哀乐已发而见诸行事之达道。有时"不偏不倚"与"无过不及"连用,不外以"中"为形容词,为用。

朱子早年与张栻(1133—1180)讨论,即示此意。朱子初受李侗(1093—1163)之训,澄心默坐,以求喜怒哀乐未发之中。随后心起怀疑。乃于乾道三年(1167)访张栻于长沙,语《中庸》未发之中与已发之和之义。语三日夜而不能合。别后屡屡通讯。张栻一书云:"《中庸》之云中,是以中状形道也。喜怒哀乐未发之谓中,是以中状性之体段也。然而性之体段,不偏不倚,亭亭当当者,固是道之所存也。道之流用,即事即物,无不有恰好底道理,是性之体段,亦无适而不具焉。如此看尤见体用分明。"(注62)所谓"道之所存","无适不具",显以"中"为形上,为体,为名词。虽其形性形道,而中之为中,仍自若也。朱子则以"中"为不偏不倚,无过不及。复书曰:"'中'字之说甚善,而所谓状性形道之不同,尤为精密。开发多矣。然愚意窃恐程子所云'只一个字,但用不同',此语更可玩味。夫所谓'只一个"中"字',中之义未尝不同,亦曰不偏不倚,无过不及而已矣。然用不同,则有所谓'在中'之义者,有所谓'中之道'者是也。盖所谓'在中'之义者,言喜怒哀乐之未发，浑然在中，亭亭当当，未有个偏倚过不及处。其谓之中者，盖所以状性之体段也。有所谓'中之道'者，乃即事即物，自有个恰好底道理，不偏不倚，无过不及。其谓之中者，则所以形道之实也。只此亦便可见来教所谓状性形体之不同者。但又见得'中'字只是一般道理。以此状性之体段，则为未发之中。以此形道，则为无过不及之中耳。"（注63）简言之，朱子虽承认"在中"与"中之道"之不同，然"中"字用途，则是状性之不偏不倚，与道之无过不及而已。以后每言"中"字，皆作形容词解（注64）。朱子既坚持此见，故与陆象山有太极之辩。

淳熙十三四年（1186—1187），朱子与陆子美（陆九龄，号梭山，1132—1190）辩论太极《西铭》侧重《太极图》之无极，未曾涉及"中"字。十五年（1188）象山自告奋勇，替其兄为无极之辩。第一书谓周子"曰'一'曰'中'，即太极也。未尝于其上加无极字。……盖极者，中也。言无极则犹言无中也，是奚可哉"（注65）？朱子答书于无极辩论甚详。关于"中"为太极，则谓："圣人之意，正以其究竟至极，无名可名，故特谓之太极。犹曰举天下之至极，无以加此云尔。初不以其中而命之也。至如北极之'极'、屋极之'极'、皇极之'极'，诸儒虽有解为'中'者，盖以此物之极，常在此物之中，非指'极'字而训之以'中'也。'极者，至极而已。'……后人以其居中而能应四外，故指其处而以'中'言之，非以其义为可训'中'也。……《通书理性命章》……所谓'一'者，乃为太极，而所谓'中'者，气禀之得中。……初未尝以是为太极也。"（注66）

象山第二书，复朱子来书，主点亦辩无极，因而亦曰："极亦此理也，中亦此理也。五居九畴之中，而曰皇极，岂非以其中而命之乎？'民受天地之中以生'，而《诗》言'立我烝民，莫匪尔极'（注67），岂非以其中命之乎？《中庸》曰'中也者，天下之大本也。和也者，天下之达道也。致中和，天地位焉，万物育焉'，此理至矣。外此岂更复有太极哉？"（注68）朱子驳之曰："极是名此理之至极，中是状此理之不偏。虽然同是此理，然其名义各有攸当，虽圣贤言之，亦未尝敢有所差互也。若皇极之'极'、民极之'极'，乃标准之意，犹曰立于此而示于彼，使其所有向望而取正焉耳，非以其中而命之也。……中者，天下之大本，乃以喜怒哀乐之未发，此理浑然，无所偏倚而言。太极固无偏倚，而为万化之本，然其得名，自为至极之'极'，而兼有标准之义。初不以中而得名也。"又曰："《大传》《洪范》《诗》《礼》皆言极而已，未尝谓极为中也。先儒以此极处常在物之中央而为四方之师面内而取正，故因以'中'释之，盖亦未甚失，而后人遂直以'极'为'中'，则又不识先儒之本意矣。"（注69）两者措辞强烈，不免意气用事。结果"各尊所闻，各行所知亦可矣,无复望于必同也”。

与象山辩太极后,朱子著《皇极辨》重申其义,谓:“极者至极之义,标准之名,常在物之中央,而四外望之以取正焉者也。故以极为在中之准的则可,而便训‘极’为‘中’则不可。若北辰之为天极,脊栋之为屋极,其义皆然。……殊不知极虽居中,而非有取乎‘中’之义。且‘中’之为义,又以其无过不及,至精至当,而无有毫厘之差,亦非如其所指之云也。”(注70)

朱子以“中”为不偏不倚,无过不及之主张,可谓始终贯彻。《论语或问》论“允执其中”,设为问答:“曰:执中之说,程子、范、游、杨氏之说不同,如何?曰:程子备矣。盖圣贤所言,‘中’有二义。大本云者,喜怒哀乐未发之时之理,其气象如此也。《中庸》云者,理之在事而无过不及之地也。此曰‘允执其中’,盖以其在事者而言。若天下之大本,则不可得而执矣。且圣人之道,时止时行,岂专以块然不动者为是而守之哉?故程子以事事物物言之,而又曰‘允执厥中,所以行之’。以是而观,则三家之失亦可见矣。”(注71)程子指程氏兄弟(注72)。范、游、杨指范祖禹(1041—1078)、游酢(1053—1123)、杨时(1053—1135)。游、杨为程门高弟。范为讲友或尝从学,其说未考。大概程子以“中”为用,为形容词,范、游、杨则以为体,为名词。朱子所云二义,非名词与形容词之二义,而是“中”字形容词所用不同之二义。即上文“中”为不偏不倚,所以状体,与“中”为无过不及,所以形道,同是形容词而所用不同也。故朱子以“中”形容未发之大本之后,即曰“气象”,而以“中”形容已发,则特重在事。此其自始至终之主张也。

其实程、朱论“中”,不免矛盾。盖程、朱亦以“中”为体矣。程子云:“事事物物上,皆天然有个中在那上,不待人安排也。”(注73)又云“喜怒哀乐未发,谓之中,只是言一个中(原注:一作本)体。”(注74)云“体”云“在那上”,显是名词。朱子亦然。门人问“天地之中与程子天然自有之中是一意否?”曰:“只是一意,盖指大本之中也。”大本为体,其状为中,则“中”仍可说是形容词。然门人又问:“天地之中,天然自有之中,同否?”曰:“天地之中,是未发之中。天然自有之中是时中”。门人曰:“然则天地之中是指道体,天然自有之中是指事物之理。”朱子曰:“然。”(注75)既言道体,则“中”是体而非用矣。

所谓矛盾,只是表面上之矛盾。在程、朱思想系统中,体中有用,用中有体,体用不离,所谓体用一源也。以此而言,则大临之以中为道之由出,以中为性,以至象山之以中为太极,未尝无理。朱子《中庸章句》题下注云“中者,不偏不倚,无过不及之名”。《中庸或问》设为问答释之曰:“‘中’名而有二义,程子因言之矣。今以其说推之,不偏不倚云者,程子所谓‘在中’之义,未发之前,无所偏倚之名也。无过不及者,程子所谓'中之道'也。见诸行事,各得其中之名也。盖不偏不倚,犹立而不近四旁,心之体,地之中也。无过不及,犹行而不先不后,理之当,事之中也。故于未发之大本,则取不偏不倚之名。于已发而时中,则取无过不及之义。语固各有当也。然方莫未发,虽未有无过不及之可名,而所以为无过不及之本体实在于是。及其发而得中也,虽其所主不能偏于一事,然其所以无过不及者,是乃无偏倚者之所为,而于一事之中,亦未尝有所偏倚也。故程子又曰'言和则中在其中,言中则含喜怒哀乐在其中'(注 76)。而吕氏亦云'当其未发,此心至虚,无所偏倚,故谓之中。以此心而应万物之变,无往而非中矣'(注 77)。是则二义虽殊,而实相为体用。"(注 78)律以体用一源之例,则"中"之相为体用,不只限于形容大本达道之二义而亦"中"为体用之二义也。

注释

注 1:程珙,字仲璧,号柳湖。《宋元学案》,卷六十九以为朱子门人,非是。参看拙著《朱子门人》(台北,学生书局,1982,页 244)。

注 2:《朱子文集》,卷七十四,《玉山讲义》,页 19 下。

注 3:《书经》,《大禹谟》,第十五节。

注 4:《论语》,《尧曰》,第一章。

注 5:《左传》,成公十三年。

注 6:《遗书》,卷二上,页 17 上。此为二先生语,不知为程颢(1032—1085)抑程颐(1033—1107)语。

注 7:同上,卷十八,页 24 上。

注 8:《中庸章句》,注第二章。

注 9:杨、墨、子莫,见《孟子》,《尽心》上,第二十六章。

注 10:同注 4,《雍也》,第二十七章;《先进》,第十五章;《子路》,第二十一章。

注 11:《中论》,《核辩》第八,卷上,页 21 上。

注 12:《中说》,《问易篇》,卷五,页 4 上。

注 13:同上注 6,卷七,页 3 下,二先生语。

注 14:同上,卷十一,页 4 下。

注 15:同上,页 7 下。

注 16:同上,卷二十三,页 2 下。

注 17:同上注 8,第一章。

注 18:《论语集》注,《尧曰》,第一章。

注 19:《孟子集》注,《离娄》上,第七章。

注 20：同上注 2，卷六十四，页 28 下。

注 21：同上，卷四十四，页 2 上，第二书。

注 22：同上，卷四十三，页 27 上，第十七书。

注 23：《朱子语类》，卷七十八，第二百二十四条，页 2016。

注 24：同上，卷六十三，第一条，页 1521。

注 25：同上，卷九十七，第一百二十二条，页 2504。

注 26：《传习录》中，第一百五十五与第一百五十七条（《王文成公全书》，卷二，页 38 下、40）。

注 27：同上，卷下，第三百零四条（《王文成公全书》，卷三，页 41 上、下）。

注 28：《通书》，第六章。

注 29：同注 13。

注 30：同注 3，卷六十三，第三条，页 1521。

注 31：《淮南子》，卷一，页 12 下；卷十六，页 4 上。

注 32：《法言》，卷三，页 5 上。

注 33：同上注 2，卷六十五，《大禹谟》注，页 19 下。

注 34：钱穆，《朱子新学案》，第二册，页 117—118。

注 35：《春秋繁露》，卷十六，页 11 上、下。

注 36：《皇极经世书》，卷七下，《观物外篇》上，页 4 上。

注 37：同上，卷八下，《观物外篇》下，页 25 上。

注 38：同上，卷七上，《观物外篇》上，页 34 下。

注 39：同上，页 35 上。

注 40：同注 6，卷十一，页 7 上；卷十九，页 7 上。

注 41：《粹言》，卷二，页 28 上。

注 42：《象山全集》，卷二，与《朱元晦第一书》，页 5 下。

注 43：同上注 23，卷十八，第八十四条，页 411。

注 44：《文始》，卷七，页 211 下。

注 45：《庄子》，卷一，页 28 下。

注 46：同上，卷八，页 46 下。

注 47：《伊川文集》，卷五，《与吕大临论中书》，页 10 上；《粹言》，卷一，页 10 上。

注 48：《中庸》，第一章。

注 49：同注 6，卷十八，页 14 下—15 上。

注 50：同注 47，页 9 下—12 上。

注 51：《宋元学案》，卷三十一，《吕范诸儒学案》，页 7 下—9 下。

注 52：同注 41，卷一，页 10 上下。

注 53：同注 25，第一百二十二至一百二十四条，页 2504—2505。

注 54：原注之言，出自《易经》，《系辞》上传，第十章。

注 55：《伊川易传序》。

注 56：同注 25。

注 57：同注 13。

注 58：《张子语录》,《后录》下,页 1 上。

注 59：同注 25。

注 60：同上,页 2505。

注 61：同注 2,卷六十七,《已发未发说》,页 11 上。

注 62：《南轩先生文集》,卷二十,《答朱元晦秘书第五书》,页 4 下。

注 63：同注 2,卷三十一,《答张敬夫第十八书》,页 6 下。

注 64：同注 23,卷六十二,第一百零八条,页 1507;第一百三十一条,页 1512。

注 65：同注 42,页 5 下—6 上。

注 66：同注 2,卷三十六,《答陆子静第五书》,页 8 下—9 上。

注 67：《诗经》,《周颂》,《清庙之什》,《思文》。

注 68：同注 42,第二书,页 9 下。

注 69：同注 66,第六书,页 12 上—13 下。

注 70：同注 2,卷七十二,《皇极辨》,页 11 上—14 上。

注 71：《论语或问》,卷二十,页 1 下,总页 676。

注 72："所以行之"出《遗书》,卷十一,页 7 下,为程颢语,惟兄弟意见每每相同。朱子每用"程子"以指二程。参看拙著《朱子新探索》,"程子曰",页 314—319。

注 73：同注 6,卷十七,页 6 上。

注 74：同上,页 5 下。

注 75：同注 43。

注 76：同注 73,页 5 下。

注 77：同注 50,页 10 下。

注 78：《中庸或问》,页 1 上下,总页 1—2。

本文为 1989 年北京孔子诞辰 2540 周年纪念与学术讨论会献文,未刊。

访华哲学观感

谈访问哲学界观感

1981 年宋明理学讨论会在杭州举行,予应中国哲学史学会与浙江省社会科学研究所之召,出席参与讨论。本年(1983)又承中国社会科学院哲学研究所之邀,到庐山(白鹿洞书院)、长沙(岳麓书院)、福建(同安、武夷、崇安五夫里、建阳)等地探访朱熹遗迹,在北京、长沙、南昌、厦门与诸宋、明理学专家开座谈会,讲论国内国外理学探讨与朱熹研究诸问题。接触虽暂,而一见如故者,为数不少。年来各学者赐赠鸿文巨著。三次返国,间亦在各地书店购书籍若干种,然并不多。是以对于国内宋、明理学研究,还未能得窥全面。下面所谈,恐只是半知半解而已。

杭州讨论会、座谈会,与从各书志所得印象最深者为对于理学兴趣之酷浓与态度之日趋平允。特别是举行全国性宋、明理学会议,参加者有二百人,已是一极有意义之学术活动。近年关于理学书籍出版增多。《中国哲学》第五辑几乎是宋、明理学专刊。第八辑亦然。《中国哲学史研究》1981 年第四十一期亦有“宋、明理学研究专辑”。此比以往大异其趣。予曾以英文编《中国哲学》: 1949—1963(1967 年夏威夷东西中心出版部),介绍专书 213 种,论文 756 篇。其中关于理学之书只有 16 种,论文 74 种,仅及十分之一,而以李贽、王夫之为多。二程无专书,只一论文。朱熹亦只有朱谦之之《日本的朱子学》与论文 4 篇。再观《中国哲学史》附载之《中国哲学史报刊论文资料索引》,则 1949—1958 十年内,理学占约 40 篇,而 1958—1961 四年之内,即有 70 余篇。1961 年以后索引尚未刊至理学部分,然其量数必然大增,则可无疑。

至于态度,则亦大有改变。五四运动时期,学界人呼“打倒孔家店”,以理学为魔鬼。以颜元之“朱子教人半日静坐,半日读书”(《颜李丛书》第六册《朱子语类评》),与戴震之“以理杀人”为口号而力攻程、朱。不管朱熹只是因其门人郭友仁太鲁莽,不读书,好讲闲言语,好见闲客而为此言(《朱子语类》卷一百一十六,最后条)。朱熹未尝以此教人,亦未尝以此自践也。戴氏因雍正杀人禁书,不免作过激之言,然亦只谓“后儒”而已,非指朱熹也。至其谓宋儒一味遏绝人欲,直是妄言。程、朱何尝要人绝欲?只是去私而已。戴氏本人谓“欲之失为私”(《孟子字义疏证》,“才”字条,第三十),不亦与程、朱同出一气耶?故张岱年谓“东原对于宋儒理欲之辩之真义,稍有误会”(《中国哲学大纲》,页 463),而侯外庐亦广引章太炎以说明戴氏因历史环境而有此反动也(《近代中国思想学说史》,上,页 381)。

因为理学研究渐盛,对于理学之品评亦渐公平。予在杭州讨论会每日下午参加朱熹小组。诸学者对于朱熹之批判,亦赞亦评。大多根据事实,持论平正。绝少断章取义,颠倒是非。当然从唯物主义之立场,朱熹之唯心哲学,绝对不能接受。然此乃从真正了解朱熹之思想而批评,而不是曲解虚造,以成其说,所读专书学刊之文,大多平凡。惜尚有少数误解之处。如沈继祖控朱熹六大罪与四恶行(《四朝闻见录》,丁集),谓朱熹“娶刘珙之女,而奄有其身后巨万之财”。又“诱引尼姑二人以为宠妾……”。王懋竑已指出其“依仿撰造以诋朱子者。近人无识,辄以附之年谱中。愚陋至此,亦可怜也”(《朱子年谱考异》卷四,庆元二年)。朱熹所娶,乃刘勉之之女而非刘珙之女也。《朱子文集》卷八十五《落秘阁修撰依前官谢表》并非自认其罪,而乃“谓其……纳其尼女……谅皆考核以非诬,政使窜投而奚憾。不虞恩贷,乃误保全”。此处“诬”字断句,不应读作“谅皆考核,以非诬政”(杨天石,《朱熹及其哲学》,页 70)也。盖云“彼等谓我……纳其尼女……无非诬诋以置我于死地。谁料皇恩浩大,竟得保全性命”。

近年理学研究发展过程中之另一可喜现象为国际化。各学刊已渐增多国外学术消息。国内讨论会外人参与者日多,而学者亦每每参加国际学术会议。凡此足以促进学术交流,增益新知。宣扬我国哲学思想,其余事也。由此而再进一步为中、西哲学思想之比较研究,其裨益两方,当不可限量。予参加东、西思想会议,已有多次。每觉所谓比较,并非两者平铺面前,校其同异,然后定其谁是谁非,谁优谁劣。论者每以西洋思想为标准,以之核我国之思想。同者则肯定之,异者则否定之。宗教最为显著之一例。因儒家之信仰与制度与基督教不同,于是谓儒教非宗教。美国大学宗教系不授儒教者甚多。宗教专书亦过半无儒教一门。此皆片面比较之过。

此一缺点,不特西方学者为然。我国学者亦恐不免。不论朱熹之哲学思想与怀特海之哲学思想之同异如何,便谓朱熹之机体主义即怀特海之机体主义,或怀特海之机体主义即朱熹之机体主义。每每求之过急,而不冷观分析,各取所长。此并非自尊式故步自封,而是详细分析,精审异同,以彼所长,补吾所短,学术乃得上进耳。

学术交流,日本之理学研究,当予吾等一大助力。盖日本朱学王学,历数百年而不衰。我国已佚理学书籍,间有由高丽流入日本者。叶公回订校之《朱子年谱》,是其一例。叶谱刊于明宣德六年(1431),在戴铣《朱子实纪》谱(1506)之先。王懋竑所参考之李默本(1552)、洪去芜本(1700)更在其后。叶本虽较南宋李方子原本隔二百年,然与之最近。与戴本比较,不同而极有意义者不只一处。如淳熙十一年(1184)载朱熹"江西顿悟,永康事功"之言,戴谱系于绍熙三年(1192),王谱系于淳熙十二年(1185)。此有关朱熹思想之进展,可资学者研究。日本大学制度,毕业必先撰论文。论文既多,研究不能不专。因而长期精细考究,成绩可观。学者继续专题研究,成效更著。如田中谦二之《朱门弟子师事年考》(《东方学报》,第四十期,1973年)与大久保英子之《明清时代书院の研究》(东京,国书刊行会,1976 年),皆远出乎同类著作之上,大有参考之价值。吾尝感觉我国学者利用日本材料太少。虽然讨论会有多少日本学者参加,杂志亦有日本理学研究之介绍。不过此只是开端,尚有待于大量发展也。反之,欧西学者之讨论理学,几全靠日本资料,盖以其有标点,有注释。图书易寻,设备齐全,而学术交流较早,人数较多,不特稍能讲英、德语而已也。因其偏用日本材料,我国历代著述与当代研究,几全不注意。此为西方研究理学之最大缺点。吾人必须避免此种一面倒之毛病。吾之所谓应走日本之路,非谓日本研究理学成就比我国为高。即以注释《近思录》而论,日本注解讲述翻译,不下百余种。以言引朱,总不若江永之精。名物掌故与校对,远不及茅星来,而诠释意义,则更在张伯行、施璜之下。惟佐藤一斋之《近思录栏外书》参考甚详,新见颇多。而宇都宫遁庵之《鳌头近思录》之引语探源,最为特色。总之各有所长,正可互相借鉴。

日本特殊成就之一因,乃在其专题探讨。我国理学专著之精粹如邱汉生之《四书集注简论》、张立文之《朱熹思想研究》,或专论一书,或专谈一面。然此究属少数。不论专书或论文,过半仍是概论、诠释、评价之类。百科全书与教科书之性质多,专题穷究之性质少。此类著作有其本身之价值,为学术界所不可无。然究是一家之言,未必有补于理学研究客观知识之增长也。

客观知识之增加,在乎考据。八月在中国社会科学院哲学研究所召开的座谈会上,承主席辛冠洁先生赠以 1988 年第二期《中国哲学史研究》。归而阅之,得见陈来所著《关于程朱理气学说两条资料的考证》。1982 年在夏威夷国际朱熹会议中，日本山井涌教授曾提出朱熹“理生气也”一语之问题，谓不见于朱熹著作，应事探索。今陈来考出其为来自朱熹弟子杨与立所编之《朱子语略》而为吕柟采入其所编之《朱子抄释》。此一问题，遂有答案。《中国哲学》第二辑亦有冒怀辛之《读书札记三则》，考出张载、薛瑄、陆九渊三人语之正确意义。论文虽短，而贡献甚大。此外，考证之作，也有多起。深愿学者多从此方着力，尽量采用方志文集资料，而不限于通史与学案，则学术前途，光而且大。

老成学者尚有一种任务为不容辞者，标点、注释、索引是也。近年国内经籍之标点、注释，甚为精详，远出乎别处教师点注以弥补薪资作品之上。唯理学书籍索引尚不多见。本人所知，只张立文之《朱熹思想研究》附有索引而已。此索引凡 31 页，堪称精详。窃谓文集、年谱、通史、专史、论集、资料选辑、专著等，皆应有索引。希望如无索引则学会不予赞助，出版社不予印行。普通索引每分人名、名词两部。此有其良好作用，如庄子之为书名、人名，分别清楚。但先决条件是须预先知道某词为人名抑为书名抑又为概念。索引不应有此要求。最好将人名、书名、名词，一概顺序一以贯之。如须指明人名或地名，可加符号。每词所举页数，不过二十。多则读者惮烦不尽检查，如超过二十页数，则应分析，如“理”字下分理气、理与道、理欲、理一分殊、二程言理、朱熹言理、以至其他诸家言理。如是眉目清楚，可增书之功效十倍。老成学者又每每只致意于弘旨大义，而以编索引为余事。其实索引之编，非作者本人不为功，而经籍亦老成学者为能通晓。索引亦作育英才之一道，与著书无异也。日本有后藤俊瑞之《朱子四书或问索引》与《朱子四书集注索引》，佐藤仁之《晦庵先生朱文公文集人名索引》，东京大学朱子研究会编而由山井涌监修之《朱子文集固有名词索引》，与佐藤仁主编之《朱子语类人名地名书名索引》，附印于《朱子语类》。彼等皆日本第一流之理学专家，惠福后学，诚是无穷。国内人才，必有闻风而起者，企予望之。

原载 1984 年《中国哲学年鉴》，页 485—488。

《现代中国之宗教趋势》序

上月文殊出版社海外联络人李佩光以书贻予，谓廖世德已翻拙著 *Religious Trends in Modern China* 为中文，着予撰序。予欣然承诺。非敢谓此书有何精明见地。且予不是宗教专家，似是滥竽。只是三十年前，西人对于中国宗教，太不了解，专以民间迷信定命为说。且因智识阶级，不若西人每星期日赴教堂虔拜祈祷，遂谓中国文人不信宗教，而于中国佛教维新运动，语焉不详。亦多误解。于伊斯兰教则绝无兴趣。1948 年，多幸得 Guggenheim 奖学金，回国研究新儒学一年，并受美国学术团体联合会宗教史委员会之托，乘机搜集民间宗教、佛教改革与伊斯兰教资料。回美后到各大学巡回演讲。此书即为所讲演词六篇。

此书针对当时西人明了中国宗教情况，特别注重应分文人宗教与平民宗教两层次。民间宗教除迷信以外，尚有新会社、强调道德、平民操纵、三教调和等积极方面。文人宗教则除叙述宗教辩论、反教运动及科学与人生论战之外，特重文人之修身俟命、信天命等传统观念，而以冯友兰、熊十力、唐君毅等人之思想为例。熊氏思想之西方介绍，此为第一次。此后学术研讨会、博士论文与期刊文章专论熊十力者，已超过十宗矣。传教士素来注意伊斯兰教，惟不出伊斯兰教之传入、分布、文献与习尚之范围。故本书特重其如何汉化。

此书成于三十五年以前，出版后即有德文与西班牙文译本。1974 年又有日文译本。今有汉译，诚是幸事。此三十年间，本人观点并无大变。当然新资料递出，文人宗教与三教调和之理论渐得西人明白。论文专书，琳琅满目。回顾我国，反教声浪已沉，道、佛两教，均渐现代化，儒学且有复兴现象。此则可为我国宗教前途庆贺也。

1987 年 8 月

引用书目举要

（以著者或书名笔画先后为序）

二　画

《十三经注疏》,上海,世界书局1935年影印本。

三　画

《大学》。

《大戴礼记》,《四部丛刊》本。

马叙伦,《老子校诂》,北京,古籍出版社,1956。

四　画

王先谦,《庄子集解》,《国学基本丛书》本。

王先谦,《荀子集解》,上海,商务印书馆,1933。

王先谦,《韩非子集解》,光绪二十二年丙申(1896)本。

王充,《论衡》,《四部备要》本。

王守仁,见王阳明。

王安石,《老子注》。

王安石,《临川集》,《四部丛刊》本。

王阳明,《大学问》,《王文成公全书》卷二十六。

王阳明,《王文成公全书》,《四部丛刊》本。

王阳明,《传习录》,《王文成公全书》本。

王应麟,《困学纪闻》,《国学基本丛书》本。

王念孙,《读书杂志》,《国学基本丛书》本。

王柏,《鲁斋王文宪公文集》,台北,学生书局,1970。

王弼,《老子注》,《四部备要》题《老子道德经注》。

王弼,《论语释疑》。

木村英一,《老子の新研究》,东京,创文社,1959。

尤侗,《艮斋杂说》,《西堂全集》本。

《中论》,《四部丛刊》本。

《中说》,《四部丛刊》本。
《中庸》。
《水经注》,《四部备要》本。
毛奇龄,《大学证文》,《西河合集》本。
毛奇龄,《四书剩言补》,《西河合集》本。
《公孙龙子》,《四部备要》本。
方东树,《汉学商兑》,光绪八年壬午(1882)本。
《心经》,见《般若波罗蜜多心经》。
《孔子家语》,《四部丛刊》本。
孔颖达,《礼记正义》,《十三经注疏》本。
《书经》。

五　画

《玉海》,《四部备要》本。
《世说新语》,《四部丛刊》本。
《左传》。
卢文弨,《荀子集解》,《四部集要》本。
《史记》,百衲本。
《四库全书总目提要》,上海,商务印书馆,1933。
《仪礼》,《十三经注疏》本。
《白虎通德论》,《四部丛刊》本。
冯友兰,《中国哲学史》,上海,商务印书馆,1934。
冯友兰,《新原人》,上海,商务印书馆,1946。
冯友兰,《新理学》,上海,商务印书馆,1939。
《汉书》,百衲本。
《礼记》。
司马光,《道德经述要》。
《弘明集》,《四部备要》本。
皮锡瑞,《经学历史》,《四部丛刊》本。

六　画

《老子》。
《老子哲学讨论集》,哲学研究编辑部编,北京,中华书局,1959。
扬雄,《法言》,《四部备要》本。
《列子》,《四部丛刊》本名《冲虚至德真经》。
成玄英,《老子疏》。
毕沅,《老子道德经考异》,《训经堂丛书》本。

《吕氏春秋》,《四部备要》本。
朱熹,《大学或问》,《近世汉籍丛刊》本。
朱熹,《大学章句》,《国学基本丛书四书章句集注》本。
朱熹,《中庸或问》,《近世汉籍丛刊》本。
朱熹,《中庸章句》,《国学基本丛书四书章句集注》本。
朱熹,《书集传》。
朱熹,《朱子文集》,《四部备要》本名《朱子大全》。
朱熹,《朱子全书》,康熙五十三年甲午(1714)本。
朱熹,《朱子语类》,北京,中华书局,1986。
朱熹,《论语或问》,《近世汉籍丛刊》本。
朱熹,《论语集注》,《国学基本丛书四书章句集注》本。
朱熹,《孟子或问》,《近世汉籍丛刊》本。
朱熹,《孟子集注》,《国学基本丛书四书章句集注》本。
朱彝尊,《经义考》,《四部备要》本。
朱彝尊,《曝书亭全集》,《四部备要》本。
《后汉书》,百衲本。
《庄子》,《四部丛刊》本名《南华真经》。
刘百闵,《孔门五论》,台北,世界书局,1968。
刘师培,《古书疑义举例补》,长沙,鼎文书社,1924。
刘师培,《老子斠补》,《刘申叔遗书》本。
刘汝霖,《周秦诸子考》,北平,文化学社,1929。
刘宝楠,《论语正义》,《国学基本丛书》本。
关锋、林聿时,《春秋哲学史论集》,北京,人民出版社,1963。
许地山,《道教史》,上海,商务印书馆,1934。
《论语》。
阮元,《皇清经解》,台北,复兴书局,1961。
孙诒让,《墨子闲诂》,《国学基本丛书》本。

七　画

严灵峰,《老子章句新篇》,台北,中华文化出版事业委员会,1954。
严灵峰,《老庄研究》,香港,亚洲出版社,1959。
严复,《庄子点评》,香港,排印本,1953。
劳思光,《中国哲学史》,香港,崇基书院,1968。
苏轼,《老子解》。
李汉三,《先秦两汉之阴阳五行学说》,台北,钟鼎文化出版公司,1967。
李翱,《论语笔解》,《丛书集成》本。
李翱,《李文公集》,《四部丛刊》本。

吴康,《老庄哲学》,台北,商务印书馆,1958。
汪中,《述学》,《四部丛刊》本。
《宋史》,百衲本。
宋濂,《诸子辨》,北平,朴社,1928。
张守节,《史记正义》,百衲本。
张载,《正蒙》,《张子全书》本。
张载,《西铭》,《张子全书》本。
张载,《张子全书》,《国学基本丛书》本。
张载,《张子语录》,《四部丛刊》本。
张起钧,《老子》,台北,自刻本,1958。
张栻,《南轩先生文集》,《近世汉籍丛刊》本。
陆九渊,见陆象山。
陆象山,《象山全集》,《四部备要》本。
陆德明,《老子音义》。
陈荣捷,《王阳明传习录详注集评》,台北,学生书局,1988 再版。
陈荣捷,《中国哲学文献选编》,台北,巨流出版社,1992。
陈荣捷,《朱子门人》,台北,学生书局,1982。
陈荣捷,《朱子新探索》,台北,学生书局,1988。
陈柱,《老学八篇》,上海,商务印书馆,1934。
陈淳,《北溪字义》,《惜阴轩丛书》本。
陈槃,《大学中庸今释》,台北,正中书局,1942。
邵雍,《皇极经世书》,《四部备要》本。

八 画

武内义雄,《老子の研究》,东京,改造社,1947。
范仲淹,《范文正公文集》,《四部丛刊》本。
范应元,《老子道德经古本集注》。
欧阳修,《欧阳文公集》,《四部备要》本。
《国语》,《四部备要》本。
《易经》。
罗根泽,《诸子考索》,北京,人民出版社,1958。
周敦颐,《太极图说》,《周子全书》本。
周敦颐,《周子全书》,《国学基本丛书》本。
周敦颐,《通书》,《四部备要》本。
郑玄,《礼记正义》,《十三经注疏》本。
郑樵,《通志》,上海,图书集成局,光绪二十七年辛丑(1901)《九通》本。
法藏,《金狮子章》。

河上公,《河上公老子注》,《四部丛刊》名《老子道德经注》。
《诗经》。
《孟子》。

九　画

郝懿行,《荀子补注》,光绪七年辛巳(1881)《郝氏遗书》本。
《荀子》,《四部丛刊》本。
胡适,《中国中古思想史长编》,台北,胡适纪念馆,1971。
胡适,《中国哲学史大纲》,上海,商务印书馆,1938。
胡适,《胡适论学近著》,上海,商务印书馆,1935。
胡哲敷,《老庄哲学》,上海,中华书局,1935。
胡渭,《大学翼真》,《四库全书珍本》。
《战国策》,《四部备要》本。
侯外庐,《中国古代思想学说史》,上海,国际文化服务社,1950。
侯外庐,《中国思想通史》,北京,人民出版社,1957。
俞正燮,《癸巳存稿》,《皇清经解续编》本,台北,艺文印书馆,1965。
俞正燮,《癸巳类稿》,光绪十年甲申(1884)刻本。
俞樾,《诸子平议》,《国学基本丛书》本。
津田左右吉,《道家の思想と其の开展》,东京,岩波书店,1939。
《说苑》,《四部丛刊》本。
姚际恒,《古今伪书考》,《丛书集成》本。
姚鼐,《老子章义》,《四部备要惜抱轩全集》本。
姚鼐,《庄子章义》,《惜抱轩遗书》本。

十　画

《盐铁论》,《诸子集成》本。
《晋书》,百衲本。
顾颉刚,《古史辨》,北平,朴社,1930。
晁公武,《郡斋读书志》,台北,广文书局,1967。
钱穆,《中国思想史》,台北,中华文化出版事业委员会,1952。
钱穆,《朱子新学案》,台北,三民书局,1971。
钱穆,《先秦诸子系年》,上海,商务印书馆,1935 再版。
钱穆,《庄老通辨》,香港,新亚研究所,1957。
钱穆,《论语要略》,上海,商务印书馆,1930。
钱穆,《论语新解》,香港,新亚研究所,1963。
徐复观,《中国人性论史——先秦篇》,台中,东海大学,1963。
徐复观,《学术与政治之间》,台北,中央书局,1957。

《般若波罗蜜多心经》。
高亨,《重订老子校诂》,北京,古籍出版社,1956。
高明,《礼学新探》,香港,中文大学联合书院,1963。
郭沫若,《十批判书》,上海,群益出版社,1950。
郭沫若,《青铜时代》,上海,新文艺出版社,1951。
郭象,《庄子注》,《四部丛刊》本。
唐君毅,《中国哲学原论——原道篇》,香港,新亚研究所,1973。
陶潜,《靖节先生集》,《四部备要》本。
陶潜,《群辅录》,《艺苑捃华》本。

十一画

黄宗羲,《宋元学案》,《四部备要》本。
崔述,《洙泗考信余录》,《崔东壁遗书》本。
崔述,《洙泗考信录》,《崔东壁遗书》本。
康有为,《孔子改制考》,上海,中华书局,1968。
康有为,《康南海文集》,台北,文海出版社,1966。
章学诚,《文史通义》,《四部备要》本。
章炳麟,《太炎文录初编》,《章氏丛书》本。
章炳麟,《文始》,《章氏丛书》本。
章炳麟,《齐物论释》,《章氏丛书》本。
章炳麟,《检论》,《章氏丛书》本。
阎若璩,《四书释地》,《续》,《又续》,《三续》,台北,复兴书局,《皇清经解》本。
《淮南子》,《四部备要》本。
梁玉绳,《史记志疑》,《丛书集成》本。
梁启超,《孔老墨以后学派概观》,台北,中华书局,1963。
梁启超,《诸子考释》,台北,中华书局,1966。
《隋书》,百衲本。

十二画

董仲舒,《春秋繁露》,《四部丛刊》本。
蒋锡昌,《老子校诂》,上海,商务印书馆,1937。
《韩非子》,《四部丛刊》本。
《韩诗外传》,《四部丛刊》本。
韩愈,《论语笔解》,《丛书集成》本。
韩愈,《韩昌黎全集》,《四部备要》本。
惠能,《六祖坛经》,敦煌出土本。
程树德,《论语集释》,北京,国立华北编译馆,1943。

程颐,《伊川文集》,《四部备要 · 二程全书》本。
程颐,《伊川易传》,《四部备要 · 二程全书》本。
程颐,《伊川经说》,《四部备要 · 二程全书》本。
程颐、程颢,《外书》,《四部备要 · 二程全书》本。
程颐、程颢,《遗书》,《四部备要 · 二程全书》本。
程颐、程颢,《粹言》,《四部备要 · 二程全书》本。
程颢,《明道文集》,《四部备要 · 二程全书》本。
焦竑,《老子翼》,《续道藏》本,台北,艺文印书馆,1963。
焦循,《孟子正义》,《国学基本丛书》本。

十三画

《新唐书》,百衲本。
《慎子》,《诸子集成》本。

十四画

熊十力,《读经示要》,香港,正史书局,1948。
熊十力,《新唯识论》,《十力丛书》本,1947。

十五画

《墨子》,《四部丛刊》本。
《颜氏家训》,《四部备要》本。

十七画

戴震,《孟子字义疏证》,《戴震集》本。
戴震,《原善》,《戴震集》本。
戴震,《戴震集》,上海,古籍出版社,1980。
《魏书》,百衲本。

英 文 书 目

Bruce, J. P., *Chu Hsi and His Masters* (London: Probsthain & Co., 1923).
Fung Yu-lan, *History of Chinese Philosophy*, trans. by Derk Bodde (Princeeton, N. J.: Princeton University Press, 1952).
Hughes, E. R., *The Individual in East and West* (London: Oxford University Press, 1937).
Moore, Charles A., *The Chinese Mind* (Honolulu: University of Hawaii Press, 1967).
——, *Philosophy East and West* (Princeton, N. J.: Princeton University Press, 1944).

索　引

五 画

六 画

七 画

八　画

九　画

十　画

十一画

十二画

十三画

十四画

十五画

十六画

十七画

下　编

新儒学论集

本集为陈荣捷先生的第二部中文论集，由朱荣贵先生负责整理、编辑，定名为《新儒学论集》，收录陈先生论朱子的相关文章八篇以及论述宋明理学的文字及演讲稿；书末并附录朱先生整编的陈先生的著作目录，为研究陈先生的学术，提供极大的便利。

儒家之两轮哲学与现代化

儒家之重要传统为中庸之道，此为老生常谈，人尽皆知。普通皆释为无过不及，如《中庸》之“知者过之，愚者不及”（注1），《论语》之“过犹不及”（注2）、《关雎》“乐而不淫，哀而不伤”（注3）与“惟酒无量，不及乱”（注4），等等。惟程子伊川（程颐，1033—1107）释“中”曰：“不偏之谓中。”（注5）所谓不偏，即不倾于一边。其实中庸此义比无过不及之义为强。凡中和、已发未发、大本达道、显微、施己施人、言行、仁义、生知安行、天道人道、诚明、内外、成己成物、尊德性道问学、知天知人，皆当并行不悖，如“小德川流，大德敦化”（注6）。凡此皆基于《论语》之忠恕、博文约礼、克己复礼、言忠信行笃敬、礼乐、敬简、文质、知仁、下学上达，与《大学》之三纲八目、本末、先后、始终。其后衍为《孟子》之居仁由义、存心养性、良知良能及性与命。此是儒家一贯之传统，亦即道统，故朱子（朱熹，1130—1200）《中庸章句序》首言道统，乃述《书经》“人心惟危，道心惟微。惟精惟一，允执厥中”之十六字诀（注7），以后成为儒家传授心法。此处“中”字，实含无过不及与不偏二义。故朱子曰：“中一名而有二义，程子固言之矣。今以其说推之。不偏不倚云者，程子所谓在中之义。未发之前，无所偏倚之名也。无过不及者，程子所谓中之道也。见诸行事，各得其中之名也。盖不偏不倚，犹立而不近四旁，心之体，地之中也。无过不及，犹行而不先不后，理之当，事之中也。”（注8）《朱子语类》问答数则，亦申此义（注9）。

程子不偏之义，莫如其名句“涵养须用敬，进学则在致知”（注10）。此两语影响朱子甚大。答吕伯恭（吕祖谦，1137—1181）书云：“熹旧读程子之书有年矣，而不得其要。比因讲究《中庸》首章之旨，乃知所谓‘涵养须用敬，进学则在致知’者，两言虽约，其实入德之门，无逾于此”（注11）。答刘子澄（刘清之，1139—1195）书亦云：“程夫子曰：‘涵养须用敬，进学则在致知。’此二言者，体用本末，无不该备。”（注12）王懋竑（1668—1741）云：“按自庚寅（1170）与吕东莱（吕祖谦）、刘子澄书，拈出程子两语，生平学问大指，盖定于此，即《中庸》‘尊德性，道问学’（注13），《易大传》‘敬以直内，义以方外'(注 14)。从古圣贤相传,若合符节。至甲寅(1194)与孙敬甫(孙自修)书云:'程夫子之言曰:"涵养须用敬,进学则在致知。"此两言者,为车两轮,如鸟两翼,未有废其一而可行、可飞者也。'(注 15)尤为直截分明。盖相距二十五年矣,而其言无毫发异也。"(注 16)故朱子之学,可谓之两轮哲学,而儒家传统,亦可谓之两轮传统也。

朱子之两轮哲学,辞句甚多。《白鹿洞赋》之"诚明两进,敬义偕立"(注 17),其一例耳。最值得讨论者,莫如其修养方面之尊德性与道问学与哲学方面之体用论。试详论之。

学者好以朱子代表理学而以陆象山(陆九渊,1139—1193)代表心学,谓象山主尊德性而朱子主道问学。更有谓淳熙二年乙未(1175)在江西鹅湖寺之会,乃在谋学术异同之分解,而所谓学术之异者,乃指朱子道问学与象山尊德性之冲突也。于是以后数百年,陆门与朱门之对抗,即为尊德性与道问学之对抗。然予尝细考鹅湖之讨论题目为简易与支离及九卦之序,并未提及尊德性与道问学。谈话之间,亦未及此(注 18)。此会不欢而散,诚是事实。会后朱子书札中屡谓陆氏自信太过,规模狭窄,亦未尝以尊德性、道问学为争论之点也。

历来门户之见,每以尊德性、道问学对垒,始创之者,恐是象山本人。朱子曾致项平父(项安世,嘉定元年戊辰,1208 卒)云:"大抵子思以来教人之法,惟以尊德性、道问学两事为用力之要。今子静(陆象山)所说,专是尊德性事,而熹平日所论,却是问学上多了。所以为彼学者,多持守可观,而看得义理,全不仔细。又别说一种杜撰道理遮盖,不肯放下。而熹自觉虽于义理上不敢乱说,却于紧要为己为人上,多不得力。今当反身用力,去短集长,庶几不堕一边耳。"(注 19)此是评己评人,集长补短,力求中庸之道,态度谦虚而公正。象山闻之曰:"朱元晦(朱熹)却去两短合两长,然吾以为不可。既不知尊德性,焉有所谓道问学?"(注 20)观此可知象山不肯去短集长,而竟以朱子之"问学上多了"为"不知尊德性"。朱子果不知尊德性耶?今当严检象山所言之是非。

朱子释"尊德性"、"道问学"曰:"尊者,恭敬奉持之意。德性者,吾所受于天之正理。道,由也。"(注 21)又曰:"尊只是把做一件物事,尊崇抬起他。道只是行,如去做他相似。"(注 22)更详言之曰:"不过是'居处恭,执事敬'(注 23)、'言忠信,行笃敬'(注 24)之类,都是德性。至于问学,却煞阔,条项甚多,事事物物,皆是问学,无穷无尽。……将这德性做一件重事,莫轻忽他。如此是尊。……且为这一柄扇,自家不会做,去问人扇如何做?人教之以如何做,如何做。既听得了,须是去做这扇便得。如此方是道问学。若只

问得去,却掉下不去做,如是便不是道问学。"(注25)

尊德性与道问学两者比较,则后者工夫节目繁多,前者工夫则甚简约(注26)。尊德性为本,为大;道问学为末,为小。故"此学以尊德性求放心为本"(注27)。"不尊德性,则懈怠弛慢矣。学问何从而进?"(注28)"能尊德性,便能道问学,所谓本得而末自顺也。"(注29)朱子晚年《玉山讲义》云:"圣贤教人,始终本末,循循有序。精粗巨细,无有或遗。故才尊德性,便是个道问学一段事。虽当各自加功,然亦不是判然两事也。……故君子之学,既能尊德性以全其大,便须道问学以尽其小……学者于此固当以尊德性为主。然于道问学亦不可不尽其力。要当使之有以交相滋益,互相发明,则自然该贯通达,而于道体之全,无欠阙处矣。"(注30)以尊德性为本,而与道问学交相为用,可谓之朱子晚年定论矣。此互用之旨,屡屡发诸言表。曰"两脚"(注31),曰"两边做工夫"(注32),曰"互相为用"(注33),其意一也。

或谓以上所引,皆淳熙十年癸卯(1183)象山谓之不知尊德性以后之书札或对话。岂非受象山之刺激,因而由偏于道问学一边而转向于两边并重耶?予应之曰:朱子致项平父书,只谓"问学上多了",非谓偏于一边也。因其"多了",故要去短集长。且与吕、刘两书,远在陆氏谓其不知尊德性十年以前。虽其因人施教,或有所独重,而其两轮大指,早已竖立矣。

元儒吴澄(1249—1333)著《尊德性道问学斋记》,谓"程氏四传而至朱,文义之精密,句读而字议,又孟氏以来所未有者。而其学徒往往滞于此而溺其心"(注34)。即是谓朱子偏于道问学之意。故王阳明(王守仁,1472—1529)于其《朱子晚年定论》摘录朱子三十四书札之后(注35),几全采吴氏此篇,以证阳明所谓朱子晚年趋于涵养,渐与其本人思想相同之说(注36)。虽李祖陶《跋斋记》力言吴氏志在矫正末学而非以驳朱子,然影响所及,即黄宗羲(1610—1695)亦以朱子"以道问学为主"(注37),而其子黄百家(壮年1695)沿之,亦谓"朱子主乎道问学"(注38)。观于上述朱子关于尊德性、道问学之讨论,此说不攻自破矣。盖朱子之两轮哲学,不特本人之本指,而亦儒家之中心传统也。

儒家之两轮思想,又可于朱子之体用论见之。朱子之言体用,大体沿程子之"体用一源,显微无间"(注39),与心"有指体而言者,有指用而言者"(注40)两语。然朱子范围之广,分析之详,远出乎程子之上,亦为后儒之所未及者。朱子未尝著一有统系之体用论。然讨论每一问题,几乎皆由体用两面着眼。从其言语文字之间,可以发见下列六种原则:

(1)体用有别。朱子曰:"至于形而上下,却有分别。须分得此是体,彼是用,方说得一源。分得此是象,彼是理,方说得无间。若只是一物,却不须更说一源、无间也。”（注 41）关于体用之别，朱子讨论甚详，举例甚多。理与象，微与显（注 42），现在与将来（注 43），天地与鬼神（注 44），皆各为体用而不可混。天道为体，人道为用（注 45）。大本为体，达道为用（注 46）。性对情（注 47），未发对已发（注 48），中对和（注 49），仁对爱（注 50），忠对恕（注 51），仁义礼智对恻隐羞恶恭敬是非（注 52），皆以体对用而言。此外如耳体听用（注 53），德体才用（注 54），持敬以存其体、穷理以致其用（注 55），为数尚多，不胜枚举。

（2）体用不离。体用固然有别，然并不相离。朱子云：“未发者，其体也。已发者，其用也。以未发言，则仁义礼智，浑然在中者，非想象之可得，又不见其用之所施行。指其发处而言，则日用之间，莫非切要，而其未发之理，固未尝不行乎其间。要之体用未尝相离。”（注 56）又云：“体与用不相离。且如身是体，要起行去便是用。”（注 57）

解释体用不离之说，莫若其心之理论。此理论沿自张载（1020—1077）心统性情之说（注 58）。程子发明之，以心可指体而言，亦可指用而言（注 59）。朱子以之说明体用之并行。其以为性是体，情是用，而心统之（注 60）。朱子云：“仁义礼智，性也，体也。恻隐羞恶辞逊是非，情也，用也。统性情，该体用者，心也。”（注 61）体用不离，又可于其延续见之。用前又是体，体前又是用，如是延续不已（注 62）。朱子云：“只一念间，已具此体用。发者方往，而未发者方来，了无间断隔截处。”（注 63）

（3）体用一源。所谓一源，不止同一出处，而是体中有用，用中有体。换言之，体用相摄。论者或谓此即佛家一多相摄之说。影响容或有之，然此是体用不离之自然发展，无需外来之助力，况佛家重体轻用耶？

朱子云：“太极自是涵动静之理，却不可以动静分体用，盖静即太极之体也，动即太极之用也。譬如扇子。只是一个扇子。动摇便是用，放下便是体。才放下时，便只是一个道理。及摇动时，亦只是这一个道理。”（注 64）一源者，“这一个”也。此中要点，在乎体中有用，用中有体。朱子又云：“体用一源者，自理而观，则理为体，象为用，而理中有象，是一源也。显微无间者，自象而观，则象为显，理为微，而象中有理，是无间也。”（注 65）《语类》《文集》讨论体用一源处甚多，以其为朱子体用之中心思想也。

（4）自有体用。体中虽有用，用中虽有体，然体仍自为体，用仍自为用。故上文一源、无间之后，朱子续曰：“其实体用、显微之分，则不能无也。”盖谓体不能作用，用不能作体。然一物之中，有其体，又有其用。在朱子体用统系之中，各事理自有其体用。心可以体而言，亦可以用而言。仁义道德知皆然。仁有仁之体用，义有义之体用（注 66）。

（5）体用无定。事物既可作体作用，故体用不能以一时一位而言。如仁兼义言，则仁是体，义是用。专言仁者，则仁兼体用（注67），盖义礼智皆在其中也（注68）。“以中对和而言，则中者体，和者用。此是指已发未发而言。以中对庸而言，则又折转来庸是体，中是用。……以中和对中庸而言，则中和又是体，中庸又是用。”（注69）可知体用之系统参差复杂，纵横交架，为从来所未有。门人问：上蔡（谢良佐，1050—约1120）云“礼乐异用而同体”（注70），是心为体，敬和为用。《论语集注》又云“敬为体，和为用”。其不同何也？朱子答曰：“自心而言，则心为体，敬和为用。以敬对和而言，则敬为体，和为用。大抵体用无定时，只管恁地移将去。如自南而视北，则北为北，南为南。移向北立，则北中又自有南北。体用无定。这处体用在这里，那处体用在那里。这道理尽无穷。四方八面无不是，千头万绪相贯串。”（注71）

（6）同体异用。朱子释同体异用云：“礼主于敬，乐主于和，此异用也。皆本之于一心，是同体也。”（注72）然对五峰（胡宏，1102—1161）“天理人欲，同体而异用，同行而异情”（注73），则极力反对。朱子云“同行异情，盖亦有之”，然“体中只有天理，无人欲。谓之同体，则非也”（注74）。此是批评五峰混天理人欲为一之说，而非谓同体异用之说为不当也。

以上讨论中庸不偏之义，经朱子阐释发挥，从哲学之体用方面与修养之尊德性道问学方面，巩固儒家之中庸传统，成为两轮哲学。可为孔、孟以后之反照与近七百年之放光。以下继续此两轮哲学之如何应用于现代。

所谓现代，通常解作西方或新式。当然近代种种新式之制度、物品与方法，均来自西方。如普及教育、男女平等、个人自由，以至飞机电火等，均源自西方。是以“五四”时代以西化为口号，大呼全盘西化，至今仍是西倾。此是事所固然，亦理所当然。然现代与西化并非同义。“现代”一词，非止以时间言，而实以价值言。即近代人类所共同努力以求实现之价值，如上面所举教育普及、男女平等者是也。西方之吸毒、罪行、宗教冲突与种族竞争，皆非人类寻索之价值。故谓现代与西方不同。此等价值，亦未必新式时髦。即如现时美国青年男女反对婚礼，随便同居，断非人类乐享之价值也。今以价值而言，试看儒家之两轮传统如何应用于政治、思想、社会三方面。

（1）德治与法治。儒家素以德治为本，法治为末。不得已而后用法。有如割症，非病不为。有治人而后有治法。孔子曰：“道之以政，齐之以刑，民免而无耻。道之以德，齐之以礼，有耻且格。”（注75）此是法治之消极方面。历代执法，均以刑罚为言。儒家政治传统之弱点，不在德治，而在法治之消极性。

或说儒家志在愚民,举孔子“民可使由之,不可使知之”(注 76)为证。然历来注家均从何晏(190—249)注之说,谓“百姓能日用而不能知”(注 77),非谓为治者专意愚民而乃谓百姓之无知者。程子论此句云:“圣人非不欲民知之也。盖圣人设教,非不欲家喻户晓,‘比屋皆可封’(注 78),盖圣人但能使天下由之耳,安能使人尽知之? 此是圣人不能。”(注 79)至朱子增一新义。其答范伯崇书曰:“前书所询民可使由之一段,熹窃谓两说似不相妨,盖民但可使由之耳。至于知之,必待自觉,非可使也。由之而不知,不害其为循理。及其自觉此理而知之,则沛然矣。必使之知,则人求知之心胜,而由之不安。甚者遂不复由,而唯知为务,其害岂可胜言?”(注 80)朱子侧重在“使”字。问题不在圣人之能不能,而在圣人之使不使。苟必使之,即是强之,则求知心胜,由亦不安,而知亦过之矣。故必须自动追求,乃可知。于是重心不在圣人而在民。不但并非愚民,而根本精神乃是民之自主。攻击朱子者谓其拥护封建政府,压制农民起义,而不知其落职罢祠,正因其反对权威。胡适先生(1891—1961)曾有朱子“论尊君卑臣”之汇钞,极力批评秦人尊君卑臣之法(注 81)。吾人更可指出朱子之社仓与书院制度,虽赖朝廷鼓吹,而主权仍属私有。朱子之民主思想,实是出人意外。

“五四”时代攻击军阀,又谓杀人盈野,征以当时情况,诚是事实。然中外同声,谓儒家政治素来腐败,则实冤枉。若以儒家二千余年之政治与欧洲各国数百年或古代罗马数百年政治之比较,其光明程度,并不示弱,或且过之。今日所需者,不在自贬,而在采取欧、西法治之积极精神。即是法治不限于刑罚之消极方面,而犹重要者在其积极方面,即保障民权,维护自由是也。民权主义之精神,即在于此。台湾地区于此,近年大有进步,自当加勉,然而切勿以法律替道德,有如美国现有之危机者。美国以宪法立国,高标民权,诚也为吾人模范。然亦有矫枉过正之病。如品格行为、父子夫妇关系等,往者尚有宗教与教育以维系之,今则一任法庭解决。故宗教家庭渐趋冰解。名为法治,实则法而不治。以致个人社会,均觉不安。吾人仰慕美国之余,可为鉴戒。勿以德治为不合时髦,而以法治为新进。务使德法兼施,两轮并行,乃可前进无已。

(2)直觉与理性。五十年前夏威夷大学举行第一次东、西哲学家会议。事后耶鲁大学教授诺梭普博士(Northrop)著《东西之会》,以西方重假设与分析,因而科学发达,东方则重延续与全体,以故美、宗教为强。主张彼此调和,东、西综合(注 82)。此书惊动一时,叹为 20 世纪重要之作。当世人以东、西不能凑合,而且低视东方之际,而诺教授竟视东、西为相等,两轮并进,厥功诚伟。然以西方之思想为理性,以东方之思想为直觉,则未免过于简单。西方之美术宗教,比东方并无逊色,而我国之思想,实含直觉与理性而并有之。试问朱子语录过万,书札逾千,另杂著无数,时间历四五十年,有何思想冲突或欠乏逻辑之处?其思想之一致,诚足以惊人。中国哲人因与实际生活严密之关系,故重书札往来与对话。《论语》而后,莫不如是。董仲舒(约前176—约前104)之《春秋繁露》,王充(27—100)之《论衡》,以至戴震(1724—1777)之《孟子字义疏证》,皆短篇汇集而成,而无如康德之"三大《批判》"之长篇大论,逐层分析。然此是传统问题,与思维之方法无关,盖语录短文,均可含有直觉与理性也。

今日学者尚有不少主张中国思想理性化,亦即西化。犹忆"五四"时代,力主语体欧化,以为中国语言不合逻辑,而应采用英文文法。不审语言乃人生之一部,自然生长,非可强加外套,以人力改变其面目。今者语体欧化之声浪已息。但恐思想西化之命运,亦同一结局耳。吾人并非反对逻辑,轻视分析,只是反对以儒家绝无逻辑、绝无分析之论调耳。

至于我国科学落后,无可讳言。然此是近数世纪之事,非谓历史以来皆落后也。李约瑟(Joseph Needham)为中国科学史之世界权威,著《中国科学史》八、九巨册,屡谓15世纪西方近代科学发达以前,中国之工程水利等技术发明,皆与世界各国并驾齐驱,或且过之。指南针、火药、造纸、印刷之四大发明,尽人皆知,而不知其他科学亦有成绩粲然可观者。近世落后之由,人言言殊。李氏以道家是中国科学之原动力(注83),儒家之维护封建与官僚主义,皆足以阻碍科学之发展。此点于其《中国科学与文明》第二册《科学思想史》,言之屡屡。此是主见,无需辩论。其最有力之假设,则为欧洲信上帝为亲自立法之神,故有科学原则而产生科学。中国人不信人格神,故无亲自立法者,从而自然律例之观念不能演进(注84)。此说颇动观听。然欧洲科学之兴,果由其信人格神耶?使有之,则中国亦必须信人格神乃能发展科学乎?且欧人信人格神已二千年,何以科学至近代乃能发达耶?谓儒家不信上帝,亦未为当。朱子言天有三义:"有说苍苍者也,有说主宰者也,有单训理时。"(注85)主宰即创造天地之上帝,然"帝是理为主"(注86),"非如道家说真有个三清大帝着衣服如此坐耳"(注87)。孔子云:"五十而知天命。"(注88)《中庸》云:"天命之谓性。"(注89)独非谆谆然命之耳。

朱子根据《易》之阴阳之理,竟然发现化石。《语类》载朱子云:"常见高山有螺蚌壳,或生石中。此石即旧日之土,螺蚌即水中之物。下者却变而为高,柔者变为刚。此事思之至深,有可验者。"(注90)欧、西至15世纪下半叶达·芬奇(Leonardo da Vinci, 1452—1519)然后发现化石。故胡适谓朱子之发现化石比欧洲早三百年(注 91)。然朱子并无假设,亦无实验。虽其考据分析开清代考据学之先河。然清代考据学者,只有科学之精神,而无科学之实验方法。如顾炎武(1613—1682)举一百六十据以证一字之古音。当欧洲学者着力于自然现象之时,考据家仍埋头于古代典籍。胡氏以此为近代科学落后之主因(注 92),诚是至论。今者华人科学进步甚急,得诺贝尔科学奖者已有四人。此四人皆是美国大学产品,然其基本传统,则来自中国。且欧、西科学进程之中,每与宗教如水火之不相容,如美国教程之进化论与宗教之创造论,相持不下。中国则科学发展之中,与宗教并不发生任何问题。中国传统三教调和,亦即中庸之道,不只两轮而已也。此是中国一大幸运,不可不知。

(3) 个人与社会。近代西方大倡民权主义,大半实指个人之权,甚至与教会对抗。反观我国传统,则家族主义为强。近来西风东渐,个人主义于焉日盛。东、西思想比较学者,曾有三次讨论专论个人与社会之关系。一为 1930 年代英国牛津大学之七讲,一为 1964 年之夏威夷大学第四次东、西哲学家会议,一为 1981 年美国学会联合会主办之国际讨论会,佥以西方以个人为中心,东方则以社会为中心(注 93)。实则个人与团体,无论东方、西方,均重调和,并非黑白分明,彼此不容也。然比较而论,则西方偏于个人主义,我国则偏于家族主义,此为无可否认者。今后问题,即在儒学传统之中,有无两轮哲学,以为调和之根据。此处儒家哲学最为特色,即仁之主训是也。

《论语》四九九章之中,论仁者达五十八章,十分超一。仁字共用 105 次,远出乎孝、弟、天、礼等字之上。各家以爱言仁。韩愈(768—824)扩大之为博爱(注 94)。张子横渠(张载)作《西铭》,以天地万物为一体而各有其分(注 95),此程子所以谓《西铭》为理一分殊也(注 96)。程子又以仁为谷种(注 97),更是新意。至朱子《仁说》,而其两轮哲学,在个人与社会方面至为明显。《仁说》经十余年之讨论,数易其稿,为朱子主要之作,亦即儒家传统之巨著(注 98)。以"心之德,爱之理"为仁之定义。开首即曰:"天地以生物为心者也,而人物之生,又各得天地之心以为心者也。"上语引程颐(注 99),下语为朱子所增。于是,开始即置伦理于宗教基础之上。儒家虽非有组织之宗教,然其宗教性,则不可诬也。

《仁说》又云:"盖仁之为道,乃天地生物之心,即物而在。其情之未发,而此体已具。情之既发,而其用不穷。诚能而体存之,则众善之源,百行之本,莫不在是。此孔子之教,所以必使学者汲于求仁也。"朱子注《孟子》"仁,人心也"(注 100)云:"仁者心之德,程子所谓心如谷种,仁则其生之性是也。”(注 101)此乃根于生物之心。仁有生意,故仁者必孝必弟必忠必信,故为爱之理。仁是体,爱是用(注 102)。朱子云:“仁是爱之理,爱是仁之用。未发时只唤做仁,仁却无形影。既发后方唤做爱,爱却有形影。未发而言仁,所以包义、礼、智。既发而言恻隐,可以包恭敬、谦逊,是非。”(注 103)然性情不可分两截,体用不离故也。

朱子致书其好友张栻(1133—1180)讨论仁说四书(注 104),又作《仁说图》(注 105),其为朱子中心思想,绝无疑义。此亦儒家之中心哲学。盖仁字有两边。左边为个人,右边注家不同,然皆是社会之意。《论语》之忠恕一贯之道(注 106)、己立立人(注 107),《中庸》之施己施人(注 108)与成己成物(注 109),皆是此意。程子解“尽己之谓忠,推己及人之谓恕”(注 110),可为儒家两轮哲学之结论。

注释

注 1:《中庸》,第四章。

注 2:《论语》,《先进》第十一,第十五章。

注 3:同上,《八佾》第三,第二十章。

注 4:同上,《乡党》第十,第八章。

注 5:《遗书》,卷七,页 3 下。

注 6:《中庸》,第三十章。

注 7:《书经·大禹谟》,第十五节。

注 8:《中庸或问》,页 1 上,总页 1。

注 9:《朱子语类》,卷六十二,第七至十一条,页 1480—1481。

注 10:《遗书》,卷十八,页 5 下。

注 11:《朱子文集》,卷三十三,页 2 下,答吕伯恭第四书。

注 12:同上,卷三十五,页 12 下,答刘子澄第二书。

注 13:《中庸》,第二十七章。

注 14:《易经·坤卦·文言》。

注 15:《朱子文集》,卷六十三,页 19 下,与孙敬甫第一书。

注 16:《朱子年谱·考异》,卷一,页 269。

注 17:《朱子文集》,卷一,《白鹿洞赋》,页 2 下。

注 18:详见拙著《朱学论集》,页 233—249,《朱陆鹅湖之会补述》。

注 19:《朱子文集》,卷五十四,答项平父第二书,页 5 下—6 上。

注 20:《象山全集》,卷三十六,《年谱》,页 11 下。

注 21:《中庸章句》,注第二十七章。

注 22:《朱子语类》,卷六十四,第一百五十,页 1588。
注 23:《论语》,《子罕》第十三,第十九章。
注 24:同上,《卫灵公》第十五,第五章。
注 25:《朱子语类》,卷一百一十八,第八十八,页 2860—2861。
注 26:同上,卷六十四,第一百四十八,页 2521。
注 27:《朱子文集》,卷四十七,答吕子约第二十四书,页 24 上。
注 28:《朱子语类》,卷六十四,第一百三十二条,页 1585。
注 29:同上,第一百五十二条,页 1588。
注 30:《朱子文集》,卷七十四,《玉山讲义》,页 21 上下。玉山县在江西。
注 31:《朱子语类》,卷二十四,第十七条,页 569。
注 32:同上,卷六十四,第一百五十六,页 1589。
注 33:同上,第一百五十九条,页 1590。
注 34:《吴文正公全集》,卷二十二,《尊德性道问学斋记》,页 1 下。
注 35:《传习录》,卷下附。
注 36:参见拙著《朱学论集》,页 353—383,《从朱子晚年定论看阳明之于朱子》。
注 37:《宋元学案》,卷五十八,《象山学案》,页 2 上。
注 38:同上,页 3 上。
注 39:程颐,《易传序》。
注 40:《伊川文集》,卷五,《与吕大临论中书》,页 12 上。
注 41:《朱子文集》,卷四十八,答吕子约第四十一书,页 17 下。
注 42:同上,卷四十,答何叔京第二十九书,页 38 下。
注 43:《朱子语类》,卷六,第二十一条,页 101。
注 44:同上,卷六十八,第十七条,页 1685。
注 45:同上,卷二十七,第三十四条,页 674。
注 46:《中庸章句》,注第一章。
注 47:《朱子语类》,卷五,第六十五条,页 91;卷二十七,第四十七条,页 680;《朱子文集》,卷四十,答何叔京第二十八书,页 36 下。
注 48:《朱子语类》,卷五,第六十二条,页 90。
注 49:《中庸或问》,页 10 下,总页 20。
注 50:《朱子语类》,卷二十,第一百条,页 466。
注 51:同上,卷二十七,第九条,页 670;第三十四条,页 674;第四十四条,页 679。
注 52:同上,卷六,第四十条,页 104;《朱子文集》,卷五十。答郑子上第五书,页 37 上;《孟子集注》,注《公孙丑》上,第六章。
注 53:《朱子语类》,卷一,第十二条,页 3。
注 54:同上,卷二十四,第五十条,页 578。
注 55:《朱子文集》,卷五十九,答吴斗南书,页 20 下。
注 56:《孟子或问》,卷十三,页 7 上下。

注 57:《朱子语类》,卷十七,第五十条,页 2186。

注 58:《张子语录》,卷下,页 1 上。

注 59: 同上注 40。

注 60:《朱子语类》,卷五,第六十五条,页 91。

注 61:《朱子文集》,卷五十六,答方宾王第四书,页 14 下。

注 62:《朱子语类》,卷一,第一条,页 1。

注 63:《朱子文集》,卷三十,与张钦夫第四书,页 20 上。

注 64:《朱子语类》,卷九十四,第二十九条,页 2372。

注 65:《朱子文集》,卷四十,答何叔京第二十九书,页 38 下。

注 66:《朱子语类》,卷六,第一百三十条,页 121。又卷九十四,第八十七条,页 2383。

注 67: 同上,卷六,第八十八条,页 115。

注 68: 同上,卷六十二,第九条,页 1480。

注 69: 同上,卷六十三,第八条,页 1522。

注 70:《论语说》,《学而》第一,第十二章。

注 71:《朱子语类》,卷二十二,第六十五条,页 519。

注 72: 同上,第六十三条,页 519。

注 73:《朱子文集》,卷七十三,《胡子知言疑义》,页 41 下。

注 74:《朱子语类》,卷一百零一,第一百八十二条,页 2591。

注 75:《论语》,《为政》第二,第三章。

注 76: 同上,《泰伯》第八,第九章。

注 77: 参看刘宝楠,《论语正义》。

注 78:《汉书》,卷九十九上,《王莽传》,页 38 下。

注 79:《遗书》,卷十八,页 28 下。

注 80:《朱子文集》,卷三十九,答范崇伯第一书,页 31 上。

注 81:《胡适手稿》,第九集,卷一,页 125—130。

注 82: F.M. C. Northrop, *The Meeting of East and West.*

注 83: Joseph Needham, *Science and Civilisation in China*, Vol. Ⅱ: *History of Scientific Thought* pp.57, 161.

注 84: 同上,pp.518、562、567、582.

注 85:《朱子语类》,卷一,第二十二条,页 621。

注 86: 同上,第二十一条,页 5。

注 87: 同上,卷二十五,第八十三,页 621。

注 88:《论语》,《为政》第二,第四章。

注 89:《中庸》,第一章。

注 90:《朱子语类》,卷九十四,第十八,页 2367。参看第十七条,页 2369。

注 91: Hu Shin, *The Chinese Renaissance*, p.59.

注 92: 同上,页 64—74。

注 93：三次之论文集为（1）E.R. Hughes，ed.，*The Individual in East and West*；（2）Charles A. Moore，ed.，*The Status of the Individual inf East and West*；（3）Donald Munro.，ed.，*Indivdualism and Holism*，*Studies in Confucian and Taoist Values*.

注 94：《韩昌黎全集》，卷十一，《原道》，页 1 上。

注 95：《张子全书》，卷一，《西铭》，页 1 上—6 下。

注 96：《伊川文集》，卷五，《答杨时论西铭书》，页 12 下。

注 97：《遗书》，卷十八，页 2 上。

注 98：《朱子文集》，卷六十七，《仁说》，页 20 上—21 下。

注 99：《外书》，卷三，页 1 上。

注 100：《孟子》，《告子》第六上，第十一章。

注 101：《孟子集注》，注上章。

注 102：《朱子语类》，卷二十，第九十条，页 464。

注 103：同上，第九十三条，页 465。

注 104：《朱子文集》，卷三十二，答张钦夫论仁说第四十二至四十五书，页 16 上—22 下。

注 105：《朱子语类》，卷一百零五，第四十三条，页 2633。

注 106：《论语》，《里仁》第四，第十五章。

注 107：同上，《雍也》第六，第二十八章。

注 108：《中庸》，第十三章。

注 109：同上，第二十五章。

注 110：《伊川经说》，卷六，《论语说》，页 4 下。

原载《国际孔学会议论文集》（1988 年，页 1—11），转载《哲学与文化》，第五卷第二期（1988 年 2 月，页 77—86）。

宋明理学的功与过

林妙芬 记录

今天讲的是宋明理学,尤其是朱子的理学。公元1313年后,朱子的著作被采为官方考试的基本材料。到了1415年胡广编《性理大全》以后,理学,尤其是朱子理学,影响、操纵我们中国传统思想长达六七百年。朱子有关社会的"礼",也影响中国社会几百年。他自己建立精舍,重建白鹿洞书院、岳麓书院,不但影响了宋代,更是后世元、明、清代教育的典型。故知宋明理学影响、操纵政治、考试、教育、社会、生活好几百年,影响韩国也好几百年,对日本则影响三百年。在这长期的影响中,有对的,也有不对的。所以我要讲的是他们的功与过。功过这两个字也许用得太重了,也可用得失二字来讲。

先从他们的错失处来讲,我要从历史上举出所谓朱子的四点错失。首先我要指出朱子晚年的"庆元党祸"。这是当时朝廷将排斥朱子理学的运动。当时有一个人名胡纮,在没作大官时,曾到武夷山拜访朱子。很多书上说他曾到过建阳、建宁,都是错的。武夷山的风景很好,但朱子很穷,只能以普通饭菜招待宾客,没有酒和鸡。胡纮以为朱子怠慢他了,责怪朱子为什么没有以酒和鸡款待他呢?后来胡纮作了大官,上奏疏骂朱子犯六大罪,加上四项不好的行为。有些书说朱子犯了十大罪,未尝不可。

六大罪为:朱子辞谢朝廷的征召不作官(某一年曾辞七次),胡纮认为这是不忠;福建产米,胡纮认为朱子未能以好米奉母,而以粗米养母,这是不孝;诸如此类六项。此外还有四项恶行,其中一项指朱子将两名尼姑当自己的妾侍。又说他贪财,因而娶刘珙的女儿,有一百万的嫁妆。后来胡纮被派到地方上作官,没有机会将奏疏呈给皇上,于是他就把奏疏交给沈继祖。结果朱子落职罢祠。他连经筵的职位都没了。胡纮说的并不对,只有两项是真的。一项是朱子辞职很多次,这是真的。不过辞职很多次并非不忠。当时朝廷对金人讲和,朱子不主张讲和。另一项是朱子在湖南、长沙时主管军事和犯人。新皇帝孝宗登位,照例大赦罪犯。朱子收到宰相的札简,先放在袖里，杀了罪犯十九人。这件事很像孔子诛少正卯的事情。儒家是不谈这件事情的。但我不相信诛少正卯这件事会对孔子不利，或是杀犯人会对朱子不利，因为这是应该做的。这可视为儒家的用“权”。此外有关朱子不以精米奉母，反以粗米奉食之事，完全没有根据。且有关朱子娶刘珙之女的事，亦是错误，朱子是娶刘勉之的女儿。刘珙很有钱，刘勉之则没钱。朱子本人很穷。他的女婿黄榦也很穷，他的弟子中没有做官的占百分之六十几。没有做官的人都是穷的，只能靠教书、写书生活。至于纳两名尼姑为他的妾侍，更是没这回事。所以第一位控诉理学的罪或朱子的罪的人是完全没有根据的。

第二位骂朱子的人是清代的颜元。他骂朱子教人“半日读书，半日静坐”。事实上，朱子本人从来没有半天念书，半天静坐。钱穆先生在《朱子新学案》中讲得很清楚。不过我可以增加一个注脚，朱子曾对他的一位学生讲这一句话，这个人就是郭友仁。在《朱子语类》中，朱子训门人中有八条是对郭友仁讲的。我的书《朱子门人》，也有一条是讲郭友仁的。这个人不肯读书，所以朱子要他看书。友仁也很粗暴，所以朱子要他静坐。朱子对每一个学生都是对症下药。他教书几十年，对每一个学生都很清楚的，对郭友仁的这句话也基于实际需要的。所以颜元骂朱子是不对的。朱子很讲古礼，颜元说朱子自己也不完全实行古礼，有时也采用通俗的礼节。他不知道朱子讲礼是尊重古礼，但是朱子也讲古礼有时不通用于现在。颜元还骂朱子把儿子交给吕祖谦教，朱子有一篇文章给他儿子，告诉他什么可以做，什么不可以做。颜元就批评朱子教导儿子不十分努力。我想颜元没有看朱子对儿子的教训。他的儿子差不多有二十岁了，可是没有吕祖谦的准许，他不可以走进城里去。这种规定很严厉，但是颜元反过来以为朱子没有努力。

再来谈戴震。戴震讲“气”，以为“气”就是我们身体里的“气”，不一定是阴阳的“气”。他讲“理”是条理，不像宋儒所讲的原则的理。他说宋儒看理“如有物焉”。这一点我想大家清楚。宋儒并没有讲“理”是“如有物焉”。而且朱子常常讲“理”与“气”是不能离开的，是一而二，二而一的。不过我现在不讲戴震的哲学，我只讲戴震怎样骂朱熹，怎样骂宋儒。他说宋儒“以理杀人”，拿“理”来杀人。他所指的当然是朱子。他虽然没有明说是朱子，但是他的意思很明白的是指朱子。宋儒从来没有这样讲。然而他所谓以理杀人，是不是当时的皇帝还是做官的人杀人，我不知道。但是朱子与宋儒完全没有这样讲。

在我们 20 世纪，我们有新文化运动、五四运动，我都参加了。我们要打倒孔家店，不但是骂朱熹，而且骂朱熹的老师程颐。有人问程颐：“寡妇应不应该再嫁?”程颐回答说:“不应该。”就算寡妇饿死了,饿死事小,失节则事大。新文化运动以为这是压迫女性、不平等……几年前我到大陆旅行,到北京历史博物院,看到程颐部分只有这句“饿死事小,失节事大”,此外程颐的思想都不讲了。后来我到北京大学图书馆看到一本书叫做《朱熹的丑面貌》,书中就是讲胡纮、沈继祖、颜元等的批评。这是理学的罪?还是朱熹的罪?当然不是!但是理学没有罪吗?朱熹并没有罪吗?也不能这样讲。他们是有罪的。我想有四点可以讲他们的错处,不一定是“罪”,但是“错”。

第一,他们没有提倡民主。程颐的注目点统统在皇帝,朱熹经筵也是注目皇帝,叫他正心诚意。他即使在自己住的地方创立社仓,也要士大夫来领导。朱子不是对乡约很有兴趣吗?他对于《吕氏乡约》有注。乡约也是从上而下的,不是从下面到上面的。我们儒家从来的传统,也是这个理学的传统,也是朱熹的传统,完全是从上面到下面的。所以在我们的历中上,民权、民生没有发达。到现在,还在发展之中。这使我们落后于欧、西几百年,我想这是宋、明理学朱子不能不负责的。

第二,他们没有提倡科学。他们讲格致讲得很厉害,但是格来格去都是格心,都是修养。朱子有新发现的。他在山上讲学,看到石头上面有化石的螃蟹的壳,他知道这个山以前是在海底所以有螃蟹。这个化石的发现比欧、西早了三百多年。这不是我的话,这是胡适的话。所以朱子严格讲是科学的发明家。但是他讲格致、格物,他在《大学》第五章格物的注补传说到格物是即物穷理。这个很重要,这个“即”物与王阳明的学说不同,他不认为是在“心”里面格。王阳明有一次格竹,这和朱子“即物穷理”完全不同,不对。因为王阳明格竹,“人”与“物”还有距离。朱子讲“即物”很多。这个英文很难翻译,我想来想去就是“in contact with things”最适合。意思是从事物本身上来格,这是很科学的。而其他理学家讲格物,如司马光、陆象山、王阳明等都是讲修心。胡适先有一个很好的解释。顾炎武是音韵学的权威,他用一百六十个证据,证明一个字的古音,这个是顾炎武的贡献。但是和欧、西比较之下,跟顾炎武同时的欧、西学者,他们也讲音韵学,不过他们讲的音韵学,是把声音当作物理来研究,所以他们有电话、录音机的发明。我们的学者如顾炎武是把音韵学的知识放在书本中,研究书中如何用,所以我们的科学落后。关于我们科学不发达这事,根据剑桥大学的李约瑟博士说,其实在明代科学的发展比西方还高,但是过去这几百年我们落后了,最人的理由就是我们将精神放在书籍里面,而不是放在研究物质上面,这是我们不能将科学发展起来的最大因素。

第三，排斥道家和佛家过甚。程颐兄弟排斥佛、道大都是从伦理方面排斥，而朱子排斥佛、道，却是多方面的。我想这是太过分了。所以儒家的思想，就排斥佛、道而言，太狭窄了，而且故步自封，没有新的材料，没有竞争。对中国文化、哲学的发展是有阻碍的。尤其是朱子，对佛、道攻击得很厉害，虽然他道教的朋友很多，但是道家的思想他全都不接受。不但批评，而且攻击得很厉害。这是文化史上的一个缺点。

第四，理学家尤其是朱子对于天理、人欲分开得太清楚。本来天理人欲是基于孔子讲的，“君子喻于义，小人喻于利”。义就是理，利就是欲，这是对的。孟子也同样说。所以宋儒讲天理、人欲，并非不对，但是他们讲得太过了。比如朱子，他承认“食色性也”，孟子也说，我们有这个人欲，是人性。但是朱子说要食美味是人欲，我想这是太过。因此，他们的原则是对的，只是立言不慎，讲得不好，所以后来产生很多误会。人们根据这些误会而攻击之。这一点很像老子。《老子》这本书是很公正平和的，但是其中有一句话：“将欲取之，必先与之。”这句本来是老子解释“道之反复”的道理。法家后来拿去用了。后人就以此骂老子是法家的先河。吴澄（《老子注》的作者）说将欲取之，必先与之，这是反复的道理，但是老子立言不慎是老子的过失。我想关于天理、人欲的问题也是理学家朱熹等的错处，立言不慎。

以上我们讲理学家的错处，其实有很多不是他们的错。譬如：科学不发达，民主不发达。西方民主也是近几百年才发达的。我们不能要求程颐、张载、朱熹对此负责。清朝的儒家也应该负责，清朝的人也应该负责。而且，就是我们大家也应一齐负责，不应该骂宋儒和朱熹。

我们现在讲理学的功在哪里？有以下很重要的几点：

一、科学。我不是说过朱熹也有发明吗？理气的理是原则，也有条理的意思。有些人以为二者是水火不相容的，其实不对。条理也是原理的一部分。清朝刘宝楠解“习”字为练习，为习诵，而且习诵是练习之一。这是我们中国一个共同的传统。钱穆先生常讲这一点，我们传统重同、不重异。所以“理”不是与条理相对的，理的总名就是太极。每一件事，每一个人都有一个太极，这是一个机体的哲学，是很科学的。

二、朱子哲学以《大学》为经，重新肯定传统文化。大学之道在明明德，在新民，在止于至善。这是我们传统文化的感情，西洋哲学也离不开这个范畴。没有朱熹，我们就没有这个传统文化的基本，这是他一个很大的功劳。

三、书院的倡导。朱子设立精舍，重建书院，为书院题匾、写序、作记，在书院讲学，所参与的书院有几十个，可以说南宋书院复兴的运动是朱子提倡的。朱子设立精舍时，精舍属于佛、道二家。陆象山以为“精舍”这个名词儒家可以用，因为它本来的组织来自《管子》。我们可以说在此之前，儒家无人用精舍之名。朱子成立三个精舍，把精舍带回儒家来。若无此运动，不但文学会变成八股，就是中国文化，可能成佛教或道教的文化。三者比较，总是儒家的文化好。这也是理学和朱子很大的功劳。

四、中庸之道。“尊德性而道问学”，尊德性是属道德的，道问学是属哲学的。朱子常言，二者如车之两轮，鸟之两翼。一般以为陆象山言尊德性，朱子言道问学，这是门户之见。朱子要“明”“诚”两进，“敬”“义”并立。他引用程颐“理一分殊”，理开始是一的，但名分、本分、分量不同；“分殊”之“分”是“份”也，非分开的分。

这个哲学解决了许多问题。我们没有像西方政教分离、政教之争，这是我国文化一件最幸的事。现在西方科学发达，但是发生很严重的道德问题。比如医生有没有责任让病人没有氧气而死，大家争辩不休。因为道德和科学没有联系。在我们的文化中，两者并行不悖，理一分殊。这一点也是理学的贡献。总言之，理学之功远出乎他的过失处之上。

问题一：请说明朱子与孔、孟思想之差异？

答：有人（牟宗三）认为陆象山、王阳明承继孔、孟道统而来，而朱子则不是来自孔、孟的真传，所以朱子是别子为宗。这种说法我不同意。事实上，朱子是自孔、孟道统而来的。朱子与孔、孟思想有差异这是真的，但这只是同一个家庭里的冲突而已。有人说孟子之理和理学家之理是不同的，孟子所言的理是仁义之理，而理学家所言的理是理气之理，这是对的。宋明理学家有的思想是《论语》《孟子》所没有的，这说明了思想是有过程有发展的。他们的差异并不足以说明他们不是同一系统。事实上他们的争论好像一个家庭里的争吵罢了。

问题二：请问美国近年来对宋明理学研究的动向如何？以及台湾地区学者对于资料的选取有哪些应该努力的方向？

答：（一）美国研究理学的趋势有几点：

1. 原本西方以欧洲为研究宋明理学的中心，现已移转至美国。
2. 现在很多美国学者有能力读中国书，而且当地材料之多不亚于台北。
3. 如此之外，美国学者尚能读第一手的资料，如地方志、文集等。
4. 中国几百年来碍于门户之见，有时对他派批评过分，而美国没有门户之见的限制，所以能客观地看宋明理学。

5. 美国学者兼通日文，能用日文材料做比较的研究。

（二）台湾地区学者研究宋明理学资料的选取方面：

1. 可以利用日本、韩国的资料。

2. 多用第一手材料，应该从地方志、文集方面着手。

台北东吴大学演讲词，原载《传习录》，第四期，1985 年 6 月，页 273—280。

新儒学研究的时代趋势

陈维鸿 整理

此篇演讲词为美国哥伦比亚大学教授陈荣捷先生,在东海大学哲学系所主办之第十一次中国文化研讨会所作之演讲录音整理而得。由于此稿未经陈老先生过目,一切文责当由整理者自负。

我在海外教书教了差不多四十五年。我在抗战前到檀香山去。那时新儒学这名词非但外国人不懂,中国的教授也不懂。那时他们问中国有哲学吗?很少有人能回答。等到1960年《大英百科全书》要我撰王阳明传,那时我们通电话,我问为何讲王阳明而不讲朱熹呢?后来王阳明由我写,朱熹由别人写。这是朱熹首次进入《大英百科全书》。我觉得中国哲学除了孔、孟、老、庄以外就是新儒学。尤其朱子,他影响我国很广、很深。韩国、日本也一样,因此我很重视。

战后联合国成立,那时觉得中、美、英、法、苏应有一本专书介绍,里头讲中国的那一部分是由沪江大学的一位历史(学)教授执笔。后来他在芝加哥大学教书。我有一次到芝加哥,被他邀到家里吃饭。当时我看了稿子,其中有文学、历史、政治但没有哲学。我问他为什么没有?他于是说:好,那就由你来写好了。我说:我不敢,不过倒可介绍一位大权威胡适之先生来写。那时胡适之先生很忙,他不一定依时交稿,我叫他写一篇中国思想。我自己写一篇新儒学,于1960年出版。我写得好不好不管,不过是西方首次接触新儒学。二三十年前讲新儒学的很少,在教书满四十年时,我做了一首诗:“卅载孤鸣沙漠中,而今儒学忽然红。”最近有些著名大学开始讲儒家,如哈佛大学,由杜维明先生授课,哥伦比亚大学开了很多会议,大多数是狄培瑞教授(Professor de Bary)主持,出版了书,大都是宋朝、明朝的学术研究。这次回去后我要讲宋朝教育,讲他们如何批评考试,希望人应该读什么书。因为那时候学文章大都是为了功名的目的,理学家认为应讲“理”,讲“学问”。美国的学界现在的景象完全不同了。我现在把改变的情形和诸位讲一讲。

头一个改变是：对中国思想的研究，从宗教的角度变到哲学的角度。以往都是以宗教的眼光来看。如：儒家，孔、孟、朱熹，乃至老、庄，都是在宗教系来研究。以往都是由教会的神父来教，因为他们的中文都很好。但是他们都是把孔、孟、朱子当成宗教家看，因为他们的目的，都是想把中国人变成基督徒嘛！故完全由宗教立场来研究。1965 年，李约瑟研究中国哲学，理学也是由宗教立场来研究。他是科学界的权威，当然他是研究科学。他以为理学根本与科学是合适的，因为到 15 世纪以前，中国科学尚比得上欧洲，甚至超乎其上。那么为什么新的近代科学在欧洲发展，不在中国明朝发展？李约瑟说，那是因为欧洲基督教相信有一人格神，儒家不相信有一人格神的关系。我跟他通信了，我说他有四个错误：（一）儒家的不相信人格神是错的，儒家是相信人格神的，但与英国人相信的人格神不同。（二）说欧洲的科学发展的原因是因相信人格神的关系，其根据何在？（三）即使在欧洲有根据的，在东方未必吧。（四）欧洲信仰人格神已有二千年了，但近代科学的发展是四五百年以来的事。在起先的一千五百年为何科学不能发展呢？做了什么呢？他回了我一封很长的信，不过也不大能解释得清楚。我的主旨是，外国人普通地看儒家、道家都以为是宗教。但近来不同了，是以哲学的观点来看了。其理由我后来再讲。现在是当成哲学来看。两年前在檀香山开了一次朱熹会议，只是以哲学角度。细节部分现在暂且不提，后面再补充。

第二点变化，从外边的看法到内边的看法。以前西方的学者，就是中国很多在西方的学者也是一样，从西方的思想看东方的思想，用西方的范畴，以西方哲学的标准，来批评中国的思想。他们的论点有对有不对。他们也有赞同的，也有很多批评的。不过总是从外边来看。刚才讲人格神就是从外边看的。西方的人格神与中国的人格神不同。但现在为何从内边看呢？第二次世界大战后，美国的学生、欧洲的学生，有人念中文，成绩很好。我在哥伦比亚有很多学生可以看中国的古书，他们也很用功，读很多中国的古书，聚精会神。他们看的速度慢一点，但准确一点。我敢说比得上台湾地区的大学生。他们看得懂很多中国的著述，比方《论语》《道德经》等。我们两千多年来，解明孔子、老子、儒家、理学，他们之间的辩驳，他们都看。而且他们到日本学习。日本对中国的研究成果不错。我常常希望中国的学生多用日本的材料。他们有他们的传统，有他们的不同观点。美国的学生、欧洲的学生，看中国的书也看日本的书。美国的图书馆藏书很多，有些书在美国、欧洲有，在台湾地区反倒没有。而且用图书馆很方便，可以打电话，可以复印。旅行也很方便，他们有钱，所以很容易到处看看。或是到中国大陆、台湾来,到日本去。或是念中文、做研究、开会(我们中国的学者也到国外去)。现今外国人将中国的观点变成一标准的观点,非以西方的标准为标准。中国的标准好不好是另一问题,但现在已是由内边看的。不过,现在还没有达到完全从内边看的境地,他们还有宗教的观念。比方“敬”字的翻译,这个字的意思在先秦时是“恭敬”的“敬”,比方“敬父”“敬长”“敬神”。但在新儒家有很大的变化。“敬”字不是“恭敬”的“敬”,不是向外的追求而做的,是对内的自觉而发的。因此12世纪的程颐讲“敬”是“主一无适”;“主”,即主张;“一”,即独一、唯一,就是聚精会神;“无适”,心不到外头去,是专心的意思。他的学生尹焞,亦说“敬,收敛不容一物”,把心收敛不容一物,什么小的东西皆不能渗入。这是讲心的操纵。他的另一学生亦讲“诚心性”。儒家用“敬”来形容心,因此是对内的不是对外的。不过很多外国学者,也有些中国的学者,翻“敬”字为“respect”或“reverence”。respect是恭;reverence是有对象性的。而这样根本误解儒家这个“敬”字。因此我翻“敬”字为“seriousness”。虽然不好,但找不到更好的字,不过却可表达出严肃、收敛之意。基本上,这个问题不是对外的,而是对内的。现在国外一些我的好朋友、老朋友也都不用这个字,仍然翻之为“reverence”,这是因为他们宗教背景的关系,容不下这个看法。我再举一例,朱子补《大学》传,讲“即物穷理”,认为研究“理”,不应空想,因就这个物里面来研究。用力相当,则可“一旦豁然贯通”。差不多所有西方学者把“豁然贯通”译之为sudden enlightment。因为他们都还研究禅宗,而他们就将禅宗的“顿悟”翻为sudden enlightment。“豁”字有“很大”的意思。“一旦”,有很快,sudden的意思,但也有将来的意思,不一定很快或很慢。外国学者将之搞乱了。为何外国学者将之一再搞乱呢?是因为一百多年前,第一位西方学者翻译《论语》时,将“一旦”翻译成sudden。又为何他们会如此呢?是因外国有所谓的“神秘主义”,这类神秘的经验产生是很快的,所以现在他们还用一个很流行的名词break-through。我对他们讲,这种说法与朱熹的说法完全相反。朱子讲的是一步步慢慢来的功夫。不过大体来讲,现在他们的讲法已是由内边来讲,不是由外边来讲的了。

第三点,由普遍的研究论题转到专门论题。譬如以往讲王阳明,是讲阳明的“知行合一”与“格物致知”等。现在不同,他们的研究很专门,很详细。西方的学者也是一样。不久以前有一篇文章单讲王阳明《传习录》里所引的朱子,这是很专门的,很细的。中国的学者也是一样。如我的朋友杜维明博士,写一篇关于阳明“四无论”的研究,这是很专门的研究。又比方朱熹,以前讲的是朱熹的本体论、知识论等,有的文章写得还很高明。但现在研究朱熹讲的是很小的题目。一位在纽约州立大学教学的同仁,研究朱熹的“书院”，这也是很小的、很专门的题目。他亲自到江西，去调查，去访问。去年我到福建，还专门去看看福建省的朱熹的书院，还提出一篇论文专讲这一个问题。我们这月底在普林斯顿大学，要开一宋代教育研究会。我们有两篇文章，专讲这一题目。再举一例，以前讲《易经》，讲的是《易经》是什么什么就完了。现在的研究是专讲《易经》的“卦”或“象”。这一个由普通论题到专题研究的转变，一方面是因为拿学位，不能专讲一普遍的题目，比方讲《易经》是什么什么。但这只是意见，可是意见还是意见，不能算是一种新的见解。必须要有新的材料，才容易有一新的题目，提出新的见解，这是一最大的原因。

第四点，由偏见到公平。外国的学者对于儒家大都是恭维的。因为他们知道新儒学对欧洲的启蒙运动是有影响的。在启蒙运动时，他们了解到只是“上帝”的观念是不够的，还须注意到“人”的重要性。这是受新儒学的影响。反而在我们国内，在我念书以后五六十年，对这新儒学、新理学大骂、谩骂。有人讲理学是魔鬼。比如，程颐讲“饿死事小，失节事大”，一个女人死了丈夫，就是再怎么贫穷，以致饿死也不能再嫁而失节。他们常常举这一句话来骂，骂新理学不近人情。这一句话很厉害。他们忘了程颐讲这一句话是从一个很大的范围来讲，是“义”同“利”的问题。这就是孟子的问题。在人碰到抉择的问题时，“义”与“利”应选择哪一个呢？孟子讲应选择“义”，不可重“利”。在鱼与熊掌不可得兼时，应宁可选择为义，不可从利。而且，程颐有一侄女成了寡妇，她父亲帮她再嫁，程颐为他父亲写行状，曾称赞此事。那程颐本身是否自相矛盾呢？不，其实这两件事是分属于两个不同的范围，也就是儒家所谓的“经”“权”之分。“经”是指在那个时候寡妇不应再嫁。“权”呢？是指有时可顺应情况而稍做改变的情形。另外一个例子，是攻击朱熹的。朱熹有一次要他的学生郭友仁，半天读书，半天静坐。后来清朝的颜元批评此事，认为其学生又不是和尚，为何要半天静坐。钱穆先生在他的《朱子新学案》里对此事有所说明。他以为其实是颜元不善读书。因为，此句话在《朱子语类》里只出现过一次。而且我由其他文献资料所知，郭友仁这个人不看书，又非常粗暴。因此，朱熹告诉他要看书、要静坐。朱子教学生跟孔子非常相似。孔子对学生的同样问题，会因学生的性情不同而有不同的答案，因材施教。朱子亦同样如此。不过，过去四五十年来的四处骂朱熹、骂理学的情况，到近年有了改变。四年前我到杭州参加一理学讨论会。他们开始了解到以往对朱熹的批评太过了。虽然现在仍有一半是批评的，但有一半是恭维的。这也已经算是很公道的了。所以现在研究朱子是很公平的了。

上面所举的四项：（一）由宗教的角度到哲学的角度；（二）由外边的看法到内边的看法；（三）由普遍的到专门的研究；（四）由偏见到公平。所论的发展转变可以讲是很好的线索。那现在中国对此能不能有大贡献呢？有，当然有。因为就台北来讲就有很多的专家权威。如钱穆先生、罗光博士、牟宗三先生、蔡仁厚先生等很多，都是很具有权威的。其次，台北书籍很多，善本、孤本、精本都有。我举个例。以前外国的学者，甚至中国大陆的学者很难找第一手的材料来研究朱熹。因为《朱子语类》很难看到，只能靠《宋元学案》。而现在台北有影印了，大家都可以买，很便利。而且书后有日本人编的索引，虽然有很多的错，不过聊胜于无，有很大帮助的。再举一例，我现在研究朱子的学生陈淳的《性理字义》，在台北故宫博物院有一最古老的本子，元朝的本子。我还没有见到，我只看过微胶卷。过两天我要去看原本。还有有关朱子年谱，有王懋竑撰的，是 17 世纪的。其资料是根据明末清初的，因为宋朝的版本早已经逸失了。王懋竑做的研究很透彻，做的结论因此也很正确。但另一更早的版本，叶公回的 1431 年的《朱子年谱》在中国没有了，流到高丽，再转到日本去了。在日本的九州大学的冈田武彦教授，把它印了出来，台北也影印了，可以买得到。所以我们可以用之改进或证明王懋竑的结论。因此台北有很多的书籍可以多多研究，并且有很多的研究会议。例如下个星期，在东海大学举办世界中国哲学会议。所以台北很可能成为世界汉学研究的中心，亚太地区汉学研究的重镇。当然，这是要靠我们大家共同的努力。在此，我请各位也努力。

原载《中国文化月刊》，第六十八期（1985 年 6 月），页 4—100。收入牟宗三、陈荣捷等，《中国文化论文集》，第七辑（台北，幼狮文化公司，1986 年），页 16—22。

宋明理学中的“太极”观念

周子(周敦颐,称濂溪先生,1017—1073)根据《易经·系辞》上传“易有太极,是生两仪”之言,著《太极图说》,谓“无极而太极。太极动而生阳,动极而静。静而生阴,静极复动。一动一静,互为其根。分阴分阳,两仪立焉”。共250字。此说当时并不显著。二程(程颢,称明道先生,1032—1085;程颐,称伊川先生,1033—1107)曾从周子游,但不言太极。张子(张载,称横渠先生,1020—1077)《正蒙》中《参两》与《大易》两篇均提太极,然只是《易经》太极生两仪之意而已。邵子(邵雍,称康节先生,1012—1077)谓:“太极不动,性也。发则神,神则数。”(注1)又云:“太极一也。不动生二,二则神也,神生数。”(注2)其数理之学以数言太极,自是意中事。至其以道言太极,以心言太极,曰“心为太极”(注3),曰“道为太极”(注4),“太极,道之极也”(注5)。诚如陈淳(1153—1217)所言:“谓道为太极者,言道即太极,无二理也。谓心为太极者,只是万理总会于吾心。此心浑沦,是一个理耳。”(注6)

朱子继承二程理之哲学而发展之,加以气之概念,不得不采用太极之说以明理之意义与理气之关系。于是取《太极图说》而表彰之,以之居《近思录》之首。孙奇逢(1585—1675)之《理学宗传》,胡广(1370—1418)等之《性理大全》,李光地(1642—1718)之《性理精义》皆如之。《太极图说》遂成宋、元、明、清八百年理学之基石。惟黄百家于《宋元学案》置图说于《通书》之后,谓有尊之者,有议之者,不若《通书》之纯粹无疵云。朱子谓周子以此图传二程,“程子不以《太极图》授门人,盖以未有能受之也”(注7)。据黄宗炎(1616—1686)《图学辨惑》,则图来自道士陈抟(约900—989),以后传至周子。原图自上而下。周子颠倒其序,以为万物化生而立人焉(注8)。

“极”,朱子解作“至极无余之谓”(注9)。又云:“太极者,如屋之有极,天之有极,到这里更没去处。”(注10)此与旧注“至”“终”“尽”“穷”等无异。朱子又云“原极之所以得名,盖取枢极之义”(注11),则含有动静转运之意矣。古训亦以“极”为“中”。此为朱子所不取。其《皇极辨》云:“极者,至极之义，标准之名。常在物之中央，而四方望之，以取正焉者也。故以极为在中之准的则可，而便训'极'为'中'则不可。"（注 12）象山（陆九渊，1139—1193）与朱子痛辩太极，谓周子《通书》"中焉止矣"，"二本则一"，"曰一曰中，即太极也"（注 13）。又曰："命居九畴之中而曰皇极，岂非以其中而命之乎？"（注 14）故谓"曰极曰中曰至，其实一也"（注 15）。

"太极"一词之字面解释，实至简单。吴澄（1249—1333）曰："太极者，盖曰此极乃甚大之极，非若一物一处之极也。"（注 16）曹端（1376—1434）云："'太'者，大无以加之称。"（注 17）胡居仁（1434—1484）曰："'太'是尊大之义。"（注 18）至其意义，则朱子阐发最详，亦为以后理学家所遵守。朱子以"太极只是一个理字。"（注 19）"太极只是天地万物之理。在天地言，则天地中有太极。在万物言，万物中各有太极。"（注 20）又云："盖天地之间，只有动静两端，循环不已，更无余事。此之谓易。而其动其静，则必有所以动静之理焉，是则所谓太极者也。……至人谓之太极者，以指夫天地万物之根也。"（注 21）"所谓太极者，只二气五行之理，非别有物为太极也。"（注 22）其谓"心之理是太极"（注 23），乃谓心具太极，而非谓心即太极也。其注《太极图说》首句有云："而实造化之枢纽，品汇之根底也。"其下自注云："是解太极二字。"（注 24）"太极是五行阴阳之理皆有，不是空底物事。"（注 25）"以理言之，则不可谓之有。以物言之，则不可谓之无。"（注 26）太极既为天地万物之理，又是造化之枢纽，故"若无太极，便不翻了天地"（注 27）。

"无极"一词，出自《老子》第二十八章。柳宗元（773—819）与邵子已用之。陈淳曰："柳子《天对》曰：'无极之极'（注 28）。康节《先天图说》亦曰：'无极之前，阴含阳也。有极之后，阳分阴也。'（注 29）……柳子、康节，是以气言。周子则专理言之耳。"（注 30）可知周子予以新义。朱子更为精密。朱子解作"是无之至"（注 31），"只是极至更无去处了"（注 32）。然此并非空无之意，而是"至无之中，乃至有存焉"（注 33）。"至无之中，乃万物之至有也。"（注 34）"至高至妙，至精至神，更没去处。"（注 35）其注《太极图说》首句曰："上天之载，无声无臭。"下句注云："是解无极二字。"象山最反对无极之说，谓："'无极'二字出于《老子》（注 36）。……《通书》终篇未尝一及无极字。二程言论文字至多，并未尝一及无极字。"（注 37）"直将无字搭在上面，正是老氏之学。岂可读也。"（注 38）象山只从历史争辩，朱子则并历史与哲理覆之，曰："伏羲……文王……皆未尝云太极也，而孔子言之。孔子……未尝言无极也，而周子言之。……周子所以谓之无极，止以其无方所，无形状，以为在无物之前，而未尝不立于有物之后。以为在阴阳之外，而未尝不行乎阴阳之中。以为通贯全体，无乎不在，则又初无声臭影响之可言也。”(注39)函件往来数次,未免意气。于学术思想,绝无贡献也。

“无极而太极”,朱子谓国史《濂溪传》增字作“自无极而有太极”,亟应改正(注40)。朱子云:“无极而太极,不是太极之外,别有无极,无中自有此理。又不可将无极便做太极。‘无极而太极’,此‘而’字,无次序故也。”(注41)无次序即无时间之先后,“非无极之后,别生太极。而太极之上,先有无极也”(注42)。“以其无器与形,而天地万物之理无不在是,故曰‘无极而太极’。以其具天地万物之理,无器与形,故曰‘太极本无极’也。是岂离乎生民日用之常,而自为一物哉。”(注43)又云:“先生之精,立图以示,先生之蕴,因图以发。而其所谓无极而太极云者,又一图之纲领。所以明乎道之未始有物,而实为万物之根柢也。夫岂以为太极之上,复有所谓无极者哉。”(注44)“周子曰‘无极而太极’,盖云无此形状,而有此道理耳。”(注45)又云:“‘无极而太极’,只是无形而有理。周子恐人于太极之外,更寻太极,故以无极言之。”(注46)“‘无极而太极’,盖恐人将太极做一个有形象物看。故又说无极。言只是此理也。”(注47)“今曰‘而’,则只是一理。‘无极而太极’,言无能生有也。”(注48)“只为这本来都无物事,故说‘无极而太极’。”(注49)朱子解“无极而太极”曰:“非太极之外,复有无极也。”下自注云:“有无合一之谓道。”(注50)致象山之兄子美书云:“不言无极,则太极同于一物,而不足为万物之根。不言太极,则沦于空寂,而不能为万化之根。”(注51)

象山替其兄辩,以“上面加无极字,正是叠床上之床。……若谓欲言其无方所无形状,于其下赞之曰无声无臭可也。岂宜以无极字加之太极之上”(注52)。此自文句上说。朱子逐段答复,皆言思想。故不答床上加床之喻。

“太极动而生阳,动极而静。静而生阴,静极复动。”朱子注此句云:“太极之有动静,是天命之流行也。……盖太极者,本然之妙也。动静者,所乘之机也。太极,形而上之道也。阴阳,形而下之器也。是以及其著者而观之,则动静不同时,阴阳不同位,而太极无不在焉。自其微者而观之,则二中无朕,而动静阴阳之理,已悉具于其中矣。”(注53)朱子释云:“太极只是理。理不可以动静言。惟动而生阳,静而生阴。理寓于气,不能无动静。”(注54)“有这动之理,便能动而生阳。有这静之理,便能静而生阴。既动则理又在动之中,既静则理又在静之中。”(注55)“只太极之动便是阳,静便是阴。方其动时,则不见静,方其静时,则不见动。然动而生阳,亦只是且从此说起。”(注56)“不是动后方生阳,盖才动便属阳,静便居阴。动而生阳,其初本是静。静之上又须动矣。所谓动静无端。”(注57)“太极犹人,动静犹马。

马所以载人,人所以乘马。马之一出一入,人亦与之一出一入。盖一动一静,而太极之妙,未尝不在焉。此所谓所乘之机,无极二五所以妙合而凝也。"(注 58)又云:"动时便是阳之太极,静时便是阴之太极。盖太极即在阴阳里。"(注 59)

关于太极与动静之关系,朱子云:"向以太极为体,动静为用。其言固有病。后已改之曰太极者本然之妙,动静者所乘之机也。此则庶几近之。"(注 60)并谓:"盖谓太极含动静则可(以本体而言也)。谓太极有动静则可(以流行而言也)。若谓太极便是动静,则是形而上下者不可分,而易有太极之言亦赘矣。"(注 61)

朱子门人陈淳之《北溪字义》有论太极九条,大体遵守朱子,然亦有所补充。其评庄子云:"庄子谓道在太极之先。所谓太极,亦是三才未判浑沦底物,而道又别是一个悬空底物在太极之先,则道与太极分为二矣。不知道即是太极。道是以理之通行者而言,太极是以理之极至者而言。"(注 62)又云:"太之为言,甚也。"(注 63)"盖总天地万物之理,在此凑合,皆极其至,更无去处。及散而为天地,为人物,又皆一一停匀,无少亏欠。所以谓之太极。"(注 64)又云:"总而言之,只是浑沦一个理,亦只是一个太极。分而言之,则天地万理,各具此理,亦各有一太极。……人得此理,具于吾心,则心为太极。"(注 65)同门黄榦(1152—1221)则以体用言一本万殊之太极。彼云:"语大莫能载,是万物统体一太极也。语小莫能破,是一物各具一太极也。万物统体一太极,此天下无性外之物也。一物各具一太极,此性无不在也。……统体太极,各见太极,则兼体用。毕竟统体底又是体,各具底又是用。有统体底太极,则做出各具体太极。"(注 66)此与朱子"散在江湖"之喻之旨相同。朱子曰:"本只是一太极,而万物各有禀受,又自各全具一太极耳。为月在天,只一而已。及散在江湖,则随处而见。不可谓月已分也。"(注 67)再传弟子王柏(1197—1274)侧闻《通书》"诚"字,谓"周子因尝虑后世疑其无也,而太极沦于空虚,故曰'无极之真'。真者,实也,又以《通书》相为表里,而开端于一诚。诚者,亦实也。必互相参考,见太极虽无形而理甚实"(注 68)。元儒刘因(字静修,1244—1293)以周、邵之学为一。其言曰:"然而周子、邵子之学,先天太极之图,虽不敢必其所传之出于一,而其理未尝不一,而其理之出于河图者,则又未尝不一也。夫河图之中宫,则先天图之所谓无极,所谓太极,所谓道与心者也。先天图之所谓无极,所谓太极,所谓道与心者,即太极图之所谓无极而太极,所谓人极本无极,所谓人之所以最灵者也。"(注 69)元儒吴澄调停朱、陆,而太极之论,大体本诸朱子。谓"太极与此气非有两物,只是主宰此气者便是"(注 70)。又云:"太极本无动静体用也。然言太极则该动用静体在其中。因阳之动，而指其动中之理，为太极之用耳。因阴之静，而指其静中之理，为太极之体耳。太极实无体用之分也。"（注 71）所谓气，指阴阳二气也。体用之说，大可以说明朱子动静太极之关系。

明儒不谈太极，有之，亦便及而已。明初朱子学派，亦无不然。曹端不同意朱子理之乘气犹人之乘马之喻，以"若然，则人为死人，而不足以为万物之灵。理为死理，而不足以为万化之原。理何足尚，而人何足贵哉？今使活人乘马，则其出入行止疾行，一由乎人驭之何为耳。活理亦然"（注 72）。此或因曹端未审朱子所云"所乘之机"，原有活动主宰。或彼以实际主宰之言，亦于朱子有所疑，而为朱子辩白耳。然曹端于此篇外，并未讨论太极。薛瑄（1389—1464）《读书录》有关于太极多条，然皆笔记，非讨论思想也。胡居仁以太极比人心，谓："太极之虚，中者无昏塞之患，而万理咸具也。惟其虚，所以能涵具万理。人心亦然。……太极之虚，是无形气之昏塞也。人心之虚，是异物欲之蔽塞也。"（注 73）其重点不在宇宙而重人心之涵盖，盖彼一生得力于敬也。罗钦顺（1465—1547）讨论理气格物较多。于《太极图说》，发生疑问，曰："《太极图说》'无极之真，二五之精，妙合而凝'三语，愚不能无疑。凡物必两而后可以言合。太极与阴阳，果二物乎？其为物也果二，则方其未合之先，各安在耶？朱子终力认理气为二物，其源盖出于此。"（注 74）以罗氏之天地皆气之哲学为出发点，自以朱子理气为二物。然朱子每言理气始终不离，气中有理，理中有气，未尝不自完其说。太极阴阳，乃一物之进化，非两物之交合也。至其自谓："言阴阳则太极在其中矣。言太极则阴阳在其中矣。一而二，二而一者也。"（注 75）又曰："'易有太极，是生两仪'，乃统体之太极。'乾道变化，各正性命'，则物物各具一太极矣。"（注 76）则朱子亦深为首肯者也。李贽（1527—1602）根本反对太极，以天地惟一夫妇而已。曰："夫厥初生人，惟是阴阳二气，男女二命，初无所谓一与理也，而何太极之有。"（注 77）李氏谓必二乃能生一，故太极不能生两仪。然天地二也，又从何处来？刘宗周（1578—1645）尝为图圈，中有一点，说之曰："图中有一点，变化无穷。子曰：'《易》有太极。'周子曰'无极而太极'，沦于无矣。解无极者曰'无形有理'，益滞于无无矣。今请为太极起废而表是图，其为象曰有。即未必周子之旨也，抑亦孔门之说与！虽然滞于有矣，夫图其似之者也。"（注 78）刘氏虽无理论，然亦可见明儒对于周子、朱子太极说之疑惑矣。其本人则以太极说其哲学。其言曰："心无善恶，而一点独知知善知恶。知善知恶之知，即好善恶恶之意。好善恶恶之意，即是无善无恶之体。此之谓无极而太极。"（注 79）

清儒以气说太极。黄宗羲(1610—1695)《太极图讲义》云:“通天地,亘古今,无非一气而已。……其曰无极者,初非别有一物,依于气而立,附于气而行。……类有一物主宰乎其间者。是不然矣。故不得不加无极二字。”(注 80)王夫之(1619—1692)亦以气言太极。其注《正蒙》首句“太和所谓道”云:“太和,和之至也。道者,天地人物之道理。即所谓太极也。”(注 81)《正蒙》以太和即气,故其《易》之哲学,亦基于气,如曰:“此所谓太极,张子谓之太和。”(注 82)而注《参两篇》又谓:“太极之本体,中函阴阳自然必有之实。则于太极之中,不昧阴阳之象。而阴阳未判,固即太极之象。……有其象必有其理。”(注 83)故《思问录》曰:“太极虽虚而理气充凝。”(注 84)则其说与朱子无大异也。李颙(号二曲,1627—1705)为《学髓图》,成一大圈,代表人生本原,“寂而能照,空而恒寂”(注 85)。下起画两小圈为理欲。本以示心性善恶而非太极阴阳,然为避免有遗至善之疑,乃谓:“周子谓无极而太极,阳明(王守仁,1472—1529)谓无善无恶心之体。其言异,其旨一也。……《太极图》浑沦一圈,不患其遗太极。《学髓图》浑沦一圈,亦可知初非遗至善矣。”(注 86)

注释

注 1:《皇极经世书》,卷七下,页 23 下。

注 2:同上,卷八下,页 23 上。

注 3:同上,卷八下,页 23 上。

注 4:同上,卷七上,页 23 上。

注 5:同上,卷八上,页 26 下。

注 6:《北溪字义》,下,《太极门》,第一百零七条,页 10 下。

注 7:《朱子语类》,卷九十四,第一百零九条,页 2387。

注 8:《宋元学案》,卷七十二,《濂溪学案》下,页 12 下—13 上。

注 9:《朱子语类》,卷九十四,第二十条,页 2369。

注 10:同上,第十一条,页 2374。

注 11:同上,第十二条,页 2366。

注 12:《朱子文集》,卷七十二,页 11 上。

注 13:《象山全集》,卷二,与朱元晦第一、二书,页 5 下。

注 14:同上,与朱元晦第二书,页 9 下。

注 15:同上,页 10 上。

注 16:《吴文正全集》,卷四,《无极而太极说》,页 3 上。

注 17:《曹月川先生遗书》,页 81,《太极图说述解》,页 2 上。
注 18: 同上,卷六,《居业录》与《论太极》,页 95。
注 19:《朱子语类》,卷一,第四条,页 2。
注 20: 同上,第一条,页 1。
注 21:《朱子文集》,卷四十五,答杨子直第一书,页 11 上—13 下。
注 22:《朱子语类》,卷九十四,第八条,页 2365。
注 23: 同上,卷五,第二十一条,页 84。
注 24:《周子全书》,卷一,页 5。
注 25:《朱子语类》,卷九十四,第十五条,页 2367。
注 26: 同上,第八条,页 2366。
注 27: 同上,卷一,第三条,页 2。
注 28:《柳河东全集》,卷十四,页 9 上。
注 29:《皇极经世书》,卷七上,页 25 下。
注 30:《北溪字义》,《太极门》,第一至九条,页 2 下。
注 31:《朱子语类》,卷九十四,第二十条,页 2369。
注 32: 同上,第十八条,页 2369。
注 33: 同上,第二十条,页 2369。
注 34: 同上,页 2370。
注 35: 同上,第十八条,页 2369。
注 36:《老子》,第二十八章。
注 37:《象山全集》,卷二,与朱元晦第一书,页 6 下。
注 38: 同上,第二书,页 9 下。
注 39:《朱子文集》,卷三十六,答陆子静第五书,页 8 上—9 下。
注 40: 同上,卷七十一,《记濂溪传》,页 4 上。
注 41:《朱子语类》,卷九十四,第十六条,页 2367。
注 42:《朱子文集》,卷四十五,答杨子直第一书,页 11 下。
注 43: 同上,卷七十八,《隆兴府学濂溪先生祠记》,页 15 上。
注 44: 同上,卷八十,《邵州州学濂溪先生祠记》,页 12 上。
注 45:《朱子语类》,卷九十四,第五条,页 2365。
注 46: 同上,第九条,页 2366。
注 47: 同上,第七条,页 2365。
注 48: 同上,第十七条,页 2368。
注 49: 同上,第二十条,页 2370。
注 50:《周子全书》,卷一,《太极图说述解》,页 5。
注 51:《朱子文集》,卷三十六,答陆子美第一书,页 3 下。
注 52:《象山全集》,卷二,与朱元晦第二书,页 9 上。
注 53:《周子全书》,卷一,《太极图述解》,页 6—7。

注 54:《朱子语类》,卷九十四,第二十条,页 2370。
注 55:同上,第三十七条,页 2273。
注 56:同上,第三十五条,页 2373。
注 57:同上,第三十四条,页 2373。
注 58:同上,第五十条,页 2376。
注 59:同上,卷七十五,第八十三条,页 1929。
注 60:《朱子文集》,卷四十五,答杨子直第一书,页 11 下—12 上。
注 61:同上,页 12 上。
注 62:《北溪字义》,《太极门》,第一百四十一条,页 8 上。
注 63:同上,第一百四十二条,页 8 下。
注 64:同上,第一百四十三条,页 9 下。
注 65:同上,第一百四十七条,页 10 下。
注 66:《黄勉斋集》,卷一,《复叶味道书》,页 27 上—28 下。
注 67:《朱子语类》,卷九十四,第二百零三条,页 2409。
注 68:《鲁斋集》,卷三,《太极经书讲》。
注 69:《静修先生文集》,卷二十二,《太极图说后记》,页 1 下—2 上。
注 70:《吴文正全集》,卷二,《答王参政仪伯问》,页 12 下。
注 71:同上,页 12 下—14。
注 72:《曹月川先生遗书》,《辩戾》,页 19 上下。
注 73:《居业录》,卷七,页 1 下—2 上。
注 74:《困知记》,卷二,页 8 下。
注 75:同上,卷一,页 21 上下。
注 76:同上。
注 77:《焚书》,卷三,《夫妇论》。
注 78:《刘子全书》,卷二,《论易图说》。
注 79:同上,卷十一,学言。
注 80:《宋元学案》,卷十二,《濂溪学案下》,页 2 上下。
注 81:《张子正蒙注》,卷一,页 1。
注 82:《周易内传》,卷五下,页 561。
注 83:《张子正蒙注》,卷一,页 26。
注 84:《思问录外篇》,页 32。
注 85:《李二曲全集》,卷二,《学髓图》,页 1 上。
注 86:同上,卷十八,答李字录书,页 16 下—17 上。

原载韦政通主编,《中国哲学辞典大全》(台北,水牛出版社,1983),页 126—135。转载《思与言》,卷二十,第三期(1982 年 9 月),页 201—206,删去末段冯友兰论太极。

宋明理学中的“格物”思想

《书经·舜典》云:“格于文祖。”(注1)又《益稷》篇云:“祖考来格。”(注2)注疏均训“格”为“至”,谓来临之意,并无哲学意味。《大学》经文“致知在格物”,郑玄(127—200)注:“格,来也。物犹事也。其知于善深,则来善物。其知于恶深,则来恶物。言事缘人所好来也。”(注3)此仍是以人事为言。至程颐(称伊川先生,1033—1107)然后应用之于知识论。彼云:“格,至也。穷理而至于物,则物理尽。”(注4)“格犹穷也,物犹理也。”(注5)以格物为穷理,全是新义。理无不在,故格物不拘格性中物抑性外物。“凡眼前无非是物,物皆有理。”(注6)“格物亦须积累涵养。”(注7)

朱子曾举程子格物致知九条如下(注8):(1)又有问进修之术何先者。程子曰:“莫先于正心诚意。然欲诚意必先致知,而欲致知又在格物。致,尽也。格,至也。凡有一物,必有一理。穷而至之,所谓格物者也。然而格物亦非一端。如或读书讲明道义,或论古今人物而别其是非,或应接事物而处其当否,皆穷理也。”(注9)问曰:“格物者,必物物而格之耶?将止格一物而万理皆通耶?”曰:“一物格皆万理皆通,虽颜子亦未至此。惟今日格一物焉,明日又格一物焉。积习既多,然后脱然有贯通处耳。”(注10)(2)又曰:“自一身之中,以至万物之理,理会得多,自当豁然有个觉处。”(注11)(3)又曰:“穷理者,非谓必尽穷天下之理。又非谓止穷得一理便到。但积累多后,自当脱然有悟处。”(注12)(4)又曰:“格物非尽穷天下之物。但于一事上穷尽,其他可以类推。……千蹊万径,皆可适回。……”(注13)(5)又曰:“物必有理,皆所当穷。若天地之所以高深,鬼神之所以幽显是也。……”(注14)(6)又曰:“如欲为孝,则当知所以为孝之道,如何而为奉养之宜,如何而为温凊之节。莫不穷究,然后能之。非独守夫孝之一字而可得也。”(注15)(7)或问观物察己者,岂因见物而反求诸己乎?曰:“不必然也。物我一理。才明彼,即晓此。此合内外之道也。……”(注16)(8)又曰:“致知之要,当知至善之所在,如父止于慈、子止于孝之类。……”(注17)(9)又曰:“格物莫若察之于身,其得之尤切。”(注18)朱子云:“此九条皆言格物致知所当用力之地与其次第工程也。”(注 19)又续举程子之说如下:(1) 又曰:“格物穷理,但立诚意以格之,其迟速则在乎人之明暗耳。(注 20)(2) 又曰:“入道莫如敬。未有能致知而不在敬者。”(注 21)(3) 又曰:“涵养须用敬,进学则在致知。”(注 22)(4) 又曰:“致知在乎所养。养知莫过于寡欲。”(注 23)(5) 又曰:“格物者,适道之始。思欲格物,则固已近道矣。何也?以收其心而不放也。”(注 24)朱子云:“此五条者,又言涵养本原之功,所以为格物致知之本者也。”(注 25)

朱子于程子之说,全然赞同。谓:“程先生言语气象自活,与众人不同。”(注 26)只对若一事上穷不得,且别穷一事之说,有所不安,为之婉言曰:“若谓穷一事不得,便掉了。别穷一事,又轻忽了,也不得。程子为见学者有恁地底,不得已说此话。”(注 27)他日又曰:“这一件理会未透,又理会第二件。第二件理会未得,又理会第三件。恁地,终身不长进。”(注 28)实际上与程说无抵触。事有难穷,在人之轻忽谨慎而已。

朱子于程门与其他诸儒之说,则不同意(注 29)。《语类》十八载:“或问近世大儒格物致知之说。曰:格,犹扞也,御也。能扞御外物而后能知至道(温公)。必穷物之理同出于一,为格物(吕与叔)。穷理,只是穷个是处(上蔡)。天下之物,不可胜穷。然皆备于我,而非人人外得(龟山)。今日格一件,明日格一件(注 30),为非程子之言(和靖)。物物致察,宛转归己(胡文定)。即事即物,不厌不弃,而身亲格之(五峰)。”(注 31)《大学或问》叙述与评论诸家甚详(注 32)。温公即司马光(1019—1086),尝著《致知在格物论》(注 33)。朱子驳之曰:“物之与道,固未始相离也。今日御外物而后可以知至道,则是绝父子而后可以知孝慈,离君臣而后可以知仁敬也。是安有此哉?”(注 34)其评吕与叔(名大临,1042—1090)曰:“吕与叔谓凡物皆出于一,又格个什么?固是出于一。只缘散了千岐万径,今日穷理,所以要收格归一。”(注 35)其评上蔡(谢良佐,1050—约 1120)则云:“上蔡说穷理只寻个是处,以恕为本。穷理,自是我不晓这道理,所以要穷。如何说得恕字?”(注 36)又曰:“恕乃求仁之方。……恕则在穷理之后。”(注 37)朱子以和靖(尹焞,1071—1142)谓非程子之言,乃彼“不曾得闻,或是其心不以为然”耳(注 38)。又谓:“龟山(杨时,1053—1135)说只反身而诚,便天地万物之理在我。胡文定(胡安国,1074—1138)却言物物致察,宛转归己。见云雷,知经纶。见山下出泉,知果行之类。惟伊川言不可只穷一理,亦不能遍穷天下万物之理。某谓须有先后缓急。久之亦要穷尽。”(注 39)独于五峰(胡宏,1106—1161)即事即物而亲格之说为“得致字向里之意。而其曰‘格之之道,必立志以定其本,居敬以持其志。志立乎事物之表,敬行乎事物之内,而知乃可精者'，又有以合乎所谓未有致知而不在敬者之指。但其语意颇伤急迫。既不能尽其全体规模之大，又无以见其从容潜玩，积久贯通之功耳"（注 40）。

朱子对于格物之说，最大创作者为其将《大学》传之五章补传。此为后人言格物者所重视，亦为后人所争论。朱子谓："所谓致知在格物者，言欲致吾之知，在即物而穷其理也。……以求至乎其极。至于用力之久，而一旦豁然贯通焉。"（注 41）于此格物在儒家思想地位，顿加重要。而格物又在诚意之前。遂使以后王阳明（守仁，1472—1529）与之正面对抗。以格物思想本身而论，实皆程子之说，故朱子谓"闲尝窃取程子之意"也。然此非一时之感，而乃经数十年之考虑参详以得之也。朱子答江德功书云："格物之说，程子论之详矣。而其所谓格，至也，格物而至于物，则物理尽者，意句俱到，不可移易。熹之谬说，实本其意。然亦非苟同之也。盖自十五六时，知读是书（《大学》）而不晓格物之义。往来于心，逾三十年。近岁就实用功处求之，而参以他经传记，内外本末，反复证验，及知此说之的当。恐未易以一朝卒然之说破也。"（注 42）

朱子未尝不知"格"字各有训释不同。彼云训"格"为"正"，"如今人言合格，是将物格其不正者"（注 43）。训"格"为"扞"，"如格斗之格是也"（注 44）。惟其本人坚持程子"格"乃"至"之义。其注《大学》"格物"曰："格，至也。物，犹事也。穷至事物之理，欲其极处无不到也。"（注 45）又云："格，尽也。须是穷尽事物之理。若是穷得三两分，便未是格物。须是穷尽得到十分，方是格物。"（注 46）然朱子不大欢喜谈穷理。彼谓："《大学》不说穷理，只说个格物，便是要人在事物上理会，如此方见得实体。所谓实体，非就事物上见不得。"（注 47）"穷理二字，不若格物之为切。便就事物上穷格。"（注 48）"盖言理，则无可捉摸，物有时而离。言物，则理自在，自是离不得。"（注 49）至于格物之方，朱子于程子亦有所补。彼云："格是到那般所在。也有事至时格底，也有事未至时格底。"（注 50）"格物者，如言性，则当推其如何谓之性。如言心，则当推其如何谓之心。只此便是格物。"（注 51）"格物二字最好。物，谓事物也。须穷极事物之理到尽处，便有一个是，一个非。"（注 52）"但随事遇物，皆一一去穷极。"（注 53）"格物，须是人人切己处理会去，待自家已完叠，然得渐渐推去。这便是能格物。"（注 54）"而今只就事物上格去，如读书，便就文字上格。听人说话，便就说话上格。接物，便就接物上格。"（注 55）切勿先就吾心之发见理会，盖如此则安排也。《大学或问》论第五章之格物致知条目曰："若其用力之方，则或考之事为之著，或察之事虑之微，或求之文字之中，或索之讲论之际……皆有以究其义理精微所极。"（注 56）

朱子于格物致知，最分清楚。“格物，是逐物格将去。致知，则推得渐广。”（注57）“格物，是物物上穷其至理。致知，是吾心无不知。格物是零细说，致知是全体说。”（注58）“格物，以理言也。致知，以心言也。”（注59）“致知是自我而言，格物是就物而言。”（注60）又云：“致知格物，只是一事。非是今日格物，明日又致知。”（注61）

象山（陆九渊，1139—1193）以心即理，当然不许即物穷理之说。彼虽说：“欲明明德于天下，是入大学标的。格物致知，是下手处。《中庸》言博学审问谨思明辨，是格物之方。”（注62）又谓格物乃“研究物理”（注63）。但所谓理，乃吾心之理，故彼谓研究万物云：“万物皆备于我，只要明理。”（注64）即谓明心也“且如人主在上，便可就他身上理会，何必别言格物”（注65）。彼云：“格物者，格此者也。伏羲仰象俯法，亦先于此尽力焉耳。不然，所谓格物，末而已矣。”（注66）门人问朱子曰：“陆先生不取伊川格物之说。若以为随事讨论，则精神易弊。不若但求之心，心明则无所不照。其说亦似省力。”朱子答云：“不去随事讨论，后听他胡做。话便信口说，脚便信步行。冥冥地去，都不管他。”（注67）朱子答陈齐仲书云：“格物之论，伊川意虽谓眼前无非是物。然其格之也，亦须有缓急先后之序。岂遽以为存心于一草木器用之间，而忽然悬悟也哉？”（注68）又答江德功书云：“若但以格物为法度之称，而欲执之以齐天下之物，则理既未穷，知既未至，不知如何为法而执之？且但守此一定之法，则亦无复节节推穷，以究其极之功矣。”（注69）此虽针对讲友而言，然亦可以评陆氏也。

陆氏为江西学派。同时称盛者为湖湘学派张南轩（张栻，1133—1180），乃朱子好友。其格物之说，与程、朱大同小异。惟重用敬，故曰：“格物有道，其唯敬乎！是以古人之教，有小学，有大学。自洒扫应对而上，使之循循而进。而所谓格物致知者，可以由是而施焉。故格物者，乃大学之始也。”（注70）

阳明极端反对朱子之补传与先物格而后意诚。彼云：“格物如孟子大人格君心之格。是去其心之不正，以全其本体之正。”（注71）又云：“格者，正也，正其不正，以归于正也。”（注72）其评程、朱等云：“先儒解格物为格天下之物。天下之物如何格得？且（程子）谓一草一木，亦皆有理。今如何去格？纵格得草木来，如何反来诚得自家意？我解格字作正字义，物字作事字义。”（注73）门人问格物之说，何以朱子有所未审？答曰：“文公（朱子）……一向只就考索著述上用功。若先切己自修，自然不及此。……文公早岁便著许多书，晚年方悔，是倒做了。”（注74）此是其朱子晚年定论之说。其实朱子格物之说，始终未改也。彼评朱子《大学》新本以格物先诚意，曰：“若以诚意为主，去用格物致知的工夫，即工夫始有下落。即为善去恶，无非是诚意的事。如新本先去穷格事物之理，即茫茫荡荡，都无着落处。"（注 75）又以朱子即物穷理为"是以吾心而求理于事事物物之中，析心与理而为二矣"（注 76）。又谓即物穷理为"务外而遗内"（注 77）。其本人则以"格物即慎独，即戒惧"（注 78），即"必欲此心纯乎天理，而无一毫人欲之私"（注 79）。盖"随时就事上致其良知，便是格物"（注 80）。其天泉证道四句之教，以"为善去恶是格物"（注 81），亦由"知善知恶是良知"（注 82）而来。人人有知，故"童子知畏先生长者……是他能格物，以致敬师长之良知了"（注 83）。

阳明与罗钦顺（罗整庵，1465—1547）辨格物。阳明以朱子格物为向外。整庵为朱子辩护而谓阳明向内，曾致书曰："（执事）从而为之训曰：'物者，意之用也。格，正也，正其不正以归于正也。'其为训如此，要使之内而不外，以令归一处。"（注 84）阳明复云："故格物者，格其心之物也，格其意之物也，格其知之物也。正心者，正其物之心也。诚意者，诚其物之意也。致知者，致其物之知也。此岂有内外彼此之分哉？理一而已。"（注 85）整庵答云："夫谓格其心……意……知之物。凡其为物也三。……以执事格物之训推之，不可通也。执事又云：'……致吾心之良知者，致知也。事事物物各得其理者，格物也。'审如所言，则《大学》当云格物在致知，知至而后物格矣。"（注 86）此书未及寄，而阳明下世矣。

阳明又与湛甘泉（湛若水，1466—1560）辨格物。甘泉以"格物者，即至其理也。意心身于家国天下，随处体认天理也"（注 87）。阳明以此为求之于外。甘泉《答阳明王都宪论格物书》，谓阳明之说不可信者四，其本人之说有可采者五。阳明训格物为正念头，而念头之正否，亦未可据，即其一也。并云："体认天理云者，兼知行合内外言之也。天理无内外也。"（注 88）阳明以"随处体认天理，是真实不诳语。……修齐治平，总是格物。但欲如此节节分疏，亦觉说话太多耳"（注 89）。

阳明弟子王艮（王心斋，1483—1541）有所谓淮南格物说。王艮，泰州人。泰州在淮南也。其解良知与阳明同，惟重实践力行，故谓："絜度于本末之间而知。……'自天子以至于庶人，壹是皆以修身为本。'"（注 90）又曰："格如格式之格，即絜矩之谓。吾身是个矩，天下国家是个方。絜矩则知方之不正，由于矩之不正也。"（注 91）

孙奇逢（1585—1675）思有以调停朱、王，著《格物论》。大意云："天下古今只有此一物，千圣万贤，止有此一格。本无同异。缘朱子补传，阳明复古本，遂成聚讼。……朱子当日之意，以理有未明，则知有未尽。若偏以穷理属知也。故阳明云：'格，正也。物之得其正，而理始极其明。'（注 92）此于朱子之说,亦两相成而非两相背。……紫阳(朱子)穷理说的浑成,阳明正物说的直截。总谓有物必有则。穷理,穷其所谓则也。正物,正其所谓则也。……是合天下国家身心意志以为格,不离平治修齐诚正以为格。朱子恐后人不守格物之说,从事幽渺恍惚之论,既补其传,又于《或问》发明之。阳明正恐学者以紫阳格物为偏于知也,谓致知在事上格。又曰:‘去心之不正,以全其本体之正。’(注 93)道为天下公共之道,学为天下公共之学,紫阳与阳明,其实何尝相背?百余年聚讼,讼愈多而旨愈晦矣。”(注 94)李颙(称二曲先生,1627—1705)亦事调停。其论格物曰:“格物二字,诸说纷纷,犹若聚讼。吾人生于其后,不妨就资之所近取益。不必屋上起屋,再添葛藤。”(注 95)颜元(1635—1704)与李塨(1659—1733)重实行。故颜氏之言曰:“盖三物六德,其发见为六行,而实事为六艺。……所谓格物也。”(注 96)李氏曰:“谓学外复有物者,非纤细则空虚也。谓学习外复有格物者,非泛滥则冥寂也。”(注 97)戴震(字东原,1723—1777)论格物曰:“格之云者,于物情有得而无失。思之贯通,不遗毫末。夫然后在己则不惑,施及天下国家则无憾。此之谓致其知。”(注 98)胡适评之曰:“东原竟不妨武断地下定义,竟不举训诂上的根据了。此是他的例外。亦正是他的伟大处。”(注 99)此似训格为正,然重物情,又似近朱。岂东原亦无意中调停耶?胡适谓:“直到二十多年前康有为的《长兴学记》里还争论‘格物’两个字究竟怎样解说呢。”(注 100)彼以宋儒之格物说,“究竟可算是含有一点归纳的精神。……的确含有科学的基础”(注 101)。彼以朱子尝见高山有螺蚌壳而知高山昔日为水为颇能实行格物(注 102)。然以科学工具器械不足,当时又无科学应用之需要,而宋儒又不讲实用,并无纯粹爱真理之态度,结果格物竟无科学之发明(注 103)。此是公论。

注释

注 1:《书经》,《舜典》,第十四节。

注 2:同上,《益稷》,第九节。

注 3:《十三经注疏》,《礼记》,《大学》,郑玄注。

注 4:《遗书》,卷二上,页 6 下。

注 5:同上,卷二十五,页 1 上。

注 6:同上,卷十九,页 1 上。

注 7:同上,卷十五,页 16 下。

注 8:《大学或问》,页 17 下—18 下,总页 34—36。
注 9:《遗书》,卷十八,页 5 下。
注 10: 同上。
注 11: 同上,卷十七,页 6 上。
注 12: 同上,卷三上,页 22 下
注 13: 同上,卷十五,页 11 上。
注 14: 同上,页 11 下。
注 15: 同上,卷十八,页 19 上。
注 16: 同上,页 8 下—9 上。
注 17: 同上,卷七,页 3 下。
注 18: 同上,卷十七,页 1 下。
注 19:《大学或问》,页 18 下,总页 36。
注 20:《遗书》,卷二十二上,页 1 上。
注 21: 同上,卷三,页 5 下。
注 22: 同上,卷十八,页 5 下。
注 23:《外书》,卷二,页 4 上。
注 24:《遗书》,卷二十五,页 1 上。
注 25:《大学或问》,页 19 上,总页 37。
注 26:《朱子语类》,卷十八,第十九条,页 396。
注 27: 同上,第二十五条,页 397。
注 28: 同上,第二十六条,页 398。
注 29: 同上,卷十八,第九十九条至一百一十七条,页 416—420。
注 30:《遗书》,卷十八,页 5 下。
注 31: 同注 29。
注 32:《大学或问》,页 22 上—24 上,总页 41—47。
注 33:《温国文正公文集》,卷十三。
注 34:《大学或问》,页 21 下,总页 12。
注 35:《朱子语类》,卷十八,第一百条,页 17。
注 36: 同上,第一百零三条,页 17。
注 37: 同上,第一百零二条,页 17。
注 38: 同上,第一百零四条,页 17。
注 39: 同上,第一百零七条,页 18。
注 40:《大学或问》,页 24 上,总页 17。
注 41: 补《大学》第五章传。
注 42:《朱子文集》,卷十四,答汪德功第二书,页 37 上。
注 43:《朱子语类》,卷七十五,第一百五十三条。
注 44: 同上。

注 45:《大学章句》注《大学》记文。

注 46:《朱子语类》,卷十五,第七条,页 282。

注 47:同上,第三十一条,页 288。

注 48:同上,第三十三条,页 289。

注 49:同上,第三十四条,页 289。

注 50:同上,第十条,页 283。

注 51:同上,第十一条,页 284。

注 52:同上,第十四条,页 284。

注 53:同上,第二十三条,页 286。

注 54:同上,第十三条,页 284。

注 55:同上,第二十四条,页 289。

注 56:《大学或问》,页 20 上,总页 39。

注 57:《朱子语类》,卷十五,第四十三条,页 291。

注 58:同上,第四十四条,页 291。

注 59:同上,第四十九条,页 229。

注 60:同上,第五十条,页 292。

注 61:同上,卷一百二十,第九十一条,页 2908。

注 62:《象山全集》,卷三十,《语录》上,页 12 下。

注 63:同上,卷三十五,《语录》下,页 7 下。

注 64:同上。

注 65:同上,卷三十四,页 7 下。

注 66:同上,卷三十五,页 30 上。

注 67:《朱子语类》,卷十八,第十四条,页 393。

注 68:《朱子文集》,《答陈齐仲》,页 23 上。

注 69:同上,卷四十四,答汪德功第三书,页 39。

注 70:《南轩先生文集》,卷二十六,答江文叔第一书,页 8 上下,总页 807—808。

注 71:《传习录》上,第七条,《王文成公全书》,卷一,页 10 上。

注 72:同上,第八十五条,全书,卷一,页 41 上。

注 73:同上,卷下,第三百一十七条,《全书》,卷三,页 49 上。

注 74:同上,卷上,第一百条,《全书》,卷一,页 47 上下。

注 75:同上,第一百二十九条,《全书》,卷一,页 64 下。

注 76:同上,卷中,答顾东桥书,第一百三十五条。

注 77:同上,第一百三十七条,《全书》,卷二,页 13 上。

注 78:同上,卷下,第三百二十三条,《全书》,卷三,页 53 下。

注 79:同上,卷中,答陆原静第二书,第一百六十一条,《全书》,卷二,页 44 上。

注 80:同上,答聂文蔚第二书,第一百八十七条,《全书》,卷二,页 72 上。

注 81:同上,卷下,第三百一十五条,《全书》,卷三,页 45 下。

注 82：同上。

注 83：同上，第三百一十九条，《全书》，卷三，页 51 下。

注 84：《困知记附录》，卷五，与王阳明第一书，页 2 下。

注 85：《传习录》，卷中，《答罗整庵少宰书》，第一百七十四条。

注 86：《困知记附录》，卷五，与王阳明第二书，页 8 上—9 上。

注 87：《甘泉先生文集》，卷九，寄陈惟浚，页 26 下。

注 88：同上，《答阳明王都宪论格物》，页 33 上。

注 89：《王文成公全书》，卷五，《答甘泉》，页 5 上。

注 90：《心斋王先生文集》，卷三，页 40 下—41 上，引语出《大学》，经文。

注 91：同上，页 41 下。

注 92：阳明语不见《传习录》，待查。参看《传习录》，卷上，第八十五条。

注 93：参看《传习录》，卷上，第七条。

注 94：《夏峰先生集》，卷八。

注 95：《李二曲全集》，卷五，《阳山要语》，页 1 下。

注 96：戴望，《颜氏学记》，卷三，《习斋三》，页 71。六德指知仁圣义忠和。六行指孝友睦姻任恤。六艺指礼乐射御书数。《周礼》以此教民，谓之三物。

注 97：同上，卷四，《恕谷》一，页 88。

注 98：《戴震集》，《文集》，卷八，《原善》，卷下，第八节，页 347。

注 99：《戴东原的哲学》，《原善》，页 28。

注 100：《胡适文存》，第一集，卷二，《清代学者的治学方法》，页 385。

注 101：同上，页 386。

注 102：同上，页 387，参看《朱子语类》，卷九十四，第十六、十七条，页 2367—2368。

注 103：同上，页 2186。

原载韦政通主编，《中国哲学辞典大全》（台北，水牛出版社，1983 年），页 436—445。转载《史学评论》，第五期（1983 年 1 月），页 9—18。

论朱熹与程颐之不同

陈　来译

12 世纪到现今主要的新儒家传统一直被称为程、朱学派。它被认为是起源于程颐（1033—1107）和朱熹（1130—1200）。一般认为由程颐提供了基本的原则，而由朱熹综合了程颐之兄程颢、他们的老师周敦颐、他们的表叔张载和他们的友人邵雍的一些观点加以修饰发展和系统化。贯穿于这个传统的，有一些确定的模式，以致在王阳明领导的明代儒家起来反对朱熹时，和清代儒家起来反对朱熹和王阳明的时候，这些模式依然保持着。它给了新儒家一种持久连续的特征。我认为这些模式起于程颐而由朱熹加以系统发展。在这里我将试图确定朱熹与程颐的关系，朱熹从程颐那里继承了什么，他如何不同于程颐，又是如何由此而把这些模式加以系统的发展。

首先是朱熹与程颐的关系。最早对朱熹作传记性记述的是他的门人（和女婿）黄榦（1152—1221）。按照这个记述：朱熹的父亲曾学习过二程的学说，日诵《大学》《中庸》，终生用力于致知诚意；朱熹在孩提时代就被引导到这些著作和学说里；他父亲在垂危之际，嘱咐这个十四岁的孩子从学于他的朋友胡纮、刘勉之（1091—1149）（他后来成了这孩子的岳父）和刘子翚（1101—1143）。之后朱熹驰心于释、老近十年；同安任满之后，他不远百里，徒步往从李侗（1093—1158）问学，后者是他父亲的学友罗从彦（1072—1135）的学生，罗从彦又是杨时的学生；从他的学业成熟时起，便致力于穷理以致其知、反躬以践其实。

《宋史》本传中没有任何增加，因此大多数学者一直信从这个记述。值得奇怪的是黄榦没有提到程颐。这也许会被认为，既然众所周知杨时是二程的高足，因此提到这一点大概是不必要的。但是罗从彦为杨时弟子同样也是众所周知的（这样看，提到杨时也是不必要的。但黄榦在《行状》中却提到了杨时——译者注）。无论如何，忽视程颐是引人注意的。行状的最后加上了朱熹把周敦颐、二程、张载和邵雍以及他们的弟子的学说融为一体的内容，而这里程颐不是独立地而是与他人一起被提到。这似乎表明，在这个传记性的记述中,程颐不占有一个突出的地位。

最为详尽而标准的传记——王懋竑作的《朱子年谱》给了我们更多的信息。从这里我们得知,朱熹十三四岁时,其父曾授以程颐的《论语说》。三位早年老师之一的刘勉之,闻谯定曾从游程颐,便往从谯定问学。后一个信息是基于朱熹为其老师所作的墓表。在为另一位老师胡纮所作的《行状》中,朱熹提到了这个事实,即胡纮也曾受学于谯定。虽然王懋竑强调这个《行状》并没有说谯定曾从学程颐,就这一点来说是正确的。但王懋竑忘记了,在这个《行状》中,朱熹明确地宣称胡纮曾向胡安国学习二程的学说,而胡安国(1074—1138)曾学于杨时。王懋竑也告诉我们:朱熹在 1153 年、1158 年、1160 年及 1162 年,即朱熹二十四岁、二十九岁、三十一岁和三十三岁时,曾四次见李侗。而他往见李侗乃是由于他不满于三位早年的老师。李侗告之以佛教的错误并引导他回到儒家经典,随即朱熹尽弃异学,师事李侗。李侗所教他的,如众所周知的,乃是静中体认喜怒哀乐未发之中。王懋竑认为,朱熹并不都同意他老师的学说。最后,在四十一岁(1170)那年,他终于找出了程颐的两句话"涵养须用敬,进学则在致知"(注 1),作为他学问的基础。王懋竑指出,二十五年之后,他的这个信念依然保持不变。

由以上可见,与黄榦不同,王懋竑在朱熹思想发展中,给了程颐一个特别受到重视的角色。1971 年,钱穆发表了他关于朱熹的五册著作,纠正了王懋竑的几个枝节性错误,不过仍然紧紧追随王懋竑的说法。此外他补充说,朱熹从李侗学到三点,其中包括程颐的理一分殊学说。理一分殊是新儒家的一个重要说法,我们在后面还会谈到这一点。

尽管王懋竑和钱穆都承认程颐对朱熹的巨大影响,但他们也都在朱熹青年时代和他对程颐学说的接受之间,留下了巨大的间隙。钱穆把朱熹回到儒家的时间确定得较早,把朱熹三十岁(1159)编校《上蔡语录》(谢上蔡良佐也是程颐高弟)作为私淑程颐的一个标志。然而像王懋竑一样,钱穆仍然强调这个事实,即年轻的朱熹曾偏离儒家而泛滥于佛、老。钱穆引用了朱熹这个时期的一些诗句来证明他的观点。他认为朱熹是在许多年后,最终放弃了李侗的学说时,接受程颐学说的。王懋竑承认朱熹在 1168 年就曾说过"主敬以立其本,穷理以进其知"。但王懋竑坚持认为只有到 1170 年,朱熹至少三次拈出程颐关于主敬穷理的说法时,才以之作为他的学问的基础。我自己的感觉是,从孩提时日起,朱熹就从未脱离程颐的影响,他接受程颐的思想,既非从佛、老,也非从李侗,转变到程颐。相反,这是一个逐渐的过程,它在 1170 年到达顶点。如果我们回顾他的思想进展,这一点将变得很清楚。

我们已经指出，他曾在父亲的指导下，学习程颐的《论语说》。我们不知道他从三位早年老师那里学得些什么，然而正是在他从学三先生期间出入佛、老近十年。在一封给朋友的信中回顾自己求道过程的时候，他居然略了这三位老师的名字。在另一封信中，他直率地说他没有从他们那里得到他所求索的东西，正是这个原因，使他转向李侗。为什么他对这三位老师感到失望？根据后来他热心对程颐学说的研究，使他失望的不会是程颐的哲学。正如王懋竑推测的，使他感到失望的是这三位老师那里的佛教成分。我认为，在从十四岁到二十四岁第一次访见李侗的那个时期，不管他对佛、老兴趣如何，他仍然是立于程颐思想的范围之内。这个结论能够得到一系列论证的支持：按照他自己所说，年少时便苦读《四书》；十五六岁读《中庸》；以后又读《周礼》；十七八岁日读《中庸》《大学》至每晨十遍；十七八岁始读《孟子》，但至二十岁后尚未理解；二十岁研究《上蔡语录》，等等。

列举这些，并不打算牵强地作出论断，认为朱熹学过的儒家典籍都是程颐学派必读的教科书。关于《上蔡语录》，朱熹说过他青年时代曾为它所鼓舞。他对谢上蔡的兴趣在三十岁校定《上蔡语录》时达到高峰，那是他编辑的第一部书。在后序中他称谢为二程的高弟。他还怀疑其中含有“诋程氏以助佛学”内容的五十余章不属于上蔡。这些篇章后来被证实的确是伪造的。他当时对《上蔡》的敬仰不下于对上蔡的老师程颐。

程颐对朱熹的影响，在他受学李侗时是明显的。实际上所有记述都声称李侗授给朱熹的是《中庸》的中和说，在静中体认未发之中。他不满于李侗之说而在四十一岁时回到程颐。这些说法的言外之意是，中和说是他和李侗间讨论的主题，而走向李侗时，他离开了程颐。不过这个故事在他与李侗的谈话与通信中找不到支持。这使我感到奇怪。在《延平答问》中，提到程颐十九次、程颢九次。如果加上引证程颐的次数则数目更大。张载被提到两次，杨时五次，罗从彦三次，这形成鲜明的对照。朱熹“理一分殊”的观念学自李侗，特别是分殊，这一点很久以来就是公认的。在《延平答问》中，他们对程颐这个学说讨论过至少三次。其中提到程颐名字的一段讨论是整个《延平答问》中最长的。因此如果说在受学李侗期间，他的思想已集中于程颐，应当是不夸张的。

王懋竑过分夸大了这样一点，即朱熹并未受到李侗的重大影响。他认为，朱熹与李侗有不合之处，在李侗死后四年的一封信中，他甚至没有提起李侗。从1173年起，在他与友人和学徒的讨论和通信中，几乎把李侗完全遗忘了。不过王懋竑忽略了，正是李侗使他保持了对程颐的兴趣。朱熹最终接受二程学说时，并不是一种先从佛、老研究而后从李侗主静学说产生的转变,而是自孩提以来程颐对他影响的一种直接和具体的发展。这种发展在 1163 年他选择二程的解释作为《论语》的标准解释时,和在 1168 年三十九岁编辑《二程遗书》时,达到了高峰。在《遗书序》中,他说二程的学说体现了孔、孟的遗教,他把他们的教诲概括为:"主敬以立其本,穷理以进其知。"(注 2)

朱熹由程颐那里得到了什么?关于这一点,钱穆的著作可以说是权威的和详尽的。两年前我用英文在巴黎发表了一篇题为《朱熹集新儒家之大成》的文章。该文被译成中文,登载在台北的两家杂志上。在那篇文章里,我讨论了朱熹理气关系的厘清,他对太极观念的发展,他对仁的观念发展之极致,他对道统说的完善,以及他把《学》《语》《孟》《庸》集为"四书"等。关于道统之传的部分,在 1968 年以中文发表过。在每一部分我都讨论了朱熹从程颐继承的观念。我也说明了由于严格的哲学原因,他不得不与程颐有所不同。我们不必重复那哲学上的原因,因为这里主要关心的是模式。

我们已不止一次地引用了的两句名言,"理一分殊"和"涵养须用敬,进学则在致知"。这两点和体用学说可以认为是新儒家模式的基础。如前所述,理一分殊的观念在中国起始于程颐。在《程氏易传》中,他提出天下一理散为万事。他说:"天下之志万殊,理则一也。""天下之理,一也……物有万殊。"(注 3)"物散万殊"而"万物一理"(注 4)。他还说:"二气五行刚柔万殊,圣人由一理复其初。"(注 5)但是对理一分殊所作的最著名的论述,是在答其弟子杨时书中,关于张载《西铭》的讨论。《西铭》可以说是儒家关于伦理学最重要的论述。在程颐看来,《西铭》已经把理一分殊说清楚了。朱熹认为《西铭》本身没有谈到"理一分殊",而程子也只是在发生对《西铭》的怀疑时,才说到这一点。

"理一分殊"一语始见于程颐的书信。这里的"分"并非按其平声意指分开,因此把分翻译为"区分"(distinction)是一种误解。实际上这里应读去声,意指义务、所得份、赋受。在哲学上,它指个体的人或物所禀受的理或气,即共相部分地或整个地体现在个体之中。因此这里把它译为"manifestation"。

张载说"乾称父,坤称母……民吾同胞……尊高年……慈孤幼……育英才……勇于从而顺令"等。这个观念是说,普遍之爱的理只是一个,它的应用则表现在个人与父母、长者、弱幼等的关系之中。就是说这种爱被不同地应用并具体化。程颐批评墨家的兼爱说,因为墨子只知理一而不明分殊,墨子要求人们把别人的父母与自己的父母同等看待。而在儒家看来,人应当泛爱众人,又应当爱有差等。正如朱熹指出的:"天地之间人物之众,其理本

一,而分未尝不殊也。以其理一,故推己可以及人。以其分殊,故立爱必自亲始。"(注6)

程颐提倡这种学说,其主要兴趣是伦理学上的。在说到物散万殊时,他旨在把"理"理解为一种自我修养之道。在说到物有万殊、事有万变时,他说的是应用易的感应法则,即人应当如何行动来对变易的环境作出反应。在朱熹和李侗之间,对程颐这个观念的讨论,主要仍然是一个伦理学的问题。朱熹对此也同样持有浓厚的伦理学兴趣,如他说理只是一个,其分不同,君臣有君臣之理,父子有父子之理。但是他也把这种学说推广到形而上学领域。当被问到理气关系时,他说:"伊川说的好,曰理一分殊。合天地万物而言只是一个理,及在人物又各有一个理。"(注7)

他更明确地说:"有天地之性,有气质之性。天地之性则太极本然之妙,万殊之本;气质之性则二气交运而生,一本而万殊也。"(注8)这里的一本万殊从文字上说即一个本根与成千的分化,它的意义与理一分殊相同。重要之点在于这里所说的太极与理一分殊的关系。当然,这对朱熹毫不奇怪,太极即是理。他说:"本只是一太极,而万物各有禀受,又各自具一太极尔。如月在天只一而已,及散在江湖则随处而见,不可谓月已分也。"(注9)如我在由我编辑的《文献选编》中所说:"理一分殊的观念来源于程颐,但直到朱熹才把它充分发展了。朱熹使用的月亮的比喻可以说是独特的,虽然它间接地借用了佛教大海和众波的比喻。"(注10)从思想资料的来源说,这种比喻来自《华严经》。《华严经》说到月现一切水,本月未曾分。

对太极的描述,在程颐和朱熹之间,即使不是最大的不同,也是一个非常重大的不同。太极在朱熹哲学中重要的中心地位,在程颐那里是不存在的。按照朱熹自己的说法,程氏兄弟从未讨论过太极或《太极图》。朱熹认为,二程虽受《太极图》之传,然而他们以为在他们的弟子中却没有可以受传者,故以之作为不传之秘。二程果真没有提到过太极吗?在程颐的《易传》中有两个序,一个是《周易序》,一个是《易传序》。在《周易序》中提到了太极而在《易传序》中则没有。某些学者一直认为《周易序》是程颐本人所作,但也有人认为不是。葛瑞汉在他的《两位中国哲人:程明道和程伊川》中,证明在最早的版本中并没有《周易序》。他指出程氏门人及朱熹本人只提及《易传序》而不提及《周易序》。他又指出,在朱、陆之间的太极之辩中,陆象山说二程"未尝一及无极字"(注11)。朱熹并未对此表示异议。葛瑞汉说:"是否提到无极太极的问题有力地证明伊川不是《周易序》的作者。"(注12)蔡咏春在他关于程颐的著作中做得更好。他认为"这篇序文的措词和用语与程颐本人完全不同,因此如果认为它是程颐的作品,那么疑问真是再明显不过了”(注 13)。

我从相反的方面也得出了同样的结论。对我来说,表明《周易序》是伪作的,不是两篇序文的相异之点,而是它们的相同之处。根据程门弟子和朱熹引用过《易传序》这一事实,《易传序》的可靠性无可怀疑。然而《周易序》开首一段与《易传序》首段有着惊人的一致。程颐自己为什么要重复?再进一步说,既然他不是在编辑或出版《周易》,他为什么要为《周易》作序?此外,这篇序文的思想完全是追随着周敦颐的《太极图说》。如果像朱熹所说的,二程是把《太极图》作为秘密来保存着,程颐又为何在序文中暴露了这些思想呢?《四库全书总目提要》关于《程氏易传》提到的也只是《易传序》而不及《周易序》。更重要的,朱熹在他的《伊川年谱》中也仅仅提到《易传序》。因此有充分证据表明《周易序》非程颐所作,在其中提到太极与程颐完全无关。

至于朱熹认为二程因无人可传故将《太极图》作为秘密保存起来,我以为他确实相信事实就是他所设想的那样。程颐在《易传》成书后,很长一段时间并未将之公诸于世。按照朱熹的说法,只是到程颐寝疾时,才应众人之请授给门人尹焞。我们知道,尹焞(1071—1142)曾等待了半年之久,才被允许读《大学》和《西铭》。我们也知道,程颐曾作《诗序》二篇,久不示人,最后是在尹焞的恳求下,才公之于众。朱熹自己在把《太极西铭解》出示众人之前,也曾长期秘而不出。但是新儒家保守他们的著作秘密并非常事,我不大相信二程从他们的老师周敦颐那里曾受《太极图》之传。我的意思只是说这种事情也曾发生,所以朱熹并非凭空编造故事来欺骗我们。

那么程颐为何不曾语及太极?我自己的解释是太极的概念在他的时代,除对邵雍之外,不是一个重要的概念。张载很少谈到它。太极在他主要著作《正蒙》中只出现过两次,而在《语录》中则完全没有出现过。太极当然是邵雍的中心观念。他的象数学就是基于从太极到两仪、四象、万物的数的演进。程颐和邵雍虽是三十年的邻居,但两人之间从不论数,他和这种思辨方式完全不同。

然而太极的概念对朱熹则是必不可少的。二程发展了形而上和形而下的思想,但他们并未搞清其中的关系。朱熹避开了这两个领域的分裂,提出了太极的学说。这就是他抬出周敦颐的《太极图说》并把它列为道学之首的原因所在。他认为太极既是一理又是众理的综合。同时,既然每一事物中都有理存在,因此每一事物中都包含有太极。所以太极包含万物整体而万物又各具有一太极。换言之,整个世界是一个宇宙,而每一个事物是一个宇宙。在某种意义上,周敦颐在他的《通书》二十二章里已提示了这种模式,他说:“是万为一,一实万分,万一各正,大小有定。”然而直到朱熹之前,这并不是对一多关系的逻辑证明,在这方面程颐无所贡献。

程颐在他对《西铭》的解释中也以体用范畴谈到理一和分殊。在《易传序》中他说:“体用一源,显微无间。”这是后来新儒家不断引用的一句名言,它在二程的著作中至少出现过四次。

体用范畴源自王弼(226—249)的《老子注》,而在中国佛学中成为一种持续的传统。僧肇(384—414)使用过寂用(注 14)。寂指涅槃(Nirvna)(注 15)。吉藏使用过体用,华严宗从体用的角度广泛讨论了理、事和一、多的关系(注 16)。传统的中心议题是体用同一。如禅宗六祖慧能说:“定慧一体不是二。定是慧体,慧是定用。即慧之时定在慧,即定之时慧在定。”(注 17)“灯为光之体,光是灯之用。名虽有二,体本同一。”(注 18)

表面上看,程颐的观念似乎与佛教相同。他的另一句话“体用无先后”(注 19),更加强了这一点。这使某些日本学者得到这样的看法,“体用一源,显微无间”源出于佛教。《大汉和辞典》认为这句话的前半句“体用一源”出自澄观对《华严经》的注解《华严经疏》。但是正像太田锦城(1865—1925)指出的,它在澄观此书以及他的所有著作中,并没有出现过(注 20)。当然这也可能出自现已遗失的一部分注解里面。但是如果是这样,就没有人能给出具体的出处。不过事实上澄观在他的注解中,比较泛泛地说过类似的意思,虽然是以稍有不同的措辞(注 21)。到 11 世纪,这种说法在儒、释中已如此普遍,以致唐顺之(1507—1560)说:“儒者曰体用一源,佛者曰体用一源;儒者曰显微无间,佛者曰显微无间。其孰从而辨之?”(注 22)至于后半句“显微无间”,太田认为来自法藏,但他却没有给出具体的出处。

无论如何应当指出,程颐对体用作了明确的区分(注 23)。他说天理是体,人道为用,又说:“理义,体用也。”(注 24)以心论之,“有指体而言者,寂然不动是也;有指用而言者,感而遂通天下之故是也”(注 25)。《中庸》的“大本”是体,“达道”是用。在他看来,“体用自殊,安得不二”(注 26)。

除此而外,程颐的兴趣主要是在理一而不是分殊。程颐描述天地的作用说:“其体则谓之易,其理则谓之道,其用则谓之神。”(注 27)朱熹评论这段说:“此皆就形上说。”(注 28)程颢也说:“形而上为道,形而下为器。须著如此说,器亦道,道亦器。”(注 29)朱熹认为这是强调道器不离。就是说,程颢主要强调的是统一。他在著名的《识仁篇》中说:“仁者浑然与物同体。”(注 30)朱熹说此语说得太广。程颢这些观点同样也为程颐所主张。

在评论程颢《识仁篇》的同一段,朱熹还引用了程颐的话:“一人之心即天地之心,一物之理即万物之理。”(注 31)朱熹告诉我们,在编《近思录》时没有选入《识仁篇》的理由是担心人们不能理解。他还说《西铭》万物一体的思想尚未令人满意。因为它没有充分地具体化。朱熹认为:"伊川《语录》中说仁者与天地万物为一体,说得太深,无捉摸处。"(注 32)他再三抱怨程颐偏于高深。他说:"只为汉儒一向寻求训诂,更不看圣贤意思,所以二程先生不得不发明道理开示学道,故放得稍高。"(注 33)"程子说得道理尽好,尽开阔。"(注 34)他经常对程颐说理太多太深表示不满。

根据这些理由,朱熹对《程氏易传》提出了认真的批评并对之持回避态度。《程氏易传》以"理"解《易》,一反以象数解《易》的传统,为此朱熹对之作过称赞。但程颐的解释与《易经》作为占筮的原始目的并不相符。朱熹解释说"程先生只说得一理"(注 35)。因为他只关心理一。程颐力主读《周易王弼注》,乃是因为王弼认为易中理是贯穿一切的。程颐还认为如果把每一卦的每一爻都归结为某一种事情,则六十四卦三百八十四爻只能归结为三百八十四件事。但是朱熹说:"然依他解,依旧是三百八十四爻止做得三百八十四事用也。"(注 36)朱熹说:"《易传》言理甚备,象数却欠在。"(注 37)"《易传》是豫先说下未曾有底,故乍看甚难。"(注 38)《易传》的难看还在于它"卒乍里面无提起处,看者无个贯穿处"(注 39)。朱熹把《程氏易传》选入《近思录》是极其勉强的,他所持的反对理由是《程氏易传》本身就是一部书。当然朱熹是自我矛盾的,因为选入《近思录》的周敦颐的《通书》本身也是一部书。只是在他的合作者吕祖谦(1137—1181)的敦促下,他才最终同意从《易传》选取若干段,而且主要是关于日用践履的。

程颐从未把理一分殊与体用相联系,朱熹则把它们联系起来了。他说:"至诚无息者,道之体也,万物之所以一本也,一本之所以万殊也。"(注 40)又说:"盖尽己为忠,道之体也。推己为恕,道之用也。忠为恕体,是以分殊而理未尝不一;恕为忠用,是以理一而分未尝不殊。"(注 41)

其实朱熹也没有对体用作过定义。但从他的使用中至少可以看出四种含义,首先,是事物自身和它的作用。如他说:"耳是体,听是用。眼是体,视便是用。"(注 42)"身是体,要起行去便是用。"(注 43)这里的体用可以按其本来字义来理解。这种观念当然不限于对具体事物的描述,他说:"理者天之体,命者理之用。"(注 44)其次,体还可以理解为根源:"仁是体,爱是用。……爱自仁出。"(注 45)这就是说,从仁体中产生出来的是爱。他又说:"后来生出的便是用。"(注 46)第三,体用还可以理解为一个事物的两个方面或两种状态。如心有两种状态,"寂然不动此言性,感通此言情也"(注 47)。同样,中为体,和生于中为用(注 48)。最后,体用还可以理解为体是用的原因和根据。喜怒哀乐为用,所以如此者为体。朱熹说:"赤子匍匐将

入井皆有怵惕恻隐之心。只此一端,体用便可见。”(注 49)

所有这些表明,在体用间必须有一个明确的区别。当问到天地间往来生化是否便是道体时,他回答说未当,他认为那只是说用。他说水骨为体,激成波浪、或流或止,是用。同样,扇子是体,人摇之是用。或者像秤,分寸量称为体,称量事物为用(注 50)。他说:“形上下却有分别。须分得此是体彼是用方说得一源,分得此是象彼是理方说得无间。”(注 51)

然而这不是说体用完全分离。他说:“体与用虽是二字,本未尝相离。”(注 52)体用不能截然分裂为二。他批评陆象山一派说:“江西有般乡谈,才见分段子便说道是用不是体。”(注 53)在他们看来,只有无象的分段子才是体,任何有象的分段子都是用。体是空的、抽象的。朱熹则坚持没有无用之体。他认为对何者为体何者为用必须有明确的理解,但是这不是说,某一事物自身是体而另外一个事物自身为用。因此他说:“不可概谓形而上者为道之体,形而下者为道之用。”(注 54)

对朱熹来说,体用不同,但又合为一体。“道者,兼体用该费隐而言者也。”(注 55)同样,实兼体用,“以其体言则有仁义礼智之实,以其用言则有恻隐羞恶恭敬是非之实”(注 56)。当被问到不要混淆体用的必要性时,他说:“仁存诸心,性之所以为体也。义制夫事,性之所以为用也。是岂可以混而无别哉?”“以其性而言之,则皆体也,以其情而言之,则皆用也。以阴阳言之,则义体而仁用也。”(注 57)因此体用是相互联系的。以阳观之,阳为体阴为用;以阴观之,阴为体阳为用,若把阴阳视为两种对立的作用力量则阴阳皆为用。

进而言之,在仁智间的关系中,“知对仁言则仁是体知是用,只就知言则知又自有体用”(注 58)。“仁固为体,义固为用,然仁义各有体。”(注 59)简短说来,一个物事可以是体或者是用,亦可兼该体用。体表现于用,用表现于体。他说道:“其寂然者无时而不感,其感通者无时而不寂。正所谓体用一源。……于其未发也见其感通之体,于其已发也见其寂然之用。”(注 60)又说:“体用一源,虽然体无形迹,然随所发用而本体卓然以至。”(注 61)与程颐大异其趣的是,体用在程颐那里强调的只是统一,而在朱熹那里,体用构成了一个有机整体,一个固定的结构,一种动态的关系。

我们已经看到理一分殊和体用这些模式在朱熹太极、理、气学说中的应用。为了进一步阐明这些模式,让我们看看它们如何应用于朱熹关系心和仁的学说。

在很长一段时间里,存在着一种以性为善以情为恶的倾向。汉儒以性为阳为善,以情为阴为恶。这种倾向在新儒家的先驱李翱那里达到顶点。

他认为情所以惑性，必须复性使情不作。这显然是一种佛、老思想。新儒家一般是反对这种倾向的。然而程颐在十八岁（或二十岁）所写的著名的《颜子所好何学论》中，仍然采用了新道家王弼“性其情”（注62）的说法，仍然相信恶的情应当被改造成同性一样善。

指出这一点是有趣的。即当朱熹把这篇文章选入《近思录》时，这一段被删去了。尽管程颐在他的《易传》中宣称情是利贞的，但他仍然在两者之间制造了一个鲜明的界限。根据朱熹所说，程颐把凡言心者皆指为已发、即情，在修养上也只要求人们注意于情之已发。孟子说仁即人心，亦即人性。程颐与孟子不同，他认为仁是心之用，心与性被分为二种不同的事物。尽管程颐的主要观念是心与理一，性亦与理为一，后来他也曾自我纠正说：“心，一也。有指体言者，寂然不动是也。有指用而言者，感而遂通天下之故是也。”（注63）然而他的门人仍然坚持他的早期观点，以心为已发。陆象山及其门人则只强调心即理的一面，反对区分人心道心，区分性情。

朱熹必须打破性情之间的这种平衡，把它们构造为一个有机整体，这就是他在张载学说中所发现的“心统性情”（注64）。朱熹说：“二程却无一句似此切。”（注65）朱熹解释这句话说：“性情皆因心而后见。心是体，发于外谓之用。孟子曰仁人心也是说体，恻隐之心是说用。必有体而后有用，可见心统性情之意。”（注66）又说：“性，本体也。其用，情也。”（注67）概而言之，“心便是包得那性情，性是体，情是用”（注68）。这样，忽视情或者把情从属于性的倾向都被避免了。

张载使用“统”一词，其意义主要指“兼”，这是很重要的。它不但顾全了情而且把它恢复到与性同等重要的地位。朱熹则在另一个意义上使用“统”这一词从而更进了一步。他以统为统率，如同一个军队首长命令他的部队一样。换句话说，心是主宰。他反复强调这一点。他说：“性者心之理，情者性之用。心者性情之主。”（注69）又说：“心有体用，未发之前是心之体，已发之际是心之用……主宰运用处便是心。”（注70）

心之所以为性情之主，乃在于“心是神明之舍，为一身之主宰”（注71）。“心者人之神明，所以具众理而应万事者也。”（注72）显然，神明为体，感应为用。体用的这种关系决定了性情不仅兼于心，而且处在它的控制之下。作为体的性和作为用的情不可分离。佛教只是要见心而陆学只认得一个心，二者都是错误的。朱熹认为性必须通过情来表现，正如要在用中见体。情可善可恶，完全取决于主宰之心是否把它们控制到一个适当的程度。这正是《中庸》古老的哲学教诲，但这种逻辑则是新的。这个新的方面创造者不是程颐，而是朱熹。

关于仁的学说,新儒家的伦理学在这种观念中达到了顶点。仁不只是一种基本的德行、全部道德的基础,而且,在种子的意义上,它又是使一切道德行为成为可能的创生力。从程颐到王阳明,所有新儒家的学说中,它的最充分的表现就是仁者以天地万物为一体。朱熹在他的《仁说》中系统地阐述了这种理论的模式。他把仁定义为"心之德,爱之理"。

他说:"天地以生物为心者也,而人物之生又各得夫天地之心以为心者也。故语心之德虽其总摄贯通无所不具,然一言以蔽之则曰仁而已矣。……盖天地之心其德有四,曰元亨利贞。……故人之为心其德亦有四,曰仁义礼智。……四德之体用不待悉数而足。……情之未发而此体已具,情之既发而其用不究,诚能体仁而存之,则众善之源、百行之本莫不在是。"(注73)

朱熹接着批判了程颐弟子的两种极端倾向。一种是以万物与我为一为仁之体(注74),另一种是以仁为觉(注75),为知人痛痒的意识。他说:"彼谓物我为一者可以见仁之无不爱矣,而非仁之所以为体之真也。彼谓心有知觉者可以见仁之包乎智矣,而非仁之所以得名之实也。……抑泛言同体者使人含糊昏缓而无警切之功,其弊或论物为己者有之矣。专言知觉者使人张皇迫躁而无沉潜之味,其弊或至于认欲为理者有之矣。"(注76)换言之,无论哪一方都是顾体而忽用。只有当体用在它们的个体特征和相互关系中被明确识别出来,人们才能在普遍之爱中,在自我和他人之间保持差别,并不致把个人的欲望与普遍之理混同起来。正如我对《仁说》曾作过的评论:"仁的体用关系直到朱熹才搞清楚。孔子的学说限于实践,故只说到仁之性。孟子把仁义平等看待,在一定意义上,他是第一次强调了体用两个方面。汉儒以爱解仁,几乎全是从用的角度出发。另一个方面,早期新儒家无论是以仁为公,为与万物一体,或以仁为觉,差不多都是从体的角度着眼的。朱熹给了体用以同等的重要件,他把仁定义为心之德,爱之理,从而使体用两者密切地结合起来。"(注77)

如前所述,在新儒家发展的历史中保持着某些模式。这一点也许在王阳明的思想中表现得最为明显。他与朱熹比与任何人更为对立,而《传习录》中多次引用了程颐的"体用一源"。为朱熹所发展的体用关系论也受到重视。王阳明说:"有是体即有是用。"(注78)"即体而言,用在体,即用而言,体在用。"(注79)他又说:"体用一源也。知体之所以为用,则知用之所以为体者矣。君子之于学也,因用以求其体。"(注80)不同的是,在朱熹,体用是理的体用。而在王阳明,体用是良知的体用、即心之本体的作用。王阳明说:"体即良知之体,用即良知之用。"(注81)朱、王在在心与理的理论上相去甚远,而就对体用模式的关切而言两人并无不同。

王阳明在《传习录》中没有引用过“理一分殊”。然而在他的最为重要的伦理论文《大学问》中他说：“明明德者，立其天地万物一体之体也，亲民者，达其天地万物一体之用也。”（注 82）明德是理一，而亲民，包括父子、君臣、夫妇，在他们的具体关系中表现出分殊和其他人伦关系。与张载的《西铭》一样，《大学问》是对理一分殊学说的一种阐发。

注释

注 1：《遗书》，卷十八，页 5 下。原文附注 196 条，译者只用其所必需者。

注 2：《朱子文集》，卷七十五，《程氏遗书后序》，页 15 下。

注 3：《伊川易传》，卷一，页 18 上；卷三，页 3 下。

注 4：《粹言》，卷一，页 15 下—16 上。

注 5：同上，卷二，页 30 上。

注 6：《孟子或问》，卷一，页 7 上。

注 7：《朱子语类》，卷一，第八条，页 2。

注 8：《性理大集》，卷三十，页 4 上。

注 9：《朱子语类》，卷九十四，第二百零三条，页 2409。

注 10：《中国哲学文献选编》（台北，巨流出版社），第三十三章，《朱熹》。

注 11：《象山全集》，卷二，与朱元晦第一书，页 6 下。

注 12：A. C. Craham, *Two Chinese Philosophers: Ch'eng Ming-tao and Ch'eng Yi-ch'uan*, p.144.

注 13：Ts'ai Yung-ch'un, *The Philosophy of Ch'eng I, A Selection of Txts from the "Complete Works"*, p.76.

注 14：《大正新修大藏经》，第四十五册，页 154，《肇论》，《般若无知论》第三。

注 15：《大正新修大藏经》，第四十五册，页 7，《三论玄义》。

注 16：同上，页 639，《华严义海百门》。

注 17：《六祖坛经》，第十三。

注 18：同上，第十五。

注 19：《遗书》，卷十一，页 3 下。

注 20：《疑问录》，上，页 6。

注 21：《续藏经》，第一辑，第八十八函，卷三，《华严经疏》，页 35 上下。

注 22：《唐荆川集》，卷六，页 2 下。

注 23：《遗书》，卷十一，页 5 下。

注 24：同上，页 8 上，12 上。

注 25：《伊川文集》，卷五，《与吕大临论中书》，页 12 上。

注 26：同上，页 10 上。

注 27：《遗书》，卷一，页 3 下。

注 28：《朱子语类》，卷九十五，第三十一条，页 2424。

注 29：《遗书》，卷一，页 3 下。

注 30：同上，卷一，页 3 上下。

注 31：同上，页 1 上。

注 32：《朱子语类》，卷九十五，第三十四条，页 2425。

注 33：同上，卷一百一十三，第三十条，页 2748。

注 34：同上，卷七十一，第八十五条，页 1799。

注 35：同上，卷六十七，第二十三条，页 1651。

注 36：同上，第二十八条，页 1652。

注 37：同上，第二十六条，页 1652。

注 38：同上，第二十条，页 1650。

注 39：同上，卷一百一十七，第二十四条，页 2814。

注 40：《论语集注》，《里仁》第四，第十五章。

注 41：《论语或问》，《里仁》第四，第十五章，卷四，页 17 下，总页 188。

注 42：《朱子语类》，卷一，第十二条，页 3。

注 43：同上，卷十七，第五十条，页 386。

注 44：同上，卷五，第二条，页 82。

注 45：同上，卷三十，第九十条，页 464。

注 46：同上，卷六，第二十一条，页 101。

注 47：同上，卷五，第七十三条，页 94。

注 48：《中庸或问》，《论》第一章，页 10 上，总页 20。

注 49：《朱子语类》，卷十七，第五十条，页 386。

注 50：同上，卷六，第二十条，页 101，第二十四条，页 102。

注 51：《朱子文集》，卷四十八，答吕子的第四十一书，页 17 上下。

注 52：《朱子语类》，卷四十二，第一百零四，页 1095。

注 53：同上，卷二十八，第二十三条，页 101。

注 54：同上注 51，页 16 下。

注 55：《朱子语类》，卷六，第一条，页 99。

注 56：同上，第四十条，页 104。

注 57：《孟子或问》，《论梁惠王篇》第一上，第一章，页 1 下。

注 58：《朱子语类》，卷三十二，第八十五条，页 825。

注 59：同上，卷六，第一百三十一条，页 121。

注 60：《朱子文集》，卷六十七，《易寂感说》，页 3 下。

注 61：《朱子语类》，卷六十七，第三十七条，页 1654。

注 62：《周易注》，《乾卦》注。

注 63：同上注 25。
注 64：《张子全书》，卷十四，《性理拾遗》，页 2 上。
注 65：《朱子语类》，卷九十八，第三十八条，页 3513。
注 66：同上，第四十条，页 2513。
注 67：《朱子文集》，卷六十七，《孟子纲领》，页 15 上。
注 68：《朱子语类》，卷五，第六十五条，页 91。
注 69：同上，第五十五条，页 19。
注 70：同上，第六十二条，页 90。
注 71：同上，卷九十八，第四十三条，页 2514。
注 72：《孟子集注》，《尽心》第七上，第一章。
注 73：《朱子文集》，卷六十七，《仁说》，页 20 上下。
注 74：《龟山语录》，卷二，页 28 上。
注 75：《上蔡语录》，上，页 2 上下，页 1 下。
注 76：同上注 73，页 21 上下。
注 77：同上注 10。
注 78：《传心录》，卷上，第四十五条。
注 79：同上，第一百零八条。
注 80：《王文成公全书》，卷四，《答汪石潭内翰》，页 4 下—5 上。
注 81：《传习录》，卷中，答《陆原静》第二书，第一百五十五条。
注 82：《王文成公全书》，卷二十六，《大学问》，页 12 下。

英文原文为“Patterns for Neo-Confucianism: Why Chu Hsi differed from Ch’eng I”，*Journal of Chinese Philosophy*，第五卷第二期(1978 年 6 月)，页 101—126。译文载《中国哲学》，第十辑(1983 年 10 月)，页 77—94。

朱熹的思想体系

钱耕森 译

除了孔子、孟子、老子和庄子以外,没有人比朱子(朱元晦,1130—1200)对中国思想产生的影响更大了。他给儒学赋予新的思想,并一直影响和支配着中国以及韩国、日本的思想达几个世纪。

我们的哲学家(朱熹)作为一个爱国的学者早已著称于世。他多次恳请皇帝实行儒家的主张:格物致知,检举昏官,选贤与能,抵抗入侵的敌人。但他自己更喜欢过一种平静、朴素的生活。在1163—1178年间,他多次放弃官职,埋头于学问之中。最后他花了九年时间服务政府,并在促进教育和农业方面留下了优秀的政绩。恢复了白鹿洞书院(位于现在的江西省境内),他在这儿的讲学,吸引了当时所有著名的学者。但是他的哲学观点显得太激进了,以至于不能被统治者所接受,数次被解除了官职。1196年,他的思想、著作遭到禁止,一些人甚至要求处他死刑,他再一次被撤职。在这种情况下,他仍不停地著述,作出了巨大贡献(注1)。

朱熹的贡献决不局限于哲学方面,虽然这是最重要的方面。他综合了孔子仁的观念、孟子仁义的学说,以及《大学》中的格物和《中庸》的诚的思想,还有汉代(公元前206—公元220)关于阴阳和五行的学说,实际上包括了我们在后面要指出的宋初新儒家所有重要的思想。他的视野和学说在中国历史上很少有人能与之相比。不管怎样,他建立的儒家的道统由孔子,通过孟子,到周敦颐(1017—1073)、张载(1020—1077)、程颢(1032—1085)和他的弟弟程颐(1033—1107)(注2)。他在校勘学上开创了新的方向。在其他方面,朱熹把《易经》当作一本主要用于占卜的书,认为它与后来其他新儒家所依赖、并从中获得许多哲学启示的《易经》根本不一样。朱熹最大的贡献是选编《论语》《孟子》《大学》《中庸》(后两本是《礼记》中的两章)作为《四书》,并用一种新的眼光对它们进行注释、说明,从而奠定了他自己对社会和伦理哲学的基本观点。从1313年至1905年,《四书》成了中国文职官员考试的基本内容。在此六百年中,它对中国人生活和思想产生的影响,比其他任何著作都要巨大而深远。通过对《四书》的注解和说明，他使新儒家理论摆脱了在早期受到佛教和道教的明显影响，而成为真正的儒家。

一般认为朱熹在重新肯定儒家的基本学说时，也同时带给了儒家学说新的转变。转变后的儒家学说持续了几个世纪。特别是在宋朝时期，它使儒学有了整体、和谐的发展，赋予了儒学一个新的面貌。

直到现在，新儒学的描述仍是通过不同的哲学家所提出的六个主要范畴进行的。其名称是：太极、理、气（注3）、性、格物、仁。所有这些都在朱熹这位儒家大师那里得到发展、综合、系统化。

朱熹吸收了周敦颐提出的太极概念，并把它和二程（程颢和他的弟弟程颐）理的概念结合起来，形成了一个没有物质形态，纯由理组成的总的太极。所有现实的、潜存的理都包含在太极之中。这个太极既体现在宇宙万物之中，又体现在每个个别事物之中，体现在万物宇宙中的太极和体现在每个个别事物中的太极并不是整体和部分的关系，这种关系类似于"月印万川"，每个物体所获得的月光同时也是月光的整体。

从事物中体现出来，其本身需要有理作为事物的本质规定，也需要有气作为这种体现的依存、支持。这样，太极既包含有理，也包含有气。前者的必要在于说明事物的真实性、普遍性；它是无形的、唯一的、永恒的、不变的，它构成了所有事物的本质；它总是善的，不包含善恶相对，不创生万物。后者的必要是用来说明事物的形态、个性和变化；它是有形的、多样的、短暂的、可变的，不同的事物各不相同，它构成了具体事物的本质；它既包含有善，也包含有恶（取决于这个事物对天地之理的禀赋是均衡还是偏差）；它是万物造化的动力。

这似乎是二元论，但理和气从未分离。理需要气，是需用什么东西作为依附、支持；气也需要理作为它存在的根据。理气所以常常合作之故，是由于天地之心所指向，亦即宇宙本身。对人类来说，它一方面是道心，即人的本性之理；另一方面是人心，即本性中的理混杂了身体的禀赋和人的欲望。一个人或事物中的理就是他（或它）的自然，真实而具体，而不像佛教所谓的性，是空的。人心之初就是理本身，它是未发的，绝对的善；然而另一方面，人性又是理与气的混合，包含有善与恶，已发的。这两种人性，不管如何，总在相互渗透。二者一个是体，一个是用。作为体，是人的本性，而作为用的是人的情感。按张载的说法，作为这种统一、支配人的本性和情感的就是心。心依靠这种统一、支配，使人性和情感保持一致，使人心转变成道心。这样，它也统一了自己，从而有了道德的可能性。再者，人类和事物都有一个心，这个心在本质上与宇宙的心是完全一样的。于是在人类和事物之间就有了认知的可能性,有了相互的影响和作用,不管是生存的,还是死去的都一样。从而又有了格物和宗教的祭祀仪式。

如同在理的学说中所做的那样,朱熹在格物的学说中,也紧紧跟随程颐。朱熹的确是二程兄弟的第四代弟子,其中程颐是他的思想的主要来源。但朱熹并不仅是追随他、阐释他而已。在许多观点上,他与程颐不相同,例如,在程颐看来,气质外在于理,而朱熹则认为它们是混合的。像程氏一样,朱熹把诚(注 4)看作心理正确认识的首要之物和彻底格物的方法,但他相当小心地同等强调了推理和归纳的方法,以及对客观事物的观察和直觉。

认识所要达到的最高境界是仁(注 5)。这是儒家思想的核心。它是中国哲学史上最常出现的范畴之一。它经过长期演变最后到朱熹的著名仁的意义"心之德,爱之理"。这个思想的含义、启示,也和他的其他思想一样,在注释中得到了阐明。这里只说明儒家每一个重要的范畴都在朱熹那里达到顶峰。

这样一种系统综合且富有生气的哲学在中国自然会一统天下。尽管这样,也不是没有来自新儒家以外的反对者,如陆象山(陆九渊,1139—1192),他的哲学和程颐的,即程朱理学,共同统治着南宋中国知识分子的生活。在元代(1271—1369),这种具有至高无上地位的程朱理学仍继续通行,没有变化。除了一些例外,大学者都是朱熹的阐释者。即使那些企图调和朱熹和陆象山之间矛盾的学者,也基本上成了信从他的弟子。明朝时期(1368—1644),在王阳明(王守仁,1472—1529)哲学作为首要哲学出现之前,朱熹的哲学思想仍是最强大的知识潮流。即使在 15 至 16 世纪,当王阳明超过他时,他的哲学思想也没完全消失,仍有些哲学家保护他,如东林学派。另外一些学者如刘宗周(1578—1645),试图把他和王阳明的哲学思想结合在一起。17 世纪,反对唯心派的势力不断增长,朱熹哲学又恢复、强大起来。这是一个思想独立和批判的时期,一些理学以外的大学者如著名的顾炎武(1613—1682)和王夫之(1619—1692),受到朱熹的很大影响,和他紧密联系在一起。最后,批评的精神把王阳明和朱熹两人的思辨性哲学都给抛弃了。但后者在中国哲学的生命中留下了永远的印迹。从 14 世纪开始,朱熹和程颐对儒家经典的注解被官方奉为正统的思想体系。正如已经叙述过的,它们成了文职官员考试的基本内容和中国人阅读、写作的知识标准。一直到 1905 年这种考试制度被废除。朱熹的哲学还延存到 1917 年的思想革命,成为冯友兰教授在 1930 年代哲学理论的基础。朱熹的影响并不限于中国,在韩国以及日本历史上著名的学派思想都视其为正统。

注释

注 1：朱熹是福建人。他曾经跟随在朝廷担任多种官职的父亲学习了几年。他的父亲因为反对和北方侵略者签订的屈辱的和平条约，最后离开了京城。据记载，1154 年至 1157 年间，朱熹担任过地方上的长官，但他更喜爱平静研究学问。从 1158 年开始，他就学于继承了程颢和程颐新儒学传统的李侗（李延平，1088—1163）。在朱熹的大半生涯中，他时常也担任神庙的管理者，利用这种平静来从事研究、写作，与当时许多著名的学者进行讨论。他的官场生活不同于这种神庙的管差，时断时续，极不平静。因为他坚决反对签订和平条约，不断地上书皇帝对官员、政策批评、指责。因此，他常常请求辞官。1179 年，他被委任地方最高长官。1182 年因为他批评各级所有不合格的官员，招惹了皇帝的愤怒，他被降到一个较低的职位。1188 年，他被委任为兵部副官，但遭到了有力的攻击，于是被调做一个小官。后来，在同年，他又被任命当一个为皇帝讲授经书的低级、候补讲师，但他辞却了。1190 年，他在福建任地方长官，1194 年又在湖南做了一个月的官。这年后，他当了主讲，但因为他上书指责那些实权人物的邪恶，他被撤职，然后给了他一个监护神庙的闲差。两年后，一个监察官指控他十条罪状，包括拒绝仕途，扩散伪学。一些人甚至请求要处他死罪。他的所有职务都被解除了，他的“伪学”遭到严厉的攻击。尽管如此，在他死的时候，近一千人参加了他的葬礼。

对于朱熹有大量、详细的描述，见王懋竑（1668—1741）的《朱子年谱》，以及《宋史》，还有布鲁士（Bruce）的《朱子和他的师父》。

注 2：在他的《伊洛渊源录》里，他把周敦颐摆在二程的前面，肯定了周敦颐是“新儒学”的奠基者，而二程则多少继承了周敦颐的思想体系。

注 3：见《附录》中这两个概念的讨论。（略译）

注 4：关于这个概念见本文。（略译）

注 5：见本文关于这个概念的论述。（略译）

本文译自 Wing-tsit Chan, *A Source Book in Chinese Philosophy*，第三十四章，页 588—592，为译者 1990 年在纪念朱子诞辰 866 周年国际学术研讨会议所献之论文，未刊。

朱子与道统

道统观念，由来久矣。步步进展，至朱熹（1130—1200）而完成之。此为学者所共知。予尝详为叙述，侧重其哲学性（注1）。今再加详晰，分三项言之。一为朱子对道统观念之创新，二为朱子本人有无承受道统之意，三为朱门有无传授之事。

孟子首倡传授之说，谓："由尧、舜至于汤，五百有余岁。……由汤至于文王，五百有余岁。……由文王至于孔子，五百有余岁。……由孔子而来至于今，百有余岁。去圣人之世，若此其未远也。近圣人之居，若此其甚也。有乎尔，则亦无有乎尔。"（注2）深叹之下，俨然以己自任。千年之后，韩愈（768—824）重申其绪，谓："尧以是传之舜，舜以是传之禹。禹以是传之汤，汤以是传之文、武、周公。文、武、周公传之孔子。孔子传之孟轲。轲之死，不得其传焉。荀（荀卿，前313—前238）与扬（扬雄，前53—18）也，择焉而不精，语焉而不详。"（注3）此为孟子死后道统不传之创论，又排除荀、扬二子，形成道统基本思想。其友（或谓门人）李翱（壮年798）继承其说，谓："昔者圣人以之（性命之道）传于颜子。……子思，仲尼之孙，得其祖之道，……以传于孟轲。"（注4）此处添入颜子、子思，亦为以后学者所赞同。数百年后，程颐（称伊川先生，1033—1107）为其兄颢（称明道先生，1032—1085）作《明道先生墓表》，称"先生生千四百年之后，得不传之学于遗经"（注5）。又撰《明道先生行状》，谓："孟子没而圣学不传，以兴起斯文为己任。"（注6）盖上承韩愈之说，而以明道复兴斯文于千载之后也。此是南宋时代定论。故南宋人李元纲（壮年1172）有《传道正统图》如下：

　　　　　　　　　　颜子　　　　　　　明道
尧舜禹汤文武周公孔子 ＜ — 子思 — 孟子 ＜ 　　　（注7）
　　　　　　　　　　曾子　　　　　　　伊川

二程兄弟为北宋巨儒。其徒谢良佐（1050—约1120）、杨时（1053—1135）、游酢（1053—1123）、尹焞（1071—1142）称四先生，影响宋代全期思想之发展。经私淑胡安国(1074—1138)以至其子胡宏(1106—1161),遂开南宋之湖湘学派。由杨时经罗从彦(1072—1135)、李侗(1093—1163)以至朱子,四传而成程朱学派。南宋两派对峙,固不止江西陆象山(1139—1193)之心学与浙江陈亮(1142—1194)之功利主义为朱子与对也。当时道统观念,以二程为高峰。此点可于李元纲《传道正统图》见之。

朱子在此空气之下,全然接受。其于宋代理学集而成之。学者所公认其集大成者,当侧重"成"字。盖朱子新义殊多,非只综合而已也(注8)。道统新义,乃其一端耳。

朱子似不曾见李元纲之《传道正统图》,然对孟子以来直至二程之道统观念,心所同然。《朱子语类》载其语云:"此道更前后圣贤,其说始备。自尧、舜以下,若不生个孔子,后人去何处讨分晓?孔子后若无个孟子,也未有分晓。孟子后数千载,乃始得程先生兄弟发明此理。今看来汉、唐以下诸儒说道理见在史策者,便是说梦!只有个韩文公(韩愈)依稀说得略似耳。"(注9)然此未见朱子道统观之全貌。欲观全貌,则须讨论朱子之贡献,与其如何予道统以新面目。试略言之。

(一)朱子对于道统观念之创新。朱子予道统以新义,共有五端:

(1)首次用"道统"之名词。《中庸章句序》云:"道统之传,有自来矣。"或谓李元纲图目,已先用之。然"传道正统"虽有"道""统"二字,尚未连词。有之自朱子始。或又谓绍兴六年丙辰(1136)朱震(1072—1138)言:"臣窃谓孔子之道传曾子……子思……孟子。孟子以后无传焉。至于本朝,……程颢、程颐传其道于千有余年之后,……良佐之贤,亲传道学,举世莫及。"(注10)《中庸章句序》成于淳熙十六年乙酉(1189),诚晚于朱震矣。然朱震只言道学,未言道统。有道统之观念,而词则未有也。

(2)以十六字诀为道统真传。《中庸章句序》不特首用"道统"之词,又于道统内容,以哲学思想充实之。从此而后,道统乃成为一哲学范畴。此诚为破天荒之举。纵是武断,不害其为新观念也。序云:"盖自上古圣神,继天立极,而道统之传,有自来矣。其见于经,则'允执厥中'(注11)者,尧之所以授舜也。'人心惟危,道心惟微。惟精惟一,允执厥中'(注12)者,舜之所以授禹也。……自是以来,圣圣相承,若成汤、文、武之为君,皋陶、伊、傅、周、召之为臣,既皆以此而接夫道统之传。若吾夫子,则虽不得其位,而所以继往圣,开来学,其功反有贤于尧、舜者。然当是时,见而知之者,惟颜氏、曾氏之传得其宗。及曾氏之再传,而复得夫子之孙子思。……又再传以得孟氏。……故程夫子兄弟出,得有所考,以续乎千载不传之绪。"《语类》又云:"韩愈论孟子之后不得其传,只为后世学者不去心上理会。尧、舜相传,不过论人心道心、精一执中而已。"(注 13)以道心人心之十六字诀释道统,使之有确定之哲学意义,实为一极有价值贡献。然只举其要旨,尚未备言。其徒黄榦(1152—1221)著《圣贤道统传授总叙说》,则有详细之解释。彼以汤得统于禹为礼义。文王得统于汤为以礼制心,以义制事(注 14)。武王、周公得统于文王为敬以直内,义以方外(注 15)。孔子得统于周公为《论语》之博文约礼(注 16)与克己复礼(注 17),与《大学》之格致诚正修齐治平(注 18)。颜子承《论语》之教,曾子得《大学》之义。至子思则先之以戒惧谨独,次之以知仁勇,而终之以识(注 19)。孟子得统于子思则为求放心(注 20),集义(注 21),与扩充(注 22),相为次序(注 23)。其武断程度,不下于朱子。然其哲学性,则不能否认。此十六字诀即孔门传授心法,或以为传心之要。顾炎武(1613—1682)极力反对此说,以为心不待传,谓:"《中庸章句》引程颐之言曰'此乃孔门传授心法'(注 24),亦是借用释氏之言,不无可酌。"(注 25)顾氏攻击心学,似乎太过。钱穆于人心道心,论之甚详,说明朱子确有传道即传心之意。故谓理学即心学,则犹之可也。若以理学心学分宗,则未见其允云(注 26)。此是公平之论。

(3) 上溯伏羲。因为朱子之道统观有哲学之需求,于是在尧、舜之上,更溯至伏羲。《中庸章句序》云:"盖自上古圣神,继天立极。"所谓上古圣神,乃指伏羲、神农、黄帝、尧、舜。此可于《大学章句序》见之。序曰:"此伏羲、神农、黄帝、尧、舜所以继天立极。"朱子之提出伏羲,似是异常侧重,言之屡屡。《朱子语类》云:"'天不生仲尼,万古长如夜。'唐子西(唐庚)尝于一邮亭梁间见此语。季通(蔡元定,1135—1198)云:'天先生伏羲、尧、舜、文王后,不生孔子亦不得。后又不生孟子亦不得。二千年后又不生二程亦不得。'"(注 27)《朱子文集》又云:"先生(二程)之道,即伏羲、尧、舜、禹、汤、文、武、周公、孔、孟之道。"(注 28)又云:"道统远自羲、轩,集厥大成。"(注 29)如是屡言伏羲,不一而足。又曾塑得伏羲像,欲奉之武夷精舍(注 30)。其所以如是者,乃其道统之哲学性,不止基于《书经》之十六字诀,而亦基于《易经》之太极。"易有太极,是生两仪。两仪生四象,四象生八卦。"(注 31)相传画八卦者,乃伏羲也(注 32)。故朱子曰:"河图出而八卦画,洛书呈而九畴叙。"(注 33)

(4)特推周子。朱子得理之哲学于二程而光大之,故程朱之学通称理学。二程尝言:"论性不论气不备,论气不论性不明。"(注34)朱子或作程颢语(注35),或作程颐语(注36)。并非朱子自相矛盾,或记忆有误,而乃兄弟意见相同,故谓为明道也可,谓为伊川也亦可。性即理也,是则理气兼顾。惟二程于理气之关系,则无解释,盖因其不谈太极之故。太极是理之总汇,动而生阳,静而生阴。二气交错,乃生万物。故非采用太极阴阳之说,无以厘清理气间之关系。二程既不言太极,不能不取周子(周敦颐,1017—1073)之《太极图》而表彰之,又注周子之《太极图说》(注37)。于是加周子于道统传授之内,而谓:"千有余年,乃曰有继。周程授受,万理一原。"(注38)朱子之意,并非否认明道得孟子不传之学于遗经,而谓二程推明其理,则亦可与直接接受孟子之传相通。朱子云:"盖自周衰,孟轲氏没而此道之传不属。……而先生(周子)出焉。不繇师傅,默契道体。建图属书,根极领要。当时见而知之,有程氏者,遂扩大而推明之。"(注39)又云:"顾孟氏既没,而诸儒之智,不足以及此。……及先生出,始发明之,以传于程氏,而其流遂及于天下。"(注40)又云:"惟濂溪夫子之学,性诸天,诚诸己,而合乎前圣授受之统。又得河南二程先生以传之,而其流遂及于天下。"(注41)又云:"窃独惟念先生之学,实得孔、孟不传之绪,以授河南二程先生,而道以大明。"(注42)更曰:"惟先生道学渊懿,得传于天。上继孔、颜,下启程氏。"(注43)如是屡屡以"两程之绪,自我周翁"(注44)。

夫二程兄弟曾于庆历六年丙戌(1046)至七年丁亥(1047)从周子游,事无可疑。其实载于《二程遗书》与《伊川文集》。《遗书》云:"昔受学于周茂叔(郭颐),每令寻颜子、仲尼乐处所乐何事。"(注45)又云:"某自再见茂叔后,吟风弄月以归。"(注46)此皆二先生之语也。伊川为其兄作行状云:"先生之学,自十五六时,闻汝南周茂叔论道,遂厌科举之业。"(注47)是则兄弟曾受学于周子明矣。而疑者则因二程从未赞誉周子,且称其字而不称先生(注48),甚者谓为"穷禅客"(注49)。穷禅之称诚一问题。但弟子只称其师之字号,亦非无先例。二程尝就学于胡瑗(993—1059),亦直称安定而不称先生(注50)。无论如何,绝无实据足以反证二程之未曾受学于周子者。最大困难,乃在授《太极图》问题。朱子每谓周子授《太极图》于二程,二程于《太极图》绝未提及,即太极一词,亦不见其所著作。《伊川易传》两序之一,固云"太极,无极也"。然学者公认此序为伪作。二程文字之中,绝对不言太极。朱子乃谓:"观其手授之意,盖以为唯程子为能受之。程子之秘而不示,疑亦有未能受之者尔。”(注 51)《朱子语类》亦云:“程子不以《太极图》授门人,盖以未有能受之者。”(注 52)如是牵强,殊难令人置信。且《太极图说》首句为“无极而太极”。“无极”一词,来自《老子》(注 53)。淳熙十五年戊申(1188),陆象山曾与朱子为“无极”激烈之辩,以将“无”字搭在“太极”上面,不免床上加床,正是老氏之学(注 54)。朱子所以采用《太极图说》而置老氏“无极”之词于度外,而以无声无臭解之者(注 55),盖太极观念为理气关系所必需,而为道统之哲学性之故,不得不加周子以作桥梁也。盖从历史上言,有如程颢尝言:“吾学虽有所受,天理二字,却是自家体贴出来。”(注 56)如是直返孔、孟,此即谓继孟子以后不传之学。但就哲学性言,则二程、孟子之间,终有一大缺隙。由朱子观之,周子正为弥补其缺。在此哲学性意义上,二程乃自周子继其已绝之绪。试如黄百家(壮年 1695)所云:“孔、孟而后,汉儒止有传经之学,性道微言之绝久矣。元公(周子)崛起,二程嗣之。……若论阐发心性义理之精微,端数元公之破暗也。”(注 57)诚、性、命、心、太极诸观念,确俱源于《太极图说》(注 58),新儒学亦殊缺乏其哲学基础。此朱子之所以苦心孤诣,以周子为道统中重要之一环,初无论其哲学含有道家气味也。

(5) 道统诸说之抉择。二程之前,石介(1005—1045)有道统由孔子、孟、荀经扬雄、王通(584—617)以至韩愈之说,谓:“五百年一贤人生。孔子至孟子,孟子至扬子,扬子至文中子(王通),文中子至吏部(韩愈)……”(注 59)又曰:“天授之孟轲、荀卿、扬雄、王通、韩愈……无孟轲、荀卿、扬雄、文中子、吏部之力,不能复斯文。”(注 60)孙复(992—1057)于扬雄、王通、韩愈之外,加上董仲舒(前 176—前 104),谓:“始终仁义,不叛不离者,惟董仲舒、扬雄、王通、韩愈。”(注 61)又云:“圣道晦而复明者,仲舒之力。”(注 62)因之在 11 世纪道统授受有两说。一为由孟子直传二程,另一则为孟子分经汉、唐诸儒以至韩愈。朱子之抉择,至为明显。由朱子观之:“自秦、汉以来,儒者类皆不足以与闻斯道之传。”(注 63)“秦、汉以还,名崇实否。文字所传,糟粕而已。”(注 64)

朱子不特排除汉、唐诸子,即于宋代新儒家中,特尊二程。朱子有《六先生画像赞》,于濂溪、明道、伊川、康节(邵雍,1011—1077),横渠(张载,1020—1077)与涑水(司马光,1019—1086),赞美备至(注 65)。而康节、横渠、涑水,皆不在道统之列。盖二程思想,为朱子哲学之根据。张子偏重于气,邵子偏重理数,司马则格物未精,均不足以代表正统传授之主要脉络。《沧州精舍告先圣文》云："恭惟正统，远自羲轩。集厥大成，允属元圣。述古垂训，万世作程。三千其徒，化岩时雨。维颜曾氏，传得其宗。逮思及舆，益以光大。自时厥后，口耳失真。千有余年，乃曰有继。周程授受，万理一原。曰邵曰张，爰及司马。学虽殊辙，道则同归。"（注66）虽曰同归，毕竟殊辙，即非正宗之谓。其师李侗（1093—1163）授以静中看喜怒哀乐未发之气象（注67）与理一分殊（注68）。而究其理无大阐发，而于道统之哲学性，无大贡献也。

论者谓新儒家之传统，乃仿效佛门（注69）。在8至9世纪佛家祖师传灯之争，诚是重要一时，确为非常动听之事。但至11世纪，尤其是至朱子之时，此风已歇。《景德传灯录》直至景德元年甲辰（1004）乃辑成。此时佛门传授争端，久已湮息。禅宗亦花开五叶。若传灯之事尚在朱子心头，至可疑惑。朱子从来未及讨论此项问题。其谈及禅师数次，均与传灯无关（注70）。朱子不信印度二十八祖能作押韵诗（注71），亦不信达摩（约460至534在华）死后只履西归之说（注72）。朱子虽盛赞许多禅师之伟大，然亦问曾得几人能做出尧、舜、文、武之伟业（注73）。可知朱子对宗门祖师，实无兴趣，更乏热诚，决不至仿效之也。且佛家传授，必有传衣、传钵、传经等象征，而儒家道统无之也。

（二）朱子本人承继道统问题。在道统上，除用道统之名，以十六字诀为道统真传，上溯伏羲，特推周子，与道统诸说之抉择外，尚有一项为朱子所不明言，而其门人学侣以及后人皆以为必然之事者，即朱子本人承继道统是也。《大学章句序》云："河南程氏两夫子出，而有以接乎孟氏之传。……虽以熹之不敏，亦幸私淑而有闻焉。"此不但指《大学》教旨而为言，乃谓孔、孟之传也。晚年筑竹林精舍于建阳之考亭，其告先圣文，叙述古圣相传以至周、程授受与邵、张、司马异途同归之后，即曰："熹以凡陋，少蒙义方，中靡常师，晚逢有道。"（注74）其以继承道统自任，意甚明显。无论如何，其门人皆坚信不移。黄榦叙述圣贤道统传授由尧、舜以至孟子之后，继曰："及至周子则以诚为本，以欲为戒（注75），此又周子继孔、孟不传之绪者也。至二程子，则曰'涵养须用敬，进学则在致知'（注76），……此二程得统于周子者也。先师文公（朱子）之学，见之《四书》，而其要则尤以《大学》为入道之序。……此又先师得其统于二程者也。"（注77）其所撰《朱文公祠记》云："尧、舜、禹、汤、文、武、周公生，而道始行，孔子、孟子生，而道始明。孔子之道，周、程、张子继之。周、程、张子之道，文公朱先生继之。此统之传，历万世而可考也。"（注78）其所撰《朱子行状》亦云："窃闻道之正统，待人而后传。……由孔子以后,曾子、子思继其微,至孟子而始著。由孟子而后,周、程、张子继其绝,至先生而始著。"(注79)几等朱子于孟子矣。同门陈淳(1159—1223)同一口气。其言曰:"粤自羲皇作《易》,首辟浑沦。……尧、舜、禹、汤、文、武,更相授受。……孔子……为万世师。……轲之后,失其传。……于是濂溪先生与河南二程先生,卓然以先知先觉之资,相继而出。……朱文公即其微言遗旨,益精明而莹白之。"(注80)同门李方子(嘉定七年甲戌,1214,进士)亦云:"先生身任道统。……及先生出而后合濂、洛之正传,绍邹、鲁之坠绪。"(注81)私淑真德秀(1178—1235)亦曰:"盖孔、孟之道,至周子而复明。周子之道,至二程子而益明。二程之道,至朱子而大明。"(注82)门人众口一词,绝无异议。

此道统历代遵守,由宋经元、明以至清代,如日中天。元儒皆以许衡(1209—1281)上接程、朱道统。欧阳玄(1283—1358)所撰《许氏神道碑》云:"上接周公、孔子、曾、思、孟轲以来数君子之道统。"(注83)数君子者,指周、程、朱也。明儒薛瑄(1380—1464)所谓许氏"绍程、朱之正传"是也(注84)。薛瑄又云:"至宋,二程、朱子,既有以接孟氏之传。"(注85)胡居仁(1434—1484)亦曰:"及孟子没而失其传者,千有余年,周子发其端于前,程子遂扩而大之,朱子又集而全之,故吾道遂大明于宋焉。"(注86)至清代康熙命李光地(1642—1718)编修《朱子全书》(1714)与《性理精义》(1715)。《御制序》有谓朱子集大成而绪千百年绝传之学(注87)。李氏进表则曰:"朱子得因四子之师承,上溯'六经'之圣制。"(注88)如是一贯流传,几成公认,在此两书之前颜元(1635—1704)著《存学编》(1669)(注89),攻击程、朱谓:"愿持道统者,深思熟计,而决复孔、孟以前之成法,必执平生已成之见解而不肯舍,勿拘平日已高之门面而不肯降,以误天下后世之也。"(注90)稍后有戴震(1724—1777),攻宋儒尤烈,谓:"宋已来,孔、孟之言,尽失其职,儒者杂袭老、释之言以解之。"(注91)颜氏、戴氏,当时影响不大。影响最大者,莫若王阳明。

王阳明(1472—1529)只承认由孔、孟至二程传统,以为"孟氏而息,千五百余年濂溪、明道追寻其绪"(注92)。又以"孟轲终,又二千余年而周、程续"(注93)。周、程以后,则学益支离。王氏似以陆象山为能继此传统。其言曰:"自后有象山陆氏。虽有纯粹和平,若不逮于二子(二程),而简易直截,真有以接孟子之传。"(注94)其实自视为能接明道之传者,非象山而乃阳明本人也。阳明屡露此言。尝曰:"仆常以为世有周、程诸君子,则吾固得而执弟子之役,则大幸矣。"(注95)其徒聂豹(1487—1563)亦谓其思、孟、周、程,无意相逢于千载之下(注96)。其本人又自谓:"自孔、孟既没,此学失传几千百年。赖天之灵，偶复有见，诚千古之一快，百世以俟圣人而不惑者也。”(注97)且跨周、程而上之矣。阳明富有独立精神，豪爽不羁。倡朱子晚年定论之说，以朱子晚年乃趋向其本人之修养之法。则其不肯依从朱子道统，亦意中事。

(三)朱门传授问题。朱子道统之所以日臻隆盛，历数百年，乃因其集理学之大成，加以创新。其门人虽多卓越之才，然独手难继。然则朱子果无属意后继之人耶？此不可不考。

《宋史·黄榦传》谓：“病革，以深衣及所著书授榦，手书与诀曰：‘吾道之托在此，吾无憾矣。’”(注98)《考亭渊源录》(注99)与《宋元学案》(注100)沿之。王懋竑(1668—1741)云：“至《宋史》言以深衣为寄，考之一无所据。盖暗用禅家衣钵之说，其为附会无疑。”(注101)王氏是也。诸本年谱与黄榦《朱子行状》均无授衣之事。易箦时门人蔡沈(1167—1230)与祝穆在场，所记亦未提及(注102)。与黄榦书，乃易箦前一日所书，曰：“三月八日熹启。……今想愈成伦理，凡百更宜加勉之。吾道之托在此，吾无憾矣。”(注103)蔡沈与祝穆均目睹其手书。祝穆谓先作季子书与之诀别，然后作书与黄榦与范念德，托修礼书。并谓今《年谱》以黄、范两书在先，其事失伦。查各《年谱》与《行状》，均不失伦。只十六世孙朱玉《朱子文集大全类编》(1721)内之《年谱》以黄、范两书在先，则朱玉《年谱》有上沿最初《年谱》之可能。

懋竑虽否认传授深衣，然隐示朱子有传授之意，而黄榦亦有此期望，此则不可不辨。懋竑云：“又按朱子临卒，与勉斋(黄榦)书有‘吾道之托在此者，吾无憾’之语，然只以授学次第而言，其于孔门之颜、曾，未知何如也。朱子晚年与人书，每言斯道之传，不绝如线。而论程门诸公，未有可当衣钵之传，其微意亦可见矣。勉斋最后原文言：‘末年之付嘱，将殁之丁宁，则戚戚然于微言之绝，大义之乖也。榦独何人，而当此期望之厚耶？’(注104)今考此书，却无此意。《续集》有与直卿(黄榦)书言：‘古之禅宿，有虑其学之无传，而至于感泣流涕者，不意今日乃亲见此境界也。’(注105)其书在戊午(1198)己未(1199)间。祭文兼用此意。亦云期望之厚，而不敢谓已得其传也。盖古人之审慎如此。”(注106)观上所云，王氏显示朱子有微意而黄榦亦知所付嘱。加以朱子“古之禅宿”之言与程门衣钵，则朱子传授之想，显而易见。予疑王氏如是云云，恐亦暗用禅家衣钵之说而附会之耳。

易箦前与黄榦书，诚如懋竑所言：“只以授学次第而言。”然书有“吾道之托在此”之语，则懋竑“其于孔门之颜、曾，未知何如”之问，不为无理。“最后祭文”，实指黄榦之《辞晦庵先生墓文》。王氏谓黄榦不敢谓已得其传，即谓冀得其传也。王氏又谓与直卿书有禅宿虑学无传，而黄榦祭文兼用此意,则恐有断章取义之嫌。《辞晦庵先生墓文》写在朱子逝世二十一年之后,其时黄榦已六十九岁。“数月以来,痰作于上,气痞于下,恐一旦遂溘先朝露。”故遣其子辂告于墓下,文内四言“榦何人而在抠趋之列”?“榦何人而获亲道德之粹”?“榦何人而受此生成之赐”?“榦何人而当此期望之厚”?(注 107)此乃回忆一生所得于朱子之涵淹卵育。故“付嘱”“丁宁”“大义”“微言”“期望”,皆对黄榦之学问修养而言,无指为承受道统之意也。若谓传授,则当早已言之,岂待朱子死后二十载而后之耶?黄榦《祭晦庵朱先生文》,有“奉疾革之贻书。……念属托之至重,岂绵力之能胜”(注 108)之语,可解作“吾道之托”,亦可解作托修礼书。若要解作传授,先决问题,则须朱子确有衣钵之意也。

王氏谓朱子晚年每言斯道之传,不绝如线。此语诚是。朱子致黄榦书尝云:“又来学者亦未见卓然可恃以属此道之传者,今更有此间隘(指朝廷攻击道学),益难收拾。不谓吾道之否,一至此也。”(注 109)又一书云:“迁居扰扰中,亦有一二学者在此。虽不得仔细讨论,然大抵未有担荷得者,此甚可虑。”(注 110)答余占之(名偶)亦云:“直卿已归在此。今年往来亦有一二十人相过。讲习其间,岂无晓会得意思者?然未见大段断然可负荷此事者,甚可虑也。”(注 111)答友人赵彦肃亦云:“此间虽有士友数辈,然与之语,往往不能尽人意。一旦溘然,此事便无所寄,不得不为之虑耳。”(注 112)若已属意黄榦,更何需想及他人?又有何可虑?此乃叹道学中绝之危,而非谓无人可以传授衣钵也。禅宿无传之叹,亦当作如是观。朱子只谓程子秘而不示门人《太极图》,以未有能受之者耳(注 113)。其谓“二先生衣钵似无传之者”(注 114),乃指程门诸公之差,而非叹其衣钵无传也。根本上朱子对于禅门传灯,不生兴趣,决不至仿效之也。

《宋史》又谓以所著书授榦(注 115)。此必是暗用佛教传经之说,或误解托修礼书。《年谱》《行状》与蔡沈所记,无此说也。

注释

注 1:参看拙著,《朱学论集》,页 13—18。

注 2:《孟子》,《尽心》第七下,第三十八章。

注 3:《韩昌黎全集》,卷十一,《原道》,页 4 下。

注 4:《李文公集》,卷二,《复性书》中,页 7 上下。

注 5:《伊川文集》,卷七,《明道先生墓表》,页 7 下。

注 6：同上，卷七，《明道先生行状》，页 6 下。

注 7：《百川学海》，页 1001。

注 8：参看《朱学论集》，页 1—35，并英文拙著，*Chu Hsi: Life and Thought*（Hong Kong：The Chinese University Press，1987），pp.39－70，"What is New in Chu Hsi?"

注 9：《朱子语类》，卷九十三，第二条，页 2350。

注 10：《建炎以来系年要录》，卷一百零一，页 1660—1661。或谓《朱子文集》，卷八十四，《书濂溪光风霁月亭》，已用"道统"。此文成于 1181 年，早于《中庸章句序》八年。然朱子《中庸章句》用力数十年，改而又改。至 1189 年，乃公开其序。是则序可能早于此文也。

注 11：《论语》，《尧曰》第二十，第一章。

注 12：《书经》，《大禹谟》，第十五节。

注 13：《朱子语类》，卷十二，第三十四条，页 203。

注 14：《书经》，《仲虺之诰》，第八节。

注 15：《易经》，《坤卦》，《文言》。

注 16：《论语》，《雍也》第六，第二十七章；《颜渊》第十二，第十五章。

注 17：同上，《颜渊》第十二，第一章。

注 18：《大学》，经文。

注 19：《中庸》，第一、二十、二十一至二十六、三十三章。

注 20：《孟子》，《告子》第六上，第十一章。

注 21：同上，《公孙丑》第二上，第二章。

注 22：同上，第六章。

注 23：《勉斋集》，卷三，《圣贤道统传授总叙说》，页 17 上—20 下。

注 24：《外书》，卷十一，页 1 下。

注 25：《日知录》，卷十八，页 109。

注 26：《朱子新学案》，第二册，页 106。

注 27：《朱子语类》，卷九十三，第三条，页 2350。

注 28：《朱子文集》，卷六十，《答李诚之》，页 21 上。

注 29：同上，卷八十六，《沧州精舍告先圣文》，页 12 上。

注 30：同上，《别集》，卷六，《与黄商伯》，页 19。

注 31：《易经》，《系辞》上传，第十一章。

注 32：《系辞下传》，第十一章。

注 33：《朱子文集》，卷七十八，《江州重建濂溪先生书堂记》，页 12 下。

注 34：《遗书》，卷六，页 2 上。

注 35：《朱子语类》，卷四，第六十四条，页 70；卷六十二，第六十二条，页 1492；《朱子文集》，卷四十四，《与方伯谟》，页 19 上。

注 36：同上，第四十八条，页 67；卷五十九，第四十二条，页 1386。

注 37：《周子全书》，卷一至二，页 5—32。

注 38:《朱子文集》,卷八十六,《沧州精舍告先圣文》,页 12 下。
注 39:同上,卷七十八,《江州重建濂溪先生书堂记》,页 12 下。
注 40:同上,卷七十八,《隆兴府学濂溪先生祠记》,页 19 下。
注 41:同上,卷七十九,《徽州婺源县学三先生祠记》,页 3 上。
注 42:同上,卷八十,《邵州州学濂溪先生祠记》,页 11 下。
注 43:同上,卷八十六,《奉安濂溪先生祠文》,页 4 上。
注 44:同上,卷八十六,《谒修道州二先生祠文》,页 11 下。
注 45:《遗书》,卷二上,页 2 下。
注 46:同上,卷三上,页 1 下。
注 47:《伊川文集》,卷七,《明道先生行状》,页 6 上。
注 48:参看《遗书》,卷七,页 1 上;卷二十二上,页 1 下;《外书》,卷二,页 4 下;卷十,页 4 下。
注 49:《遗书》,卷六,页 4 上。
注 50:同上,卷二上,页 4 上;卷四,页 3 下。
注 51:《朱子文集》,卷三十一,答张敬夫第十九书,页 9 下。
注 52:《朱子语类》,卷九十四,第一百零九条,页 2387。
注 53:《老子》,第二十八章。
注 54:《象山全集》,卷二,与朱元晦第二书,页 9 上下。
注 55:《朱子语类》,卷九十四,第十一条,页 2366。
注 56:《外书》,卷十二,页 4 上。
注 57:《宋元学案》,卷十一,《濂溪学案》上,页 2 上。
注 58:《通书》,第一章至第四章、第七章、第十一章、第二十二章。
注 59:《徂徕集》,卷十二,《上赵先生书》,页 12 下。
注 60:同上,卷十二,《上张兵部书》,页 16 下。
注 61:《睢阳子集》,《与张洞书》。《宋元学案》,卷二,《泰山学案》,页 18 下引。
注 62:同上,页 17 上引。
注 63:《朱子文集》,卷七十五,《论孟集义序》,页 20 上。
注 64:同上,卷八十六,《谒修道州三先生祠文》,页 11 下。
注 65:同上,卷八十五,《六先生画像赞》,页 9 上下。
注 66:同上,卷八十六,《沧州精舍告先圣文》,页 12 上。
注 67:《延平答问》,页 13 下、32 上,《后录》,页 2 下、3 上。
注 68:同上,页 11 上、24 上、27 下;《后录》,页 7 上、9 下。
注 69:如太田锦城(1765—1825),《疑问录》,卷下,页 17 下。
注 70:参看《朱子语类》,卷一百二十六,第一条,页 3007;第六十八条,页 3025;第一千零二十六条,页 3033。
注 71:同上。
注 72:《朱子文集》,《别集》,卷八,《释氏论》下,页 3 下。

注 73：同上，卷四十三，《答李伯谏》，页 11 下—12 上。
注 74：同上，卷八十六，《沧州精舍告先圣文》，页 12 上。
注 75：《通书》，第一至第四章、第二十章。
注 76：《遗书》，卷十八，页 5 下。
注 77：《勉斋集》，卷二，《圣贤道统传授总叙说》，页 17 上—20 下。
注 78：同上，卷十九，《徽州朱文公祠记》，页 19 上下。
注 79：同上，卷三十六，《朱子行状》，页 48 上下。
注 80：《北溪大全集》，卷十五，《师友渊源》，页 2 下—3 下。
注 81：《朱子事实》，载戴铣，《朱子实纪》，卷十，页 17 下、19 下。
注 82：张伯行，《道统录》，《总论》，页 9 上引。
注 83：《许文正公遗书》，卷末，《神道碑》，页 6 上。
注 84：《薛敬轩集》，卷五，《重修许鲁斋先生祠堂记》，页 17 上。
注 85：同上，卷六，《陵川县庙学重修记》，页 23 下。
注 86：《胡敬斋集》，卷一，《复江谦》，页 17 下。
注 87：《朱子全书》，《御制序》，页 6 下。
注 88：《性理精义》，《表》，页 1 下。
注 89：《颜习斋先生年谱》，卷上，页 30 下。
注 90：《存学编》，卷一，《明亲》，页 9 上。
注 91：《戴东原集》，卷八，《答彭进士允初书》，页 17。
注 92：《王文成公全书》，卷七，《朱子晚年定论序》，页 21 上。
注 93：同上，卷七，《别湛甘泉序》，页 7 上。
注 94：同上，卷七，《象山文集序》，页 29 下。
注 95：同上，卷二十一，《答储柴墟》，页 20 上。
注 96：同上，卷二，《传习录》中，《答聂文蔚》，页 65 上。
注 97：同上，卷八，《书魏师孟卷》，页 17 下。末句引《中庸》，第二十九章。
注 98：《宋史》，卷四百三十，《黄榦传》，页 12778。
注 99：《考亭渊源录》，卷六，《黄榦传》，页 1 下。
注 100：《宋元学案》，卷六十三，《勉斋学案》，页 2 上。
注 101：《朱子年谱》，《考异》，卷四，页 344。
注 102：《蔡氏九儒书》，卷六，蔡沈，《朱文公梦奠记》，页 58 下—61 上。并载王懋竑，《朱子年谱》，页 227—229。戴铣，《朱子实纪》，卷十，祝穆，《朱子易箦私议》，页 20 下—22 上，总页 518—521。
注 103：《朱子文集》，卷三十九，《与黄直卿书》，页 22 下。
注 104：《勉斋集》，卷三十九，《辞晦庵先生墓文》，页 23 上—24 下。
注 105：《朱子文集》，《续集》，卷一，答黄直卿第六十三书，页 17 下。
注 106：《朱子年谱》，《考异》，卷四，页 344。
注 107：《勉斋集》，卷三十九，《辞晦庵先生墓文》，页 23 上—24 下。

注 108：同上，卷三十九，《祭晦庵朱先生文》，页 6 下。

注 109：《朱子文集》，《续集》，卷一，答黄直卿第二十五书，页 7 上。

注 110：同上，第三十二书，页 10 上。

注 111：同上，正集，卷五十，《答余占之书》，页 25 下。

注 112：同上，卷五十六，答赵子钦第七书，页 4 上。

注 113：同上，卷三十一，答张敬夫第十九书，页 9 上。又《朱子语类》，卷九十四，第一百零九条，页 2387。

注 114：《朱子语类》，卷一百零一，第十二条，页 2557。

注 115：《宋史》，卷四百三十，《黄榦传》，页 12778。

原载《儒学国际学术讨论会论文集》（济南，齐鲁书社，1989），页 1005—1021。

朱子道统观之哲学性

朱子确定儒家道统，凡治理学者无不知之。然其哲学性质为何，则尚未有详细之解释。道统观念，可谓源于孟子。孟子云："由尧、舜至于汤，五百有余岁。……若汤，则闻而知之。由汤至于文王，五百有余岁。……若文王，则闻而知之。由文王至于孔子，五百有余岁。……若孔子，则闻而知之。由孔子而来，至于今，百有余岁，去圣人之世，若此其未远也，近圣人之居，若此其甚也。"（注 1）又云："五百年必有王者兴，其间必有名世者。由周而来，七百有余岁矣。以其数则过矣，以其时考之则可矣。夫天未欲平治天下也，如欲平治天下，当今之世，舍我其谁乎？"（注 2）又云："我亦欲正人心，息邪说，距诐行，放淫辞，以承三圣者，岂好辩哉？予不得已也。能言距杨、墨者，圣人之徒也。"（注 3）三圣指禹、周公、孔子。孟子挺身卫道，直承先圣，统系显然。韩愈重述此旨，并谓孟子以后失其传，其《原道》云："斯道也，何道也？曰，斯吾所谓道也，非向所谓老与佛之道也。尧以是传之舜，舜以是传之禹，禹以是传之汤，汤以是传之文、武、周公；文、武、周公传之孔子；孔子传之孟轲。轲之死不得其传焉。荀与扬也，择焉而不精，语焉而不详。"（注 4）李翱则曰："昔者圣人以之传于颜子。……其余升堂者盖皆传也。……子路……曾子……正性命之言也。子思，仲尼之孙，得其祖之道，述《中庸》四十七篇，以传于孟轲。……遭秦灭书，……于是此道废缺。"（注 5）韩子所言为仁义之道，盖为排斥佛、老而发。李氏所言为性命之道，乃为延续儒家而发。故韩愈侧重孟子，而李翱侧重子思，微有不同。至宋程颐谓："孟轲死，圣人之学不传。……先生（指其兄程颢）生于四百年之后，得不传之学于遗经，将以斯道觉斯民。"（注 6）又谓其兄："求道之志未至其要，泛滥于诸家，出入于老、释者几十年，返求诸'六经'而后得之。……谓孟子没而圣学不传，以兴斯文为己任。"（注 7）朱子继之，曰："道统之传，有自来矣。其见于经，则'允执厥中'者，尧之所以授舜也。'人心惟危，道心惟微，惟精惟一，允执厥中'者，舜之所以授禹也。……自是以来，圣圣相承。若成汤、文、武之为君，皋陶、伊、傅、周、召之为臣，既皆以此而接夫道统之传。若吾夫子……继往圣,开来学,其功反有贤于尧、舜者。然当是时,见而知之者,惟颜氏、曾氏之传得其宗。及曾子之再传,而后得夫子之孙子思。……又再传以得孟氏。……及其没而遂失其传焉。……故程夫子兄弟者出,得其所考,以续夫千载不传之绪。"(注8)由是由尧、舜而二程,道统一贯。朱子且上溯伏羲、黄帝(注9),而道统于以确定。

以上孟子首倡传授之意,自负其责。韩愈首提"道"字,并谓至孟子失传,以复兴儒道为己任。李翱亦谓"吾岂复之时耶"。二程继续孟子以后失传之说,亦志在复兴斯文。朱子不直承孟子而通过二程,而其得乎道统之传之意,则至明显。观其《大学章句序》:"河南程氏两夫子出,而有以接乎孟氏之传。……虽以熹之不敏,亦幸私淑而与有闻焉。"已示其意。晚年六十五岁,则于叙述道统远自羲、轩宗传以后,竟曰:"熹少蒙义方,中靡常师,晚逢有道。"(注10)则朱子得承其道,已自明言。勿论其是否自比于孟子、韩愈,而其继续程子复兴斯文之意,则人所共知。朱子以道统之说确立,历七八百年而不衰。其所传授,有如下列:

伏羲—神农—黄帝—尧—舜—禹—汤—文
武—周公—孔子—曾子
子思—孟子—周子—二程子—朱子

黄榦《朱子行状》云:"道之正统,待人而后传。自周以来,任传道之责,得统之正者,不过数人,而能使斯道章章较著者,一二人而止耳。由孔子而后,周、程、张子继其绝,至先生而始著。"(注11)《宋史》引其说(注12)。宋儒如陈淳、真德秀,明儒如薛瑄、胡居仁,以至清儒如张伯行,皆持此论(注13)。

朱子之确立道统,固有历史必需之元素,道统原质上亦是历史程序。然若谓朱子之所以坚定之者,其精神纯为守旧,其用意在为其本人学说找得历史之权威,或且模仿禅宗之祖师传灯者,则决然大谬。盖其道统观念,完全树立于哲学观念之上,亦即谓理学进展历程上所万不能免。如目的果在守旧、权威或模仿,则只自称继承二程,即已满足。然朱子于继承程子之外,尚有许多去取改变者,盖为理学之哲学发展,不得不然。于是其道统观念,骤观之似遵二程,而其实大有所改造者,皆其发展儒家哲学之故。此可于三点观之:

(一)排除汉、唐诸儒。在朱子道学系统中,由孟子而直至程子。即所谓程明道得孟子以后失传之道于遗经,似是盲从程子之说。然北宋道统之说,并不限于程门。石介、孙复为理学之前驱。石介云:"周公、孔子、孟轲、扬雄、文中子、吏部(韩愈)之道,尧、舜、禹、汤、文、武之道也。"(注14)孙复云:“道者,教之本也。……始终仁义,不叛不离者,惟董仲舒、扬雄、王通、韩愈。”(注 15)是则在 11 世纪道统之说有二,一为由程明道直溯孟子,一为由孟子传诸汉之董子、扬子、文中子与唐之韩子。朱子不从石介、孙复而专从程子,显然有所选择,而与程颐谓其兄直返于孟子者,实异其趣。程颐盖赞其兄之自得。程颢亦自谓:“天理二字,却是自家体贴出来。”(注 16)有如一般宋儒,二程极重自得(注 17)。是则程子之传孔、孟自无待于汉、唐诸儒,初无关心乎历史上之传授或哲学上之进展也。实则不然。其所以忽视北宋、汉、唐传授之说,而撇开董、扬、王、韩诸子者,乃以其未得圣贤之意。换言之,即于哲学上无所贡献也。故谓:“汉、魏诸儒,正音读,通训诂,考制度,辨名物,其功博矣。……特所以求乎圣贤之意,则在此而不在彼。”(注 18)且谓:“秦、汉以还,名崇实否。文学所传,糟粕而已。”(注 19)

朱子与石介、孙复同重道统,而亦大异其趣。朱子虽攻异学,惟其全力聚乎理学之集大成。从理学之开展过程言,董、扬、王、韩皆无足重,此朱子之所以超过汉、唐,亦即其道统观基乎哲学概念之上之实证也。

在理的概念进化历史上,先秦儒家所言甚少。“理”字不见《论语》《大学》《春秋》《仪礼》《易》之经文。《中庸》之“理”为文理,无义理、道理之涵义。《孟子》书中“理”字凡七见,大多作治理与条理解,然首言“理也,义也”,为以后理学之主要源泉。《易》之《系辞》言“穷理尽性以至于命”,亦为理学之主要源泉。如果为孔子所作,则渊源更早。不过《系辞》时代问题,尚难决定耳。然此等先秦儒家经典之言理,尚偶尔及之而已。惟荀子言理特多,有普遍之理,有特殊之理,又理与欲对,发展颇大。然终不若墨家、道家与法家之重要。墨子之言理指义理与道理。以时代言,此为“理”字用作义理、道理之意义之首次。庄子言“大理”“殊理”“道理”“天理”,粲然放发。至韩非《解老》,竟以理释道。此后理的概念之进展,亦不在儒而在乎玄学与佛学。王弼《易注》之理为“至理”,先于道,亦先于命。王以理统系万物,以天理代天命。于是理为超越,为绝对。郭象注《庄》则重众理、群理。理为内在,为特殊。至佛家则“理事齐现”,“一多相容”。在此一千年理的概念进化中,儒家几默然无闻。王通虽勉力支持穷理尽性之说,然并无新见。李翱《复性书》中虽用“理”字,但非重要,而韩愈《原道》竟不提焉。董、王、李、韩虽重仁、义、性、命,而在 11 世纪以后,在佛道形上学“至无”“本体”“空”等观念鼓荡之下,此等传统儒家思想,不能不加以整理,而建在理学之上。此二程子,尤其是叔子程颐伊川之所以树立理学,与朱子之所以成全也(注 20)。汉、唐诸儒既于理之思想无贡献,则朱子置之于道统之外,不亦宜乎?朱子曰:“秦、汉以来,儒者类皆不足以与闻斯道之传。”(注 21)此之谓也。

（二）特尊二程。程叔子谓其兄明道生于孟子千四百年之后，得不传之学于遗经。朱子从之，“河南二程先生独得孟子以来不传之学于遗经”，并谓年少时已知其然（注 22），似是徒步后尘。其实朱子之所以如此者，有其极为重要之哲学因素也。

北宋理学先驱胡瑗、孙复、石介之后，名儒辈出。范仲淹、司马光、王安石、邵雍、张载等，造就甚深，《易》学更精，王氏新义尤为影响宏大，固不止二程也。而朱子特尊二程，在其道统体系，于张子则置乎二程之后或置之其旁，于其他诸儒则置诸度外。其故无他，对于理学贡献多少之别也。司马光、王安石之学，在乎经世。范仲淹虽为宋代注重《中庸》之第一人，推进心性之学，仍是经世儒者，于儒学之哲学之发展无加，亦即于道统无补。至于邵雍，不特道统不取，即朱子得吕东莱所协助编纂之《近思录》，亦除程颢所引邵氏一言之外，并不采用其语。一方面固因邵氏道家气味太浓，其象数之学得诸李之才（注 23），李氏得诸道士陈抟（注 24）。而另一更为重要之理由，则邵氏思想实在理学主流之外也。邵雍未尝不重视穷理尽性。其教人观物，勿观之以心，而观之以理。言宇宙万物则云：“发则神，神则数，数则象，象则器，天下之数出于理。”（注 25）然其基本观念仍是象数，理不过是背景而已。

朱子每张、程并称，似是双方等视。张载为二程长辈，在任何程序，均应以张载居先。然朱子所编《伊洛渊源录》，叙述二程哲学之承前启后，则张氏及在二程之后。在《近思录》亦然。理之思想，在张氏甚为显著。在其著作中，“穷理”“天理”“义理”等词，遍处皆是，不能不谓为理学之柱石，故与二程并采入《近思录》。然张子之哲学基础为气，其体为太虚，其用为太和，气之存在聚散，均依乎理（注 26）。是则气为体，理为相，或是背景而已。朱子比张子于伯夷、伊尹，盖以此也。朱子曰：“横渠之于程子，犹伯夷、伊尹之于孔子。”（注 27）孟子曰：“伯夷，圣之清者也。伊尹，圣之任者也，柳下惠，圣之和者也，孔子，圣之时者也。孔子之谓集大成。”（注 28）换言之，伯夷能处，为圣之清。伊尹能仕，为圣之任。孔子则可以处而处，可以仕而仕，为圣之时，是之谓集大成。由朱子观之，则张子为理学之伯夷、伊尹，即谓贡献理学之一部，而程子则为理学之孔子，盖理学至此乃可成立也。

以张子比伯夷、伊尹，以程子比孔子，朱子暗示程子集理学之大成。实则此为朱子推尊程子之意，而集理学之大成者，乃朱子也。此点在下言之。所谓理学至程子而成立者，盖二程以理为其哲学之中心，前所未有。程颐云：“天下物皆可以理照。有物必有则，一物须有一理。”（注 29）程颢亦云：“有物有则。……万物皆有理，顺之则易，逆之则难。”（注 30）二程又云：“天理云者，这一个道理，更有甚穷已？‘不为尧存，不为桀亡。’……元无少欠，有理具备。”（注 31）伊川又云：“性即理也。”（注 32）穷理尽性至命，只是一事。“才穷理便尽性，才尽性便至命。”（注 33）于是将孔、孟的仁义、忠恕、性命之学，全部建在理的观念之上，开儒学之新纪元，树立理学之基础，故直承孔、孟而光大之，无需乎汉、唐诸儒之文词训诂。其他宋儒之学，亦仍须归宿于理。朱子云：“曰邵曰张，爰及司马，学虽殊辙，道则同归。”（注 34）盖指此也。二程之理造就此，朱子之理学志趣又如彼，无怪其谓：“吾少读程氏书，则已知先生之道学德行，实继孔、孟不传之统矣。”（注 35）

又有一事足征朱子之道统基于哲学者，则对于其师李侗之去取是也。朱子尝学于李侗。李侗学于杨时，而二程乃杨时之师。若道统之根据为师生之传受，历史之渊源，或权威之倚恃，则应由二程传过杨时、李侗而至其自身。然有如二程直返孟子，朱子直返二程。盖李侗教学者于静中看喜怒哀乐未发之气象（注 36）。此为养心之要，但于理学无所充宝，有逊于邵、张、司马。曷能归入传道正统耶？

（三）首标周子敦颐。此为朱子确立道统之最激烈而又最苦心者。朱子谓二程得孟子以后不传之学于遗经，已如上述。然其《濂溪先生像赞》又谓：“道丧千载，圣远言湮，不有先觉，孰开我人？”（注 37）屡谓二程之学来自周子濂溪。一则曰：“先生之学，自程氏得其传。”（注 38）再则曰：“濂溪先生……上接洙、泗千岁之统，下启河、洛百世之传。”（注 39）三则曰：“先生之学，实得孔、孟不传之绪，以授河南二程先生。”（注 40）四则曰：“上继孔、颜，下启程氏。”（注 41）此说自是与程氏得孟子以后不传之学之说矛盾。朱子且谓周子传《太极图》于二程，更为可疑。朱子云：“《通书》皆是发明太极。书虽不多，而统纪已尽。二程盖得其传。”（注 42）又曰：“‘无极而太极。’……‘太极本无极。’……及先生书始发明之，以传于程氏。”（注 43）又曰：“濂溪之图与其书……程氏传之。”（注 44）又曰：“有先生出焉……建图属书，根极领要。当时见而知之。有程氏者，遂扩大而推明之。”（注 45）此说疑之者众。朱子自言“汪端明尝言二程之学，非全资于周先生者”（注 46），是则当时已有疑之者。全祖望曰：“濂溪之门，二程子少尝游焉。其后伊、洛所得，实不由于濂溪。……今观二程子终身不甚推濂溪。……晦翁、南轩（张栻）始确然以为二程子所自出。自是后世宗之，而疑者亦踵相接焉。”（注 47）

夫二程受学于周敦颐，二程已自言之（注 48）。有谓其每称周子之号“茂叔”而不称“先生”（注 49），且谓其为“穷禅客”（注 50），似非学生称呼所宜者。“穷禅”之称，诚一问题。至若直称名号，则并不足为非其学生之证。二程尝就学于胡瑗,亦尝只称"安定",而未称"安定先生"矣(注51)。所最难解释者为周子授《太极图》于二程之说,盖二程终身未提"太极"二字。在其言谈著作之中,绝无"无极而太极""太极本无极"之影响可寻。《伊川易传》一序有"太极"一词,然此序之伪,已为众所周知。是以图之授受之说,极难置信。朱子不得已乃谓:"《太极图》立象尽意,剖析幽微。周子盖不得已而作也。观其手授之意,盖以为唯程子为能受之。程子之秘而不示,疑亦未有能受之者尔。"(注52)此亦猜度之词,事无佐证。然若从理学之哲学的开展观之,则决非太极图不可。朱子之激烈在此,朱子之苦心亦在此。朱子谓周子、程子均得孟子死后不传之学,而周子又以授程子,文字上自是矛盾。然程子直自得传于孟子,乃历史上之传授,而周子得传于孟子,以授程子,乃哲学上之传授,二者未尝不通。哲学上孔、孟与二程距离尚远,非有桥梁过渡不可,此即周子也。黄百家云:"孔、孟而后,汉儒止有传经之学。性道微言之绝久矣。元公(周子)崛起,二程嗣之。又复横渠(张载)诸大儒辈出,圣学大昌。故安定(胡瑗)、徂徕(石介),卓乎有儒者之矩范,然仅可谓有开之必先。若论阐发心性义理之精微,端数元公之破暗也。"(注53)此言至明至确。盖《太极图》言太极、阴阳、动静、中正、仁义之理,《通书》第廿二章言性、理、命。有此然后二程之理乃可坚立。此朱子道统不能不加入周子也。

二程言理,诚划时代。惟理与气之关系,形上形下之关系,与一与多之关系,程子均未明言。依朱子《太极图说》之解释,则太极为理,为形上,为一。阴阳之动静与五行之化生则为气,为形下,为多。于是理气等问题乃有下落。其实周子未尝等太极于理。朱子为之,则理学发展之哲学必然性使之也。周子《太极图说》首云:"无极而太极。""无极"之语出于《老子》(注54),儒家反对之。陆象山与朱子辩论尤剧,以为非儒者所宜用(注55)。无之观念为道家之主要观念,与儒家有之观念不相容,而朱子仍不能不采用之,勉强释"无极"为《中庸》之"无声无臭"(注56)。其所以如此,哲学之必需使然也。

以上言朱子道统之由孟子至二程之间,加上周子,旁置张子,撇开汉、唐、北宋诸儒者,乃应哲学性之所要求。朱子在其《中庸章句序》引《书经》"人心惟危,道心惟微。惟精惟一,允执厥中"之语(注57),形容道统。可见朱子所重,在其哲学性质。其徒黄榦继之,言之更详。黄氏曰:"尧之命舜,则曰:'允执厥中。'此尧之得于天者,舜之得统于尧也。舜之命禹,则曰:'人心惟危,道心惟微。惟精惟一,允执厥中。'此……禹之得统于舜者也。其在成汤,则曰:'以义制事,以礼制心。'(注58)……此又汤之得统于禹者也。其在文王，则曰：'不显不临，无射亦保。'（注 59）……此文王之得统于汤者也。其在武王，……则曰：'敬胜怠者吉……义胜欲者从。'（注 60）周公系《易爻》之辞曰：'敬以直内，义以方外。'（注 61）……此武王、周公之得统于文王者也。至于夫子则曰：'博学于文，约之以礼。'（注 62）又曰：'文、行、忠、信。'（注 63），又曰：'克己复礼。'（注 64）其著之《大学》曰格物、致知、诚意、正心、修身、齐家、治国、平天下（注 65）……此又孔子得统于周公者也。颜子得于博文、约礼、克己、复礼之言，曾子得之为《大学》之教。其亲受道统之传如此。至于子思则先之以戒惧谨慎，次之以知仁勇，而终之以诚（注 66）。此又子思得统于曾子者也。孟子则先之以求放心，次之以集义，终之以扩充（注 67）。此又孟子得统于子思者也。及至周子，则以诚为本，以欲为戒（注 68）。此又周子得孔、孟不传之绪者也。至二程子则曰：'涵养须用敬，进学则在致知。'（注 69）……此二程得统于周子者也。文公之学，见之《四书》，而其要则尤以《大学》为入道之序。……此又文公之得统于二程者也。"（注 70）黄氏此言，太过武断，不足以尽诸儒之要旨，更不足以窥朱子之本意。如周子之要，不在诚与无欲，而在其太极、性、理、命，是其一例也。然其以哲学眼光观道统，则其功不少。二程以其本人之哲学基乎理之概念之上，而朱子则以全部理学基乎理之概念之上，利用周子《太极图说》，以解决理气间诸问题。此朱子集理学之大成也。

如上所述，则道统即哲学之统，而所谓道统为守旧精神之表示或历史权威之追求，可不攻自破矣。日本学者有谓朱子道统为模仿禅宗祖师传灯者（注 71）。佛家祖师传授之争，在 8 至 9 世纪诚然剧烈，然至朱子时早已消沉。禅宗四分五裂，传灯之事，已非学者讨论之主题。朱子未尝言及此事。《语类》有数处言及禅宗祖师者（注 72），皆与传灯事无关。朱子不信西天二十八祖能作中国式押韵诗（注 73），亦不信禅宗一叶五花之谶，与达摩只履西归之说（注 74）。而谓："不知《传灯录》中许多祖师几人做得尧、舜、禹、稷，几人做得文、武、周、孔。"（注 75）是则朱子对于禅宗祖师殊乏崇拜，何由模仿？且禅家传灯，有传衣，传钵等象征，或传一经。凡此儒家道统皆无之也。至若谓道统乃效天台、华严之五时判教（注 76），则更牵强。佛宗之由小乘初教而大乘圆教，固是一种进展程序，然目的在调和，综合偏教为融圆，且以每一宗门为本位。反之，道统之进程为哲学的，为逻辑的，不重调和，亦不以人为去取。如朱子解决理气关系问题，并非综合张子之气与程子之理，而乃以周子之太极改组之，改造之，使理学之面目全新，固非周子梦想所及，亦非程子本色。此朱子之所以集大成，此亦是道统之哲学必然性，由孔、孟、周、程，而递至朱子也。

注释

注 1:《孟子》,《尽心》第七下,第三十八章。

注 2:同上,《公孙丑》第二下,第十三章。

注 3:同上,《滕文公》第三下,第九章。

注 4:《韩昌黎全集》,卷十一,《原道》,页 4 下。

注 5:《李文公集》,卷一,《复性书》上,页 73 下。

注 6:《伊川文集》,卷七,《明道先生墓表》,页 7 下。

注 7:同上,《明道先行状》,页 7 上。

注 8:《中庸章句序》。引句出《书经》,《大禹谟》,第十五节。

注 9:《朱子文集》,卷八十六,《沧洲精舍告先圣文》,页 12 上。

注 10:同上。

注 11:《黄勉斋集》,卷八,《行状》,页 37 上。参看卷五,页 9 上、11 下、13 上。

注 12:《宋史》,卷四百二十七。

注 13:参看张伯行,《道统录》,《总论》,页 7 上下—9 上;又卷下。

注 14:《石徂徕集》,卷下,《怪说》中,页 26 上下。

注 15:《睢阳子集》,《与张侗书》。语载《宋元学案》,卷二,页 18 下。

注 16:《外书》,卷十二,页 4 上。

注 17:《遗书》,卷十一,页 4 上下;卷二十二上,页 14 上。

注 18:《朱子文集》,卷七十五,《语孟集义序》,页 20 下。

注 19:同上,卷八十六,《谒修道州三先生祠文》,页 11 下。

注 20:关于以上理的概念之进展,可参看拙著《新儒学理之思想之演进》,万先法译,《人生》,第三十一卷,第六、七期。

注 21:《朱子文集》,卷七十五,《语孟集义序》,页 19 下。

注 22:同上,《论语要义目录序》,页 6 下。又见卷八十,《黄州州学二程先生祠记》,页 7 下;卷七十八,《建康府学明道先生祠记》,页 6 下。

注 23:据《宋史》,卷四百二十七。

注 24:同上,卷四百三十五。

注 25:《皇极经世书》,《观物内篇》《观物外篇》。

注 26:参看张载,《正蒙》,第一章。

注 27:《朱子语类》,卷九十三,第十八条,页 2363。

注 28:《孟子》,《万章》,第五下,第一章。

注 29:《遗书》,卷十八,页 9 上。

注 30:同上,卷十一,页 5 上。

注 31:同上,卷二上,页 13 下,引语出《荀子》,卷十一,《天论》第十七条,页 15 下。

注 32:同上,卷二十二上,页 11 上。

注 33:同上,卷十八,页 9 上。

注 34:《朱子文集》,卷八十六,《沧洲精舍告先圣文》,页 12 上。

注 35:同上,卷七十八,《建康府学明道先生祠记》,页 6 下。

注 36:《李延平集》,卷二,页 16 上下;卷三,页 16 上。

注 37:《朱子文集》,卷八十五,页 9。

注 38:同上,卷七十八,《隆兴府学濂溪先生祠记》,页 18 下。

注 39:同上,卷七十九,《韶州州学濂溪先生祠记》,页 10 上。

注 40:同上,卷八十,《邵州州学濂溪先生祠记》,页 11 下。

注 41:同上,卷八十六,《奉安濂溪先生祠文》,页 4 上。

注 42:《朱子语类》,卷九十三,第五十二条,页 2358。

注 43:《朱子文集》,卷七十八,《隆兴府学濂溪先生祠记》,页 19 上。引句出周子,《太极图说》。

注 44:同上,卷七十九,《徽州婺源县学三先生祠记》,页 3 下。

注 45:同上,卷七十八,《江州重建濂溪先生书堂记》,页 12 下。

注 46:同上注 42。

注 47:《宋元学案》,卷十一,《濂溪学案》,页 1 上。

注 48:《遗书》,卷二下;卷三,页 1 下;《伊川文集》,卷七,《明道先生行状》,页 6 上。

注 49:《遗书》,卷二下;卷三,页 1 下;卷六,页 1 上;卷二十二上,页 1 下;《外书》,卷二;页 4 下;卷十,页 4 下。

注 50:《遗书》,卷六,页 4 上。

注 51:同上,卷二上,页 4 上;卷四,页 3 下。

注 52:《朱子文集》,卷三十一,答张敬夫第十九书,页 9 上。

注 53:《宋元学案》,卷十一,《濂溪学案》,页 2 上。

注 54:《老子》,第二十八章。

注 55:《象山全集》,卷二,与朱元晦第一书,页 6 下,9 下。

注 56:《中庸》,第三十三章引《诗经》,第二百零六篇(《大雅》,《文王之什》,《文王》)。

注 57:《书经》,《大禹谟》,第十五节。

注 58:同上,《仲虺之诰》,第八节。

注 59:《诗经》,第二百六十四篇(《大雅》,《文王之什》,《思齐》)。

注 60:《大戴礼记》,卷六,《武王践阼》,页 1。

注 61:《易经》,《坤卦》,《文言传》。

注 62:《论语》,《雍也》第六,第二十五章。

注 63:同上,《述而》第七,第二十四章。

注 64:同上,《颜渊》第十二,第一章。

注 65:《大学》,《经文》。

注 66:《中庸》,第一,第二十至二十六等章。

注 67:《孟子》,《公孙丑》第二上,第六章、第二章;《告子》上,第十一章。

注 68:周子,《通书》,第一、二、三、二十等章。

注 69:《遗书》,第十八卷,页 5 下,伊川语。

注 70:《勉斋集》,卷二,《圣贤道统传授总叙说》,页 20 下。

注 71:太田锦城,《疑问录》下,页 17 下。

注 72:《朱子语类》,卷一百二十六,第一、七、五十一、六十八条,页 307、3011、3019、3025。

注 73:同上,第一条,页 307;第六十八条,页 3025。

注 74:《朱子文集》,《别集》,《释氏论》,卷八,页 3 下。

注 75:同上,卷四十三,答李伯谏第一书,页 11 下—12 上。

注 76:清水信良,《中国思想史》,页 199。

原载《东西文化》,第十五期(1968 年 9 月),页 25—32。

朱子之创新

学者每谓朱熹（1130—1200）集理学之大成，称其集周子（周敦颐，1017—1073）之太极阴阳，二程（程颢，1032—1085；程颐，1033—1107）之理，张子（张载，1020—1077）之气，而建立新儒学之大统系。其实朱子多多创新，乃完成理学。故吾人强调不应在“集”字而在“成”字。

论朱子之创新，莫如钱穆（1895—1990）。钱氏曰：“能绾经学理学为一途，则端赖有朱子。”又曰：“朱子理气一体之宇宙观，实是一项创见，前所未有。”“从来发挥仁字，到此境界者，正惟朱子一人。”“朱子则又进一步兼理气而言鬼神。……不自知其为创见与自立说。”（注 1）“朱子又因而推及于魂义、祭祀义，要之，皆是杂揉新旧，自创一说，合而组成一思想大体系。貌若陈旧，实则新鲜。”“始主已发未发，兼顾交修，融会湖湘与道南之两派，而自创新义。”“谓克己工夫尚在主敬工夫之上，……每不易见朱子立言之自有所创辟。”（注 2）“能真达到孔子仁智并重之教，实当推朱子为第一人。”“能言克己与立志，则创辟新义。”其绝大之发现，首为指出伏（伏生，壮年公元前 220）、孔（孔安国，壮年公元前 130）两家今古文之同异。“朱子科学上发现之最值提起者为其因化石而推论及于地质演变之一端。”（注 3）治礼“乃义理考核相通合一之精神所在”，与清儒不同。“‘四书’之正式结集，成于朱子。”（注 4）“其史学精卓，亦旷世无匹。”（注 5）

钱氏所论，无孔不入。然大多只概而言之，《提纲》未及细论。予尝撰《朱子完成新儒学》，以朱子于此有大创见：（1）确定新儒家之方向；（2）理与气关系之厘清；（3）太极观念之发展；（4）仁之观念发展之极致；（5）道统观念之完成；（6）合《大学》《论语》《孟子》《中庸》为“四书”（注 6）。此处除在下论道统外，不事重述。只对钱氏论化石之一端，略加阐绎，以作注脚而已。

朱子谓：“尝见高山螺蚌壳，或生石中。此石即旧日之土，螺蚌即水中之物。下者变而为高，柔者变而为刚。”（注 7）又曰：“今高山多有石蛎壳之类，是低处成高。又蛎须生于泥沙中，今乃在石上，则是柔化为刚。”（注 8）学者如李约瑟(Joseph Needham)谓此是朱子发现化石(注9)。胡适(1891—1962)且称朱子发现化石在欧洲三百年以前(注10),惟近人谓朱子"尝见高山"云云,是本于沈括(1029—1092)的科学观点(注11)。李约瑟亦云我国8世纪已知化石性质,又云沈括多次描写化石(注12)。朱子凡涉及沈括或《梦溪笔谈》,必举其名,此处乃云"尝见"、"今高山"而不提沈括。予疑朱子独自发见,非本于《梦溪笔谈》也。朱子文集屡提沈存中《笔谈》,则朱子必知有是书。然或未全读,或不复忆。即交通迅敏之今日,亦常有同时各自发现之情事也。以下试论钱氏及者。

(一)提倡周子。周子启发二程之说,胡宏(1106—1161)已先言之(注13)。钱穆则云:"朱子乃始推尊濂溪(周敦颐),奉为理学开山,确认濂溪之学乃二程所自出。"(注14)亦即五峰(胡宏)之意。朱子则由濂溪之学无闻而发扬之,使之显显赫赫,为理学之先河。此为破天荒之举。朱子云:"当时诸公知濂溪者未尝言其有道。"(注15)又曰:"濂溪在当时,人见其政事精绝,则以为实业过人。见其有山林之志,则以为襟袖洒落,有仙风道气。无有知其学者。"(注16)又云:"《通书》人多忽略,不曾考究。"(注17)朱子乃以其《太极图说》为理学之基石。《近思录》以之为首。以后《性理大全》《性理精义》诸书,遂以为首篇。

(二)推广道统。朱子之时,道统可以李元纲(壮年1172)之《圣门事业图》之第一图名《传道正统》为代表。此图由尧、舜、禹、汤、文、武、周公、孔子,经颜、曾、思、孟,而至二程(注18)。朱子推广之,上溯至伏羲、神农、黄帝。盖以伏羲划八卦,为《太极图》之始也(注19)。《中庸章句序》云:"盖自上古圣神,继天立极,而道统之传,有自来矣。"此序未明言伏羲、神农、黄帝。《大学章句序》则直言之,云:"此伏羲、神农、黄帝、尧、舜,所以继天立极。"朱子不特上溯圣神,又于二程之前,加上周子。此是大胆假设,不特只谓周子启发二程,而亦谓道统由孟子经周子而至二程。固勿论其道统论之缺乏历史根源,且亦武断,而其创见,则不可诬也。

且"道统"连词,亦朱子所创。李元纲之《传道正统图》,未连其词。《中庸章句序》则首次采用"道统",可谓朱子不只提出道统观念之新见,而亦首用"道统"之名也。或云,《中庸章句序》定于己酉(1189),而《朱子文集》卷八十四《书濂溪光风霁月亭》已言"道统"。此记明言辛丑(1181),较《中庸章句序》早八年,不可以此序为首次采用也。然如王懋竑(1668—1741)指出,答詹帅(詹仪之,1151年进士)云:"《中庸序》中,推尧、舜传授来历。"(注20)此书成于乙巳(1185),则此年以前已有此序。《中庸章句》(1174)已有本矣。十余年来,不断修改,至己酉(1189)而后定耳。故王氏谓序作于己酉以前（注 21）。所谓以前，固可在 1181 年以前也。无论如何，学者皆用《中庸章句序》，如《大汉和辞典》“道统”条下是也。

（三）排佛。自韩愈（768—824）以来，儒者无不排佛，然皆只从一两面排之。朱子则全面攻击。伦理、哲学、实际、历史、经典各方面，无不涉及。当时“上自朝廷，下达闾巷，治丧礼者一用其（佛）礼”（注 22）。朱子云：“某尝说佛、老也自有快活得人处，是那里？只缘他打并得心下净洁。所以本朝如李文靖（李杭，947—1004）、王文正（王曾，978—1038）、杨文公（杨億，974—1020）、刘元城（刘安世，1048—1125）、吕申公（吕公著，1018—1089），都是恁么地人，也都去学他。”（注 23）又云：“本朝士大夫好佛者，始初杨大年（杨億），后来张无尽（张商英，1043—1121）。”又说：“张无垢（张九成，1092—1158）参皋老（大慧禅师，1089—1163），汪玉山（汪应辰，1118—1176）被他引去，后来亦好佛。”（注 24）又云：“本朝许多极好人，无不陷入焉。”注云：“如李文靖、王文正、谢上蔡（谢良佐，1050—1120）、杨龟山（杨时，1053—1135）、游先生（游酢，1053—1123）诸人。”（注 25）儒者好佛，成为一大潮流。且“李文靖便是以释氏之学致治”（注 26）。文靖参与平章政事，时称圣相。是则佛法盛行，影响甚大。就以南康一军而论，老、佛之祠，盖以百数，谈说空幻，而军县学校仅有三所。有如日本变为佛国之危。非得朱子之尽情抨击，前途未可大料也。故朱子之排佛，不特力攻释氏之作用是性，为前所未见。其挽狂澜于将倒，乃历史上一大关键也。

（四）集注新义。朱子哲学之精义，在其《四书章句集注》。大槻信良罗列古注，凡朱子有新义者，必以“新”字标之（注 27），通诸《四书》共一百七十五处。然大槻氏仍有未尽者。今举两例可以见之。（1）《论语》“民可使由之，不可使知之”（注 28），大槻氏以朱子用当然与所以然之说注解，是为新义（注 29）。然朱子另一新义为大槻所未道者。朱子云：“盖民但可使由之耳。至于知之，必待自觉，非可使也。”（注 30）此自觉之新义，出乎诸注之上。（2）朱子之《大学补传》，素来为一大公案。朱子疑《大学》第五章传有阙文，故补注一百三十四字，曰“所谓致知在格物者，言欲致吾之知，在即物而穷其理也”云云。大槻氏只以“别有阙文”与“致知格物”为新义（注 31），而未言朱子之分《大学》为经传与其“即物而穷其理”，皆新义也。

（五）以理释天。天即理之思想，朱子沿自程颐。然精密加详，益以新义，则朱子之贡献也。注《论语》“获罪于天”章云：“天即理也。”（注 32）注《孟子》“顺天者存”章亦云：“天者，理势之当然也。”（注 33）又云：“天者，理而已矣。大（国）事小（国），小之事大，皆理之当然也。此自然合理，故曰乐天。不敢违理，故曰畏天。”（注 34）传统上获罪于天、顺天、逆天、乐天、畏天,皆作人格神解。今乃以理说之,可谓大胆万分之新义。钱穆曾指出朱子以理解帝,谓:"'在帝左右'(注 35),察天理而左右也。"(注 36)钱氏侧重天人关系(注 37),未及言朱子之创新耳。

(六)其他思想上之创新。《仁说》开首即云:"天地以生物为心者也,而人物之生,又各得夫天地之心以为心者也。"(注 38)上语引程颐(注 39),下语则朱子本人之语。朱子答何叔京(何镐,1128—1175)书云:"熹所谓仁者天地生物之心而人物之所得以为心,此虽出于一时之臆见,然窃自谓正发明得天人无间断处。"(注 40)天人合一之说,由来已久,而从未有如此之说明也。

张载、二程,始明言气质之性。朱子沿承此说,惟加以哲学之说明,谓:"气质是阴阳五行(注 41)所为。性即太极之全体。但论气质之性,即如全体堕在气质之中耳,非别有一性也。"(注 42)朱子以性为理,然理不离气,无气质则性无安顿处(注 43)。此哲学之解释,远胜前人,亦为后人所不及。

朱子又进而讨论人物之异同。《大学或问》曰:"以其气而言之,则得其正且通者为人,得其偏且塞者为物。是以或贵或贱而不能齐也。……然其通也,或不能无清浊之异。其正也,或不能无美恶之殊。故其所赋之质清者智而浊者愚,美者贤而恶去不肖,又有不能同者。"(注 44)孟子所谓"夫物之不齐,物之情也"(注 45),至此乃有哲学之解释。《孟子集注》未及此论,无怪大槻信良不云新义也(注 46)。

关于知行问题,大体上朱子以知为先。知行本无先后,但推论之如此而已。知与行,工夫须并到。此与其两轮两翼之哲学无异。然朱子不特知行相须,而亦知则必行,行则必知。其言曰:"不真知得,如何践履得?若是真知,自住不得。"(注 47)门人问云:"有知其如此而行又不如此者,是如何?"朱子答之曰:"此只是知之未至。"(注 48)此与王阳明(王守仁,1471—1529)"知而不行,只是未知"之言(注 49),如出一辙,可谓为阳明知行合一之先声。然在朱子,须格物穷理,然后知至。在阳明,则人有良知,不待穷格。故知行合一之峰,仍待阳明而后可达。

此外朱子思想上之创新尚多,不胜枚举。即如读书法,亦多发前人所未发也。

(七)《诗集传》之创见。朱子淳熙四年(1177)成《诗集传》,是年朱子四十八岁。此书之新见有二:一为尽弃《小序》,以诗解诗。二为以二十四篇为淫奔之诗。朱子年二十,便疑《小序》。自述云:"某自二十岁时,读《诗》便觉《小序》无意义。及去了《小序》,只玩味《诗》词,却又觉得道理贯彻。"(注 50)惟淳熙四年成《诗集传》时,仍用《小序》,谓《国风》有邪正是非之不齐(注 51)。及后乃知《小序》为后人杜撰。朱子云:"《诗序》,东汉《儒林传》分明说道是卫宏(东汉光武帝时人,帝 27—57 在位)。后来经意不明,都是被他坏了。某又看得亦不是卫宏一手作,多是两三手合成一序,愈说愈疏。"(注 52)又云:"某向作《诗解》,文字初用《小序》,至解不行处,亦曲为之说。后查觉得不安。第二次解者,虽存《小序》,间为辨破。然终是不见诗人本意。后来方知,只尽去《小序》,便自可通,于是尽涤旧说,《诗》意方活。"(注 53)故漳州刊《诗经》时(1190),不再用《小序》,以"今之读《诗》者知有《序》而不知有《诗》也"(注 54)。《年谱》(叶公回之《朱子年谱》〔1431〕、戴铣《朱子实纪》〔1506〕之《年谱》与王懋竑之《朱子年谱》〔1762〕)云:"《诗》自毛(毛苌,壮年纪年前 145)、郑(郑玄,127—200)以来,皆以《小序》为主。其与经文桀戾,则穿凿为说以通之。先生独以经文为主,而订其《序》之是非。"(注 55)此是空前之举,不但推翻毛、郑而已也。

汉儒说《诗》,诸多附会,以为《诗》是为讽刺而作。《郑风·狡童》:"彼狡童兮,不与我言兮。维子之故,使我不能餐兮。"《小序》便谓:"狡童,刺忽也。不能与贤人图事,权臣擅命也。"可谓牵强之至。《郑风·褰裳》只言:"子惠思我,褰裳涉溱。子不我思,岂无他人?狂童之狂也且。"《小序》便谓:"褰裳,思见正也。狂意恣行国人,思大国之正己也。"亦是牵强之解说。又如《郑风·子衿》,诗云:"青青子衿,悠悠我心。纵我不往,子宁不嗣音(继续其声问)。"《小序》乃谓:"刺学校废也。乱世则学校不修焉。"直是无中生有。朱子尽废其说,谓:"如《狡童》《子衿》等篇,皆淫乱之诗,而说诗者误以为刺(郑)昭公、刺学校废耳。"(注 56)又云:"《子衿》只是淫奔之诗,岂是学校中气象?《褰裳》诗中……岂不是淫奔之辞?"(注 57)结果三百零五篇之中,挑出二十四篇(《邶风》之《静女》,《鄘风》之《桑中》,《卫风》之《木瓜》,《王风》之《采葛》,与《郑风》之《将仲子》《遵大路》《有女同车》《山有扶苏》《萚兮》《狡童》《褰裳》《丰》《东门之墠》《风雨》《子衿》《扬之水》《出其东门》《野有蔓草》《溱洧》),或曰此淫奔相会之诗,或曰此男女相赠答之词,或曰此男女相悦而相念之辞,皆解作淫奔之诗,并谓:"卫诗尚可,犹是男子戏妇人。郑诗则不然,多是妇人戏男子,所以圣人尤恶为声也。"(注 58)朱子重男轻女,又以爱情之诗为淫奔,乃反映当时伦常观念,固不必论,而其断定二十四篇为男女情爱之作,此为前人所不敢道。故钱穆称其"卓出千古,尽翻人窠臼"(注 59)。

(八)自然科学之发明。门人问天地会坏否?朱子曰:"不会坏,只是相将人无道极了,便一齐打合,混沌一番,人物都尽,又重新起。"(注 60)此说固是古来循环道理,加以佛家世劫理论,似无新见。然此新天地之主张,实与传统与天同寿之思想大异其趣。朱子于自然哲学,新见甚多。张立文教授曾发表《朱子学之自然哲学》一文(注61),对于宇宙生成、结构与演化、天体的运行、日蚀、月蚀、岁差、历法、气象、雷、电、云、雨、潮汐等,讨论甚详,诚为研究朱子自然哲学不朽之作。此处不能备述,只可摘录张教授指明朱子创新之语,以见朱子科学上之发明。张教授云:"张载的宇宙结构理论,是浑天说和宣夜说的结合。朱熹的宇宙结构论继承张载而有所创发。""朱熹对盖天、浑天两说都有所改造。""朱熹又根据屈原(公元前343—前277)九天之说,作出与前人不同的解释。""这种天体演化理论,虽受汉以来轻清者为天,重浊者为地的影响,但不无创见。""对于由磨擦、运转产生热能的思想,确有超越前人之处。"(注62)又云:"尽管朱熹这些论述与沈括相似,但他与阴阳学说相结合和指光'所蚀分数',则有些过人之处。"(注63)又总结云:"这种宇宙生成和演化的理论,不但利用了许多自然科学的成果,而且很多创见。"(注64)此外吾人可以指出朱子庆元三年(1197)著《参同契考异》,每节之下,随文诠释,实皆笺注之体,不尽订正文字而已也。《参同契》相传为魏伯阳(壮年147—167)所撰,乃炼丹之书,亦即初步化学之书。朱子晚年留心于此,非谓注意科学不可。虽然张教授批评朱子没有严格的科学实验所证明,数处不合科学,又不免用直观观察,而其对于自然科学讨论范围之广阔、观察之精微与理据之严密,诚足以惊人。

(九)教育运动。朱子复修白鹿洞书院(1180),不为新创。惟其《白鹿洞揭示》,则前所未闻。表面上《揭示》摘引《论语》《孟子》《中庸》与董仲舒(公元前约179—前104)之名言,以为伦常之目,为学之序,修身处事接物之要(注65),非常简单,并无特殊之处。然其说明则以讲明义理替代声名利禄,并以大端替代他人所设之细则禁防之具,则与当时专意场屋与防范规则大不相同。以后有名书院相继揭示,名书院亦仿为学规,遂使《白鹿洞书院揭示》成为历史上教育之金规玉律,影响至今不衰。说者谓《揭示》受佛教之《百丈清规》之影响。佛学与理学之互相影响,自无待言。然《揭示》与《百丈清规》两相比较,可谓风马牛不相及。盖《百丈清规》仪式甚详,组织烦杂。《揭示》则侧重原则而已。

白鹿洞书院又一新计划,乃给馆致食,以延学士之举。白鹿洞书院放假,即行文招举人来院。通告云:"今岁科场解发赴省待补之士二十有八。……今白鹿诸生各已散归,山林阒寂,正学者潜思进学之所。诸君肯来,当戒都养给馆致食以俟。"(注66)此与今日之驻校访问学者相似,恐我国前代未有也。

尚有一事可算创举者。淳熙八年(1181),陆象山(陆九渊,1139—

1193)来访。朱子延其至白鹿洞书院为讲说。陆氏讲《论语》"君子喻于义,小人喻于利"一章(注 67),听者泪下。此是脍炙人口之演讲。此似无特殊之处。然朱、陆意见每每相左。以延请道不同之学者致辞而论,似是一创举也。

(十) 置五夫里社仓。乾道四年(1168)春夏之交,建宁府大饥。建宁乃朱子故居五夫里之所在。建宁府崇安县知事以书属朱子及乡之耆老,劝豪民贡献藏粟以账之。既而又得官粟,藏于民家。后以分贮民家,于守视出纳不便,故于乾道七年(1171)五月创立社仓于五夫里。五月经始,八月落成。仓三亭一,门墙守舍,无一不具。司会计董工役者皆用乡人。朱子《社仓记》云:"予惟成周之制,县郡皆有委积,以待凶荒。而隋、唐所谓社仓者,亦逆古之良法也,今皆废矣。独常平义仓,尚有古法之遗意。然皆藏于州县,所恩不过市井惰游辈。至于深山长谷,力穑远输之民,则虽饥饿濒死而不能及也。又其为法太密,使吏之避事畏法者,视民之殍而不肯发。"(注 68)此社仓之所以取常平义仓而代之也。

社仓贮藏乡民所献与政府所给之粟,遇凶年小饥只收半息,大饥则全数免除,由乡民四名管理。此与王安石(1021—1086)之常平仓大大不同。常平仓置于城市,遇饥荒不及救济乡民且由政府主办。社仓则置于乡间,乡民自治,就地赈济。故五夫里社仓之创,为我国民办救济事业之一里程碑。淳熙二年(1175),吕祖谦(1137—1181)由浙江金华至福建访朱子,共编《近思录》。先至五夫里,大赞社仓对于民众之福利,将归与金华士友经营之。不幸祖谦早死,未及如愿。其徒潘景宪(1137—1193)白其父出家粟以成金华社仓。社仓之制,遂由闽而扩大至浙。淳熙八年(1187)十一月奏事延和殿,请颁其法于四方。十二月奉旨颁行,"民有慕从者听,而官府毋或与焉"(注 69)。其初能慕而从者,为数甚少。二三十年之后,则不特福建、浙江设有社仓,而播及江西、江苏,成为南宋广大之民众运动。至今五夫里尚有社仓一所。此诚朱子喜出望外者矣。

如上所述,似谓朱子富有创造性,俨然一革命家。其实朱子仍是 12 世纪人物。多多创新,亦多多沿旧。只谓其创新远超乎 12 世纪哲人之上耳。

注释

注 1: 钱穆,《朱子新学案》,第一册,页 28、60、63。

注 2: 同上,页 67—68、110、115。

注 3：同上，页 121、128、181、216。

注 4：同上，第四册，页 113、180。

注 5：同上，第一册，页 55；第五册，页 1。

注 6：拙著《朱学论集》，页 2—23。

注 7：《朱子语类》，卷九十四，第十六条，页 2367。

注 8：同上，第十七条，页 2369。

注 9：Joseph Needham，*Science and Civilisation in China*，vol. 2，*History of Scientific Thought*，1956，p.487.

注 10：Hu Shih，*The Chinese Renaissance*，p.59.

注 11：《梦溪笔谈》第四百零三条。胡道静，《朱子对沈括科学学说的钻研与发展》，载武夷山朱熹研究中心编，《朱熹与中国文化》，页 41。

注 12：Joseph Needham，同上书，页 420，注 6；页 494。

注 13：《胡宏集》，页 161，《周子通书序》。

注 14：钱穆，《朱子新学案》，第一册，页 24。

注 15：《朱子语类》，卷九十三，第四十九条，页 2357。

注 16：同上，第五十条，页 2357。

注 17：同上，第五十二条，页 2358。

注 18：《百川学海》，页 1001。

注 19：《大汉和辞典》，第十一册，页 134，“道统”条下于《传道正统图》之后即列《道统相传之图》，自伏羲而至朱子。此易致误会，以为李元纲之图，自伏羲而至朱子。实在李氏之图乃由尧、舜而至二程。而伏羲、神农、黄帝，乃朱子所加也。

注 20：《朱子文集》，卷二十七，与詹帅第三书，页 18 下。

注 21：《朱子年谱》，页 169—317。

注 22：《朱子文集》，卷八十五，《跋向伯元遗戒》，页 25 下。

注 23：《朱子语类》，卷八十四，第八条，页 218。

注 24：同上，卷一百二十六，第一百一十七条，页 3037。

注 25：同上，卷二十四，第八十八条，页 587。

注 26：同上，卷四十九，第十一条，页 1200。

注 27：大槻信良，《朱子四书集注典据考》。

注 28：《论语》，《泰伯》第八，第九章。

注 29：大槻信良，同上书，页 126。

注 30：《论语集注》，《泰伯》第八，第九章。

注 31：大槻信良，同上书，页 598。

注 32：《论语集注》，《八佾》第三，第十三章。

注 33：《孟子集注》，《离娄》第四上，第七章。

注 34：同上，《梁惠王》第一下，第三章。

注 35：《诗经》，《大雅》，《文王之什》，《文王》。

注 36:《朱子语类》,卷八十一,第一百三十五条,页 2127。
注 37:《朱子新学案》,第一册,页 373。
注 38:《朱子文集》,卷六十七,页 20 上。
注 39:《外书》,卷三,页 1 上。
注 40:《朱子文集》,卷四十,答何叔京第十七书,页 29 下。
注 41: 金、木、水、火、土。
注 42:《朱子文集》,卷六十一,答严时亨第一书,页 22 下。
注 43:《朱子语类》,卷四,第四十三条,页 66。
注 44:《大学或问》,《经文》,页 3 上下,总页 516。
注 45:《孟子》,《滕文公》第三上,第四章。
注 46: 大槻信良,同上书,页 409。
注 47:《朱子语类》,卷一百一十六,第二十二条,页 2793。
注 48: 同上,卷十五,第一百条,页 310。
注 49:《传习录》上,第五条。
注 50:《朱子语类》,卷八十,第四十三条,页 2078。
注 51:《朱子文集》,卷七十六,《诗集传序》,页 3 下。
注 52:《朱子语类》,卷八十,第三十六条,页 2074。
注 53: 同上,第七十一条,页 2085。
注 54:《朱子文集》,卷八十二,《书临漳所刊四经后》,页 20 上。
注 55:《朱子年谱》,淳熙四年(1177)。
注 66:《朱子语类》,卷八十,第十三条,页 2068。
注 57: 同上,第九十条,页 2091。
注 58: 同上,第十三条,页 2068。"恶郑声"出《论语》,《卫灵公》第十五,第十章。
注 59:《朱子新学案》,第四册,页 73。
注 60:《朱子语类》,卷一,第三十九条,页 7。
注 61: 载《孔孟月刊》,第二十七卷(1988—1989),第四期,页 18—34;第五期,页 23—29;第六期,页 29—33。
注 62: 同上,第四期,页 20、21、22、23。
注 63: 同上,第五期,页 26。
注 64: 同上,第六期,页 31。
注 65:《揭示》载《朱子文集》,卷七十四,页 16 下—17 下。
注 66: 同上,《别集》,卷九,《招举人入白鹿容目》,页 3 下—4 上。
注 67:《论语》,《里仁》第四,第十六章。
注 68:《朱子文集》,卷七十七,《建宁府崇安县五夫里社仓记》,页 24 下—25 上。
注 69: 同上,卷八十,(江西)《建昌军南城县吴氏社仓记》,页 21 上。

本文为 1990 年纪念朱子诞辰八百六十周年国际学术会议献文,未刊。

论朱子观书有感诗

朱子诗载《朱子文集》卷一至卷十,《别集》卷十。《续集》无诗。计共七百三十一题,一千二百三十首。其中《观书有感》二首,脍炙人口,堪称最著名者。众说不一,议论纷纷。诗云:

(一) 半亩方塘一鉴开,天光云影共徘徊。
问渠那得清如许,为有源头活水来。

(二) 昨夜江边春水生,蒙冲巨舰一毛轻。
向来枉费推移力,此日中流自在行。(注1)

《文集考异》云:《观书有感》一作"杂诗",一作"绝句"。"问渠那得清如许"一作"怪来彻底清无滓"。"江边"一作"江头","枉费"一作"几费"。兹略分析如下:

一、"源头"。此诗可谓上溯朱子之父,韦斋(1097—1143)尝撰诗云:"方塘濑宿涨,曲涧来飞湍。"又撰《蝶恋花》词,题"醉宿郑氏别馆"云:"清晓方塘照一镜,落絮飞花……"(注2)诗之首句与词之首句,几全相同。然源头观念,则非来自其父而来自其师。朱子之师李延平(李侗,1093—1163)致罗博文(1116—1166)书云:"此人(朱子)极颖悟。……从源头体认来。"(注3)源头观念,从小已印在脑中。《延平答问》无"源头"之词,唯屡言"本原",又曰"必须体其源流所自来","于原本理会末流"(注4),意义与"源头"无异。此观念见于《朱子文集》与《朱子语类》。《文集》书札有两次(注5),《朱子语类》所见,则不下二三十次(注6),尤其是训陈淳(1159—1223)。陈淳与其岳父李唐咨(壮年1199)第二次师事朱子,庆元五年(1199)十一月十五抵建阳考亭,迁入竹林精舍。越年(1200)正月五日拜别。是时朱子已病。某晚召淳与唐咨入卧内与长谈,提及源头者五次(注7)。此是晚年定论。谓之终身观念并不为过。

《朱子语类》所说源头,意义不一。或指性善,或指四端(恻隐、羞恶、辞让、是非之心），或指诚意，或指知天，或指未发之中，或指不忍之心，或指仁（注 8），凡此均可相通。诚如《朱子语类》所云：“原头乃那天之明命。”（注 9）此天命思想，又见卷二十三（注 10），即“天命之谓性”（注 11），亦即训淳所谓天理。朱子训淳曰：“天下万物当然之则，便是理。所以然底，便是原头处。……毕竟是讨见天理。……又思量因甚道理合恁地？便见得这事道理原头处。逐事都如此理会，便件件知得个原头处。……要寻见头处。……而今见得有亲有义合恁地，又见得因甚有亲，因甚有义，道理所以合恁地，节节推上去，便自见原头处。”（注 12）有亲有义，乃人伦当然之则，即是天理。故说原头是天之明命。陈淳之《北溪字义》以“命”字为第一门，以此故。

陈淳问曰：“件件都知得个原头处，凑合来便成物事否？”朱子回答：“不怕不成一个物事。只管逐件恁地去，千件成千个物事，万件成万个物事。将间自然撞着成一个物事，方如水到船浮。”（注 13）训潘时举（壮年 1193）亦云：“只从大本上理会，亦是逐旋挨去，自会超诣。且如今学者考理，一如浅水上撑舡相似，但觉辛苦不能乡前。须是从上面放得些水来添，便自然撑得动，不用力滔滔去矣。……然源头上不曾用功，只是徒然耳。”（注 14）语敬子（李燔，1190 年进士）云：“也只积得那活水。那源头活水不生了。公只每日硬用力推这子，只见费力。若是有活水来，那车子自转，不用费力。”（注 15）训时举，乃时举癸丑（1193）所闻。训敬子语，乃戊午（1198）所闻。同是晚年定论。所得即是活水，“源头活水”同是一个意思。

二、时间问题。《朱子文集》此诗无年月，亦无内证可考。王懋竑（1668—1741）系于乾道二年丙戌（1166）。未加解释（注 16）。牟宗三案：“此有名之绝句，亦是在‘天机活物流行发用无间容息’之背景下写成者。”（注 17）此语见于答张敬夫（张栻，1135—1180）第三十五书，此书成于 1166 年，云：“从前是做多少安排，没顿着处。今觉得如水到船浮，解维正柂，而沿洄上下，惟意所适矣。”（注 18）

同时日本朱子学权威友枝龙太郎教授断定答许顺之书成于 1166 年（注 19）。至其论据，则陈来较详。陈来云：“《朱子文集》答许顺之（许刊，1183 卒）书十一……‘更有一绝云（前引诗）……湖南之行，劝止者多。’……此答许书首云：‘秋间范伯崇（范念德，壮年 1167）来相聚数十日。’（注 20）答何叔京（何镐，1128—1175）书二亦云：‘近得范伯崇过此，讲论逾月，甚觉有益。’（注 21）但此二书均不明时日。考朱熹答何书二、三、四，均有论《孟子集解》处，当为一年之内连续往还问答。其中第四书云：‘钦夫（即张栻）、伯崇前此往还……’（注 22）则此时朱熹已结交张栻。根据朱熹《跋胡五峰诗》（注 23），朱熹识张栻乃隆兴二年（1164）之事（注 24），如此是答许书应在此之后。答许书论及湘湖之行,劝阻者多,而朱熹访张栻于潭乃乾道三年(1167)事,则此事必在乾道三年之前。据此,此答许书必在1164至1167年之间。该书又有'刘帅(刘珙)(1122—1178)遣到人时已热,遂辍行'(注25)云云。根据朱熹为刘共父(刘珙)所作《行状》,朱熹访潭州前,刘共父帅守湖湘乃乾道元年至二年事(注26)。……据此,可以断定答许顺之书于乾道二年(1166)。"(注27)

以上王懋竑、牟宗三、友枝、陈来,皆断定答许顺之书在1166年,即谓此诗亦在1166年。故申美子亦云然(注28)。钱穆(1895—1990)以为此诗是成于辛巳(1161)春(注29),刘述先沿之,则与范伯崇、张栻、刘珙等事实不符矣。高令印(注30)、林秉松与李为湘(注31)但言方塘在何处,而不言此诗在何年。洪波教授则谓:"朱熹于乾道七年(1171)来(浙江淳安县)瀛山书院讲学时,即兴赋《咏方塘诗》一首。"(注32)孙平与方才亦谓:"这首诗写于乾道七年,即朱熹第一次来瀛山访詹仪之(绍兴二十一年〔1151〕进士)时,见方塘有活水来源,清澈如镜,即兴而赋。"(注33)惟皆未提出证据以证实此诗为乾道七年之作,只证明瀛山书院有方塘而已。于是连及方塘之地点问题。

三、地点问题。半亩方塘究在何处?有人说在湖南,有人说在江苏,有人说在浙江,有人说在福建(注34)。以浙江、福建两说为最有势力。浙江《淳安县志》编辑室人员从《康塘洪氏宗谱》中发现《康塘三瑞堂记》与《康塘百琴楼歌》(注35)。《百琴楼歌》开首即云:"余(朱子)学尝习静于银峰(瀛山)之半亩方塘。"(注36)虽然此半亩方塘未必是诗中之半亩方塘。此类方塘,随地都有。如果必是诗中之方塘,则浙江地点为可靠。洪波教授又引《淳安县志》所载王畿(1498—1583)之《瀛山书院记》内"因为题《方塘诗》以见志"之语,以及钱德洪(1497—1574)之《瀛山三贤祠记》内"余读晦庵先生(朱子)《方塘诗》……云影天光……原头活水"等语(注37),以为朱子在瀛山书院之实证。王畿之文不见《王龙溪全集》。钱德洪之文亦不见其遗著。纵然可信,亦距朱子三四百年,难保此长期间无误传也。问题是在时间。因朱熹第一次到瀛山讲学为1171年,而诗之作为1166年也。

福建尤溪之说,几乎全靠地方志。高令印教授引明人戴铣(1508卒)云:"方塘半亩亭,在尤溪县治之南南溪书院内,宋嘉熙间(1237—1240)县令李修建。"(注38)此为时期之最早者。虽只云亭,然方塘可想见也。高教授又引《延平府志》《福建通志》《尤溪县志》等,皆详半亩方塘在南溪书院(注39)。林秉松与李为湘亦引《尤溪县志》《南溪书院志》《福建通志》以证明半亩方塘在南溪书院(注40)。所引材料,并未指明此诗作于尤溪。

两说最大的弱点是单引《观书有感》诗第一首之“半亩方塘”“天光云影”与“源头活水”，而不引第二首之“江边春水”“蒙冲巨舰”与“此日中流”。第二首诗云“巨舰”，又云“中流”，必是相当大江，非小涌可比。予未尝到淳安、尤溪，不知有无此江。若第一首写景，则第二首亦应写景，巨舰与中流，其重要处不下于半亩，不应单从一面讨论也。

四、诗题。《朱子文集》题《观书有感》。洪波教授谓：“朱熹把《咏方塘诗》改为《读书有感》。”(注41)孙平与方才则谓：“编纂者将诗题改成了《观书有感》。”(注42)两说矛盾，无关重要。《朱子文集正集》为朱子季子在所编。若谓朱子自题观书有感或朱在编书时用此题，均无不可，因朱在料必知其父作此诗之心情也。明人胡广(1370—1418)等编《性理大全》时确用《观书有感》(注43)。周汝登(1547—1629)之《圣学宗传》亦然(注44)。崇祯乙亥(1635)朱熹八世孙朱钦刻碑，正面书《观书有感》绝句(注45)。以后理学专家李光地(1642—1718)之《朱子全书》(注46)，以及钱穆之《朱子新学案》(注47)，与友枝龙太郎之《朱子の思想形成》(注48)，均用《观书有感》而不用《咏方塘诗》。用“《方塘诗》”乃始于王畿与钱德洪(注49)。然而王、钱两文，尚未证实为可靠。通用《咏方塘诗》者，乃近十年之事，盖以针对某处有半亩方塘也。将写心情之诗题改作写景之诗题，即是移易此诗之中心思想。苟若解“方塘”为一本书或“方寸心田”(注50)，则嫌太强。不如仍用《观书有感》之为愈也。《福建通志》明言“朱子观书处”，又云“朱子观书诗”(注51)，《尤溪县志》称“观书第”(注52)。如是强调观书，是则诗题为《观书有感》，盖有由也。至友枝教授谓两首诗“大概时间相近”(注53)，即谓两首诗非同时作，不知何据。

五、“中流自在”。全诗两首合而观之，中心思想为中流自在，不事安排。所以如此，乃因寻得源头，自然活水滔滔而来。洪波教授以为“方塘悟道”，等于王阳明(1472—1529)之“龙场悟道”(注54)，非过言也。是以历代各地立活水亭、半亩方塘亭、天光云影亭、得源头、溯源处、源头活水坊，以纪念朱子。各地纪念心切，遂以此地之方塘为《观书有感》诗之方塘。其志可嘉，史实则讹。

言及悟道，及朱子一生之事。照上面第一节“源头”所言，朱子修身以次觉悟天理。是则“中流自在”，非一时一地之事。谓此诗为1166年作，固为学者所公认。谓此诗乃此时参究中和旧说之心情，亦是一般学者之意见。两者均是想当然。若谓此诗只限于此时之心性，其后更觉不同，岂非此诗以后不适用耶？朱子晚年仍有此意。盖每次觉悟后又有新觉悟，源头活水，来也不穷。此观书所以有感也。

张高评教授云:“《观书有感》二首,亦以形象之描绘为基础,而提练哲学意味,以象征博学知书,能使思虑清明;学问精深,能发挥无比力量,为朱子‘道问学而尊德性’之一贯主张,藉此形象比喻以开示学者,自与一般理学诗不同。善于描绘形象,经由形象表现哲学,是其特色。”(注55)朱子晚年落职罢祠之后,归途经江西玉山县,对县学诸生讲说,曰:“方尊德性,便有个道问学一段。”又曰:“故君子之学,既能尊德性以全其大,便须道问学以尽其小。”又曰:“学者于此,固当以尊德性为主,然于道问学亦不可不尽其力。要当使之有以交相滋益,互相发明。”(注56)此两轮两翼之主张,终身不移。故从尊德性道问学之角度观之,亦可证中流自在,非一时一地之觉悟也。

注释

注1:《朱子文集》,卷二,页10下。

注2:《韦斋集》,卷一,页14上下;《蝶恋花》词据《尤溪县志》丁亥年(明嘉靖丁亥年)本,卷二,《建置》。

注3:《李延平集》,卷一,页5上。

注4:《延平答问》,页18上、20下、23下、24上、31上、7上、31下。

注5:《朱子文集》,卷五十八,答叶味道第三书,页25下;卷六十二,页3下。

注6:《朱子语类》,卷八,第十五条,页130;第十六条,页131,卷二十,第八十一条,页463;卷二十九,第四十一条,页738;卷三十五,第一百二十九条,页939;卷六百一十二,第八十条,页1500;卷七十五,第六十三条,页1924;卷九十五,第七十九条,页2437;卷九十九,第三条,页2532;卷一百零一,第十六条,页2558;卷一百零五,第三十七条,页2631;卷一百一十三,第一千一百一十一条,页2741;卷一百一十五,第四十一条,页2781;卷一百三十七,第二十四条,页3262。又应加下注7至14。若检查《朱子文集》与《朱子语类》全部,当不止此数。

注7:同上,卷一百一十七,第四十六条,页2825—2827。

注8:同上,卷四,第六十五条,页71;卷五,第五十八条,页89;卷十六,第一百零八,页337;卷六十,第二十七条,页1426;卷六十二,第一百一十五条,页1508;卷九十五,第一百二十六条,页2447;卷一百一十九,第八条,页2870。

注9:同上,卷五十七,第二十三条,页1344。

注10:同上,卷二十三,第八十六、八十八、八十九条,页553—554。

注11:同上,卷六十二,第四十六条,页1490,语出《中庸》第一章。

注12:同上,卷一百一十七,第四十六条;页2825　2827。

注13:同上,页2826。“水到船浮”,亦见第四十三条,页2819。

注14:同上,卷一百一十四,第三十四条,页2763。

注 15：同上，卷一百二十，第十二条，页 2886。

注 16：王懋竑，《朱子年谱》，页 27。

注 17：牟宗三，《心体与性体》，第三册，页 110。

注 18：《朱子文集》，卷三十二，页 5 上下。

注 19：友枝龙太郎，《朱子の思想形成》，页 70—71。

注 20：同上，卷三十九，页 15 上下。

注 21：同上，卷四十，页 8 上。

注 22：同上，页 10 下。

注 23：同上，卷八十一，页 3 上。

注 24：朱、张首次相会是隆兴元年（1163）在杭州，然不害陈来之考据。

注 25：同注 20。

注 26：《朱子文集》，卷九十七，《刘公行状》，页 4 下。

注 27：陈来，《朱熹观书诗小考》，《中国哲学》，第七期，页 288—289。

注 28：申美子，《朱子诗中的思想研究》，页 178。

注 29：钱穆，《朱子新学案》，第三册，页 31、33。刘述先，《朱子哲学思想的发展与完成》，页 42，从之。

注 30：高令印，《朱熹事迹考》，页 86。

注 31：林秉松与李为湘，《半亩方塘小考》，载尤溪县委员会史中资料委员会编，《朱熹研究资料专辑》，页 81。

注 32：洪波，《朱熹轶文四篇散论》（油印本），页 17；《朱熹在淳安瀛山书院讲学及其轶文墨宝考》（油印本，1987），页 1、10。

注 33：孙平与方才合著，《朱熹在淳安事迹考略》，载武夷山朱熹研究中心编，《朱熹与中国文化》，页 211。

注 34：同上注 31。

注 35：同上注 32，1987 文，页 18。

注 36：同上注，《散论》，页 16；上注 33，页 218。

注 37：同上注 32，1987 文，页 8。

注 38：戴铣，《朱子实纪》，卷七，页 392。

注 39：同上注 30，页 86—88。

注 40：同上注 31，页 81—82。

注 41：同上注 32，1987 文，页 12。

注 42：孙平与方才，《朱熹在淳安始末》（油印本，1987），页 7。

注 43：胡广，《性理大全》，卷七十，页 21 下—22 上。

注 44：周汝登，《圣学宗传》，卷九，页 31 下。

注 45：据陈明，《考亭半亩方塘与天光云影亭》，载武夷山朱熹研究中心编，《武夷胜境理学遗迹考》，页 278。

注 46：李光地，《朱子全书》，卷六十六，页 65 上。

注47：同上注29，参看上注28。刘述先、申美子、王孺松（《朱子学》，页452）、张高评（《宋诗之传承与开拓》，页68、69），均用“观书有感”。

注48：同上注19，页70。

注49：同上注32，1987文，页8。

注50：参看上注42。

注51：同上注30。又王祥堆，《半亩方塘》，载《武夷胜境理学遗迹考》，页102。

注52：同上注30，页87。

注53：同上注19，页70

注54：同上注32，1987文，页1。

注55：张高评，《宋诗之传承与开拓》，页489。

注56：《朱子文集》，卷七十四，《玉山讲义》，页21上下。

原载钟彩钧主编《国际朱子学会议论文集》上册，页11—19，台湾“中研院”中国文哲研究所筹备处，1993年5月。

朱子对老子学之评价

万先法 译

在《朱子语类》一百四十卷中,有《谷神》一章,即《老子》书之第六章。此章罕为人所重视,讨论者亦少。据作者所知,几无人讨论。但若此章所言为确,则此章之重要,可使吾人对向所了解朱子对老子之态度以及道家与新儒学之关系,俱将有所改变。此即朱子在本章所说:

> 谷之虚也,声达焉则响应之,乃神化之自然也,是谓玄牝。玄,妙也。牝是有所受,而能生物者也。至妙之理,有生生之意焉。程子所以取老子之说也。(注 1)

于此有两重点可以确言。一即谷神意指生生,另一即程子取其义于老子。若此两点为确,即此一新儒学之基本原理乃深受之于老子,而朱子于此道家之祖固亦倾服备至。亦即新儒家向以虚静为道家之一贯本质,至少在朱子已转而具有运动、创生之另一面。

吾人先试论朱子对老子之批判。一般言之,新儒家多批判老子。朱子亦然。当朱子辑录早期北宋四子(周敦颐、张载、程颐及其兄程颢)语录而撰成《近思录》一书(注 2),此书实为新儒家哲学第一部极其重要之辑录。朱子于其十四卷中,有《异端》一卷,主要即为批判释、老。朱子于老氏之批判,可见于其本人之语录及注解。朱子之批判乃从伦理与哲学立场立论。自伦理观之,集中于斥老子之采用权诈便宜之术。自哲学观之,则抨击老子对于道之根本观念。

在抨击老子之用权诈,朱子之追步程颐,亦多如在其他方面之步趋。有说伊川不排老(注 3),但伊川却一再批判老子。伊川所反复批老者,即在老子之用诈术。此可见之于《老子》第三十六章及第六十五章。《老子》在三十六章云:"将欲歙之,必固张之。将欲弱之,必固强之。"(注 4)在六十五章云:"古之善为道者,非以明民,将以愚之。"程颐于此两章,有谓:"与夺翕张,固有此理。老子说著便不是。”(注5)程颐并未进一步解说,但于他处则谓老子语道而杂权诈(注6)。程颐又云:“《老子》书……其初意欲谈道德之极玄妙处,后来却入做权诈者上去。”(注7)依程颐意,老子愚民之教,卒使权诈阴谋之法家如申、韩之徒兴起,并导致秦愚黔首之暴政(注8)。

一如程颐,朱子亦于此点上辟老。朱子于此等处之辟老,实较他人为甚(注9)。其辟之也,至为严厉而无情。在朱子心目中,老子实为自来较险诈之一人(注10)。依朱子意,老子谦冲(注11)啬俭之教(注12),只是全不肯役精神(注13),而其载营魄抱一与专气(注14),亦只要收敛,不要放出(注15)。老子所祈向者为尊生,而非伤生。有如杨朱。杨朱之旨,即在置身于安闲之地(注16)。又如释氏畏死,老氏则贪生(注17)。此乃全然自私。自私,则老子无责任感。朱子云:“老子之术,须自家占得十分稳便之方,方肯做。才有一豪于己不便,便不肯做。”(注18)实则依朱子意,老子以为不必自去治它,自有别人与它理会(注19)。在政治,朱子责之云:“老子固谓‘我无为而民自化’(注20),而在老子意,虽云我无为而民自化,然不化者,则亦不之问也(注21)。如今之恶人,不必自去治它,自有别人与它理会。”(注22)朱子说:“老子是个占便宜,不肯担当做事底人。守在里看,你外面天翻地覆都不管。”(注23)

换言之,老子是自私,只是占他人便宜。此所以老子尝教人以天下之至柔,驰骋天下之至坚(注24)。朱子谓(注25)老子之学,只要退步柔伏,不与你争,便是个占便宜底人(注26)。朱子曾不断抨击此点(注27)。其评判老子所云“反者道之动,弱者道之用”(注28),朱子则谓:“老子谓话都是这样意思。缘他看得天下事变熟了,都于反处做起。且如人刚强咆哮跳踯不已,其势必有时而屈,故他只务为弱。人才弱时,却蓄得精删完全。及其发也,自然不可当。……其势必至于忍心无情,视天下之人皆如土偶。”(注29)在此同一精神之下,朱子于《老子》第十五章“豫兮若冬涉川,犹兮若畏四邻,俨兮其若客”之说,又谓:“老子之学,大率如是。他教人退步占便宜,不与人争。他教人治人事天莫若啬(注30),迫之而后动,不得已而后起。皆是这样意思。故其为学者多流于术数,如申、韩之徒皆是也。其后兵学,亦祖其说。”(注31)朱子深以太史公将老与申、韩同传,非是强安排,其源流实是如是(注32)。

在朱子意,最能行老子之诈术莫若张良。良助高祖得天下,善用窃弄阖辟之术,利用别人,皆不自做。讲和后,用兵攻击(注33)。朱子辩称,凡此子房之学出自老子(注34)。朱子云:“老子之学,只要退步,柔伏,不与你争。……但退步,便是个占便宜底人。……如云:‘以无事取天下。’(注35)

他取天下,便是用此道。如子房之术,全是如此。”(注 36)朱子晓喻吾人:“老子之心最毒。其所以不与人争者,乃所以深争之也。其设心措意,都是如此。闲时,他只是如此柔伏。遇着那刚强底人,它便是如此待它。张子房亦是如是。”(注 37)

除张良外,朱子亦引述汉文帝、唐太宗均为追法老子阴诈之术而最获成功之君主。令人最为惊异者,朱子亦将新儒家邵雍与张良同列。邵子为一主要之新儒家,尝与前述四子并列为新儒家、北宋五子。邵子闲逸,温情待人。但朱子之于邵子,却另有所见。有人问及邵子之学,朱子答曰:“似老子,只是自要寻个宽闲快活处,人皆害它不得。后来张子房亦是如此。方众人纷拏扰扰时,它自在背处。”(注 38)朱子又谓:“康节(邵子)本是要出来有为底人,然又不肯深犯手做。凡事直待可做处,方试为之。后觉难,便拽身退。正张子房之流。”(注 39)朱子究如何充实其说以攻邵子,尚不易见。邵子虽置身宽闲,但无人斥其为自私。邵子论政,固自发展其哲学体系(注 40)。但朱子于邵子之成见,实属显然。在《近思录》一书中,全置邵子于不顾。《近思录》一书中,邵子之言,仅有一句(注 41),但尚为程颢所转述邵子者(注 42)。

总之,朱子之视老子其人其说,俱为不道德。此朱子所以以老子尚劣于德之贼也之乡愿(注 43)。朱子以为乡愿犹在人伦中,只是个无见识底好人,老子虽是不好声,不好色,又不做官,然出伦理之外(注 44)。

综上所述,朱子辟老之严厉有甚于程颐,殊属显然。朱子不仅发挥程颐之说,实则尚引进若干新因素。程颐谓老子用权诈之术便错,但并未言及其动因。朱子则一再谓老子为自私、不负责任和占别人便宜。程颐并不以张良比老子。其论及张良之助高祖得天下,程颐云:“张良亦是个儒者,进退间极有道理。”(注 45)程颐甚至称赞张良成事后来与赤松子游,只是个不肯事高祖(注 46)。但朱子则视张良在中国历史上为最用权诈施于政治之一人。程颐辟老主要在老子之学,而朱子辟老兼斥其人并斥其在中国历史上树一恶劣典范。

程颐与朱子俱集中抨击老子诈术,主要以其正违反孔子以义行事之教义。孔子云:“君子义以为质。”(注 47)孟子云:“大人者……惟义所在。”(注 48)吾人深切了解,程、朱所服膺弗失者,即在抨击老子权诈之功利哲学。但真若以老子之学即为权诈之术,亦显非平允。

古今学者俱以法家以及阴谋者流源出道家。自大史学家司马迁列老、庄、申、韩同传以来,学者均常引述史迁之言:“(韩子)其极惨礉少恩,皆原于道德之意。”(注 49)此辈学者实昧于分辨史迁所描述者已不是原始之道家,而只是当时盛行之道家。当时之法家及其阴谋家学得道家之术如退守、无为等。彼辈之于道家实利用之、曲解之并滥用之。就哲学意义言,谓此辈流派为道家所出,殊不充分。苟吾人寻绎并条贯老子全部哲学,实不能视老子为自私、不负责任、险诈等。《老子》尝被引用之一章,以证明道家愚民之说(注 50)。但此章每被断章取义。若探究其下一句,则老子又谓:"故以智治国,国之贼。"是老氏之意反对智巧伪诈之为用,至为确切。老子谓圣人之心,"是愚人之心也哉"(注 51)。老子所谓之愚,其简捷义即是不用智巧权诈。老子大声疾呼:"使夫智者不敢为也。"(注 52)至若"将欲夺之,必固与之。将欲废之,必固兴之"之术(注 53),自来注家,吾以吴澄之说最为公允。澄云:

> 老子言:"反者道之动。"(注 54)又谓:"玄德测矣远矣,与物反矣。"(注 55)其道大抵与世俗意见相反。故借此数者相反之事为譬,而归于柔胜刚、弱胜强之旨。孙、吴、申、韩之徒,用其权术陷人而不知。论者以为皆原于老氏之意,遂谓天下谁敢受老氏之学者哉?"邦之利器,不可以示人。"(注 56)老子已自言之矣。(注 57)

吾人上所论述者,尚仅及于朱子对老子权诈之学之抨击。此一抨击极为剧烈。因之,一般印象,朱子乃全然与老子为敌。此一印象在朱子严厉批判老子道之观念时,益见加深。朱子既反对老子道为无之观念,亦反对其析道与德而为二。

新儒家一致反对道家无之观念。张载云:"《大易》不言有无。言有无,诸子之陋也。"(注 58)朱子论及此点,亦云:"无者无物,却有此理。有此理,则有矣。老子乃云:'物生于有,有生于无。'(注 59)和理也无,便错了。"(注 60)朱子哲学,亦如小程子哲学,无物无理。理乃万有之源与万有之基。就新儒家观点言,全无为不可能。

朱子即设想老子之无,亦非真为全无。"老子依旧有,所谓'无,欲观其妙,有,欲观其徼'是也(注 61)。若释氏则以天地为幻妄,以四大(注 62)为假合,则是全无也。"(注 63)朱子以为老子之非,及在于分有无为两截。有如朱子所说:"道家说半截有,半截无。已前都是无,如今眼前却是有。"(注 64)

在老子哲学中,无即是道、本体、超越界,而有即是德、功用、事象界。朱子则全然反对此一观点。朱子云:"老子云:'失道而后德。'他都不识分做两个物事,便将道做一个空物底物事看。吾儒说只有一个物事,以其古今公共是这一个,道不著人身上说,德乃人全得此道于己。但老子说:‘失道而后德,失德而后仁,失仁而后义。’(注 65)若离了仁义,便是无道理了。又更如何是道?”(注 66)其批判程颐门人杨时之离道与德,朱子云:“则是所谓道者乃为虚无悾惚,元无准则之物。所谓德者又不足凝道,而反有待于道也。其诸老氏之言乎,误益甚矣。”(注 67)朱子亦斥杨时置孔门仁智勇三达德于道之下,谓其为老、佛之亚流(注 68)。朱子以为所有道德德性如仁之于父子之亲,义之于君臣之分,养老尊贤皆是道(注 69)。朱子视程颐另两门人游酢与谢良佐,亦类道家,因其亦以道高于德(注 70)。尤其游酢,朱子谓其言似老子,析道、善、性而为三(注 71)。

实则老子从未确离道与德,有如朱子所坚称者。老子云有无同出(注 72)。又云:“道之为物,惟恍惟惚,其中有物。窈兮冥兮,其中有精。”(注 73)但在朱子仍以为未妥,以道实所全然强调者为虚而非为实。朱子又云:“儒、释之分,只争实虚而已。老子亦谓其中有精。所谓物精,亦是虚。吾道虽有寂然不动(注 74),然其中粲然者存,事事有。”(注 75)有人问是否老子不见理,故不知礼乐刑政之所出而欲出之?朱子答曰:“渠若识得‘寂然不动,感而遂通天下之故’(注 76),自不应如此。他本不知下一节(形而下),欲占一简径言之。然上节(形而上)无实见。”(注 77)又问及老子描述道为“元之又元”(注 78)。朱子不答,良久乃曰:“且如孔子所说:‘天何言哉?四时行焉,百物生焉。’(注 79)如今只看‘天何言哉’一句耶?唯复是看‘四时行焉,百物生焉’两句耶?……圣人说得如是实。”(注 80)所以在绝对,应是实。一摄二,道不可裂。理非虚,因其合有实事,故是实。朱子云:“吾人所谓道者,君臣父子夫妇兄弟朋友,当然之实理也。彼佛、道之所谓道,则以此为幻妄而绝灭之,以求其所谓清净寂灭者也。”(注 81)

吾人前已述及朱子对程颐门人之批判。程子虽阐述义理而作《易传》(注 82),但朱子并以《大易》为哲学之书,且坚谓《易经》为卜筮之书,此则殊堪玩味。朱子云:“洁净精微之谓易。《易》自是不惹著事,只悬空谈说一种道理。不似他书,便各著事上说。所以后来道家取之与老子为类。便是老子说话,也不就事上说。”(注 83)简言之,异端释、考,俱虚无寂灭而无实(注 84)。

综前所述,朱子以其伦理与哲学立场以攻老子,则谓朱子全不韪老子之说,实不为过。但此是误。有人问及,以庄、老之学,可以为异端弃而不讲之耶?朱子答并引孔子之言:“‘君子不以人废言。’(注 85)言有所取,安得而不取之?”(注 86)朱子将老子“寂兮寥兮,独立而不改,周行而不殆”(注 87)之言,比之孔子所说(注 88)“逝者如斯夫,不舍昼夜”(注 89)。朱子深以老子“夫唯啬,是谓早服”(注 90)之言,与孟子“平旦之气”(注 91)大意相似,平旦之气可以保存心之善处(注 92)。前此以啬为卑劣之权术而反对之,此者又以其具有创造性之元素。朱子亦以老子所阐述之理甚缜密(注 93)。总之,朱子以老子可称许者则称许之。而最奇特者,莫如对谷神之称许备至。即如前述,朱子以程颐生生之意取于老子(注 94)。若然,则新儒家中此一重要观念,不得不归功于此道家之哲学家。

吾人于此处所译 to adopt(取)一词,必须有所厘清。在中文里,“取”确指为拿、受,是谓所取(to take, to recieve)而不是可取(worth of having)。若属后义,则仅为赞美之意。老子最多只是一种加强力而已。但朱子显谓程颐所取生生之意于老子。然则朱子之言,抑偶然而发耶?我则不谓其然,以朱子实不止一次论及此点。除前引一节外,朱子又连谓:“谷中有神。受声所以能响,受物所以生物。”(注 95)在朱子,“是谓玄牝,玄、妙也”(注 96)。

朱子何故称赞谷神?此或可辩称朱子仅在重述程颐所谓“《谷神不死》一章最佳”(注 97)之言。程颐不仅一再攻击老子权诈之术,亦抨击老子之哲学,如老子将道、德、仁、义、礼分为五,此即老子之哲学(注 98)。由于赞美谷神之前一句乃庄生形容道体之语,吾人或可设想程颐此赞谷神一语亦指道体。除此,吾人并无进一步之论证。要之,《谷神》一章何以最佳,殊乏诠解。朱子曾谓程先生称道此章(注 99)。朱子则更引申出生生之意。吾深信此种谷神言体与生生言用关系之建立,其来自朱子,实远甚于程颐。《老子》第六章论及道体亦论及道用。其描述道体,有云:“是谓玄牝。玄牝之门,是谓天地根。”其描述道用,有云:“绵绵若存,用之不勤。”程颐之赞谷神乃紧接于论道体之后,故程颐心中,似仅有道体。但生生之为道用,乃更甚于道体。吾人可推断乃朱子引申发挥老子生生之观念。

是否朱子所了然谷神为一种创生力量,乃为时最早者?此亦不然。吾人可知早在 3 世纪之初,王弼在注此章,论及谷神,即谓“万物以之生”,则此意更早(注 100)。若以《列子》为先秦著作,《列子》书中云:“常生常化。……谷神不死。”(注 101)但吾人亦决不能谓以谷神为创生之源之见解,为道家之一贯传统。庄子即未语及此章。河上公注《老》最早,虽描述谷神可以不死,亦无生物之意(注 102)。所以道家传统并无强调谷神为创造历程之说。事实上,吾人已知朱子一再批判老子重道体而轻道用,但谷神之用即生生之意,乃朱子所称许者。朱子之备致称许,以致称程子有以取之于老子。

是否程颐确然有以取老子生生之意?朱子于此乏佐证。但从程颐本人于生生观念之发展,吾人可提供一解说。

生生观念之在儒家传统,亦属固有。《诗经》云:“天生烝民,有物有则。”（注 103）孔子云：“天生德于予。”（注 104）《易经》谓：“生生之谓易。”（注 105）又谓：“天地之大德曰生。”（注 106）以故生生之意乃是儒家思想中相传故物。但天地为生物主，而易仅为描述生生历程。至程颐始发明将此生生之意，付予普遍、自存与自足之理。二程兄弟乃首先使理成为其哲学之基石。使前之视其为抽象之理者，二程则以为是创生之源泉。二程云：“天只是以生为道。”（注 107）颐云：“天地之化自然，生生不穷。”（注 108）。又云：“天理生生，相续不息。”（注 109）又谓：“天之气，亦自然生生不穷。……往来屈伸，只是理也。”（注 110）“道则自然生万物。……道则生生不息。”（注 111）此在中国思想史上第一次以生生一词用以描述理。

在二程兄弟生生观念之发展中，自有其个人气质。二程见万物有生意，喜观天地生物气象（注 112）。二程谓：“可观莫如万物之生意。”（注 113）又谓：“观物于静中，皆有春意。”（注 114）二程之师周敦颐不除窗前草。问及程颢，颢云：“与自家意思一般。”（注 115）颢始至邑，见人持竿道旁以黏飞鸟，取其竿折之，教之勿使为（注 116）。

由于二程兄弟热爱生命以及对宇宙创生性之深切感受，故二程发展儒学仁之观念，以仁如谷种，使“生”之意臻于最新最高之层次。孔子曾将仁之传统解释为仁慈之特殊义，阐发为诸德之全，特殊义之诸德皆由此出。孟子释为“仁，人心也”（注 117），“仁也者，人也”（注 118）。韩愈引申为“博爱之谓仁”（注 119）。但二程更将仁升至最新最高之层次。依二程，仁，种也，生命之源也。仁之两种不同义获得融合（注 120）。在二程，仁为生命力。程颢云：“万物之生意最可观。……斯所谓仁也。”（注 121）程颐云：“心，譬如谷种。生之性便是仁也。”（注 122）二程之门人谢良佐有云：“桃杏之核，可种而生者谓之仁。言有生之意。推此，仁可见矣。”（注 123）是儒家伦理之大德与宇宙创生历程于此及融合无间。

生生之德如何运转于宇宙过程之中？二程兄弟殊无发挥，仅谓此乃天地之大德。朱子对“谷神”章曾作解释。谷神之虚因而感受万物与创生万物。自其述言之，表面上与老子之有生于无或道生一、一生二之说无大差异（注 124）。但在老子之说，以之分为二阶段或二截者，在新儒家则体用合一。新儒家所尝引述之名句“寂然不动，感而遂通天下之故”（注 125），可作证释。换言之，朱子为程颐之“生生”新说，已寻获其解答。朱子所寻获之解合，即在老子学说之中！

朱子于儒家之另一基本观念亦可在《老子》书中寻得其解答，亦即仁之一词。朱子在仁说中，于检校诸新儒家有关仁之学说之后，演展出朱子自身关于仁之定义为“心之德，爱之理”（注 126）。一如程颐，朱子将理及创生力与仁相融合，以天地之大德除生生外并无别物。在其《仁说》中，仅未提及老子之影响而已。朱子于新儒家论仁之中增一新解，即老子之所谓柔弱。朱子云："仁是个温和柔软底物事，老子说：'坚强者死之徒，柔弱者生之徒。'(注127)见得自是。"(注128)因之，仁是生之理乃由其柔弱。此为朱子借助于老子持新儒家学说之又一明证。

总之，据我所推索，程颐既使理成为新儒家哲学之基石，亦知理为本体与生生为其历程。但颐并未阐明两者之关系。既未明言，别蹈于老子分道与德为两截之谬失。朱子于《谷神》一章得其解答。是朱子深信程颐于有意或无意之间有取于老子谷神之说，抑或朱子自借其说转而托辞程颐，吾人仅能猜断。唯可断言者，依朱子意，新儒学之此一中心观念所得之于老子者殊大。

注释

注1:《朱子语类》，卷一百二十五，第三十一条，页2995。

注2: 朱熹与吕祖谦合纂，《近思录》，陈荣捷教授有英译本，书名 *Reflections on Things at Hand*(纽约，哥伦比亚大学出版社，1967)。

注3:《遗书》，卷六，页1上。

注4:《老子》，第三十六章。

注5:《遗书》，卷七，页2上，亦见《粹言》，卷一，页9上。

注6:《粹言》，卷一，页8上。

注7:《遗书》，卷十八，页39下。

注8:《粹言》，卷二，页11下。

注9:《朱子语类》，卷二，页11下。

注10:《老子》，第六十七章。

注11: 同上，第四十五章。

注12: 同上，第五十九章，第六十七章。

注13:《朱子语类》，卷一百二十五，第二条，页2986。

注14:《老子》，第十章。

注15:《朱子语类》，卷一百二十五，第四十六条，页2999。

注16: 同上，卷六十，第一百二十九条，页1227。

注17: 同上，卷一百二十六，第十三条，页3012。

注18: 同上，卷一百二十五，第三条，页2986。

注19: 同上，卷一百二十五，第五条，页2987。

注20:《老子》，第五十七章。

注 21：《朱子语类》，卷一百二十五，第四条，页 2986。
注 22：同上，卷一百二十五，第五条，页 2987。
注 23：同上，卷一百三十七，第九条，页 3253。
注 24：《老子》，第四十三章。
注 25：《朱子语类》，卷一百二十五，第二十八条，页 2997。
注 26：同上，第三十六条，页 2996。
注 27：同上，卷六十，第一百二十九条，页 1447；卷一百一十三，第十六条，页 2742。
注 28：《老子》，第四十章。
注 29：《朱子语类》，卷一百二十五，第四条，页 2986。
注 30：《老子》，第五十九章。
注 31：《朱子语类》，卷一百二十五，第三十七条，页 2996。
注 32：同上，第四十条，页 2998，并见司马迁，《史记》，卷六十三，《老庄申韩列传》。
注 33：《史记》，卷五十五，《留侯世家》，及班固，《汉书》，卷四，张(良)、陈(平)、王(陵)、周(勃)合传。
注 34：《朱子语类》，卷一百三十六，第五条，页 3235。
注 35：《老子》，第五十七章。
注 36：《朱子语类》，卷一百二十五，第三十六条，页 2996。
注 37：同上，卷三十七，第四十一条，页 3266。
注 38：同上，卷一百，第十一条，页 2544。
注 39：同上，第四十二条，页 2545。
注 40：参看邵雍，《皇极经世书》。
注 41：《近思录》，卷五，第十五条。
注 42：朱子排除邵雍之缘由，可见作者英译《近思录导言》第 33 页。译者按：陈教授在《导言》中，谓朱子摒弃邵子不录，其大意如下：一、邵子阐扬儒家仁义之说殊少，于四子说无所补益。二、尤要者，邵子之说，近乎道家。其所谓"以物观物"，于新儒家四子之说，显不调和。雍固闻其学于道家北海李之才。
注 43：《论语》，《阳货》，第十三章。
注 44：《朱子语类》，卷四十七，第三十九条，页 1187。卷一百二十五，第十一条，页 2988。卷一百三十六，第三十二条，页 3242。
注 45：《遗书》，卷四十九，页 12 上。
注 46：同上。
注 47：《论语》，《卫灵公》，第十七章。
注 48：《孟子》，《离娄》下，第十一章。
注 49：《史记》，卷六十三，《老庄申韩列传》，太史公语。
注 50：《老子》，第六十五章。
注 51：同上，第二十章。
注 52：同上，第三章。

注53：同上，第三十章。

注54：同上，第四十章。

注55：《老子》，第六十五章。

注56：同上，第三十六章。

注57：吴澄，《道德经注》。

注58：张载，《正蒙》，《大易篇》第十四，《张子全书》，卷三，页68。

注59：《老子》，第四十章。

注60：《朱子语类》，卷九十八，第一百二十四条，页2531。

注61：《老子》，第一章。

注62：地、水、火、风为四大。

注63：《朱子语类》，卷一百二十六，第十二条，页3012。

注64：同上，第十一条，页3012。

注65：《老子》，第三十八章。

注66：《朱子语类》，卷十三，第六十二条，页232。并见朱子，《论语或问》，卷十五，页4下，总页532。

注67：《中庸或问》，第三十，页28下，总页96。

注68：《论语或问》，页14上，总页503。

注69：《中庸或问》，页3下，总页6。

注70：《孟子或问》，页3上，总页165—166。

注71：《论语或问》，页4上，总页593。

注72：《老子》，第一章。

注73：同上，第二十一章。

注74：《易经》，《系辞》上传，第十章。

注75：《朱子语类》，卷一百二十四，第三十五条，页2975。

注76：同注74。

注77：《朱子语类》，卷一百二十五，第二十条，页2990。

注78：《老子》，第一章。

注79：《论语》，《阳货》，第十九章。

注80：《朱子语类》，卷六十四，第二百零三条，页1601。

注81：《论语或问》，卷四，页11上，总页175。

注82：《伊川易传》。

注83：《朱子语类》，卷六十七，第七十四条，页1663。

注84：《大学章句序》。

注85：《论语》，《卫灵公》，第二十二章。

注86：《朱子语类》，卷九十七，第九十五条，页2498。

注87：《老子》，第二十五章。

注88：《论语》，《子罕》，第十六章。

注 89:《朱子语类》,卷一百三十,第八十七条,页 31150。
注 90:《老子》,第五十九章。
注 91:《孟子》,《告子》,第八章。
注 92:《朱子语类》,卷五十九,第七十一条,页 1394。
注 93: 同上,卷一百二十六,第四条,页 3008。
注 94: 同注 1。
注 95:《朱子语类》,卷一百二十五,第二十九条,页 2994。
注 96: 同上,第三十一条,页 2995。
注 97:《遗书》,卷三,页 4 下。
注 98: 同上,卷二十五,页 7 上,指《老子》,第三十八章。
注 99:《朱子语类》,卷九十七,第九十四条,页 2498。
注 100: 王弼,《老子注》。
注 101:《列子》,第一章,页 1 上下。
注 102:《老子注》。
注 103:《诗经》,《大雅》,《荡之什》,《烝民》。
注 104:《论语》,《述而》,第二十二章。
注 105:《易经》,《系辞》上传,第五章。
注 106: 同上,《系辞》下传,第一章。
注 107:《遗书》,卷二上,页 12 下。
注 108: 同上书,卷十五,页 4 下。
注 109:《粹言》,卷二,页 4 下。
注 110:《遗书》,卷十五,页 4 下。
注 111: 同上,页 5 下。
注 112: 同上,卷六,页 3 上。
注 113:《粹言》,卷一,页 12 上。
注 114: 同上,卷二,页 30 上。
注 115:《遗书》,卷三,页 2 上。
注 116:《伊川文集》,卷七,《明道先生行状》,页 2 下。
注 117:《孟子》,《告子》上,第十一章。
注 118: 同上,《尽心》下,第十六章。
注 119:《韩昌黎全集》,卷十一,《原道》,页 1 上。
注 120: 关于仁的概念之演进,可参考作者"The Evolution of the Confucian Concept *Jen*"一文,载于 *Philosophy East and West*, Vol 4, No.1 (Jan., 1955)。重印于《陈荣捷哲学论文集》(Hanover N.H., Oriental Society, 1969),页 1—33。
注 121:《遗书》,卷十一,页 3 上下。
注 122: 同上,卷十八,页 2 上。
注 123:《上蔡语录》,卷一,页 2 下。

注 124:《老子》,第四十二章。

注 125:《易经》,《系辞》上传,第十章。

注 126:《朱子文集》,卷六十七,《仁说》,页 20—21。《仁说》英译 *A Treatise on Jen*。见作者 *A Source Book in Chinese Philosophy*,页 593—596。

注 127:《老子》,第七十六章。

注 128:《朱子语类》,卷六,第八十七条,页 115。

原文载 *Philosophy East and West*, Vol.25, No.2 (April, 1975), pp.131-144;译文载《中国文化复兴月刊》,第十卷第五期(1977 年 5 月),页 43—48。

《朱子新探索》补遗

拙著《朱子新探索》于1988年由台北学生书局印行。友人杨金鑫教授《朱子新探索石刻补遗》,载《朱子学刊》第一辑,增补《溪山第一》一项。此是余所厚望读者。关于朱子墨迹联语逸诗等题,予之序言曾谓:"自从朱子十六世孙朱玉《朱子文集大全类编》所编,朱子墨迹以后,绝未见有通盘罗列者。诚然事体重大,非中、韩、日三国学者通力合作,费一二十年之工夫,不能济事。而谓以个人一年半载之力,且非收藏家而是外行,乃敢越俎代庖,宁非狂妄?"今者朱子墨迹遗文,续有发现。兹为补遗为下。希望读者多多增补,则亦朱子研究之幸事也。

朱子自述一四三条。有时间性之回忆(页8—22)应加:"某八九岁时,读《孟子》到此(奕秋),未尝不慨然奋发。"(《朱子语类》,卷一百二十一,第十条,页2921)

"熹生十有四年,而先君子弃诸孤。遗命来学于籍溪胡公先生,草堂、屏山二刘先生之门。"(《朱子文集》,卷七十八,页5下,《名堂室记》)。

"熹自十四五时,得(程子、张子)两家之书读之。"(《朱子文集》,卷五十八,答宋深之第一书,页16上)。

"熹生十五年,当绍兴之癸亥,始得与(黄)子衡游于潭溪之上。"(《朱子文集》,卷七十五,《送黄子衡序》,页5上)

"余年十五六时,与(黄)子厚相遇于屏山刘氏之离馆,俱事病翁先生。"(《朱子文集》,卷七十六,《黄子原诗序》,页28下)

"余年二十许时,便喜读(曾)南丰先生之文而窃慕之。"(《朱子文集》,卷八十四,《跋曾南丰帖》,页16上)

"年二十许时,始得西山先生所著《论》《孟》诸说读之。"(《朱子文集》,卷四十六,《答李滨老》,页1上)

"予年二十余,始得一归故乡,拜其坟墓。"(《朱子文集》,卷八十三,《跋李参仲行状》,页24下)

"余少年时曾学此表(曹操帖)。"(《朱子文集》,卷八十二,《题曹操

帖》,页 4 上)

"有愿未偿。"(页 28)

"绍兴二十二年秋七月,予来同安。明年(1154)乃得柯(翰)君而与之游相乐也。"(《朱子文集》,卷七十七,《一经堂记》,页 4 上)

"某尝要取'三礼'编成一书。事多蹉过。若有朋友,只两年工夫可成。"(《朱子语类》,卷九十三,第八十五条,页 2363)

"某尝欲作一科举法。"(同上,卷一百零九,第二十五条,页 2699)

"顷在朝欲奏乞专创一局,召四方朋友习礼者数人编修。……事未及举,而某去国矣。"(同上,卷八十四,第三十七条,页 2192)

"谷帘水所以好处,某向欲作一首形容之,然极难言。"(同上,卷一百四十,第五十九条,页 3332)

朱子画像(页 80)

湖南一块在醴陵。据杨金鑫教授《醴陵朱熹石画像》(未刊),朱子石像今嵌于醴陵市教师进修学校礼堂之墙壁,为清代所重刻云。

朱子言梦(页 105)

问:梦周公是真梦否?曰:当初欲行周公之道时,必亦是曾梦见。……夜之梦,犹寝之思也。思亦是心之动,但无邪思可矣。梦得其正何害?心存这事,便梦这事。常人便胡梦了。(《朱子语类》,卷三十四,第三十一条,页 861)

武夷山(页 196)

朱熹遇仙姑。武夷山传说,朱子进入深坑,大呼救命。村姑对朱子说:"先生请闭上双眼,小女救先生出坑。"朱子闭上双目,只觉得阵香气。村姑已跃入坑中,牵住朱子的衣袖,飘然上坑。朱子睁眼一看,眼前站着一研插白茶花的女子。她引朱子进入茅舍,并谓:"先生,我们并不陌生,请喝清茶。"朱子问:"是何名茶?"对曰:"此茶即先生院前的水仙。"说完,将袖口一挥,一阵香风袭来。朱子忙闭双眼,身随风飘。及升眼时,已在精舍前的茶园上。"呵,水仙茶姑!"恍然大悟。(武夷岩茶节组织委员会编,《武夷奇茗》,福州,海潮摄影艺术出版社,1990 年,页 84)

"一而二二而一"(页 328)

胡居仁曰:"一人之心,知此则内外体用,一而二,二而一也。"(《居业录》,卷一,页 2 下)

刘宗周曰:"后之言心者,离心而言之。离之弗能离,则曰一而二,二而一,愈去愈远。"(《刘子全书》,卷十二,页 20 上。又见《明儒学案》,卷六十二,《蕺山学案》,页 18 下)

又曰:“始见待心性一而二,二而一也。”(《刘子全书》,卷十,页 19 下。又见《明儒学案》,卷六十二,《蕺山学案》,页 7 下)

朱子所引之佛语(页 656)

“唯佛与佛,乃能知之。”(《朱子语类》,卷三十四,第一百四十四条,页 889)(未知出处)“竿木随身,逢场作戏。”(同上,卷四十七,第十四条,页 1181)(未知出处)

逸诗(页 668)

《题溪边石牛》。石蕴溪边号石牛,不知历经几千秋?风吹遍体无毛动,雨打浑身汗流。细草频抽难下咽,长鞭任打不回头。春深莫与耕犁事,天地为栏夜不收。(《闽学通讯》,第十期,1989 年 7 月,页 10)捷按:此诗太浅白,不似朱子手笔。

轶文(页 675)

《重修尤溪庙学记》,《朱熹研究资料专辑》,页 70—72,据《(民国)尤溪县志》,卷四载。

《新安朱氏世谱序》,同上,页 3,据《紫阳朱氏建安谱》载。

《七世祖承军郎退林公行状》,同上,页 2,云载在《紫阳朱氏建安谱》。以上两文未见,不敢遽下按语。

朱子墨迹(页 684)

(一)见于诸书记载者(页 684)

有宋龙川先生陈君同父之墓。(《朱子语类》,卷一百零七,第六十七条,页 2676)

有宋钟山先生李公之墓。(同上)

动以见静之所存,静以涵动之所本。动静相须,体用不离。(《朱子文集》,卷三十二,答张钦夫第四十八书,页 26 下)

(二)现存真迹(页 692)

《论语集注》,《颜渊》,《颜渊问仁章草稿》。武夷山朱熹研究中心编,《朱子遗墨》,上海书店,1990 年,页 54—56。

欧阳修,《集古录》,《跋尾》。(同上,页 101—102)

《赐书帖》。(同上,页 80)

《向往帖》。(同上,页 85)

《秋深帖》。(同上,页 87)

《六月五日帖》。(同上,页 95)

《书帖》。据刘建,《朱熹的书法艺术》。(《闽学研究》,1989 年 12 月,页 60)

《奉告审闻帖》。(同上)

《又行草书札卷》。(同上,据称现藏南京博物院)

(三)石刻(页701)

"溪山第一",石刻(21)(页705),在漳州城东三十里云洞岩。一说在广济岩。据上述杨金鑫教授,《朱子新探索石刻补遗》,一刻在武夷山响声岩。查响声岩有朱子石刻四处,《朱子新探索》只列其三(页710),此必是其四。又据高令印教授,南平县西北福星桥上,亦刻有"溪山第一"四字,今失(《朱熹在福建墨迹考释》,页371,载《宋明理学讨论会论文集》,1983年)。此外尚有朱玉所载之四字扁(页691),与福州古田县之木刻(页719)。毕竟孰先孰后,待专家审定。

"流霞飞翠",石刻在武夷山四曲。

"虹端",在婺源蚺城小东门。

"瑞雪飞瑷瑶,梅花静相倚。独占三春魁,深涵太极理"。(《文汇报》,1988年8月10日影印)

《六经图说》。湖南博物馆藏有拓本。

游《云谷》诗。同上。

《臂窠书帖》。同上。

"牧爱堂"。同上。

诸家评朱子之书法(页739)

宋蔡发:"字画壮伟,意气闲暇。"(《书林藻鉴》)

宋喻标:"法度谨严,意思肃敬。"

宋陆游:"务观笔札精妙,意志高远。"(《中国书法大辞典》,页581)。

元虞集:"公少年尝学曹操,笔画之情灿然传世。"

元王氏:"考亭之书,道义精华之气,浑浑灏灏,自理窟中流出。"又云:"道义之气,葱葱郁郁,散于文字间。"(《书林藻鉴》)

明何乔新:"晦庵先生,如孤松老柏,晋、宋间以书名家者,未易及也。"(同上)

明李日华:"世但知晦翁书,作松枯石,志以取苍劲。不知其草草狎书,乃天真秀异,盖由沉浸于楔帖中得真神,而偶然出之。若稍加意,即是李广第二次射石矣。"(同上)

明廖景风:"尝见朱子笔牍数张,盖法鲁公《争座书》。即行边添注,亦多宛然。意致苍郁,沉深古雅,有骨有筋。"

清丁文隽:"雄强凝毅,颇为世重。"(《书法精论》)

朱子之于妇女(页781)

又据余英时教授，朱子对于妇女，未能无情。有诗云："十年湖海一身轻，归对黎涡却有情。世路无如人欲险，几人到此误平生。"(《朱子文集》，卷五，页 9 下，《宿梅溪胡氏客馆观壁间题诗自警》二绝)

以上所有增补，皆是纂集之类。今以一人之力，遍处搜罗，亦难免遗漏，然比别书为多。而"格言"(页 423)及"联语"(页 749)诸条，竟无补加，岂真详尽耶？

高令印《朱熹事迹考》序

孔、孟而后，影响我国思想社会最大者，无疑是朱熹。彼所完成之理学操纵我国哲学教育礼制等凡七百年。支配韩、日两国之文化，亦数百载。中、日、韩学者所著朱学之书，盈千累万。18 世纪以来，西方亦渐有之。1982 年有夏威夷之国际朱熹讨论会，朱熹哲学于是享有世界地位。然学者皆从其思想与事功着眼，对于其家庭生计与个人生活，则一字不及，或语焉不详。即如研究朱熹生平最上权威王懋竑之《朱子年谱》，亦侧重其思想著作与政治生涯，而于其个人生活，则讳而不言。学者或以此为私事，不宜公开讨论。或以为无关宏旨，可置勿论。然予每谓若欲知朱熹之真正立场，非从其实际生活研究不可。朱熹宗教思想，学者知之稔矣。然其日常宗教实践如何，则以半言一语了之，或竟一言莫及，而不知其深厚之宗教观念，及其虔诚宗教生活之结晶也。近年关于朱熹专著，中国、日本、韩国、欧西，均渐增多。然仍集中于其哲学。今厦门大学高令印教授，乃走一条新路，研究其家事、生活行踪、遗迹。予闻之，兴高万丈。叹曰：此其人矣，此其时矣，此其地矣。朱熹生平十分之九住在福建。黄榦《朱子行状》谓其仕外九考，立朝四十日。此以整数而言，实计四十六日，七年又六个月余。而此七年之中，又四年在福建之同安与漳州。故其生平行止，几乎全在福建。因此厦门大学得地之利。近年发掘不少关于朱熹之遗物，皆是研究朱熹之宝贵材料，亦是又得天之时。高教授探讨朱熹遗迹有年，发表不少文章。今之专著，不特供给许多新鲜资料，而亦对朱熹讨论有鼓励根据事迹然后客观立论之效用也。脱梓有期，企予望之。

1985 年 5 月

陈来《朱熹哲学研究》序

此书是陈来在北京大学哲学系研究有年，在张岱年教授指导之下之博士论文，经中国社会科学博士论文文库编辑委员会审查，选出论文中之少数精英者，于 1987 年印行出版。书分四大部分，为理气论、心性论、格物致知论与朱陆之辩。前面有张岱年序，后面有后记，说明“其中诸说虽经反复沉潜，皆非出一时之得。然质钝而功不足，于探其深而尽微者，自觉尚有未备”。此是自谦之词。如是水平之高之博士论文，中国、外国不多见也。

书之优点有三：叙述异常完备、分析异常详尽、考据异常精到。此外著者多用朱熹本人著作，亦一特色。叙述方面，理气论分别讨论理气先后、理气动静、理一分殊、人物理气同异。心性方面，分别讨论已发未发、性之诸说、心之诸说与心统性情。格物致知之论，则包含格物与致知、格物与穷理与知行问题。叙述朱、陆之辩，第一章为鹅湖之前的朱、陆思想，第二章为朱、陆之辩的历史发展，第三章为朱、陆哲学主要分歧。秩序井然，毫无赘语。

由此书目录，一望而知有所选择。除朱、陆的历史发展之外，似乎专意哲学。张岱年序谓：“朱氏的历史观、道德论、政治思想，还未及作全面论述。”即使在哲学定义之下，仁、命、天理人欲、道器、鬼神等哲学思想，均未深入讨论。有之亦顺及而已（如页 131 之命，页 125—137 之仁，页 183 之天理人欲）。将朱熹哲学与西哲比较，单提柏拉图、笛卡尔、康德与莱布尼兹（页 263—365）而不及大多学者与朱子比较之亚理士多德、斯宾诺莎与圣多玛斯。张序谓其“有待于今后的补充”。陈来之能负此任，决无可疑。

理气先后，陈来以为是朱子理气哲学之核心问题，学者对此问题，寻说纷纷。陈来于此特别注意。不只以理气先后居首，而且篇幅特长，几三十页，比其他理气问题多达两倍以上。照陈来看法，朱熹的理气先后思想经历了复杂的演变过程。早期之《太极解义》（1170—1173）以理来规定太极之内涵。此时从本体论立场出发，尚无理先气后之说（页 6—9）。南康时期（1179—1181）仍主理无先后（页 10）。甲辰（1184）与陈亮辩，有“道之常存”之语,此道(即理)之永恒性成为朱子理在气先思想形成中一个环节。《易学启蒙》(1186)直谓“象数未形而其理已具”。故此书已包含有理先气后的思想(页17)。朱、陆太极之辩(1188)更提供了刺激(页12)。守漳(1190)乃有理能生气之说(页20—21)。至潭州时期(1194),产生了新的演变,即谓若从逻辑推论,则理在气先(页24—25)。此新论与早年理气无先后之说,显然有矛盾(页27)。

陈博士此说,足以补冯友兰等学者逻辑推究说之不足,因其历史上之演变,从未见有如是详密者也。陈氏之论,自可备一说。《朱子语类》讨论此问题,皆是漳州以后之事,可以印证。然予尚有一说,可资参考者。朱子淳熙十五年(1188)二月始出《太极图说解》以示学徒。是年即有朱、陆太极之辩。故漳州(1190)以后门人诸多讨论。所问不只理气先后问题,而亦包括其他太极为理、物物有太极、理气动静、人物理气同异,等等。从《朱子语类》问答可以见之。朱子素来主张理气无先后,与推论则理在先之思想并无冲突。不过因发表《太极图说解》之故,加以太极之辩,门人疑问,故有推究之论而已。非所以谋矛盾之解决也。

讨论太极动静,指出太极含动静是从本体之微上说,太极有动静是从流行之著即用上说(页32)。如是一方可以保全周敦颐太极烈动之思想,而同时又可以保全其本人太极是理而理不动之思想。此处分析清楚,可谓善于观察。谈理一分殊,则分论之以论证宇宙本体与万物之性的同一性,论证本原和派生的关系,论述普遍规律与具体规律的关系,与论证理与事物的关系。分析细微,为从来所未见。关于人物同异,于朱子思想并不清楚处(页61—63),从各角度批判,至为详尽。

陈来讨论朱子心性涵养省察之见解,亦从朱熹思想之进展方面观察。由杨时、罗从彦与李侗之遗训,而经与友人蔡季通(蔡元定)参究(丙午之悟,1166),访张栻讨论(湘湖之行,1167),《与湖南诸公书》(己丑之悟,1169),而达到其主敬究理之主张。言心则以之为有体有用,贯乎已发未发,主乎性情。此种主张,可见于其《知言疑义》及《仁说》。心统性情,其具体意义,亦详加分析(页172—185)。陈来以朱子在《知言疑义》通过自己的途径得出心统性情的思想(页119)。盖朱子欲改胡宏《知言》“心以成性”之言为“心统性情”,而张栻改为“心主性情”也。此与普通以“心统性情”来自张载,大异其趣。如此说可信,则的是创见。陈来谓张子“心统性情”之语,不见张子《语录》,未得其详(页119)。今见《张子全书》卷十四《性理拾遗》,则见诸《性理大全》也。朱子亦解“统”为“统实之统,言有以主之也”(页176引《朱子语类》)。推陈来之意,非谓朱子不知横渠(张载)此语,盖

《近思录》明以此语归横渠，而谓朱熹因“以成性”之言而悟心主性情之说。

在此讨论之中，考完“人自有生”四书为中和旧说，答何叔京“昨承不鄙”与“人自有生”四书同时，答何叔京书作于丙戌(1166)，答张栻四书作于丙戌与丁亥(1167)(页100—104)。此为全书之出类拔萃者。不特此处为然。陈来有《朱子书信编年考证》(上海人民出版社，1989)，将朱子二千许书札，断定其年期。数量之多，考据之实，远出乎王懋竑《朱子年谱》与钱穆《朱子新学案》之上。以故关于朱、陆书信，皆核其年，不胜枚举。又有《朱熹观书诗小考》《朱子家礼真伪考议》《关于程朱理气学说两条资料的考证》《王阳明越城活动考》《略论诸儒鸣道集》等，经验宏富，成绩俱在。除上述关于中和诸书以外，又有考出见延平(李侗)后二年间已悟异学之非(页274)，作用是性为波罗提语而非达摩语(页343)，改正王懋竑以《太极说》为南轩(张栻)之作(页124)，枯槁有性之问答应在甲寅(1194)、乙卯(1195)之间(页71)，张栻初识朱子在癸未(1163)(页105)，《知言》之论始于庚寅(1170)而终于辛卯(1171)(页118)，义理之性与血气之性之分首见于门人陈埴之《木钟集》(页144)，《大学中庸章句》之作早于《论孟集注》草成(页199)，《大学补传》在淳熙初年(1175)草定《大学章句》时完成(页200)，李方子《朱子年谱序》出于黄榦《行状》之后(页258)，陆象山为崇安主簿，传只是待次(页300)，傅子渊非会朱子于南康(页313)。如此之类，不可胜数。

格物致知部分，特别推崇李侗，以《壬午封事》之大倡《大学》格物致知之道为受李侗影响(页190)。关于《大学》以及整个方法论思想，都是从李侗理一分殊之教而来(页191—192)。“李侗之理一分殊方法的精神方正渗透到朱熹哲学的骨髓。”(页195)更考完《大学章句》年期，且批评朱子分经传为孔子之言与曾子之述为无实据(页202)。又谓以“格”为“至”为无理(页210)，分致知之知之知识之知与能知之知(页211—212)为分析物格与格物之不同(页214)，豁然贯通须经长期积累，故不可与禅宗顿悟同日而语(页231)。凡此皆精明之论，为研究朱子所罕见。至谓格物致知之论，是以延平说为经，伊川(程颐)说为纬(页239)，则有磋商之余地。据朱子自述，自十五六时知读是书(《大学》)而不晓格物之义(《朱子文集》，卷四十四，答江德功第二书)。理一分殊之说，固得于李侗，而亦得于程颐。《补传》直言“窃取程子意”。训“格”为“至”，步履程子。即物穷理与以类推之之说均源自伊川而非延平。《大学或问》第五章论格物引程子格物方法者有九条，为格物致知所当用力之地与其次第工程。又引程子五条为涵养本原之功，然后批评程子门人吕大临、谢良佐、杨时、尹焞与胡宏等人之格物论。最后乃引延平格物之教。延平曾谓:"理不患其不一,所难者分殊尔。"此点或为陈来所强调,然伊川亦曾谓一草一木皆须格。大抵延平格物之教重在涵养,伊川之教重在知识,陈来为经为纬之意,或即指此。学者归功于延平理一分殊之教,但从未见归功于格物。陈来改正此点,实为一大贡献。同时亦应归功于伊川,乃公平尔。

讨论朱、陆之辩,最见精彩。描述鹅湖之会(1175)之文章,汗牛充栋,而从未有如是之高明者。分析鹅湖之前朱、陆思想,尤具特色。从朱子《杂学辨》与致张栻、石子重等书中所言,说明鹅湖以前,朱子对陆象山立下发本心与其圣人之学可不由读经而达等鹅湖主题,早已立定意见(页271—280)。学者通常以陆主尊德性,朱主道问学。陈来则以"二人对尊德性、道问学的理解并不相同。陆以尊德性即是存心明心,是论认真理的根本途径,道问学只是起一种辅助巩固的作用,而在朱熹来看,尊德性一方面要以主敬养得心地清明,以为致知提供一个实体的条件。……论识真理的基本方法是道问学"(页331)。陈来强调二人之为学方式不同,谓:"朱熹主要是从陆学的一些外部特征、为学方式、修养风格上与禅学类比,并不是从内在的本质上来理解双方的差异。"(页331—332,337)此点或是过言。朱子批评禅家作用是性,不遗余力,亦即批详象山。无论其理论是否正确,其从内在的本质上立论,则无可疑也。陈来对于朱、陆之分歧,并不侧重性即理与心即理之分(页338),或客观唯心与主观唯心之别(页339),而在其为学方法之不同。此观点与众大异,实足以打开研究朱、陆之新区域。然陈来亦指出朱子分心性为二,陆氏则以之为一(页341—342),又指出朱子以生下来便有气质,陆子则本心纯洁。此亦是从内在的本质上立论。然"总起来看,朱、陆之争的主要分歧,不是本体论的,而是人性论的,伦理学的,方法论的"(页352)。

关于鹅湖之会,有数点可以补充或改正者。陈来据吕东莱(吕祖谦)《年谱》以淳熙二年乙未(1175)四月二十一如武夷(页284),然吕氏《入闽录》云:"三月廿一早发,四月初一至五夫里访朱元晦(朱熹),馆于书室。"《入闽录》为吕东莱本人日记,当然可信。大概《年谱》误以《入闽录》之三月廿十为四月廿一尔。武夷山六曲响声岩石刻,乃朱、吕编近思录后赴鹅湖之集,游览武夷山之遗迹,其中九名"皆当为鹅湖会议的参加者"(页287)。此一假设,确是新见,然只是推测而已。其中以张元善为浙江学者,则偶尔失检,盖张元善即詹元善,福建人,朱子弟子。初从其舅姓为张氏,后复为詹氏(参看拙著《朱子门人》,台北,学生书局,1982年,页284)。朱子祭陆子寿文云:"出新篇以示我。"陈来以是为传心诗(页295),然传心诗既已于鹅湖会议之初诵出,不为新篇,疑是别为一文。又陈来以朱子和陆子寿诗为在铅山之作（页 295），然鹅湖之集至铅山再会已是前后五年，何得云："别离三载更关心？"王懋竑谓："盖鹅湖之会在乙未，铅山之访在己亥，中间隔丙申、丁酉、戊戌三年，故曰三载。"（《朱子年谱考异》，淳熙六年）此说太强，朱子何不直言"五载"耶？王氏更谓"又枉"意谓"又"字指铅山而言，然诗云"偶携藜杖"。然则朱子谈命于铅山，亦偶然耶？诗又谓"无言处"与"不信古今"，含有批评子寿之意。可谓子寿来访，乘机讽之耶？陈来盖沿一般学者，以铅出三载和诗。此虽小节，严密之学者如陈来，不必随声附和也。陈来谓《陆象山年谱》以陆子寿致张钦夫（张栻）书为在乙未（1165）鹅湖之会之后为非是，盖以鹅湖之会在六月，不可言春末也（页 293）。查陆《谱》明言春末会元晦于铅山。朱子己亥（1179）在铅山候命，三月已到行在，故言春末，并不为错。至于陈来以此书为在己亥（1179），则无误也。

本书有勘误表，改正误植多处。今尚发见数端，即"理气在气先"（《提要》页 1，应作"理在气先"），"四十六"（页 5，"四十"），"漳"（页 24，"潭"），"无"（页 83，"无"），"始"（页 105，"识"），"所闻于师"（页 190，"所闻于师友"），"记《大学》"（页 199，"记《大学》后"），"征"（页 332，"证"），"白家"（页 326，"百家"）。所引《朱子文集》书札，书明第几书，《朱子语类》亦指明谁录，已比他书为详，然终不若举明版本与页数之为易于检查也。现用"语录下上"和"与黄元吉"（页 329）等，仍嫌太泛。《困知记》（页 337、339、343）、《北溪字义》（页 343）、吴澄论太极（页 32）等，均应用原书。又所举年号如丙辰、丁巳之类，如加公历年期，则读者可知其年与时间之先后。书末应附索引。凡此皆是余事，而书之内容与方法，均属上乘。

陈来《朱子书信编年考证》序

朱子思想成熟甚早，诚如王懋竑《朱子年谱・考异》卷一所云："自庚寅(1170，朱子四十一岁)拈出程子伊川'涵养须用敬，进学则在致知'两语，至甲寅(1194，朱子六十五岁)相距二十五年，而其言无毫发异也。"懋竑又云："戊子(1168，朱子三十九岁)《遗书序》已云'主敬以立其本，穷理以进其知'，即此二之指也。"换言之，朱子生平学问大指，早已建立，即其两轮两翼之哲学，亦即儒家中庸之哲学化也。然朱子自谓："某于《论》《孟》(指《论语集注》《孟子集注》)四十余年理会，中间逐字称等，不教偏些子。"至易箦前三日尚改《大学章句》"诚意"章与修《楚辞注》一段。则其思想固定之中，不断增进，此朱子哲学之所以"大德敦化，小德川流"也。

然朱子诗文书札，不著年月。故其思想转变，无从确定。学者每依《朱子全书》与《宋元学案》，或只靠《朱子语类》。然《全书》与《学案》，均无年次。《语类》则多为晚年对话，虽是定论，然其思想改变之过程，究是晦而不明。王懋竑多引书札，系以年月，然未明所以，间亦错误。钱穆改正数端，亦有限耳。以故朱子著述之年月考证，亦即其思想之如何进展之考订，尚有所待。

1982 年召开国际朱熹会议，集世界朱子学权威于一堂，日本理学大家山井湧博士宣称朱子"理生气也"之语不见《文集》《语类》《集注》等书，如学者知其出处，请以见告之。予素有考查宋儒引语来源之癖，归而细检《文集》《语类》与朱子其他著述，皆无所获，大失所望。翌年在北京参加中国社会科学院中国哲学研究所座谈会，承赠《中国哲学史研究》1983 年第二期。见有陈来先生所撰《关于程朱理气学说两条资料之考证》，急读终篇，乃知此语载在吕枏之《宋四子抄释》。急以告山井涌教授。吾等皆庆出望外也。陈先生不特考出此语之来源，并详述其所原之《朱子语略》之流布情况。予深叹陈先生考据之精审，其治学方法之严谨，实为当代学者所罕见。今其《朱子书信编年考证》业已完成，不只根据《行状》《本传》与诗文书札之内证，而且校订朱子同调、讲友、门人等之文集，以至《语类》以及诸家跋语，如是旁证直引,内外夹持,治学若是之精详,可谓严密之至。然后系以年期,于是二千余书札之前后次序,井然可观。今后学者得以睹朱子思路开展之痕迹,而其中年未定之见与晚年定论,皆可确立无误。是则此书对于朱子生平与思想之研究,其贡献之大为何如也?去秋陈先生来哈佛大学深造,今春乃得会面,一见恨晚。承示《考证》编例,以序属予,予深信此书将为划时代之作也,油然以喜,归而为之记。

1987 年 5 月

束景南《朱熹大传》序

研究朱子生平，通常以《行状》与《年谱》为依据。《行状》于求端用力之精义，造道成德之要归，俱详述无遗。《年谱》于其求师取友，注述本末，出处进退，居家莅政，亦如行状，详悉殆尽。然行状于其宗教生活，只得“拜于家庙以及先圣”八个字及“其祭祀也”两行。其于朱子配偶，只谓：“娶刘氏，追封硕人。白水草堂之女。其卒……其葬……”《年谱》则更为疏略。其所以忽略此等方面者，或以为无关宏旨，或因此是私为，不宜公开。然近世学问视野，已大扩充。社会学心理学等相继成立，超出文史哲范围之外。就以心理学而论，传统上皆以诗词为表达心情之作。然高歌豪饮，亦足以发露感情。故从新的学问立场，此方面之生活，《行状》与《年谱》均应详述也。又如其贫病交迫，人所尽知。但《行状》《年谱》，只寥寥数语，未得其详。今束景南教授著《朱熹大传》，从多元文化视野研究，以补《行状》《年谱》之不逮。予尝细读其《〈卜算子〉非严蕊作考》，证实岳霖判案，才妓作词，为子虚乌有。又尝细读其《周敦颐太极图说新考》，说明由陈抟传授周子原委，与道教逆施成丹的《无极图》与顺行造化的《太极图》之一图二用。知其考据精确，证引群籍。其学问方法，诚属上乘，且多新见。将必为发扬我国文化增一新生力，不特推进朱子研究而已也。故喜而为之序。

1991 年 3 月

心与理的统一——陆象山

陈瑞深 译注

一、原著者导论

吾人已可看出：在程氏兄弟中，对"一"及"本"，有一坚决的强调。对陆象山(陆九渊,1139—1193)(注1)而言，这些如同他的人格一样，形构了他的哲学及方法论的真实基础。

作为一个人，他过着一种单纯的生活，并献出生命的大部分时间于道德法则的演说上。成千的学者群集，为的是要聆听他那简单而直截的演说，而这些演说经常直接深入基本原理之中。1183年，在义对利的演说中，他感动了他的听众以致落泪不已。在方法论中，他抛弃了细节及多余不必要的写作，而主张专注于更为基础的问题上。在道德修养与智慧追求两者中，他单纯地把问题寄托于心的概念上。

心被他认为是道德自足的，及天赋的固有良知与为善的固有能力。它心是一，而且是不可分解的永远不变的。它心充满了整个宇宙。如此，它心与理是同一的(译案：此即"心即是理")。事物之探求(格物)只意谓着探求此心而已。

这种教义，被简单地以毫无文采的修饰及少许逻辑的思考发表着；然而，却启动了一股强烈反对数百年程、朱学派之理性论的潮流。在每一个论点上，他反对朱熹(1130—1200)，那是轻易可见的。对朱熹而言，理与元素给予存有以其实体及物理形式，亦即：气是截然不同的。对陆而言，相反地，道外无事而且事外无道。朱熹广泛地讨论了人性而陆几乎不提及此一论题。对朱熹而言，心是人性的作用，而人性则是与理同一的(译案：此即"性即是理")。然而，对陆而言，心即是理。虽然两位哲学家都坚持心是一，朱熹却做了人心——此心是在一不安定的状态(惟危)，因为它易陷于错误——与道德心——此心经常随着道(惟微)——两者之间的区分。陆则拒绝接受此一区分。对他而言,心是一而且是相同的;并且,无论在每一个体里,或在整个宇宙中,心都是相同的。朱熹认为,太极为上而阴阳为下。陆驳斥此种二分法,并宣称阴阳已是形上。虽然两位哲学家都同意人性是本善的,朱熹却对比了天理与人欲的区分。对陆而言,此种对比是站不住脚的。就朱熹而论,意味着探求事物中之理。就陆而言,格(investigation)意味着格此心,因为对他而言,众理是心中固有的,而且是完整的。

这些哲学上的歧异是如此尖锐,就如它们是不能和谐共存一般。然而,他们的生活方式之对立,甚至是更为直接的。就陆的意见言,朱熹的道是支离的心灵、无据的浮游及专心于对生命没有多少意义的孤立的细节之道。取而代之地,他以:(1)有一稳健的目标;(2)树立更为高尚的个人本性;(3)掌握基本原理的途径,提倡简易而直截"回复个人善良本性"的方法。简言之,朱的途径是"道问学"之途径,而陆的方式则是"尊德性"(注2)的方式。因此,他们强化了程颐(程伊川,1033—1107)及其兄程颢(程明道,1032—1085)之间的不同点,并且形成了新儒学的两个支派:理性论的或理学派及唯心论的或心学派。这两个学派灿烂盛行了几个世纪之久。而在长期的竞赛中,陆的影响力在任何地方不如朱的影响力之大;陆的唯心论,在明朝掩盖理性论运动的王阳明(王守仁,1471—1529)哲学中才达到最高峰。

下列论题及参考资料,是《象山全集》(注3)的选录节数。

读书:二十、三十四。

佛学:四。

朱熹:五、二十三、二十九、三十一。

格物:七、三十四。

心:二、三、十、十三、十五、三十、三十五、四十。

本心:二、三、十。

道德自足:二、三、十、二十八、三十七、三十九。

性、情、才及心:三十五。

理、道:一至三、八至九、十一至十三、十五、十七至十九、三十、三十三、三十六、四十二。

理对欲:二十一、四十、四十一。

自我、他人及宇宙:十三、十四、二十、二十七、三十五。

修养:一、十六、二十二、二十五、三十七。

自立:八、二十四、二十八、三十二、三十八。

二、象山全集

一、此理于天所以与我，非由外铄。明得此理，即是主宰；真能为主，则外物不能移，邪说不能惑。(《象山全集》，卷一，页 3 上)

二、心、一心也。理、一理也。至当归一、精义无二。此心此理，实不容有二。故夫子曰："吾道一以贯之。"(注 4)孟子曰："夫道一而已矣。"(注 5)又曰："道二，仁与不仁而已矣。"(注 6)如是则为仁，反是则为不仁。仁即此心也，此理也。"求则得之"(注 7)，得此理也。"先知"者，知此理也；"先觉"者(注 8)，觉此理也。爱其亲者，此理也。敬其兄者，此理也。见孺子将入井而有怵惕恻隐之心者，此理也。可羞之事则羞之，可恶之事则恶之，此理也。是知其为是，非知其为非，此理也。宜辞而辞，宜逊而逊者，此理也。敬(注 9)，此理也。义，亦此理也。内，此理也。外，亦此理也。故曰："直方大，不习无不利。"(注 10)孟子曰："所不虑而知者，其良知也，所不学而能者，其良能也。"(注 11)此天之所与我者。"我固有之，非由外铄我也。"(注 12)故孟子曰："万物皆备于我矣，反身而诚(注 13)，乐莫大焉。"(卷一，页 3 下—4 上)

三、道塞宇宙，非有所隐遁。在天曰阴阳，在地曰柔刚，在人曰仁义。故仁义者，人心本心也。孟子曰："存乎人者，岂无仁义之心哉?"(注 14)又曰："我固有之，非由外铄我也。"(注 15)愚不肖者不及焉，则蔽于物欲而失其本心。贤者智者过之，则蔽于意见而失其本心(注 16)。(卷一，页 6 下)

四、某尝以义利二字判儒释。又曰公私，其实即义利也。儒者以人生天地之间，灵于万物，贵于万物，与天地并而为三极。天有天道，地有地道，人有人道。人而不尽人道，不足与天地并。人有五官，官有其事。于是有是非得失，于是有教有学。其教之所从立者如此。故曰义曰公。释氏以人生天地间，有生死，有轮回，有烦恼，以为甚苦，而求所以免之。其有得道明悟者，则知本无生死，本无轮回，本无烦恼。故其言曰："生死事大。"如兄(注 17)所谓菩萨发心者，亦只为此大事。其教之所从立者如此。故曰利曰私。惟义惟公，故经世，惟利惟私，故出世。尽者虽至于无声无臭(注 18)(指天)、无方(指精神之没有空间限制)无体(注 19)(指易之没有物理形式)，皆主于经世。释氏虽尽未来际普渡之，皆主于出世。今习释氏者，皆人也。彼既为人，亦安能尽弃吾儒之仁义？彼虽出家，亦上报四恩(双亲、师父、国王、施主)(注 20)。日用之间，此理之根诸心而不可泯灭者，彼固或存之也。然其为教，非为欲存此而起也。故其存不存，不足为深造其道者轻重。若吾儒则曰:“人之所以异于禽兽者几希。庶民去之,君子存之。”(注 21)释氏之所怜悯者,为未出轮回,生死相续,谓之生死海里浮沉。若吾儒中圣贤,岂皆只在他生死海里浮沉也?彼之所怜悯者,吾之圣贤无有也。然其教不为欲免此而起,故其说不主此也。故释氏之所怜悯者,吾儒之圣贤无之;吾儒之所病者,释氏之圣贤则有之。试使释氏之圣贤,而绳以春秋之法,童子知其不免矣。从其教之所由起者观之,则儒、释之辨,公私义利之别,判然截然,有不可同者矣。(卷二,页 1 下—2 上)

【评语】过去及现在的许多作者把陆象山描述为佛学的。朱熹说,陆以儒学传授禅教的教义,就像盐的走私者把腌鱼盖在他的货物上(注 22)。陈建(陈清澜,1497—1567),朱熹学派的有力护卫者及陆象山与王阳明的严厉批评家,在他的著作《学蔀通辩》中,无情地攻击两人为禅的提倡者。在陆过分强调心之范围内,批评是有确实根据。但是,他与禅之不同更甚于他与禅之相似。举例而言,他的心之教义就没有禅之渊深的神秘。他强调思考、怀疑及判断,那与禅是大有差别的。

在上面的讨论中,他指出了他与佛家之间的一个最主要的差异。不论有什么相似点存在于他的哲学与佛学之间,那都是表面肤浅的。附带一提地,包括像著名的学者常盘大定的许多著者,都夸大了新儒学与佛学之间的相似点(注 23)。

五、后书又谓:“无极即是无形,太极即是有理。周先生(注 24)恐学者错认太极别为一物,故著无极二字以明之。”(注 25)《易》之《大传》曰:“形而上者谓之道。”(注 26)又曰:“一阴一阳之谓道。”(注 27)一阴一阳,已是形而上者,况太极乎!

《太极图说》以“无极”二字冠首,而《通书》(注 28)终篇未尝一及“无极”字。二程言论文字至多,亦未尝一及“无极”字。假令其初实有是图,观其后来未尝一及“无极”字,可见其道之进,而不自以为是也。(卷二,页 6 上下)

六、来书本是主张“无极”二字,而以明理为说。其要则曰:“于此有以灼然实见太极之真体。”(注 29)某窃谓尊兄未曾实见太极。若实见太极,上面必不更加“无极”字,下面必不更著“真体”字。上面加“无极”字,正是叠床上之床;下面著“真体”字,正是架屋下之屋(注 30)。……老氏以无为天地之始,以有为万物之母,以常无观妙,以常有观窍(注 31)。直将无字搭在上面,正是老氏之学。岂可讳也?惟其所蔽在此,故其流为任术数,为无忌

惮。此理乃宇宙之所固有,岂可言无?若以为无,则君不君、臣不臣、父不父、子不子矣。(卷二,页 9 上下)

七、学固不可以不思。然思之为道,贵切近而优游。切近则不失己,优游则不滞物。(卷三,页 1 下—2 上)

八、此理在宇宙间,未尝有所隐遁。天地之所以为天地者,顺此理而无私焉耳。人与天地并立而为三极,安得自私而不顺此理哉?孟子曰:"先立乎大者,则其小者不能夺也。"(注 32)人惟不立乎大者,故为小者所夺。以叛乎此理,而与天地不相似。(卷十一,页 1 上)

【评语】陆象山引用孟子甚至较孔子为多。此处引语是他喜爱的一句,并且此句引语同时是象山哲学的要旨。

九、此理充塞宇宙。天地鬼神,互不能违异,况于人乎?(卷十一,页 4 上)

十、孟子曰:"人之所以异于禽兽者几希。庶民去之,君子存之。"(注 33)去之者,去此心也。故曰:"此之谓失其本心。"(注 34)存之者,存此心也。故曰:"大人者,不失其赤子之心。"(注 35)(孟子所言及的)四端(仁、义、礼、智,亦即恻隐、羞恶、辞让、是非之心)者(注 36),即此心也。天之所以与我者,即此心也。人皆有是心,心皆具是理。心即理也。(卷十一,页 5 下—6 上)

十一、宇宙间自有实理。所贵乎学者,为能明此理耳。此理苟明,则自有实行。(卷十四,页 1 上)

十二、此理塞宇宙,谁能逃之?顺之则吉,逆之则凶。其蒙蔽则为昏愚,通彻则为明智。昏愚者不见是理,故多逆以致凶。明智者见是理,故能顺以致吉。说《易》者谓:阳贵而阴贱,刚明而柔暗。是固然矣。(卷二十一,页 1 上)

十三、四方上下曰宇,古往今来曰宙。宇宙便是吾心,吾心即是宇宙。千万世之前,有圣人出焉,同此心,同此理也。千万世之后,有圣人出焉,同此心,同此理也。东南西北海有圣人出焉,同此心,同此理也。(卷二十二,页 5 上)

【评语】总而言之,这就是陆氏的哲学。朱熹在所有陆氏所谈论的只是一心(注 37)的说法中,是正确的。不幸地,除了说:(1) 它是每个人的心;(2) 它是本心;(3) 它是仁(注 38);(4) 它由孟子所说的仁、义、礼、智四端组成之外,陆氏从未充分地解释此心。简言之,对孟子所说的教义,他并未增加任何新的理念。他在中国哲学史中的重要性,不在他的哲学的原创性之中,而在他使心成为一种哲学运动的焦点这个事实中。

十四、宇宙内事,是己份内事。己份内事,是宇宙内事。(卷二十二,页5上)

十五、人心至灵,此理至明。人皆有是心,心皆具是理。(卷二十二,页5上)

十六、义理之在人心,实天之所与,而不可泯灭焉者也。彼其受蔽于物而至于悖理违义,盖亦弗思焉耳。诚能反而思之,则是非取舍盖有隐然而动,判然而明,决然而无疑者矣。(卷三十二,页4上)

十七、道外无事,事外无道,先生常言之。(卷三十四,页1上)

十八、道在宇宙间,何尝有病?但人自有病。千古圣贤,只去人病。如何增损得道?(卷三十四,页1上)

十九、道理只是眼前道理。虽见到圣人田地,亦只是眼前道理。(卷三十四,页1上)

二十、学苟知本,"六经"(注39)皆我注脚。(卷三十四,页1下)

【评语】这是一位儒者最勇敢的一个声明。反对语言文字之沉重负荷,与禅的不立文字之教义无关。他抛开注解,但他仍读原典。这与他的(弃末)(务本)之哲学相互吻合。然而一般地讲,他不关心读或写,则是真实的。在新儒家人物当中,只有他和程颢,除了信件、序及性质相同的文字之外,不写任何东西。就如程颢的情况一样,他的哲学主要地被表达于信件及语录中。倘若它们缺少了系统表现及逻辑论证的话,那它们就是实际生活的产物,并且意谓着,不是为学院的辩论,而是为日常生活的指引。

二十一、天理人欲之言,亦自不是至论。若天是理,人是欲,则是天人不同矣。此其原盖出于老氏。《乐记》曰:"人生而静,天之性也。感于物而动,性之欲也。物至知知,而后好恶形焉。不能反躬,天理灭矣。"(注40)天理人欲之言,盖出于此。《乐记》之言亦根于老氏(注41)。且如专言静是天性,则动独不是天性邪?《书》云:"人心惟危,道心惟微。"(注42)解者多指人心为人欲,道心为天理。此说非是。心一也,人安有二心?(卷三十四,页

1下)

二十二、或问先生之学,当来自何处入?曰:"不过切己自反,改过迁善。"(卷三十四,页4下)

二十三、朱元晦曾作书与学者云:"陆子静专以尊德性(注43)诲人,故游其门者多践履之士,然于道学问(注44)处欠了。某教人岂不是道问学处多了些子?故游某之门者践履多不及之。"观此,则是元晦欲去两短、合两长。然吾以为不可。既不知尊德性,焉有所谓道问学?(卷三十三,页4下—5上)

二十四、吾之学问与诸处异者,只是在我全无杜撰。虽千言万语,只是觉得他底在我不曾添一些。近有议吾者云:"除了'先立乎其大者'(注45)一句,全无伎俩。"吾闻之曰:"诚然。"(卷三十四,页5上)

二十五、复斋家兄一日见问云:"吾弟今在何处做工夫?"某答云:"在人情事势物理上做些工夫。"复斋应而已。若知物价之低昂,与夫辨物之美恶真伪,则吾不可不谓之能。然吾之所谓做工夫,非此之谓也。(卷三十四,页5上)

二十六、人共生乎天地之间,无非同气。扶其善而沮其恶,义所当然。安得有彼我之意?又安得有自为之意?(卷三十四,页5上)

二十七、宇宙不曾限隔人,人自限隔宇宙。(卷三十四,页5下)

二十八、先生居象山,多告学者云:"汝耳自聪,目自明,事父自能孝,事兄自能弟,本无缺少,不必他求,在乎自立而已。"(卷三十四,页10下)

二十九、或谓先生之学,是道德、性命、形而上者;晦翁之学,是名物、度数、形而下者。学者当兼二先生之学。先生云:"足下如此说晦翁,晦翁未伏。晦翁之学,自谓一贯。但其见道不明,终不足以一贯耳。吾尝与晦翁书云:'揣量模写之工,依放假措之似,其条画足以自信,其节目足以自安。'(注46)此言切中晦翁之膏肓。"(卷三十四,页18下)

三十、先生言:"万物森然于方寸之间,满心而发,充塞宇宙,无非此理。"(卷三十四,页21上)

三十一、吕伯恭(吕祖谦,1137—1181)(注47)为鹅湖(注48)之集。先兄复斋谓某曰:"伯恭约元晦为此集,正为学术异同。"……(朱熹)遂致辩于先兄。某云:"途中某和得家兄此诗云:'易简工夫终久大,支离事业竟浮沉。'"举诗至此,元晦失色。(卷三十四,页24上下)

【评语】1175年的(鹅湖)之会,在中国历史上,是最著名的。那是一次由当时三位居首的学者之戏剧性的集会。更重要的,那是一次两种截然不同的生活方式之会战。一个是“尊德性”而另一个则是“道问学”。如同黄宗羲(1610—1695)所说的,这两种方式个别地是陆象山与朱熹体系的基础(注 49)。这种直接的对立,如在导论中所指出的,不是存在于此两者之间仅有的一种。他们同时辩论形上学。那次发生于 1188 年的辩论是同样著名的,虽然因为经由信件的往还而不显得那么有戏剧性。

三十二、学者须是有志。读书只理会文义,便是无志。(卷三十五,页1下)

三十三、道在天下,加之不可,损之不可,取之不可,舍之不可,要人自理会。(卷三十五,页 3 上)

三十四、伯敏(注 50)云:“如何样格物?”先生云:“研究物理。”伯敏云:“天下万物不胜其繁,如何尽研究得?”先生云:“万物皆备于我(注 51)。只要明理。……某旧日伊、洛(注 52)文字不曾看,近日方看,见其间多有不是。今人读书,平易处不理会,有可以起人羡慕者,则着力研究。古先圣人,何尝有起人羡慕者?只是此道不行,见有奇特处,便生羡慕。……某读书只看古注,圣人自明白。且如‘弟子入则孝,出则弟’(注 53),是分明说与你入便孝,出便弟,何须得传注?学者疲精神于此,是以担子越重。到某这里,只是与他减担。只此便是格物。”(卷三十五,页 7 下—8 上)

【评语】说程颐和朱熹代表新儒学理性论的羽翼而程颢、陆象山和王阳明代表唯心论的一派,那是正确的。但我们不必说:陆的哲学是程颢哲学的一个分支。陆与程颢之间有些历史关联。全祖望(1705—1755)说,通过谢良佐(谢上蔡,1050—1103)(注 54),陆代表了程颢学派的全幅发展,但他却没有提出证明(注 55)。朱熹自认他不知道陆的老师是谁(注 56)。而陆象山自己则说,从读《孟子》书中,他构想了他的理念(注 57)。如同程颢的情况一样,任何了解(体验)都是经由他自己的努力完成。这是他的思想中独立自主之精神的真正基础。

陆在他的独立思考中有些离开太远了。如所预期,陆很少谈论到格物。他的理论——只不过了解与心合一的理——确实是一个极端。为此,他没有从孟子获得支持,也没有提供逻辑的辩护。

三十五、今之学者,只用心于枝叶,不求实处。孟子云:“尽其心者知其性,知其性则知天矣。”(注 58)心只是一个心。某之心,吾友之心,上而千百载圣贤之心，下而千百载复有一圣贤，其心亦只如此。心之体甚大。若能尽我之心，便与天同。为学只是理会此。“诚者自成也，而道自道。”（注 59）何尝腾口说？

伯敏云：“如何是尽心？性、才、心、情，如何分别？”

先生云：“如吾友此言，又是枝叶。虽然，此非吾友之过，盖举世之弊。今之学者读书，只是解字，更不求血脉。且如情、性、心、才，都只是一般物事，言偶不同耳。”

伯敏云：“莫是‘同出而异名’否？”（注 60）

先生曰：“不须得说。说着便不是，将来只是腾口说，为人不为己。若理会得自家实处，他日自明，若心欲说时，则在天者为性，在人者为心。”（卷三十五，页 10 上下）

三十六、此理在宇宙间，何尝有所碍？是你自沉埋，自蒙蔽，阴阴地在个陷井中，更不知所谓高远底。要决裂破陷井，窥测破个罗网。（卷三十五，页 15 下—16 上）

三十七、收拾精神，自作主宰。“万物皆备于我”（注 61），有何欠阙？当恻隐时，自然恻隐。当宽裕温柔时，自然宽裕温柔。当发强刚毅时，自然发强刚毅。（卷三十五，页 18 上）

三十八、自立自重。不可随人脚跟，学人言语。（卷三十五，页 22 上）

三十九、四端皆我固有，全无增添。（卷三十五，页 22 上）

四十、谓人心，人伪也；道心，天理也，非是。（如“人心惟危〔易于犯错〕，道心惟微”〔注 62〕言者）。人心，只是说大凡人之心。惟微，是精微，才粗便不精微。谓人欲天理，非是。人亦有善有恶，天亦有善有恶。（诸如日月蚀、恶星之类。）岂可以善皆归之天，恶皆归之人？（卷三十五，页 23 上）

四十一、天理人欲之分，论极有病。自《礼记》有此言，而后人袭之。《记》（《乐记》）曰：“人生而静，天之性也。感于物而动，性之欲也。”（注 63）若是，则动亦是，静亦是。岂有天理、物欲之分？若不是，则静亦不是。岂有动静之间哉？（卷三十五，页 31 下）

四十二、自形而上者言之谓之道，自形而下者言之谓之器。天地亦是器。其生覆形载必有理。（卷三十五，页 32 下）

原注及译案

注 1：陆九渊，字子静。他于 1172 年获得进士，并在 1174 年做主簿候补。三年之后，他与朱熹约定参与中国历史上最著名的辩论之一。1179 年,他再任主簿候补。并于 1182 年,成为一位国立大学的教授(国子正)。他在那里讲学四年并吸引了很多仰慕者。随后,他被调任一个较小的职位。在他辞职以后,他回到了江西老家,并居住在象山讲学。因此,他赢得了象山先生的荣誉头衔。1190 年,他被任命为知军(译案:《宋史》第 16 册:"光宗即位,差知荆门军。"台北,鼎文书局,页 12881),他死于任所。在他生命的全部期间,他多半是在讲学。他没有写书,因为他的重点不在此。甚至"六经",都只是他的注脚。他死于绍熙三年,那通常是等于 1192 年。可是,他死于十二月十四日,那恰好是 1193 年 1 月 10 日。这个事实已为黄秀玑的 *Lu Hsiang-shan*,页 9,注 2 所指出。

译案:《宋史》列传第一百九十三《儒林》四,有关陆象山一生的重要记载,原文如下——

陆九渊,字子静。生三四岁,问其父天地何所穷际,父笑而不答。遂深思,至忘寝食。及总角,举止异凡儿,见者敬之。谓人曰:"闻人诵伊川语,自觉若伤我者。"又曰:"伊川之言,奚为与孔子、孟子之言不类?近见其间多有不是处。"初读《论语》,即疑有子之言支离。他日读古书,至宇宙二字,解者曰:"四方上下曰宇,往古来今曰宙。"忽大省,"宇宙内事乃己分内事,己分内事乃宇宙内事"。又尝曰:"东海有圣人出焉,此心同也,此理同也。至西海、南海、北海有圣人出,亦莫不然。千百世之上有圣人出焉,此心同也,此理同也。至于千百世之下有圣人出,此心此理,亦无不同也。"后登乾道八年进士第。至行在,士争从之游。言论感发,闻而兴起者甚众。教人不用学规。有小过,言中其情,或至流汗。有怀于中而不能自晓者,为之条析其故,悉如其心。……尝曰:"念虑之不正者,顷刻而知之,即可以正。念虑之正者,顷刻而失之,即为不正。有可以形迹观者,有不可。以形迹观人,则不足以知人。必以形迹绳人,则不足以救之。"初调隆兴靖安县主簿。丁母忧。服阕,改建宁崇安县。以少师史浩荐,召审察,不赴。待从复荐,除国子正,教诸生无异在家时。……九渊少闻靖康间事,慨然有感于复仇之义。至是,访知勇士,与议恢复大略。因轮对,遂陈五论:一论仇耻未复,愿博求天下之俊杰,相与举论道经邦之职;二论愿致尊德乐道之诚;三论知人之难;四论事当驯致而不可骤;五论人主不当亲细事。帝称善。……还乡,学者辐凑。每开讲席,户外屦满,耆老扶杖观听。自号象山翁,学者称象山先生。尝谓学者曰:"汝耳自聪,目自明,事父自能孝,事兄自能弟,本无欠阙,不必它求,在乎自立而已。"又曰:"此道与溺于利欲之人言犹易,与溺于意见之人言却难。"或劝九渊著书,曰:"'六经'注我,我注'六经'。"又曰:"学苟知道,'六经'皆我注脚。"光宗即位,差知荆门军。民有诉者,无早暮皆得造于庭,复令其自持状以追,为立期,皆如约而至,即为酌情决之,而多所劝释。其有涉人伦者,使自毁其状,以厚风俗。唯不可训者,始置之法。其境内官吏之贪廉,民俗之习尚善恶,皆素知之。有诉人杀其子者,九渊曰:"不至是。"及追究,其子果无恙。有诉窃取而不知其人,九渊出二人姓名,使捕至,讯之伏辜,尽得所窃物还诉者,且宥其罪使自新。因语吏以某所某人为暴,翌日有诉遇夺掠者,即其人也,乃加追治,吏大惊,郡人以为神。申严保伍之法,盗贼或发,擒之不逸一人,群盗屏息。……初,九渊尝与朱熹会鹅湖,论辨所学多不合。及熹守南康,九渊访之,熹与至白鹿洞。九渊为讲君子小人喻义利一章,听者至有泣下。熹以为切中学者隐微深痼之病。至于无极而太极之辨,则贻书往来论难不置焉。

上文见于: 杨家骆主编,《新校本宋史并附编三种》,第 16 册,台北,鼎文书局印行,页 12879—12885。

注 2: 这两种方式已在《中庸》第二十七章指明相为互用。

译案:《中庸》第二十七章的原文如下——

大哉圣人之道,洋洋乎发育万物,峻极于天。优优大哉! 礼仪三百,威仪三千,待其人而后行。故曰: 苟不至德,至道不凝焉。故君子尊德性而道问学,致广大而尽精微,极高明而道中庸,温故而知新,敦厚以崇礼。是故居上不骄,为下不倍。国有道,其言足以兴,国无道,其默足以容。《诗》曰:“既明且哲,以保其身。”其此之谓与!

上文见于: 沈知方主稿,蒋伯潜注释,《语译广解中庸读本》,上册,香港,启明书局印行,页 38—39。

注 3: 这是 36 卷本,由书信、短论、官方文件及语录所组成。

译案: 有关陆象山哲学的参考书目,见于陈荣捷,《中国哲学文献选编》,页 798。计有: (1) 冯友兰,《中国哲学史》(英译本),第二册,页 572—579 及 585—592;(2) 黄秀玑,《陆象山》,页 30—97;(3) 张君劢,页 146—151 及 285—307;(4) Creel, *Chinese Thought*,页 209—213;(5) Cady, *Lu Hsiang-shan*,页 348—451。都是最好的。另有大规模的翻译在:(6) Cady,页 95—115 及 128—180;与简要选录在: (7) de Bary, *Chinese Tradition*,页 565—569。

又案: 根据: 陆九渊,《陆九渊集》(台北,里仁书局,1981 年 1 月出版)的版本,《陆象山全集》亦是 36 卷本,另有: 附录一、附录二、附录三及点校说明。此一 36 卷本,由: (1) 书(卷一至十七);(2) 奏表(卷十八);(3) 记(卷十九);(4) 序赠(卷二十);(5) 杂著(卷二十一至二十二);(6) 讲义(卷二十三);(7) 答问(卷二十四);(8) 诗(卷二十五);(9) 祭文(卷二十六);(10) 行状(卷二十七);(11) 墓志铭(卷二十八);(12) 程文(卷二十九至三十一);(13) 拾遗(卷三十二);(14) 谥议(卷三十三);(15) 语录(卷三十四至三十五);(16) 年谱(卷三十六)等不同文体的文字所组成。陆象山之不专事于著作,由此可见一斑。

注 4: 第四篇,第十五章。

译案:《论语》,《里仁》第四,第十五章的原文如下——

子曰:“参乎! 吾道一以贯之。”曾子曰:“唯。”子出,门人问曰:“何谓也?”曾子曰:“夫子之道,忠恕而已矣!”

上文见于: 沈知方主稿,蒋伯潜注释,《语译广解论语读本》,上册,香港,启明书局印行,页 48—49。

注 5:《孟子》,《滕文公》第三上,第一章。

译案:《孟子》,《滕文公》第三上,第一章的原文如下——

滕文公为世子，将之楚，过宋而见孟子。孟子道性善，言必称尧、舜。世子自楚反，复见孟子。孟子曰："世子疑吾言乎？夫道一而已矣。……《书》曰：'若药不瞑眩，厥疾不瘳。'"

上文见于：沈知方主稿，蒋伯潜注译，《语译广解孟子读本》，上册，香港，启明书局印行，页107—109。

注6：《离娄》第四上，第二章。

译案：《孟子》，《离娄》第四上，第二章的原文如下——

孟子曰："规矩，方员之至也。圣人，人伦之至也。欲为君，尽君道。欲为臣，尽臣道。二者皆法尧、舜而已矣。不以舜之所以事尧事君，不敬其君者也。不以尧之所以治民治民，贼其民者也。孔子曰：'道二，仁与不仁而已矣。'……《诗》云：'殷鉴不远，在夏后之世。'此之谓也。"

上文见于：沈知方主稿，蒋伯潜注释，《语译广解孟子读本》，中册，香港，启明书局印行，页163。

注7：《孟子》，《告子》第六上，第六章。

译案：《孟子》，《告子》第六上，第六章的原文如下——

公都子曰："告子曰：'性无善，无不善也。'或曰：'性可以为善，可以为不善。是故文、武兴则民好善，幽、厉兴则民好暴。'或曰：'有性善，有性不善。是故以尧为君而有象，以瞽瞍为父而有舜，以纣为兄之子，且以为君，而有微子启、王子比干。'今曰性善，然则彼皆非与？"孟子曰："乃若其情，则可以为善矣，乃所谓善也。若夫为不善，非才之罪也。恻隐之心，人皆有之。羞恶之心，人皆有之。恭敬之心，心皆有之。是非之心，人皆有之。恻隐之心，仁也。羞恶之心，义也。恭敬之心，礼也。是非之心，智也。仁义礼智，非由外铄我也，我固有之也。弗思耳矣。故曰，求则得之，舍则失之。或相倍蓰而无算者，不能尽其才者也。《诗》云：'天生蒸民，有物有则；民之秉彝，好是懿德。'孔子曰：'为此诗者，其知道乎！'故有物必有则，民之秉彝也，故好是懿德。"

上文见于：沈知方主稿，蒋伯潜注释，《语译广解孟子读本》，下册，香港，启明书局印行，页264—266。

注8：《孟子》，《万章》，第五上，第七章。

译案：《孟子》，《万章》第五上，第七章的原文如下——

万章问曰："人有言，伊尹以割烹要汤，有诸？"孟子曰："否，不然。伊尹耕于有莘之野，而乐尧、舜之道焉。非其义也，非其道也，禄之以天下，弗顾也。系马千驷，弗视也。非其义也，非其道也，一介不以与人，一介不以取诸人。汤使人以币聘之，嚣嚣然曰：'我何以汤之聘币为哉！我岂若处亩畎之中，由是以乐尧舜之道哉！'汤三使往聘之；既而幡然改曰：'与我处畎亩之中，由是以乐尧、舜之道，吾岂若使是君为尧、舜之君哉！吾岂若使是民为尧、舜之民哉！吾岂若于吾身亲见之哉！天之生此民也，使先知觉后知，使先觉后觉也；予，天民之先觉者也；予将以斯道觉斯民也，非予觉之而谁也！'思天下之民，匹夫匹妇，有不被尧、舜之泽者，若已推而内之沟中,其自任以天下之重如此。……吾未闻枉己而正人者也,况辱己以正天下者乎!圣人之行不同也,或远或近,或去或不去,归洁其身而已矣。吾闻其以尧舜之道要汤,未闻以割烹也。伊训曰:'天诛造攻自牧宫,朕载自亳。'"

上文见于:沈知方主稿,蒋伯潜注释,《语译广解孟子读本》,中册,香港,启明书局印行,页228—230。

注9:敬,此处不是用作对人们尊敬之意,而是绝对镇定及绝对坚定之意。

译案:《附录》见于:陈荣捷,《中国哲学文献选编》,页785。

《附录》的解释如下(严肃、庄重、真诚)——

在古代儒学中,"敬"字经常是与"恭"通用的,并意味着这个意思;然而在宋、明新儒学中这两个字是截然不同的。如陈淳(1153—1217)所已指出的,恭与一个人的敬重他人的外表和表情有关,而敬则与一个人的修养工夫有关。前者是外在的,而后者则是内在的(见《性理字义》,敬及恭敬。与刘师培〔1884—1919〕,《理学字义通释》,1936,页20上下)。主要的不同是:尊敬蕴涵一个对象,而敬则是一种心灵的状态。这似乎是与佛教的定相类,并且可能导致张君劢翻译敬为attentiveness(专心、注意)及concentration(专注意)(见:*Neo-Confucian Thought*,页197及222)。Graham翻译敬为composure(沉着)(见《两位中国哲学家》,页67)。然而新儒家人物强调在处理事物中做一种努力(译案:此即所谓"在事上磨炼")。此种努力则不为禅、佛教所重视。就如陈淳所说,在古代经典里面,这个字只表示泰然自若、沉着、镇静;而新儒家人物却强调在处理事物中做一种努力。翟楚的prudence接近新儒家的意义(见*Neo-Confucianism of the Sung-Ming Period* SR,18〔1951〕,页389)。而Burce的Seriousness(庄重、严肃、真诚)之翻译则是最好的(见*Philosophy of Human Nature by Chu Hsi*, 1922, p.439ff)。

注10:《易经》,《评论》,第二卦,《坤》。参理雅各(Legge),《易经》译文,页420。

译案:《易经》,第二卦《坤》的评论,见于《坤·文言》。原文如下——

《文言》曰:坤至柔而动也刚,至静而德方。……直其正也,方其义也。君子敬以直内,义以方外,敬义立而德不孤。直方大,不习无不利,则不疑其所行也。

上文见于:程颐,《易程传》;朱熹,《易本义》,台北,河洛图书出版社,1974年3月,台景印一版,页31—32。

注11:《孟子》,《尽心》第七上,第十五章。

译案:《孟子》,《尽心》第七上,第十五章的原文如下——

孟子曰:"人之所不学而能者,其良能也;所不虑而知者,其良知也。孩提之童,无不知爱其亲也。及其长也,无不知敬其兄也。亲亲,仁也。敬长,义也。无他,达之天下也。"

上文见于:沈知方主稿,蒋伯潜注释,《语译广解孟子读本》,下册,香港,启明书局印行,页319。

注12:《孟子》,《告子》第六上,第六章。

译案:《孟子》,《告子》第六上,第六章的原文如下——

孟子曰:"……仁义礼智,非由外铄我也,我固有之也。……"

上文见于:沈知方主稿,蒋伯潜注译,《语译广解孟子读本》,下册,香港,启明书局印行,页265。

注13:《孟子》,《尽心》第七上,第四章。

译案:《孟子》,《尽心》第七上,第四章的原文如下——

孟子曰:"万物皆备于我矣。反身而诚,乐莫大焉。"

上文见于:沈知方主稿,蒋伯潜注释,《语译广解孟子读本》,下册,香港,启明书局印行,页312。

注14:《孟子》,《告子》第六上,第八章。

译案:《孟子》,《告子》第六上,第八章的原文如下——

孟子曰:"牛山之木尝美矣。……存乎人者,岂无仁义之心哉?……孔子曰:'操则存,舍则亡。出入无时,莫知其乡。'惟心之谓与?"

上文见于:沈知方主稿,蒋伯潜注释,《语译广解孟子读本》,下册,香港,启明书局印行,页270。

注15:《孟子》,《告子》第六上,第六章。

注16:就其引申之意义而言,此源于《中庸》,见《中庸》,第四章。

译案:《中庸》,第四章的原文如下——

子曰:"道之不行也,我知之矣。知者过之,愚者不及也。道之不明也,我知之矣。贤者过之,不肖者不及也。人莫不饮食也,鲜能知味也。"

上文见于:沈知方主稿,蒋伯潜注释,《语译广解中庸读本》,上册,香港,启明书局印行,页5。

注17:这段节录是陆象山写给王伯顺的一封信之一部分。

注18:《中庸》,第三十章。

译案:《中庸》,第三十章的原文如下——

仲尼祖述尧、舜,宪章文、武,上律天时,下袭水土。辟如天地之无不持载,无不覆帱。辟如四时之错行,如日月之代明。万物并育而不相害,道并行而不相悖。小德川流,大德敦化。此天地之所以为大也。

上文见于:沈知方主稿,蒋伯潜注释,《语译广解中庸读本》,上册,香港,启明书局印行,页43—44。

注19:《易经》,《系辞》上传,第四章。参较理雅各,《易经》,页354。

译案:《易经》,《系辞》上传,第四章的原文如下——

易与天地准,故能弥纶天地之道。仰以观于天文,俯以察于地理,是故知幽明之故。原始反终,故知生死之说。精气为物,游魂为变,是故知鬼神之情状。与天地似,故不违。知周乎万物而道济天下,故不过。……范围天地之化而不过,曲成万物而不遗,通乎昼夜之道而知,故神无方而易无体。

上文见于:程颐,《易程传》;朱熹,《易本义》,台北,河洛图书出版社,1974年3月,台景印一版,页577—578。

注20：对外行人而言，四恩是指双亲、有情、国王及三宝（三宝指佛法及僧）。

注21：《孟子》，《离娄》第四下，第十九章。

译案：《孟子》，《离娄》第四下，第十九章原文如下——

孟子曰："人之所以异于禽兽者几希。庶民去之，君子在之。舜明于庶物，察于人伦。由仁义行，非行仁义也。"

上文见于：沈知方主稿，蒋伯潜注释，《语译广解孟子读本》，中册，香港，启明书局印行，页 195—196。

注22：《朱子语类》，卷一百二十四，第四十四条，页 2978。

注23：就常盘大定（1870—1945）的《支那に於ける佛教と儒教道教》（1930）及久保田量远《支那儒佛道交涉史》（1943 年）两本著作来说，这是真实的。然而后者的《支那儒道佛三教史论》（1931 年）颇为完整地提出了新儒家人物对佛学的批评。

注24：至于周敦颐的太极之教义，参见第二十八章，第一段。

译案：周敦颐的太极教义，见于陈荣捷，《中国哲学文献选编》，第二十八章，《新儒家的形上学及伦理学——周敦颐》，页 463—465。

注25：这封信见于《朱子文集》，卷三十六，页 4 下—5 下。

注26：《系辞》上传，十二章。参理雅各（Legge），《易经》，页 377。

译案："形而上者谓之道"一语，见于《易》，《系辞》上传，第十二章。原文如下——

《易》曰：自天祐之，吉无不利。……乾坤其易之蕴邪？乾坤成列，而立乎其中矣。乾坤毁则无以见易。易不可见，则乾坤或几乎息矣。是故，形而上者谓之道，形而下者谓之器。化而裁之谓之变，推而行之谓之通，举而措之天下之民谓之事业。……化而裁之存乎变，推而行之存乎通，神而明之存乎其人。默而成之，不言而信，存乎德行。

上文见于：程颐，《易程传》；朱熹，《易本义》，台北，河洛图书出版社，1974 年 3 月，台景印一版，页 601—604。

注27：《系辞》上传，第五章。参理雅各（Legge），《易经》，页 355。

译案："一阴一阳之谓道"一语，见于《易 · 系辞》上传，第五章。原文如下——

一阴一阳之谓道。继之者善也，成之者性也。仁者见之谓之仁，知者见之谓之知。百姓日用而不知。故君子之道鲜矣。显诸仁，藏诸用。鼓万物而不与圣人同忧，圣德大业至矣哉。富有之谓大业，日新之谓盛德。生生之谓易。成象之谓乾，效法之谓坤。极数知来之谓占，通变之谓事，阴阳不测之谓神。

上文见于：程颐，《易程传》；朱熹，《易本义》，台北，河洛图书出版社，1974 年 3 月，台景印一版，页 579—581。

注28：参见上（见《中国哲学文献选编》），第二十八章，第二段。

译案：第二十八章，第二段，见于陈荣捷，《中国哲学文献选编》，第二十八章，《新儒家的形上学及伦理学——周敦颐》，页 465—480。

注29：在朱熹给陆象山的信中，见《朱子文集》，卷三十六，页 8 上。

注30：同上，页 9 上。

注31:《老子》,第一章。陆象山以这个方式了解此句,因为他断句不同而形成的。见第七章,注 11。

译案:《老子》,第一章的原文如下——

道可道,非常道。名可名,非常名。无名天地之始,有名万物之母。故常无,欲以观其妙,常有,欲以观其徼。此两者同出而异名,同谓之玄。玄之又玄,众妙之门。

上文见于:王淮,《老子探义》,台北,台湾商务印书馆,1969 年 1 月,初版,页 1—8。

又案:根据陆象山的原文:"老氏以'无'为天地之始,以'有'为万物之母,以'常无'观妙,以'常有'观窍。"吾人可以看出:陆象山之理解《老子》此章,其章句之标点如下:"无,名天地之始;有,名万物之母。"故陈荣捷先生译象山此文如下:Lao Tzu regarded〔non-bing〕as the beginning of Heaven and Earth and〔being〕as the mother of all things, and tried to see the subtlety of things through〔eternal non-being〕and to see the outcome of things through〔eternal being〕.均以"无""有""常无""常有"作名词用,而译"无"为 Non-being,"有"为 Eternal Being。

又案:陈荣捷先生的《中国哲学文献选编》,第七章《老子》的自然之道,页 39,译《老子》的第一章前六句如下:The Tao (Way) that can be told of is not the eternal Tao; The name that can be named is not the eternal name. Therefore let there always be non-being so we may see their subtlety, And let there always be being so we may see their outcome.显而易见,陈氏理解此章章句之标点应为:"无名,天地之始;有名,万物之母。"陈氏是以"无名""有名"为名词,而译"无名"为 The Name-less,"有名"为 The Named。此其与陆象山理解《老子》此章之不同所在,盖由于标点之异也。

注32:《孟子》,《告子》第六上,第十五章。

译案:《孟子》,《告子》第六上,第十五章的原文如下——

公都子问曰:"钧是人也,或为大人,或为小人,何也?"孟子曰:"从其大体为大人,从其小体为小人。"曰:"钧是人也,或从其大体,或从其小体,何也?"曰:"耳目之官,不思而蔽于物。物交物,则引之而已矣。心之官则思。思则得之,不思则不得也。此天之所与我者。先立乎其大者,则其小者不能夺也。此为大人而已矣。"

上文见于:沈知方主稿,蒋伯潜注释,《语译广解孟子读本》,下册,香港,启明书局印行,页 279—280。

注33:《孟子》,《离娄》第四下,第十九章。

注34:《孟子》,《告子》第六上,第十章。

译案:《孟子》,《告子》第六上,第十章的原文如下——

孟子曰:"鱼,我所欲也,熊掌,亦我所欲也。二者不可得兼,舍鱼而取熊掌者也。生,亦我所欲也,义,亦我所欲也。二者不可得兼,舍生而取义者也。生亦我所欲,所欲有甚于生者,故不为苟得也。死亦我所恶,所有甚于死者,故患有所不辟也。……是故所欲有甚于生者,所恶有甚于死者。非独贤者有是心也,人皆有之，贤者能勿丧耳。一箪食，一豆羹，得之则生，弗得则死。呼尔而与之，行道之人弗受。蹴尔而与之，乞人不屑也。万钟则不辨礼义而受之。万钟于我何加焉？为宫室之美，妻妾之奉，所识穷乏者得我与？……此之谓失其本心。”

上文见于：沈知方主稿，蒋伯潜注释，《语译广解孟子读本》，下册，香港，启明书局印行，页273—275。

注35：《孟子》，《离娄》第四下，第十二章。

译案：《孟子》，《离娄》第四下，第十二章的原文如下——

孟子曰：“大人者，不失其赤子之心也。”

上文见于：沈知方主稿，蒋伯潜注释，《语译广解孟子读本》，中册，香港，启明书局印行，页191。

注36：《孟子》，《公孙丑》第二上，第六章。

译案：《孟子》，《公孙丑》第二上，第六章的原文如下——

孟子曰：“人皆有不忍人之心。先王有不忍人之心，斯有不忍人之政矣。以不忍人之心，行不忍人之政，治天下可运之掌上。所以谓人皆有不忍人之心者，今人乍见孺子将入于井，皆有怵惕恻隐之心，非所以内交于孺子之父母也，非所以要誉于乡党朋友也，非恶其声而然也。由是观之：无恻隐之心，非人也。无羞恶之心，非人也。无辞让之心，非人也。无是非之心，非人也。恻隐之心，仁之端也。羞恶之心，义之端也。辞让之心，礼之端也。是非之心，智之端也。人之有是四端也，犹其有四体也。有是四端而自谓不能者，自贼者也。谓其君不能者，贼其君者也。凡有四端于我者，知皆扩而充之矣。若火之始然，泉之始达。苟能充之，足以保四海。苟不充之，不足以事父母。”

上文见于：沈知方主稿，蒋伯潜注释，《语译广解孟子读本》，上册，香港，启明书局印行，页78—80。

注37：《朱子语类》，卷一百二十四，第十九条，页2972。

译案：对这个术语仁的讨论，参见《附录》。

注38：《附录》见于：陈荣捷，《中国哲学文献选编》，页788—789。

译案：《附录》的讨论如下——

仁不同地已被迻译为 benevolence（慈善、仁心、义行），perfect virtue（完美的德性、全德），goodness（善），human-heartedness（有人心），love（爱），altruism（爱他主义、利他主义），等等。这些翻译没有一个表达此一术语的全部意义。仁意谓着一种个别的德性（殊德）、慈善（benevolence），并且也意谓着普遍的德性（通德）（general virtue）——所有善之基础。在《孟子》中，《告子》篇（第六上，第十一章），仁是“人心”（《语译广解孟子读本》，下册，页276）。在汉代，儒者理解仁为爱或相人偶。对韩愈（768至824）而言，仁是博爱。宋、明新儒家人物解释仁为公，觉，与天地为一体，或爱之德，心之理。在现代，仁甚至等同于乙太及电子（对这些解释的评论，参见上面《中国哲学文献选编》，第三十章，《气之哲学——张载》，第一段，即页497—500；第三十一章，《唯心论的趋势——程颢》，第一段，即页523—

525,及十一段,即页530;第三十二章,《理性论的趋势——程颐》,第四十二段,即页560;第三十四章,《朱熹之大综合》,论说一,即页593—597;第四十章,《仁之哲学——谭嗣同》,导论,即页737—738)。从语源学来讲,仁意谓著社会中之人,就如中文的仁字由人字及二字(表示一个团体之义)两者所组成。在《孟子》,第七篇下,第十六章及《中庸》第二十章两书中,仁即是人。Waley 的"善"(Goodness)(见 Analects of Confucius,页 83),Hughes 的"人心"(human-heartedness)(见 *Chinese Philosophy in Classical Times*,页 12。Lucius Porter 及 Bodde 也采用这个翻译。参见冯友兰,*Hisotry of Chinese Philosophy*,第一,页 69),Bodde 的"爱"(Love)(见 On Translating Chiness Philosophic Term, 14〔1955〕, pp. 235 - 237)及 Dubs 的"慈爱"(benevolent love)(见 *The Development of Altruism in Confucianism*, 1〔1951〕, pp. 48 - 49),都失于传达语源学上的意义,虽然他们(指:上述各家仁之英译)涵盖了其他面向之大部分。此外 love 是爱的正确翻译;爱(指 love)在朱熹思想言中,将会混淆仁与爱之间的区分。仁是爱之理(参见上面《中国哲学文献选编》,第三十四章,《朱熹之大综合》,《仁说》,即页593—597),而且《孟子》也说"仁者爱人"(《孟子》,《离娄》第四下,第二十八章;此即《语译广解孟子读本》,中册,第五十六章,页205)。Boodberg 的人道(humanity)及同人之道(co-humanity)(见 *The Semasiology of Some Primary Confucian Concepte*, *PEW*, 2(1953),237 - 330;书评见 *FEQ*, 13〔1954〕, p.334.)与林语堂"true manhood"(见 *Wisdom of Confucius*,页184)是不错的。我的选择是 Humanity(人道),因为 Humanity 似乎表达了所有的意义,而且也有一个形容词的形式;而 True manhood(真正的人)则无。当然,说"仁是乙太或电子"那是荒谬的,然而这些真实地只被用来当作隐喻而已。Humanity(人道)则顾全了所有新儒家的解释。因为 Humanity(人道)无疑地拥有赋予生命等及与天地形成一体之人的特性(关于仁的一个简洁而极好的讨论以及新儒家的解释,参见陈淳,《性理字义》,上部分,"仁"字门)。

又案:陈荣捷先生另有一篇论文,名为《仁的概念之开展与欧美之诠释》,收录于:(1) 陈荣捷,《王阳明与禅》(台北,无隐精舍,1973年5月,初版),页3—19;(2) 陈荣捷:《陈荣捷哲学论文集》(台北,仰哲出版社,初版),页3—19;(3) 陈荣捷,《王阳明与禅》(台北,台湾学生书局,1984年11月,初版),页7—22;(4) 项维新、刘福增主编,《中国哲学思想论集》,《先秦篇》(台北,牧童出版社,1979年12月,三版),页1—16。

注39:《诗经》《书经》《礼记》《易经》《周礼》《春秋》。古代的"六经"有《乐经》,现在遗失了。代以《周礼》。

注40:《礼记》,《乐记》。参理雅各翻译,《礼记》,页96。

注41:这名辞,天理,当然不见于《老子》一书中。陆显然考虑了《老子》第三、十九、三十、三十七、五十七章中道家的无欲或寡欲之一般教义。

译案:有关《老子》涉及"无欲"或"寡欲"的章句,今依陈荣捷先生之提示,将《老子》原文条列摘录如后。

《老子》第三章的原文如下——

不尚贤,使民不争。不贵难得之货,使民不为盗。不见可欲,使心不乱。是以圣人之治,虚其心,实其腹,弱其志,强其骨。常使民无知无欲,使夫智者不敢为也。为无为则无不治。

上文见于:王淮,《老子探义》,台北,台湾商务印书馆,1969 年正月,初版,页14—18。

《老子》第十九章的原文如下——

绝圣弃智,民利百倍。绝仁弃义,民复孝慈。绝巧弃利,盗贼无有。此三者以为文不足,故令有所属。见素抱朴,少私寡欲。

上文见于:王淮,《老子探义》,页 78—81。

《老子》第三十四章的原文如下——

大道氾兮,其可左右。万物恃之而生而不辞,功成而不有,爱养万物而不为主。常无欲,可名于小。万物归焉而不为主,可名为大。是以圣人终不为大,故能成其人。

上文见于:王淮,《老子探义》,页 136—139。

《老子》第三十七章的原文如下——

道常无为而无不为。侯王若能守之,万物将自化。化而欲作,吾将镇之以无名之朴。无名之朴,亦将不欲。不欲以静,天下将自定。

上文见于:王淮,《老子探义》,页 144—147。

《老子》第五十七章的原文如下——

以正治国,以奇用兵,无事取天下。吾何以知其然哉?以此。天下多忌讳,而民弥贫。民多利器,国家滋昏。人多伎巧,奇物滋起。法令滋彰,盗贼多有。故圣人云,我无为而民自化,我好静而民自正,我无事而民自富,我无欲而民自朴。

上文见于:王淮,《老子探义》,页 127—231。

注42:《大禹谟》,第十五节。参理雅各翻译,《书经》,页 61。

注43:《中庸》,第二十七章。

注44:同上。

注45:《孟子》,《告子》第六上,第十五章。

注46:《象山全集》,卷二,页 9 上。

译案: 陆九渊,《陆九渊集》,卷二,《与朱元晦》。原文如下:"揣量模写之工,依放假借之似,其条画足以自信,其习熟足以自安。"(台北,里仁书局,1981 年,页 27)此四句与同书(《陆九渊集》)卷三十四《语录》(上)之文字稍有不同,原文如下:"揣量模写之工,依放假借之似,其条画足以自信,其节目足以自安。"(页 420)不同之处在以"习熟"二字易"节目"二字而已。

注47:他是一位高级政府官员,而且是一位著名的学者。朱熹写了很多讨论种种哲学问题的信给他。这些信件见于《朱子文集》,第三十二至三十五卷之中。有关他的

传记参见：*Forke*, *Geschichte der Neueren Chinesischen Philosophie*, pp. 226 – 229.或：黄宗羲辑，《宋元学案》，卷五十一。他代表了这个时代最显著的思想潮流。他的系统是朱的理性论及陆的唯心论之综合。

注48：鹅湖寺在现在的江西省境内。

注49：《宋元学案》，卷五十八，《象山学案》，页2上。

注50：在陆的学生当中，伯敏从象山学习最久。伯敏记录的语录在《象山全集》，卷五十三，页5上—11下。

译案：李伯敏所记之语录，见于：《陆九渊集》，卷三十五，《语录》下（页437—446）。

注51：《孟子》，《尽心》第七上，第四章。

注52：所谓的伊、洛，因为二程兄弟居住并讲学于伊水地区及洛阳。后来这名辞也适用于朱熹，此即程、朱学派为一整体。

注53：《论语》，《学而》第一，第六章。

译案：《论语》，《学而》第一，第六章的原文如下——

子曰："弟子入则孝，出则弟。谨而信，泛爱众而亲仁。行有余力，则以学文。"

上文见于：《语译广解论语读本》，上册，页5。

注54：谢良佐，亦即谢上蔡，是程氏兄弟最突出的学生之一，并且是一位著名的新儒家人物。有关他的哲学，参见：Forke, *Geschichte der Neueren Chinesischen Philosophie*, pp. 110 – 116.或：《宋元学案》，卷二十四，《上蔡学案》。

注55：《宋元学案》，卷五十八，《象山学案》，页1上。

注56：《朱子语类》，卷一百二十四，第七条，页2969。

注57：《象山全集》，卷三十五，29上。

译案：《陆九渊集》，卷三十五，语录下，有一段文字，说明了陆象山自己的哲学理念之所从来。原文如下——

某（指：门人詹阜民）尝问："先生之学亦有所受乎？"（象山）曰："因读《孟子》而自得之。"

上文见于：《陆九渊集》，页471。由此可见，象山心学有两个来源，其一是得自《孟子》，其二是得自自家体验。

注58：《孟子》，《尽心》第七上，第一章。

译案：《孟子》，《尽心》第七上，第一章的原文如下——

孟子曰："尽其心者，知其性也。知其性，则知天矣。存其心，养其性，所以事天也。殀寿不贰，修身以俟之，所以立命也。"

上文见：《语译广解孟子读本》，下册，页309。

注59：《中庸》，第二十五章。

译案：《中庸》，第二十五章的原文如下——

诚者，自成也。而道，自道也。诚者，物之终始。不诚，无物。是故君子诚之为贵。诚者，非自成己而已也，所以成物也。成己，仁也。成物，知也。性之德也，合外内之道也，故时措之宜也。

上文见于：《语译广解中庸读本》，页 35。

注60：引用《老子》，第一章。

注61：《孟子》，《尽心》第七上，第四章。

注62：《书经》，《大禹谟》，第十五章。参理雅各，《书经》，页 62，陆自己的插入话。

注63：参理雅各，《礼记》，卷一，页 97。

参考论文篇目及书目

（依注释及译案顺序排列）

① 杨家骆主编，《新校本宋史并附编三种》，第 16 册。

② 黄秀玑，《陆象山》。

③ 沈知方主稿，蒋伯潜注释，《语译广解中庸读本》。

④ Wing-tsit Chan, *A Source Book in Chinese Philosophy.*

⑤ Fung Yu-lan, *History of Chinese Philosophy.*

⑥ Carsun Chang, *Neo-Confucian Thought.*

⑦ Creel, *Chinese Thought.*

⑧ Cady, *Lu Hsiang-shan.*

⑨ de Bary, *Chinese Tradition.*

⑩ 陆九渊，《陆九渊集》（里仁本）。

⑪ 沈知方主稿，蒋伯潜注释，《语译广解论语读本》，上册。

⑫ 沈知方主稿，蒋伯潜注释，《语译广解孟子读本》，上册。

⑬ 沈知方主稿，蒋伯潜注释，《语译广解孟子读本》，中册。

⑭ 沈知方主稿，蒋伯潜注释，《语译广解孟子读本》，下册。

⑮ 陈淳，《性理字义》。

⑯ 刘师培，《理学字义通释》。

⑰ 张君劢，《新儒家思想》。

⑱ Graham, *Two Chinese Philosophers.*

⑲ Chai Ch'u, *Neo-Confucianism of the Sung-Ming Perod.*

⑳ Bruce, *Philosophy of Human Nature by Chu Hsi.*

㉑ Legge, *Yi King.*

㉒ 程颐，《易程传》；朱熹，《易本义》。

㉓ 朱熹，《朱子语类》。

㉔ 常盘大定，《支那に於ける佛教と儒教道教》。

㉕ 久保田量远，《支那儒佛道交涉史》。

㉖ 久保田量远，《支那儒道佛三教史论》。

㉗ Wing-tsit Chan, *The Neo-Confucian Metaphysics and Ethics in Chou Tun-i.*
㉘ 朱熹,《朱子文集》。
㉙ 王淮,《老子探义》。
㉚ Wing-tsit Chan, *The Natural Way of Lao Tzu.*
㉛ Wing-tsit Chan, "Chang Tsai's Philosophy of Material Force."
㉜ Wing-tsit Chan, "The Idealistic Tendency in Ch'eng Hao."
㉝ Wing-tsit Chan, "The Rationalistic Tendency in Ch'eng I."
㉞ Wing-tsit Chan, "The Creat Synthesis in Chu Hsi."
㉟ Wing-tsit Chan, "The Philosophy of Humanity (jen) in T'an Ssu-T'ung."
㊱ Waley, *Analects of Confucius.*
㊲ Hughes, *Chinese Philosophy in Classical Times.*
㊳ Bodde, "On Translating Chinese Philosophic Term."
㊴ Dubs, "The Development of Altruism in Confucianism."
㊵ Boodberg, "The Semasiology of Some Primary Confu-cian Concepts."
㊶ Lin Yutang, *Wisdom of Confucius.*
㊷ 陈荣捷,《仁的概念之开展与欧美之诠释》。
㊸ Wing-tsit Chan, "The Development of the Concept of Jen and Its Interpretation in Europe and America."
㊹ 陈荣捷,《王阳明与禅》。
㊺ 陈荣捷,《陈荣捷哲学论文集》。
㊻ 项维新、刘福增,《中国哲学思想论集》,《先秦篇》。
㊼ 张君劢,《新儒家思想史》,上下两册(中文本)。
㊽ 陈荣捷,《中国哲学文献选编》。
㊾ Legge, *Li Ki.*
㊿ Legge, *Shoo King.*
51 Forke, *Geschichte der Neueren Chinesischer Philosophie.*
52 黄宗羲,《宋元学案》。

本文译自 Wing-tsit Chan, *A Source Book in Chinese Philosophy*, Princeton, N. J.: Princeton University Press, 1963. 第三十章,页 572—578。《中华文化复兴月刊》,第二十卷第九期(1987 年 9 月),页 21—27;第二十卷第十期(1987 年 10 月),页 47—57。

陈淳“叹陆学张王学问无源”考辨

陈淳(1159—1223),字安卿,称北溪先生。漳州龙溪县(福建)人。少习举子业。林宗臣见而奇之,授以《近思录》。淳读之并及朱子所著书。陈淳《郡斋录后序》(《北溪大全集》卷十)自述云:“先生(朱子)庚戌(1190)四月至临漳(漳州)。某自罢省试归,五月方抵家。而道途跋涉之苦,得病未能见也。至十一月十八日冬至,始克拜席下,而居村食贫,又以训童拘绊,不得日侍炉锤之侧。明年先生忽以丧嫡子丐祠甚坚。当路者……即为允之。四月二十五日午时主管鸿庆宫。……二十九日方行。某送至同安县东之沈井铺而别。实五月二日也。”又同卷《竹林精舍录后序》云:“某自辛亥(1191)夏送先生于沈井之后,以水菽之不给,岁岁为训童牵绊,未能一走建阳,再诣函文。而先生屡以书来招。至乙(应作己)未(1199)冬,始克与妻父(朱子门人李唐咨)同为(建阳)考亭之行。十一月中澣,到先生之居。即拜见于书楼下之阁内。……越明年庚申(1200)正月五日拜别而归。临歧又以冬下再见为嘱。岂谓自此一别,方阅九十二日,而遽有幽明之判,反成终天之诀。”盖三月初九,朱子即长逝矣。如是陈淳师事两次,为期七月有余。录其所闻五六百条,无所不包,为《朱子语类》诸语录之冠。问答亦逾百。《语类》卷一百一十七训淳三十四条,亦比任何门人为多。与黄榦同为朱门之杰出者。《与姚安道书》有云:“某于经籍中师仰其道者十年,而亲炙函丈者又十年。真所谓身即书,心即理,凡昔闻其语者,今亲见其人。”(卷三十一)可谓真切无极矣。

《宋史》卷四百三十《道学传·陈淳传》云:“嘉定九年(1216)待试中都(杭州),归过严陵(即严州,故治在今浙江建德县)。郡守郑之悌率僚属延讲郡庠。淳叹张陆王学问无源,全用禅家宗旨。认形气之虚灵知觉为天理之妙,不由穷理格物,而欲径造上达之境,反托圣问以自标榜。遂发明《吾道之体统》《师友之渊源》《用功之节目》《读书之次序》为四章,以示学者。”《宋史》所言,几全用陈淳门人陈沂之《叙述》(《北溪大全集》,《外集》)。《叙述》谓待试中都,岁在丁丑(1217)。《宋史》误早一年。尤重要者,《叙述》谓"先生叹陆学张王，学问无源"，而《宋史》改为"张陆王学问无源"。以后我国之《考亭渊源录》卷六，韩国李滉之《理学通录》卷二，与日本1670年本之《北溪字义》，皆沿其误。《宋史》之改"陆学张王"为"张陆王"，或是笔误，或是不解"张王"意义，误以为姓，遂断"陆学张王"为不可解，而以"学"字为衍文，故删削之。而又颠倒"陆""张"二字，益觉糊涂。然以后学者沿用，皆无异词。如津河广仁堂本《性理字义》所附《北溪先生略传》与《北溪字义》康熙乙亥(1695年)本施元勋序是也。大概以陈淳所叹者为陆、张、王等三人。近年中华书局标点本《宋史》明明显显在三字之旁，树以直线，以表皆是人名，更无疑义。然三人之中，陆氏指陆象山(1139—1193)，自无问题，然张氏为谁？王氏为谁？则从来未有人论及。张氏勉强可谓指张无垢(张九成，1092—1159)。《北溪大全集》卷二十四，《与赵司直季仁》第二书有曰："此一家学问，分明是空门宗派。晓然张无垢之徒，何暇更说吾儒道统？"同卷《答黄先之》云："象山学全用禅家宗旨，本自佛照传来。教人惟终日静坐，以求本心。而其所以为心者，却错认形体之灵者，以为天理之妙。……分明是吾道之贼。只向日张无垢之徒杨慈湖(杨简)为陆门上足……"此处攻击目标，在象山门人杨氏。又《与李公晦》第一书云："颇闻浙间年来象山之学甚旺，以杨慈湖、袁祭酒(袁絜)为陆门上足。显立要津，鼓簧其说。"(卷三十三)同卷《与陈寺丞师复》第一书亦云："颇觉两浙间年来象山之学甚旺，由其门人杨、袁贵显，据要津唱之。"别处又专攻慈湖，谓："佛家所谓作用是性之说，蠢动含灵皆有佛性之说，运水搬柴无非妙用之说，故慈湖传之，专认心之精神为性。"(卷三十一《与黄寅仲》)若谓攻张，何不同时攻杨？

至于王氏是谁，更难解释。陈淳攻击陆派而指名除杨、袁外，有詹郎中、赵复斋(卷二十三《与李公晦》第一书，卷三十四《答黄先之》)。此外所染未深者有姚安道(卷二十五《答郭子从》第一书)、顾平甫、邵甲、王震(卷二十四《答黄先之》)。其中只一人姓王。然王震年仅二十，未必与成名者并提。且陈淳屡次以邵生甲、王生震并举(卷三十二《与郑行之》《与郑节夫》)。其致邵生书比致王生书几长三倍(均卷三十一)。如单举一人，则以邵生为是。总之，姓张姓王，皆所不通。历来引用《宋史》者，绝未提出疑问。实则一查《辞海》，则以上辨论，大可不必。《辞海》张王条下云："旺盛也。"并指出其源自韩愈《和侯协律咏尹》诗："得时方张王。"如是"陆学张王"，显而易见。然此词极少采用。是以《大中华辞典》亦未收入。毋怪学者皆以张王为姓氏也。

诸书中惟《宋元学案》征引无误。《学案》卷六十八《北溪学案》引《宋史》云："嘉定九年，待试中都，归遇严陵。……叹陆学张王，学问无源。"经已改正《宋史》之"张陆王"为"陆学张王"。然仍存《宋史》以嘉定十年为九年之误。"归遇"亦未改正为"归过"。商务《国学基本丛书》标点本,"陆学张王学问无源"八字并不分句,恐亦仍以张王为人之姓氏。《四库全书总目提要》商务本页 1916 虽已改正"归遇"为"归过",然尚存《宋史》嘉室九年之讹。又缺"都"字。胡玉缙《四库提要补正》如之,更缺"都归"两字。皆未考陈沂《叙述》,有以致之。

原载《史学评论》,1983 年第六期,页 227—250。

简又文《白沙子研究》序

吾粤处南海之滨,远距华夏思想学术之中心,计以千里。故粤人每得新鲜之空气与独立之精神。前有惠能禅师之开创南宗,一改禅宗面目。后有孙中山先生之革命,推倒二千年之专制。中则有白沙子之改变有明一代之学风,盖亦吾粤一贯之新鲜空气、独立精神也。

白沙子之学,基于简易之功与自得之乐。不为功夫节目所拘,直叩本体,亦与惠能禅师直指本性与中山先生知难行易之单刀直入本色相同。故能撇尽唐宋以来之支离芜蔓,意必固我,而立其简易,致其自然。于是岭南士风焕然一新,而有明一代之学术亦随之而趋于新颖纯简。其革新创造之伟大为何如耶!

白沙子不事著述,只重随处体认天理。因而宗仰者亦不愿为之著作。世遂无专论白沙学说之书焉。然白沙子之学虽简,苟有以探其微,则其光辉更大。今简子又文积数十年之浸染,思有以传之习之,乃撰成有系统而深刻之《白沙子研究》专编。此固以应学者之急需,而亦所以纪念白沙先生之不朽也。

简子与白沙先生同乡,其人生哲学亦相近。故其谅解亲密,其叙述殷切,读其书如见白沙子其人。又每举西方思想与近代哲学相比较,益见白沙哲学之生生活活、如在目前焉。尤可喜者,《明史》本传谓白沙子之学初本于周子主静及程子静坐之说。后人之习其学者,皆侧重其静坐,而不知白沙子从静中得见鸢飞鱼跃之机。其所体认之宇宙,充满乎通塞往来之机与生生化化之妙。其所见之理,无一处不到,无一息不运。盖其所谓静,实乃动的哲学也。简子对于此点特表而出之,谓白沙之静,不外方法学而已。可谓深知白沙子者矣。故心悦诚服而为之序。

陈荣捷　于北美达特茅斯学院

当代唯心论新儒学：熊十力

陈瑞深 译注

译注者前言

本文为陈荣捷先生英文原著 *A Source Book in Chinese Philosophy*（《中国哲学文献选编》）中的第四十三章。陈先生早年负笈美国，即不断从事中国哲学的研究与发扬[①]。为让西方学者正确了解并获得研究与参考之便，他撰写了本书介绍中国哲学；上迄人文主义的成长下至当代中国哲学，是同类著作中唯一含有当代中国哲学的一部伟构。

当代中国哲学部分，在概述中国大陆地区情况外，陈先生另专章介绍了张东荪的知识之理论及冯友兰的当代理性论新儒学。而本文《当代唯心论新儒学》，则是阐述熊十力先生的《新唯识论》及《原儒》二书的哲学[②]。

陈先生叙述熊学的原文，是文雅而雄辩的；其翻译熊学的原著，则是准确而传神的；而他的理解熊学理论，则又是中肯而精要的。译注者为讲授中国哲学史之便，特将本文译出，以让学生了解当代中国哲学的发展，希能忠实传达陈先生的原意。至于（一）陈先生翻译熊学的原著部分，（二）译注者与陈先生对熊学了解的不同观点，以及（三）本译文翻译的有关问题，译注者均将于译注中一一加以注释说明。

熊十力先生所建构的哲学体系，是中国哲学中唯一系统化的唯心论的本体—宇宙论的形上学之伟构。正如陈荣捷先生所言：熊氏影响了很多的年轻中国哲学家。他的学生包括牟宗三先生、唐君毅先生，以及徐复观先生，分别在中国的哲学及思想的领域中，作了不少的贡献与发展。其中，尤以牟宗三先生所建构的唯心论的本体（物自身）—现象论形上学，最能把握中国哲学唯心论系统的主流，并扣紧现代中国特殊处境——“现代化”问题，而弥补了熊先生的“量论”[③]未及完成之缺憾，可说是善于绍述乃师之志的当代唯心论新儒家代表人物。牟宗三先生说：“中国哲学中，儒家的孟子学及下开陆、王心学，道家的庄子学及佛家的天台学之圆教比华严学、禅宗，更接近康德所谓的智的直觉。”[4]牟先生的哲学，即是立基于此一主流之上；然后，以中国哲学改造康德，并以康德的纯粹理性批判弥补中国哲学的不足，开辟了会通中、西哲学的最佳桥梁（而非唯一的桥梁）。沈有鼎先生在民国二十六年一月，中国哲学会于南京举行第三届年会时，宣读了一篇以《中国哲学今后的开展》为名之论文，说：“第三期文化的产生是要以儒家哲学的自觉为动因的。……第三期文化是富有组织能力的。不论社会的组织、思想的组织，都是以刚动的逻辑精神为条件的。因此，中国今后的哲学是系统性的，不再是散发的。……这一个系统，就是穷理尽性的唯心论大系。”[5]吾人一窥由十力先生——这位关键性的中心开启性的人物，所开展而出的当代唯心论新儒学的蓬勃发展，即可证明沈有鼎先生预言之不虚。

译者曾受业于徐复观先生，并忝为牟宗三先生的学生——王淮先生的门下，对熊先生的哲学——新唯识论之研阅，于兹近二十年矣。今日有幸翻译陈荣捷先生介绍熊先生的文字，不胜其临渊履薄之感。译文如有不妥之处，概由译注者负责。

1984年9月　末学　陈瑞深 译识

---

① 陈广湘，《广东开平陈荣捷先生年谱》，收录于陈荣捷，《王阳明与禅》，台北，无隐精舍，1973年5月，页1—2。《年谱》叙述陈先生对中国哲学的研究与发扬极详，读者可取参看。

② 当代中国哲学的派别极多，除陈荣捷先生《中国哲学文献选编》所述者外，贺麟的《当代中国哲学》一书，吴森的《中国大陆之外的当代中国哲学》一文，以及杜维明《儒学第三期发展的人物》一篇访谈中，均有涉及。兹综合上述四家及译者之意见，将当代中国哲学之成系统者，分派归类如下：第一，当代新孙文学说；第二，当代唯心论新儒学；第三，逻辑实证论学派；第四，当代中国佛学；第五，当代理性论新儒学；第六，当代中国士林哲学；第七，超越传统、西化及俄化之上而前进的“文化超越论”学派；第八，中国共产党执政以来的中国哲学。吴文见于《中国文化月刊》，台中，东海大学，1980年2月，第四期，页133—154。杜的访谈见于金烜炜，《与杜维明谈儒学第三期发展的人物》，台北，时报杂志社，1979年12月，《时报杂志》，第一期，页24—25。

③ 熊先生曾于《十力语要》及《十力语要初续》两书中，明言《新唯识论》只是一部“境论”之作，尚须完成另一部“量论”，方能窥其哲学系统之全貌。唯熊先生常自言患脑空之病，不能深思，一思考即头痛。故迄1968年病逝于上海为止，“量论”一书尚未着

手撰述,是其生平之一大憾事。而牟宗三先生于 1979 年 7 月 1 日,在熊十力先生追念会讲话亦说:"熊先生的书大家都看过,他主要的著作是《新唯识论》。《新唯识论》本来预备是写两部的。现在所看到的一部是'境论',还有一部是'量论',即知识论。'量论'始终没有写出来,但照熊先生本人的用心范围,那书在那时代,他老先生是不容易写出来的。故他一直都没有写。……尽管我讲哲学系统、哲学概念或许比我们老师知道得多,他一生想要写的'量论'写不出来,而我或可以写出来。我可以顺着他所呈现的内容真理来讲,把它建立起来,而往前发展。但这并不表示我比我老师好。"上文见于牟宗三,《时代与感受》,台北,鹅湖出版社,1984 年 3 月,页 264—257。从上述牟宗三先生的谈话中,吾人可知:牟先生的哲学——"唯心论的本体—现象论的形上学",乃是继续熊先生的哲学——"唯心论的本体—宇宙论的形上学"而发展,完成了熊先生未竟的缺憾。

④ 金烜炜,《与杜维明谈儒学第三期发展的人物》,台北,时报杂志社,1979 年 12 月,《时报杂志》,第一期,页 24。此外,牟先生在《智的直觉与中国哲学》及《现象与物自身》两书中,亦常表露此一论点。

⑤ 贺麟,《当代中国哲学》,台北,宗青图书出版公司,1983 年 10 月,页 46—47。此外,韦政通、李鸿禧,《思潮的动脉》,台北,中国论坛社,1983 年 10 月,页 32;韦政通,《儒家与现代中国》,台北,东大图书有限公司,1984 年 7 月,页 124;韦政通,《现代中国儒家的挫折与复兴》,收录于《思潮的脉动》,页 1—75;及《儒家与现代中国》,页 95—162,均曾引述此段文字。

原著者导论

如同冯友兰企图重建理性论新儒学(译注①、②),熊十力(1883—1968)也尝试重建唯心论新儒学(译注③)。他写了八本书讨论他的哲学(注 1)(译注④)。而整个系统体系性地呈现,则在《新唯识论》一书中(注 2)。

依据该书的中心论旨,"真实"即是"永续不断的转变(变化)"(熊十力先生称之为"恒转")。由"翕"及"辟"所组成。而此二者又是一"永不止息的生化及再生化之过程"(生生不息之过程)(译注⑤)。此"原初实体"(熊先生称之为"本体")每一刹那都是在"永续不断的变化(转变)"(熊先生称之为"恒变")中,一再重新生起。因此导致了许多"显象"(译注⑥)。然而,"真实"与"显象",或"实体"与"作用",却是一。就其"翕"的面向言,它是凝聚整合的动势——我们可暂称此一结果为"物质";而就其"辟"的面向言,则它又是维持其自己本性并自己做主的动势——我们可暂称此一结果为"心灵"(译注⑦)。这一心灵的本身是"原初心灵"(熊先生称此"原初心灵"为"本心""自心"或"性智")之一部分;而此原初心灵,就其不同的面向言,是则"心灵""意志"及"意识"三者(译注⑧)。

显而易见地,"翕"与"辟"及"生化"与"再生化"的观念来自《易经》。它如熊氏所说的是其观念的"主要资源"。"心灵"的分析来自佛家的唯识论,"实体与作用之统一"的观念源于宋、明新儒学。而其首位性的观念——"原初心灵"(本心),则出自王阳明(王守仁,1472—1529)。就像所有宋、明新儒家人物一样,他将"原初心灵"(本心)描述为"仁"。其目标并指向"天(性)与人之形成一体"("天人一体"或"天人合一")(译注⑨)。

熊氏首先追随佛家的唯识论。稍后,他变得不满,而转到宋、明新儒学,批判、综合并转化此二者,且自西方哲学借取资源来建构他的新唯识论。如他所强调的"识"(意识)之一字,此处指着,不是"心灵"或"阿赖耶"(Alaya)(藏所或藏识),一如在唯识论里所指的,它演化了一个外显的世界;而是所有存在的"原初心灵"(本心)或"原初实体"(本体);而"唯"之一字,意谓着"殊特"之义(译注⑩)。熊氏已使佛学蒙受到冗长、谨慎及深刻的批判(注3)。而事实上,他是中国历史上如此做的第一人。虽然如此,他亦不能免于佛学之一项未解决的显著缺陷,而那是认为外在世界为一"暂存"或"假"的存在。在佛学中,此字意谓"暂时的""短暂的",或甚至"虚假的"。就唯识论认为只有虚假存在的外在对象而论,熊氏并未离开唯识太远(译注⑪)。然而从他思考具体的、物理的事物为一对"心灵本性"的威胁来看,他的漠视外在世界为附属地位的倾向是清晰可见的。这种看法削弱了他那"永续不断的转变"(恒转)之理论;因为除非具体的、物理的事物,拥有"本体之真性";否则同与并通过事物的"转变"(变化),将会是在一个动摇的基础上(译注⑫)。

熊氏所受益于佛学的唯心论是不如刹那转变之概念来得多。他运用此一概念于《易经》的生生的教义上,并且加以强调。动力论的变革之观念,早为宋、明新儒学所凸显,尤其在王阳明良知学中。然而熊氏却提供它以一形上学基础(译注⑬)。就此而言,他部分地受了西方哲学的影响,显著的是柏格森(Bergson)的创化论思想(译注⑭)。然而他对西方哲学是批判多于欣赏的。在没有西方语文知识的情况下,他错误地断言,西方哲学中,(一)并未充分强调经由个人体认的途径以获取真理之实现,(二)对外在事物做了过多的追逐,且(三)没有了解实体与作用之统一(译注⑮)。

尽管有了上述这些弱点,熊氏已明确地促使宋、明新儒学向前推进一步,特别显著地是在理气。朱熹(1130—1200)的理气之分与王阳明的气只是心的一个面向之观念的争议,现在是被克服了。熊氏尚未澄清心与理的关系,那是真实的(译注⑯),但是,他却赋予了宋、明唯心论新儒学,以一更为坚实的形上学基础,及更多的动力论性格(译注⑰)。

除冯氏与熊氏之外,20 世纪中,另有其他学者也已尝试重建传统哲学,特别是欧阳竟无(1871—1943)、太虚大师(1889—1947)及梁漱溟(1893—1988)。欧阳及太虚二位只复活了唯识哲学,并未增加任何新的理念。梁氏在给予儒学仁的概念以一动力论的直觉之新诠释中,对 1920 年的新文化运动发挥了无比的影响力。但是他并未发展出一套属于他自己的哲学系统(译注⑱)。而熊氏却已完成了此项工作。除此之外,他比任何其他当代中国哲学家,影响了更多的年轻中国哲学家(译注⑲)。尤其重要的是,自从中国共产党于 1949 年执政后,如没有其他人之所为的情况下,他重新陈述了他的整个哲学于一本书中,而且是在没有运用中国共产党口号,或参考马克思、斯大林或毛泽东思想的情况下,完成这项工作的(译注⑳)。以《原儒》(注 4)定名的这本著作,精于哲学,并未改变《新唯识论》的基本论旨。然而它却显示了儒学在中国是颇为活泼的。下列选文是从这两本书节录出来的。

一、翕与辟

从某一观点言,“转变”(变化)就是翕与辟(注 5)。这两个词,在这种意义的表达上,仅显示着一种动势上的不同。辟只是一种动势,而翕也只是一种动势。我们不应说,各个动势有一属于它自己的实体;也不应说,翕在先而辟在后。就另一面说,转变(变化)意谓着方生方灭。换言之,当翕或辟发生时,它立刻消失,未曾些微保留其先前的动势。但又无时无刻不在灭故生新。如果我们要了解转变(变化)的性质,我们必须小心地分析并完全地了解这两个面向。否则,我们将绝不能赏识转变(变化)(译注㉑)。

现在让我们讨论翕与辟。它们是什么呢? 如同前面所说,当本体显现其自己为显象之时,原初实体即变为作用。因此,如果我们说,原初实体是一能转变者(能变者),或称之为永续不断的转变(恒转),则我们必须体认,在它的运动中,永续不断的转变(恒转)是无形无象的,并且是微妙的。这运动是没有止息地持续着。这种永不止息的运动,当然不是一种单约的动势。在每一运动中,经常有一种“摄聚”。没有了它,此一运动将是无目的的、飘浮的及无根基的。所以,当此行动的动势开始之时,同时即有一种摄聚。这种摄聚动势是积极的凝聚。因此，在没有任何意图的情况下，一种无限量的物理生成趋于存在。从其中形构了物理宇宙。这种由摄聚到物理生成的动势即被称为翕（译注㉒）。

我们必需了解原初实体既没有物理形式，也没有物理性质，是物理地不被任何事物所阻碍，是绝对的、整全的、纯粹的、刚健的及生气蓬勃的。但是，原初实体变成许多显象的作用中，有我们所谓的翕是不可避免的。这个翕拥有一种变成物理形式及具体质料的趋势。换言之，透过翕的过程，各各具体的实物获得它们的物理形式。当永续不断的转变（恒转）显现其自己为一种翕的动势时，它几乎必须全然物化，好像它将保持不住其自己的本性。这种情形可说是一种反作用了（译注㉓）。

然而当翕的动势升起时，另有一种动势同时俱起。它是以恒转（永续不断的转变）为基础，而与之一齐升起的。它是稳健的、自足的，并且对翕的过程是不愿改变它自己的。那就是说，这种动势运行于翕中，而为它自己的主宰。如此显示了它的绝对稳健性，并且促使翕的过程来随着它自己运行。这种动势——刚健的、生气蓬勃的及不物化的——即被称为辟。……（译注㉔）

【评语】在佛家的唯识学派中，永续不断的转变（恒转）是认同于"意识"（识，阿赖耶）的；而此处则是认同于原初实体。同时，在唯识中，转变的能力来自种子，而这些种子熏习或影响先前的种子来产生转变。而熊氏则归转变的原力于自然的动势。（注6）

翕的动势是整合的，并且趋向于形成物理的事物。在翕之所以为翕的基础上，我们暂称翕为物或物行。辟的动势是刚健的及生气蓬勃的，是运行于翕之中而又使翕随从自己的。在辟之所以为辟的基础上，我们暂称辟为心或心行（《新唯识论》，页56—59）（译注㉕）。

二、理与气之统一

就我的意见言，气之一字，意谓着生化及再生化或气力。它普遍地流行而无丝毫停滞。这种活动的情形虚假地呈现，犹如气是在分化着的。基于这个理由，我们称它为气。请彻底了解此处被称为气的，确是我在本论中所谓的用。至于万有或形气，它是暂时如此称谓而已。因为它只是转变之形迹或显象。而事实上离开不同的动势，是没有具体、物理形式的气（译注㉖）。

理之一字，推本溯源地说，有秩序或模型的涵义。但我们不应一如宋（960—1279）、明（1368—1644）新儒家人物所说，它是气中的秩序。他们之中有许多人认为气是真实的存有。以致认为理仅只是气中的秩序。依此则理的本身竟是一空洞的形式，而只气是真实的。这种观点在明代新儒家人物中是更为普遍的。甚至在唯心论的王阳明学派中，学者一般地均持有这种论点。他们一面谈论天赋固有的良知，而必须承认心灵是一主宰。另一方面，他们谈论气是真实存有而理则是属于气的一种形式。他们的理论似是一种心物二元论。此种二元论严重违背了王阳明的基本教义。此处，我不想批判他们太多。我只想要解释我对理与气的观念。我认为理与气是不能截然被分为二片的。理之一字，是体与用两者的共名。而气之一字，仅归之于用。上面解释气字的意义时，气即是用，已经说得十分明白（译注㉗）。

理为何是体与用两者的共名呢？因为从实体的观点而言，它本是绝对寂静的，并且没有可区别的性质，然而，它却又显现其自己为包括翕与辟的无数现象。那意谓着，众理已是灿烂地呈现着。因此，这一实体也被称为理（译注㉘）。

实体也意谓着所有转变的资源，所有事物的基础，及众理的辐凑点。应被称为真理或具体的理；也可被称为终极的理。从作用的观点而言，在翕与辟的神奇作用中，所有的性质与现象似乎是显现了。此处现象伴随着某一种确实的秩序，没有任何阻碍轻易地渗透着。它亦被称为理，因为现象与理是同一的，亦即现象即是理。理初现之时，指向实体。它是实现地包含所有显象的同一资源。理再现之时，从用导出它的名称。它是回归到同一资源的许多显象。虽然，理可被说为二。本质地说，它既不是一也不是二。当理的意义一如实体与作用之不同时，它不是一。然而，从理同时是实体与作用来看，它不是二（《新唯识论》，页157—158）（译注㉙）。

三、心与仁

原初心灵（本心）是一绝对的全体。然而由于它的种种显象，本心被分化着而且必要有许多名称。首先，它被称为心，意谓着主宰之义。它遍布为所有事物的具体实体，但却又不是物质本身。它凝聚生成无数事物，而这些事物只是显现其自己的工具，并不在物化中它丧失其自己的本性。因为它不被物化，所以心对它的本性经常保持着真实。由于此一理由，对物而言心即被称为主宰（译注㉚）。

其次，它被称为意志（意）。意志暗含着一特定的方向。我们所说的心灵，是一贯穿万物的普遍实体，并不只是我自身的主宰。然而，我身固是万物的一部分，而且此一普遍实体为万物之主宰，即是控制我身的同一主宰。万物有别而其主宰则是相同的。现在当我寻找我自身的主宰时，我发现在一微妙的途径中，它经常有一特定的方向。言及此一途径，它就是意（译注㉛）。

所谓一特定的方向是什么呢？谓它经常与其生生不息之本性保持一致以开展其自己，并且拒绝被物化了。这个特定的方向，意谓的是生命及独特实体，自我在此基础上于焉成立。虽然变化万端，它经常保持如一的稳定，因为它就是主宰（译注㉜）。

第三，它被称为识。心及意指向实体而识则指向实体之作用。当此渊深而寂静的实体（本心）开始作用，立即穿透每一事物，并且利用感官来了解感觉对象之时，即被称为感识。当实体（本心）的行动发展得远之又远，并不依赖感官能自己创发熟思之时，即被称为感觉中枢识（《新唯识论》，页282—283）（译注㉝）。

【评语】熊氏分心灵为三，用以替代唯识论所分的心灵为八个范畴（八识）。此种对意志的强调来自王阳明，而阳明则追溯此意志至《中庸》之教义上。

仁是本心，它是吾人、天、地及万物所共同的本体。……从孔子与孟子到宋、明时期的诸位大师，全都直接指向本心之仁。此仁之实体是所有转变的资源，及所有事物的基础（《新唯识论》，页260—261）（译注㉞）。

四、体与用之统一

在我国学究中，讨论宇宙论中的体与用时，以为体用基本上是一而仍有不同。有些人不了解这种论点。我可提供大海中的水与众沤的类拟作譬喻，以便引导他们领悟这种道理。……本体有物理形式（译案：应作“没有”），而在它的作用中内在地包括了健动与凝敛之两种程序。凝敛意谓着具体质料，而健动则意谓着精神。当此两种程序周转之时，即有永不止息的普遍流行。所以我们说，原初实体之普遍流行，即是它的伟大作用（大用）。

由于用被意谓促使实体发生作用,也由于体被意谓着作用之真实性质,所以体与用基本上是一。然而虽然是一而在究竟的分解上,体用仍是不得没有分别的。因为在普遍流行中,有物理形式是可以预见的,而普遍流行之原初实体没有物理形式,则是更为隐藏及精微的,并且是难以了知的(《原儒》,下卷,页 32 下)(译注㉟)。

【评语】海水与众沤之类拟于实体与作用之间的关系,是佛教最喜爱的一种譬喻。朱熹则比较喜欢月及其所散布的光之用法(注 7)。

实体意谓着本体。而"作用"则被意指着本体之普遍流行,那是绝对刚健及永不止息的,再重新生起的,它的转变(变化)导致了许多显相。这即被称为用(译注㊱)。

一再重新生起意谓为何呢?本体之普遍流行,每一刹那都是在永续不断的变化中。一有生化,即有毁灭,并且一有毁灭,即有生化。没有在一单一的刹那中,流行趋于停滞状态,并且生化某些新的事物而没有某些事物被毁灭了的。《易经》说:"生生之谓易。"(注 8)我们应对"生生"这一辞,作小心地深入玩味思考。在过去的每一刹那中,都有一新的生化。这就是为什么它被称为"生生"的原因了。既然在过去的每一刹那中都有一新的生化,那么,没有一刹那流行趋于停滞是不言而清晰可见的。这个伟大转变之普遍流行,绝无一瞬一息停顿或被阻碍了的。这就是为什么我们说它一再重新生起的原因了。基于此,我们说,流行是不会停滞的(译注㊲)。

有人可能反对并说:"先生,依据您的观点,原初实体之普遍流行,每一刹那都是在永续不断的变化中,一再重新生起,没有一瞬一息停滞。如此,那将意谓着每一刹那都有一突然改变,而转变似乎是无基础的。"我回答说:普遍流行并不是这种凭空突然呈现的流行,而是本体之普遍流行。这个本体是所有转变及变化的真实资源。它蕴藏着整个宇宙而且是无限的。《中庸》描述它的神奇作用为:"深澈而不绝的渊泉……时时都在涌出。"(注 9)那是一个极妙的譬喻。精确地说,因为本体是一真实资源,它是绝不会消耗殆尽的。所以此一伟大的流行每一刹那都在突然改变,并且不可或竭地不断创造某些新的事物。你说它是无基础的不是错误的吗?我们必须体认真实资源与普遍流行是不可被分为两段的。……此一本体及其神妙的流行,只能用海水及众沤的关系加以类比。它们基本上是一,而仍有不同。虽有不同,而实为一(《原儒》,页 48 上、下)(译注㊳)。

从过去到现在,从现在奔向无限的未来,宇宙真实地是一未分化的大流，每一刹那都在永续不断的变化中，舍弃旧的而趋向新的，如鱼之活跃不已，丰富而无竭。我们必须体认这一事实，那即：这个未分化的大流虽然变化，并且日日更新着，但对每一变化而言，仍必须是它发生的原因。一个发展无论如何新奇，没有原因，它是不会发生而突然创化出一极端陌生的现象。举例而言，豌豆的种子不生大麻，因为它不是大麻的生因（注 10）。精神与物质是乾，原创者之普遍流行的两个面向。我们不应认为精神是物质的一部分。如果我们说宇宙之初，只有物理质碍层，本无任何精神现象之显象，而因此导致精神本不存在的结论，又如果这个理论可以成立，则首先我们必须肯定，物质本就包含精神之德性。否则，有机物质，心灵之作用及显现，便没有从中脱颖而出的原因了。然而我却看不出此种理论如何能成立。同时我们也须体认物质不是固定、具体的质料。如同《易经》业已宣说的，有具体的质料即有功能存焉（注 11）。然《易经》又更进一步肯定有一光辉灿烂、健动、向前升进、纯粹及开发万物之精神。此精神既与物质混然为一，而又控制及指导着物质。这种理论难道是错误地，被有系统地陈述于一种幻想及想象之基础上吗（《原儒》，页 64 下—65 上）（译注㊴）？

问：我早已闻悉《大易》之终极原理，亦即体即是用，并且用同时即是体。但是我仍然有某些疑问。宇宙万物即是大用么？抑或是大用的产物么（译注㊵）？

答：依理而言，万物与大用是不能被分开的。为什么是这种情况呢？因为万物不是离于大用之普遍流行，并且每一物独立地拥有一个它自己的具体性质。由此我们应说万物与大用，基本上是一。一旦此理确定，应该没有进一步的疑问了。如果你说宇宙万物为大用所生，那么我应问你，你所指的生之一字是什么？如果生指的是一如母亲生一个儿子，那将是大错特错的。基本上，生之一字，意谓着显象之义。根据这个意义，当大用普遍而生动活泼地流行时，即显现种种迹象。这些迹象即被称为万物。古人说万物为变化之轨迹，即指此意。如此说来，万物即是大用之普遍流行的迹象。易言之，万物之具体的自性，即包含于流行不已及生动活泼之大用中。如此，万物与大用能被说为二吗（译注㊶）？

问：如果万物与大用是一，那么，万物将丧失他们自己的自我。为什么是这种情况呢？这理由是，如果万物仅只是变化之轨迹，他们又如何能明显地拥有独立的自我呢？老子为"天地把万物当作牺牲性的刍狗之事实"而感叹（注 12），而庄子则将造物者在人们死后转变他们成为鼠肝或虫臂加以理论化（注 13）。他们两人想要融万物于大化，所以万物将丧失他们自己的自我（译注㊷）。

答：你是何等迷惑啊！在大用之普遍流行中，清晰地有很多形式在我们前面。举闪电为例。一闪一闪，红光显现了。红光即是迹象。你认为闪电此时是在红光之外吗？或譬如大海水显现其自己生动而活跃的众沤。众沤也是迹象。你认为海水是在众沤之外吗？或譬如急流怒涌，万千白点飞跃上下。这些白点也是迹象。你认为万千白点是在急流之外吗？请仔细思考一下。万物显现其自己而似个别对象；然而真实地他们的性，即包于普遍流行不已之大用之中（《原儒》，页 72 下—73 上）（译注㊸）。

原注

注 1：熊十力是湖北人。他最初热衷于政治革命与科学，而后来却又转向佛学及印度哲学之研究。作为一个年轻人，他研究《成唯识论》于南京佛教内学院。然而不久他不满意于成唯识论，即转而研究《易经》。1925 年，熊氏应聘为北京大学哲学教授。他继续撰述工作，并在 1968 年逝世于中国大陆。

注 2：此书（《新唯识论》）有三部分。第一部分讨论“意识”与“转变”。第二部分讨论“功能”。并为了私下流通，于 1932 年印行。此两部分被译为白话文，并于 1942 年出版。后来，第三部分附加上去。全书于 1944 年在重庆出版，并于 1947 年再版于上海，此两种本都为一卷本。同年，此书出版于上海而为《十力丛书》四卷中的一部分。

注 3：这可参看陈（荣捷）氏，《现代中国之宗教趋势》（牟宗三，《生命的学问》，台北，三民书局，1970 年 9 月），页 126—135。

注 4：《原儒》一书，于上海出版为两卷本。第一卷讨论“外王”，而第二卷则讨论“内圣”，在中国特别是儒家的哲学中，此二者是一双重理想。

注 5：参考《易》，《系辞》上传，第十一章。参照理雅各（James Legge）译，《易经》，页 372。译者案：《易》之《系辞》上传第十一章有关的原文如下——

是故阖户谓之坤，辟户谓之乾。一阖一辟谓之变，往来不穷谓之通。见乃谓之象，形乃谓之器。制而用之谓之法，利用出入、民咸用之谓之神。

上文见于：程颐，《易程传》；朱熹，《易本义》，台北，河洛图书出版社，1974 年 3 月，台景印一版，页 599。

注 6：佛教的阿赖耶及种子之教义，参看上文第二十三章第三段。译者案：此即《中国哲学文献选编》第二十三章《佛教的唯心论——玄奘的唯识论》，页 379—386。

注 7：参看上面第三十四章，第一百一十六条。译者案：此即《中国哲学文献选编》第三十四章《朱熹之大综合》，页 638—639。

注 8：《系辞上传》，第五章。参照理雅各译，页 356。译者案：《易经系辞上传》第五章有关原文为：“生生之谓易。”见于：程颐，《易程传》；朱熹，《易本义》，页 581。

注9：《中庸》，第三十一章。译者案：《中庸》第三十一章有关原文如下——

溥博渊泉，而时出之。溥博如天，渊泉如渊。见而民莫不敬，言而民莫不信，行而民莫不说。

上文见于：蒋伯潜注释，《语译广解四书读本·中庸读本》，香港，启明书局，页45。

注10：参考第一卦，《易经》之乾(天)。见理雅各译，页213。译者案：《易经·乾卦》有关乾(天)之原文如下——

乾。元亨利贞。……彖曰：大哉乾元，万物资始，乃统天，云行雨施，品物流行。大明终始，六位时成。时乘六龙以御天。乾道变化，各正性命。保合大和，乃利贞。首出庶物，万国咸宁。象曰：天行健，君子以自强不息。……乾元用九，乃见天则。乾元者，始而亨者也。利贞者，性情也。乾始能以美利利天下，不言所利，大矣哉。大哉乾乎，刚健中正，纯粹精也。

又程颐《传》——

乾，天也。天者，天之形体。乾者，天之性情。乾，健也。健而无息之谓乾。……分而言之，则以形体谓之天，以主宰谓之帝，以功用谓之鬼神，以妙用谓之神，以性情谓之乾。乾者，万物之始，故为天、为阳、为父、为君。元亨利贞，谓之四德。元者，万物之始。亨者，万物之长。利者，万物之成。

上文具见于：程颐，《易程传》；朱熹，《易本义》，页3—18。

注11：这种理论——亦即有质即有能之理论——与其诿之于《易经》之任何特殊的章句，不如归之于《易经》之一般的哲学。

注12：《老子》，第五章。译者案：《老子》第五章的原文，见译注㊷。

《庄子》，第六章，《南华真经》，卷三，页17上。参照吉尔斯(Giles)译，《庄子》，1961年，页79。

注13：《庄子》，《大宗师》。译者案：《庄子·大宗师》的原文，见译注㊷。

译注

译注①：西方学术界研究中国哲学的学者，惯以 Neo-Confucianism 及 New Confucianism 两个概念，来区分自孔、孟、荀之“原始儒学”以后，所发展而出的不同阶段之新儒学。一般的用法，Neo-Confucianism 指的是第二阶段的宋、明新儒学，包括程、朱、陆、王、黄、王等不同学派的新儒学。而 New Confucianism 则用以指称第三阶段，民国以后的当代新儒学，包括冯友兰及熊十力、马一浮、梁漱溟、张君劢、牟宗三、唐君毅、徐复观，以及方东美等不同学派的当代新儒学。基于上述的区分，陈荣捷先生本文所用的 The New Idealistic Confucianism，译者冠以“当代”两字，特译为“当代唯心论新儒学”，借以指陈民国以后，由熊十力先生这位关键性的中心开启性人物，所开展而出的当代唯心论新儒学。而凡文中所用 Neo-Confucianism 一辞，则加上“宋明”二字，以资区分。

译注②：Rationalistic Neo-Confucianism 一辞，依译注①的区分，应指宋明新儒学中的程朱理学而言。西方学术界惯以 Rationalistic 指谓程、朱及冯友兰的理学。陈荣捷先生此处说明，冯友兰的新理学，乃重建程、朱的理学而成，是继程朱理学而发展建构完成的。

关于朱子的理学以及冯友兰的新理学，熊十力先生与牟宗三先生曾分别作了本质性的批判。兹分述如下——

牟先生说："朱子……只是对于道体不透，因而影响工夫入路之不同。……此所不透之一点，说起来亦甚简单，即在对于形而上的真体，只理解为'存有而不活动'。"上文见于牟宗三，《心体与性体》，台北，正中书局，1968 年 5 月，第一册，第一部"综论"，页 58。

牟先生又说："照朱子的工夫所了解的心，是属于气之灵之心。心属于气，是形而下的。他没有孟子或王阳明、陆象山所说的本心。……但什么是形而上的呢？就是理。性是理。性是形而上的，性即是理。所以在这里，心与理为二，是分开的……因为心是属于形而下的，而性是属于形而上的。性即是理，所以理里面就没有心的活动成份。道体也是如此。所以朱子所了解的性体、道体，以现代的词语说，是只存有而不活动。也就是所谓只是理。"上文见于牟宗三，《中国哲学十九讲——中国哲学之简述及其所涵蕴之问题》，台北，台湾学生书局，1983 年 10 月，页 399。

换言之，就朱子的系统而言，"理"这一个观念实指外在于人心之客观秩序，"思维"与"存在"已析而为二，"理"即是内在于一切客观存在之中之自然秩序或法则，"理"的本身是只"存有"而不活动。上文见于黄俊杰，《儒学传统与文化创新》，台北，东大图书公司，1983 年 2 月，页 63。

因此，牟宗三先生判朱子的理学说："伊川、朱子不是儒学的正宗，我称之为：别子为宗。"（牟宗三，《中国哲学十九讲》，页 415）

牟宗三先生在《我与熊十力先生》一文，提及熊先生批评冯友兰说："你（指冯友兰）说良知是个假定。这怎么可以说是假定？良知是真真实实，而且是个呈现。这须要直下自觉，直下旨定。"上文见于牟宗三，《生命的学问》，台北，三民书局，1960 年 9 月，页 136。

吾人从上述——"理只存有而不活动"与"良知是个假定"——两句批判，即可看出由朱子所发展的理学，以及由冯友兰所建构的新理学，实非原始儒学，孔、孟之正宗，而与"即存有即活动"及"良知是个真实而且是个呈现"之陆王心学相较，何者之理论圆熟通透，其高下不判自显矣。

译注③：Idealistic Neo-Confucianism 一辞，依译注①的区分，应指宋明新儒学中的陆王心学而言。西方学术界另以 Idealism 指谓陆、王及熊十力的心学。陈荣捷先生此处意指熊十力的唯心论，乃重构陆、王的心学而成，是继陆王心学而发展建构完成的。Idealism，除译为"唯心论"之外，亦可译为"理想主义"。重点有三：一是"观念性"（Ideality），二是"现实性"（Actuality），三是"合理性"（Rationality）。

唯心论在西方哲学的发展，自巴克莱起至黑格尔完成，前者以主观性、认识性的“我思”说明存在。后者则以绝对性的“精神”创造存在。无论为“主观的我知”或“绝对的精神”，虽不完全等同于中国哲学自孔、孟、陆、王以下所肯定的心，但中国哲学中本亦有仁心、吾心、良心、本心、自由无限心诸概念，故 Idealism 径译为“唯心论”亦无不可。

译注④：陈荣捷先生说，熊氏写了八本书讨论他的哲学，至于指哪八本书则未具体说明。原注 2 只说，《新唯识论》于 1947 年在上海出版为《十力丛书》四卷中的一部分。译者亦无从查证。有关熊氏的著作，台湾都有翻印。笔者搜罗齐全，现在开列如后，借供有志于熊学之研究者参考：(1)《新唯识论》(文言本)(河洛图书出版社)；(2)《新唯识论》(语体本)(广文书局及河洛图书出版社)；(3)《破破新唯识论》(河洛图书出版社)；(4)《原儒》(明伦书局)；(5)《读经示要》(广文及明文书局)；(6)《体用论》(学生书局)；(7)《明心篇》(学生书局)；(8)《乾坤衍》(学生书局)；(9)《十力语要》(广文书局)；(10)《十力语要初续》(乐天书局)；(11)《尊闻录》(时报文化出版事业有限公司)；(12)《熊十力与刘静窗论学书简》(刘述先编，时报文化出版事业有限公司)；(13)《佛家名相通释》(广文书局)；(14)《因明大疏删注》(广文书局)；(15)《韩非子评论》(学生书局及二信书局)；(16)《中国历史讲话》(明文书局)。至于现代学人所撰有关熊十力先生其人其学的研究，译者已经收集不少，刻正不断网罗中。由于为数可观，无法一一列举。

译注⑤：一辞，即指《易经》生生不息之义。依译者对熊学的了解，译为“永不止息的生化及再生化之过程”较妥。唯“生生不息”一辞，在中国哲学中所蕴涵的创造义，方东美先生在 *Chinese Philosophy: Its Spirit and Its Development* 与 *Creativity in Man and Nature* 及其他单篇论文中，均译为 Creative Creativity。而事实上，中国的“生生”与西方的“道体”的“於穆不已”，就是指“仁体”“性体”或“心体”的“纯亦不已”。前者为一“实体性的创造”之概念，而后者则为一主体性的创造之概念。无论如何，此一“实体性的创造”或“主体性的创造”，皆是一永不止息的、不断创新的创造之过程，而且都是属于道德的创造(Moral Creation)。这与西方所讲的创造，在性质上完全不同。西方人一说创造，都是从上帝那里讲起。因此，是“人格神的创造”，也是“超自然的创造”。耶教说创造，即是如此。但严格地讲，创造要从道德上见。为何创造要由道德上见呢？因为道德是发自意志的，是意志的作用。而意志则是个创造的能力。意志可以决定有与无，意志能令有者无，能令无者有。能令有者无，能令无者有，就是创造。因此，创造的意义，要透过意志来表示。参考牟宗三，《玄理系统之性格——纵贯横讲》，台中，东海大学，1980 年 6 月；《中国文化月刊》，第八期，页 44—45。上文收录于牟宗三，《中国哲学十九讲——中国哲学之简述及其所涵蕴之问题》，页 117—118；及陈瑞深，《儒家仁学的现代意义》，花莲，花莲师专，1982 年 10 月，页 288；或《中华文化复兴月刊》，台北，中华文化复兴运动推行委员会，1983 年 9 月，第十六卷,第九期,页 24。基于此一理由,陈荣捷先生此处的“A Process of Unceasing Producion and Reproduction”,与其译为“永不止息的创造及再创造之过程”,不如译为“永不止息的生化及再生化之过程”来得恰当一点。

译注⑥: “The Original Substance is in perpetual transition at every instant, arising anew again and again, thus resulting in many manifestation.”此即熊先生所说的“此一本体,刹那刹那,生灭变化,新新而起,其象万殊”。

译注⑦: 熊十力先生的著作有《明心篇》一书,《新唯识论》卷下亦有《明心》上下两章,故此处的 Mind 单译为“心”亦可,为配合译文,有时则以一辞迻译。唯熊先生另有“本心”一概念。陈荣捷先生则以 Original Mind 英译。

译注⑧: The “Original Mind” in its various aspects is mind, will, and consciousness.此“原初心灵”(本心),就其不同的面向言,则是“心灵”“意志”及“意识”。而熊先生的原文,则将“心灵”“意志”及“意识”三者径名为“心”“意”及“识”。见于熊十力,《新唯识论》,台北,河洛图书出版社,1974 年 12 月,台景印再版,页 282。

译注⑨: 陈荣捷先生此段介绍熊学的渊源之文章,颇中肯綮。对熊学的理解,亦极深刻。依据陈先生的分析,熊十力先生的重要哲学观念有四个来源,其一是“翕辟”及“生生”的观念来自《易经》。其二是“心灵”概念的分析来自佛家的唯识论。其三是“实体与作用之统一”的观念源于宋、明新儒学。其四是“本心”的概念出于王阳明。在这四个来源中,陈先生认为“本心”才是熊学的首要性概念。这种认定算掌握了熊学的理论枢纽了。因为,熊先生在《新唯识论明宗章》劈头就说:今造此论,为欲悟诸究玄学者,今知一切物的“本体”,非是离“自心”(自心即本心即性智)外在境界,及非知识所行境界,唯是反求实证相应故。唯熊先生又认为:《易经》的“翕辟”及“生生”观念,是其哲学概念的主要资源。而《易经》哲学与阳明哲学虽同为儒学,然其理论结构与系统形态则颇为不同。熊先生又如何将之融摄成为自家的哲学体系呢?此不能不有辨,以免学者误会生疑——

依译者对中国儒学的了解,儒学自原始儒家、宋明新儒家以迄当代新儒家,约又分为两大主要系统。其一由孔、孟下开陆、王而至熊、牟的“唯心论的哲学系统”,或曰“主体性的哲学系统”,亦可称之为“心性论中心之哲学系统”。此一系统主要的是肯定一“主体”(心、知)为形上实体。以此说明宇宙人生的一切,并据此以立一切价值的根源。例如孔子的“仁”,孟子的恻隐“几希之心”,象山的“吾心”,阳明的“良知”,熊十力先生的“本心”(自心、性智),牟宗三先生的“自由无限心”(智的直觉),即属此系统。其二是由《学》《庸》《易传》下开程、朱而至冯友兰的“形上学的哲学系统”。此一系统除肯定上述唯心论的“主体”外,兼亦肯定并侧重天、道、太极、理体等实体性的概念为一超越根据,并以此“实体”说明宇宙人生的一切,亦据此以立一切价值的根源。因此,吾人亦可称之为“实体性的哲学系统”,或曰“形上学中心之哲学系统”。例如《中庸》的“天命之谓性”,“天地之道,可一言而尽也,其为物不一,则其生物不测”,“诚者，天之道也。诚之者，人之道也”。又如《大学》的“明德”“正心”“诚意”，及《易传》的“一阴一阳之谓道，继之者，善也”。唯心论的系统，径以“主体”为形上“实体”。换言之，主体即是实体，主体与实体是一体，两者是二而一、一而二的一体两面之关系。而形上学的系统，则于内在的三体之外，另觅一个超越的道体以为形上实体，并认为内在的主体来自超越的道体，为超越的道体之所贯注。虽然，此一形上学的系统，亦有“主体即道体”“道体即主体”之说；但与唯心论的系统，在理论上及形态上的首出观念有别。实体性系统以“道体”为首出，主体性系统则以“心体”为首出。学者不可不知。

熊学的渊源虽出自《易经》，然其理论结构与系统形态，则自前引《明宗章》之原文即可明白。熊十力先生是把《易经》的“道体之于穆不已”，转化而为“心体之纯亦不已”；道体生生不息，心体亦生生不息，由此而形构其“唯心论的本体—宇宙论的形上学”(Idealistic Onto-Cosmological Metaphysics)之形态。

译注⑩：熊十力先生在《新唯识论》一书，重新界定“唯识”一辞的新义如下：“综括以前所说，只是不承认有离心独存的外境，却非不承认有境。才说心，便有境。若无境，即心之名也不立了。……因为境非离心独在，故说唯识。唯者，殊特义，非唯独义。心是能了别境的，力用殊特，故于心而说唯。岂谓唯心，便无有境。”上文见于熊十力，《新唯识论》，台北，河洛图书出版社，1974 年 12 月，台景印再版，页 20。

译注⑪：陈荣捷先生此处所说：“熊氏亦不能免于佛学之一项未解决的显著缺陷，那是认为外在世界为一暂存或假的存在。”并下结论说：“就此一观点而论，熊学并未离开唯识学派太远。”这种看法及结论，对熊学的了解恐怕有问题。何者？请看译者说明——

传统的唯识学，尤其是以《成唯识论》为代表的唯识学，其主要的基调，认为：外在世界是一暂时的、短暂的，甚至是虚假的存在，一如陈荣捷先生所理解的。而其主要的论点，则在：此一暂时、短暂、虚假存在的外在世界，它的根源是一以“阿赖耶”为储藏所的“藏识”，而此一阿赖耶或藏识又是无明的、染污的，亦即是一“主观唯心论”的“识心”。因此，不管外在的“世界之存在”或内在的“识之存在”，同属负面的认定，为一暂时、短暂、虚假，甚至是“虚幻”的存在，故有“转识成智”之说。而熊十力先生的《新唯识论》之所以为“新”，在他所肯定的心是一“本心”“真心”“性智”，它是一清净而无染污、健动而非死寂、真实而不虚假的正面存在，亦即是一“绝对唯心论”之“智心”。因此，此一“智心”与成唯识学所肯定的“识心”——染污而非清净、死寂而非健动、虚假而不真实的负面存在(无明)——有着天渊之别。如依熊氏自己的判定，成唯识学的“识心”，只相当熊学所说的“习心”或“量智”，而非“本心”或“性智”。依此，则陈荣捷先生对熊学所持的观点及其所下的结论与判断是值得商榷的。不错，熊先生的《新唯识论》基本上亦认定：外在世界是一暂时、短暂的存在。但由于此外在世界为“本心”而非“识心”，“性智”而非“量智”，“智心”而非“识心”所贯注，并在本心(本体)的纯亦不已、生生不息的大流中一一显现。只要本心是真实不虚的，则外在世界的存世，虽是暂时而短暂的存在，但绝不是一虚假或虚幻的存在。相反地，一如"本心"之真实不虚的存在一样，外在世界的存在亦是真实不虚的。依稀仿佛之间，精微之辨，学者不可不知。

牟宗三先生说："西方哲学都是为肯定实有而奋斗。实有就是自性，就是性不空。……佛教正与此相反，正是为去掉实有而奋斗。去掉实有就是所谓性空，就是诸法无自性、诸法无常、诸法无我。无常无我就是无自性，无自性就是空。……儒家仍然肯定实有，也是为肯定实有而奋斗，但它是由道德处讲。"上文见于牟宗三，《中国哲学十九讲——中国哲学之简述及其所涵蕴之问题》，台北，台湾学生书局，1983 年 10 月，页 254—255。外在世界的存在自有其真实不虚的结构性及各种因果性。此结构性及因果性即所谓的自性。有自性就是性不空，就是真实不虚的。吾人如何能说，外在世界是一虚假或虚幻的存在呢？此正是熊学之所以不同于成唯识学的所在了。

译注⑫：熊先生的《新唯识学》，亦可称之为"唯心论的本体—宇宙论的形上学"。吾人可以二语概括之，那是：本心即是恒转，恒转即是本心。既然本心与恒转是一，则由恒转所显现的具体、物理的事物，理当拥有本体（本心）的真性。具体、物理的事物，既然拥有本体的真性，则同与并通过事物的转变（即恒转），怎会是建筑在一个动摇的基础之上呢？此不可不辨。

译注⑬：陈荣捷先生说，熊氏提供宋、明新儒学，尤其是阳明学之动力论的变革之理论，以一形上学基础。试问：一，所谓动力论的变革是什么？二，熊氏所提供的形上学基础又是什么？今就此二问题稍作说明——

所谓"动力论的变革"，是哲学上说明宇宙万物之生成变化的一种理论。就儒学言，对宇宙万物之生成变化作一说明者，有《易》《庸》、程、朱及陆、王心学两大系统。《易》《庸》、程、朱属于"实体性的形上学系统"，肯定一"于穆不已"的道体（程、朱则为理体），以为宇宙万物生成变化之动力论的基础。换言之，宇宙万物的生成变化，其动力是在超越的道体。而陆、王心学则属于"主体性的形上学系统"，肯定一"纯亦不已"的心体，以为宇宙万物生成变化之动力论的依据。换言之，宇宙万物的生成变化，其动力是在内在的心体。此两大系统，对宇宙万物的生成变化，都有一形上学的陈述，而其动力（动源）则有不同。

熊先生提供"动力论的变革"，以一"形上学基础"，又是一个什么形上学基础呢？依据熊先生的新唯识学，他认为宇宙万物的生成变化，全由纯亦不已的本心（本体）之恒转所显现。因此，吾人即可判定熊学的系统是属于"主体性的形上学系统"。唯自《新唯识论》一书的《唯识》《转变》《功能》《成物》《明心》诸章来看，熊先生的《新唯识论》（或曰：境论或宇宙论），不但是属于"主体性的形上学系统"，而且还有宇宙论的陈述。因此，吾人又可进一步判定：熊学的系统又是属于"宇宙论的形上学系统"。合此"主体性的形上学系统"及"宇宙论的形上学系统"，吾人即可看出：熊先生所提供的形上学基础，就是一种"唯心论的本体—宇宙论的形上学"之基础。

至于前述两大系统——“实体性的形上学系统”与“主体性的形上学系统”，何者的动力论的性格较强？牟先生在《心体与性体》第一册第一部综论中，曾判理学与心学的最大不同是：理学所肯定的理体，是只存有而不活动的，而心学所肯定的心体却是亦存有而亦活动的（《心体与性体》，第一册，页42及58）。由此可见主体性的形上学系统，动力论的性格较强。换言之，其理论较为圆熟。故陈荣捷及杜维明两位先生分别在 *A Source Book in Chinese Philosophy* 及 *Hsiung Shih-li's Quest for Authentic Existence* 中，以动力论的唯心论一辞，指谓阳明的心学（参考陈荣捷，*Dynamic Idealism in Wang Yang-Ming*，收录于《中国哲学文献选编》，页654—691；及杜维明著，林镇国译，《论熊十力》，《鹅湖》，第五十期，页16；或傅乐诗等，《近代中国思想人物论——保守主义》，台北，时报文化出版事业有限公司，1981年4月，二版，页259；或 Charlotte Furth, *The Limits of Change-Essays on Conservative Alternatives in Republician China*，台北，虹桥书店，1976年8月，翻印第一版，页270）。而熊学则赋予此一动力论的唯心论，以一“本体—宇宙论的形上学”之基础。故吾人称熊先生的新唯识学为一唯心论的本体—宇宙论的形上学。

译注⑭：熊十力先生的哲学受了柏格森的影响之说，最初见于谢幼伟先生给熊先生的一封长信。谢氏认为熊先生认识本体的方法似与柏格森的直觉说十分相类。然而熊先生却拒绝这种比较，并断然否认其对本体的认识同于柏格森的直觉。并进一步说道：“柏格森之直觉似与本能并为一谈。本能相当《新论》所谓习气。习心取境固不待推想，然已是妄相，不得真实。此与吾所谓本体之认识及性智云者，截然不可相蒙。”上文见于熊十力，《新唯识论》，台北，广文书局，1962年元月，卷下之二，《附录》，页66上下。

其次，见于 Briere 神父所说：熊氏所完成的不过是折衷主义，“融合了唯识宗的古典理论与阳明新儒学的基本原理，并且自柏格森的观念论汲取灵感”。上文见于杜维明著，林镇国译，《论熊十力》，页16；或傅乐诗等，《近代中国思想人物论——保守主义》，页361；或 Charlotte Furth, *The Limits of Change-Essays on Conservative Alternatives in Republician China*，页270。

再次，见于汉弥尔敦（Clarence H. Hamilton）在《大英百科全书》（*Encyclopedia Britannica*）里所说：“从西方思想中，熊氏获知分析方法与柏格森的创化观念。”上文见于杜维明著，林镇国译，《论熊十力》，页16；或傅乐诗等，《近代中国思想人物论——保守主义》，页361；或 Charlotte Furth, *The Limits of Change Essays on Conservative Alternatives in Republician China*，页272。

译注⑮：陈荣捷先生所提熊先生对西方哲学的三项批判，包括：（一）未充分强调经由个人体认的途径以获取真理之实现；（二）对外在事物做了过多的追逐；（三）不了解于实体与作用的统一。此三项大致上是熊先生所肯认的。关于熊先生对西方哲学的批判，散见于《十力语要》及《读经示要》中，今举证如后：《读经示要》在批判佛学“耽空者务超生，其失也鬼”之后，又批判西洋哲学说：

"执有者尚创新,其失也物。西洋人大抵向外发展之念重,努力于物质与社会等方面生活资具之创新,其神明(指心智)全外驰。是则驰外之所获者虽多,而神明毕竟物化。故曰其失也物。此西洋人所不自知其失者也。"又云:"明儒黄梨洲讥世儒向外求理,然在科学固贵外求。若就哲学言之,虽亦设定外界,不遗物理。但其究极,要在反己而识自本自根,非可向外觅本根也。……梨洲讥向外求理,若以对治西洋哲学,自是良药。"又云:"世之言哲学者,不求自明,不知反己,唯任理智思构,或知见卜度。只是向外寻求。寻求愈深,去真理愈远。构画愈精,迷谬愈甚。哲学家各有一套理论。如蛛结网,自缚其中而不悟。"上文见于熊十力,《读经示要》,台北,明文书局,1984年7月,页37—39,303,132。《十力语要》说:"中国哲学有一特别精神,即其为学也,根本注重体认的方法。体认者,能觉入所觉,浑然一体而不可分,所谓内外、物我、一异种种差别相都不可得。唯其如此,故中国哲学无有像西洋形而上学,以宇宙实体当作外界存在的物事而推穷之者。西洋哲学之方法,犹是析物的方法。如所谓一元、二元、多元等论,则是数量的分析。唯心、唯物与非心非物等论,则是性质的分析。此外,析求其关系则有若机械论等。要之,都把真理(宇宙实体)当作外界存在的物事,凭着自己的知识去推穷他。所以把真理看作有数量、性质、关系等可析。实则真理本不是有方所、有形体的物事,如何可以数量等去猜度?真理非他,即是吾人所以生之理,亦即是宇宙所以形成之理。故就真理言,吾人生命与大自然即宇宙。是互相融入而不能分开,同为上理之显现故。但真理虽显现为万象,而不可执定万象,以为真理即如其所显现之物事。真理虽非超越万象之外而别有物,但真理自身不即是万象。真理毕竟无方所、无形体,所以不能用知识去推度,不能将真理当作外在的物事看待。哲学家如欲实证真理,只有反诸自家固有的明觉。即此明觉之自明自了、浑然内外如一、而无能所可分时,方是真理实现在前,方名实证。"上文见于熊十力,《十力语要》,台北,广文书局,1962年6月,卷二,页21下—22上。而事实上,就西方哲学知性或理性的主流言,熊先生的这三项批判并非完全无据。当然,西方也有非主流、反潮流的思想,诸如神秘主义以及 Non-Reasonal 思想,其详请参看 Isaiah Berlin, *Against the Current-Essays in the History of Idea*。

译注⑯:陈荣捷先生说,熊学克服了朱熹的理气之分与王阳明的"气只是心之一"一个面向的争议,但未澄清心与理的关系。今据《读经示要》,以说明熊先生不但克服了理学与心学的争论,同时,对心与理的关系,亦已作了澄清的工作——

《读经示要》云:"朱注:'明德者,人之所得乎天,而虚灵不昧,以具众理而应万事者也。'详此所云,其迥异后来阳明之说者,不唯虚灵不昧未即是本心而已。其甚相水火者,朱注云具众理,则心不即是理,但具有此理而已。阳明却云心即理。此为程、朱后学与阳明聚讼最烈之一问题。余以为自玄学或心学言之,阳明之说是也。万化实体,非是顽空。盖乃含藏万理'虚而不屈,动而愈出'者也。故实体亦名真理。本心依实体得名,则于本心而云即理。斯为诚谛,夫复何疑？程子曰'在物为理'。朱子云'心具众理'。夫理既在物，而非即心，则心如何得具有此理？程、朱所不能说明也。本心即万化实体，而随义差别，则有多名。以其无声无臭，冲寂之至，则名为天。以其流行不息，则名为命。以其为万物所由之而成，则名为道。以其为吾人所以生之理，则名为性。以其主乎吾身，则谓之心。以其秩然备诸众理，则名为理。以其生生不容已，则名为仁。以其照体独立，则名为知。以其涵备万德，故名明德。"上文见于熊十力，《读经示要》，页135—138。依上引熊先生之说，则心与理的关系，已被熊先生澄清，是一不可争论的事实。依熊先生之意，他是赞同阳明心即理之说的。心与理的关系，显然为一逻辑上的同一律之关系。其实心与理的关系，早在阳明时代就已解决。唯学者不察，误以为此一问题为一悬疑不解的公案。今更引阳明之言，以明心与理的关系一问题早为阳明所关切。阳明说："夫物理者不外吾心。外吾心而求物理，无物理者也。遗物理而求吾心，吾心又何物耶？心之体，性也。性即理也。"由此所引阳明之言，吾人可以看出物理即是吾心，吾心即是物理。物理与吾心之关系，乃是一逻辑上的同一律之关系。上引阳明之言，见于方东美，《生生之德》，台北，黎明文化事业股份有限公司，1980年9月，四版，页388，译者孙智燊先生复案所引。"吾心即是宇宙，宇宙即是吾心"（象山语）；"心即天"，"心即性"，"心即理"，"心即事"，"心即物"（阳明语）。心与宇宙万物之关系，为一逻辑上的同一律之关系，此正是宋、明唯心论新儒学之一大特色也。

译注⑰：熊先生已赋予宋、明唯心论新儒学以一更为坚实的形上学基础，及更多的动力论性格，见译注之说明。

译注⑱：有关梁漱溟先生给予儒学仁的概念以一动力论的直觉之新诠释问题，今依唐君毅先生在《民国初年的学风与我学哲学的经过》一文所述，摘录如后：唐先生说："梁漱溟先生是一个对学问真诚的人。但是对于梁先生的思想，我亦有不能接受的。……他喜欢讲东、西文化。他讲中国文化是直觉的。……我觉得直觉的东西最靠不住，直觉完全是主观的。……我觉得理性是靠得住的，直觉靠不住，我不能接受。但不能接受的东西，我仍然把问题摆在中心。后来岁数越大了，我把直觉的地位一步一步地摆得越高。"此是梁漱溟先生赋予中国文化以动力论的直觉之新诠释的一个旁证。上引唐先生之言，见于唐君毅，《病里乾坤》，台北，《鹅湖月刊》杂志社，1980年9月，页164。

至于陈荣捷先生说，梁漱溟先生未发展出一套属于他自己的哲学系统，则有待商榷。因为梁漱溟先生与熊十力先生都是唯心论者。他们两人最大的不同是，熊先生以本心为形上实体，并以此展开其形上学系统，而梁先生则以意欲为其理论的核心概念。但他却不以此展开其形上学系统。相反地，梁先生直接根据上一概念以为形上实体，展开其有关价值论方面的文化哲学系统。故梁先生在《东西文化及其哲学》一书中说："西洋文化是以意欲向前要求，印度文化是以意欲反身向后要求，而中国文化则是以意欲自为调和持中。"吾人若就此一观点立论，梁先生自亦有属于他自己的哲学系统。如此，陈荣捷先生之论断，岂不是有待商榷？前述梁漱溟先生为一唯心论者，并有其文化哲学系统，参考（一）唐君毅，《病里乾坤》，页 165；（二）梁漱溟，《东西文化及其哲学》，台北，里仁书局，1982 年 4 月，页 53—55；（三）林安梧，《梁漱溟及其文化三期重现说》，台北，《鹅湖月刊》杂志社，1981 年 11 月；《鹅湖》，第七十七期，页 23—32；（四）艾恺著，林镇国译，《梁漱溟——以圣贤自许的儒学殿军》，收录于《近代中国思想人物论——保守主义》，台北，时报文化出版事业有限公司，1981 年 4 月，二版，页 275—309，尤其是页 293。

译注⑲：陈荣捷先生说，熊氏比任何其他当代中国哲学家影响了更多的年轻中国哲学家。此语所指的年轻中国哲学家，最少包括海外的牟宗三先生、唐君毅先生以及徐复观先生等三位。此三位先生除徐复观先生专治中国思想史而外，牟、唐两位先生的哲学皆自成系统，而且都是属于当代唯心论新儒学的系统。然而他们的哲学所取的进路则颇不一致。熊先生的进路是援佛入儒，以儒家《易经》的生生哲学及阳明的良知学改造成唯识学，因而奠定了儒学唯心论的本体——宇宙论之形上学的系统。牟先生的进路则是以康德型的纯粹理性批判改造中国哲学，并以中国哲学弥补康德智的直觉的理论之不足，而成就了儒学唯心论的本体，现象论之形上学的系统。而唐君毅先生的进路，则是以黑格尔型的方法及华严宗型的系统，展开其生命存在与心灵境界都为一心所含摄的文化哲学体系，吾人暂以"唯心论的本体—文化论的哲学系统"名之。

至于熊先生以何种生命影响了这些年轻的中国哲学家，请参看：（一）牟宗三，《我与熊十力先生》，收录于《生命的学问》，页 132—156；（二）牟宗三，《熊十力先生追念会讲话》，收录于《时代与感受》，台北，鹅湖出版社，1984 年 3 月，页 247—268，及《读经示要》，《附录》，页 1—22；（三）蔡仁厚，《新儒家的精神方向》，台北，台湾学生书局，1982 年 3 月，页 277—280。此外，熊先生的《十力语要》（台北，广文书局）、《十力语要初续》（台北，乐天书局）、《尊闻录》（台北，时报文化出版事业有限公司）、《熊十力与刘静窗论学书简》（台北，时报文化出版事业有限公司）等书，皆为熊先生与时人及门下论学之主要著作。同可看出他如何影响更多的年轻中国哲学家的方式了。

译注⑳：有关熊十力先生的哲学，是否参考马克思、斯大林或毛泽东等的社会主义思想，依译者所能掌握的文献来看，共有两种不同的看法。其一便是陈荣捷先生的意见，他认为熊先生在中国共产党执政之后，没有运用中国共产党理论或参考马克思、斯大林、毛泽东思想，而重新陈述他的唯心哲学于《原儒》一书中。其二是余英时先生的意见，他认为"熊十力与梁漱溟两位先生也是极少数能……坚持原则与信仰的人。但是梁先生至少在最初两年内曾一再公开检讨过自己的错误……熊先生则在《原儒》中把《周礼》比附成社会主义，又在《乾坤衍》中把古代的庶民比附为无产阶级。这些不得已的适应自然并无损于他们两位人格与思想的光辉，虽则这种适应也多少反映了他们……曾受到一定程度的炫惑"。上文见于余英时，《陈寅恪晚年诗文释证——兼论他的学术精神和晚年心境》，台北，时报文化出版事业有限公司，1984年6月，页19。

对一位成体系的哲学家，尤其是熊十力先生来说，要论断他的哲学是否受了中国共产党的社会主义思想的影响，或马克思的历史唯物论的影响，断章摘句的评论是站不住脚的。因为熊先生的哲学，基本上是属于儒家的唯心论系统，而此一系统与历史唯物论或社会主义思想之间，存在着本质上的矛盾与冲突，有着理论上的紧张。就这种矛盾、冲突及紧张性来说，熊先生能维持其基本的哲学观点于不变，可算是一位独立而不改、生死而不渝的真人了。这种风范与时下的知识分子，不啻有着天渊之别。吾人又何忍断章取义地加以苛责？

译注㉑：熊先生的原文如下："所谓变化，从一方面说，他是一翕一辟的。这一语中，所下的两一字，只是显动势的殊异。辟只是一种动势，翕也只是一种动势，不可说翕辟各有自体，亦不可说先之以翕而后之以辟也。又从另一方面说他是方生方灭的。换句话说，翕和辟都是才起即灭，绝没有旧的势用保存着，时时是故灭新生的。我们要解变化的内容，必于上述的两方面，作精密的解析，深切的体会。否则终是不堪窥变。"上文见于熊十力，《新唯识论》，页56—57。

译注㉒：熊先生的原文如下："现在且谈翕辟。什么叫做翕辟呢？前面已经说过，本体是显现为万殊的用的。因此，假说本体是能变，亦名为恒转。我们要知道，恒转是至无而善动的。其动也，是相续不已的。这种不已之动，自不是单纯的势用。每一动，恒是有一种摄聚的。如果绝没有摄聚的一方面，那就是浮游无据了。所以动的势用起时，即有一种摄聚。这个摄聚的势用，是积极的收凝。因此，不期然而然的，成为无量的形向。物质宇宙，由此建立。这由摄聚而成形向的动势，就名之为翕。"上文见于熊十力，《新唯识论》，页57。

译注㉓：熊先生的原文如下："我们要知道，本体是无形相的，是无质碍的，是绝对的，是全的，是清净的，是刚健的。但是本体之显现为万殊的用，即不能不有所谓翕。这一翕，便有成为形质的趋势。易言之，即由翕而形成一一实物了。恒转（即本体之别名）显现为翕的势用时，几乎要完全物化，若将不守他（恒转）的自性。这可以说是一种反动了。"上文见于熊十力，《新唯识论》，页57。

译注㉔：熊先生的原文如下："然而当翕的势用起时，却别有一种势用俱起。他是依据恒转而起的，是能健以自胜、而不肯化于翕的。申言之，即此势用，是能运于翕之中，而自为主宰，于以显其至健，而使翕随己转的。这种刚健而不物化的势用，就名之为辟。"上文见于熊十力，《新唯识论》，页57。

译注㉕：熊先生的原文如下："翕的势用是凝聚的，是有成为形质的趋势的。即依翕故，假说为物，亦云物行。辟的势用，是刚健的，是运行于翕之中，而能转翕从己的。即依辟故，假说为心。亦云心行。"上文见于熊十力，《新唯识论》，页59。

译注㉖：熊先生的原文如下："我以为这气字，只是一种生生的动势，或力能的意思。他是运而无所积的。动相诈现，犹如气分，故名为气。详核此所谓气，正是本论所谓用。至于万有或形气，唯依动转的迹象，假为之名。非离一切动势，有实形气。"上文见于熊十力，《新唯识论》，页157。

译注㉗：熊先生原文如下："理字本具有条理或法则的意义。但不可如宋、明儒说是气上的条理。宋、明儒中，许多人把气说为实有的。因以为理者，只是气上的条理。如此则理的本身竟是空洞的形式，只气是实性的。明儒持这种见解的更多，即在阳明派下，也都如是主张。他们阳明后学一面谈良知（即本心），不得不承认心是主宰，一面谈气是实有，理反是属于气上的一种形式，颇似心物二元论，甚乖阳明本旨。我在此处，不欲多作评判。只说我对于理气的解释。我以为理和气是不可截然分为二片的。理之一词，是体和用之通称。气之一词，但从用上立名，气即是用。前面解释气字的意义时，尽说得明白。"上文见于熊十力，《新唯识论》，页157—158。

译注㉘：熊先生的原文如下："理之一词，何以是体用之通称呢？因为就体而言，他（体）元是寂然无相，而现似翕辟万象；即众理粲然已具。故此体，亦名为理。"上文见于熊十力，《新唯识论》，页158。

译注㉙：熊先生的原文如下："又体之为言，是万化之原，万物之本，万理之所会归。故应说为真理，亦名实理，也可说是究极的道理。就用而言，翕辟妙用，诈现众相。即此众相，秩然有则，灵通无滞，亦名为理。即相即理故，或相即是理故。前所云理，当体受称，是谓一本，实含万殊。后所云理，依用立名，是谓万殊，还归一本。理虽说二，要自不一不异。体用义别故，故不一。即用即体故，故不异。"上文见于熊十力，《新唯识论》，页158。

译注㉚：熊先生的原文如下："本心是绝待的全体。然依其发现，有差别义故，不得不多为之名。名为心，心者主宰义。谓其遍为万物实体，而不即是物。虽复凝成众物，要为表现其自己之资具，却非舍其自性而遂物化也。不物化故，谓之恒如其性。以恒如其性故，对物而名主宰。"上文见于熊十力，《新唯识论》，页282。

译注㉛：熊先生的原文如下："二曰意。意者有定向义。夫心之一名，通万物而言其统体，非只就其主乎吾身而目之也。然吾身固万物中之一部分。而遍为万物之主者，即主乎吾身者也。物相分殊，而主之者一也。今反求其主乎吾身者，则渊然恒有定向。于此言之，斯谓之意矣。"上文见于熊十力，《新唯识论》，页282。

译注㉜：熊先生的原文如下："定向云何？谓恒顺其生生不息之本性以发展，而不肯物化者是也。故此有定向者，即生命也，即独体也。依此而立自我，虽万变而贞于一，有主宰之谓也。"上文见于熊十力，《新唯识论》，页282。

译注㉝：熊先生的原文如下："三曰识。夫心意二名，皆即体而目之。复言识者，则言乎体之发用也。渊寂之体，'感而遂通'，资乎官能，以了境者，是名感识。'动而愈出'，不倚官能，独起筹度者，是名意识。"上文见于熊十力，《新唯识论》，页282—283。

译注㉞：熊先生的原文如下："仁者本心也，即吾人与天地万物所同具之本体也。……盖自孔、孟以迄宋、明诸师，无不直指本心之仁，以为万化之原，万有之基，即此仁体。"上文见于熊十力，《新唯识论》，页260—261。

译注㉟：熊先生的原文如下："中国在宇宙论中谈体用，以为体用本不二，而亦有分。人或莫解。余举大海水与众沤之譬喻，以便引人悟入斯。……本体无形无象，而其功用，则内涵健动、凝敛之两机。凝敛之谓质，健动之谓神，两机俱转，流行而不息。故曰本体之流行，是其大用也。用者，用其体。体者，用之实相。故体用本不二。然虽不二，而体与用究不得无分。流行有象而可测。流行之本体，无形无象，隐微至极而难知。”上文见于熊十力，《原儒》，台北，明伦出版社，1971年正月，下卷，页32下，总页252。

译注㊱：熊先生的原文如下：“体者，宇宙本体之省称。用者，本体之流行，至健无息，新新而起。其变万殊，是名为用。”上文见于熊十力，《原儒》下卷，页48上下，总页283—284。

译注㊲：熊先生的原文如下：“新新而起，何耶？本体之流行，是刹那刹那，才生即灭，才灭即生。无有一刹那顷，守其故流而不灭故以生新者。《易》曰：‘生生之谓易。’‘生生’二字，宜深玩。刹刹是新生生，故曰生生。既刹刹新生，则刹刹未曾守故，可不言而喻矣。大化流行，无有一瞬一息停滞。故曰新新而起，言不守故也。”上文见于熊十力，《原儒》下卷，页48下，总页284。

熊先生的“《易》曰：‘生生之谓易’”，出于《周易》之《系辞》上传，原文如下：“生生之谓易。”上文见于程颐，《易程传》；朱熹，《易本义》，页581。

译注㊳：熊先生的原文如下：“或有难曰：‘公言，本体之流行，是刹刹新新而起，未有一刹那顷，守其故。果如此，则每一刹顷，都是顿变，则变化似无根据。’答曰：‘流行者，不是凭空忽然而起之流，及本体之流行也。本体是万变万化之真源。含藏万有，无穷无尽。《中庸》以渊泉时出，形容其妙。可谓善譬。惟本体真源，恒无穷尽。故流行之盛，刹刹突变，常创新而不可竭也。汝云无根据，不亦惑欤？须知，真源与流行，不可分为二段。……本体与其流行之妙，只可以大海水与众沤，本不二，而亦有分。虽分而实不二。’”上文见于熊十力，《原儒》，下卷，页48下，总页284。

熊先生的“《中庸》以渊泉时出，形容其妙”，出于《中庸》第三十一章，原文如下：“唯天下至圣，为能聪明睿知，足以有临也。……溥博渊泉，而时出之。溥博如天，渊泉如渊。见而民莫不敬，言而民莫不信，行而民莫不说。……凡有血气者，莫不尊亲。故曰配天。”上文见于蒋伯潜，《语译广解四书读本》（《中庸读本》），香港，启明书局，页44—45。

译注㊴：熊先生的原文如下：“宇宙从过去至现在，由现在奔趋无穷无尽之未来，正是浑然之大流，刹那刹那，舍故趋新，活跃不已，丰富无竭。吾人须知，此浑然之大流，虽变化日新，而每一变化，要皆有其从出之因。任何新奇发展，决不能无因而突然幻现一绝异之怪象。譬如豆种不生麻，以豆种非麻之生因故也。精神物质，是乾元本体流行之两面。吾人不当以精神归并于物质。倘谓宇宙开始，只是质碍层，元无精神现象发现，遂断定精神非本有。此说如可成立，则必先肯定物质中本含有精神之德性，否则生机体层，心作用发现便无有从出之因。余未见其说之可成也。犹复须知混然为一，亦复统御物质。此岂是意想虚构，妄立此说耶。”上文见于熊十力，《原儒》下卷，页64—65上，总页316—317。

译注㊵：熊先生的原文如下："问：《大易》之究竟义，即体即用，即用即体，已闻之矣。今复有疑者，天地万物，即是大用欤？抑是由大用而生欤？"上文见于熊十力，《原儒》，下卷，页 72，总页 332。

译注㊶：熊先生的原文如下："答：如理而谈，万物与大用不可岐而为二。所以者何？万物非是离于大用流行而有各各独立之实自相故。由此应说，万物与大用本来不二。是义决定，无复狐疑。若汝言，天地万物由大用而生者。今应问汝。生字作何解？若如母生子之生，则谬误太甚。生字本有发现义。如作发现解，则大用流行，活泼泼地，而发现种种迹象，谓之万物。昔人说万物为化迹者，亦此意。如此说来，则万物即是大用流行之迹象。易言之，万物即以流行不已，活泼泼地之大用，为其实自相。而可说与大用为二乎？"上文见于熊十力，《原儒》下卷，页 72 下，总页 332。

译注㊷：熊先生的原文如下："问：如万物与大用为一，即万物都失其自己。所以者何？万物只是化迹，何有卓尔特立的自己乎？老氏万物刍狗之叹，庄子鼠肝虫臂之论，皆融万物于大化，而使万物失其自己也。"上文见于熊十力，《原儒》，下卷，页 72 下，总页 332。

熊先生的"老氏之叹"，出《老子》第五章，原文如下："天地不仁，以万物为刍狗。圣人不仁，以百姓为刍狗。天地之间，其犹橐籥乎！虚而不屈，动而愈出。多言数穷，不如守中。"上文见于王淮，《老子探义》，台北，台湾商务印书馆，1969 年正月，页 24—27。

熊先生的"庄子鼠肝虫臂之论"，出于《庄子》之《大宗师》第六，原文如下："子祀、子舆、子犁、子来四人相与语曰：能以无为首，以生为脊，以死为尻？知死生存亡之一体者，吾与之友矣。四人相视而笑，莫逆于心，遂相与为友。俄而子舆有病，子祀往问之。曰：伟哉！夫造物者，将以予为此拘拘也！曲偻发背，上有五管，颐隐于齐，肩高于顶，句赘指天。阴阳之气有沴，其心闲而无事，跰𬶍而鉴于井。曰：嗟乎！夫造物者又将以予为此拘拘也！子祀曰：女恶之乎？曰：亡，予何恶！浸假而化予之左臂以为鸡，予因以求时夜。浸假而化予之右臂以为弹，予因以求鸮炙。浸假而化予之尻以为轮，以神为马，予因以乘之，岂更驾哉！且夫得者，时也。失者，顺也。安时而处顺，哀乐不能入也。此古之所谓县解也。而不能自解者，物有结之。且夫物不胜天久矣，吾又何恶焉！俄而子来有病，喘喘然将死，其妻子环而泣之。子犁往问之，曰：叱！避！无怛化！倚其户与之语曰：伟哉造化！又将奚以汝为？以汝为鼠肝乎？以汝为虫臂乎？子来曰：父母于子，东西南北，唯命之从。阴阳于人，不翅于父母。彼近吾死而我不听，我则悍矣。彼何罪焉！夫大块载我以形，劳我以生，佚我以老，息我以死。故善吾生者，乃所以善吾死也。今之大冶铸金，金踊跃曰我且必镆金耶，大冶必以为不祥之金。今一犯人之形，而曰人耳人耳，夫造化者必以为不祥之人。今一以天地为大炉，以造化大冶，恶乎往而不可哉！成然寐，蘧然觉。"上文见于郭庆藩，《校正庄子集释》，台北，世界书局，1962 年 10 月，页 258—262。

译注㊸：熊先生的原文如下："答：甚矣，汝之迷也。大用流行，宛然有象。譬如闪电，一闪一闪，而现红光。红光，迹象也。汝以为此时电在红光外否？譬如大海水，现作活跃之众沤。汝以为大海水在众沤外否？譬如瀑流怒涌，万千百点，飞跃上下。白点，亦迹象也。汝以为瀑流在白点外否？汝试思之。万物现似个体，而实以流行不已的大用为其自相。"上文见于熊十力，《原儒》下卷，页72下—73上，总页332—333。

参考文献与征引书目

（依《前言》及译注顺序排列）

① 陈广湘，《广东开平陈荣捷先生年谱》。
② 陈荣捷，《王阳明与禅》。
③ 陈荣捷，《中国哲学》。
④ 贺　麟，《当代中国哲学》。
⑤ 吴　森，《中国大陆之外的当代中国哲学》。
⑥ 金烜炜，《与杜维明谈儒学第三期发展的人物》。
⑦ 熊十力，《十力语要》（广文本）。
⑧ 熊十力，《十力语要初续》。
⑨ 牟宗三，《熊十力先生追念会讲话》。
⑩ 牟宗三，《时与感受》。
⑪ 牟宗三，《智的直觉与中国哲学》。
⑫ 牟宗三，《现象与物自身》。
⑬ 韦政通、李鸿禧，《思潮的脉动》。
⑭ 韦政通，《儒家与现代中国》。
⑮ 韦政通，《现代中国儒家的挫折与复兴》。
⑯ 牟宗三，《心体与性体》（第一册）。
⑰ 牟宗三，《中国哲学十九讲——中国哲学之简述及其所涵蕴之问题》。
⑱ 黄俊杰，《儒学传统与文化创新》。
⑲ 牟宗三，《我与熊十力先生》。
⑳ 牟宗三，《生命的学问》。
㉑ Thome H. Fang, *Chinese Philosophy: Its Spirit and Its Development.*
㉒ Thome H. Fang, *Creativity in Man and Nauure.*
㉓ 牟宗三，《玄理系统之性格——纵贯横讲》。
㉔ 陈瑞深，《儒家仁学的现代意义》。
㉕ 熊十力，《明心篇》。

㉖ 熊十力,《新唯识论》(河洛本)。
㉗ 劳思光,《中国哲学史》。
㉘ Wing tsit Chan, *A Source Book in Chinese Philosophy.*
㉙ Tu Wei-ming, *Hsiung Shih-Ii's Quest for Authentic Existence.*
㉚ 杜维明著,林镇国译,《论熊十力》。
㉛ 傅乐诗等,《近代中国思想人物论——保守主义》。
㉜ Charlotte Furth, *The Limits of Change-Essays on Conservative Alternatives in Republician China.*
㉝ 熊十力,《新唯识论》(广文本)。
㉞ O. Briere, *Fifty Years of Chinese Philosophy.*
㉟ 熊十力,《读经示要》(明文本)。
㊱ 方东美,《生生之德》。
㊲ 梁漱溟,《东西文化及其哲学》。
㊳ 唐君毅,《民国初年的学风与我学哲学的经过》。
㊴ 唐君毅,《病里乾坤》。
㊵ 林安梧,《梁漱溟及其文化三期重现说》。
㊶ 艾恺著,林镇国译,《梁漱溟——以圣贤自许的儒学殿军》。
㊷ Guy Alitto, *The Last Confucian: LiangShu-ming and the Chinese Dilemma of Modernity.*
㊸ 蔡仁厚,《新儒家的精神与方向》。
㊹ 熊十力,《尊闻录》。
㊺ 刘述先,《熊十力与刘静窗论学书简》。
㊻ 余英时,《陈寅恪晚年诗文释证——兼论他的学术精神和晚年心境》。
㊼ 熊十力,《原儒》(明伦本)。
㊽ 程颐,《易程传》;朱熹,《易本义》。
㊾ 蒋伯潜,《语译广解四书读本》(《中庸读本》)。
㊿ 王　淮,《老子探义》。
51 郭庆藩,《校正庄子集释》。
52 王阳明,《王阳明全集》。
53 Issiah Berlin, *Against the Current-Essays in the History of Idea.*

本文译自 Wng-tsit Chan, *A Source Book in Chinese Philosophy*, (Princeton, N. J.: Princeton University press, 1963),第四十三章,页 572—587。译文载《花莲师专学报》,第十五期(1984 年 12 月),页 183—216。转载《中华文化复兴月刊》,第十八卷第十一期(1985 年 11 月),页 51—60;第十八卷第十二期(1985 年 12 月),页 25—35。收入罗义俊编,《评新儒家》(上海,上海人民出版社,1989 年),页 414—457。

唐君毅与西方哲学会议

1949年之春，唐先生偕熊十力、钱穆等先生避乱到广州。予在美教学已逾十年。是年回国专事研究，寄居母校广州岭南大学。承友人谢扶雅教授之介，得与唐君相会。予入四川，其时事势急变，回穗即转港回美。因是与唐君只得一面之缘。其后二十年间，屡次返港，承唐君邀请到新亚学院演讲，并任新亚研究所名誉研究员、中文大学哲学系校外考试委员与哲学聘任咨询委员等职。又邀加入东方人文学会。年来发表中、英文粗作，必呈唐君请教，而唐君佳作，或书或文，均不吝赐下。予每以争读为快。其文体结构，并不易读。然若专注精神，以心体会，则有江河长奔，莫之能御。盖唐君哲学思想，虽有启发于其师熊十力，又有西方哲学根柢，而其中心统系，实是我国经学主流，由孔、孟以至周、程、张、朱、陆、王，一气贯穿，毫无门户之见。谓为经学今天之正统代表而加以刷新者，不为过也。予尝谓驰名中外之冯友兰氏，太过西化。如其谓程颐伊川为理学之先驱而程颢明道为心学之先驱，乃分宋、明理学为理学、心学两派。此无他，深受西方心理两统对峙之影响而已。熊先生则海外绝未知名。予1953年著《现代中国宗教之趋势》(*Religious Trends in Modern China*)，始介绍其思想于西方，并论熊、冯二氏，而以熊氏为先，盖以其哲学皆从中国哲学内部开展，非将西方思想与经学苟合也。熊先生重点在《易》，唐君则范围广阔。然其为中国哲学之主流，并不弱于其师也。

予1949年夏回夏威夷后，即参加第二次东西哲学家会议。第一次于战前1939年夏在夏威夷大学举行。其时只由在该大学夏期学校任教之佛学、印度哲学、西方哲学学者专家各一人。予当日任教该校，授中国思想，遂被委为南郭先生，代表中国，如是而已。第二次会议规模较大，来自世界各国参加者三十余人。然代表中国者只当时在美教学之梅贻宝博士与予二人而已。五年后(1959夏)开第二次会议，予坚持非得中国学人参加不可。所谓中国学者，实指中国学者之尚在东方，以别吾等之多年在外掌教也。予首先提出者即为唐君。主持者初不同意。一则未审唐君之名，一则以唐君献文必须事先翻译英文，需人代读，而唐君又不能直接以英文讨论答问，有碍思想之交流。予到香港与唐君商量，唐君亦谦以英文会话困难，不便参加。予以宣扬我国哲学思想，非唐君莫属。会议可拨款由唐君聘人练习英语会话。盖如我国学人不与西方学者交接，则以前传教士与游客所遗落关于中国哲学之误解，将永无改正之日，而东、西思想之融和结合亦无期矣。卒之第三次东西哲学家会议得唐君与谢幼伟教授参加。连在美之胡适之先生与吴经熊先生、梅贻宝先生与予，东、西学会宣读论文四十人之中，中国占六人矣。虽为数尚少，然已打破中国学者不能以英语讨论之障碍。谢先生曾留学美国，英语流利，唐君亦可用英语会谈，间需传译说明而已。唐君此会献文为《中国哲学精神价值思想之开展》(The Development of Ideas of Spiritual Value in Chinese Philosophy)。后与会议其他献文合成《东西哲学与文化》(*Philosophy and Culture East and West*)一书，1962 年由夏威夷大学出版部刊行。后又采入会议主席与夏威夷大学哲学系主任摩儿(Charles A. Moore)所编《中国之心》(*The Chinese Mind*)论文集中，1967 年由夏威夷东西文化中心出版部刊行。以后第四次与第五次东西哲学家会议，唐君均被邀出席。第四次于 1964 年夏举行。中国参加者除唐君外，有方东美、谢幼伟、梅贻宝、吴经熊与予。唐君论文为《中国哲学方法中之个人与世界》(The Individual and the World in Chinese Methodology)。会议论文集于 1968 年由夏威夷大学出版部发表，名《东方西方个人之地位》(*The Status of Individual in East and West*)。唐君之文亦采入上述《中国之心》论集之内。1969 年夏之第五次会议，则予适在港任中文大学哲学系校外考试委员，未曾参加，故不得其详。闻会议论文终未刊出云。

近年美国对于中国哲学之研究，一跃千丈。由战前侧重先秦与概略研究进而为专题或某一学派之探讨，于是对宋明理学生大兴趣。理学专门思想会议已举行多次，1966 年夏美国学会联会(American Council of Learned Societies)催开而由哥伦比亚大学中国思想教授狄培瑞(Wm. Theodore de Bary)主持之明代思想会议，举行于美国伊利诺大学。唐君被邀出席。中国学人来自东方者唐君而外，尚有简又文与柳存仁二氏。唐君论文为《由王阳明至王畿道德心观念之发展》(The Development of the Concept of the Moral Mind from Wang Yang-ming to Wang Chi)。论文集由狄氏主编，名《明代思想中之个人与社会》(*Self and Society in Ming Thought*，1970，哥伦比亚大学出版部)。狄氏过爱，以此书献赠于予。1970 年夏狄氏又得学会联会资助而举办 17 世纪思想会议于意大利柯模(Como)湖畔。中国学人参与者，唐君之外，尚有钱新祖、于君方、成中英，杜维明、吴百益与予共七人，而来自东方者,只唐氏一人而已。其文题为《刘宗周道德心之学说与实践及其对于王阳明之批评》(Liu Tsung-chou's Doctrine of Moral Mind and Practice and His Critique of Wang Yang-ming),嗣为狄氏主编会议论文集《理学之开展》(*The Unfolding of Neo-Confucianism*,哥伦比亚大学出版部,1975)之一章。狄氏以此集献唐先生。语云:"敬以此书献唐君毅先生,借以认识其终身努力理学之研究并欣赏其精神与人格。"此次唐太太同行。在会弹古琴,至今犹清音在耳。

1972年乃王阳明诞生五百年之期。予以不可无以纪念,乃于美国亚洲与比较哲学学会(Society for Asian and Comparative Philosophy)年会提议开讨论会。《东西哲学》(*Philosophy East and West*)季刊主编德滋(Eliot Deutch)在场,即允返夏威夷大学鼓吹。结果由该大学哲学系得程庆和(Hung Wo Ching)博士集资,于是年夏举行王阳明会议。中国学人除在美教学之杜维明与本人并该大学成中英、张钟元外,来自东方者为唐君与方东美、牟宗三三教授,阵容比前大增。然会众注目,仍在唐君。其论文《当代学者对于王阳明之教所提出之疑难》(The Criticisms of Wang Yang-ming's Teachings as Raised by His Contemporaries),与其他会议献文1973年发表于《东西哲学》第二十三期。

以上所述,足见唐君为西方哲学会议中国来自东方之第一人而又是年期最长与贡献最多者。然其著作等身,西方学人至最近三数年乃始引述。予极望有志青年,能以英文写成一书,略为介绍唐君思想,至选译其文粹百数十页。此不特足以促进西方对于理学之研究,亦所以纪念唐君之至善而至当者也。

《书目季刊》,第十四卷第四期(1981年5月),页4—6。

读林庆彰先生书评后

拙编《王阳明传习录详注集评》于去年 12 月由台湾学生书屋出版。捷远在海外，本年 1 月底方见一本，发见错字甚多。改正数十错误。其后学生书局来信，谓编辑部又发见错误更多，编成正误表。即编勘误表。其时书已发行。闻《汉学研究》将有林先生之书评，乃又急合并两表与错误共二百五十则付《汉学研究》，书评已先于该刊第二卷第一期（1984 年 6 月）发表矣。及捷 8 月到台北，始知编辑部之表为林庆彰先生所编。读其书评，可知其作书评时尚未见捷所编之正误表矣。彼所编正误表中，除捷所发见数十错误外，尚多一百有余。捷借此将来可以改正，万分感激，而林先生治学严谨，更令人仰佩。书评第一节为前言，简介王学文献与捷之履历。谓此书出版，“同人于学术竞争的颓势中，或稍可扳回一城”。对于此书与著者期许之厚，可以知之。第二节论本书之内容及其特色。以“先集录各家评语，次为详注各种典故。此为本书最见工夫处，亦即本书价值所在”。更以此书既为注本“最晚出之作，必有前人所不及者”。分列：（一）“注释力求详赡”；（二）“集评兼容并蓄”；（三）“拾遗巨细无关”。以下则以文之大半专论“照顾欠周者”。

第三节论“传刻及版本问题”。林先生谓捷既定《续刻传习录》于嘉靖三年，又谓“或在嘉靖三年之后”，自应详加讨论，避免冲突。据捷所考，以嘉靖三年为当，但亦有三年以后之可能。此处未见冲突。即详加讨论，结论亦不外如此。林先生又谓“陈先生《传习录略史》中，既列有版本一项。……然就笔者所知，约有下列数种版本，陈先生未计及”。此下林先生列《传习录》国内版本五种，国外两种。此两种一为亨克之《王阳明哲学》（英文），一为富山房编辑部所编之《传习录》。此富山房本即拙著页 14，第十六之三轮希贤（执斋）之《标注传习录》。林先生未之见，不足怪也。林先生谓亨克之书“陈先生之《欧美阳明学》文所述及。此书内容欠佳。陈先生所以不将其列入，殆因此故也”。此则不然。若以《传习录》版本而言，则除林先生所举七种之外，尚有钱穆之《传习录大学问节本》，吉村晋之《王学提纲》（抄录

《传习录》),与岛田虔次之《王阳明集》(亦抄选)。林先生以捷"大概是将古今有关《传习录》之各种版本全数搜罗,再评其得失"。此于捷之目的,微有误会。拙著名"详注集评",故限于评与注,而非广泛研究《传习录》。书中页12—16所录版本十九,皆与详评有关。注家往往只举"南本""施本"等,故有介绍之必要。其他《传习录》版本,不论全部或选抄,其无注无评者,皆不采入。顾名思义,不得不然。不采亨克之书,正以此故。林先生所举七种之中,国内(5)叶绍钧注与国外(2)富山房本之注,均已采用。捷藏有国内(3)正中本《王阳明传习录》(附《大学问》),因无注评,故缺。其余国内(1)(2)(4)三种均未见。如林先生知此三书有注有评,请祈示知。如有再版,当必补入。

第四节论"年代的疏忽"。此处林先生提出"生卒年颇多可议"八项,"皇帝年号下所附西元年代,错误亦多"者十五项,共二十三项。此二十三项之中,错印而捷所编勘误表经已改正者两项。此外十七项确误,自当改正。其余四项,可有解释。兹释之为下:一,生卒年第(1)项本书页25程颐1037年生诚误,但页23与页437均作1033年无误。二,第(2)项本书页284以湛若水之生卒年为1471—1555,的确是讹。捷二十年前英译《传习录》前言页24已用1466—1560。十一年前英文《东西哲学》期刊所载拙作《湛若水对于王阳明之影响》文内页12亦用1466—1560,均不误。三,第(7)项曹端1374年生亦误。捷二十年前所编英文《中国哲学资料书》页465已用1376年不误。1970年出版之英文《明代思想中之个人与社会》内载拙作《明代早期之程朱学派》页29用1376年,亦不错。《资料书》台北曾复印两次。然两书林先生或未之见,则此处林先生不以为一数目字印刷之误而认为"可议",亦属自然。

皇帝年号(6)以1870年为庆应六年,最为无解,应急改正。庆应元年为1865年。想必以1870年顺数为六年,而忘记1866年日本维新,12月孝明天皇没,1867年1月明治天皇践祚矣。林先生谓"庆应似无六年,1870为明治三年"是也。

林先生第四节结论谓"笔者读本书时,常思考各年代致误之由,但总不得其解。或陈先生写作时随见随附,未及详核所致"。捷编译著述书十六种,为文一百三十四篇。以四十年之练习,略识治学方法,绝不敢随见随附,未及详核也。书文具在,可以为据。捷书文注释恐过万数,生卒年亦过千数,别书无误,而本书反数处有误,想是二十年前之旧稿,字又潦草,未及改正。疏忽之处,无敢自恕。林先生未考别书,而作此论,亦理所当然。

其次第五节为"注解体例可商者",凡六项。林先生以为注释应为首次名词之出现。捷以此例为有可用者,亦有不可用者。拙著中、英文凡人名必于首次出现时备举其生卒年。其他注释则前后或详或略,皆因本文而定。如《传习录》第三一二条(页 355)只注"邹谦之,名守益,参看三一四条注二"。至三一四条注二(页 359)则比较详细,云"邹谦之,名守益,字谦之,号东廓"等约一百字。盖第三一二条邹谦之只是四门人传坐之一,三一四条则谦之为主角,是以较详,使读者于主角多所了解,是以不为古书体例所拘。谓此为"甚乖体例","不合常理",似是过言。页 71 用《姚江释毁录》而以后作《释毁录》,林先生谓为"名称都不统一"。然此类简称,我国古例有之,如《朱子语类》简称《语类》是也。第六节林先生亦简称《古本大学旁释》为《旁释》,无碍也。至《王文成传本》页 129 与 145 误作《王阳明传本》,承林先生改正,谨谢。

林先生又列名词未加诠释者十二项。其中(7)"历律"已释为"历法律吕",(12)"六虚"已释为"卦之六爻(六位)周流于空虚之间"。(4)"方外",文内有"敬以直内,义以方外",读者当一目了然。(1)"腔子"注有引语"心要在腔子里",读者当不误解为乐曲腔调。(11)"实相",本文亦有幻相对照。(2)之"气象",(6)之"明心见性",(8)之"常惺惺",与(10)之"见性",均字面已够明白。惟(3)之"合有其极",(5)之"厌然",与(9)之"不庸",皆不常用,则自当加以诠释也。至如林先生谓"道心""人心""致知""良知""致良知""知行合一"等词,"也应详加诠释,以助了解"。恐非每词一篇文章,难以济事。若释"知行合一"为"知识与行为连合为一事",恐似画蛇添足耳。

第六节为"注解内容可议者",凡九项。此处捷得益最多。林先生谓"有极少数观念讹误,或用语欠妥"。此仁者之言也。其中四项,可有商量。第六节第(一)项文学"此云二十章亦误",是也。拙编《中国资料书》页 87—94 分十章,不误。第(四)项本书页 50 注《羲》《黄》为伏羲与三皇诚误。英译《传习录》页 21 的注为伏羲、黄帝不误。第(六)项误以五月阳初生,十一月阴初生。林先生指出此与十二月消息卦之说相反。拙译《传习录》页 57 作十一月阳渐长,五月阴渐长不误。以上别书不误而本书实误。只是说明捷曾知之,非敢云此处不误也。第(七)项注《传习录》第一二四条谓阳明自叹错用三十年气力,以自十七岁与道士论养生至三十一岁渐悟仙释之非为"近三十年"。林先生据《年谱》谓二十年,以捷为"未考"。此殊不然。盖尝考之,《传习录》一二四条谓:"吾亦自幼笃志二氏。……其后居夷三载。……始自叹悔错用三十年气力。"《年谱》四十三岁下载同一问答则谓"悔错用功二十年"。《传习录》三十年可是可非,《年谱》二十年亦可是可非。吾不知有谁曾下深究，对此二十年抑三十年之问题为一有学术性之解决。此诚捷所未考。诸本《传习录》皆不改三十年为二十年，未尝无因。若以狭义而言，则从十七岁至三十一岁，前后只是十有五年，二十、三十两者皆非。阳明年三十四始进学者，且与湛若水定交，不再笃志二氏。及居夷三载（三十七岁至三十九岁），已见圣人之学。故从十七岁谈养生至此实共二十三年，固不止二十年也。阳明之叹，在其错用气力之久，不应减二十三年为二十。此必为各本不改三十年为二十年之故。是以捷注云“近三十年”，但又加“《年谱》谓二十年”。盖不敢擅改原文，而又使读者知《年谱》有二十年之说也。以二十三年为近三十为夸张则有之，然总觉比减二十三年为二十为符合阳明本意。以意逆志，不害辞，此之谓也。第（八）项本书页179注二间及《古本大学旁释》。林先生以为应加“百陵学山”王文禄曾重梓之《古本大学旁释》，谓捷“论《旁释》之真伪，不及‘百陵学山’，似仍有所不足”。但林先生又谓“文禄为明中叶之书家，所言或不尽可信”。如此岂非徒增读者之疑惑耶？

第（九）项之三在本书页26与344均误作“升江西庐陵县知府”。林先生谓“此既云卢陵县，则应作知县。此虽小误，亦不可不辨”。捷1963年英译《传习录》概说页25译知县为magistrate。以后1972年在英文东西哲学第二十二卷第一期页66论阳明之文，1974年为《大英百科全书》作阳明传第十八册页538，与1976年为美国亚洲学会《明代名人传》（英文）撰《阳明传》页1410，均用magistrate。欧、美译知县为magistrate，译知府为prefect，通行已久，捷固非不知阳明在卢陵为知县也。去年出版韦政通教授主编之《中国哲学辞典大全》，捷为“王守仁”条，页95亦用“知县”。凡书之错字，有三可能。一为打字或印刷之误，一为著者笔误，一为著者蒙昧之误。则如生卒年一字之差为“疏忽”与《大学》二十章为“可议”，林先生于“知府”之误谓“不可不辨”，则彼不以为印误或笔误，而必为蒙昧之误可知。此为林先生抉择自由，别人不能强也。林先生结论比捷于明代学者杨慎“著书多误。后人以杨氏无佳子弟为其拾遗补阙所致。陈先生本书之些许疏略，殆应作如是观”。不知经过上面解释，林先生尚作如是结语否？

本书注释共一千六百条。去其重复，亦在千数。林先生曾举出数注，称为“详尽”与“特色”。但于捷之注释与别家注释比较，其量之多少如何？质之精粗为何？以前我国注家曾采用日注否？如此种种问题，林先生均未论及。不知此诸方面亦有可取之处否？

最大问题乃林先生之书评，只论注释之一面。书名“详注集评”，而林先生对于评语方面，只在第二节之（二）称“集评兼容并蓄”，略述本人概说页5

之言而泛说数语,未见有如讨论注释长至数千言者。如得林先生再撰关于集评之一书评,观此书与别家之集评比较如何?刘宗周、但衡今、于清远等评语以前曾有人采用否?国人曾采用日人评语否?本书采用之语是否有当?优劣何在?评家语之精者有无遗漏?所采评语,能否能明阳明之意旨?为文与此书评同样详尽,同样精到,则于提高学术水准,必增一大生力也。

引用书目举要

（以著者或书名笔画先后为序）

二　画

《十三经注疏》。

三　画

《大正新修大藏经》。

《大学》。

大槻信良，《朱子四书集注典据考》，台北，学生书局，1976。

《大戴礼记》。

万斯同，《儒林宗派》，《四明丛书》本。

山崎暗斋，《山崎暗斋全书》，东京，日本古典学会，1936。

久保田量远，《支那儒道佛三教史论》，昭和六年辛未，1931。

久保田量远，《支那儒道佛交涉史》，东京，大东出版社，1943。

四　画

王夫之，《张子正蒙注》，北京，古籍出版社，1956年本。

王夫之，《周易内传》，长沙，岳麓书院，1956年，《船山全书本》。

王夫之，《思问录》，北京，古籍出版社，1956年本。

王艮，《心斋王先生全集》，崇祯四年辛未（1631）本。

王阳明，《王文成公全书》，《四部备要》本。

王阳明，《传习录》。

王柏，《鲁斋集》，《丛书集成》本。

王梓材、冯云濠合编，《宋元学案补遗》，台北，世界书局刊本。

《王船山学术讨论集》，湖南、湖北两省哲学社会科学会联合会合编，北京，中华书局，1963。

王弼，《老子注》。

王弼，《周易注》。

王懋竑，《朱子年谱》，《丛书集成》本。

王孺松,《朱子学》,台北,教育文化出版社,1985。
太田锦城,《疑问录》,天保二年辛卯(1831)本。
友枝龙太郎,《朱子の思想形成》,东京,春秋社,1979 年改订版。
《中庸》。
《书经》。

五 画

石介,《石徂徕集》,《正谊堂全书》本。
叶绍翁,《四朝闻见录》,《浦城遗书》本。
申美子,《朱子诗中的思想研究》,台北,文史哲出版社,1989。
《汉书》,《四部丛刊》本。
《礼记》。
司马光,《温国文正公文集》,《四部丛刊》本。

六 画

《老子》。
《百川学海》,上海,博古斋影华氏本。
列子,《四部丛刊》本,名《冲虚至德真经》。
朱松,《韦斋集》,《四部丛刊》本。
朱熹,《大学或问》,《近世汉籍丛刊》本。
朱熹,《大学章句》。
《朱熹与中国文化》,武夷山朱熹研究中心编,上海,学林出版社,1989。
朱熹,《中庸或问》,《近世汉籍丛刊》本。
朱熹,《中庸章句》。
朱熹,《朱子文集》,《四部备要》本名《朱子大全》。
朱熹,《朱子语类》,北京,中华书局,1986 年本。
朱熹,《论语或问》,《近世汉籍丛刊》本。
朱熹,《论语集注》。
朱熹,《诗集传》。
朱熹,《孟子或问》,宝诰堂《朱子遗书》本。
朱熹,《孟子集注》。
《朱熹研究资料专辑》,尤溪县委员会文史资料委员会编,福建人民出版社,1990。
《庄子》,《四部丛刊》本,名《南华真经》。
刘师培,《性理字义通释》,《刘申叔先生遗书》本。
刘因,《静修先生文集》,《四部丛刊》本。
刘述先,《朱子哲学思想的发展与完成》,台北,学生书局,1982。
刘宝楠,《论语正义》,《国学基本丛书》本。

刘宗周,《刘子全书》,道光十五年乙未(1835)本。

许衡,《许文正公遗书》,乾隆五十五年庚戌(1790)本。

《论语》。

孙奇逢,《夏峰先生集》。

孙奇逢,《理学宗传》,万历三十三年乙巳(1605)本。

牟宗三,《心体与性体》,台北,正中书局,1969。

纪昀,《四库全书总目提要》,上海,商务印书馆,1933。

七画

李光地,《朱子全书》,康熙五十三年甲午(1714)本。

李光地,性理精义,《四部备要》本。

李侗,《延平答问》,《宝诰堂朱子遗书》本。

李侗,《李延平集》,《正谊堂全书》本。

李塨,《颜习斋先生年谱》,《颜李遗书》本。

李颙,《李二曲集》,上海,文瑞楼本。

李翱,《李文公集》,《四部丛刊》本。

杨天石,《朱熹及其哲学》,北京,中华书局,1982。

杨时,《龟山语录》,《四部丛刊》本。

吴澄,《吴文正公全集》,乾隆二十一年丙子(1756)本。

吴澄,《吴文正集》,《四库全书》珍本。

邱汉生,《四书集注简论》,北京,中国社会科学出版社,1980。

《宋史》,北京,中华书局,1977 年本。

宋端仪,《考亭渊源续录》,《近世汉籍丛刊本》。

张立文,《朱熹思想研究》,北京,社会科学院出版社,1981。

张伯行,《道统录》,《正谊堂全书》本。

张载,《张子全书》,《四部备要》本。

张载,《张子语录》,《四部丛刊》本。

张栻,《南轩先生文集》,《近世汉籍丛刊》本。

张高评,《宋诗之传承与开拓》,台北,文史哲出版社,1990。

陆象山,《象山全集》,《四部备要》本。

陈荣捷,《中国哲学文献选编》,台北,巨流出版社,1992。

陈荣捷,《朱学论集》,台北,学生书局,1982。

陈淳,《北溪大全集》,《四库全书》珍本。

陈淳,《北溪字义》,《惜阴轩丛书》本。

邵雍,《皇极经世书》,《四部备要》本。

八 画

《武夷胜境理学遗迹考》,武夷山朱熹研中心编,上海,上海三联书店,1990。

《易传》,见程颐。

《易经》。

罗光,《中国哲学思想史》,台北,学生书局,1980。

罗钦顺,《困知记》,嘉靖七年戊子(1528)本。

《知言》,见《胡子知言》,《粤雅堂丛书本》。

周汝登,《圣学宗传》,万历三十四年丙午(1606)本。

周敦顿,《周子全书》,《国学基本丛书》本。

河上公,《老子注》。

《性理字义》,见陈淳。

《诗经》。

《建炎以来系年要录》,《丛书集成》本。

《孟子》。

《经说》,见程颐。

九 画

《荀子》,《四部丛刊》本。

胡广,《性理大全》,《四库全书珍本》。

胡宏,《胡子知言》。

胡宏,《胡宏集》,北京,中华书局,1987。

胡居仁,《居业录》,《正谊堂全书》本。

胡居仁,《胡敬斋集》,《正谊堂全书》本。

胡适,《胡适手稿》,台北,"中研院"藏。

胡适,《胡适文存》,台北,远东图书公司,1953。

胡适,《戴东原的哲学》,上海,商务印书馆,1932,"国难后第二版"。

柳宗元,《柳河东全集》,《四部备要》本。

十 画

贾丰臻,《中国理学史》,上海,商务印书馆,1935。

顾炎武,《日知录》,《国学基本丛书》本。钱穆,《朱子新学案》,台北,三民书局,1971。

高令印,《朱熹事迹考》,上海,上海人民出版社,1987。

唐顺元,《唐荆川集》,嘉靖三十二年癸丑(1553)本。

诸桥辙次,《大汉和辞典》,东京,大修馆书店,昭和三十年(1955)。

十一画

黄宗羲,《宋元学案》,《四部备要》本。

黄宗羲,《明儒学案》,《四部备要》本。
黄榦,《勉斋集》,《四库全书珍本》。
黄榦,《黄勉斋集》,《正谊堂全书》本。
曹端,《曹月川先生遗书》,《四库全书》珍本。
常盘大定,《支那に於ける佛教的儒教道教》,东京,东洋文库,1930。
清水信良,《中国思想史》,东京,明治图书出版社,1949。
《续藏经》。

十二画

韩愈,《韩昌黎全集》,《四部备要》本。
惠能,《六祖坛经》,敦煌出土本。
程颐,《伊川文集》,《四部备要·二程全书》本。
程颐,《伊川易传》,《四部备要·二程全书》本。
程颐,《伊川经说》,《四部备要·二程全书》本。
程颢、程颐,《外书》,《四部备要·二程全书》本。
程颢、程颐,《遗书》,《四部备要·二程全书》本。
程颢、程颐,《粹言》,《四部备要·二程全书》本。
曾春海,《晦庵易学探微》,台北,辅仁大学出版社,1983。
湛若水,《甘泉先生文录》,嘉靖九年庚寅(1530)本。
湛若水,《湛甘泉先生文集》,万历八年庚辰(1580)重刻本。
谢良佐,《上蔡语录》,《正谊堂全书》本。

十三画

楠本正继,《宋明新儒学思想の研究》,东京,广池学园出版部,1962。
《福建通志》,道光重纂。

十四画

蔡仁厚,《宋明理学——南宋编》,台北,学生书局,1980。
蔡仁厚,《新儒家的精神方向》,台北,学生书局,1982。
蔡沈等,《蔡氏九儒书》,同治七年戊辰(1868)本。
僧肇,《肇论》。
熊十力,《原儒》,《十力丛书》本,1947。
熊十力,《新唯识论》,《十力丛书》本,1947。

十五画

颜元,《存学编》,《颜李遗书》本。
颜元,《朱子语类评》,四存学会《颜李丛书》本。

颜元、李恭,四存学会《颜李丛书》本。

十七画

戴铣,《朱子实纪》,《近世汉籍丛刊》本。

戴望,《颜氏学记》,北京,中华书局,1958。

戴震,《戴东原集》,《国学基本丛书》本。

戴震,《戴震集》,上海,上海古籍出版社,1980。

英文书目

Aubin, Francoise, *Étude Song-Sungstudies in me moriam Étienne Balazes*, Ⅱ series, No. 1,1973.

Bruce, J. P., *Chu Hsi and His Masters*, London: Prob sthain, 1923.

Bruce, J. P., *Philosophy of Human Nature by Chu Hsi*, London: Probsthain, 1922.

Chan, Hok-lam and Wm. Theodore de Bary, *Yüan Thought: Chinese Thought and Religion under the Mongols*, New York: Columbia University Press, 1982.

Chan, Wing-tsit, *A Source Book in Chinese Philosophy*, Princeton, N. J.: Princeton University Press, 1963.

Chang, Carsun, *The Development of Neo-Confucian Thought*, 2 vols., New York: Bookman Associates, 1957, 1962.

de Bary, Wm. Theodore and Irene Bloom, *Principle and Practicality*, *Essays in Neo-Confucianism ond Practical Learning*, New York: Columbia University Press, 1979.

Franke, Herbert, *Sung Biographies*, 4 vols., Wieba-den: Franz Steiner Verlag, 1976.

Graf, Olaf, O. S. B., *Die sungkonfuzianische Summa mit dem kommentar des Ya Tsai*, 3 vols, Tokyo: Sophia University Press, 1953.

Graf, Olaf, *Tao und Jen: Sein und Sollen im sungchi nesischen Monismus*, Wiesbaden: Otto Harrosowitz, 1970.

Graham, A. C., *Two Chinese Philosophers: Ch'eng Ming-tao and Ch'eng Yi-ch'uan*, London: Lund Humphrey, 1958.

Hervouet, Yues, *A Sung Bibliography*, Hong Kong: The Chinese University Press,1978.

Hu Shih, *The Chinese Renaissance*, Chicago: University of Chicago Press, 1934.

Hughes, E. R., *The Individual in East and West*, London: Oxford University Press, 1937.

Moore, Charles A., *The Chinese Mind*, *Honolulu*: East-West Center Press and University of Hawaii Press, 1967.

Moore, Charles A., *The Status of the Individual in* East and West, Honolulu: University of Hawaii Press, 1968.

Munro, Donald, *Individualism and Holism*, *Studies in Confucian and Taoist Values*, Ann Arbor: University of Michigan, Center for Chinese Studies, 1985.

Needham, Joseph, *Science and Civilisation in China*, vol. 2, *History of Scientific Thought*, Cambridge: Cambridge University Press, 1956.

Northrop, F. M. C., *The Meeting of East and West*, New York: Macmillan Co., 1946.

Ts'ai Yung-ch'un, *The Philosophy of Ch'eng I, a Selection of Texts from the Complete Works*, Columbia University Ph. D. Thesis, 1950.

索　引

六　画

七　画

八　画

九　画

十　画

十一画

十二画

十四画

十五画

十七画

《新儒学论集》跋

这是陈荣捷先生的第二部论集。陈先生已于 1994 年 8 月 12 日,距他 93 岁生日只有 6 天时与世长辞了。他不及见到他的第一部论集问世,这个集子更成为追悼他的作品了。

陈先生致力于中国哲学的研究有半个世纪之久。宋明理学是他用功最深之处,而研究朱熹的思想与生平更是他的最爱。这部论文集收入了他论朱子的文章八篇,可以和他论朱子的专著《朱子门人》《朱学论集》《朱子新探索》等相互发明。陈先生尊朱而不贬陆、王,对清儒的评价亦很高,对当代新儒家熊十力亦赞誉有加。生前他经常告诉别人他是第一位将熊十力的思想介绍给西方的人,而以此为荣。他治学之严谨, 立论之公允,可以由这本论文集中看出来。

陈先生对程朱学派之道统观念形成之分析,以及对朱陆鹅湖之会的考证,最可以显示出他为学的方法及精神。他在历史的脉络中看思想之发展,由观念的分析来探讨学派之流变。所以他能超越近一千年的门户之争与学术成见,重新从原典中来发掘宋明理学的思想。如果陈先生对学术研究有所贡献的话,我想就是在他的治学方法上。陈先生七十六岁时(1977)曾作三首诗来表达他的心境。由此我们也可以看出他的人格及风范:

海外教研四秩忙,攀缠墙外望升堂。
写作唱传宁少睡,梦也周程朱陆王。

卅载孤鸣沙漠中,而今理学忽然红。
义国恩荣固可重,故乡苦乐恨难同。

与天为徒求一体,爱人如己济群黎。
释道儒耶俱圣路,智愚蚁溺尽菩提。

陈先生逝世之后,遗体依照他的遗嘱火化。他的骨灰和他夫人的骨灰混合在一起,撒在美国东北部的一个农场上。他真正地做到了与天为徒、与天一体的理想了。

朱荣贵

1994 年 11 月 19 日

陈荣捷先生著作目录

一、撰著之书

1. *Religious Trends in Modern China.* New York: Columbia University Press, 1953, 327 pp. Reprinted, New York: Octagon, 1969. 西班牙语译本：*Tenencias Religiosas de la China Moderna*, tr. by Antonia Dorta. Madrid: Espasa-Calpe, S.A., 1955, 336 pp. 德语译本：*Religioses Leben im Heutigen China*, tr. by Dr. Marcella Roddewig and Grafin Gertrud von Helmstadt. Munich: Otto Wilhelm Berth-Verlag, 1955, 279 pp. 日语译本：《近代中国における宗教の足迹》,福井重雅译,东京,金花舍,1974,304 页。中译本：《现代中国的宗教趋势》,廖世德译,台北,文殊出版社,1987 年,335 页。
2. *Historical Charts of Chinese Philosophy.* New Haven: Far Eastern Publications, Yale University. 1995, 16 pp.
3. *An Outline and an Annotated Bibliography of Chinese Philosophy.* New Haven: Far Eastern Publications, Yale University, 1959, 127 pp. Supplement, 1961, 9 pp.; Supplement, 1965, 20 pp. Supplement, 1965, 20 pp.; revised and enlarged, 1969, 220 pp.
4. *The Platform Scripture, the Basic Classic of Zen Buddhism* (by Hui-neng), tr. with notes and Chinese text. New York: St. John's University Press, 1963. 193 pp.
5. *Instructions for Practical Living, and Other Neo-Confucian Writings by Wang Yang-ming*, tr. with notes. New York: Columbia University Press, 1963, xli plus 358 pp.
6. *A Source Book in Chinese Philosophy*, comp, and tr. Princeton, N.J.: Princeton University Press, 1963. XV plus 856 pp.; Paperback edition, 1969.
7. *The Way of Lao Tzu*, tr. with notes and introduction. Indianpolis: Bobbs-Merill Co., 1963. vii plus 285 pp.
8. *Chinese Philosophy, 1949 – 1963: An Annotated Bibliography of Mainland China Publications.* Honolulu: East West Center Press, 1967, 290 pp.
9. *Reflections on Things at Hand, the Neo-Confucian Anthology*, by Chu Hsi and Lü Tsu-ch'ien, tr. with notes. New York: Columbia University Press, 1967, xli plus 441 pp.
10. *Neo-Confucianism, Etc.: Essays by Wing- tsit Chan*, ed. by Charles K. H. Chen. Hanover, N.H. Oriental Society, 1969, 516 & 129 pp.

10a.《王阳明与禅》(Wang Yang-ming and Zen). Taipei: publisher with various names,

1974. Pirated edition of the Chinese section of *Neo-Confucianism*, *Etc.*,台北,学生书局,1984,267 页。

11. *The Great Asian Religions*, *an Anthology* (with Isma' īl Rāgī al Fārūqī, Joseph M. Kitagawa, and P. T. Raju). New York: Macmillan, 1969, 412 pp.
12. *Guide to Chinese Philosophy* (with Charles Weihsun Fu). Boston: C. K. Hall Co., 1978, pp. 262.
13. *Wang Pi's Commentary on the Lao Tzu* (in collaboration with Ariane Rump), Society for Asian and Comparative Philosophy monography no.6, 197, pp. 219.
14. 《朱学论集》(*Anthology on Chu Hsi*), Taipei: Student Book Co., 1982, 459 pp.
15. 《朱子门人》(*Chu Hsi's Pupils*), Taipei: Student Book Co., 1982, 378 pp.
16. 《王阳明传习录详注集评》(*Wang Yang-ming's Instructions for Practical Living: Collected Commentaries and Full Annotation*), Taipei: Student Book Co., 1984, 472 pp.
17. *Neo-Confucian Terms-Explained*, by Ch'en Ch'un, tr. with an Introduction and notes, New York: Columbia University Press, 1986, 277 pp.
18. *Chu Hsi: Life and Thought.* Hong Kong: Chinese Universiyt Press, 1987, 212 pp.
19. 《朱子新探索》,台北,学生书局, 1998, 840 页。
20. *Chu Hsi: New Studies.* Honolulu: University of Hawaii Press, 1989. 628 pp.

二、编撰之书

1. Takakusu, Junjirō, *The Essentials of Buddhist Philosophy*, ed. by Wing-tsit Chan and Charles A. Moore, Honolulu: University of Hawaii Press, 1947, pp. 223.
2. de Bary, Wm. Theodore, Wing-tsit Chan, and Burton Watson, comp., *Sources of Chinese Tradition*, New York: Columbia University Press, 1960, pp. 976.
3. *Chu Hsi and Neo-Confucianism.* Honolulu: University of Hawaii Press, 1986, pp. 644.

三、文章

1. "Man and Nature in the Chinese Garden," in *Chinese Houses and Gardens*, Honolulu: Fong Inn Ltd., 1940, pp. 30 - 36; Hasting House, 1950.
2. "The Quintessence of Chinese Art," *T'ien Hsia Monthly*, Shanghai, Dec-Jan, 1940 - 1941, pp. 226 - 19241.
3. Articles describing Chinese philosophical terms, in Dagobert D. Runes, ed., *The Dictionary of Philosophy*, New York: Philosophical Library, 1942, *passim*.
4. "Philosophies of China," in Dagobert D. Runes, ed., *Twentieth Century Philosophy*, New York: Philosophical, Library, 1943, pp. 541 - 571.
5. "Discovering the Chinese Philosophy," *Comparative Literature News Letter*, vol. 2, no.20, (Nov. 1943), pp. 4 - 6.
6. "The Story of Chinese Philosophy," in Charles A. Moore, ed., *Philosophy East and West*,

Princeton, N.J.: Princeton University Press, 1944, pp. 24 – 68. Reprinted in Charles A. Moore, ed., *The Chinese Mind*, Honolulu: East West Center Press and University of Hawaii Press, 1967, pp. 31 – 76. Reprinted in Chan, *Neo-Confucianism*, Etc., pp. 299 – 366. 中译本:《中国哲学史话》,黎登鑫译,《中国文化月刊》,第三十二期(1982 年 6 月),页 39—62;又载《中国人的心灵》,台北,经联出版公司,1984, 页 21—66。

7. "The Spirit of Oriental Philosophy," in Moore, *ibid.*, pp. 137 – 167.
8. "The Future of Christianity in China," Religion in Life, vol. 13, no.4. (Autumn, 1944), pp. 568 – 577.
9. "Buddhist Japan and World Peace," in Lyman Byron, Louis Finkelstein, and Robert M. Maclver, ed., *Approaches to National Unity*, New York: Harper, 1945, pp. 473 – 488.
10. "Buddhist Religious Terminology" and "Chinese Religious Terminology", in Vergilus Ferm, ed., *Encyclopedia of Religion*, New York: Philosophical Library, 1945, pp. 91 – 110, 143 – 158.
11. "Neo-Confucianism," in Harley Farnsworth Mac-Nair, ed., *China*, Berkeley: University of California Press, 1946, pp. 254 – 265.
12. "Trends in Contemporary Philosophy," *ibid.*, pp. 312 – 330.
13. "Chinese Arts," in Dagobert D. Runes and Harry G. Schrickel, eds., *Encyclopedia of the Arts*, New York: Philosophical Library, 1946, pp. 183 – 203.
14. "Lin Yutang, Critic and Interpreter," *College English*, Jan. 1947, pp. 163 – 169 . Also in the *English Journal*, vol. 36, no.1, (Jan. 1947), pp. 1 – 7.
15. "For a Reader's Perspective on China," *United Nations World*, June 1947, p. 54.
16. "Confucianism," in Vergilus Ferm, ed., *Religion in the Twentieth Century*, New York: Philosophical Library, 1948, pp. 97 – 111.
17. "Chinese Education," *The Wellesley Magazine*, vol. 32, no.4, (Apr. 1948), p. 264 ff.
18. "The Coutributions of the East to the West," *Conference on Constructive Forces in Education*, Wellesley College, 1949, pp. 75 – 80.
19. "Within the Four Seas All Are Brothers," in R. M. Maclver, ed., *Great Expressions of Human Rights*, New York: Harper, 1950, pp. 19 – 28.
20. "The Harmony of Religions," *World Outlook*, June 1950, pp. 10 – 12; *Bostonia*, April 1950, pp. 19, 43 – 44; *The Christian Leader*, Boston, no.82, July 1950, pp. 230 – 232; under the title "Tensions in World Religions," *Chinese Press*, San Francisco, vol. 11, no. 3, (July 28, 1950) and vol. 11, no.4 (Aug. 4, 1950).
21. "The Unity of East and West," in the Very Rev. W. R. Inge, et al, ed., *Radhakrishnan, Comparative Studies in Philosophy Presented in Honour of his Sixtieth Birthday*, London: Allen and Unwin, 1951, pp. 104 – 117.
22. "Syntheses in Chinese Metaphysics," in Charles A. Moore, ed., *Essays in East-West Philosophy*, Honolulu: University of Hawaii Press, 1951. Reprinted in Charles A. Moore,

ed., *The Chinese Mind*, Hononlulu: East West Center Press and University of Hawaii Press, 1967, pp. 132 – 148. 中译本:《中国形上学之综合》,黎登鑫译,《中国文化月刊》,第三十一期(1982 年 5 月),页 38—53。

23 – 24. "Buddhism," in *Collier's Encyclopedia*. New York: Collier's & Son, 1952, vol. 4, pp. 175 – 177. "Gauama," vol. 8, p. 595.

25. "The Traditional Chinese Concept of Man," *The Standard*, vol. 38, no.4, (Apr.-May 1952), pp. 135 – 138.

26. "Basic Chinese Philosophical Concepts," *Philosophy East and West*, vol. 2, no.2 (July 1952), pp. 166 – 170.

27. "A Bibliography of Chinese Philosophy," ibid., vol. 3, no.3 (Oct. 1953), pp. 241 –246.

28. "Chinese Philosophy, a Bibliographical Essay," ibid., vol. 3, no. 4 (Jan. 1954), pp. 337 – 357.

29. "Basic Problems in the Study of Chinese Philosophy," ibid., vol. 4, no.2 (July. 1954), pp. 157 – 166.

30. "The Evolution of the Confucian Concept *Jen*," ibid., vol. 4, no. 4 (Jan. 1955), pp. 295 – 319. Reprinted in Chan, *Neo-Confucianism*, *Etc.*, pp. 1 – 44, and James T. C. Liu and Wei-ming Tu, ed., *Traditional China*, Englewood Cliffs, N. J.: Prentice-Hall, 1970, pp. 123 – 136.

31. "Hu Shih and Chinese Philosophy," *Philosophy East and West*, vol. 6, no. 1 (Apr. 1956), pp. 3 – 12.

32. "The Neo-Confucian Solution of the Problem of Evil," in *Studies Presented to Hu Shih on His Sixty-fifth Birthday* (*The Bulletin of the Institute of History and Philology*, *Academia Sinica*, vol. 28), Taipei, 1957, pp. 773 – 791. Reprinted in Chan, Neo-Confucianism, Etc., pp. 87 – 116.

33. "The Thirty-Verses on the Mind-Only Doctrine," tr., in Charles A. Moore, ed., *A Source Book in Indian Philosophy*, Princeton, N. J.: Princeton University Press, 1957, pp. 333 – 337.

34. "Neo-Confucianism and Chinese Scientific Thought," *Philosophy East and West*, vol. 6, no. 4 (Jan. 1957), pp. 309 – 332. Reprinted in Chan, *Neo-Confucianism*, *Etc.*, pp. 167 – 226. Chinese summary: "P'ing Li Yüeh-shie Chung-kuok'o-hsüeh ssuhsiang shih,"《评李约瑟中国科学思想史》(Review of Joseph Needham's *Science and Civilisation in China*), *The Eastern Miscellany*《东方杂志》,第三卷第十三期(1970 年 6 月),页 1—6. *Reprinted in Chinese Rensassance News*, New York, No. 42 (Jan 1979). pp. 38 – 42.

35. "Transformation of Buddhism in China," *Philosophy East and West*, vol. 7, no.3 & 4 (Oct. 1957 – Jan. 1958), pp. 107 – 116. Reprinted in Chan, *Neo-Confucianism*, Etc., pp. 422 – 437.

36. "The Lotus Sutra," in Wm. Theodore de Bary, ed., *Approaches to the Oriental Classics*, New York: Columbia University Press, 1959, pp. 153 – 165. Reprinted in Chan, *Neo-Confucianism, Etc.*, pp. 438 – 454.
37. " Modern Trends in Chinese Philosophy and Religion," in Joseph M. Kitagawa, ed., *Modern Trends in World Religions*, Chicago: Open Court, 1959, pp. 193 – 220.
38. "Chinese Philosophy and Religion," in H. G. Creel, ed., *Chinese Civilization in Liberal Education*, Chicago: University of Chicago, 1959, pp. 122 – 131.
39. "Chinese Theory and Practice with Special Reference to Humanism," *Philosophy East and West*, vol. 9, no.1 – 2, (Apr.-July 1959), pp. 13 – 15.
40. "Can Chinese Civilization Survive Communism?" *Darthmouth Alumni Magazine*, vol. 52, no. 2 (Nov. 1959), pp. 46 – 48.
41. "Reflections on Teaching Chinese Philosophy to American Students," *A Summary Report. Fifth Round Table Conference on Chinese American Cultural Relations, under the Joint Sponsorship of Maryland and China Institute in America*, 1959, pp. 24 – 31; *Chinese Culture*, Taipei, vol. 4, no.1 (Mar. 1962), pp. 25 – 32. Chi-pao Cheng, ed., *Chinese* American Cultural Relations, New York: China Institute of America and American Association of Teachers of Chinese Language and Culture, 1965, pp. 109 – 119. Reprinted in Chan, Neo-Confucianism, Etc., pp. 454 – 469.
42. "Seven chapters in Wm. Theodore de Bary, Wingtsit Chan, and Burton Watson, comp., *Sources of Chinese Tradition*, New York: Columbia University Press, 1960.
43. "The Concept of Man in Chinese Thought," in S. Radhakrishnan and P. T. Raju, ed., *The Concept of Man, A Study of Comparative Philosophy*, London: Allen and Unwin, 1960, 158 – 205; 2nd ed., 1966, pp. 172 – 219. Reprinted in Chan, *Neo-Confucianism, Etc.*, pp. 116 – 185. Spanish translation: *El concepto de hombre*, Mexicao-Buenos Aires, Fond de Cultura Economica, 1964, pp. 196 – 275.

44 – 48. "Chinese Philosophy," *in Encyclopaedia Britannica*, 1960, vol. 5, pp. 581 – 584; enlarged, 1996, vol. 5, pp. 645 – 648; 1967, vol. 5, pp. 650 – 650A – D – 651. "Confucianism," 1960, vol. 6, pp. 237 – 239; 1967, vol. 6, pp. 305 – 310. "Mencius," 1960, vol. 15, pp. 239 – 240; 1967, vol. 15, p. 145. "Taoism," 1960, vol. 21, pp. 797 – 798; enlarged, 1966, vol. 21, pp. 796 – A – B – 797; 1967, vol. 21, pp. 677 – 681; reprinted in Chan, *Neo-Confucianism, Etc.*, pp. 404 – 421. "Wang Yang-ming," 1960, vol. 23, pp. 320 – 321; under "Wang Shou-jen," 1967, vol. 23, pp. 187 – 188.

49. " Chinese Philosophy in Communist China," *Philosophy East and West*, vol. 11, no.3 (Oct. 1961), pp. 115 – 132.
50. "How Buddhistic is Wang Yang-ming?" ibid., vol. 12, no.3 (Oct. 1962), pp. 203 – 216. Reprinted in Chan, *Neo-Confucianism, Etc.*, pp. 226 – 247. Also published as "Wang Yang-ming's Criticism of Buddhism," in Ram Jee Singh, ed., *World Perspectives in*

Philosophy, Religion, and Culture (*Essays Presented to Professor Dhirendra Mohan Datta*). Patna: Sharati Bhavan, 1968. pp. 31 – 37.

51. "Chinese Theory and Practice with Special Reference to Humanism," in C. A. Moore, ed., *Philosophy and Culture East and West*, Honolulu: University of Hawaii Press, 1963, pp. 81 – 96. Reprinted in Charles A. Moore, ed., *The Chinese Mind*, Honolulu: East West Center Press and the University of Hawaii Press, 1967, pp. 11 – 30.中译本:《中国哲学之理论与实际——特论人本主义》,黎登鑫译,《中国文化月刊》,第三十期(1982 年 4 月),页 12—19;又载《中国人的心灵》,台北,经联出版公司,1984,页 1—20。
52. 《美国研究中国哲学之趋势》(The tendencies of the study of Chinese philosophy in America),《崇基学报》,香港,第三卷第一期(1963 年 11 月),页 1—5。
53. 《西方对于儒学之研究》(The study of Confucianism in the West),《人生》,第二十七卷第五期(总号 317 期)(1964 年 1 月 16 日),页 2—5;《中国哲学史研究》,第三期(1988),页 107—110 转载。
54. "The Evolution of the Neo-Confucian Concept of *Li as Principle*," *Tsing Hua Journal of Chinese Studies*《清华学报》,台北,第四卷第二期(1964 年 2 月),页 123—149。Reprinted in Chan, *Neo-Confucianism, Etc.*, pp. 45 – 87. 中译本:《新儒学理之思想之研究》,Wan Hsienfa 万先法译,*The Young Sun*《人生》,香港,第三十一卷第六期(总号 366 期,1966 年 10 月),页 18—25;第三十一卷第七期(总号 367 期,1966 年 11 月),页 11—20。Reprinted in Hsiang Wei-hsin 项维新 and Liu Fu-tseng 刘福增, ed., *Chungi-kuo che-hsueh ssu-hsiang Lun-chu Sung-Ming p'ien*《中国哲学思想论集》(*Essays on Chinese Philosophy and Thought*),《宋明篇》(The Sung and Ming Dynasties), Taipei: Cowboy Publishing Co. 1976, pp. 57 – 91.
55. "Wang Yang-ming yü Ch'an," 《王阳明与禅》(Wang Yang-ming and Zen), *The Young Sug* vol. 27, no.11 (serial no.323) (Apr. 1964), pp. 7 – 10, 13.
56. "Chinese Philosophy in Mainland China, 1949 – 1963," *Philosophy East and West*, vol. 14, no.1 (Apr. 1964), pp. 25 – 38.
57. "New Currents in Chinese Thought," *Ching-feng*, *Quarterly Notes on Christianity and Chinese Religion and Culture*《景风》, Hong Kong, vol. 8, no. 2 (Spring, 1964), pp. 1 – 4.
58. "Li ti kuan-nien chih chin-chan,"《理的观念之进展》(The development of the idea of li, principle),《崇基学报》,香港,第四卷第一期(1964 年 11 月),页 1—9。
59. "*T'an cho-pien Chung-kuo che-hsueh tzu-liao shu*,"《谈拙编中国哲学资料书》(On My Source Book in Chinese Philosophy),《人生》,第二十九卷第三期(总号 339 期,1964 年 12 月 16 日),页 8—9,31。
60. "Pai-sha chih tung-ti che-hsueh yu ch'uang-tso," 《白沙之动的哲学与创作》(The creativity and dynamic philosophy of Ch'en Pai-sha), Hong Kong, Ch'en Pai-sha Educational Foundation, 1964. 重刊于《新天地》,台北,第四卷第一期(1965 年 4 月 1 日),页 11。Also reprinted in *Chung-kuo che-hsüeh ssuhsiang lun-chi*《宋明篇》(The

Sung and Ming periods), see no.54, pp. 247 - 250.

61. "Cho-i Chin-ssu lu yin-yen che-yao,"《拙译近思录引言摘要》(Basic points in the introduction to my translation of the *Reflections on Things at Hand*),《人生》,香港,第三十卷第六期(总号354期,1965年10月16日),页1—3。Expanded version in Books no.14.

62 - 70. "Chinese Philosophy," in *Encyclopedia of Philosophy*, 1967, vol. 2, pp. 87 - 96; reprinted in Chan, Neo-Confucianism, Etc., pp. 367 - 403. *"Ch'eng Hao,"* vol. 2, p. 85. "Ch'eng I," vol. 2, p. 85. "Chu Hsi," vol. 2, p. 111. "Chuang Tzu," vol. 2, p. 110. " Confucius," vol. 2, p. 189. "Hu Shih," vol. 4, p. 96. "Lao Tzu," vol. 4, pp. 390 - 391. "Wang Yang-ming," vol. 8, p. 277.

71 - 73. "Tao-te ching," in *Encyclopaedia Britannica*, 1967, vol. 13, pp. 714 - 715. "Fung Yu-lan," 1968, vol. 9, p. 1030. "Hui-neg," 1968, vol. 11, p. 821.

74. "Neo-Confucianism: New Ideas in Old Terminology," *Philosophy East and West*, vol. 17, no.1 - 4 (1967), pp. 15 - 35.

75. "Kang Yu-wei and the Confucian Doctrine of Humanity (*Jen*)," in Jung-pang Lo, ed., *Kang Yu-wei, A Biography and a Symposium*, Tucson: University of Arizona Press, 1967, pp. 355 - 374. Reprinted in Chan, *Neo-Confucianism, Etc.*, pp. 248 - 280.

76. "The Individual in Chinese Religions," in Charles A. Moore, ed., *The Status of the Individual East and West*, Honolulu: University of Hawaii Press, 1967, pp. 181 - 198. Reprinted in Charles A. Moore, ed., *The Chinese Mind*, Honolulu: East West Center Press and University of Hawaii Press, 1967, pp. 286 - 304. 中译本:《中国哲学中之个人》,黎登鑫译,《中国文化月刊》,第三十四期(1982年8月),页5—22。

77. "Kang-Yu-wei lun jen,"《康有为论仁》(K'ang Yu-wei on the Confucian doctrine of humanity),《人生》,第三十三卷第三期(总号387期,1988年7月),页2—5。Reprinted, in *Chung-kuo che-hsüeh ssuhsiang lun-chi: Ch'ing-tai p'ien*《清代篇》(The Ch'ing period), see no.54, pp. 333 - 342.

78. "Chu Tzu tao-t'ung kuan chih che-hsüeh hsing,"《朱子道统观之哲学性》(Philosophical nature of Chu Hsi's doctrine of the orthodox tradition of the Way),《东西文化》,第十五期,1986年9月,页25—32。

79. "The Historic Chinese Contribution to Religious Pluralism and World Community," in Edward J. Jurji, ed., *Religious Pluralism and World Community*, Leiden: E. J. Brill, 1969, pp. 113 - 130.

80 - 88. "Chuang Tzu" in *Encyclopedia Americana*, 1969, 1973, vol. 6, p. 692. "Chu Hsi," 1969, 1973, vol. 6, pp. 691 - 692. "Wang Yang-ming," 1968, 1973, vol. 28, p. 319. " Five Classics," 1973, vol. 11; p. 344. "Four Books," 1973, vol. 11, p. 654. "Fung Yu-lan" 1973, vol. 12, p. 165. "Hsun Tzu," 1973, vol. 14, pp. 517 - 518. "Tai Chen," 1973, vol. 26, p. 228. "Taoism," 1973, vol. 26, pp. 276 - 277.

89. "The Greatest Chinese" (Confucius), *Carnegie Magazine*, November, 1969, pp. 303 -305.

90. "*Jen ti kai-nien chih k'ai-chan yü Ou-Mei chih ch'üan-shih*,"《仁的概念之开展与欧美之铨释》(Development of the concept of jen and its interpretation in the West), in Oriental Humanist Society《东方人文学会》ed., *Ju-hsüeh tsai shih-chieh lun-wen chih*《儒学在世界论文集》(*Essays on Confucianism in the World*), Hong Kong: Oriental Humanist Society, 1969, pp. 271 - 285. Reprinted in *Chung-kuo che-hsüeh ssu-hsiang lun-chi*: Hsien-Ch'in p'ien《先秦篇》(The pre-Ch'in period), see no.54, pp. 1 -16.

91. "The Ch'eng-Chu School of Early Ming," in Wm. Theodore de Bary, ed., *Self and Society in Ming Thought*, New York: Columbia University Press, 1970, pp. 29 - 51. 中译本:《早期明代之程朱学先河》,万先法译,《中国文化月刊》,第十七期,1981 年 5 月,页 47—65。Repreted in Books, no.24.

92. "Patterns of the Spread of Chinese Culture," *Chinese Culture*, vol. 11, no.4 (Dec. 1970), pp. 25 - 30.

93. "The Orderly Realm of Chinese Sages," *in Great Religions of the World*, Washington, D. C.: National Geographic Society, 1971, pp. 122 - 129.

94. "*Ō-Bei no Yōmeigaku*,"《欧美の阳明学》(The study of Wang Yang-ming in Europe and America) in Okada Takehiko《冈田武彦》et al, ed., *Yomeigaku daikei*《阳明学大系》(*Great Yang-ming Series*), vol. 1: *Yomeigaku nyūmon*《阳明学入门》(*Introduction to the Study of Wang Yang-ming*), Tokyo: Meitoku Shuppansha 明德出版社, 1979, pp. 385 - 425.

94a. "Ou-Mei chih Yang-ming hsüeh,"《欧美之阳明学》(日版之中译) in *Yang-ming hsüeh lun-wen chi*《阳明学论文集》(*Symposium on Wang Yang-ming's Philosophy*), Taipei: China Academy, 1972, pp. 288 - 305. 重刊于 *Sinological Monthly*《华学月刊》,第四期(1972 年 4 月),页 36—46。

95. "Wang Yang-ming: Western Studies and Annotated Bibliography," *Philosophy East and West*, vol. 12, no.1 (Jan. 1972), pp. 75 - 92. 中译本:《西方对王阳明的研究》,刘坤一译,《中国哲学》,第九辑(1983),页 328—347。

96. "Wang Yang-ming: A Biography," ibid., pp. 63 - 74.

97. "Chan-kuo Tao-chia,"《战国道家》(Taoist School in the Warring States Period). *Bulletin of the Institute of History and Philology, Academia Sinica*《历史语言研究所集刊》, vol. 44, pt. 3 (1972), pp. 435 - 497.

98. "Chu Hsi's Completion of Neo-Confucianism," in Francoise Aubin, ed., *Étude Song-Song Studies im memoriam Étienne Balazs*, Paris: Ser Ⅱ, #1, 1973, pp. 59 - 90. 中译本: "Chu Hsi chih Hsin Ju hsüeh chih ta-ch'eng,"《朱熹集新儒学之大成》(Chu Hsh'i synthesis of Neo-Confucianism), Wan Hsien-fa 万先法译, *Chung-hua wen-hua fu-hsing yüeh-k'an*《中华文化复兴月刊》(*Chinese Cultural Renaissance Monthly*),第十二期(1974 年,9 月),页 1—14。重刊于 *Sinological Monthly*《华学月刊》,第三十七期(1975 年 1 月),页 20—43。And in Books, no.14.

99. "Chinese Philosophy and Reiligion," in Arnold Toynbee, ed., *Half the World: History and Culture of China and Japan*, London: Thames and Hudson, 1973, pp. 95 – 132.

100. "Chan Jo-shui's influence on Wang Yang-ming," *Philosophy East and West*, vol. 23, no. 1 – 2 (Jan. & Apr. 1973), pp. 9 – 30.

101. "Ō-Bei no Shushigaku,"《欧美の朱子学》tr. by Takata Hiroshige 高田博成(The study of Chu Hsi in Europe and America) in Morohashi Tetsuji 诸桥辙次 eg al, ed., *Shushigaku daikei*《朱子学大系》(*Great Chu Hsi Series*), vol. 1: *Shushigaku nyūmon*《朱子学入门》(*Introduction to the Study of Chu Hsi*), Tokyo: Meitoku shuppansha, 明德出版社, 1974, pp. 491 – 529. Original Chinese version: "Ou-mei chih Chu Tzu hsüeh,"《欧美之朱子学》(The study of Chu Hsi in Eruope and America), *Sinological Monthly*《华美月刊》, no.31 (July 1974), pp. 1 – 23. Reprinted in Book, no.14.

101a. "The Study of Chu Hsi in the West," *Journal of Asian Studies*, vol. 30. no.4 (Aug. 1976), pp. 555 – 577. No. 101 expanded. 中译本:《西方对朱熹的研究》,刘坤一译,《中国哲学》第五期,1981 年 1 月,页 191—217。

102 – 105. "Chinese Philosophy," in *Encyclopaedia Britannica*, 15th ed., 1974, vol. 4, pp. 41 – 422. "Confucian Texts," 1974, vol. 4, pp. 1104 – 1108. "Ou-Yang Hsiu," 1974, vol. 13, pp. 796 – 797. "Wang Yang-ming," 1974, vol. 19, pp. 537 – 538.

106. "The Hsing-li ching-i and the Ch'eng-Chu School in the Seventeenth Century," in Wm. Theodore de Bary, ed., *The Unfolding of Neo-Confucianism*, New York: Columbia University Press, 1975, pp. 543 – 579. 中译本: "Hsing-li ching-i yü shih-ch'i shih-chi chi Ch'eng-Ch'u hsüeh-p'ai,"《性理精义与十七世纪之程朱学派》,Wan Hsien-fa 万先法译,《中华文化复兴月刊》,第十一卷第二十期,(1978 年 12 月),页 1—14。

107. "Chu Hsi's appraisal of Lao Tzu," *Philosophy East and West*, vol. 25, no.2 (Apr. 1975), 131 – 144. 中译本: "*Chu Tzu tui Lao Tzu hsüeh chih p'ing-chia*"《朱子对老子学之评价》, Wan Hsien-fa 万先法译,《中华文化复兴月刊》,第十一卷第五期(1977),页 43—46。改编中文版: "Chu Tzu p'ing Lao Tzu yu lun ch'i yu sheng-sheng kuan-nien chih kuan-hsi,"《朱子评老子与论其与生生观念之关系》(Chu Hsi's appraisal of Lao Tzu and discussion on his relation with the concept of "production and reproduction"),《华学月刊》,第十一卷第一——二期(1975 年 12 月),页 89—104。*Reprinted in Book*, no.14.

108. "Neo-Confucian Philosophical Poems," *Rendition*, no.4 (1975), pp. 5 – 21.

109. "Chinese and Western Interpretations of *Jen* (Humanity)," *Journal of Chinese Philosophy*, vol. 2, no.2 (1975), pp. 107 – 129.

110. "Asian and Western Perspectives in Religion," in *Asian Perspectives*, Brigham Young University Occasional Papers, 1975, pp. 21 – 29.

111. "Asian and the West, the Encounter of Two Great Civilizations: a Personal Viewr," *Comparative Civilizations Bulletin*, International Society for the Comparative Study of

Civilizations, no.15 (Fall, 1975) 10 - 18.

112. "Neo-Confucianism as an Integrating Force in Chinese Life and Thought," in Laurence G. Thompson, ed., *Studia Asiatica*, *Essays in Asian Studies in Felicitation of the Seventy-fifth Anniversary of Professor Ch'en Shou-yi*, San Francisco: Chinese Materials Center, 1975, pp. 315 - 336.

113. "Wang Shou-jen," in L. Carrington Goodrich and Chaoying Fang, ed., *Dictionary of Ming Biographies.*, 1368 - 1644, New York: Columbia University Press, 1976.

114. Thirteen biographies of Neo-Confucian philosophers in Herbert Franke, ed., *Sung Biographies*, Wiesbaden, West Germany: Franz Steiner Verlag, 1976, pp. 39 - 43, 95 - 99, 174 - 179, 277 - 299, 414 - 415, 439 - 440, 451 - 454, 671 - 679, 739 - 741, 879 - 881, 1218 - 1222, 1261 - 1263.

115. "Ch'u-ch'i Ju-chia"《初期儒家》(Confucianists in the early period),《历史语言研究所集刊》,第四十七卷第四分册(1976),页 707—782。

116. "Chu-Lu t'ung-hsün hsiang-shu"《朱陆通讯详述》(A detailed account of the correspondences between Chu Hsi and Lu Hsiang-shan), *Sinological Monthly*《华学月刊》第六十一期(1977 年 1 月),页 17—26。Reprinted in Book, no.14。又重刊于《中国哲学史研究》,1983 年第三期(1983 年 7 月),页 112—118。

117. 25 descriptions of Neo-Confucian philosophical works. In Yves Hervoust, ed., *A Sung Bibliography*, Hong Kong: The Chinese University Press, 1978, pp.3, 11, 11, 37, 44, 48, 50, 216 - 217, 218, 218 - 219, 221 - 222, 222, 222 - 223, 223, 224, 224 - 225, 225 - 226 , 234 - 235, 262, 375, 406, 420, 421, 423, 425.

118. "Patterns for Neo-Confucianism: Why Chu Hsi differed from Ch'eng I," *Journal of Chinese Philosophy*, vol. 5, no.2 (Juen, 1978), pp. 101 - 126. 中译本:"Hsin Ju-chia fan-hsing: lun Ch'eng Chu chih I,"《新儒家范型:论程朱之异》,Wan Hsien-fa 万先法译,《中华文化复兴月刊》,第十二卷第五期(1979 年 5 月),页 13—22。Reprinted in Book, no.14.又:《论朱熹与程颐之不同》,陈来译,《中国哲学》,第十辑(1983 年 10 月),页 77—94。

119. "Chu Hsi and Yüan Neo-Confucianism," in Hoklam Chan and Wm. Theodore de Bary, ed., *Yüan Thought: Chinese Thought and Religion under the Mongols.* New York: Columhia Jniversity Press, 1982, pp. 197 - 231. 中译本:《元代之朱子学》,万先法译,《中华文化复兴月刊》,第十四卷第四期(1981 年 4 月),页 8。

120. "Lun *Ming-ju hsüeh-an chih Shih-shuon*"《论明儒学案之师说》(On the *Shih-shuo* in the *Ming-ju hsüeh-an*),《幼狮月刊》,第四十八卷第一期(1978 年 7 月),页 6—8。

121. "Lun Tai Chen *Hsü-yen* yü *Meng-Tzu tzu-i shu*-cheng *chih hsien-hou*"《论戴震绪言与孟子字义疏证之先后》(On the chronological sequence of Tai Chen's Hsü-yen and Meng Tzu tzu-i shu-cheng),《大陆杂志》,第五十七卷第三期(1978 年 9 月),页 6—9, 106—109。

122. "Chu Lu O-hu chih-hui pu-shu"《朱陆鹅湖之会补述》(Supplementay accpunts on the meeting of Chu Hsi and Lu Hsiang-shan at the Goose Lake Temple),《中华文化复兴月刊》,第十一卷第十一期(1978 年 10 月),页 41—46。Reprinted in Books, no.14.

123.《唐君毅与西方哲学会议》(Tang Chun-i and philosophical conferences in the West),《书目季刊》,第十四卷第四期(1981 年 5 月),页 4—6。

124. " Influence of Taoist Classics on Chinese Philosophy," in Neal E. Lambert, ed., *Literature of Belief: Sacred Scripture and Religious Experience*, Provo, Utah, Religious Studies Center, Brigham Young University, 1981, pp. 139 - 153.

125.《朱子门人之特色及其意义》(Various aspects of Chu Hsi's pupils and their significance),《中国文化月刊》, 第十一期(1981 年 9 月),页 109—129。Reprinted in Book, no.15.又:《国际汉学会议论文集(思想与哲学组)》,台北"中研院",1981,页 844—865。

126.《论朱子之仁说》(On Chu Hsi's *Treatise on Jen* [Humanity]),《哲学与文化》,第八卷第六期(1981 年 6 月),页 23—36。Also in《唐君毅先生纪念论文集》(*Anthology in Memory of Professor Tang Chun-i*), Taipei: Student Book Co., 1983, pp. 199 - 231 and reprinted in Book, no.14.

127.《朱子固穷》(Poverty of Chu Hsi),《书目季刊》,第十五卷第二期(1981 年 9 月),页 3—19。Reprinted in Book, no.14.

128.《从朱子晚年定论看阳明之于朱子》(Wang Yang-ming's Thoughts of Chu Hsi seen from his "Essay on Chu Hsi's Final Conclustion"),《书目季刊》,第十五卷第三期(1981 年 12 月),页 15—34。Reprinted in Books, no.14 and 15.采入冈田武彦,《阳明学の世界》,东京,明德出版社,1986,页 69—106 (刘三富、望月高明译)。

129.《朱子自称》(What Chu Hsi called himself),《中华文化复兴月刊》,第十五卷第五期(1982 年 5 月),页 23—25。

130. "Chu Hsi's Religious Life," *Essays in commemoration of Matteo Ricci*, Taipei, 1983, pp. 51 - 74. Chinese version in Book, no.14. 又:《华学月刊》,第一百二十七期(1982 年 7 月),页 1—15。

131.《宋明理学中的"太极"观》(The Great Ultimate in Neo-Confucianism),《言与思》,第二十卷第三期(1982 年 9 月),页 201—206。

132.《宋明理学中的"格物"思想》(Investigation of things in Neo-Confucianism),《史学评论》,第五期(1983 年 1 月),页 9—18。

133.《沧洲精舍辨》(An examination on the Ch'ang-chou study),《华学月刊》, 第一百零四期(1983 年 8 月),页 1—2。

134.《陈淳"叹陆学张王学问无源"考辨》(Ch'en Ch'un's lament over the lack of a source in the Lu School),《史学评论》,第六期(1983 年 9 月),页 227—230。

135. 88 entries on Neo-Confucian philosophical concepts in《中国哲学辞典大全》(*Complete Dictionary of Chinese Philosophy*),韦政通编,台北,水牛出版社,1983,各相关处。

136.《朱子遗迹访问论》,《明报》,第二百三十期(1985 年 2 月),页 23—30。

137.《朱子与书院》,《史学评论》,第九期(1985 年 1 月),页 1—32。

138.《当代唯心论新儒学：熊十力》,陈瑞深译,花莲师专学校,1984 年 12 月,页 183—216。重刊于《中华文化复兴月刊》,第十八卷第十一期(1985 年 11 月),页 51—60;第十八卷第十二期(1985 年 12 月),页 25—35。

139.《新儒学研究的时代趋势》,陈维鸿整理,《中国文化月刊》第六十八期(1985 年 6 月),页 4—10;又载牟宗三、陈荣捷等,《中国文化论文集》(七),台北,幼狮文化公司,1986,页 16—22。

140.《访华哲学观感》,《中国哲学年鉴》,1984 年,页 485—488。

141.《朱子行状》,东吴大学,《传习录》,第四期,1985 年 6 月,页 1—8。

142. "How yi Toegye Understood Chu Hsi," in Wm. Theodore de Bary and Ja-Hyun Kim Haboush, ed., *The Rise of Neo-Confucianism in Korea*. New York: Columbia University Press, 1985, pp. 283 - 320.

143. "Chu Hsi and World Philosophy,"《哲学年刊》,第三期(1985 年 6 月),页 36—65。

144. "Introduction" to *Chu Hsi and Neo-Cpnfucianism*, Honolulu: University of Hawaii Press, 1986, pp. 1 - 20.中译本:《朱熹与新儒学》,万先法译,《哲学与文化》,第十三卷第十期(1986 年 10 月),页 22—32。

145. "Ch'en Ch'un" An Introduction," *Neo-Confucian Terms Explained* (New York: Columbia University Press, 1986), pp. 1 - 32.中译本:《陈淳〈北溪字义〉英译本导言》,《哲学与文化》,万先法译,第十四卷第五期(1987 年 5 月),页 26—42。

146. "Fifty Years of Chinese Philosophy Abroad," *The Tsing Hua Journal of Chinese Studies*, vol. 17, nos. 1 - 2 (Dec. 1985), pp. 1 - 14.

147.《朱子与南轩》,《湖南大学学报》,第十一卷第一期(1987 年),页 7—20。

148.《宋明理学的功与过》,《传习录》,东吴大学,第四期,1985 年 6 月,页 273—280。

149.《心与理的统一——陆象山》,《中华文化复兴月刊》,第二十卷第九期(总号 234 期),1987 年 9 月,页 21—27;第十期(总号 235 期),1987 年 10 月,页 47—57,陈瑞深译,Source Book, ch, 33。

150.《朱子言体用》,深圳大学国学研究所主编,《中国文化与中国哲学》,东方出版社,1986,页 251—259。

151.《孔子人文主义导言》,《中国哲学史研究》, 1983 年第四期,页 111—114,钱耕森译。

152.《儒家之两轮哲学与现代化》,《哲学与文化》,第十五卷第二期,1988 年 2 月 1 日,页 77—86,《国际孔学会议论文集》,1988,页 1—11。

153. "Chu Hsi and World Philosophy" (SACP) in G. J. Larson and E. Deutsch, ed., *Interpreting Across Boundaries: New Essays in Comparative Philosophy*, Princeton, N. J.: Princeton University Press, 1988, pp. 230 - 264.

154.《现代中国的宗教趋势序》,台北,文殊出版社,1987。

155. " Exploring the Confucian Tradition", *Philosophy. East & West*, vol. 38, no. 3, pp. 232 - 250.

156. "Chu Hsi and the Academies", in Neo-Confucian Eduation: the Formative Stage, edited W.T. de Bary, John W, Chaffee, New York: Columbia Univervisity Press, 1989, pp. 389 - 413.